문예신서
28

# 조선여속고

李能和

金尙憶 옮김

東文選

# 朝鮮女俗考

李能和 지음
金尚憶 옮김

解題 ● 金尚憶

## 1 저자著者

《朝鮮女俗考》의 저자 이능화李能和는 국어연구가 주시경周時經(1876—1914)과 민족의 상고사上古史 발굴에 정열을 다한 신채호申采浩(1880—1936)와 함께 19세기 말부터 20세기 초두에 걸쳐 활약한 국학자의 한 분이다.

이능화는 고종高宗 5년(1868) 1월 19일 충청북도 괴산군槐山郡 이도면二道面 수진리水津里에서 뒤에 법부협판法部協辦・북청군수北靑郡守 등을 역임한 이원극李源克의 맏아들로 태어났다. 그는 조선조 제2대 왕 정종定宗과 임진란 때의 영의정 이양원李陽元을 직계조상으로 모신 왕실의 후예이다.

이렇듯 뿌리가 있는 그는 당시의 사대부가士大夫家 자제의 대부분이 그러하였듯이 관계의 중추中樞에 나가고자 하는 청운의 뜻을 세우고, 한학에 입초학入初學한 것은 당연하였다.

그의 소년 수업 시절은 다사다난하여 오랫동안 내려온 외척의 세도를 물리치고, 국정에 일대 쇄신을 단행하던 때였다. 그는 뜻을 오직 등과登科에 두고 엄격한 가풍家風의 훈도 아래 《소학小學》《당시唐詩》《사서삼경四書三經》과 명시문名詩文 연찬硏讚에 전념하여 10세 안팎부터 이미 그 뛰어난 재질을 인정받았다. 그러나 그가 근 20년을 두고 한학 수업에 힘쓰는 동안 4세 때의 신미양요辛未洋擾(1871), 9세 때의 강화도조약江華島條約(1876), 17세 때의 갑신정변甲申政變(1884) 등의 사태로 조국은 소용돌이치고 있었다. 여기서 시대에 다감하고, 자기에 성찰적省察的이었던 청년 이능화는 눈을 나라 밖으로 돌리지 않을 수 없었다. 따라서 이미 시대 착오의 구름이 되어버린 등과의 꿈을 버리고 한학 수업을 일단 중지하니, 그때 저자의 나이 약관 20이었다.

고종 24년(1887) 태서문물泰西文物과 일본의 야욕을 보아온 이능화는, 〈우리〉를 지키기 위하여 〈남〉을 알 필요를 절감하고 뜻을 새로이 하여 정동貞洞에 있는 영어학당에 입학하였다. 이로부터 저자의 수학修學 제2기인 외국어 연찬硏讚 시절은 시작되었다. 이렇게 하여 그는 영어 연구 2년, 중국어中國語 연구 2년, 법어法語(佛語) 연구 1년, 일어日語 연구 1년의 외국어 수학을 광무光武 10년(1906) 38세 때에 마쳤다.

그때 청년 이능화는 27세 때에 동학란東學亂(1894)과 청일전쟁淸日戰爭(1894—1895), 28세 때에 민비피살閔妃被殺(1895), 37, 8세 때에 노일전쟁露日戰爭(1904—1905), 38세 때에는 통감부統監府 설치(1905) 등 숨가쁜 격동을 마음과 피부로 느끼면서 조국에 외세가 어떻게 들어왔으며, 그 침입을 막는 길이 무엇인가에 대하여 일가一家의 경륜을 세우기에 이르렀다. 그리하여 그는 이 청년기 20년간을 단 1년의 농상공부農商工部 주사직 근무를 빼놓고는 오직 외국어 수학과 외국어 교수로 일관하였다. 곧 한성외국어학교와 관립 한성법어학교의 교관으로, 또는 학감으로 영·중·불·일의 4개 국어를 능숙하게 구사하면서 겨레의 주체와 동량이 될 능력있는 청년의 교육에 정열을 쏟고 있었다. 그 무렵 일본의 한국 침략은 이미 절정에 다달아 있었다. 그가 40세 되던 고종 11년(1907) 6월에 세계만국회의가 열렸으나 결과적으로는 이준李儁 열사의 비통한 분사憤死와 고종황제 하야(1907), 순종 즉위(1907)로 치닫고 말았다. 그후 2년 뒤 그는 불혹년대不惑年代 초반에 한일합병韓日合倂(1910)의 치욕으로 조국을 잃었고, 이어 이듬해에는 그의 생애 제2기의 전신적全身的 도장道場이었던 관립한성외국어학교가 소위 조선총독부에 의해 폐교되었으니 그해 이능화는 44세였다. 그는 이 20여 년 동안 조국과 운명을 같이하면서 국제권력의 갈등과 물질문명의 힘을 실제로써 깨달았고, 그 세기적 폭풍에 휩쓸려 거대하였던 중세왕조가 어떻게 붕괴하는가를 역력히 목도하였다.

사학가 이능화의 본격적 학문은 나라를 잃은 데서부터 시작되었다. 그때 뜻있는 선비들은 너나할것없이 『나라는 없어졌으나 산하는 그대로인 채, 성에 봄이 오니 초목이 깊도다 國破山河在 城春草本深』로 모두冒頭되는 두보杜甫의 《춘망春望》을 외면서 비록 나라는 잃었지만 민족과 국토의 항재恒在만은 굳게 믿어 의심하지 않았다. 그러므로 이능화 후기의 학문 성격도 자연히 일본의 총독정치·식민정치에 대한 저항과 겨레·문화의 보전이라는 성질을 띠지 않을 수 없었다. 이능화의 학문생활은 그의 40대 초를 기준으로 크게 전기와 후기로 구분해

볼 때 본질적으로는 전기와 후기가 크게 다르지 않지만 양상으로서는 다르다. 곧 전기가 외국학 연구의 시기였다면 후기는 국학 연구의 시기였다고 할 수 있다.

이렇게 보아올 때 이《朝鮮女俗考》의 저술 성질도 쉽게 해명된다. 사학가로서의 이능화는 일반사보다도 사상사와 민속사 및 그밖의 특수사特殊史 분야를 크게 개척한 분이다. 그는 1911년 44세 때 조선총독부에 의해 관립한성외국어학교 학감직에서 해임된 이래 45세 때는 사립능인보통학교 교장직, 47세 때는 불교진흥회 간사幹事직, 48세 때는 사립능인보통학교 교장직을 사임하고 불교진흥회 월보月報 편집인 등 교육·종교·문화계의 직책을 역임하면서 그전에 쓰던 간정侃亭이라는 호를 그만두고, 상현尙玄·무무無無·무능거사無能居士 등의 호로 사필史筆을 구사하였다. 이 40여 년간에 그는 이《조선여속고朝鮮女俗考》(1926) 이외에《조선불교통사朝鮮佛敎通史》(1918)《조선해어화사朝鮮解語花史》(1927)《조선무속고朝鮮巫俗考》(1927)《한국도교사韓國道敎史》(1959)《조선기독교급외교사朝鮮基督敎及外敎史》(1928)《춘몽연春夢緣》(1929) 등과《질병사연구疾病史硏究》및 그밖의 적지않은 글들을《동광東光》《계명啓明》《신민新民》《불교佛敎》《조선朝鮮》《청구학보靑丘學報》등 정간지定刊誌에 발표하였다. 이밖에 미간고未刊稿로《조선사회사朝鮮社會史》《조선유교급유학사상사朝鮮儒敎及儒學思想史》《조선의약발달사朝鮮醫藥發達史》《조선십란록朝鮮十亂錄》《조선잡고합편朝鮮雜考合編》《조선신화고朝鮮神話考》《조선신사고朝鮮神事考》《조선제례고朝鮮祭禮考》등을 남기고 1945년 4월 12일, 그토록 그리던 조국의 광복을 넉 달 앞둔 채 서울 운니동雲泥洞 자택에서 향년 78세로 영면永眠하였다. 미간고는 6.25 동란 때 망실되었다고 전한다.

## 2 원전原典과 그 편제編制

### 내용조직內容組織

이능화 저《朝鮮女俗考》는 1927년 한남서림翰南書林과 동양서원에 의해 공동 발행된 책이다. 저자는 상대上代로부터 조선조朝鮮朝 말까지의 방대한 여속일반女俗一般과 그에 따른 부속사항附屬事項을 다음과 같은 대항목으로 파악하였다.

혼인婚姻──1장~14장
복식服飾──18장, 19장
산육잡속産育雜俗──16장
노력동작勞力動作──22장
연중행사年中行事 및 유오遊娛──21장
지식녀知識女·지식사知識事──23장
효녀孝女·효부孝婦·열녀烈女──24장, 25장
칭호稱號와 계급──17장
금기禁忌·교훈敎訓──20장
투부기담妬婦奇談──25장
여자교육女子敎育──26장

위의 내용 항목과 그 구체적 안설按設에서 저자는 혼인민속婚姻民俗의 다기다양多岐多樣한 내용을 자상하게 보이면서 혼인관으로부터 그것에 따른 신앙과 미신, 그리고 혼인제도와 그 변천관계를 예시例示하고자 배려하였다.

복식服飾에 대하여서는 그 유래와 자료·의장意匠과 제식 그리고 유포流布의 여러 사정까지를 보이었다. 장식민속粧飾民俗으로서는 관구冠屨·차환釵環·지분脂粉 이외에 변환辨鬟과 지분 등을, 복장민속服裝民俗으로서는 고대 평복에 기본을 두고 예복과 외출복 제도를 고찰하였다. 혼복婚服은 혼인민속에서, 상복은 별장別章으로 잡아 각각 특수의상으로서의 요요要要를 설명하면서 부대민속附帶民俗으로 금요衾褥·돈우敦盂·병이餠餌·병장屛帳·교석絞席·화촉畵燭 등에도 언급하였다.

다음으로는 일부 지식녀들의 수학과정과 총기聰氣, 그리고 상당한 문학적 노작에 관한 일을 특수여속特殊女俗으로서 들었는데, 분명히 우리나라 고여성古女性의 문자교육은 매우 차별적인 것이어서 민속내

【朝鮮女俗考】

◉ 解題

용으로 다루기에 충분하며, 그렇게 하여 습득한 지혜의 용용이나 그런 지를 지닌 지식녀에 대한 처우 등에도 꽤 특수성이 있어 민속내용이 될 수 있다. 저자가 옛 지식녀들의 지적智的・정적情的인 생활과 행적을 민속적 의미일면意味一面으로 파악한 것은 확실히 탁견이다. 그리고 효녀・효부・열녀 관계 여속에 있는 상당한 비의적秘義的 성격을 풀어 보이었다. 윤리의 원리로서는 충忠과 효孝가 남성・여성에 따라 달리 생각되지 않지만 옛날 이래의 실제일반實際一般으로서는 남성에게는 충과 효가, 여성에게는 효와 열烈이 지상덕목至上德目이었다. 행위로 볼 때 효는 글자 그대로 부모에 대한 희생적 봉헌의 덕칭德稱이요, 열은 지아비를 향한 절대적 복행服行과 금욕인고禁慾忍苦의 미칭美稱으로 둘 다 인간적 일상을 넘어선 수도의 성질인 것이다. 저자는 이 고여성 최고의 윤리인 효와 열에 민속처지의 조명照明을 더하여, 그 효와 열에 어떤 규범적 행위방식을 설정시켰으며, 그 유형과 실상이 어떠하며 또 역사상 그것을 실천한 이가 누구인가를 밝혀 예증하였다.

우리나라는 예로부터 농본지국이요, 예의지국이었던 만큼 부녀들도 자연히 농잠農蠶・방적紡績・용역舂役・도의擣衣・침선針線・접빈객接賓客・봉제사奉祭祀 등을 중요 노력동작勞力動作의 대상으로 삼아왔다. 위의 여러 노동에는 의례 기구와 그 조작操作, 재배・수확・가공의 여러 일과, 상제喪祭에는 법도・기구器具 등의 여러 사정이 따르게 마련으로 오랜 세월을 두고 반복하는 동안 어느덧 민속으로 정착하게 되었다. 저자는 위에 든 중요 노력동작 이외에 부녀시판婦女市販과 해녀사海女事를 역시 민속의 측면에서 설명하였다.

산육잡속産育雜俗으로는 출산신성관出産神聖觀・남존여비男尊女卑・후사관념後嗣觀念・산모후유증産母後遺症 등에 관련시켜 태몽胎夢・점험占驗・태신제胎神祭・미역국・금줄 및 육아업에 게재되어 있는 민속사실과 놀이성격을 띠는 세시행사歲時行事를 그 성속成俗 배경에서 고찰하였다.

부녀의 각종 계급・신분・처지에 따라 달리 붙이는 칭호・내외법內外法을 중심으로 하는 금기와 근신, 실옥제도室屋制度와의 관계 및 여성 교육의 실상 등에 관하여 그러한 여속 형성의 바닥에 깔린 신분적・사회적 의미에까지 확대 고찰하였다.

◉ 010

**시대구분時代區分**

저자는 앞의 내용조직에서 살핀바 방대한 우리나라 과거의 여속을 중심으로 그 외연外延까지를 사항분류적事項分類的 체재로 고찰하여 상당히 획시대적劃時代的·통시적通時的 구획으로 서술하였다. 명문明文으로 표제되어 있지는 않지만 고대·중세·근대를 의식한 내용조직이나 사항분류, 그리고 인과관계와 변천상을 보이고자 한 집합적集合的·연계적連繫的 서술 등에 있어 그러하다. 특히 일반사·왕조사 중심의 항목 개념이나 시대구분 개념에서는 무시되기 쉬운 지역문화地域文化·단기왕조短期王朝·편벽사항偏辟事項에 드는 여러 민속내용을 두루 취택한 사실은 주목할 만하다. 그는 대략 1. 신화시대 2. 상고시대——예濊·삼한三韓·부여夫餘·동옥저東沃沮·읍루挹婁·발해渤海 3. 삼국시대——고구려·백제·신라 4. 고려시대 5. 조선조시대의 오분법五分法으로 시대를 구분짓고 한국 여성 민속의 흐름을 줄거리 세웠다.

사실 이상과 같은 편제는 평범한 것 같지만 매우 주도周到한 것으로 그 구석과 바닥에는 일반사와 특수사가 어떻게 연결되었으며, 관념사와 행위사가 어떻게 짜여졌으며, 민속학과 문화인류학상의 문제가 어떻게 상호 교섭하고 있는가 암시 내지 적시摘示되어 있는 것이다.

이상과 같은 내용으로 된 《朝鮮女俗考》의 원전과 편제의 구체상具體相을 알리고 역본譯本의 장절章節과의 대조對照 참견參見을 위하여 원본의 〈次例〉를 다음에 든다.

次　例

第一章　朝鮮由來之神話的婚媾等說　　　　　　　　一
　　一, 概　說　　　　　　　　　　　　　　　　　一
　　二, 天帝子桓雄娶熊女及壇君娶河伯女說　　　　二
　　三, 天帝子解慕漱娶河伯女說　　　　　　　　　三
　　四, 耽羅國三神人娶日本三王女說　　　　　　　四
　　五, 金剛山椎夫娶羽衣天女說　　　　　　　　　五

六，法祐和尙娶聖母天王說 ............................................. 六
七，朴赫居世娶閼英后事 ............................................... 六
八，金首露娶印度公主事 ............................................... 七
九，百濟武王智娶新羅公主事 ........................................... 八
十，金文姬買夢嫁金春秋事 ............................................. 九
十一，聖骨將軍娶九龍山神女事 ........................................ 一〇
十二，辰義買夢嫁唐天子事 ............................................ 一一
十三，作帝建娶西海龍女說 ............................................ 一一
十四，高麗世祖娶夢夫人事 ............................................ 一二
第二章　歷代女俗及通婚族類 ............................................ 一三
　一，箕子朝鮮 ....................................................... 一四
　二，濊 ............................................................. 一四
　三，三　韓 ......................................................... 一四
　四，夫　餘 ......................................................... 一四
　五，東沃沮 ......................................................... 一四
　六，挹　婁 ......................................................... 一四
　七，高句麗 ......................................................... 一五
　八，百　濟 ......................................................... 一六
　九，渤　海 ......................................................... 一六
　十，新　羅 ......................................................... 一六
　　（一）新羅王家同姓（血族）婚姻略表如左 ........................... 一六
　　（二）新羅民間婦姻重信義（三則） ................................. 一七
　十一，高　麗 ....................................................... 一九
　　（一）王家血族婚姻 ............................................... 一九
　　（二）王家及宗親文武兩班同性（血族）禁婚 ......................... 二一
　　（三）民間同姓（血族・有服之親）禁婚之法 ......................... 二二
　　（四）高麗王家與蒙古婚姻 ......................................... 二三
　　（五）高麗貢女爲蒙古帝后 ......................................... 二三
　　（六）高麗民女與蒙古人婚姻 ....................................... 二三
　十二，李氏朝鮮 ..................................................... 二四
　　（一）王家及宗親同姓（血族）不婚 ................................. 二四

　　　　（二）人民之間同姓不婚　　　　二四
　　　　（三）尊卑不婚　　　　　　　　二四
　　　　（四）不娶親屬妻妾　　　　　　二五
　　　　（五）同姓異貫에 婚姻相通은 以其根本不相同故라　二五
　　　　（六）同姓異貫에 禁止婚娶라　　二七
　　　　（七）同姓異貫에 禁婚不實行이라　二七
　　　　（八）異姓同貫에 亦不相婚은 本是同根故라　二八
　　　　（九）異姓異貫에 亦不婚嫁는 本是同根故라　二八
　　　　（十）異姓之親에 亦不宣婚이라　二八
　　　　（十一）母族不婚　　　　　　　二九
　　　　（十二）李朝最後婚姻條例　　　三〇
第三章　李朝王家婚姻之制　　　　　　　三一
　　一, 揀　擇　　　　　　　　　　　　三一
　　二, 親　迎　　　　　　　　　　　　三二
第四章　民庶婚制　　　　　　　　　　　三四
　　一, 變男歸女家之俗而行親迎之禮　　三四
　　二, 四禮便覽婚禮條　　　　　　　　三七
　　三, 婚姻四柱及擇日單子式　　　　　三八
　　四, 婚書式　　　　　　　　　　　　三九
　　　　（一）五禮儀婚書式　　　　　　三九
　　　　（二）破格婚書　　　　　　　　三九
　　五, 婚行威儀　　　　　　　　　　　四〇
　　六, 婚禮交拜　　　　　　　　　　　四〇
　　七, 同牢宴之古禮　　　　　　　　　四〇
　　八, 附參考 儒學者家庭婚禮始終一通　四一
　　九, 婚姻六禮　　　　　　　　　　　四二
　　十, 打對徵　　　　　　　　　　　　四三
　　十一, 醮之意義　　　　　　　　　　四三
　　十二, 守新房　　　　　　　　　　　四四
　　十三, 覽寢宴及打足掌　　　　　　　四五
　　十四, 新嫁娘　　　　　　　　　　　四八

|  |  |  |
|---|---|---|
| 十五, 新嫁娘之不自由 | | 四八 |
| 第五章　宗教的婚禮式 | | 四九 |
| 一, 基督教信徒婚禮式 | | 四九 |
| 二, 佛式花婚法 | | 五一 |
| 三, 社會志士改良婚禮式 | | 五三 |
| 第六章　婚姻論財 | | 五三 |
| 第七章　早婚及婚齡 | | 六一 |
| 第八章　人民婚娶階級觀念 | | 六二 |
| 第九章　婚姻拘忌 | | 六四 |
| 一, 男女卜命 | | 六四 |
| 二, 男女宮合 | | 六四 |
| 三, 合婚閉開法 | | 六五 |
| 四, 男女元辰拘忌 | | 六五 |
| 五, 五行相克拘忌 | | 六六 |
| 六, 廚堂煞拘忌 | | 六七 |
| 第十章　離婚出妻 | | 六七 |
| 一, 國法無出妻之文 | | 六七 |
| 二, 離婚條件特請王命 | | 六八 |
| 三, 事情罷議及割給休書 | | 六九 |
| 四, 疎薄不相見 | | 七〇 |
| 第十一章　在喪中者不許婚嫁 | | 七〇 |
| 第十二章　法禁再嫁 | | 七一 |
| 第十三章　守　寡 | | 七七 |
| 一, 兩班寡婦 | | 七七 |
| 二, 常民寡婦 | | 七九 |
| 三, 妻　寡 | | 七九 |
| 四, 未成婚而終身守寡 | | 八〇 |
| 第十四章　畜妾之俗 | | 八二 |
| 一, 高句麗人有婢妾 | | 八三 |
| 二, 新羅眞骨畜妾 | | 八三 |
| 三, 高麗貴官畜妾 | | 八三 |

　　　　四，李朝人士之畜妾　　　　　　　　八五
　　　　五，妾有階級　　　　　　　　　　　八六
　　　　六，附妾子孫　　　　　　　　　　　八七
　　　　　（一）防塞庶孽之動機及成典　　　八七
　　　　　（二）法典上妾子孫　　　　　　　八七
　　　　　（三）家庭之內階級惡法　　　　　八八
第十五章　朝鮮女界妬婦奇談　　　　　　　　八九
　　　　一，判官使令　　　　　　　　　　　八九
　　　　二，完伯夫人　　　　　　　　　　　八九
　　　　三，趙泰億夫人　　　　　　　　　　八九
　　　　四，柳忠弘夫人　　　　　　　　　　九〇
　　　　五，金判院夫人　　　　　　　　　　九〇
　　　　六，崔雲海夫人　　　　　　　　　　九一
第十六章　朝鮮婦女產育雜俗　　　　　　　　九一
　　　　一，朝鮮人之嗣續觀念　　　　　　　九一
　　　　二，懷胎說夢　　　　　　　　　　　九一
　　　　三，胎中占驗　　　　　　　　　　　九二
　　　　四，產婦必食白飯藿湯 三椀飯羹先祭胎神　九三
　　　　五，儉繩懸扉　　　　　　　　　　　九三
　　　　六，止兒啼法　　　　　　　　　　　九三
第十七章　女子權利・名號及地位階級　　　　九四
　　　　一，朝鮮女子起名習慣　　　　　　　九四
　　　　二，朝鮮女子俗常稱號　　　　　　　九六
　　　　三，夫君之稱號從婦家（妻家）地名　九六
　　　　四，對妾之稱　　　　　　　　　　　九七
　　　　五，對婢之稱　　　　　　　　　　　九七
　　　　六，內外命婦之稱號　　　　　　　　九八
　　　　七，朝鮮女子戶籍上名稱　　　　　　九八
　　　　八，鄉紳之妻　　　　　　　　　　　一〇〇
第十八章　朝鮮女子服裝制度　　　　　　　　一〇一
　　　　一，襪時女裝　　　　　　　　　　　一〇一

二, 高句麗女裝　　　　　　　　　　一〇一
　　　三, 百濟女裝　　　　　　　　　　　一〇一
　　　四, 新羅女裝　　　　　　　　　　　一〇一
　　　五, 高麗女裝　　　　　　　　　　　一〇三
　　　六, 李朝女裝　　　　　　　　　　　一〇四
第十九章　朝鮮女人喪服等級　　　　　　　一一〇
第二十章　禁閑婦女儒教之制　　　　　　　一一二
　　　一, 爲宮室辯內外　　　　　　　　　一一二
　　　二, 婦女內外法　　　　　　　　　　一一七
　　　三, 簾帽蔽面　　　　　　　　　　　一一八
　　　四, 羅兀蔽面　　　　　　　　　　　一一八
　　　五, 屋轎・長衣　　　　　　　　　　一一八
　　　六, 禁婦女觀戲　　　　　　　　　　一一九
　　　七, 禁婦女上寺　　　　　　　　　　一一九
　　　八, 女子開放現今狀態　　　　　　　一二〇
第二十一章　朝鮮婦女年中行事　　　　　　一二〇
　　　一, 洪錫謨編　東國歲時記　　　　　一二〇
　　　二, 申光洙撰　關西樂府　　　　　　一二一
　　　三, 成倪撰　慵齋叢話　　　　　　　一二一
　　　四, 金邁淳撰　洌陽歲時記　　　　　一二一
　　　五, 柳得恭撰　京都雜誌　　　　　　一二二
第二十二章　朝鮮女子勞力働作　　　　　　一二二
　　　一, 韓濊時女紅一斑　　　　　　　　一二二
　　　二, 新羅時代女子織作　　　　　　　一二二
　　　三, 高麗時代女工品　　　　　　　　一二三
　　　四, 李朝時代女工品　　　　　　　　一二三
　　　　（一）棉布之女工　　　　　　　　一二四
　　　　（二）蠶繭之女工　　　　　　　　一二六
　　　　（三）麻布之女工　　　　　　　　一二八
　　　　（四）苧布之女工　　　　　　　　一二八
　　　五, 農事上女子働作　　　　　　　　一二九

六, 婦女市販　　　　　　　　　　一二九
　　　七, 婦女舂役　　　　　　　　　　一二九
　　　八, 婦女擣衣　　　　　　　　　　一三〇
　　　九, 海　女　　　　　　　　　　　一三一
　　　　（一）濟州海女　　　　　　　　一三一
　　　　（二）嶺東海女　　　　　　　　一三二
第二十三章　朝鮮婦女知識階級　　　　　一三二
　　　一, 士族婦女之有文識者　　　　　一三三
　　　二, 士族婦女之能解詩詞者　　　　一三八
　　　三, 士族妾室之能作詩詞者　　　　一四六
第二十四章　朝鮮孝女・孝婦　　　　　　一五四
　　　一, 新羅孝女　　　　　　　　　　一五四
　　　二, 李朝孝女孝婦　　　　　　　　一五五
第二十五章　朝鮮烈女　　　　　　　　　一五七
　　　一, 朝鮮古代烈女　　　　　　　　一五七
　　　二, 高句麗烈女　　　　　　　　　一五八
　　　三, 百濟烈女　　　　　　　　　　一五九
　　　四, 新羅烈女　　　　　　　　　　一五九
　　　五, 高麗烈女　　　　　　　　　　一六〇
　　　六, 李朝烈女　　　　　　　　　　一六三
第二十六章　朝鮮女子教育　　　　　　　一六九
　　　一, 諺文以後教化普及　　　　　　一七一
　　　　（一）后妃明鑑仰資啓迪　　　　一七一
　　　　（二）諺文印書以教婦女　　　　一七二
　　　二, 諺文女四書　　　　　　　　　一七二
　　　三, 女子讀本諺文小說　　　　　　一七三
　　　四, 朝鮮女子學校教育　　　　　　一七三


**3 서술敍述과 사관史觀**

저자 이능화는 이 저술에서 사항영역단위事項領域單位 서술법과 시대영역단위時代領域單位 서술법을 아우른 이원적 서술법을 채택하고 있다. 이 방법은 통시적 사실을 총괄해서 이해 전달시키는 데 가장 좋은 방법의 하나이다. 저자는 또 효과적 서술을 꾀하여 대개의 경우 〈전도前導→서술과 고증→의견〉의 삼단전개로 펴나갔다. 저자는 한 민족사항을 서술함에 있어 가끔 전도문前導文을 설정하고 〈이해해야 할 내용이 무엇인가〉 또는 〈왜 그러한가〉에 대한 서설이나 논리전제를 제시했다. 혹 전도없이 바로 서술로 넘어간 대문도 있지만 이 경우 그 서술내용에 서설이나 전제를 자명한 것으로 깔고 나갔다.

이러한 전제를 놓은 다음, 저자는 거의 예외 없이 어떤 민속사항이든 충분한 사료사실을 들어 고증해 가면서 서술하였다. 따지고 보면 이 저술의 명저가치도 이와같은 사료주의史料主義 서술 내지 고증주의考證主義 서술에 있다고 하겠다. 또 저자는 특히 자가自家의 민속적 견해를 피력하거나 사료史料에 비판의 여지가 있을 경우면 〈李能和曰〉하는 자신있는 모두표제冒頭標題를 달고 상당한 분량의 〈의견〉을 개진開陳하되 논리적 필연과 고증에 입각하여 주장하였다. 저자 이능화의 이와 같은 역사서술의 태도는 후대 사학도에 대하여 한 훌륭한 모범이다.

다시, 저자의 위와같은 역사서술의 내면을 살피건대 거기에는 대강 다음과 같은 사관史觀이 서려 있다.

그는 근대사학의 기본 사관인 사실주의사관事實主義史觀에 일단 충실하였다. 그러므로 그는 무엇보다도 신화시대로부터 조선조 말까지의 여속 일반과 그 부대사항을 〈독립된 과거〉로서 재구再構하고자 하는 노력을 보였다. 그렇다고 그의 역사 태도에 〈전개의 개념〉이 무시되었다는 이야기는 아니다. 그는 과거 여속을 현재 여속에 결부시키기보다 상대 여속을 상대 여속으로, 중세 여속을 중세 여속으로, 그리고 근세 여속을 근세 여속으로 되도록 여실만족如實滿足하게 보이고자 하였다.

그는 또 이 저술의 안구按構와 문제제기에 있어 그 바닥에 자각사관自覺史觀의 기조를 깔고 있는 듯이 여겨진다. 그는 결코 어떤 유의 풍속이나 문화에 대하여서도 사실 서술 이상의 비평은 되도록 삼가며 굳이 하지 않았다. 그러나 그 편사編史의 저변에는 〈무엇이 인간사회의 풍속과 관습을 창출하며, 또 무엇이 이미 이루어 놓은 풍속·관습을 바꾸어 나가는가〉에 대한 기본 문제에 자각사관적 조명을 들이대었다. 특히 토착민속과 토착신앙을 상당한 비중으로 다룬 것도 그러하지만 〈우리 민속〉으로 추구하고자 한 〈국학적 자각〉도 그러한 것 같다. 그는 또 민속해석民俗解釋에 있어서 일단 우리에게 수용된 민속인 한, 그것이 고유적이건 외래적이건 그것을 자각과정自覺過程의 중요한 결과문화結果文化로 파악하고자 하였다.

다음으로 이 저술을 바닥에서 통제하고 있는 것은 그의 민속사관民俗史觀이다. 민속의 연구는 19세기 말부터의 일로 그전에는 역사외적·문화외적 사실로 보았었다. 그러나 저자는 역사가 놓치기 쉬운 이러한 생활문화·풍속문화 내지 하층문화를 중요한 문화가치로 인식하고 거기에 사史를 성립시키고자 한 것은 분명히 선구적이다.

이상의 세 사관이야말로 이능화 사학史學의 근간이다.

## 4 문체文體

이미 한문현토문장漢文懸吐文章은 오늘의 글에는 없다. 그러나 이런 유의 문장이 우리의 근대문장의 바닥에 깔려 있다는 사실만은 아무도 부인할 수가 없다. 한문이 우리나라에 들어온 지도 장장 2천 년이 넘는 만큼 한자漢字로서의 글자 그 자체는 고유한 것이지만 그 독음讀音과 독법讀法만은 그 시대시대의 우리 말소리와 우리 말틀에 의해 제한을 받으며 읽혀왔다. 말하자면 한문현토란 이와같은 상충에 대한 한 조합調合의 형식으로 이루어진 것이다. 같은 한문문장을 놓고 보더라도 우리나라에서 읽는 독음과 독법, 중국에서 읽는 독음과 독법, 일본에서 읽는 독음과 독법이 다르다. 이렇듯 같은 한문 사용 국가간에 있어서 동일한 한자 본문이 각각 다른 소리와 다른 짜임으로 읽힌다는 것은 매우 흥미있는 일로서 동양사회에 한문이 어떻게 수용되었으며, 얼마나 넓고 깊게 쓰여졌는가 하는 저간의 사정을 잘 말해 준다.

우리나라는 예로부터 한자漢字뿐만 아니라 한문 문장을 그대로 써오면서 구결口訣이나 이두吏讀를 발전시켜 독법과 기사記寫에 응용하다가 이것을 대담하게 확대시켜 실용화한 것이 곧 한문현토의 문장이다.
 지은이는 이 저술에서 자설自說은 물론 상당한 양의 인용문을 전부 현토하여 우리의 한문 해독을 이끌어 주었다. 그러나 현토가 근본적으로 한문 본문에 대하여 편의적인 것이라고 할 때 그것이 과연 우리 말결과 어느 정도로 맞으며 또 어느 정도로 맞지 않는 것일까. 먼저 다음에 예문을 든다.

□ 인용문현토례引用文懸吐例
1. 公主, 養飼甚動ᄒᆞ야馬日肥日壯이러라.《三國史記》
2. 婚禮는 三綱之本이오 正始之道라.《春官通考》
3. 王妃冠服이 自大明而來ᄒᆞ니宮中이不知被荷之術이라.《靑莊館全書》
4. 蓋上古에庶人은無姓ᄒᆞ고唯分土封國者는 錫之以生ᄒᆞ니然後에有姓ᄒᆞ니라.《磻溪隨錄》
5. 大哉라乾元이여萬物이資始ᄒᆞ니乃健統天이오至哉라坤元이여萬物이資生ᄒᆞ니乃順承天이라.《周易》
6. 東方士族婦女出外에皆以皂羅蒙首ᄒᆞ야圓笠四垂尺餘而戴之ᄒᆞ니所以擁蔽其面이라蓋唐羃羅帳昌之遺制오或謂之蓋頭라.《諛聞瑣錄》
7. 試以臆意揣之컨대君所에는無私諱라然而本國舊俗에優假婦人ᄒᆞ야凡於上言에皆用圖書ᄒᆞ니已非古法이온況降至庶女ᄒᆞ야何敢稱氏리오.《白沙集》

□ 자설문현토례自說文懸吐例
1. 儒家之謂에 曰非禮勿視라ᄒᆞ니 李朝以來로山臺雜戱는 爲外使供觀覽而不與於 六藝之別이라故로 有禁儒生觀戱之法禁이온況於婦女乎아. (제20장 6절 禁婦女觀戱)
2. 此等紳士는於社會에爲最高地位ᄒᆞ고 鄕紳之妻도亦自最高ᄒᆞ야受人尊敬ᄒᆞ니若曰座首宅學長宅則凡在公會席上에必佔上首ᄒᆞ야妻以夫榮이라. 故로爲鄕紳妻者…勞力紡績ᄒᆞ야積財聚錢ᄒᆞ야資其夫運動費ᄒᆞ야 使之圖得座首學長之任ᄒᆞ니蓋虛榮心所使然也라.(제17장 8절 鄕神之妻)

위의 현토례를 문형文型으로 보건대
1 ~은 ~이니 ~이라
　~이 ~ᄒ니 ~이러라
2 ~은 ~으로 ~ᄒ니 ~이라
　~이 ~ᄒ야 ~ᄒ야 ~ᄒ야 ~ᄒ리아
3 ~이 ~인 ~ᄒ고 ~ᄒ야 ~ᄒ리오
한 비교적 단순한 유형의 것과,
4 ~이 ~에 ~ᄒ야 ~이온 ~ᄒ야 ~이리오
5 ~이오 ~을
　~ᄒ니 ~을
6 ~은 ~이오 ~은 ~이라
　~ᄒ나 ~라가 ~ᄒ고 ~ᄒ니라
한 비교적 복잡한 유형의 것으로 되어 있다.

　이상에서 본 현토문이 대부분의 경우는 고유한 우리말인 현토와 한문인 본문의 문맥이 그 나름대로 이루어 가진 격식에 맞지만, 간혹 그 사이에 불일치不一致가 관습적으로 허용된 사정을 발견하게 된다. 이와 같은 사실은 현토가 근본적으로 한문에 대하여 편의적인 것이기 때문이다. 현토문 이해에 있어서 중요한 것은, 우리말 현토에 너무 문법적 의미를 주지 말고 서법叙法·태態·시상時相의 상합相合 등을 한문의 본문 수준에서 찾도록 해야 할 것이다.

　예로부터 문체의 문제는 문장 이해의 중요한 사항으로 파악되어『문장은 체를 으뜸으로 삼는다 文章以體爲先』든가 또는『체는 글의 줄기요, 뜻은 글의 임자요, 기운은 글의 날개요, 어시語詞는 글의 꽃이다 體者文之幹也 意者文之帥也 氣者文之翼也 詞者文之華也』(文體明辯)라고 하였다. 그렇다면 한문 현토문에도 줄기가 있고 임자가 있고 기운이 있으며 날개가 있고 꽃이 있을 것이다. 만일 조심스럽게 한문현토문장에 접근한다면 거기서 능히 그 단단한 줄기와 함축적인 의미내용, 도도히 흐르는 문세文勢, 번뜩이는 날개, 그윽한 내음의 꽃을 찾을 수 있다.

## 5 인용문헌

이 저술에는 다음과 같은 국내외 사서·문집·논저 중의 관계 여속기록이 발췌인기拔萃引記되어 있다.

| | |
|---|---|
| 《경국대전經國大典》 | 최항崔恒 등 |
| 《경독기耕讀記》 | 김화金華 |
| 《경잠도耕蠶圖》 | 현종어제顯宗御製 |
| 《경직도耕織圖》 | 영조어제英祖御製 |
| 《계서야담溪書野談》 | 이희준李羲準 |
| 《고려사高麗史》 | 정인지鄭麟趾 |
| 《고사촬요攷事撮要》 | 어숙권魚叔權 |
| 《골계집骨稽集》 | 서거정徐居正 |
| 《공사견문록公私見文錄》 | 정재륜鄭載崙 |
| 《관서악부關西樂府》 | 신광수申光洙 |
| 《기문익점비각기文益漸碑閣》 | 이황李滉 |
| 《눌재집訥齋集》 | 양성지梁誠之 |
| 《대동시선大東詩選》 | 편자부전編者不傳 |
| 《대동운부군옥大東韻府群玉》 | 권문해權文海 |
| 《대전회통大典會通》 | 조두순趙斗淳 |
| 《대전통편大典通編》 | 김치인金致仁 |
| 《동각잡기東閣雜記》 | 이정형李廷馨 |
| 《동경통지東京通誌》 | 민주면閔周冕 |
| 《동계잡록東溪雜錄》 | 우복룡禹伏龍 |
| 《동계집東溪集》 | 박태순朴泰淳 |
| 《동국사략東國史略》 | 권근權近 |
| 《동국세시기東國歲時記》 | 홍석모洪錫謨 |
| 《동국여지승람東國輿地勝覽》 | 양성지梁誠之 |
| 《동국이상국집東國李相國集》 | 이규보李奎報 |
| 《동국통감東國通鑑》 | 서거정徐居正 |
| 《동문선東文選》 | 서거정徐居正 |

| | |
|---|---|
| 《동사강목東史綱目》 | 안정복安鼎福 |
| 《동소만록東巢漫錄》 | 남하정南夏正 |
| 《동유사우록東儒師友錄》 | 박세채朴世采 |
| 《동환봉사東還封事》 | 조헌趙憲 |
| 《매산집梅山集》 | 홍직필洪直弼 |
| 《목은집牧隱集》 | 이색李穡 |
| 《무릉잡고武陵雜稿》 | 주세붕周世鵬 |
| 《문소만록聞韶漫錄》 | 윤국소尹國韶 |
| 《문헌비고文獻備考》 | 홍문관弘文館 |
| 《미암집眉巖集》 | 유희춘柳希春 |
| 《반계수록磻溪隨錄》 | 유형원柳馨遠 |
| 《백사집白沙集》 | 이항복李恒福 |
| 《번암집樊巖集》 | 채제공蔡濟恭 |
| 《보한집補閑集》 | 최자崔滋 |
| 《부의婦儀》 | 이덕무李德懋 |
| 《북관지北關志》 | 이단하李端夏 |
| 《북학의北學議》 | 박제가朴齊家 |
| 《사례편람四禮便覽》 | 이제李縡 |
| 《삼국사기三國史記》 | 김부식金富軾 |
| 《삼국유사三國遺事》 | 일연一然 |
| 《삼봉집三峯集》 | 정도전鄭道傳 |
| 《삼우당선생신도비명三友堂先生神道碑銘》 | 이이李珥 |
| 《상변례통고常變禮通考》 | 유장원柳長源 |
| 《석담일기石潭日記》 | 이이李珥 |
| 《석보상절釋譜詳節》 | 수양대군首陽大君 |
| 《송자대전宋子大全》 | 송시열宋時烈 |
| 《속몽구續蒙求》 | 유희춘柳希春 |
| 《송와잡설松窩雜說》 | 이기李墍 |
| 《수산집修山集》 | 이종휘李鍾徽 |
| 《식소록試小錄》 | 허균許筠 |
| 《신여자보감新女子寶鑑》 | 김원근金瑗根 |

| | |
|---|---|
| 《아언각비雅言覺非》 | 정약용丁若鏞 |
| 《어우야담於于野談》 | 유몽인柳夢寅 |
| 《약파만록藥坡漫錄》 | 이희령李希齡 |
| 《여유당집與猶堂集》 | 정약용丁若鏞 |
| 《연려실기술燃藜室記述》 | 이긍익李肯翊 |
| 《연암집燕巖集》 | 박지원朴趾源 |
| 《열부정려기烈婦旌閭記》 | 홍양호洪良浩 |
| 《열양세시기列陽歲時記》 | 김매순金邁淳 |
| 《오주연문장전五洲衍文長箋》 | 이규경李圭景 |
| 《옥당답자玉堂剳子》 | 이수광李睟光 |
| 《완서잡기宛書雜記》 | 심방沈榜 |
| 《용재총화慵齋叢話》 | 성현成俔 |
| 《우계집牛溪集》 | 성혼成渾 |
| 《우복집愚伏集》 | 정경세鄭經世 |
| 《월인석보月印釋譜》 | 세조世祖 |
| 《월정만필月汀漫筆》 | 윤근수尹根壽 |
| 《유문쇄록諛聞瑣錄》 | 조신曺伸 |
| 《음애잡기陰崖雜記》 | 이자李耔 |
| 《이계집耳溪集》 | 홍양호洪良浩 |
| 《일사유록逸事遺錄》 | 장지연張志淵 |
| 《일하구문日下舊聞》 | 주석창朱錫鬯 |
| 《전율통보典律通報》 | 구윤명具允明 |
| 《조야첨재朝野僉載》 | 윤득운尹得運 |
| 《주영편晝永編》 | 정동유鄭東愈 |
| 《중경지中京志》 | 김이재金履載 |
| 《중봉집重峯集》 | 조헌趙憲 |
| 《지봉유설芝峯類說》 | 이수광李睟光 |
| 《청장관전서青莊館全書》 | 이덕무李德懋 |
| 《체소집體素集》 | 이춘영李春英 |
| 《춘관통고春官通考》 | 이맹휴李孟休 |
| 《팔송봉사八松封事》 | 윤황尹煌 |

| | |
|---|---|
| 《팔역지八域志》 | 이중환李重煥 |
| 《패관잡기稗官雜記》 | 어숙권魚叔權 |
| 《편년통록編年通錄》 | 김관의金寬毅 |
| 《평론平論》 | 이긍익李肯翊 |
| 《탄옹집炭翁集》 | 권사權諰 |
| 《하담록荷譚錄》 | 김시양金時讓 |
| 《해동야언海東野言》 | 허봉許篈 |
| 《해동역사海東譯史》 | 한치윤韓致奫 |
| 《형법대전刑法大典》 | 법부法部 |
| 《후청쇄어候鯖瑣語》 | 이제신李濟臣 |
| 《호산외사壺山外史》 | 조희룡趙熙龍 |
| 《회은집晦隱集》 | 남학명南鶴鳴 |
| 《흠흠신서欽欽新書》 | 정약용丁若鏞 |
| 《희조일사熙朝逸事》 | 이경민李慶民 |
| 《계림유사鷄林遺事》 | 손목孫穆 |
| 《고려도경高麗圖經》 | 서긍徐兢 |
| 《구당서舊唐書》 | 유구劉昫 |
| 《금사金史》 | 탁극탁托克托 |
| 《대대례大戴禮》 | 대덕戴德 |
| 《대명률大明律》 | 고사경해高士褧解 |
| 《맹자孟子》 | 맹자문하孟子門下 |
| 《북사北史》 | 이연수李延壽 |
| 《산해경山海經》 | 백익伯益 |
| 《삼국지三國志》 | 진수陳壽 |
| 《설문해자說文解字》 | 허신許愼 |
| 《송사宋史》 | 탁극탁托克托 |
| 《수경주水經註》 | 역도원酈道元 |
| 《수서隋書》 | 위징魏徵 |
| 《신당서新唐書》 | 구양수歐陽修 |
| 《신서新序》 | 유향劉向 |
| 《양서梁書》 | 요사렴姚思廉 |

| | |
|---|---|
| 《예기禮記》 | 한대유자漢代儒者 |
| 《위서魏書》 | 위수魏收 |
| 《조선부朝鮮賦》 | 동월董越 |
| 《좌전左傳》 | 좌구명左丘明 |
| 《주서周書》 | 영호덕분令狐德棻 等 |
| 《주자가례周子家禮》 | 주희朱熹 |
| 《진서晋書》 | 방현령房玄齡 |
| 《천기대요天機大要》 | 임소주林紹周 |
| 《춘추春秋》 | 노사관魯史官 |
| 《한서漢書》 | 반고班固 |
| 《후주서後周書》 | 영호덕분令狐德棻 等 |
| 《후한서後漢書》 | 유소劉昭 |
| 《대방광불화엄경大方廣佛華嚴經》 | 한문역漢文譯 |
| 《Pauvere et Douce Corrée》 | Du croq |
| 《遊濟州有記》 | 和田一郎 |
| 《朝鮮文化史》 | 青柳南冥 |
| 《清朝全史》 | 稻葉君山 |

## 6 맺음

앞에서 저술《朝鮮女俗考》의 기본 성격·저자의 개인사個人史와 학문, 그리고《朝鮮女俗考》의 내용편제를 보고, 사서史書인 까닭에 서술형식과 사관史觀의 문제도 고찰하였으며 그 서술한 현토문장의 조건과 방대한 인용문헌에 대하여 두루 살폈다. 그 추요를 맺어 말하면 다음과 같다.

1.저자 이능화는 조선왕조의 후예로 소년기에는 왕정참여王政參與의 영광을 꿈꾸며 한문 수학에 힘쓰다가, 20대 초 청년기에 이르러 중국세력에 못지않은 구미세력이 동양으로 진출해 오매, 고종 24년 결연히 구학문을 중단하고 외학外學 연구에 전신轉身하였으되 그 태도는 외세영합적 성질의 것이 아니라 개명적開明的·민족진취적 각성의 행동이

었다고 생각된다.

1. 융희 4년(1910) 한일합병이 되어, 1911년에 앞서의 학구學究와 교육도장이었던 관립한성외국어학교가 폐쇄되자 이를 계기로 40대 장년기를 맞은 저자 이능화는 외학에서 국학으로 학문 방향을 크게 전환시켰다. 이 저술 《朝鮮女俗考》는 그 결과 집필 출간된 그의 중요한 학적 노작學的勞作의 하나이다.

1. 저자 이능화는 19세기 말부터 20세기 초두의 다른 석학들이 학자이고, 사상가이고, 운동가이었던 것과는 아주 달리 철저한 학자였다. 그는 외적外的 행동가이기보다 내적內的 저항가였다고 생각된다. 그가 다른 동시대 학자들보다도 가장 크게 한국 국학 건설에 공헌한 것도 이 때문이었다.

1. 이 저술 《朝鮮女俗考》의 문헌상·서지상의 가치는 내용으로서는 한국특수사 분야의 중요한 개척이라는 데에 있고, 또 그 문헌적 방법과 체제가 선구적이고 본격적인 데에 있다.

1. 특히 이 저술에서,

(1) 한국문화의 주체적 파악을 전제로 〈제도문화〉에 대한 〈생활문화〉로서의 민속을 자각과 의식으로써 발굴하여 그것을 전적인 가치적 내용으로 잡았고,

(2) 민속 해석에 있어 〈위로부터〉의 문화로서가 아니라 〈아래로부터〉의 문화 결과로 고구考究 정리하고자 하였다.

(3) 그러면서 이 저술이 간행된 1920년대 후기의 독립을 바라보는 민족사적 시류·사회의 지향指向을 배경으로 한 〈대일본對日本〉으로서의 〈자조선自朝鮮〉이라는 사적史的·문화적 자기의식을 깔고 한국과 한국민족의 문화적 자재自在를 담담하게 논구論究하였다.

1. 이로써 한국 고대·중세·근세의 여성사회를 중심으로 한 민속적 생활문화의 내포와 외연을 총괄 집성하여 그 정신적·문화적·생활적 의미를 찾아세웠다.

## 凡 例

　1.이 역본譯本의 원본은 李能和 著《朝鮮女俗考》이다. 1927년 한남서림·동양서원 공동 발행.

　1.옮김에 있어 되도록 한문현토문장漢文懸吐文章의 특징문세特徵文勢를 살리려 하였다.

　1.한자어漢字語는 원칙적으로 독음만으로 적거나 독음표기와 한자漢字 표기를 아울러 적는 두 가지 방식을 취하였다. 그러나 아주 일반적이거나 아주 특수한 것은 한자 표기만을 적은 것도 있다.

　1.역본의 체제를 원본의 체제와 같이 하되, 부문의 협주挾註는 따로 뽑아 장章의 끝에 옮겼고, 가로쓰기로 바꾸었다.

　1.본문 중의 〈朝鮮〉은 그대로 〈조선朝鮮〉으로 〈李朝〉는 〈조선조朝鮮朝〉로 바꾸었다.

　1.주註는 주로 난해어구難解語句를 장의 말미에 달았고 서명書名과 인명人名은 〈해제〉의 〈인용문헌〉 조에 묶어 보였다. 관명官名·지명地名 등에 대한 주는 아주 오래된 것 이외는 생략하였다.

目次

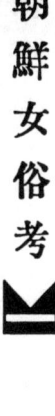

# 朝鮮女俗考

## 目次

### 제1장 조선 유래의 신화적 혼구婚媾 등설 · 039

1. 개설
2. 천제天帝의 아들 환웅桓雄이 웅녀를 취한 설과 단군이 하백河伯의 딸을 취한 설
3. 천제의 아들 해모수가 하백의 딸을 취한 설
4. 탐라국 세 신인神人이 세 일본왕녀를 취한 설
5. 금강산 초부樵夫가 우의천녀羽衣天女를 취한 설
6. 법우화상法祐和尙이 성모천왕聖母天王을 취한 설
7. 박혁거세가 알영후閼英后를 취한 일
8. 수로왕이 인도공주를 취한 일
9. 백제 무왕武王 지智가 신라공주를 취한 일
10. 김문희金文姬가 꿈을 사서 김춘추에게 시집간 일
11. 성골장군聖骨將軍이 구룡산신녀九龍山神女를 취한 일
12. 진의辰義가 꿈을 사서 당천자唐天子에게 시집간 일
13. 작제건作帝建이 서해용녀西海龍女를 취한 일
14. 고려 세조世祖가 몽부인夢夫人을 취한 일

### 제2장 역대 여속女俗 및 통혼족류通婚族類 · 069

1. 기자조선箕子朝鮮
2. 예濊
3. 삼한三韓
4. 부여扶餘
5. 동옥저東沃沮
6. 읍루挹婁
7. 고구려高句麗
8. 백제百濟
9. 발해渤海
10. 신라新羅
11. 고려高麗
12. 조선조朝鮮朝

### 제3장 조선조 왕가의 혼인제도 · 111

1. 간택揀擇
2. 친영親迎

### 제4장 민서혼제民庶婚制 · 119

1. 남귀여가지속男歸女家之俗을 바꾸어 친영지례親迎之禮를 행하다

2 사례편람四禮便覽 혼례조婚禮條
　　3 혼인사주婚姻四柱 및 택일단자식擇日單子式
　　4 혼서식婚書式
　　5 혼행위의婚行威儀
　　6 혼례교배婚禮交拜
　　7 동뢰연同牢宴의 고례古禮
　　8 유학자儒學者 가정의례 시종일통始終一通
　　9 혼인육례婚姻六禮
　　10 타봉징打封徵
　　11 초례醮의 의의意義
　　12 수신방守新房
　　13 남침연람寢宴 및 타족장打足掌
　　14 신가랑新嫁娘
　　15 신가랑의 부자유不自由

제 5 장　종교적 혼례식　　　　　　　　　163
　　1 기독교신도 혼례식
　　2 불식佛式 화혼식花婚式
　　3 사회지사社會志士의 개량혼례식改良婚禮式

제 6 장　혼인논재婚姻論財　　　　　　　　173

제 7 장　조혼早婚 및 혼령婚齡　　　　　　193

제 8 장　인민혼취人民婚娶의 계급관념　　197

제 9 장　혼인구기婚姻拘忌　　　　　　　　203
　　1 남녀복명男女卜命
　　2 남녀궁합男女宮合
　　3 합혼폐개법合婚閉開法
　　4 남녀원진구기男女元辰拘忌
　　5 오행상극구기五行相克拘忌
　　6 주당살구기廚堂煞拘忌

제10장　이혼출처離婚出妻　　　　　　　　215
　　1 국법國法에 출처出妻의 문문은 없다
　　2 이혼조건에 왕명王命을 특청特請
　　3 사정파의事精罷議·할급휴서割給休書
　　4 소박불상견疎薄不相見

제11장  재상중자在喪中者 혼가불허婚嫁不許　　225

제12장  법으로 재가再嫁를 금하다　　229

제13장  수과守寡・수절守節　　243
    1 양반과부兩班寡婦
    2 상민과부常民寡婦
    3 첩과妾寡
    4 미성혼녀未成婚女의 종신수과終身守寡

제14장  축첩蓄妾의 풍습　　253
    1 고구려인의 비첩婢妾
    2 신라 진골眞骨의 축첩
    3 고려 귀관貴官의 축첩
    4 조선조 인사人士들의 축첩
    5 첩유계급妾有階級
    6 첩자손妾子孫

제15장  조선여계朝鮮女界 투부기담妬婦奇談　　269
    1 판관사령判官使令
    2 완백부인完伯夫人
    3 조태억趙泰億 부인
    4 유충홍柳忠弘 부인
    5 김판원金判院 부인
    6 최운해崔雲海 부인

제16장  조선부녀朝鮮婦女의 산육잡속産育雜俗　　277
    1 조선인 사속관념嗣續觀念
    2 회태설몽懷胎說夢 — 태몽胎夢
    3 태중점험胎中占驗 — 태점胎占
    4 산부식음産婦食飮과 태신제胎神祭
    5 검승현비儉繩懸扉
    6 지아제법止兒啼法

제17장  여자 권리權利・명호名號 및 지위계급　　287
    1 조선여자의 기명습관起名習慣
    2 조선여자의 상속칭호常俗稱號
    3 부가지명婦家地名에 따른 부군칭호夫君稱號
    4 대첩칭호對妾稱號

　　　　　5  대비칭호對婢稱號
　　　　　6  내외명부內外命婦의 칭호
　　　　　7  조선여자의 호적상 명칭
　　　　　8  향신鄕紳의 처쳐

제 18 장　조선여자의 복장제도　　　　　　　　303
　　　　　1  예濊의 여장女裝
　　　　　2  고구려의 여장
　　　　　3  백제의 여장
　　　　　4  신라의 여장
　　　　　5  고려의 여장
　　　　　6  조선조의 여장

제 19 장　조선여인의 상복喪服 등급　　　　　　327

제 20 장　금폐부녀禁閉婦女의 유교제도　　　　　335
　　　　　1  궁실宮室의 내외변별內外辨別
　　　　　2  부녀내외법婦女內外法
　　　　　3  염모폐면簾帽蔽面
　　　　　4  나올폐면羅兀蔽面
　　　　　5  옥교屋轎・장의長衣
　　　　　6  부녀관희婦女觀戲를 금하다
　　　　　7  부녀상사婦女上寺를 금하다
　　　　　8  여자개방女子開放 현금상태現今狀態

제 21 장　조선부녀의 연중행사　　　　　　　　359
　　　　　1  홍석모洪錫謨 편편《동국세시기東國歲時記》
　　　　　2  신광수申光洙 찬찬《관서악부關西樂府》
　　　　　3  성현成俔 찬《용재총화慵齋叢話》
　　　　　4  김매순金邁淳 찬《열양세시기洌陽歲時記》
　　　　　5  유득공柳得恭 찬《경도잡기京都雜記》

제 22 장　조선부녀의 노력동작勞力動作　　　　367
　　　　　1  한예시대韓濊時代 여공일반女紅一斑
　　　　　2  신라시대 여자의 직작織作
　　　　　3  고려시대 여공품女工品
　　　　　4  조선시대 여공품女工品
　　　　　5  농사상 여자의 동작動作
　　　　　6  부녀시판婦女市販

　　　　　7 부녀용역婦女春役
　　　　　8 부녀도의婦女擣衣
　　　　　9 해녀海女

제 23 장　조선부녀의 지식계급　　　　　　　　　407
　　　　　1 사족부녀士族婦女의 유문식자有文識者
　　　　　2 사족부녀의 능해시사자能解詩詞者
　　　　　3 사족첩실士族妾室의 능작시사자能作詩詞者

제 24 장　조선의 효녀와 효부　　　　　　　　　483
　　　　　1 신라 효녀
　　　　　2 조선조의 효녀·효부

제 25 장　조선의 열녀烈女　　　　　　　　　　　495
　　　　　1 조선 고대의 열녀
　　　　　2 고구려 열녀
　　　　　3 백제 열녀
　　　　　4 신라 열녀
　　　　　5 고려 열녀
　　　　　6 조선조 열녀

제 26 장　조선의 여자교육　　　　　　　　　　　523
　　　　　1 언문 이후의 교화보급
　　　　　2 언문여사서諺文女四書
　　　　　3 여자독본女子讀本 언문소설諺文小說
　　　　　4 조선여자의 학교교육

　　　　　解　題　　　　　　　　　　005
　　　　　凡　例　　　　　　　　　　028
　　　　　目　次　　　　　　　　　　029
　　　　　　　序　　　　　　　　　　037
　　　　　年　譜　　　　　　　　　　540

李能和　先生

## 서序

　　조선에 인구가 2천만이 있어 남녀 각 반수를 차지하니 여자의 수가 1천만 명이 되는 셈이다. 그러니 조선 유사有史 이래, 몇천 년 동안 해마다, 곳곳마다, 시대마다, 집집마다 내려온 수백만 여자들의 사회 풍속을 지금에 와서 어찌 다 상고하리요? 이미 백지와 같거니와, 그래도 몇몇 여성의 절의節義·효열孝烈은 문인의 기록에 산견散見되지만, 일반 여속女俗으로 말하면 절의·효열만큼도 개괄할 수 없는 바이로다. 무릇 생활상의 업무에 딸린 일과 혼가婚嫁상의 예법·습례習例로부터 가정에 있어서의 예의범절·대사회對社會의 지위와 남녀간의 권리·적첩嫡妾의 차별·장속裝束의 제도·유폐상태幽閉狀態·태아의 산육産育·여성 교양·연중행사·항간의 미신 등에 이르기까지 하나도 여속 아닌 것이 없다. 나는 왕년에 미국인 임락지林樂知가 지은 《오주여속통고五州女俗通考》를 읽은 일이 있다. 그런데 조선여속에 이르러서는 다만「아기의 울음을 멈추게 하는데, 괭이가 온다고 으른다」는 말 한 가지뿐이었다. 나는 마음에「조선 인구 중 1천만 명이 여성인데, 그 사회가 지닌 풍속이 어찌 괭이 소리를 내어 아기의 울음을 멈추게 하는 일 한 가지뿐이겠는가」싶었다. 다만 임락지가 외국인이므로 우리의 풍속을 잘 몰라서 그저 전해 들은 한 마디를 적은 것뿐인 줄 안다. 우리에게 조선 여속에 관한 역사서가 없다는 것은 조선 사람의 잘못이니, 어찌 외국 사람을 해괴하다고 탓할 수 있겠는가? 적이 격분되는 바 있었으니, 이것이야말로 내가 《조선여속고朝鮮女俗考》를 엮은 동기다. 그리하여 각 방면으로 사료史料를 수집하였으나 쉽지 않아, 10년의 오랜 세월이 지난 뒤 비로소 책을 이룩하게 되었다. 저술著述로서는 불완전하나 없는 것보다 나을 것이니, 이로써 조선여속사가 백지상태를 면한다면 다행한 일이다. 그리고 간장 단지를 엎어 부스럼에 바른다는 기소譏笑에 이르러서는 돌아볼 겨를이 없다. 이렇게 책머리에 적어 변辯하는 바이다.

병인丙寅 유하榴夏 상한上澣<br>저자 적음

【朝鮮女俗考】

◉ 序

【朝鮮女俗考】

申潤福―美人圖―견본담채―113.9×45.6cm―간송미술관

038

第一章 ◉ 조선 유래의 신화적 혼구婚媾 등설

## 1 개설

세계 각국은 그 고대의 여러 일에 관하여 반드시 신화적 전설을 가지고 있다. 그 전설이 비록 황탄荒誕하기는 하나, 혹은 만민 종교의 믿음으로 삼으며 혹은 한 나라의 역사적 기록으로 삼고 있다. 예를들면 유태의 《구약》〈창세기〉[1]에 『하나님이 천지만물을 창조하고 아담[2]과 이브[3] 두 사람을 합혼合婚케 하니 이것이 인류의 시초니라』고 한 것과 같다.

또 청淸 건륭황제乾隆皇帝의 《흠정만주원류고欽定滿州源流考》에 청조발상사淸朝發詳史를 적되, 그 처음에 『맏이 은고륜恩庫倫·둘째 정고륜正庫倫·막내 불고륜佛庫倫의 세 선녀가 있어 장백산長白山[4]의 천지에서 목욕하더니, 신작神鵲이 붉은 열매를 물고 와서 막내 선녀의 옷 위에 놓으매, 선녀가 그것을 먹고 잉태하여 아기를 낳고, 이름을 포고리옹순布庫里雍順이라 부르니 이분이 만주 청황계淸皇系의 시조니라』운운한 설화와 같다. 그런데 우리가 이런 전설을 사실로 믿고 받들지 않으면서도 말살하려 들지 않는 까닭은 무엇일까. 예로부터 그 나라 백성이 그것을 신성시하였기 때문이다. 우리나라의 고기古記에도 태초부터 신화적 혼구婚媾가 있었다는 전설이 많이 있다. 다음에 그 강목綱目을 적는다.

1. 단군삼세檀君三世(세상에서 이르기를 3신이라고 함) 천제天帝의 아들 환웅桓雄이, 태백산 신단수神壇樹 밑에서 곰이 변하여 된 여자 웅녀熊女와 합혼한 일.

2. 서하西河(鴨綠江) 하백河伯의 딸 유화柳花(하백에게 딸이 셋 있었으니 맏이 유화·둘째가 훤화萱花·막내가 위화葦花이다)와 천제天帝의 아들 해모수解慕漱가 합혼한 일.

3. 탐라국耽羅國(濟州島) 세 신인神人이 일본 왕녀 세 사람과 합혼한 일.

4. 금강산에 우의천녀羽衣天女 셋이 있어, 그 중에 한 천녀가 초부樵夫와 합혼한 일.

5. 지리산 신성모天王神聖母天王이 엄천사嚴川寺 법우화상法祐和尙과 합혼한 일.
6. 신라 시조 혁거세왕赫居世王이 알영후閼英后와 합혼한 일.
7. 가락국駕洛國 시조 수로왕首露王이 인도 아유타국阿踰陀國 공주와 합혼한 일.
8. 고려 왕계高麗王系의 시조 성골장군聖骨將軍이 구룡산신녀九龍山神女와 합혼한 일.
9. 고려 의조懿祖 경강대왕景康大王이 서해용녀西海龍女(元昌王后)와 합혼한 일.
10. 백제 무왕武王(薯童大王)이 신라 선화공주善花公主와 혼인한 일.
11. 신라 태종왕太宗王이 김문희金文姬와 혼인한 일.
12. 고려 진의辰義(貞和王后)가 당唐의 천자와 혼인한 일.
13. 고려 태조太祖가 몽부인夢夫人을 취取한 일.

## 2 천제天帝의 아들 환웅桓雄이 웅녀를 취한 설과 단군이 하백河伯의 딸을 취한 설

《삼국유사》의 기이紀異〈제1 고조선古朝鮮〉(王儉朝鮮) 조에 『위서魏書에 지금부터 2천 년 전에, 단군왕검檀君王儉[5]이 있어, 아사달阿斯達[6]에 도읍하고 나라를 열어 조선이라고 부르니 요堯임금과 같은 때이다. 또, 고기古記에 옛날 하늘의 환국桓國(帝釋)[7]의 서자庶子 환웅桓雄이 천하에 뜻을 두고 인세人世를 탐내므로, 아비가 아들의 뜻을 알아채고 삼위태백三危太伯[8]을 굽어 보니 가히 홍익인간弘益人間[9]할 만하여 천부인天符印[10] 셋을 주어 내려가 다스리게 하였다. 환웅이 3천을 거느리고 태백산太伯山(妙香山)의 신단수神壇樹 밑에 내려와 이곳을 신시神市로 삼았다. 이분을 환웅천왕桓雄天王이라고 하는데, 풍백風伯·우사雨師·운사雲師를 데리고 와서 주곡主穀·주명主命·주병主病·주형主刑·주선악主善惡 등 무릇 인간 3백60여 가지 일을 주관케 하였다. 이때 한 곰과 한 범이 같은 굴에 살면서, 신웅神雄에게「사람이 되게 하여지이다」하고 빌었으므로 신웅이 신령한 쑥〔艾〕한 묶음과 마늘

〔蒜〕스무 개를 주며「너희들이 이것을 먹고, 백 일 동안 햇빛을 보지 않으면 사람이 되리라」고 하였다. 곰과 범이 다 이것을 먹었으나, 곰은 21일을 잘 금기禁忌하여 여자가 되었고 범은 금기하지 못하여 사람이 될 수 없었다. 웅녀가 더불어 혼인할 사람이 없어 늘 단수壇樹 밑에 가서「잉태하여지이다」주원呪願하더니, 환웅이 가화假化하여 혼인하매 아들을 낳고, 이름을 단군왕검檀君王儉이라 하였다. 요堯임금[11] 즉위, 50년 경인[12]에 평양성에 도읍하고 처음으로 국호國號를 조선朝鮮이라 불렀다. 고구려기高句麗記·단군기檀君記에도「단군이 하백河伯의 딸을 친히 취하여 아들을 낳으니 이름을 부루夫婁라고 한다」는 글이 있다』고 하였다.

이에 대하여 이능화李能和는 다음과 같이 주장한다. 고조선 단군의 일에 대한 내외 학자의 말살론抹殺論이 그들의 저서에 많이 보이며 잡지 속에서도 그러하다. 단군의 기사는 고려 중엽부터 역사가들이 위서魏書와 고기古記에서 인용하여, 단군왕검이 조선의 개국시조임을 증證하였으므로, 이조 5백 년 동안에도 단군을 동방의 개국지조開國之祖로 신봉하여,《동국사략東國史略》《역조실록歷朝實錄》《문헌비고文獻備考》등 관찬서官撰書 중에 대서특필하였다.

이러한 인연으로써, 조선 사람이 다 머리속에 단군을 우리나라의 개국조상으로 여기니, 드디어 바꿀 수 없는 신조가 되었다. 곧 단군을 말살하려 한들 어찌 말살할 수 있겠는가. 조선 사람이 가지고 있는 단군을 말살하려는 것은 흡사 기독교인에게 하나님의 창조사創造事를 황탄불경荒誕不經한 거짓말이라고 하고 만주 사람에게 천지 삼선녀三仙女의 일을 허무맹랑한 위설僞說이라고 하여, 모든 기독교인을 분노케 하고 모든 만주인에게 악감惡感을 줌과 같으리라. 이와같이 단군 말살론에 대한 조선 사람의 생각에도, 조선 사람에 대한 모욕으로 여기고 분노하며 싫어할 것이다. 그러므로 조선 사람이 지닌 단군을 말살하려면 세계 각국의 개국시조를 일괄해서 말살한 연후가 아니고서는 있을 수 없는 일이다.

청류남명青柳南冥 씨가 저술한《조선문화사朝鮮文化史》에『내가 일본고사日本古史를 상고컨대 이즈모족〔出雲族〕과 한족韓族과는 형제처럼 밀접한 관계를 가지고 교류하였음이 분명하다. 곧 스사노오 노미꼬도素戔雄尊가 그의 아들 이소노다께 노미꼬도五十猛命를 데리고 네노구니根國에 도항渡航하여 소시모리曾尸茂梨의 땅에 살았다고 하였으니 네노구니는 모국의 뜻이고, 소시모리의 땅은 지금의 강원도 춘천春川이다. 또 고사古史에 이소노다께 노미꼬도의 모친이 웅인종熊人種이었다고 한 것을 보니, 일본민족과 한민족과의 태고사太古史가 점점 명료해지지 않는가』 운운하였다. 나는 이 대문을 읽다가 특히 이소노다께 노미꼬도 모친을 웅인종으로 설명한 것에 흥미가 생겼다. 그리하여 고대문화가 서로 상통하였던 흔적과 그 선후관계를 분명히 하기 위하여 후일後日 일본과 조선의 고사古史를 연구할까 한다.

### 3 천제의 아들 해모수가 하백의 딸을 취한 설

《동국이상국집東國李相國集》〈동명왕편서東明王篇序〉에 이르기를

옛《삼국사기三國史記》〈동명본기東明本紀〉에 부여왕夫餘王 해부루解夫婁가 늙도록 아들을 두지 못하여 산천에 제사를 올리며 후사를 점지해 주십사 빌었더니, 타고 온 말이 곤연鯤淵에 가 큰 돌을 보고 눈물을 흘렸다. 왕이 괴이하게 여기고 사람을 시켜 그 돌을 쓰러뜨리니, 금빛 개구리 모양의 어린애가 있었다. 왕은 하늘이 내린 아들이라고 이를 거두어 기르니, 금와金蛙라 이름하고 태자로 세웠다.

그의 정승 아란불阿蘭弗이 해부루解扶婁에게 어느날 천신이 내려와 자기에게 이르기를 「장차 내 아들〔天帝子〕로써 이곳에 나라를 세우게 할 터인즉 너는 이곳을 피하여라. 동해가에 가섭원迦葉原이라고 일컫는 땅이 있어 오곡이 잘 되므로 도읍할 만하니라」하였음을 왕에게 아뢰고, 권고하여 왕도王都를 옮기게 한 다음 국호를 동부여東夫餘라 하였다.

구도舊都에는 천제의 아들 해모수解慕漱가 와 도읍하니, 한漢 신작神雀 3년 임술[13] 4월 갑진이었다. 곧 천제가 아들을 부여왕의 옛 도읍지에 내려보냈으니 하늘로부터 하강할 때, 해모수는 오룡차五龍車를 탔으며 1백여 명의 종자從者들은 다 채운彩雲 속에 흰 고니를 타고 떠오되, 구름에서는 풍악이 울렸다. 웅심산熊心山에 이르러 십여 일을 머문 다음 비로소 내려왔다. 해모수

는 머리에다 까마귀 깃의 관을 썼고, 허리에는 용龍 빛의 검劍을 찼다. 아침에는 여러 국사를 듣고, 저녁에는 하늘로 올라가므로, 세상 사람들이 천왕랑天王郎이라 불렀다.

청하淸河(鴨綠江)의 하백河伯(水神)에게 딸 셋이 있었으니 맏이를 유화柳花라 하고, 둘째를 훤화萱花라 하고, 막내를 위화葦花라 하였다. 청하에서 나와 웅심산熊心山의 못에 노니니 그 자색姿色이 신기하였고, 그곳으로부터 여러 가지 패옥佩玉 소리가 양양하게 들리니 한고漢皐[14]와 다름이 없었다. 이에 왕〔解慕漱〕이 좌우에 이르기를 「왕비로 삼으면 뒤에 왕자를 얻으리라」하였다. 그러나 하백의 딸들은 왕을 보자 곧 물로 들어갔다. 좌우의 사람들이 이르기를 「대왕께서는 바로 왕궁을 짓고 하백의 딸들을 오게 하여 방에 넣은 다음, 문을 막아버리는 것이 좋겠나이다」하였다. 왕이 「그도 그렇겠군」하고, 말채찍으로 땅을 그었더니, 갑자기 장려한 동실銅室이 이루어졌다. 방안에다 자리 셋을 베풀고 통술을 마련하니, 하백의 딸들이 다시 와 제가끔 자리에 앉아 서로 권하였다. 크게 취하였다. 왕이 이때를 기다렸다가 급히 나가 문을 막았다. 다른 딸들은 놀라서 뛰어나갔으나 맏딸 유화柳花만이 왕에게 붙잡혔다.

하백이 크게 노하여 사신을 보내어 이르기를 「너희들이 누구이기에 내 딸을 잡아두는고」하니, 왕이 「나는 천제의 아들이오. 이제 하백가河伯家와 혼인을 맺고자 하오」하였다. 하백이 또 사신을 보내어 이르기를 「그대가 천제의 아들로서 만약 우리집에 구혼하는 것이라면 마땅히 중매를 놓아 이를 것이어늘, 지금 내 딸을 잡아두니 그것이 얼마나 무례한 일인고」하였다. 이에 왕이 부끄럽게 여겨 하백을 찾아가 뵙고자 하였으나 방문이 열리지 않았으며, 그의 딸을 놓아 주고자 하였으나, 하백의 딸이 이미 왕에게 정을 준지라, 떠나가려 하지 않고 오히려 왕에게 권하여 이르기를 「만일 용차龍車가 있다면 하백의 나라로 가 뵈올 수 있으리라」하였다. 왕이 하늘을 향해 고하니, 갑자기 오룡차五龍車가 하늘로부터 내려와 닿았다. 왕이 하백의 딸과 함께 타자 풍운이 문득 일더니, 곧 하백궁에 이르렀다. 하백이 예를 갖추고 좌정하여 이르기를 「혼인의 도는 천하의 통규通規이거늘 어찌 예를 어기어 우리 문종門宗을 욕되게 하려는가?」하고 나서, 다시 「왕이 천제의 아들일진대 어떤 신이神異함이 있는고?」하였다.

이에 하백이 뜰 앞의 물에 들어가 잉어가 되어 물결 따라 노니니 왕은 물개가 되어 잉어를 잡았고, 하백이 사슴이 되어 뛰니 왕은 승냥이가 되어 사슴을 쫓았고, 하백이 꿩이 되니 왕은 매가 되어 꿩을 잡았다. 하백이「참으로 천제의 아들이로다」하고, 예로써 성혼시키고는 왕이 제 딸을 데려갈 마음이 없을까 두려워, 풍악과 술을 베풀고, 왕에게 권하여 크게 취하게 한 다음, 왕과 딸을 작은 가죽 수레에 넣어 용차龍車에 실어 하늘로 올려보내고자 하였다. 그러나 용차가 아직 물에서 나오지 않았다. 왕은 술이 깨어 하백 딸의 금비녀를 뽑아 가죽 수레에 구멍을 뚫고 혼자 빠져나와 하늘로 올라갔다.

하백이 크게 노하여 딸에게 이르기를「너는 나의 훈도에 따르지 않고 끝내 우리 종문에 욕을 끼쳤도다」하고 딸의 입을 묶어 좌우로 끌게 하니, 그 입술이 석 자나 되었다. 노비 두 사람에게 시켜 우발優勃 수중에 던지게 하였다. 우발은 못 이름이니, 지금의 태백산 남쪽에 있었다. 어사漁師 강력수추強力洙鄒가 금와왕金蛙王에게 이르기를「근자에 봇물〔洑・梁〕의 고기를 잡아가는 자가 있는데 무슨 짐승의 짓인지 모르겠나이다」하였다. 왕이 어사를 시켜 그물로 끌어내게 하니, 그 그물이 찢어졌다. 다시 쇠 그물을 만들어 끌어내어 보니 돌 위에 한 여자가 앉아 있었다. 그 여인의 입술이 하도 길므로 세 번을 잘라내게 하니 그제야 말을 하였다.

왕은 천제 아들의 비妃임을 알고 별궁에 모시었다. 그 여인의 품속에서 해의 빛이 났다. 인하여 임신하여 신작神雀 4년 계해15) 4월에 주몽朱蒙을 낳으니 울음 소리가 매우 크고, 골격이 뛰어났다. 애초에 왼쪽 겨드랑이에서 다섯 되 크기만한 알 하나를 낳았으므로 왕이 괴이하게 여겨「사람이 새의 알을 낳다니 불길하도다」하고 사람을 시켜 마굿간에 갖다 놓게 하였다. 여러 말들도 밟지 않으므로 높은 산에 버리게 하였더니, 이번에는 온 짐승이 다 지켜주었고, 흐린 날에도 알 위에는 항상 햇빛이 있는지라, 왕이 그 알을 도로 가져다 어머니에게 보내어 기르게 하니 나중에 알이 깨지면서 한 사내아이가 생겨났다. 울음 소리가 매우 위엄이 있고 뼈대가 영기英奇롭게 생겼으며 생후 한 달이 지나자 말도 잘하였다. 이 주몽은 뒤에 졸본주卒本州16)에 와 거불류수居弗流水 위쪽에 나라를 세우고 고구려라 하였다.

《삼국유사》왕력王曆에는 동명왕東明王 주몽을「단군의 아들이라」고 하였고, 고구려기高句麗記・단군기檀君記에는「단군이 서하西河 하백의 딸을 친히 취하여 아들을 낳으니, 이름이 부루夫婁라」고 했다. 고구려기를 상고하면「해모수가 하백의 딸을 사사로이 취하여 주몽을 낳았다」하였고, 단군기에는

「아들을 낳고 이름을 부루라 일컬었다고 하니 부루와 주몽은 이모형제異母兄弟다」라고 하였다. 주림전珠琳傳 제21권에는 옛날 영품리왕寧禀離王의 시비侍婢가 잉태하매, 정승이 왕에게 아뢰기를 「귀한 품이 마땅히 왕자 같습니다」 하니, 왕은 「내 아들이 아니니 마땅히 죽일지어다」 했다. 시비가 「태기가 하늘로부터 와 잉태하였나이다」한 후 마침내 아들을 낳았으나 불길하다 하여 돼지우리에 갖다 놓았다.

그러자 돼지가 입으로 불어 마굿간에 가져가니, 말이 젖을 먹여 살려서, 나중에 부여왕이 되었다.[17]

이능화는 이에 대하여 이렇게 주장한다.

옛 《삼국사기》〈동명왕편東明王篇〉에 기록된 하백의 딸 사항과 《삼국유사》에 실린 하백의 딸 사항과는 서로 다른 점이 있다. 전자는 하백의 딸을 취한 자를 천제의 아들 해모수라 하고 그의 아들을 주몽이라 하였으나, 후자는 하백의 딸을 취한 이를 단군으로 그 아들을 부루夫婁라 하였다. 후자의 기록에 따르면 왕력王曆의 기록대로 주몽도 단군의 아들이 된다. 그러므로 사씨史氏가 부루와 주몽을 이모형제異母兄弟라고 판단한 것은 이상하다. 오히려 이부형제異父兄弟라 함이 옳다. 그러나 단군은 당요唐堯[18]와 맞먹는 시대의 임금이요, 해모수는 한漢과 맞먹는 시대의 임금이니, 그 연대의 차이에 2천 년 가까운 상거相距가 있다. 사실의 다르고 같음이 이와 같다. 불가불 달리 변증되어야 할 것이다. 이것을 바로 변증하려면 먼저 단군의 바른 뜻이 매겨진 다음에라야 가능할 것이다.

단군은 고대신권시대古代神權時代의 군장君長으로서 단壇을 베풀고 하늘에 제사 지내는 이라는 뜻이다. 곧 단을 베풀고 제천祭天하는 임금이기 때문에 단군이라 일컬었다. 그리하여 천제의 아들이나 하늘에서 내려온 많은 신들의 이야기가 부회附會되어, 뒤에 단군의 칭호가 바뀌게 된 것이 분명하다. 그러므로 나는 여기서 굳이 설명하지 않고 《조선단군사朝鮮檀君史》를 저술 간행하여 단군과 단군의 칭호에 대하여 유력한 변증을 내리겠지만 태백산 신단수 밑에서 출생하여, 나라를 세워 조선이라 칭한 이가 최초의 단군이고, 북부여의 고도古都에 내려온 해모수를, 뒤를 이은 단군이라고 주장한다. 이렇게 주몽朱蒙·온조

溫祚·혁거세赫居世·수로왕首露王이 각자 하늘에서 내려와 단을 베풀고 제천하였으니, 단군은 하나가 아니다. 단군의 바른 뜻이 이렇게 정하여진 연후라야《삼국사기》왕력에 적힌 소위 단군의 아들 주몽과 고구려기에 적힌 소위 해모수의 아들 주몽 등의 뜻이 저절로 풀릴 것이다.

《삼국사기》의 기록을 보면, 고구려의 왕 주몽의 모후母后 유화柳花가 부여에서 죽으매, 부여왕 대소帶素(金蛙의 아들)가 사당을 세워 모셨으므로, 고구려의 역대왕이 다 부여에 와 유화묘柳花廟에 제사를 올렸다고 한다. 이런 근거에서 보더라도 하백의 딸 유화는 해모수의 아내였음이 분명한 바이다. 단군이 서하 하백의 딸을 친취親娶하여 아들 부루를 낳았다는 기록은 해모수에 관한 기록과 허실상몽虛實相蒙으로 혼동되어 있다. 만일 이런 명호名號들이 한문자의 음이나 새김을 따서 적은 향찰鄕札[19]이라면, 보아 시석試釋컨대, 환웅은 「환수」[20]이고, 해모수는 「함수」[21]로 읽힌다. 혹 한 사람을 두 사람으로 바꾸어 일렀는지는 알 수 없다.

## 4 탐라국 세 신인神人이 세 일본왕녀를 취한 설

《동국여지승람東國輿地勝覽》〈제주목濟州牧 건치연혁建置沿革〉[22] 조에 이르기를『본래는 탐라국耽羅國이었다. 혹 탁라乇羅라고도 하였는데 전라도 남해에 있다. 둘레가 4백여 리나 된다. 처음에 양을나良乙那·고을나高乙那·부을나夫乙那라고 하는 이가 그 땅을 분점分占하여 각각 도읍하고 있었다. 신라 때 고을나의 후예인 고후高厚가 아우 둘을 데리고 바다를 건너 신라왕실을 예방하니, 신라왕이 기뻐하며 고후를 일컬어 성주星主[23]라 하고, 중씨仲氏를 왕자라 하고, 계씨季氏를 도내都內라 한 다음, 탐라라는 국호를 내렸다』고 했다.

《고려사》에 일찍이 기록하기를『처음에는 사람이 없었다. 세 신인이 땅으로부터 솟아나왔으니, 지금의 진산鎭山 뒷기슭에 굴이 있는데 모흥毛興이라는 곳이다. 맏이를 양을나·둘째를 고을나·세째를 부을나라고 하였다. 세 사람이 거친 산골에서 사냥하여 가죽과 고기로 의식을 대어 나갔다. 어느날 검붉은 진흙으로 봉한 나무 상자가 동해가로 떠내려오는 것이 보였다. 꺼내어 보니, 그 속에 돌상자〔石函〕와 수행하여 온 자줏빛 옷에 붉은 띠를 두른 사자가 있었다. 돌상자를 여니 푸른 옷을 입은 낭자 셋과 말·소·오곡의 종자가 있었다. 사자가 이르기를 「나는 일본국의 사자입니다. 우리 임금이 이 딸 셋을 낳았는데 서해西海 중악中岳에 신자神子 셋이 내려와 바야흐로 나라를 열려고 하나 배필이 없다고 하여, 신들에게 명하시므로 세 딸을 모시고 왔으니, 마땅히 작배作配하여 대업을 이루십시오」하고 사자는 문득 구름을 타고 가버렸다. 세 사람은 해를 바꾸어 매년 한 사람씩 각각 아내로 맞았다. 물이 달고 땅이 기름진 곳을 점치기 위하여 활을 쏘아 세 곳을 정하였다. 양을나가 사는 곳을 제일도第一都, 고을나가 사는 곳을 제이도第二都, 부을나가 사는 곳을 제삼도第三都라 하였다. 처음으로 오곡을 뿌리고 말과 소를 치니 날로 부유하여졌다』라고 했다.

이능화는 이에 대하여 다음과 같이 주장한다.

탐라가 남해 가운데 있어 한 섬나라를 이루니, 일본과 더불어 문물文物이 먼저 트이었다. 지금 제주도 사람의 토어土語(方言)에는 우리가 모르는 말들이 많고, 그 말끝을 반드시 「~마수」하여 일본 말의 어미語尾 「~마스」[24]와 같게 하니, 고대의 겨레들이 서로 왕래하고 있었던 확증이 된다. 그런즉 고高·부夫·양良의 세 신인이 일본왕의 딸을 취하였다고 한 것이 비록 신화이기는 하나, 칠팔푼 그럴 성싶다. 또 제주의 한라산이 영주산瀛州山이라 불리는데, 영주산은 삼신산三神山의 하나인 만큼 고·부·양의 세 신인이 굴에서 솟아나왔다 함도 본래부터 있었을 법한 이야기이다.

## 5 금강산 초부樵夫가 우의천녀羽衣天女를 취한 설

예로부터 전해 오는 이야기에 『금강산에 어느 한 사람이 있어 나무를 하다가 문득 사슴 한 마리를 보았다. 포수에게 쫓겨오며 살려달라고 하기에 숨겨 주었다. 포수를 피하여 살아난 사슴은 그 은혜를 갚고자 초부에게 이르기를 「지금 세 천녀天女가 어느 곳에서 목욕을 하고 있을 터인즉 가서 아내로 삼음이 좋을 것입니다」하며 계책을 알려 주고 가버렸다. 초부가 그 말을 듣고 따라가 보니 과연 세 선녀가 못에서 목욕을 하고 있었다. 옷이 나무에 걸려 있으므로 초부는 그 우의羽衣 한 벌을 몰래 숨겨 놓고는 어떻게 하나 엿보고 있었다. 세 선녀가 목욕을 마치고 하늘로 올라가려는 참에, 한 선녀는 옷 놓은 곳을 몰라 한참 헤매고 있었다. 초부가 나아가 이르기를 「그대의 옷이 내 손에 들어 있으니 나와 혼인한 뒤에 돌아감이 좋으리다」 하였다. 선녀는 「연분이 이미 그러하니 이를 어찌할 수 없도다」 하고 드디어 혼구婚媾하여 아들 하나를 낳은 뒤 하늘로 올라갔다』고 한다.

이능화는 이에 대하여 다음과 같이 주장한다.

금강산은 세상 사람들이 봉래산蓬萊山이라고도 부르는데 삼신산의 하나이다. 곧 세 선녀의 신화는 스스로 있을 법한 일이다. 일본에도 이와 비슷한 삼천녀三天女의 전설이 있다. 그러므로 지금 총독부總督府 신청사新廳舍의 대청 벽에다 이 전설의 그림을 벽화로 그렸다. 북쪽 벽의 것이 조선 3천녀의 그림이요, 남쪽 벽의 것이 일본 3천녀의 그림이다.

## 6 법우화상法祐和尙이 성모천왕聖母天王을 취한 설

세상에 전하기를 『지리산 고엄천사古嚴川寺에 법우화상法祐和尙이 있었는데 매우 도행이 높았다. 어느날 한가이 앉아 있다가, 문득 산골짜기에서 흘러내리는 시냇물을 바라보니, 비가 오지 않았는데도 물이 불었다. 화상이 그 흘러온 물줄기를 찾아 천왕봉天王峰 꼭대기에 이르니 키가 크고 힘이 센 여인이 보였다. 그녀는 성모천왕聖母天王[25]이라 스스로 이르고, 인간 세상에 적강謫降하였다고 하면서 「그대와 인연이 있으므로 수술水術을 지어 스스로 중매하였노라」고 하였다. 마침내 부부가 되어 딸 여덟을 낳았다. 자손이 많이 퍼져서 다 무술巫術을 배워 마을에서 무당 노릇을 하는데 금방울을 흔들며 울긋불긋한 부채를 들고 춤을 추면서, 아미타불阿彌陀佛[26]을 외우고 법우화상을 부른다』고 한다.

이능화는 이에 대하여 다음과 같이 주장한다.

지리산은 세칭 방장산方丈山이니 삼신산三神山의 하나이다. 어리석게도 지나인支那人[27]들이 예로부터 「해동海東[28]에 세 신산神山이 있어 많은 신선이 살며, 불사약不死藥이 있다」고 운운하였으니, 그 근원이 의심되기는 하나 단군의 삼세三世[29](三神)가 태백산太伯山에 살았다는 이야기와 환웅천왕이 영약靈藥을 곰과 범에게 주어 사람이 되라고 하였다는 이야기에서 불사약설이 나오지나 않았을까?

탐라국 삼신인三神人, 금강산 삼선인三仙人, 지리산 천왕녀天王女 등 신화도, 그 근원은 삼신산이 《대황서경大荒西經》에 『대황大荒[30] 속에 영산靈山이 있어, 무함巫咸·무즉巫即 등 열 명의 무당이 이 산으로부터 하늘을 오르내리니, 백 가지 약이 그곳에 있다』 운운하였다. 이렇게 보면 지리산 천왕녀는 무조설화巫祖說話의 본연本然이다. 만주·조선의 발상이 되는 장백산의 천지삼선녀天池三仙女의 신화도, 하백의 세 딸인 삼화설화三花說話[31]에서 파생하였다 하겠으니, 이 안案은 이미 도엽군산稻葉君山 씨의 저서 《청조전사淸朝全史》에 단안斷案된 바이다.

## 7 박혁거세가 알영후閼英后를 취한 일

《삼국유사》의 신라 〈박혁거세왕〉 조에 이르기를 『옛 진한辰韓 땅에 여섯 마을이 있어 이를 6부라고 하였다. 6부의 각 조상은 다 하늘로부터 내려온 바이다. 한漢의 지절地節 원년元年 임자[32] 3월 초순에, 6부의 각 조상이 자제를 거느리고 알천閼川 둑가에 모여서 의논하기를 「우리들이 위에 임금을 모시지 못하여, 백성들이 다 방일放逸하니, 이제부터 덕이 있는 이를 찾아 임금님으로 삼고, 나라를 세워 경도京都를 정하는 것이 어떨까?」 하였다. 그리고 높은 곳에 올라가 남쪽을 바라보았다. 양산楊山 밑 담장이 낀 우물(蘿井) 곁에 번갯불과 같은 신이神異한 기운이 땅에 드리웠고, 흰 말 한 필이 발을 끓어 절하는 형상을 짓고 있었다. 찾아가 살펴보니 자줏빛 알이 하나 있는데, 말은 사람을 보자 하늘을 향해 길게 목청을 뽑았다. 알을 터뜨리어 사내아이를 얻었다. 용의가 단미端美한지라 이상하게 여기어 동천東泉에 목욕을 시켰다. 몸에서는 광채가 나고 새와 짐승들이 따라 춤을 추었다. 천지가 진동하며 해와 달은 더욱 밝았다. 그리하여 이름을 혁거세赫居世(弗矩內)33)라 붙인 다음, 임금으로 모시고 왕위를 거슬한居瑟邯(居西干)이라고34) 하였다.

그때에 사람들이 다투어 송축하며 「이제 천자天子가 하늘로부터 내려오셨으니, 마땅히 덕이 있는 낭자를 찾아 임금님의 배필로 정하여야 한다」던 중, 사량리沙梁里 알영 우물閼英井(또는 娥利英井)가에 계룡鷄龍이 나타나 왼쪽 겨드랑으로 동녀童女를 낳았다. 용모와 자색이 수려했으나 입술이 닭부리와 같더니 월성북천月城北川에 목욕을 시키자 그 부리가 떨어졌다. 나라 사람들이 이들을 두 성자로 받들더니, 나이 열세 살이 되던 오봉五鳳 원년元年 갑자년35)에 동자를 왕으로 세우고 자를 후后로 모셨다』고 하였다.

이능화는 이에 대하여 다음과 같이 주장한다.

신라는 진한辰韓36)을 이어받아 동해가에 나라를 세웠으므로 지리상의 관계로 일월신日月神을 신앙 대상으로 삼았다.《수서隋書》에『신라는 일월신을 숭배한다 新羅拜日月神』한 것도 이것을 말한다. 또 그 시조의 탄생에 관한 기록으로서도 그러함을 알 수 있다.《삼국유사》 주석에 혁거세는 향언鄕言(나랏말)으로『불구내弗矩內이니, 광명이세光明理世를 말함이다』라고 하였으니, 불구내弗矩內(불그레)는 곧 아침해가 붉게떠오르는 광경〔朝日紅昇之光景〕이요, 「박朴」(밝)은 광명을 이름〔謂光明〕이다. 「혁赫」은 「적赤」자 둘을 겹치어 지은 글자이니, 붉은 해를 형언한 것이고, 「거세」는 「세상을 다스린다」〔理世〕는 뜻이다. 그리고 거슬한居瑟邯·거서간居西干·거세간居世干은 「세상을 다스리는 임금」〔理世之王〕을 이름이다.《삼국사기》〈신라본기〉에『소지왕炤智王 9년37) 봄 2월에 내을奈乙에 신궁神宮을 두니, 내을은 시조가 처음 탄생한 곳이다』운운하였다. 내을은 우리 말의 해日다. 시조가 탄생한 곳이 곧 혁거세가 탄생한 곳이므로 이에서 말미암은 말이다.《삼국사기》에 『큰 알이 박〔匏〕과 같았다 卵如匏』라고 한 기록이 있지만 우리 말로 포匏를 「박」이라고 하므로 박匏에 따라서 「박朴」이라는 성을 붙였다』고 운운한 것은 근거가 없는 거짓된 설명에 지나지 않는다.

신라의 두 성인 혁거세와 알영후가 탄강誕降할 때 서응瑞應한 백마와 계룡鷄龍38)은 인하여 고사故事를 이루어 신비시되었다. 오늘날의 풍속에서도 혼례 때 신랑은 흰 말을 타고, 신부의 집에서는 닭을 탁상에 놓고 절을 한다. (제2장 참조) 또 공주公州의 계룡산鷄龍山과 부여의 백마강白馬江은 다 신라가 백제를 평정한 뒤에 붙인 이름이다. 그 자리한 위치가 서쪽이므로[39] 백마와 계룡鷄龍 등 글자를 썼으니, 두 성인이 탄생할 때 나타난 서상瑞相을 응용하여 붙인 것이다.

## 8 수로왕이 인도공주를 취한 일

《삼국유사》〈가락국기駕洛國記〉[40] 및 《동국여지승람》〈김해부金海府 산천山川〉조에 『귀지봉龜旨峰은 고을 북쪽 3리쯤에 있으니, 후한後漢 광무제光武帝의 건무建武 18년[41] 3월 가락의 구간九干(我刀・汝刀・彼刀・五刀・留水・留天・神天・五天・神鬼) 등이 우수于水가에서 푸닥거리 〔禊飮〕를 하다가 귀지봉을 바라보니 신이神異한 기운이 있어 자줏빛 노〔繩〕가 금상자〔金盒〕를 달고 내려왔으므로 열어 보았다. 금빛 알 여섯이 있는데 둥글기가 해 둘레만하였다. 아도我刀의 집에다 모시어 놓고, 이튿날 아홉 사람이 다 모이어 또 여섯 알을 터뜨리니 여섯 동자가 되었다. 나이는 열다섯 살 가량이나, 용모가 매우 우람하므로 다 하례하였다. 동자들은 날마다 자라 10여 일이 지남에 키가 9척이 되었다. 사람들이 그 중 한 사람을 임금으로 삼으니 곧 수로왕首露王이다. 금상자에서 탄생하였으므로 성성을 김金씨라 하고, 국호를 가야伽倻라 하니, 그때가 신라 유리왕儒理王 18년이었다.[42] 나머지 다섯 사람은 각각 다섯 가야주伽倻主가 되어 동으로는 황산강黃山江, 서남으로는 바다, 북으로는 지리산, 동북으로는 가야산을 경계로 하는 강역疆域을 다스렸다. 오가야五伽倻는 대가야大伽倻(高靈)・소가야小伽倻(固城)・벽진가야碧珍伽倻(星州)・아나가야阿那伽倻(咸安)・고령가야古寧伽倻(咸昌)이다』라고 했다.

《동국여지승람》〈김해부金海府 고적古蹟 망산도望山島〉조에 『동한東漢 건무建武 24년[43] 7월에 허왕후許王后가 아유타국阿踰陀國으로부터 바다를 건너오매, 수로왕이 유천간留天干에게 명하여 망산도에서 바라다보게 하고, 신귀간神鬼干에게 명하여 승고乘岾에서 바라보게 하였더니, 붉은 돛과 붉은 기[茜旗]가 바다의 서남 끝으로부터 북으로 향하는 것을 보았다. 신귀간이 달려가 이 일을 아뢰자, 왕은 궁의 서쪽 밖에 만전慢殿을 꾸미고 기다렸다. 왕후는 배를 매고 뭍에 올라와 고교高嶠에서 쉬면서 입었던 무늬진 비단 고의袴衣를 벗어 산령山靈에게 폐백하고, 마침내 당도하였다. 왕이 만전에 맞아들여 이틀을 지낸 뒤 함께 수레를 타고 환궁還宮하여 후后로 세웠다. 후는 영제靈帝 중평中平 6년 기사[44] 3월에 붕崩하시니 1백57년을 수하였다. 나라 사람은 처음으로 배를 매었던 곳을 주포主浦 마을이라 하고 무늬진 비단 고의를 벗었던 곳을 능현綾峴이라 하였다. 그리고 붉은 기를 달고 들어온 바닷가를 기출변旗出邊이라 하였으니, 주포主浦의 왼쪽에 있다. 지금도 그 이름대로 남아 전한다』고 하였다.

동서同書〈바사석婆娑石〉조에 『바사석은 호계虎溪가에 있으니 5층이다. 그 빛은 반점이 있는 붉은 색이고 그 바탕이 버석버석 옴폭옴폭하여 매우 기이하다. 세상에서는 허후許后가 서역西域으로부터 올 때 배에 이 탑을 싣고 오다가 풍파에 씻기었기 때문이라』고 하였다.

동서同書〈능묘陵墓 허왕후릉許王后陵〉조에 『허왕후 능은 귀지산 동쪽에 있다. 세간에는 왕비가 아유타국阿踰陀國의 왕녀라고 전하며, 혹 남천축국왕녀南天竺國王女였다고도 한다. 성은 허씨許氏, 이름은 황옥黃玉, 호는 보주태후普州太后였으니, 고을 사람들은 왕릉에 제향할 때 아울러 제사 지낸다』고 하였다.

이능화는 이에 대하여 다음과 같이 주장한다.

가락駕洛의 시조는 여기에서「비로소 보이므로」, 수로首露(처음으로 나타남)라 이름지었다 하니「수로왕首露王」(마로왕)은 곧「마리왕」이니 원수元首, 또는 총왕總王의 뜻으로 신라 마립간麻立干, 곧「마리왕」의 뜻과 같다.[45] 우리나라 김金·허許 두 성씨 중 관향貫鄕이 김해金海인 손은 실로 번성하였으니 다 수로의 후예다.〈허씨세보許氏世譜〉에『수로의 아들은 일곱 중 한 아들이 어머니의 성을 따라 허씨라 하였다』고 했으니 김씨와 허씨는 성이 비록 다르지만 본래 같은 조상이므로 서로 혼인하지 못한다고 한다. 김해 김씨 성을 가진 남자의 은밀한 곳에는 반드시 검은 점 한 개가 있어서, 그 성족姓族의 표지標識가 되며, 실제로 많이 볼 수 있다고 한다.

## 9 백제 무왕武王 지智가 신라공주를 취한 일

《삼국유사》〈백제 무왕〉조에 『제30대 무왕武王은 이름이 장璋이다.[46] 어릴 때 이름은 서동薯童으로 기량이 헤아릴 수 없었다. 늘 마〔薯〕를 캐어 팔아 살았으므로, 나라 사람이 서동이라고 하였다. 신라 진평왕의 셋째 공주 선화善花[47]가 미염美艷하기 그지없다는 소문을 듣고, 머리를 깎고 경사京師에 와 마〔薯蕷〕를 마을의 어린이들에게 먹이니, 뭇 어린이와 친하여졌다. 이에 동요를 지어 어린이들을 꾀어 부르게 하였다. 그 동요에는 「선화공주님은 남 그스기 얼어 두고, 맛둥방을 밤에 몰 안고 가다」[48]라 하였다. 이 동요가 도성都城에 퍼지어 궁궐 안에까지 알려지매, 백관이 극간極諫하여 공주를 먼 곳으로 정배보내게 하였다. 바야흐로 떠날 때, 왕후가 순금 한 말을 주었다. 공주가 배소配所로 가는 도중 서동이 나와 모시고 가니, 공주는 비록 어디에서부터 온 지는 모르나 그곳에서 만나게 되어 마음에 미덥고 기뻤다. 인하여 같이 가다가 잠통潛通하였다. 그런 뒤에 서동임을 알고 동요의 영험靈驗함을 믿고 함께 백제로 갔다』고 하였다.

이능화는 이에 대하여 다음과 같이 주장한다.

『마〔薯〕는 우리 말의 「마」〔末〕[49]이다. 그러므로 「마동」이 바뀌어 말통末通이 되고, 말통末通이 다시 바뀌어 「영통永通」으로 되었다. 《동국여지승람》〈익산군益山郡 고적〉조에 『쌍릉雙陵은 오금사봉五金寺峰 서쪽 수백 보쯤에 있다. 《고려사》에도 후조선後朝鮮[50] 무강왕武康王과 왕비의 능이라 했다. 속칭 영통대왕릉永通大王陵이라고 한다. 혹 백제 무왕의 어릴 때 이름을 서동이라고 하였으니, 말통末通은 곧 서동(맛둥)이 바뀌어 된 말이다』 운운하였다. 세상에서 이르기를 익산益山을 기준 마한箕準馬韓[51]의 옛 도읍지라고 하니, 짐작컨대 백제 무왕이 이곳에 별도別都를 두었던 것으로 생각된다. 서동이 지은 동요가 대략 「선화공주는 은밀히 시집가려고 밤중을 틈타 서동이 있는 곳에 간다」는 뜻인지라, 서동이 선화공주를 취한 뒤 백제에 돌아가 왕위에 오른 다음, 왕비 선화부인과 더불어 익산에 행차하여 미륵사彌勒寺[52]를 창건하고, 세

미륵상彌勒像을 짓게 하매, 신라 진평왕이 백공百工을 보내어 도운 것이라 생각된다. 그 석탑은 매우 커서 높이가 여러 길이니, 우리나라 석탑 중에 가장 으뜸가는 것이었다.

## 10 김문희金文姬가 꿈을 사서 김춘추에게 시집간 일

《삼국유사》〈태종춘추공太宗春秋公〉조에『신라 제29대 태종대왕太宗大王은 이름이 춘추春秋요, 성은 김씨이다. 비妃는 문명황후文明皇后 문희文姬이니, 곧 김유신金庾信의 막내 누이동생이다. 처음에 문희의 언니가 꿈에 서악西岳에 올라가 오줌을 누니 온 도성都城이 물바다가 되어 거기에 빠지고 말았다. 동생에게 꿈 이야기를 하매, 문희가 이를 듣고「내가 그 꿈을 사리다」하였다. 언니가「무엇을 내고 사겠느냐?」고 물었다.「비단 치마를 주고 사리다」하였다. 언니가「좋다」하였다. 동생이 옷끈을 풀고 꿈을 받으매, 언니가 이르기를「엊저녁의 꿈을 너에게 주노라」하였다. 동생은 비단 치마를 언니에게 보수로 주었다. 열흘쯤 지난 뒤, 유신이 춘추공과 더불어 오기일午忌日53)에 유신의 집 앞에서 축국蹴鞠놀이54)를 했는데, 유신이 일부러 춘추의 아래옷을 밟아 옷끈을 떼고는, 제 집에 들어가 꿰매기를 청하였다. 공이 이에 따르니, 유신이 아해阿海에게 명하여 바늘을 가져다가 꿰매게 하였다. 아해가「어찌 자잘한 일로 경솔히 귀공자를 가까이 하리오?」하고 마다 하는지라, 이번에는 아지阿之55)에게 명하였다. 공이 유신의 뜻을 알고, 그 후로 자주 오갔다. 유신이 누이동생의 잉태를 알고 꾸짖기를「너는 부모에게 고하지도 않고 잉태하였으니, 어찌 된 일이냐?」하였다. 마침내는 누이동생을 분사焚死시킬 것이라고 온 나라에 말을 퍼뜨렸다. 어느날 선덕왕善德王이 남산에 납시어 노닐 즈음, 나뭇단을 뜰 가운데에 쌓고 불을 지르니 연기가 솟아올랐다. 왕이 이를 바라보고 무슨 연기인가 물었다. 좌우가 다 아뢰기를「유신이 누이동생을 불사르옵니다」하였다. 왕이 그 까닭을 물으매「그 매씨妹氏가 지아비 없는 아기를 잉태하였나이다」하였다. 왕이「그게 누구의 소위인고?」하고 물었다. 그때 공이 어전御前으로 나서며 안색을 크게 바꾸니, 왕이「그것이 너의 소위이니, 빨리 가 구하라」하였다. 공이 왕명을 전하고 말리기에 이르렀으며, 그 후 바로 혼례를 올렸다.』

이에 대하여 이능화는 다음과 같이 주장한다.

꿈으로 길흉을 점치는 일은 동아의 고풍이다. 지나의 주서周書를 상고하건대, 태사太姒[56]가 꿈에 상商의 뜰에[57] 난 가시나무를 본 일과 꿈에 태자太子 발發이 주周 조정朝庭의 가래나무를 대궐에 옮겨 심으니 잣나무가 된 일을 문왕께 고하니, 문왕이 드디어 태자 발發을 불러 명당明堂 자리를 잡아 길몽吉夢에 절하게 하고 나서「상商의 큰 꿈을 황천상제皇天上帝로부터 받았다」고 했다. 《사기》에는 이르기를 『한왕漢王이 박희薄姬를 불러 뫼려 하니, 들어와 대하며「어젯밤 꿈에 용이 서리더이다」고 아뢰므로, 상上은「그것이 매우 귀한 징조로다. 너와 더불어 성사하리로다」하였다. 다행히 잉태하여 문제文帝를 낳았다』고 하였다. 우리나라의 설화에도 신라 김문희가 언니의 꿈을 사서 귀인의 아내가 되었다고 하니, 이 전설은 다 계통이 있다. 고려 정화왕후貞和王后 진의辰義가 언니의 꿈을 사서 당當 귀객貴客의 아내가 되었다고 전하여진다.

## 11 성골장군聖骨將軍이 구룡산신녀九龍山神女를 취한 일

《고려사》《고려세계高麗世系》김관의金寬毅의 《편년통록編年通錄》에 이르기를 『호경虎景이라는 이가 있어, 성골장군聖骨將軍을 자호自號하고, 백두산으로부터 부소산扶蘇山[58]으로 유력遊歷하여 와 산마을에 살더니, 아내를 맞아 가정을 이루었다. 그런데 부富는 있었으나 아들이 없었다. 활을 잘 쏘았으므로 수렵을 일삼았는데, 하루는 마을 사람 아홉 명과 평나산平那山에서 매잡이〔捕鷹〕를 하다가, 해가 지매 바위굴에 들어가서 묵게 되었다. 그때 범이 굴 입구에다 대고 크게 으르렁거리는 지라, 열 사람이 서로「범이 우리를 잡아먹으려 하니, 우리가 갓을 벗어 범에게 던져 보고, 그 갓을 잡힌 사람이 범한테 먹히기로 하자」고 하였다.

이어 모두가 갓을 벗어 던졌다. 범은 호경虎景의 갓을 잡았다. 호경이 나가 범과 더불어 싸움을 벌이려 하자, 범은 갑자기 없어지고, 바위굴이 무너졌으므로 나머지 아홉 사람은 나오지 못하였다. 호경이 평나군에 돌아가서 여러 사람과 같이 와 아홉 사람을 장사지내되, 먼저 산신에게 제사 지냈더니, 그 신이 이들에게 이르기를 「나는 과부로서 이 산의 임자인데, 요행히 성골장군聖骨將軍을 만나 부부가 되어 같이 신정神政을 보살피고자 하니, 이 산의 대왕으로 봉하도록 하여라」고 하였다. 말을 마치자 곧 호경과 함께 숨어버리고 보이지 아니하였다. 인하여 고을 사람들이 사당을 지어 호경대왕虎景大王으로 봉하고, 제사 지냈다. 그리고 아홉 사람이 한꺼번에 죽었으므로, 산 이름을 구룡산九龍山으로 바꾸었다. 호경은 옛 아내를 잊지 않고 밤마다 꿈에 동침하여 아들을 낳았으니, 이름을 강충康忠이라고 하였다』라고 했다.

《삼국유사》의〈도화녀桃花女·비형랑鼻荊郞〉조에 이르기를 『신라 제25대 사륜왕舍輪王은 시호諡號가 진지대왕眞智大王이요, 비妃는 지도부인知刀婦人이니, 대건大建 8년 병신59)에 즉위하여 나라를 다스리기 4년 만에 정사가 문란해지고, 황망한 일이 있어, 나라 사람이 이를 폐하였다. 이에 앞서, 사량부沙梁部에 서녀庶女가 있어 자용姿容이 아름다웠으므로, 당시 사람이 도화랑桃花郞이라 불렀다. 왕이 이 소문을 듣고 궁중에 불러들여 꾀고자 하매, 그녀가 이르기를 「여자의 지킬 바는 두 지아비를 섬기지 않음이오니, 만중萬重의 권위權威로도 지아비 있는 이 몸으로 하여금 딴전을 두게 하여, 그 절개를 뺏을 수는 없사옵니다」 하였다. 왕이 「너의 지아비를 죽이면 가하겠느냐?」 하니, 그녀가 이르기를 「저자에서 베일지언정 어찌 딴생각을 하겠나이까?」 하였다. 왕이 농으로 다시 「정말 지아비가 없으면 가하겠느냐?」 물었다. 「가합니다」 하였다. 이에 왕이 놓아 보내었다. 이 해에 왕은 폐위되었다가 곧 훙거하였다.

그 뒤 2년이 지나, 그녀의 지아비가 죽었다. 약 1백 일쯤이 지난 밤, 문득 왕이 옛 생시와 같이 그녀의 방에 와 이르기를 「네가 이미 응락한 바 있었거니와 이제 너의 지아비가 없으니 가하지 않겠느냐?」 하였다. 그녀는 선뜻 응하지 않고 부모에게 고하였다. 부모가 이르기를 「군왕의 명을 어찌 피하리요?」 하였다. 그 딸을 방에 들여 보내어 7일을 유하게 하였다. 항상 오색 구름이 온 방을 덮고 향기가 가득 찼었다. 이레 뒤에는 홀연히 자취가 사라졌다. 이로써 딸이 임신하여 달이 차매 천지가 진동하였다. 한 사내아이를 낳았으니 그 이름을 비형鼻荊이라고 하였다……』고 하였다.

## 12 진의辰義가 꿈을 사서 당천자唐天子에게 시집간 일

《편년통록編年通錄》에『강충康忠은 체모가 단정근엄하고 재예才藝가 뛰어났다. 서강西江 영안촌永安村 부자집에 장가들어 명名과 의義를 다하였다. 오관산五冠山 마하갑摩訶岬에 살면서 천금을 모았다. 아들 둘을 낳았으니, 막내의 이름을 보육寶育이라고 하였다. 보육은 성품이 지혜로우며, 중이 되어 지리산에 들어가 수도하였다가 평나산平那山 북갑北岬에 돌아와 살더니, 다시 마하갑으로 옮겼다. 오래 전에 꿈을 꾸었는데, 혹령鵠嶺에 올라가, 남쪽을 향하여 오줌을 누니, 온 나라 산천에 넘쳐 은바다가 되었다. 이튿날 형 이제건伊帝建에게 꿈 이야기를 하자, 이제건이 이르기를「너는 반드시 하늘을 버티는 기둥감이 될 인물을 낳으리라」하였다. 그러고는 그의 딸 덕주德周를 주어 아내를 삼게 하였다. 보육은 거사居士가 되어 그대로 마하갑에 암자를 짓고 살았다. 한 술사術士가 있어 이를 보고「지사께서 이곳에서 지내고 있노라면 반드시 당나라 천자가 찾아와 사위가 되리라」하였다.

그 후 딸 둘을 낳으니, 막내의 이름이 진의辰義이다. 얼굴이 곱고 재주와 지혜가 많았다. 시집갈 나이가 되었을 무렵, 그의 언니가 꿈에, 오관산 꼭대기에 올라가 오줌을 누어 온 세상을 가득 채웠다. 깨어나 진의에게 꿈 이야기를 하니, 진의가 이르기를「무늬가 있는 비단 치마를 벗어드릴 터이니 파십시오」하고 청하였다. 언니가 허락하니, 진의는 다시 꿈을 이야기하게 하고, 손을 세 번 놀리어 꿈을 받아 품었다. 그러자 몸을 움직이기 어려울 만큼 무거웠다. 당 숙종肅宗[60] 황제가 아직 등극하기 전이었다. 널리 산천을 두루 돌아다니다가 바다를 건너 패강浿江[61] 서포西浦에 다다랐다. 마침 썰물 때라 강바닥이 진흙탕이었으므로 종관從官들이 배에서 돈자루를 꺼내어 깔고, 강둑에 오르게 하였다.

뒤에 이 갯마을을 전포錢浦라고 하였다. 마침내 송악군松嶽郡에 이르러, 혹령鵠嶺으로 올라가 남쪽을 바라보고「이곳은 가히 도읍이 될 만한 땅이로다」하고 나서 마하갑 양자동養子洞에 다달아 보육寶育의 집에 기숙하게 되었다. 그는 보육의 두 딸을 보고 기뻐하며 터진 옷을 꿰매어 달라고 청하였다. 보육은 중국의 귀인임을 알고, 마음으로 과연 그때 술사의 말이 들어맞는구나 생각하여, 맏딸에게 명을 받도록 시켰더니, 겨우 문지방을 넘으려다 코피를 흘리므로, 진의에게 천침薦枕을 시켰다.[62] 그가 한 달쯤을 머물렀을 때 딸에게 태기胎氣가 있었다. 떠나감에 임하여「나는 대당大唐의 귀성貴姓이다」라고 하며, 활을 주면서「아들을 낳거든 이 활과 살을 주어라」하였다. 과연 아들을 낳았으니, 이름을 작제건作帝建이라 하였다. 뒤에 보육을 국조원덕대왕國祖元德大王으로 추존追尊하고[63] 그의 딸 진의는 정화왕후貞和王后라 하였다』고 한다.

이에 대하여 이능화는 다음과 같이 주장한다.

진의가 언니의 꿈을 샀다고 하는 것은 김유신의 누이동생 문희文姬의 고사故事와 아주 같다. 문희는 비단 치마를 주고 꿈을 샀으며, 진의는 무늬 있는 비단 치마〔綾裙〕를 주고 꿈을 샀다. 문희는 그 언니에게 꿈을 이야기하게 한 다음, 옷끈을 풀고 꿈을 받았고, 진의는 언니에게 꿈을 이야기하게 한 다음 손을 놀리어 꿈을 품었다. 문희의 언니는 꿈에, 서악西岳에 올라가 오줌을 누어 온 경성을 채웠고, 진의의 언니는 오관산 꼭대기에 올라가 오줌을 누어 온 세상을 채웠다. 김춘추가 옷끈을 달아달라고 할 때, 유신庾信이 큰누이동생을 시켰으나 병으로 나서지 못하여 문희가 대신 나서매, 김춘추가 마침내 이를 꾀었고, 당귀성唐貴姓이 옷을 꿰매달라고 할 때, 보육이 큰딸을 시켰으나, 코피가 나므로 막내딸 진의를 대신 시켰더니, 당귀성을 마침내 침석에 모셨다고 하니, 이 이야기는 결국 판에 박은 듯하다.

## 13 작제건作帝建이 서해용녀西海龍女를 취한 일

《편년통록編年通錄》에『작제건은 어려서부터 총예聰睿와 신용神勇이 있었다. 나이 대여섯 살에 어머니에게 묻기를 「저의 아버지가 누구십니까? 당부唐父라[64] 하나 아직 그 이름을 모르고 있습니다」 하였다. 성장하매 재능이 있어 육예六藝[65]를 다 잘하였는데, 그 중 글쓰기와 활쏘기에 더 뛰어났다. 묘년妙年 열여섯에, 어머니로부터 아버지가 남기고 간 활과 살을 받았다. 그는 크게 기뻐하며 쏘니 백발백중이라, 세상은 그를 신궁神弓이라 일컬었다. 이에 아버지를 뵈오러 당나라 상선商船을 타고 바다 가운데에 이르니, 구름과 안개가 가득 서리어 배가 가지 못하였다. 배 가운데의 어떤 이가 점쳐서 이르기를 「고려 사람이 떠나야만 된다」고 하였다. 이에 작제건이 활을 쥐고 스스로 바다에 뛰어내렸다. 바다에 바위가 있어 그 위에 올랐다. 안개가 걷히고 바람이 순하여져 배는 나는 듯이 빨리 가버렸다.

그때 문득 한 노옹老翁이 나타나 절하며 이르기를 「매일 신시申時에 늙은 여우가 석가여래상처럼 번쩍거리며 하늘에서부터 내려오는데, 운무雲霧를 헤치고 일월성신과 같은 빛을 발하며, 조개피리〔螺〕와 북 따위 풍악을 울리면서 이 바위에 와 앉아, 옹종경擁腫經을 읽습니다. 그러면 머리가 매우 아파집니다. 듣건대 젊은이가 활을 잘 쏜다고 하니, 나의 해고害苦를 덜어주기 바라오」 하였다. 작제건은 승낙하였다. 때가 되니, 과연 공중에서 풍악 소리가 나면서 서쪽으로부터 내려오는 것이 보였다. 작제건은 정말로 부처님이 아닌가 의아하여 감히 쏘지 못하였다. 옹翁이 다시 이르기를 「바로 늙은 여우이니, 더이상 의심하지 말기 바라오」 하였다. 작제건이 활을 쓰다듬고 화살을 바로잡아 망을 보다가 이를 겨누어 쏘니 맞아 떨어졌다. 과연 듣던 대로 늙은 여우였다. 옹이 크게 기뻐하며 용궁에 맞아들여서 사례하며 이르기를 「젊은이에게 부탁하여, 내 병을 이미 덜었으니, 큰 은혜에 보답코자 하오. 장차 서쪽으로 대당大唐에 들어가 천자를 뵈옵겠는가? 아니면 많은 칠보七寶를 가지고 동쪽으로 돌아가 어머니를 봉양하겠는가?」 하고 물었다. 작제건이 「나의 바라는 바는 동토東土[66]의 왕이 되는 일입니다」 하였다. 용왕은 「동토의 임금이 되려면 대군待君의 자손 삼건三建[67]의 줄기여야 하오. 그렇지 않으면 천명을 기다려야 하오」 하였다. 작제건이 그 말을 듣고 천시天時가 아직 이르지 않았음을 알고 대답을 미처 못하고 있던 참에, 뒤에 앉았던 한 노파가 희롱하여 이르기를 「어찌하여 그 딸을 아내로 맞이하여 데리고 가지 않으려 하오?」하므로, 작제건이 마침내 알아차리고 그렇게 하기를 청하니 옹이 맏딸 저민의斎旻義를 아내로 주었다. 작제건이 칠보를 가지고 돌아가려 하자, 용왕의 딸이 이르기를 「아버님께는 버들가지와 돼지가 있는데 그것을 칠보보다 귀중하게 여기시니, 그걸 주십사고 청하십시오」하였다. 작제건이 칠보를 물리고 버들가지와 돼지를 주십사 청하였다. 옹이 이르기를 「이 두 가지는 나의 신물神物이다. 그러나 그대가 청하니 어찌 따르지 않을손가?」하고 마침내 돼지 한 마리를 더 주므로, 이에 옻칠한 배에 칠보를 싣고 돼지와 더불어 바다로 둥실 떠올라, 재빨리 언덕에 닿으니, 곧 창릉굴昌陵窟 앞의 강독이었다.

백주白州의 정조正朝[68] 유상희劉相晞 등이 소문내어 이르기를 「작제건이 서해 용왕의 딸을 아내로 삼고, 함께 오시니 참으로 큰 경사로다」하며 개주開州·정주貞州·해주鹽州·등주登州 네 주와 강화江華·교동喬桐·하음河陰 세 고을 사람을 거느리고 영안성永安城을 쌓은 다음에 궁실을 경영하였다. 용왕의 딸이 처음 들어왔을 때, 먼저 개주開州 동북쪽 산 밑에 가서, 은바리〔銀盂〕로 땅을 파고 물을 길어냈으니, 이것이 지금의 개성대정開城大井이다. 한 해가 지난 뒤 돼지를 우리에 넣자, 돼지가 이르기를 「여기에서는 살지 못하겠으므로 그대가 사는 곳으로 따라가겠노라」하고는 이른 아침에 송악松嶽의 남쪽 기슭에 가 누워버렸다. 마침내 새 집을 지으니, 곧 강충康忠이 옛날에 살던 곳이었다. 그리고 영안성을 왕래하면서 살기를 30년이나 하였다. 용왕의 딸은, 오래 전에 송악의 새 집 침실 창 밖에 우물을 파고, 우물 속을 따라 서해용궁을 왕래하였으니 곧 광명사廣明寺 동상방東上房 북쪽의 우물이다. 항상 작제건에 상약하여 이르기를 「내가 용궁에 다니러 갈 때에는 보는 것을 삼가해 주십시오. 그렇지 않으면 다시 올 수가 없습니다」하였다. 그러던 어느 날 작제건은 끝내 아내가 가는 모습을 엿보았다. 용왕의 딸이 소녀를 데리고 우물에 들어갔는데 그녀들은 곧 누런 용이 되었고, 주위에는 오색 구름이 이는 것이 신이神異하게 여겨져서 감히 말을 걸 수가 없었다. 용왕의 딸이 돌아와 노하여 이르기를 「부부의 도道 중에 신의가 으뜸이온데 이제 약조를 어겼으니 나는 이곳에서 더 살 수 없습니다」하고 소녀와 더불어 용이 되어 우물로 들어간 다음, 다시는 돌아오지 아니하였다. 작제건은 노경에 이르러, 속리산俗離山 장갑사長岬寺에 살면서 늘 석전釋典을 읽다가 죽었다. 뒤에 그는 의조경강대왕懿祖景康大王에 추존되었고, 용왕의 딸은 원창왕후元昌王后로 추증되었다』고 했다.

## 14 고려 세조世祖가 몽부인夢夫人을 취한 일

《편년통록編年通錄》에 『원창왕후元昌王后가 아들 넷을 낳으니, 맏이 용건龍建이다. 뒤에는 이름을 융융이라고 고쳤다.[69] 자字가 문명文明이니, 이 이가 세조世祖다.[70] 용모가 헌걸차고 수염이 좋았으며 기량이 굉대하여 천하에 뜻을 두었다. 언젠가 꿈에 한 미인을 보고 아내로 삼을 것을 약조하였더니, 뒤에 송악에서 영안성으로 가는 즈음, 길에서 우연히 한 여인을 만났는데 꿈에 본 미인과 꼭 닮은지라 혼인하였다. 그러나 어디로부터 왔는가를 몰랐으므로 그저 몽부인夢夫人이라고 불렀다. 혹은 이르기를 삼한지모三韓之母로 성이 한씨韓氏이니, 바로 위숙왕후威肅王后라고도 한다. 아들을 낳고 이름을 건建이라 하였으니 이 이가 곧 고려 태조高麗太祖다』라고 했다.

이에 대하여 이능화는 다음과 같이 주장한다.

고기古記·전설을 계고함에는 무엇이 표준이 되어 있는가를 먼저 살피고, 그 다음에는 무엇이 부회附會되었는가를 살펴야 할 것이다. 곧 처음에 천제의 아들 환웅桓雄이 있어 웅녀熊女와 혼인하여 단군을 낳고, 단군이 하백河伯의 딸을 취하여 부루夫婁를 낳았다는 이야기며, 또 탐라에 세 신인神人이 있어 일본의 세 왕녀와 혼인했다는 이야기며, 금강산 못 속의 세 천녀天女 이야기, 서해용왕의 딸 이야기, 작제건作帝建이 서해용왕의 청으로 늙은 여우를 쏘아 죽인 이야기, 그리고 이도조李度祖[71]가 적지赤池[72]의 흑룡黑龍을 쏘아 죽인 이야기, 가락왕駕洛王이 인도공주印度公主를 취한 이야기, 진의낭자辰義娘子가 당의 천자와 정을 나눈 이야기, 지리산의 성모천왕聖母天王이 법우화상法祐和尙을 꾀어 배필로 삼은 이야기, 평나산에 여신이 있어 성골장군에게 아내가 되겠다고 청한 이야기, 진지왕眞智王의 죽은 넋이 도화녀桃花女

를 취하여 아들을 낳은 이야기, 성골장군이 꿈에 옛 아내와 배합하여 아들을 낳은 이야기, 꿈을 사서 꿈에 배합한 이야기, 또는 왕태조王太祖[73]가 꿈에 혼인할 것을 약조한 이야기 등등에서 무엇이 근거가 되어 이런 신화·전설·고기古記가 생겼는가 하는 표준을 먼저 살피고, 그 다음에 그 각각의 이야기에 무엇이 부회되었는가를 살펴야 한다.[74]

여기에 하나의 문제가 있으니, 고려왕계高麗王系와 족성族性, 명자名字가 그것이다. 곧 호경虎景으로부터 강충康忠, 보육寶育, 이제건伊帝建까지는 그 성을 잘 알 수가 없다. 보육의 딸 진의가 당나라 천자의 아내가 되어 작제건作帝建을 낳았다 하니, 작제건의 성은 마땅히 이씨여야 하겠는데 작제건에 이씨 성이 붙어 있지 않으니 어인 일일까? 또 고려 세조世祖의 처음 이름이 용건龍建이니, 혹 용왕의 딸이 낳았으므로 용건이라고 한 것일까? 용건은 뒤에 성명을 고쳐 왕륭王隆이라 하였으니, 혹 용왕龍王의 왕을 성으로 취하였음일까? 혹 「동토東土의 왕」이 됨을 우의寓意적으로 나타냄인가? 혹 「통일동토統一東土」의 뜻으로 「一」과 「十」를 모아 「왕王」으로 했는가? 그 뜻을 고루 알 수가 없다. 고려의 이제현李齊賢이 용녀설龍女說의 허위를 변박辨駁하면서도, 왕씨족성王氏族姓의 시원始源에 대하여는 한 마디의 언급도 하지 않았다. 그 비롯됨을 몰라서 그러하였을까? 또 이제건伊帝建·작제건作帝建이니, 용건龍建·왕건이니 하여, 누세累世토록 동명同名으로 쓰니, 이와 같은 작명법이 당시의 습속상 당연하였던 것을 그저 이상히 여기는 데 지나지 않는지? 이에 대하여 무애자無涯子 신채호申采浩 씨는 설명하기를 「신라조에도 두 유리왕儒理王[75]이 있었으니 김부식金富軾이 그 하나를 유례왕儒禮王으로 고쳤고, 백제에도 두 개루왕蓋婁王이 있었으므로 김부식이 그 하나를 개로왕蓋鹵王이라고 고쳤고, 고려 초년에도 이런 풍습이 아직 남아 있었으니, 안동권씨安東權氏의 족보에 근거하건대, 권태사權太師의 이름은 행幸이요, 그 아들의 이름이 인행仁幸으로 되어 있다」고 하니, 그렇다면 작제건·용건·왕건이라 한 삼건三建[76]의 이름도 이런 유의 명호命號일 것이다.

---

1) 〈創世記〉〔Genisis〕. 구약성경의 제1권. 우주와 인류의 창조, 죄의 기원起源,

에덴동산의 추방 등과 아브라함·이삭·야곱·요셉 등의 생애가 기록되어 있고, 2부로 꾸며졌음.
2) 〈아담Adam〉 히브리어의 「사람」이라는 뜻. 구약성서에 나오는 인류 최초의 조상. 신이 흙으로써 당신의 형상으로 빚었다고 함.
3) 〈이브Eve〉 히브리어 Hawwah의 영어 이름. 아담의 늑골에서 나왔다고 함.
4) 〈長白山〉 백두산白頭山의 중국 이름.
5) 〈壇君王儉〉 「檀君」으로도 적음. 「단군왕검」은 「단군」과 같음. 우리나라 개국 조상으로 일컬어지는 신화상의 임금. 기원전 2333년에 즉위하였다고 함. 단군을 「밝음」으로 풀어, 해의 신, 임금의 뜻으로 잡기도 하고, 「단굴」로 풀어서 사제주司祭主의 뜻으로 해석하기도 함.
6) 〈阿斯達〉 단군이 도읍하였던 곳으로 전하여지는 산. 평양 근처에 있었다고 전함. 아사달은 구월산九月山이라고 하며, 「앞산」의 뜻으로 풀이하기도 함. 《삼국유사》 기록에 따르면 위서魏書에는 단군이 처음 도읍한 곳이라 적혔고, 고기古記에는 단군이 평양성에 처음 도읍하였다가 아사달로 도읍을 옮겼다고 되어 있음.
7) 〈桓國〉 경성대학 영인본(1932년)에는 「桓國」의 「國」자가 「因」자로 삭변削變되어 있다.
8) 〈三危太白〉 「세 산 중의 하나인 태백」의 뜻. 「三危」는 세 높은 산. 태백은 지금의 묘향산妙香山임.
9) 〈弘益人間〉 백성을 널리 이롭게 함. 교육법 제1조에 「교육은 홍익인간의 이념 아래, 모든 국민으로 하여금 인격을 완성하고 자주적 생활능력과 공민으로서의 자질을 구유케 하여 민주국가의 발전에 봉사하여, 인류 공영의 이상실현에 기여하게 함을 목적으로 함」으로 인용되었음.
10) 〈天符印〉 신물神物, 구체적으로 무엇인지는 미상. 신성神性을 상징함.
11) 협주에 「接唐高者는 卽唐堯也니 高麗王諱에 有堯 字故 改堯以高」라 하였다.
12) 〈庚寅〉 《삼국유사》 원주原注에, 무진戊辰의 잘못이라고 하였음. 지금 우리가 쓰는 단군기원檀君紀元은 《동국통감東國通鑑》에서 단군 즉위년을 무진으로 쳤으므로 이 해를 단기원년으로 잡음. 기원전 2333년.
13) 〈神雀三年壬戌〉 기원전 59년 神雀으로도 적음.
14) 〈漢皐〉 산 이름. 중국 호북성 양양현에 있음.
15) 〈神雀四年癸亥〉 서기 기원전 58년.
16) 〈卒本州〉 지금의 봉천奉天 인근 혼강渾江 유역의 환인桓仁 지방.
17) 原註에 「동명東明은 졸본부여왕卒本扶餘王을 이름이니, 이 졸본부여는 북부여北扶餘의 별칭이므로 부여왕을 이른 것이다. 영품리寧禀離는 부루夫婁 부처를 이른 것이라」고 하였다.
18) 〈唐堯〉 요임금〔堯帝〕. 중국 고대의 전설적 성왕聖王.
19) 〈鄕札〉 원주原註에 「신라 때에 한자의 음이나 새김을 따, 사물事物을 적은 것을 향찰이라고 이른다. 향문鄕文을 이르니 곧 국문國文의 뜻이다」 하였다.

20) 〈桓雄〉 본문本文에는 「환수 : Huansu로 읽힌다」고 하였다.
21) 〈解慕漱〉 본문에 「함수 : Homsu로 읽힌다」고 하였다.
22) 〈建置沿革〉 《동국여지승람》표제항목標題項目의 한 가지.「그 고을에 행정 구역으로 서게 된 경위」를 일컬음.
23) 〈星主〉 원주에 「그 움직임이 별과 같음을 상징한 것」이라고 하였다.
24) 〈~마스〉 본문에는 「~マス」라는 일본 글자로 썼다. 이 ~マス (~mas) 는 일본어 종지법終止法의 한 어형語形이다.
25) 원주에 「성모천왕은 곧 지리산신이니, 이것은 고려 박전朴全의 용암사 중창 기龍嚴寺重創記에도 보인다」고 했다.
26) 〈阿彌陀佛〉 범어 Amitayus 또는 Amitabha의 역어. 아阿는 무無의 뜻, 미타彌陀는 양량, 무량불無量佛이라고도 새김. 서방정토에 있다고 함.
27) 〈支那〉 중국. 옛 중국 중세에 있었던 진晋 국호의 범어음梵語音. China·Chinese 는 지나支那·지나인支那人의 영어음英語音임.
28) 〈海東〉 우리나라의 별칭別稱. 중국의 동쪽이라는 뜻의 이름.
29) 〈檀君三世〉 단군과 그 부·자. 곧 환웅→단군→부루.
30) 〈大荒〉 대해大海. 거칠은 큰 바다.
31) 〈三花〉 하백의 세 딸. 곧 유화柳花·훤화萱花·위화葦花·이나바·군잔.
32) 〈地節元年壬子〉 서기 기원전 79년.
33) 〈赫居世〉 원주에 「赫居世는 우리말이다. 혹 弗矩內王이라고 적기도 한다. 밝게 세상을 다스림〔光明理世〕을 이른 말이다」라 했다.
34) 〈居瑟邯 : 居西干〉 「갓한〔始王〕」이라는 뜻의 이두어吏頭語로 풀이됨.
35) 〈五鳳元年甲子〉 기원전 57년.
36) 〈辰韓〉 원주에 「동한東韓의 뜻」이라고 했다.
37) 〈炤知王九年丁卯年〉 서기 487년.
38) 원주에 「鷄云南 酉西也」라고 했다.
39) 〈西〉 오행五行 중 「木金水火」는 방향으로서는 「東西南北」이고, 빛깔로서 는 「靑白赤黑」임.
40) 원주에 「高麗文宗時金官知州事文人所撰也」라 했다.
41) 〈後漢光武帝建武十八年〉 서기 42년.
42) 〈儒理王十八年〉 서기 41년.
43) 〈建武二十四年〉 서기 48년.
44) 〈靈帝中平六年〉 서기 189년.
45) 원주에 「조선어연구학자 권덕규權德奎 씨의 학설」이라고 했다.
46) 〈百濟武王〉 백제 제30대왕. 서기 600~641년 재위.
47) 〈善花〉 선화善化 「인희」.
48) 〈薯童謠〉 양주동 주해에 따랐음.
49) 〈末〉 우리말에서 「끝·마지막」을 나타내는 말에 「마」가 있다. 예를들면 마가을 : 晩秋(末秋). 막내 : 末子.
50) 〈後朝鮮〉 원주에 「백제의 잘못」이라 했다.
51) 〈箕準馬韓〉 기준은 기자조선의 왕. 위만衛滿에게 쫓기어 진辰나라 북쪽에

가 마한馬韓의 시조가 되었다고 함.
52) 〈彌勒寺〉 원주에 「용화산龍華山에 있다」고 되었음.
53) 〈午忌日〉 원주에 「나라 풍속으로 매해 정월 상해上亥(첫 돼지날), 상자上子(첫 쥐날), 상오上午(첫 말날)에 온갖 일을 삼가고 움직이지 않았다고 했다.
54) 〈蹴鞠〉 원주에 「신라 사람들은 구슬놀이를 축국蹴鞠이라고 하였다」고 했다.
55) 〈阿之〉 김유신의 막내누이동생의 이름. 「아기」. 이두로 「阿只」는 「아기」.
56) 〈太姒〉 유신有莘의 사씨似氏 딸. 뒤에 주周의 문왕비文王妃가 되었음. 무왕武王의 어머니.
57) 〈商의 뜰〉 상商의 조정朝庭. 상은 중국 고대의 왕조. 뒤에 은殷이라 불림.
58) 〈扶蘇山〉 원주에 「부소산은 송악松嶽이니, 옛말에 소나무를 부소扶蘇라고 하였다」고 했다.
59) 〈大建八年丙申〉 서기 577년.
60) 〈肅宗〉 원주에 당의 「선종宣宗(847~859 A.D.)의 잘못」이라고 했다.
61) 〈浿江〉 고조선 때의 강 이름. 지금의 청천강淸川江이라는 설과 압록강鴨綠江이라는 두 설이 있음.
62) 〈薦枕〉 첩이나 시녀 등이 침석에 모심.
63) 〈追尊〉 왕위에 오르지 못하고 죽은 이에게 뒤에 왕위 칭호를 올림.
64) 〈唐父〉 당의 귀인인 아버지.
65) 〈六藝〉 고대 중국 사대부의 여섯 가지 교육 덕목. 예禮·악樂·사射·어御·서書·수數.
66) 〈東土〉 우리나라를 일컬음. 예로부터 우리나라를 동토東土·동방東方·동진東震·해동海東·청구靑丘 등으로 불렀다. 「동쪽의 땅」을 가리키는 뜻.
67) 〈三建〉 고려 태조 왕건王建과 설화에 관련된 작제건作帝建, 용건龍建의 세 건을 일컬음.
68) 〈正祖〉 고려 초에 태봉泰封의 관제를 본따 정한 관호官號. 문무文武에 통용되었음. 고려 때 향직鄕職의 7품 벼슬. 여기서는 뒤의 뜻.
69) 원주에 「성이 왕王, 이름이 융隆」이라고 했다.
70) 〈高麗世祖〉 고려 태조 왕건王建의 부父 왕륭王隆에 대한 추존. 위무대왕威武大王이라고도 함.
71) 〈李度祖〉 이태조李太祖(李成桂)의 조부祖父 이춘李椿에 대한 추존.
72) 〈赤池〉 적지赤池는 경흥부慶興付에 있다고 되었음. 그리고 〈용비어천가龍飛御天歌〉에 이르기를, 이태조의 할아버지 도조가 꿈을 꾸니, 어떤 사람이 말하기를 「나는 백룡白龍으로 지금 아무 곳에 있는데, 흑룡黑龍이 내가 사는 곳을 뺏으려 하니 공公께서 못하게 하여 주시오」 하였다. 도조가 깨어보니 꿈이었다. 별일 아니려니 하고 그대로 있는데, 꿈에 백룡이 다시 와 간청하기를 「공公은 어찌하여 나의 말에 뜻을 두지 않습니까?」 하고 날짜까지 일러주었다. 도조가 이상하게 여기어 그날에 활과 살을 지니고 가보았다. 구름과 안개가 검어 어둑한데, 백룡과 흑룡이 바야흐로 못 속에서 싸우고

있었다. 도조가 흑룡을 화살로 쏘아 죽이니 못 속으로 가라앉았다. 뒤에 백룡이 꿈에 와 감사하며 이르기를 「장차 공공의 자손에게 큰 경사가 있으리라」 하였다고 협주挾註되어 있다.
73) 〈王太祖〉 고려 태조 왕건王建. 성이 왕王, 이름이 건建.
74) 이 대문의 「무엇이 근거가 되어……」부터는 이해를 돕기 위하여 역자譯者가 가필加筆한 것임.
75) 〈儒理王〉 원주에 「옛날에는 임금을 흔히 유리왕儒理王이라고 불렀다」고 했다.
76) 〈三建〉 원문에는 이 대문이 주註로 되어 있으나 이해를 돕기 위하여 본문으로 다루었다. 또 이 주에는 이제건伊帝建을 더하여 사건四建이라 했다.

傳 金弘道 | 美人化粧 | 지본담채 | 24.2×26.3cm | 서울대박물관

朝鮮女俗考

第二章 ● 역대 여속女俗 및 동혼족 異通婚族類

우리나라 사람들은 모두 기자箕子를 문화와 예의풍속의 임자로 생각하고 있으니, 소위 팔조八條의 교敎[1]와 인현仁賢의 화化가 그것이다. 성호星湖 이익李瀷 선생이, 조선 사람의 혼례를 논하여 신랑이 흰 말을 타는 것은 은나라 사람 기자의 유속遺俗이라고, 《주역周易》의 귀매괘歸妹卦[2]와 비괘賁卦[3]를 인용 변증하였으니 곧 다음과 같다.

기자가 홍범洪範[4]을 베풀었으니, 어찌 문물제도가 갖추어지지 않았으랴? 이로부터 동속東俗이 전하여지니 아직도 평양 정구井區의 밭과 같은 증적證跡은 은제殷制 그대로이다. 그리고 나라를 통하여 예로부터 변함없이 흰옷을 입으며, 천자도 실관失官한 뒤에는 학재사이學在四夷[5]를 한다고 한 것은 거짓이 아니다. 혼례의 법은 은나라 왕부터 시작된 것이다. 그러므로 주역 귀매괘 오음효五陰爻(六五)에도 제을귀매帝乙歸妹[6]라는 구절이 있고, 또 지천태괘地天泰卦[7]에도 혼인수婚姻數가 있으니, 그 오음에 역시 「제을귀매」라는 구절이 있으니, 그 후인에 대한 정녕丁寧스런 교도가 이와 같다. 은나라가 흰색을 숭상하는 풍속을 지었으므로, 산화비괘山火賁卦의 사음효四陰爻(四六)에, 『무늬가 섞여있는 듯한 훌륭한 백마, 고개를 쳐들고 긴털 나부끼며 급히 달리니, 도적질할 생각이 아니라 청혼하려는 것이다. 賁如皤如 白馬翰如 匪寇婚媾』라고 했다. 이렇게 하여 혼구에 백마를 쓰는 일이 은나라로부터 비롯되었다.

《고려사》를 상고하면 『충선왕忠宣王이 원나라 공주를 취할 때 백마 여든한 필을 폐백幣白으로 썼고, 찬찬饌으로 본국의 유밀과油密菓를 썼으니, 이는 다 혼구의 상례. 지금 마을의 혼례에도 반드시 백마를 써서 옛 풍속을 폐하지 아니하고 있다. 홍범팔정洪範八政[8]을 베푸는 일은 곧 사도司徒들의 직분이다. 이로써 미루어 보건대 이와같은 유습이 기자 당시의 교화가 끼친 바가 아니라면 정작 어디로부터 왔겠는가? 이것 또한 실례구야失禮求野[9]의 한 증거이다』 운운하였다.

우리 혼례의 습속에, 신랑이 흰 말을 타는 일은 또한 하나의 연구과제이다. 성호 선생이 이 습속을 기자로부터 말미암은 것이라고 하나, 기자의 일은 멀고 아득하여 그 혼속婚俗을 믿기 어려우니, 지금까지 전하여 졌다고 할 수 있겠는가? 고려 충선왕이 원의 공주를 취하면서, 흰 말 여든한 필을 폐백하였다고 하는 데 이르러서는, 몽고 사람들이 궁마弓馬를 숭상한 나머지 그들 귀인의 혼례에 백마를 납폐한 까닭에, 충선왕도 그 습속에 따랐다고 한 것이다. 신랑이 백마를 타는 것은 지금에도 있는 일로서, 가까이에서도 그 예를 보는 바이다.

《삼국유사》〈박혁거세〉조에 『진한辰韓 6부의 백성들이 덕있는 사람을 찾아 임금으로 모시고자 하매, 양산楊山의 담장이 낀 우물가에 흰 말이 상서로움을 보이더니, 동남童男 박혁거세를 얻고, 또 사량리沙梁里의 알영정閼英井에서 계룡鷄龍이 상서로움으로 보이더니, 동녀童女를 얻어 왕후로 삼았다』운운하고 있다. 이로써 살핀다면 우리 여항閭巷의 습속에서 혼례를 올릴 때 신랑은 흰 말을 탔으며, 신부의 집 대청에 상을 차리고 신랑·신부가 교배례交拜禮를 행할 때 산 닭을 쓰되 암·수의 다리를 묶어 상 위에 놓는 이 습속[10]은 신라 때부터 전해 내려오는 고사故事로서, 오랜 옛날부터의 일이므로 그 본원을 잊고 있다. 아마도 혁거세가 알영후를 취할 때 백마와 계룡의 상서로운 조짐이 있었음으로 말미암아 혼속이 된 것으로 생각해 온 때문이라 짐작된다.

우리의 고대혼제사古代婚制史를 살피건대 부여·고구려·백제·신라로부터 고려에 이르기까지 다 친족 및 동성끼리의 상혼相婚을 꺼리지 않았으니 《사기》〈흉노전凶奴傳〉중 혼인법의 기록과 부합되는 사실인지라, 무어라고 덮어버리기 어렵다. 이로써 볼 때 우리 민족 계통의 유래를 상상할 수 있거니와, 그 풍속이 인습으로 되어 바뀌지 않고 오래 전하여지는 바가 있는 것이다. 그러다가 이조에 내려와 유교의 본에 따라 정사를 행하게 되어 혼인법에도 주자가례朱子家禮가 적용되었으므로 동성불혼同姓不婚이 엄격하게 시행되었다. 또 문헌에도 그런 명문明文이 있으니, 이를 빌어 고사득실考事得實할 수 있다.

# 1 기자조선箕子朝鮮

《한서漢書》에 『기자가 조선에 가 예와 의로써 그 백성을 가르쳐,

가취혼인嫁娶婚姻에 억울하거나 원한이 없게 하니, 부인들이 곧고 미더워 음란함이 없었다』고 했다.

이능화는 이에 대하여 다음과 같이 주장한다.

성호 선생이 『조선 혼례에 아직도 은나라의 습속이 남아 있다』고 한 까닭은 여기에 있다.

## 2 예濊

《후한서後漢書》에 『예는 동성불혼同姓不婚한다』고 씌어 있다.

## 3 삼한三韓

《후한서》에 『진한은 예로써 가취혼인嫁娶婚姻한다』했고, 《삼국지三國志》에는 『진한은 예로써 가취혼인하고 남녀 유별有別하다. 남녀가 다 몸이 작으며, 문신文身(刺青)하는 풍속이 있다』고 하였고, 《후한서》에 『마한은 남녀의 별別이 없다』하였다.

## 4 부여扶餘

부여에서는 남녀가 음淫하고, 부인이 투기하면 다 죽였다. 투기함이 아주 심하여 죽음을 받으면, 그 시체를 국남산國南山에 내놓아 썩게 하였다. 여가女家에서 받기를 원하면 우마牛馬로만 실어가게 하였다. 형이 죽으면 아우가 형수를 아내로 삼는 등 흉노凶奴와 같은 습속이 있었다.

## 5 동옥저東沃沮

《위략魏略》에 『동옥저는 그 가취혼인嫁娶婚姻의 법에 여자가 열 살이 되어, 혼인을 서로 약속하게만 되면, 서가婿家에서 데려다가 길러서 며느리로 삼되, 어른이 되면 다시 여가女家로 돌려보내는데, 여가에서는 돈을 받은 다음에라야 딸을 다시 보낸다』했다.

## 6 읍루挹婁

《진서晋書》에 『읍루挹婁[11] 사람은 서로 혼인하고자 할 때 신랑이 될 남자가 새의 깃〔羽毛〕을 신부가 될 여자의 머리에 꽂아주는데, 여자가 좋아하여 가지고 돌아와야만 사위로 삼는다』했다.

## 7 고구려高句麗

고구려는 그 백성이 가무를 즐기고 나라 안의 고을과 마을에서는, 저녁에 남녀가 무리를 지어 모여 서로 어울려서 노래 부르며 놀이를 하는데 그 습속이 음탕하다. 남녀가 가취嫁娶만 하면, 바로 송종送終(葬事)의 옷을 지어 둔다. 또 그 습속에, 혼인하기로 언약만 되면, 여가女家에서는 대옥大屋 뒤쪽에 소옥小屋을 지었다. 이것을 서옥婿屋이라고 한다. 사위가 해가 진 저녁 무렵에 여가女家의 문 밖에 와서, 아무개라고 제 이름을 대고 꿇어앉아 자고 가겠다고 청걸請乞한다. 이렇게 두세 차례 하면 부모가 마침내 들어 주어, 소옥에서 유숙 기꺼케 하였다. 돈과 옷감을 저축하였다가 생자生子하여 장성長成한 뒤에 비로소 시가媤家로 간다. 《위지魏志》

고구려의 혼가婚嫁는 취남녀상열取男女相悅하면 곧 하고 남가男家에서는 돼지와 술을 보낼 뿐이요, 재빙지례財聘之禮가 없으므로 혹 재물을 받는 이가 있으면, 사람들이 다 이를 흉보았다. 《북사北史》

고려(고구려를 일컬음)는 풍속이 호음好淫하여 부끄러움이 없고, 유녀遊女가 있어 사내들은 무상인無常人이다.[12] 《수서隋書》

고구려는 부인이 음탕하고 세속에 유녀가 많다. 《수서》

고구려의 습속에서는, 혼인에 폐백을 아니하니, 받는 이가 있으면 이를 흉본다.[13] 《수서》

이종휘李鍾徽의 《수산집修山集》에 『오래 전에 고구려의 왕후사王后事를 보니, 기록할 만한 것이 매우 많았다. 동성혼인의 일은 하나도 없고, 정령政令을 내리어 이를 시행하는 일에 있어서도 그 문물예속文物禮俗이 볼 만하니, 대략 신라의 황망고루한 습속과는 아주 멀다』고 하였으나, 내(李能和)가 보기로는, 수산修山(이종휘)의 이 언명은 결론으로 내릴 말이라고 볼 수 없다. 내가 《삼국사기》를 읽은 바로는 〈고구려본기〉에서 대개 왕가혼인의 습속이란 두 건밖에 볼 수 없었다.

(1) 『산상왕山上王은 휘諱가 연우延優이다. 일명 위궁位宮이라고도 하니, 고국천왕故國川王(國讓)[14]의 아우이다. 고국천왕에겐 아들이 없었으므로 연우를 왕위에 세웠다. 애초에 고국천왕이 훙거하매, 왕후 우씨于氏가 왕의 죽음을 숨기어 발설하지 않고, 밤에 왕제王弟 발기發岐의 집에 가 이르기를 「왕께서 후손이 없으시니, 그대가 마땅히 왕위를 이어야 하오」 하였다. 발기는 왕의 훙거薨去를 모르고 대답하여 이르기를 「천기天機는 반드시 돌아가는 바가 있는 법이니, 어찌 가벼이 의논하겠습니까? 하물며 여인네가 밤에 오니 어찌 예이겠습니까?」 하였다. 왕후는 부끄러워하며, 이번에는 연우의 집으로 갔다. 연우는 일어나 의관을 차리고, 문으로 나가 맞아들이어 연음宴飮하였다. 이에 왕후가 이르기를 「대왕께서 훙거하시고 무자無子하니, 발기發岐가 맏아우이므로 마땅히 왕위를 이어야 하나, 내 말을 달리 생각하고 포만무례暴慢無禮하니 이로써 시동생을 보러 왔습니다」 하였다. 이에 연우는 예를 더하고 스스로 칼을 뽑아 제 살을 베려다가, 잘못하여 그 손가락을 상하였다. 왕후가 치마끈을 풀어 그 상한 손가락을 싸주고, 돌아가려 하면서, 연우에게 이르기를 「밤이 깊어 편안하지 않을까 두려우니, 그대는 나를 궁까지 바래다 주오」 하였다. 연우가 이에 따르니, 왕후는 손을 잡고 궁에 들어갔다. 그 이튿날 새벽, 왕후는 정신을 가다듬고 먼저 내린 명을 바꾸어, 여러 신하들로 하여금 연우를 왕위에 세우게 하였다. 왕이 우씨로 말미암아 왕위를 얻은지라, 다시 장가들지 않고 우씨를 왕후로 삼았다. 동천왕東川王 8년[15] 가을 9월에, 태후 우씨가 훙거하면서 유언에 이르기를 「첩이 실행失行하였으니, 장차 무슨 면목으로 지하

에서 국양國讓(곧 先夫)을 볼 수 있겠는가. 차마 냇물에 던지지 못하겠으면, 나를 산꼭대기 쪽에 묻어주오」하였다. 드디어 그 말대로 장사지냈다.』《수산집》 이로써 보면, 곧 고구려 왕가에는 형이 죽었을 경우 형수를 아내로 삼는 일이 있었으나, 우씨가 임종 때에 스스로 이르기를 「실행하여 지하에서 선부先夫를 보기가 부끄럽다」고 한 것으로 보아, 예사로 있은 일이 아님을 알 만하다. 그러나 고구려는 부여로부터 그 습속을 이어받아 부여의 습속대로 형이 죽으면 형수를 아내로 삼았다. 곧 산상왕山上王이 그의 형수를 아내로 한 것도 아마 이러한 습속에서 온 것이리라.

(2) 《온달전溫達傳》에 『평강왕平岡王[16]의 딸이 나이 이팔[17]에 왕이 상부上部의 고씨高氏에게 하가下嫁[18]시키고자 하니……』 운운하였다. 고구려 왕족의 본성本姓이 고씨이니, 생각건대 상부의 고씨도 왕과 동성이었으리라. 곧 귀족이었으므로 왕이 딸을 시집보내고자 하였을 것이다. 이로써 말하더라도 고구려의 왕가동성상혼王家同姓相婚이 여실히 증명된다.

## 8 백제百濟

백제의 혼취婚娶의 예는 대략 중화中華의 습속과 같다. 《북사北史》 《후주서後周書》

백제의 습속에서 혼취의 예는 중화와 같다. 《수서隋書》

백제는 그 형법에 부녀가 범간犯奸하면 부가夫家에 잡아들여 종으로 삼는다. 《북사》

## 9 발해渤海

발해의 습속은 고려(高句麗), 거란(契丹)과 대략 같다. 《신당서新唐書》

금금의 대정大定 17년[19] 발해의 구속舊俗에, 남녀 혼인이 예에 벗어남이 많으므로 예를 갖추지 않고 몰래 혼인하는 일을 못하게 조서詔書를

내리어 금절禁絶하였다.《금사金史》

## 10 신라新羅

신라는 남녀유별男女有別이다.《양서梁書》

신라의 혼인례는 빈부에 따라 경중은 있으나, 주식으로써 하고, 신혼한 날 저녁에 먼저 구고舅姑에게 절한 다음 지아비에게 절한다.《수서隋書》

신라는 벼슬에 사람을 세우되, 왕의 친속親屬을 으뜸으로 뽑는다. 그 족성族姓에 따라 제1골第一骨, 제2골第二骨로 구분하여, 형제·여고女姑·이종姨從·자매를 다 아내로 삼았다. 왕족과 왕후는 일골一骨이다. 왕자는 제1골로서, 제2골을 아내로 삼지 않으며, 삼더라도 항상 첩으로 삼아 업수이 본다.《당서唐書》

신라 사람에는 김金·박朴, 양성兩姓이 많아서 다른 성하고는 혼인하지 않는다.《구당서舊唐書》

### 1) 신라왕가新羅王家의 동성同姓·혈족혼인血族婚姻 약표略表는 다음과 같다

유리이사금儒理尼師今 : 박씨朴氏이다. 비妃는 일지갈문왕日知葛文王의 딸이다. 혹 이르기를 허루왕許婁王의 딸이라고도 한다.

일성이사금逸聖尼師今 : 박씨이다. 유리왕의 맏아드님이며 비는 박씨 지소례왕支所禮王의 딸이다.

아달라이사금阿達羅尼師今 : 박씨이다. 일성왕의 맏아드님이며 비는 박씨 내례부인 지마왕祇摩王의 딸이다.

내해이사금奈解尼師今 : 석씨昔氏이다. 비는 조비왕助賁王의 매씨妹氏다.

조비이사금助賁尼師今 : 석씨이다. 벌휴이사금伐休尼師今의 손이며, 비는 아미고부인阿爾考夫人 내해왕의 딸이다.

흘해이사금訖解尼師今 : 석씨이다. 내해왕의 손이요, 부父는 우로각간

于老角干이요, 모母는 명원부인命元夫人 조비왕의 딸이다.

내물이사금奈勿尼師今 : 김씨金氏이다. 비는 김씨 미추왕味鄒王의 딸이다.

실성이사금實聖尼師今 : 김씨이다. 알지閼智의 후예後裔로서 비는 미추왕의 딸이다.

눌지마립간訥祗麻立干 : 김씨이다. 내물왕奈勿王의 아들로서 모는 보반부인保反夫人 미추왕의 딸이요, 비는 실성왕實聖王의 딸이다.

자비마립간慈悲麻立干 : 김씨이다. 비 김씨는 서불한舒弗邯 미사흔未斯欣의 딸이다.

지증마립간智證麻立干 : 김씨이다. 내물왕의 증손이요, 모 김씨 조생부인鳥生夫人은 눌지왕의 딸이다.

진흥왕眞興王 : 김씨이다. 법흥왕法興王의 아우이자, 갈문왕葛文王 입종立宗[20]의 아들인데 모부인母夫人은 김씨이다.

진평왕眞平王 : 김씨이다. 진흥왕의 태자 동륜同輪의 아들이요, 모 김씨 만호부인萬呼夫人은 갈문왕 입종의 딸이다. 비 김씨 마야부인摩耶夫人은 갈문왕 복승福勝의 딸이다.

태종무열왕太宗武烈王 : 김씨이다. 진지왕眞智王의 아들. 이찬伊飡 용춘龍春의 아들이요, 모 천명부인天明夫人은 진평왕의 딸이다.

신문왕神文王 : 김씨이다. 문무왕의 맏아드님이며 비 김씨는 소판蘇判 흠돌欽突의 딸이다.

효소왕孝昭王 : 김씨이다. 신문왕의 아들이요, 모母의 성은 김씨. 곧 신목왕후神穆王后는 일길찬一吉飡 김흠운金欽運의 딸이다.

경덕왕景德王 : 김씨이다. 효성왕孝成王의 동모제同母弟이며 비는 이찬伊飡 순정順貞의 딸이다.

선덕왕宣德王 : 김씨이며 내물왕의 십세손十世孫이니, 부父는 해찬海飡 효방孝芳이요, 모 김씨 사소부인四炤夫人은 성덕왕聖德王의 딸이요, 비 구족부인具足夫人은 각간角干 양품良品의 딸이다.

원성왕元聖王 : 김씨이다. 내물왕의 12세손이다. 비 김씨는 신술각간神述角干의 딸이다.

소성왕昭聖王 : 김씨이다. 원성왕 태자 인겸仁謙의 아들이다. 모는 김씨요, 비 김씨 계화부인桂花夫人은 대아찬大阿飡 숙명叔明의 딸이다.

헌덕왕憲德王 : 김씨이다. 소성왕의 동모제同母弟이며 비 귀승부인歸勝夫人은 각간 예영禮英의 딸이다.

흥덕왕興德王 : 김씨이다. 헌덕왕의 동모제同母弟이며 비 장화부인章和夫人은 성이 김씨이니 소성왕의 딸이다.

희강왕僖康王 : 김씨이다. 원성대왕의 손자요, 이찬伊飡 헌정憲貞의 아들이다. 비 문목부인文穆夫人은 갈문왕 충공忠恭의 딸이다.

헌안왕憲安王 : 김씨이다. 신무왕神武王의 이모제異母弟이며 모 조명부인照明夫人은 선강왕宣康王의 딸이다.

경문왕景文王 : 김씨이다. 희강왕의 아들 아찬阿飡 계명啓明의 아들이다. 비는 김씨 영화부인寧和夫人이다. —— 이상은 모두 《삼국사기》의 기록.

위에 든 여러 예는 곧 《구당서舊唐書》에서 말한 『신라국 사람은 김·박 두 성이 많으니, 다른 성과는 혼인하지 않는다』고 한 바 그것이다. 왕가가 이미 이러하였으니, 일반 민속의 혼인제도는 넉넉히 짐작하여 알 수 있다.

### 2) 신라 민간혼인에서 신의를 중히 하다 (3칙)

**제후際厚가 백운白雲을 좇아 초약初約을 따르다**

제후際厚는 진평왕眞平王 때의 사람으로 백운白雲의 아내였다. 같은 마을에 현관顯官들의 집이 있어, 같은 시각에 각각 남·녀 두 아기를 낳았는데 사내아이는 백운이요, 여자아이는 제후이니 양가가 혼구婚媾하기로 상약하였다. 백운이 열네 살에 국선國仙이 되었다가 열다섯 살 때에 눈이 멀었다. 이에 제후 부모가 딸을 무진태수茂榛太守 이교평李校平에게 개가시키고자 제후를 바야흐로 무진으로 보내려 하자, 제후가 은밀히 백운에게 이르기를 「첩은 그대와 더불어 같은 시각에 태어나서 서로 부부되기를 상속한 지 이미 오래 되오. 지금 부모가 이 상약을 어기고 새로 이런 일을 꾸미니, 만약 부모의 명을 어기면 불효인즉, 이 일을 어찌하리오. 그러나 무진으로 시집간다 하여도 생사生死가 어찌 내게 있지 않겠나이까. 그대에게 신의가 있다면 무진으로 나를 찾아오오」하였다. 그러하겠노라 신서信誓하고 헤어졌다. 제후가 시집가서 교평校平에게 이르기를 「혼인은 인도의 시작이라, 길吉하게 예를 올리지 않으면 안 됩니다」하니, 교평이 그 말에 따랐다. 백운이 무진으로 찾아갔다. 제후도 함께 달려나왔으므로 둘은 산골짜기로 들어가 숨었다. 그때 갑자기 협객俠客을 만났는데 백운을 위협하고는 제후를 빼앗아 달아났다. 백운의 무리인 김천金闡은 용력勇力이 있고 말타기와 활쏘기를 잘하였다. 협객을 쫓아가 쏘아 죽인 다음, 제후를 다시 찾아왔다. 왕이 이 소문을 듣고 세 사람의 신의를 가상히 여겨 작위爵位를 내렸다. 《동국통감東國通鑑》

**강수強首가 야합野合하여 성혼成婚하고 재취再娶하지 아니하다**

강수強首는 중원경中原京 사량沙梁 사람이니, 아버지는 석체내마昔諦奈麻이다. 성년이 되자, 스스로 독서할 줄 알고 의리에 밝았다. 마침내 스승을 취하여 《효경孝經》을 읽고, 《예》와 《이아爾雅》[21] 《문선文選》 등을 극진히 하니, 배운 지는 얼마 되지 않으나 그 아는 바는 매우 고원高遠하여, 일대에 보기 드문 걸사傑士가 되었다. 마침내 조정에 들어가 여러 벼슬을 역임하여 당대에 이름을 떨쳤다. 강수는 일찍이 부곡釜谷의 대장장이의 딸인 야인野人과 더불어 정을 통하였는데 그 사이가 매우 좋고 두터웠다. 나이 스무 살이 되어 부모가 용모 곱고 행실이 좋은 읍중의 딸을 아내로 삼게 하려고 하여도, 강수는 사양하고 재취하지 아니하였다. 아버지가 노하여 이르기를 「너는 당대의 유명인으로 백성들로서 모르는 이가 없는데 보잘것없는 사람을 아내로 삼는다면 부끄럽지 않겠느냐」하였다. 강수가 재배하고 이르기를 「천하고 가난한 것은 수치될 바가 아니오나 도를 배우고 행하지 않음은 참으로 수치입니다. 일찍이 옛사람들께서도 조강지처糟糠之妻는 하당下堂시킬 수 없으며, 빈천지교貧賤之交는 잊지 말라 하셨으니, 제 아내를 버리기 어렵습니다」하였다. 신문대왕神文大王 때에 졸卒하니, 장사를 관공官供으로 치렀다. 부의賻儀로 들어온 의물衣物과 필단匹段이 매우 많았으나, 가인家人은 사사로운 마음을 갖지 않았으므로, 다 불사佛事에 쓰도록 절로 보내었다. 양식이 없어 향리로 돌아가려 하매, 대신이 이를 듣고 왕에게 청하여 조租 1백 석을 내리셨으나 사양하며 이르기를,

「첩은 천한 몸이온데, 의식을 지아비로부터 받았기, 나라의 은혜 입음이 많았었는데, 이제는 이미 혼자이니, 어찌 임금께서 내리시는 녹을 받겠습니까?」 하며 끝내 받지 않고 돌아갔다. 《강수본전強首本傳》

### 설씨녀薛氏女

설씨녀는 율리栗里 민가民家의 딸이다. 비록 한문단족寒門單族이었으나, 용모가 단정하고 지행志行이 바르므로, 보는 자가 다 아름답다고 생각하면서도 감히 넘보지 못하였다. 진평왕眞平王 때 그의 아비가 연로한데도 징용되어 정곡正谷에 가게 되었다. 그녀는 병약한 아비를 멀리 보낼 수도 없었고, 그렇다고 여자의 몸으로 모시고 갈 수도 없어 그저 혼자 근심하고 있었다. 그때에 사량부沙梁部에 사는 청년 가실嘉實은 비록 가난하였으나 뜻은 정남자貞男子였다. 오래 전부터 설씨녀를 좋아하면서도 감히 입 밖에 내지 못하였었다. 그는 설씨녀가 늙은 아비의 종군從軍을 근심하고 있다는 소문을 듣고, 설씨녀에게 「나는 비록 약한 몸이나, 지기志氣만은 있다고 스스로 생각하는 바, 못난 몸이지만 그대의 아버지를 대신하여 가겠소」 하였다.

설씨녀는 매우 기뻐하며 들어가 아비에게 고하니, 아비가 불러 만나 보고 이르기를 「그대가 이 늙은이의 일을 대신하겠다고 한다니, 기쁘고 놀라워, 보답하기를 생각다 못하여, 그대가 만일 어리석고 못나도 좋다면, 나의 어린 딸을 그대의 아내로 천거코자 하네」 하였다. 가실이 다시 절하며 이르기를 「감히 바랄 수 없는 일인 줄 아오나, 소원입니다」 하였다. 이에 가실이 물러서 나와서는 혼인할 날을 받고자 하였다. 설씨녀가 이르기를 「혼인은 사람의 대륜大倫이라 서둘러서 하면 안 됩니다. 첩이 이미 마음으로 허락하였으니, 죽는 일이 있더라도 변함이 없을 것입니다. 원컨대, 그대가 나라를 지키러 나갔다가 교대되어 돌아온 뒤에 날을 받아 예를 올려도 늦지 않습니다」 하고, 마침내 거울을 둘로 나누어 각각 한쪽씩 지닌 다음 「이것은 신물信物이니, 뒤에 마땅히 합칩시다」 하였다. 가실에게는 말이 한 필 있었다. 설씨녀에게 이르기를 「이것은 천하에 좋은 말이오. 뒤에 반드시 쓸 일이 있을 터인즉, 지금 내가 부역에 나가면 기를 사람도 없소. 간수하였다가 쓰시오」 하면서 드디어 헤어졌다.

마침 나라에 무슨 일이 생기어 교대할 사람을 보내지 못하여 6년이 지나도록 돌아오지 못하였다. 아비가 딸에게 이르기를 「3년 기한이 이미 넘었으니, 다른 집안에 출가하는 것이 좋겠다」고 하였다. 설씨녀가 이르기를 「어버이를 편안히 모시기로, 가실과 굳게 상약하여 가실도 그렇게 믿고 있습니다. 종군하기 수년토록, 가실은 굶주림과 추위의 어려움을 견디며, 적과 마주서서 병기를 놓지 않고 있습니다. 마치 범의 입 가까이에 있는 듯하면서도 항상 남의 웃음거리가 되지나 않나 하고 두려워하고 있는데, 신의를 저버리고 식언食言한다면, 그것을 차마 인정이라 하리까? 끝내 아버지의 명을 따를 수 없사오니 다시 말씀하지 마십시오」하였다. 그녀의 아버지는 아주 늙었고, 그녀 또한 나이가 찼으되 배필이 없었으므로, 굳이 출가시키고자 그녀 몰래 마을 사람과 약혼시킨 다음, 날짜까지 받아 사람을 끌어왔다. 설씨녀는 완강히 거절하고 도망가고자 외양간에 가서 가실이 둔 말을 보고 크게 한숨 쉬며 눈물을 흘렸다. 이때 마침 가실이 교대되어 돌아왔으나 몰골이 아주 다르고 옷이 남루하여 집안 사람들도 몰라보고, 딴 사람이라고 하였다. 그러자 가실이 앞으로 다가와 깨어진 거울조각을 던졌다. 설씨녀는 이것을 보자 가실을 부르며 울었다. 아비와 집안 사람들이 크게 기뻐하며, 다른 날을 정하여 서로 만나, 더불어 해로하였다.《삼국사기》

## 11 고려高麗

### 1) 왕가 혈족혼인血族婚姻

  혜종惠宗 2년 을사[22]에 왕이 맏공주를 아우 소昭의 아내로 삼다.
  애초에 태조太祖가 대광大匡[23] 왕규王規의 딸을 열여섯번째 비妃로 맞아, 처음으로 아들을 낳고, 이름을 광주원군廣州院君이라 하였다. 왕은 그전에도 왕규王規의 딸로서 아내를 삼았다. 이에 왕규는 혜종의 아우 요堯와 소昭를 죽이려고 왕에게 참소하였다. 그러나 혜종은 그것이 무고誣告임을 알고 요와 소를 감싸고 극진히 대접하였다. 이럴 즈음, 사천공봉司天供奉[24] 최지몽崔知夢이 「유성流星이 자미성紫微星[25]

을 범하니, 나라에 반드시 적賊이 생기리이다」하였다. 혜종은 왕규가 요와 소를 모해謀害하려 함을 알고, 맏공주를 소의 아내로 삼아 굳이 왕규의 모의를 막으려 하였다. 맏공주는 어머니 성에 따라 황보皇甫씨 라 하였으니, 그 후로는 동성同姓을 아내로 취하였을 경우 다 외성外姓 으로써 불렀다.

정인지鄭麟趾는 이에 대하여 말하기를「고려 태조가 옛날 법에 따라, 유지화속有志化俗[26]하여 함부로 토습土習대로 딸을 아들에게 시집 보내어, 외성外姓을 따르게 하니[27] 그 자손들이 가법家法으로 삼아서 괴이怪異하게 여기지 아니하였으니 가석한 일이로다」[28] 하였다.

광종光宗이 광덕光德 원년元年[29] 누이동생을 황후皇后로 삼고 성을 황보皇甫씨라 하다.

외성外姓에 따라 황보씨라 하고, 태목왕후太穆王后로 삼았다. 고려조 에는 대저 종성宗姓이 많으니, 혹 이르기를「외척外戚의 폐를 막기 위함이라」고도 하였다.

경종景宗이 숙부 욱旭의 딸을 아내로 삼고 황보씨라 하니, 이가 헌애 왕후獻哀王后이다.

성종成宗이 문덕왕후文德王后 유씨劉氏를 취하였는데, 이는 광종光 宗의 딸이다. 유씨는 외성外姓에 따른 것이다.
문덕왕후 유씨는 애초 태조太祖의 손孫 홍덕원弘德院 규圭의 배필이 었던 것을 성종이 비妃로 맞아들였다. 이에 대하여 최씨崔氏[30]는「배필 의 맞음은 생민지시生民之始요, 만복의 근원이니, 성종이 수문지주守文 之主[31]이나, 비를 맞이함에는 덕을 저버리었다. 소위 유후劉后는 왕 자신의 매씨妹氏인데도 외성外姓 유씨로 부르니 그 첫째 허물이요, 진작 종실宗室임에도 비妃로 삼으니 둘째 허물이요, 존숭실신자尊崇失 身者[32]를 종묘주宗廟主되게 한 것이 그 셋째 허물이다. 일거삼실一擧三 失이다」라고 하였다.

현종顯宗이 을유년[33] 5월에 성종成宗의 딸을 왕후로 삼고 김金씨라고 부르다.

　이 이를 원정왕후元貞王后라고 한다. 뒤에 또 성종의 딸을 맞아 상춘전常春殿 최崔씨라고 하니, 이 이가 원화왕후元和王后이다.

　덕종德宗이 즉위 신미辛未[34]에 주主씨를 비로 맞아들이다.
　이에 앞서, 왕가도王可道[35]가 자기의 딸을 왕비로 주청하더니 드디어 그의 딸을 비로 세웠다. 얼마 뒤에 현비賢妃로 봉하여졌다.

　덕종德宗이 3년 갑술[36] 봄 2월에 누이동생을 왕후로 삼고 김金씨라 성을 붙이다.
　원순숙비元順淑妃 김씨의 딸을 맞아들이니, 이 이가 경성왕후敬成王后요, 또 원혜태후元惠太后 김씨의 딸을 맞아들여 아울러 외성外姓으로 부르니, 모두 현종顯宗의 따님이다. 뒤의 분이 효사왕후孝思王后이다 유씨兪氏가 이르기를 「사람이 짐승과 다름은 인륜이 있는 까닭이다. 인륜의 근본은 남녀로부터 비롯된다. 그러므로 성인이 이를 중히 여기어 성을 달리 놓았는데, 고려가 신라의 풍을 이어받아 동성취가同姓娶嫁를 잘못으로 여기지 않고 광종光宗·덕종德宗·문종文宗의 세 임금이 손아래 누이동생을 아내로 들여 인도를 끊고 천리를 배반한 것은 진실로 이적夷狄과 같은 수치로다. 고려 시대의 교화불숙敎化不淑[37]과 풍속음벽風俗淫僻[38]이 이와 같다」고 하였다.

　문종文宗 즉위 병술[39]에 누이동생을 왕후로 세우고 성을 김金씨라 하다.
　이 이가 인평왕후仁平王后이니 원성태후元成太后의 소생이다.

　선종宣宗 3년 병인[40]에 왕매王妹 적경궁주積慶宮主를 왕제王弟 부여후扶餘侯 수㷛의 아내로 삼다.
　선종宣宗의 아우 금관후金官侯 비㷝, 변한후卞韓侯 음愔, 진한후辰韓侯 유愉 등이 동성혼인同姓婚姻의 불가함을 간하였으나 왕이 듣지 않았다. 최씨崔氏는 이에 대하여 「성인이 동성끼리 혼인하지 않는 예를 만든 까닭은 그 구별을 뚜렷이 하고자 함이었다. 신라 초에 습속이 잡스러워 당종지간堂從之間의 친척을 아내로 삼고도 마음에 꺼리는 일 없이 오히려 부끄러움을 몰랐다. 신라가 당나라를 섬긴 뒤로는 차츰 예를 알고 동성혼인이 예에 어긋남을 깨닫더니 오맹자吳孟子의 예를 잘못 원용援用하여, 성씨를 바꾸어 비례非禮를 감행하니 그 허물됨이 자못 심하였다. 고려의 가법家法에서도 당종堂從이나 자매姉妹를 가리지 않고 혼인하였으니, 삼강三綱을 바로 세우지 못하여 이적夷狄의 풍습을 그대로 지니고 있었다. 이렇듯 왕가가 다 외친外親의 성을 가가假하여 뭇 백성에게 보이었으니 매우 가석하도다」 하였다.

　예종睿宗 원년 병술[41] 여름 6월에 선종의 딸을 비로 삼고 성을 이씨李氏라 하다.
　앞서 재보宰輔가 누차 납비納妃를 청하였으나 예종은 복상服喪이 끝나지 않았으므로 허락하지 않더니, 선종이 정신현비貞信賢妃 이씨 딸인 연화궁주延和宮主를 비로 삼으니 이가 경화왕후敬和王后이다. 경화왕후는 용의가 단정하고 고와 매우 총애를 받았다.

　예종이 왕 16년 신축[42] 봄 정월에 왕王씨와 최崔씨를 비로 삼다.
　비妃 왕씨는 진한후辰韓侯 유유愉의 딸이요, 최씨는 참정參政 용湧의 딸이다. 예종이 제制를 내리어 이르기를 「남녀지간에는 대륜大倫이 매우 중하고, 제왕이 흥기하려면 내보內輔를 요하며, 궁실 가인家人을 모두 정위正位하자면 관저지호구關雎之好仇[43]라야 한 즉, 지금 진한공의 맏따님과 대경大卿 최응의 막내따님을 내직內職으로 삼고자 하니, 유사有司는 거례정명據禮正名하라」[44]고 하였다. 이에 유사가 왕씨를 귀비貴妃로, 최씨를 숙비淑妃로 하기를 청하였다. 유씨兪氏는 이 일에 대하여 「고려 왕실의 예법에서, 임금의 아내 중 적嫡을 후后라 하고 첩을 비妃라 하였으니, 이는 곧 옛 부인夫人[45]의 칭호와 같은데, 이제 예종이 한 번에 두 비를 맞아 혼인하였으니 그 왕가 법도의 문란이 이미 심하였다」고 하였다.

　인종仁宗 21년 계해[46] 여름 4월에 종실宗室의 딸을 왕자비王子妃로 삼고 김씨라 칭하다.

이는 강릉공江陵公 온溫의 딸이나 외성外姓을 따라 김씨라고 하였다.

명종明宗 10년[47] 여름 6월에 왕이 두 공주公主를 입내入內시키다.
내폐內嬖[48] 명춘明春이 죽으니, 애련해마지 않아 친히 도망도悼亡의 시를 지어 자위하였다. 명종은 천품이 잔약孱弱한 데다가 잦은 변고로 놀란 바 있어, 무릇 군국기무軍國機務가 무신들의 손에 들어가고 말았다. 그리고도 가무와 여색에만 정신이 팔려 있었으며, 적신賊臣이 함부로 살육을 일삼을 때에도 여자에게만 빠져 있었다. 그때 침상에 오로지 붙어 있던 여자만도 다섯 사람이었다. 그 중에서도 순주純珠와 명춘明春과 가까이 지내더니 이희二姬가 이어 죽었다. 이에 영희공주迎禧公主와 수춘공주壽春公主를 입내入內시키어 조석으로 떨어지지 않으니 인륜이 말이 아닌 지경에 이르렀다.

명종 27년 정사[49]에 종실의 딸을 비로 삼고 김金씨라 칭하다.
이 이는 강릉공 온溫의 딸이다. 뒤에 궁주宮主로 책봉되었으니 곧 선정왕후宣靖王后이다.

희종熙宗 7년 신미[50] 여름 4월에 원비元妃 임任씨를 함평궁주咸平宮主로 책봉하다.
종실 영인후寧仁侯 진稹의 딸, 이가 바로 함평왕후이다. 외성外姓에 따라 임任씨라 하였다.

강종康宗 원년元年 임신[51] 겨울 10월에 종실의 딸을 왕비로 책봉하고 유柳씨라 칭하다.
종실 신안후信安侯 성성城의 딸. 이 이가 원덕태후元德太后이다. 외성外姓으로 이름하였다.

고종高宗 5년 무인[52] 여름 4월에 폐왕 희종熙宗의 딸을 비妃로 삼고 성을 유柳씨라고 하다.
이 이가 안혜왕후安惠王后이다.

고종 21년 갑진[53] 2월에 종실의 딸을 들여 태자비太子妃로 삼고 유柳씨라 칭하다.

전비前妃 김씨金氏 소생 원손元孫 심諶이 죽으매, 이에 이르러 신안공新安公 전佺의 딸을 들여 경창궁주慶昌宮主라 하였다.

원종元宗 원년[54] 가을 8월에 종실의 딸을 왕후로 책봉하고 유柳씨라 칭하다.

이 이는 신안공新安公 전佺의 딸이다.

원종 가을 9월 종실의 딸을 들여 태자비로 삼다.

이 이는 신종의 손孫 시안공始安公 경絅의 딸로 정화궁주貞和宮主이다. 또 맏공주를 경안궁주慶安宮主라 칭하고 제안공齊安公 숙淑에게 시집보내었다.

양가兩家 사론史論은 다음과 같다.

고려왕조의 동족상혼同族相婚은 혜종惠宗이 맏공주를 아우 소昭의 아내로 삼은 데서부터 비롯된다. 사신史臣이 이르기를 「동성혼인同姓婚姻은 자손이 번성하지 못한다」고 하였는데, 하물며 근친상혼近親相婚에 있어서랴! 그리하여 고려왕실의 종지宗支는 불과 수십 명밖에 되지 못하였다. 그때 비로소 선왕께서 예를 정한 뜻이 얼마나 깊은가를 알았다. 이토록 혼인이 독란黷亂함은 도무지 추하여 도가 아니거니와, 자손도 번서繁庶하지 못하였으니 다 이에 말미암은 것이다. 나라의 법에 궁녀가 다행히 득남하면, 머리를 깎고 중이 되게 하여 소군小君으로 칭하여졌고, 적출왕자嫡出王子라 할지라도 출가하는 이가 많았으니, 다 사史에 보이는 바 거짓이 아니다. 이러하고도 고려종실이 절멸絶滅을 면하였으니 다행한 일이거니와, 그 교합交合과 반합胖合이 일적一嫡만이 아니었으므로 후사後嗣가 끊기지 않았다.《성호사설星湖僿說》

신라·고려 두 왕조는 동성혼인同姓婚姻을 꺼리지 않고 기공지친朞

功之親[55]에까지 장가들었다. 상행上行이 하효下效하여 백성 또한 그러하였음을 알 만하다. 고려의 덕종德宗은 하루에 두 누이동생을 들여 비로 삼았고, 광종光宗·문종文宗도 다 그 누이동생을 아내로 삼았으니, 천하에 어찌 이런 일이 있을손가. 세상에 전하기를 왕씨는 용종龍種이라, 그 무릎 아래에 한 개의 비늘이 있다 하여, 고려 태조가 왕씨 외의 성족姓族을 싫어하였으므로 자손들로 하여금 근친상혼케 하였다. (이종휘李種徽《수산집修山集》)

이능화는 이에 대하여 다음과 같이 주장한다.

고려 태조가 삼한三韓을 통합하고, 문물제도를 다 신라의 구속舊俗에 따랐으니, 왕실내의 혈족혼인血族婚姻도 또한 신라의 제도를 모방한 것이다. 성호星湖 선생이 「신라 왕조에서 당종堂從의 친척끼리 서로 혼인하고도 꺼리거나 부끄럽게 여기지 아니하였으니, 고려 태조의 유어습속狃於習俗[56]과 추독지행醜黷之行[57]이 세상에 없었던 일은 아니다」한 것은 이것을 말함이다. 다만 용종龍種 운운하는 것은 매우 경하고 허망된 말이므로 굳이 변변하지 않는다.

### 2) 왕가 및 종친 문무양반 동성·혈연 금혼

충선왕忠宣王이 즉위 초 교教[58]에 이르기를 『세조世祖[59]의 성지聖旨에 「동성끼리 통혼하지 말라고 함은 천하의 통리通理로서 항차 그대의 나라는 글자를 알고 공부자孔夫子의 도를 행하는 터이므로 동성상혼을 하지 말라」고 했다. 이는 이수구李守丘가 말로써 전하고 또한 유청신柳清臣이 정가신鄭可臣에게 전역傳譯한 바이다. 본국本國이 아직도 이를 따르지 않고 있으니 이제부터 만약 종친으로 동성상혼한 자는 성지聖旨에 위배한 죄로 논하겠노라. 마땅히 누세재상累世宰相의 딸을 취娶하여 아내로 삼고, 재상의 아들로써 종실의 딸에 장가들게 하되 가세家世가 천하고 보잘것없으면 안 되니라. 신라 왕손 김혼金琿의 가문은 경순태후敬順太后 숙백叔白의 종가요, 언양김씨彦陽金氏 일족·정안임태후定安任太后 일족, 그리고 경원이태후慶源李太后·안산김태후安山金太后·철원최씨鐵原崔氏·해주최씨海州崔氏·공암허씨孔巖許氏·평강채씨平康蔡氏·청주이씨淸州李氏·당성홍씨唐城洪氏·황려민씨黃驪閔氏·횡천조씨橫川趙氏·파평윤씨坡平尹氏·평양조씨平壤趙氏는 모두 대대로 공신 재상들의 종가로서 대를 두고 혼인할 만하니, 이들 가문의 아들로써 종실의 딸을 취하게 하고, 문무양반들은 동성혼인同姓婚姻을 하지 말 것이며, 외가 사촌四寸도 구혼求婚할 수 없도다』[60]라 하였다.
《고려사》〈충선왕세가忠宣王世家〉

이능화는 이에 대하여 다음과 같이 주장한다.

고려 왕씨들은 조趙·송宋 및 요遼·금金·원元·명明을 역대歷代로 섬김에 송宋·명明을 중화中華 또는 화하華夏로 여겨서, 그 나라 문물 숭배하기를 하늘과 같이 우러렀으며[61] 스스로 소중화小中華를 자처하였다.[62] 요·금·원 때에 이르러서는 그 세력의 압박을 받는 바 되어 부득이 신하의 나라로서[63] 복종하기는 하였으나, 기실은 그 나라들을 이적夷狄시하여 혹 달단撻靼이니[64] 혹 호원胡元이라 불러, 그 근본을 우리와 같은 종족이라고는 생각하지 않았다. 그리고 송나라의 문화는, 고려 말에 몇몇 주자학자朱子學者가 받아들인 일부를 제외하고는 거의 아무런 영향도 주지 않았었다. 그러던 중 뜻하지 않게 호원胡元으로부터 공자의 유교적 윤리가 천명되어, 고려 왕씨로 하여금 동성금혼법을 창제케 하였으니, 용이변하用夷變夏[65]의 한 기현상이라 할 수 있다. 그러나 《고려사》〈공민왕세가恭愍王世家〉를 읽어 보면『공민왕 15년 병오[66]에 왕씨를 봉하여 익비益妃로 삼다』라고 적혀 있으니, 왕실내의 혈족간혼인血族間婚姻 풍속은 옛 그대로인 채 바뀌지 아니하였음을 알 수 있다.

### 3) 민간 동성·혈족·유복친有服親 사이의 금혼

문종文宗 35년[67]에 이부상서吏部尙書 최석崔奭 등이 상주하기를 「지난해에 진사 노준魯準의 아비가 율律을 어기어 대공친大功親[68]과 혼인하였으니, 그 소생을 종신토록 가두기를 청하나이다」 하였다. 이에 문종이 「선거 임용에 있어 상례에 구애하지 말고, 다 진사 벼슬을 주도록 하고, 관질官秩[69]을 주어 조적朝籍[70]에 통하라」 하니, 재상 문정文正 등이 조의朝議에서 「가도家度가 선 연후라야 나라를 다스릴 수가 있으

니, 관직·품계를 깎아내리기를 청하나이다」하니 이에 따랐다.《동국통감東國通鑑》

숙종肅宗 원년[71]에 공신功臣들의 동성혼인을 금하다.《고려사高麗史》

의종毅宗 원년[72]에 동성혼인을 금하고, 소공小功 이상자로서 통혼通婚하는 이는 다 이를 금하고, 금지령 이전에 낳은 자손들은 가두지 아니하였다.《고려사》

고려법高麗法에서는 동부이모同父異母의 자매 및 대소공친大小功親이 각각 근친혼인으로, 율률을 범하여 낳은 소산所産은 다 가두도록 정하였다.《문헌비고文獻備考》

이에 대하여 이능화는 다음과 같이 주장한다.

이수광李晬光의 《지봉유설芝峯類說》에 이르기를 『동성혼인은 아니함이 예이다. 옛날에도 성을 모를 때에는 점을 쳐서 그 성을 알아내었다. 고려 때에는 국왕이 오히려 동성혼인을 더 하였으니, 하물며 사류士類 서중庶衆들에 있어서랴?』 하였고, 성호星湖 선생은 이르기를 『고려 문종 35년에 이부吏部에서, 진사 노준의 아비가 율률을 어기어 대공친大功親과 혼인하였으므로, 그 소생을 종신토록 가두기를 청하였으나, 즉 여염閭閻과 사서士庶[73]의 예가 본래부터 이와 같지는 않았다. 그러나 무릇 일은 스스로 비롯하는 법으로서 임금된 이들의 소행이 이렇듯 근친상혼하였으니, 아랫사람이 윗사람의 본에 따르는 일을 어찌 금할 수 있었겠는가. 성조聖朝(朝鮮朝)는 일거에 옛 허물을 다 씻어버리어, 비단 동성간의 백세불혼百世不婚뿐만 아니라, 성이 다르더라도 친척붙이와는 역시 통혼하지 아니하니, 이것은 천하고금에 없는 아름다운 풍속이로다』하였다.

### 4) 고려왕가와 몽고의 혼인

충렬왕비忠烈王妃 제국대장공주齊國大長公主는 이름이 홀도로갈리미실忽都揭里迷失이니, 원세조의 딸이요, 어머니는 아속진가돈阿速眞可敦이다.

원종元宗 15년[74]에 충렬왕이 세자로서 원나라에 있을 때 장가들었다.

충선왕비忠宣王妃 소국대장공주蘇國大長公主 보탑실련寶塔實憐은 원의 진왕晋王 감마라甘麻刺의 딸이니 충렬왕 22년[75] 충선왕이 세자로 원나라에 있을 때 장가들었다.

충숙왕비忠肅王妃 복국장공주濮國長公主 역련진팔라亦憐眞八刺는 원나라의 영왕營王 야선첩목아의 딸이니, 충숙왕 3년[76]에 왕이 원나라에 있을 때 혼인하였다.

충혜왕비忠惠王妃[77] 덕령공주德寧公主 역련진반亦憐眞班은 원나라의 진서무정왕鎭西武靖王 초팔焦八의 딸이니, 충숙왕 17년[78]에, 충혜왕이 원에 있을 때 공주에게 장가들었다.

공민왕비恭愍王妃 휘의노국대장공주徽懿魯國大長公州 보탑실리寶塔失里는 원의 종실 위왕魏王의 딸이니, 충정왕忠定王 원년[79]에 공민왕이 강릉대군江陵大君으로 원나라에 있을 때 장가들었다.

### 5) 고려가 몽고 제후를 위하여 공녀貢女하다

충숙왕 15년 무진[80]에 원나라가 공녀貢女 김씨金氏를 황후皇后로 삼으니, 화평군化平君 심심深의 딸이다.

충혜왕忠惠王 후원년後元年 경진년[81]에 원나라의 순제順帝가 고려조의 공녀인 궁인 기씨奇氏를 제이황후第二皇后로 삼으니, 행주幸州 사람 기자오奇子敖의 딸이다.

### 6) 고려 민녀民女와 몽고인과의 혼인

고려 원종元宗 15년 갑술[82]에 원의 사자使者가 와서 만자蠻子[83]의 아내감을 구하였다.

송나라의 양양부군襄陽府軍이 아내를 맞이하여 장가들기를 청하였으므로, 위선사委宣使 상욱尙郁이 고려에 와서 무부녀無夫女 1백40명을 요구하였다. 이에 결혼도감結婚都監을 두고, 여정閭井의 독녀獨女와 역적의 처와 종의 딸을 찾아내어, 겨우 그 수를 채워서 만자들에게 주어 북으로 보내니 곡성이 하늘을 진동하였다. 이에 앞서 달로화적達魯花赤[84] 등이 재상가宰相家와 혼사하기를 청하고, 예쁘고 미움을 가리어 억지로 데려가도 왕이 감히 어찌하지 못하였다.

충렬왕忠烈王 원년[85]에 태부경太府卿 박유朴褕가 상소하여 이르기를 「다른 나라 사람이 와서 처로 삼을 여자를 데리고 가는 일이 끝이 없으니, 신은 장차 인물이 다 북으로 흘러갈까 두렵습니다」 하였다.

동왕同王 2년에 원나라의 사신使臣이 폐백을 가지고 와서 귀부군歸附軍 5백 사람의 아내감을 구해 들이라 하니, 왕이 각도에 별감을 보내어 과부·처녀 등을 뽑게 하였다.

동왕 24년에는, 양가댁 딸을 뽑아 원조元朝에 바치고자, 무릇 벼슬아치로 하여금 딸 있는 집을 밀소密疏케 한 다음 주관서主管署를 시켜 뽑아들이게 하였다.

동왕 26년 원조에 사신을 보내고 아울러 동녀童女를 바쳤다.

충선왕忠宣王 원년[86]에도 사신을 보내고 아울러 동녀를 바쳤다.

충선왕 4년, 왕이 동녀를 친선親選하였으니, 이것은 원나라 영왕營王의 청이 있었기 때문이다. 이 무렵 원나라의 여러 왕후들과 재상 및 사신이 각각 동녀를 청하여 왔으므로 나라로서, 또는 사사롭게 바쳐야 했다. 그래서 사대부가에서는 딸을 낳으면 아예 숨겨버렸으니 친척들도 볼 수 없었다.

동왕 7년 8월에 원의 사신이 와서 동녀를 구하였다.

동왕 11년 가을 7월에도 원나라의 사신이 와서 동녀를 구하였다.

충혜왕忠惠王 원년[87]에도 원의 사신이 와서 동녀를 구하였다.

동왕 6년에도 원나라의 사신이 와서 동녀를 구하였다.

동왕 후 4년에도 원나라의 사신이 와서 동녀를 구하였다.

## 12 조선조朝鮮朝

### 1) 왕가 및 종친·동성·혈족간의 불혼

남자는 15세, 여자는 14세에 비로소 혼취가 허락되었다. 종실宗室에서는 각 자녀들의 나이가 차서 정혼定婚하면 가주家主의 직職·성명을 종부시宗簿寺[88]에 알렸다.[89] 그러면 종부시에서는 이를 검고檢考하여

허락하였다.《율전통보律典通輔》〈혼가婚嫁〉

《육전조례六典條例》[90]〈예전禮典〉에 따르면, 대혼大婚[91] 때에는 처자處子들에게 혼인을 금지하는 명이 내렸다. 곧 한외限外 허혼자許婚者는 따로 수계修啓한 후 이문移文하였다.

공주公主・옹주翁主를 하가下嫁시킬 때에도 금혼한정禁婚限定이 있었다. 금혼외禁婚外로 허혼할 경우도 여러 일을 다 임금께 품계稟啓하였다.[92]

### 2) 백성들간의 동성불혼

《대명률大明律》〈동성위혼同姓爲婚〉조에『무릇 동성혼인을 한 자는 각각 장杖 60을 친다』고 하였다.《이조차용대명률李朝借用大明律》

#### 이족異族과의 통혼책通婚策

세종世宗 9년 정미[93] 여름 4월 임술에, 예조禮曹가 「회회回回의 무리는 의관이 달라 사람들이 다 .이를 우리 겨레로 보지 않아서 더불어 혼사하기를 꺼리지만 이미 우리나라 백성이 된지라, 마땅히 우리나라 의관과 예에 따라 별이別異를 두지 말아야 한다」는 계啓를 올렸다. 이에 스스로 혼사하게 되었고, 또 회회의 무리에게 대조회大朝會 때 송축頌祝의 예를 올리던 일도 면해 주니 이에 따르게 되었다.《실록實錄》

양성지梁誠之가 편의이십이사便宜二十二事[94]를 올렸으니, 그 군국편의軍國便宜 조에 「야인野人(女眞)에 대해서는 평정되었다고 해서 어찌 탈이 없겠습니까. 곧 우리의 백성과 가축을 사로잡기도 하고, 군을 이끌고 쳐들어오기도 하다가 산을 타고 멀리 달아나 버리니, 이를 다스려 평정할 계책을 얻기가 매우 어렵습니다. 한漢・당唐이 이런 족속들을 대접하기를 통혼으로써 많이 하였습니다. 만일 앞에서 말한 그런 투하야인投下野人들에게 한결같이 양부良夫의 천한 소생所生만을 출가시킨다면, 멀리 떨어져 있는 야인을 유화柔和케 하여 이웃이 되게 하는 소이가 아닙니다. 우리나라가 비록 중국의 예악禮樂과 문물제도를 본따기는 하였으나 동해 밖에 있으니, 어찌 북인北人을 이처럼 천하게 대접할 수 있겠습니까? 금후로는 투하한 야인을 족속族屬과 강약의 3등으로 나누어서 1등은 무문음사無門蔭士[95] 대부가에, 2등은 잡직雜職에 종사하는 사대부가에게, 3등은 평민가에 통혼시키며, 성 밑을 쏘다니거나 삼차량三車良 같은 곳에 있는 야인은 그 부근에 주둔하고 있는 군호軍戶에 명하여 이와같이 분등分等하여 통혼시켜 주십시오」하였다.

### 3) 존비불혼尊卑不婚

《대명률大明律》〈존비위혼尊卑爲婚〉조에 『무릇 외인外姻[96]· 유복有服[97]· 존속尊屬[98]· 비유卑幼[99]와 더불어 통혼한 자, 동모이부同母異父의 자매를 아내로 취한 자, 혹은 전부인前夫人의 딸을 아내로 삼은 자는 각각 간론姦論으로써 다스린다』고 했다. 또 부모의 고구姑舅, 양이兩姨의 자매, 이姨· 당이모堂姨母의 고姑, 당고堂姑· 자기의 당이堂姨, 재종이당再從姨堂, 외생녀外甥女, 여서女婿 자손의 자매, 자손의 자매와는 혼인하지 못하니, 위반하는 자에게는 장杖 1백 대를 친다. 또 만약 자기의 고구姑舅· 양이兩姨의 자매를 아내로 취한 자에게는 장 80을 치고, 아울러 이리異離시킨다고 했다.

### 4) 친속간親屬間의 처첩불취妻妾不娶

《대명률大明律》〈취친속처첩娶親屬妻妾〉조에 『무릇 동종同宗 무복無服[100]의 친척을 아내로 삼은 자와, 아내가 된 자는 각각 장杖 1백을 치고 만일 시마친緦麻親[101]의 처를 아내로 한 자와, 구생舅甥을 처로 삼은 자는 각기 장杖 60을 치고, 도徒[102] 1년 하되, 소공小功[103] 이상은 간론姦論으로 다스린다』고 되어 있고, 쫓겨난 뒤에도 개가가 금지되었다. 이런 자를 처첩으로 맞이하여도 장杖 80을 쳤다.

만약 부조父祖의 첩이나 백모를 거두는 자는 참하며, 형이 죽은 뒤 형수를 거두거나, 아우가 죽은 뒤 제부弟婦를 거둔 자도 모두 각각 참하였다.

첩의 경우에는 각 형벌에서 두 등급 감형減刑되었다.

만약 동종同宗· 시마緦麻 이상, 고질姑姪· 자매姉妹를 아내로 한

자도 역시 간론姦論으로 다스리며 아울러 이리異離시켰다.

이능화는 이에 대하여 다음과 같이 주장한다.

조선은 명나라와 더불어 일어났으므로 명나라의 율律을 차용하여 혈족간의 혼인을 법으로 금하고 엄히 다스렸다. 이에서 유교윤리가 크게 밝아졌으며, 진일보하여 동관이성同貫異姓[104]간이나, 이관동성異貫同姓[105]간일지라도 서로 혼인하지 아니하였다. 비단 서로 혼인을 못할 뿐만 아니라, 비록 잠시의 연음姸淫하는 일마저도 범상피죄犯相避罪로 하늘과 사람 사는 세상에 다 들이지 못한다 하여, 5백 년래에 풍습이 뛰어나게 되었다. 이조 일대一代의 이와 같은 예법은 멀리 신라·고려 때보다 나았으니, 세계에서 문명과 예속禮俗이 가장 뛰어난 나라라고 이를 만하다. 《위서魏書》를 상고컨대, 고조高祖가 승명承明 원년[106]에 조서詔書에 이르기를 『순풍淳風은 상고上古에 행하여졌고, 예화禮化는 근엽近葉에 널리 퍼졌다. 이로써 하夏·은殷 때에는 3촌간의 혼인도 꺼리지 않았지만 주周에 이르러서는 동성혼인이 끊어졌으니, 이는 다 때에 따라 정사를 베풀고, 일에 따라 고쳐 나온 바이다』하였다. 또한 한漢의《백호통白虎通》을 상고하면『사람이 성을 가짐은 부모와 조상의 은혜를 높이고 친척간의 친애를 두텁게 하고자 함이니, 짐승과는 달리 각성各姓끼리 혼인한다. 그러므로 예에 구별을 두어 낳음〔生〕에 서로 생각하고 아끼며, 죽음〔死〕에 서로 슬퍼하며 동성이 서로 혼인하지 아니하니 다 인륜을 중히 함이라』고 하였다. 이로써 살피면, 동족혼인은 상고上古 때의 초매미개草昧未開한 짓이었던 바, 문화가 점점 열리고 윤리가 밝아짐에 따라 마침내 동성끼리는 서로 혼인할 수 없다는 제도가 생기게 된 것이다. 이조에 이르러 물질과 기술은 전 왕조王朝에 비하여 쇠퇴하였으되, 그 발달한 것은 오직 윤리이니 이조의 학자가 스스로 예의의 나라라고 자랑한 것도 역시 이 일에 있다.

5) 동성이관자同姓異貫者의 혼인상통은
  그 근본이 서로 같지 않기 때문이다.

이맹휴李孟休가《춘관통고春官通考》에 이르기를『우리나라의 천신薦

紳[107]은 다 큰 가문이라고 널리 일컬어졌으나, 고려 이전의 일은 별로 밝혀지지 않았다. 여러 이씨李氏의 관향貫鄕이 다르기는 하나, 노魯나라의 성과 다름을 어찌 알랴? 곧 다 같은 근본에서 나온 것은 아닐까? 옛 노인한테 들으니, 상국相國[108] 이덕형李德馨이 임진란 때에 접반사接伴使로 천장天將[109]을 따라 막중을 오가니, 선비들이 모두 그 풍의風儀를 흠모하다가, 이산해李山海 가문의 딸을 아내로 맞았다는 말을 듣고는 그 일을 오랑캐〔夷虜〕의 풍습이라 하였다』한다. 그가 만일 이씨의 가문에만 장가들지 않았다면 그를 어찌 완인完人이라 하지 않을 수 있었겠는가?

　　이덕형의 관향은 광주廣州요, 이산해는 관향이 한산韓山이다. 성은 같으나 그 가문은 근본이 다르므로, 옹서翁婿가 된 것이다. 이것은 이조의 풍습으로 본연本然한 바인데, 외국 사람이 이것을 모르므로, 그저 성만 같은 것을 보고 동족상혼同族相婚이라 의심한 것이다. 그래서 이런 평평이 있게 되었다.

　　이중환李重煥은《팔역지八域志》(擇理誌)에 이르기를『우리나라의 사부士夫는 모두 본토박이의 후예들이다. 그러나 기자 후손인 선우씨鮮于氏와 고구려 고씨高氏, 신라의 박朴·석昔·김金 3성과 가락국駕洛國 김씨는 다 왕을 지낸 성이라 자성自姓을 지닌 가장 귀종貴種이다. 신라 말 때부터 중국과 통하여 처음으로 성씨제도를 시작하였으나, 다만 벼슬아치와 사족들만 성을 가졌었고, 여느 서민들에는 성을 가진 자가 없었다가, 고려에 이르러 삼한三韓이 하나로 섞이게 되어, 비로소 중국민족의 본을 따라 성씨제도가 팔방으로 퍼져 사람마다 다 성을 지니었다. 그런데 성이 아직 널리 퍼지기 전에는, 파족派族은 달라도 관향만 같으면 동성으로 쳤고, 성은 같아도 관향이 다르면 동족으로 치지 않았었다. 곧 혼인이 금지되지 않는 이는 모두 조상이 같지 않은 자들이라고 일컬어졌다.

　　이수광은《지봉유설芝峯類說》에서 이르기를『동성에서 아내를 취하지 않는 것이 예다. 옛날에는 그 성을 모르면 점을 쳐서 알아내었다. 고려 때에는 국왕이 오히려 동성을 취하였으니, 하물며 사서士庶들에 있어서랴? 본조本朝 사대부가는 모두 하나로 예법에 따라 혼례를 더욱 근엄하게 치렀다. 그리고 성은 같아도 관향만 다르면 동성이 아니라 하여 꺼리지 않았는데, 중국 사람은 이를 보고 웃었다. 선왕先王 재위시 나는 옥당玉堂[110]에 봉직하면서, 상교上教에 따라 중국 역대 부마駙馬에 같은 성을 가진 자가 있나 없나 하여 많은 서적들을 두루 계고하였더니, 오직 당나라 순종順宗 때, 이무정李茂貞의 아들이 공주를 아내로 삼은 일이 있었다. 그런데 무정의 본성은 송宋이고, 사성賜姓이 이李씨였다. 이밖에는 아무것도 없었다』고 하였다.

정경세鄭經世는《우복집愚伏集》의 〈방유강릉일향문榜諭江陵一鄉文〉[111]에서 이르기를 『본부本府는 사녀지성士女之盛[112]과 풍속지미風俗之美[113]가 한 도道의 으뜸으로 진작부터 문명한 고장이다. 나는 무상無狀한 몸으로 이곳에 오게 되어 실로 기쁘며 다행하게 여긴다. 여러 부로사자父老士子와 더불어 예법을 강명講明하여 적게나마 조정을 도와, 나에게 맡겨 주신 임금님의 뜻에 보답코자 하나 말년의 병 때문에 능능을 다하지 못하여 항상 걱정이다. 듣건대 여염閭閻 사족士族의 집안에 예에 어긋나는 패속지사敗俗之事가 가끔 있다 하니, 이것은 잘못된 풍습을 그저 보고 좇아 따를 뿐 듣고 예가 아님을 모르는 것이니, 그 정에 용서할 만한 까닭이 있기는 하나 문명한 고장으로서 매우 부끄러운 바이로다.

미치지 못함을 무릅쓰고, 그 중 매우 마음 놓을 수 없는 몇 가지 일에 대하여 다음과 같이 조열條列하니, 바로 일향一鄉에 두루 알리어 엄행금단嚴行禁斷하며, 이 일 이외의 다른 일도 그 잘못됨을 바로잡아 민속을 바르게 하고자 하니, 행함에 명망冥妄[114]됨이 없게 하라. 이로써 예를 아는 군자의 말을 잘 받아들여 문명한 이 고장을 지키게 되면 다행이로다』 하였다.

그리고 이르기를 『첫째, 위로는 조상을 받들고 아래로 그 뜻을 펴서 자손을 가르치며, 나중에는 뭇 사람에게 덕을 펴야 하되 그 시초는 곧 일신一身의 일이니라. 그러므로 예에 동성同姓과는 백세까지라도 혼인하지 말라 하였다. 엄하기가 이러한데, 국법에 이관동성異貫同姓이 허혼되었으므로 이가와 이가가 혼인하고, 김가가 김가와 혼인할 수 있다고 하여, 법가명족法家名族[115]들도 이를 면하지 못하고 있으나 이것은 본디부터의 예는 아니다. 그렇다고 이것을 창졸간에 혁파革罷할 수는 없는 일이다. 그러나 동관상혼同貫相婚에 이르러서는 온 나라에 없는 일인데 이 고을에 이를 범하는 자가 있다고 들었으니, 풍속을 상상하고 폐함이 이에서 더 큰 것이 없도다. 드러내어 관官에 알리면, 법에 따라 사족士族이라도 관여치 않고 이를 묶어 다스려서 바로잡겠노라』고 하였다.

정약용丁若鏞의《여유당집與猶堂集》〈곤돈록錕鈍錄 동성불혼同姓不婚〉조에 이르기를『요순은 단면지친袒免之親[116]으로 두 딸을 이강釐降시켰으니[119] 동성끼리는 아직도 혼인하지 않았다. 본디 대전大傳에는 성의 구별이 없었으니 백세동성불통혼百世同姓不通婚은 주周 때의 예요, 은殷·하夏 이전에는 서로 통혼하였음을 알 수 있다. 고려 국왕도 흔히 동성을 취하였었다. 그리고 노魯·원元의 여자를 궁인宮人으로 취하였으니 어찌 동성 여부를 가렸을 것인가? 선조宣祖께서 유신儒臣들에게 명을 내리어 전사前史를 널리 상고시켰더니, 다만 당나라 소종昭宗 때에 이무정李茂貞이 공주를 취한 일이 있었을 뿐이었으나 무정의 본성은 송宋이었고 이李는 사성賜姓이므로 성이라 할 수 없다. 노魯의 소공昭公이 오吳의 희성姬姓을 취하니 춘추春秋에 그 성을 붙여 적되, 오맹자吳孟子라 적을 만큼 엄하였다. 우리나라의 김·이씨는 대성大姓으로 본관本貫만 다르면 다 동성혼인을 하니 크게 예에 어긋난다』고 하였다.

정동유鄭東愈의《주영편晝永編》에는『동성불혼同姓不婚은 주周로부터 비롯된 것으로 성인이 예를 지은 중 선지선善之善이다. 소위 동성자同姓者라고 하는 것은 직기稷棄[118]를 같은 조상으로 하는 희성姬姓과 설契[119]을 같은 조상으로 하는 자성子姓 따위를 가리키는 것이다. 직기의 후예이더라도 희성을 따지지 않았거나, 설의 후예이더라도 자성子姓을 따지지 않고 타성他姓으로 바꿔 가진 이에 대하여는 노魯·송宋의 군君들도 꺼리지 않고 취가娶嫁하였음이 분명하다. 그러므로 우리나라 사부가에서도 성은 같되 본관만 다르면 꺼리지 않고 혼인하고 있다. 근고近古에 어떤 유자儒者가 논하기를「성이 다른 남녀는 외사촌간이라도 혼인하지 못할 바 아니니, 주자朱子의 내외손內外孫이 서로 혼인한 것과 같다. 그러므로 우리나라에서 동본이성간同本異姓間에 통혼하지 않는 것은 버려야 할 습속이다」고 하였다. 가령 연안延安 이씨와 남양南陽 홍씨는 중국의 습속을 본따서 분명히 중국인의 후예인데도 각각 우리나라의 토박이 이씨와 홍씨들과 단불상혼斷不相婚하여야 한다는 설이 강력히 주장되어 왔으나 일세一世의 훈도로 이제까지 1백여 년 동안, 이성지친상혼론異姓至親相婚論은 종시 행하여지지 않았다. 이렇게 동성불혼의 설을 그때부터 반세半世토록 두고 따르니 지금은 정속定俗이 되었다. 이것이 주자례朱子禮의 본의는 아닐지라도 크게 해되는 바도 없다. 이 이성근촌異姓近寸간에 서로 혼인할 수 없다는 것은 우리나라의 미속美俗으로 그 두텁고 충실한 본뜻을 실제로 볼 수 있다. 그런즉 이 미풍을 깨뜨리고 중국의 제도에 따라야 한다고 하는 이는 그 실實을 모르는 자들이다. 안동安東의 김씨와 권씨權氏는 분명히 같은 조상으로, 김씨가 권씨로 성이 바뀌었을 뿐인데도 근래에 양족이 혼인함을 꺼리지 않음은 우스운 일이 아닐 수 없다』하였다.

### 6) 동성이관同姓異貫의 혼취금지婚娶禁止

현종顯宗 10년 을유[120]에 판중判中 송시열宋時烈이 상언上言하기를 「처를 취함에 동성을 삼가는 것이 고금의 예이온바, 나라 풍속에 관향이 다르다 하여 동성들끼리 혼인을 꺼리지 않음은 말도 아니오니, 상上께서는 이제부터 금단하시옵소서」라고 청하니, 재가가 내리게 되었다. 《춘관통고春官通考》

《문헌비고文獻備考》를 보건대, 『현종 10년에 동성이관자同姓異貫者의 혼취婚娶를 금하였다』고 했다.

이에 앞서 나라 풍속에 성은 같아도 관향貫鄕만 다르면 통례로 혼인하더니 이제 이를 금한 것이다.

《속대전續大典》〈혼가婚嫁〉조에도 『향관鄕貫이 다르더라도 성이 같으면 혼취할 수 없다』고 했다.

### 7) 동성이관同姓異貫 금혼의 불실행不實行

이종휘李種徽의 《수산집修山集》에 이르기를 『무릇 혼인은 남녀의 합이요, 사람의 대륜大倫이요, 인도의 비롯함인데도 세상에서는 그렇게 중시하지 아니하는 예가 있다. 병과兵戈의 세상을 당하여 사대부가 그 세보世譜를 잃어 근근히 십수대만이 기록으로 전하니, 그들 동성이 관자同姓異貫者가 어찌 전세前世의 본관本貫이 같고 다름을 알랴? 근세의 유현儒賢들이 건의하여 이관동성간異貫同姓間의 혼인을 금하게 하였으나, 일부 인사가 아직도 꺼림없이 혼취하고 있으니 가히 통금痛禁하여야 할 일이다. 민간 남녀가 서로 좋아하여 직접 혼인하는 일은 야만스런 풍속이다. 중국의 역사서에도 우리나라의 풍속을 야만이라고 기록하였으니 부끄러운 일이다. 예가 비록 하천下賤에까지 미치지 않았다 하더라도 얼마쯤은 지켜야 하므로, 이런 일만은 방비하고 금하여 풍속이 독란黷亂에 이르지 않게 하여야 한다』고 하였다.

이종휘는 또 『대저 우리나라에는 문헌이 적어서 오늘날 족보를 가진 가문도 십수대 위는 모르므로 동성끼리라도 그저 관향만 다르면 다 통혼한다. 우리나라 재상들도 이를 보고 의아하게 여겼음인지 중국 사신 등에게 견해를 물어 나라에서 성을 내리는 등으로 해결하였었다. 그러다가 근세에 와서는 유현儒賢들의 논론에 따라 비록 관향이 다르더라도 성이 같으면 혼인하지 못하도록 영갑令甲[121]으로 나타내었다. 그러나 일부 인사들이 이전의 나쁜 버릇을 지닌 채 고치지 않으니 매우 누추하다. 고려 때의 풍습을 다시 시작하고, 어찌 후세 사람들의 입에 오르지 않는다고 하겠는가. 역시 중국의 소씨蘇氏는 달라서 다 곤오昆吾의 번씨樊氏에서 나온 바, 하내河內의 소씨는 주周 사구분司寇忿에서 나왔고, 부풍扶風의 소씨는 한漢 평륙후平陸侯가 세운 바라 하여 천하의 모든 소씨는 수십백 세를 두고 통혼하지 않았다. 우리나라에서는 지금은 비록 관향이 다르지만 수십백 년 전에는 형제였고 남이었고를 분별할 수가 없지 않은가. 나는 이를 논하여 세상 사람들에게 계戒가 되고자 한다』라고 하였다.

근세의 정승 김병시金炳始의 아들이 그 관향이 다르다 하여 같은 성씨인 보국輔國 김영수金永壽의 손녀를 아내로 삼았다. 이로써 이관동성금혼異貫同姓禁婚의 영이 끝내 행해지지 못하였음을 보거니와, 오늘날에 있어서도 이와같이 동성끼리 혼인하는 자가 가문마다 얼마든지 있다.

**8) 이성동관異姓同貫 불상혼不相婚은 본시 근본이 같기 때문이다**

고려 이색李穡의 《목은집牧隱集》에 이르기를 『권씨權氏는 김행金幸으로부터 비롯된 신라의 대성大姓이다. 고려 태조가 이미 왕위에 올라 신라를 공격하여 복주福州에 이르렀다. 행幸은 천명이 이미 고려 태조에게로 돌아갔음을 알고 전 읍인邑人을 거느리고 항복하였다. 이에 태조가 기뻐하며 이르기를 「행幸은 가히 유권有權이로구나」』[122] 하고, 권씨 성을 내려 후세에 전하니 이를 아는 이가 많다』고 했다.

또 《송간이록松澗貳錄》에 이르기를 『김행은 본디 신라의 종성宗姓으로, 고창古昌[123]을 지키다가 고려 태조를 맞아들이니, 태조가 「그의 능能이 병의달권炳意達權하다」[124] 하여 권씨 성을 내리고 태사太師 벼슬로 모시니 한 파의 관적貫籍은 안동安東이고, 또 한 파의 관적은 예천禮泉이다』라고 하였다. 그러므로 안동 김씨·안동 권씨·예천 권씨는 서로 혼인하지 않는다. 그밖에도 예가 많아 다 싣지 못한다고 했다.

### 9) 이성이관異姓異貫의 불상혼不相婚은 본시 근본이 같기 때문이다

이조 근세 김좌균金左均이 찬한 《송간이록松澗貳錄》에 이르기를 『김해金海(故駕洛國) 수로왕首露王이 금합金盒에서 탄생하였으므로 성을 김이라 하였다. 배우자 허씨許氏는 이름이 황옥黃玉이요, 호가 진주태후晋州太后였다. 아들 아홉을 낳으매 후后가 두 아들에게 허씨 성을 줄 것을 왕에게 청하여 윤허允許를 받았다. 이로써 김해김씨金海金氏와 양천허씨陽川許氏는 다 수로왕의 후예이므로 서로 혼인하지 않는다』고 하였다.

또 『청주한씨淸州韓氏와 행주기씨幸州奇氏와 태원선우씨太原鮮于氏는 같은 기자의 후예라 하여 혼인하지 않으며, 전주차씨全州車氏와 문화유씨文化柳氏는 같은 고려 태조 때의 공신 유차달柳車達로부터 나온 후예라고 하거니와, 본을 같이하는 다른 이성이관異姓異貫의 가문도 이 예와 같은 연유를 지닌다』고 했다.

### 10) 이성異姓의 친친도 부적혼不適婚이라

《문헌비고文獻備考》 사혼례私婚禮 조에 이르기를 『성종成宗 3년

대사간大司諫 김수녕金壽寧이 소략疎略에 이르기를「예에 따라 동성끼리 혼인하지 않음은 분별分別을 두텁게 함이옵니다. 우리나라의 풍속에 성이 다르더라도 친척간에 서로의 은의恩義는 동성친척과 다름이 없사온데, 하물며 재종형제再從兄弟[125]가 서로 혼인하는 일이 지금껏 있어 사람의 정을 불안케 하오니, 유사有司에 명하시어 서로 혼인할 수 있는 이성異姓의 별한別限을 정하여 주옵시기를 청하옵나이다」하였다.』

### 11) 모족불혼母族不婚

이익李瀷의 《성호사설星湖僿說》에도 이르기를 『우리나라 풍속에, 모족母族과 세전世傳토록 화목하고, 그 형제숙질兄弟叔姪들도 다 동종同宗과 같아서 서로 통혼하지 않았다.[126] 부父의 복상服喪도 3년으로 하고, 모母의 복상도 3년으로 하니 그 은의恩義가 한가지로 무겁기 때문이다. 아버지의 은의를 생각한다면 백세토록 부족父族과 혼인하지 아니하며, 어머니를 생각한다면 그 친속親屬에 복상服喪하니 이치에 맞는다 하겠다. 주周의 예에서도 구이舅姨[127]의 자녀가 다 복상하니, 이것은 서로 친속으로 여긴 때문이다. 이렇게 친속으로 치면서 그 상혼相婚을 허락한다면 어찌 이런 일이 삼례경三禮經[128] 중에 있겠는가? 같은 때에 출생하였으니 서로 벗하여 습속을 익히고, 더불어 떼지어 유희하니, 요설嬌藝됨[129]을 막기가 어려웠다. 그러므로 성인이 이를 염려하여, 그 사이의 바람을 막고자 예를 정하였으니 까닭이 없지 않다. 어류語類를 상고하면, 고구姑舅의 자녀가 서로 혼인할 수 있는가에 대하여 주자가 이르기를「율률에 따라 허락될 수 없다. 송나라 인종仁宗의 딸이 이장李璋의 가문에 시집갔는데 그는 고구의 아들이었다. 또 노魯와 정鄭이 송宋과 혼인하였고 뒤에 제齊와도 혼인하였으니, 사이는 다 고구뻘 되는 이들의 자녀들이다. 옛 풍습에 따른 것이로되 그 대의를 생각하면 본뜻에 맞는다고는 할 수 없다」했다.

이런 일은 조趙·송宋 이전부터 있어 온 일이다. 어찌 송宋이나 제齊가 전에 없었던 일을 처음 시작하여 퍼뜨렸다고 하겠는가? 사민士民에 증험하기 위하여 《예서禮書》를 보건대「남녀는 행매行媒가 아니면 서로 이름을 알지 못하며, 여자 쪽의 성씨가 복을 같이하는 친속이 아니라야 아내로 삼을 수 있다. 어찌 외숙이나 이모의 가문과 혼인할 수 있겠는가」라고 했다.

혼례는 은殷·탕湯 때부터의 제도로 《주역》의 지천태괘地天泰卦와 뇌택귀매괘雷澤歸媒卦에 보인다. 주周도 이 제도를 본받아 혼례에 백마를 사용하였다. 이것은 본디 은殷의 제도였다. 《주역》 산화비괘山火賁卦의 사음효四陰爻(六四)에 「흰 말을 타고 사람을 찾는 것은 해치려는 것이 아니라 서로 어울리려는 것이다」라고 했으니 본본을 잊지 않음이다. 은殷은 지통地統을 바로 하여 백색을 숭상하였고, 귀의수곤歸義首坤[130)하여 성인이 거처할 만한 곳을 이룩한 다음에 천하를 얻어 바로잡았다. 곧 곤坤이야말로 모도母道이다. 그러므로 예를 지어 교教를 드리우되 곤도坤道에 따라 법을 제정하였다. 그리고 그 예가 질質을 숭상하는 것이었으니, 순박하고 문명됨이 적다 하여 야니, 야인이니 하였으나 아버지와 어머니에게 무슨 다름이 있었겠는가? 어머니라 한들 아버지와 같도다. 이런 이치에 따라 생각건대 은나라의 예에 비록 외성外姓일지라도, 동품기혈同禀氣血[131)하여 친의親義를 베풀었으니 그 이치가 옳다. 곧 본종本宗과 같이 여기어 차등을 두지 않았었다. 은나라의 백성들은 질박한 것을 숭상하여 먼 모족母族에게도 친근히 하였었고, 주나라의 백성은 개명開明을 숭상하여 모족을 끊은 듯이 남으로 치기는 하였으나, 복을 같이하는 내외자매內外姉妹들간의 혼인만은 허락하지 않았다. 따라서 뒤에 내외종과 혼인하는 일이 있었지만, 이것은 결코 성인의 뜻이 아닐 것이니 어찌 믿을 수 있겠는가?

우리나라는 기자가 나라의 터를 처음으로 연 고장으로[132) 흰 옷을 입고 농사를 지으며 흰 말을 타고 혼인하니, 은의 제도가 아직껏 전하여지는 것이다. 백대를 끊지 않고 이성異姓인 모족母族을 역시 친속으로 여기어 4대, 5대에 이르도록 친후방달親厚旁達[133)하여 음란한 풍을 하지 않으니 이런 일은 천하에 따로 없다. 천자가 자리를 내어 놓고 이역異域에 와 이런 훌륭한 나라를 이룩하였으니 그 공은 참으로 크다. 고려조의 음추陰醜를 겪었으므로 그것을 다 개혁할 수는 없으나 성조聖朝의 명령을 받은 후로는 옛 미속美俗이 연蓮 뿌리가 선비의 마음 속에 자리하듯 우리들 마음 속에서 때를 만나 꽃답게 피어났으니 무성하고 아름답도다. 오늘날 이 미속을 없애려는 이는 근본을 아주 잃은 자로다」라고 하였다.

　또 《성호사설》〈혼례〉조에 이르기를 『기자가 동쪽으로 오매 유민遺民이 이를 본받아 오늘에 이르기까지 흰 옷을 입고 밭갈이하며 그 유풍을 나타내고 있다. 그간에 계고할 문헌이 없어 어리석고 추한 행습行習이 있었으나 문헌에 오르지 않았으므로 종신토록 그릇된 행습을 따랐으니 온전한 도를 모르는 이가 많았다. 그러나 혼인의 예에는 옛 풍이 가장 잘 나타난 것을 볼 수 있다. 혼례는 본디 탕왕湯王 때부터의 제도이다. 그러므로 《주역》에 제을帝乙 임금이 누이동생을 출가시킬 때의 고사가 인용되어 적혀 있다. 이렇게 혼례에 반드시 백마를 사용한 사실은 《주역》 산화비괘山火賁卦 사음효四陰爻(六四)에 기록되어 있다. 이로써도 은나라가 흰색을 숭상하였음이 변증된다. 우리나라 역사에서는 충선왕忠宣王이 원나라의 공주를 취할 때 백마 81필을 납폐納幣하였으니, 그것이 곧 그 유제遺制가 아니고 무엇이랴. 무릇 부부는 인륜의 시작이므로 은이 예禮를 지을 때 혼인을 중히 하였고, 주나라 사람들도 제을帝乙(成湯) 임금의 매혼妹婚을 본받았다. 기자가 교를 베풀되 옛 예의 제도를 숭상하였으므로, 동방의 풍속에 모족母族과도 친하게 지내며, 본친本親과 같이 여기어 혼인하지 아니하였다. 상송商頌을 상고하면 「유융씨有娀氏」[134]가 아들을 임금으로 세워 상商을 이루었으니, 대개 은나라는 모가母家의 힘으로 천하를 얻었다. 이로써 은은 3대토록[135] 왕조로서 숭상되어 지통地統을 얻었으므로, 은역殷易(歸藏)[136]에서는 곤坤[137]을 으뜸으로 쳤다. 이것은 모도母道를 중히 함을 이름이다. 그러나 《주역》의 서문에서는 중곤위관重坤爲冠[138]하지는 아니하였다. 성인聖人(孔子)이 은의 도를 보고자 하여 일찍이 송나라에 가서 곤坤과 건乾을 얻었다고 하여 설자說者가 혹 이르기를 《주역》 지천태괘地天泰卦의 건하곤상乾下坤上[139]이 어찌 송나라에 가 본 연후에 얻은 것이리오. 괘 풀이에는 반드시 은나라의 예에 관한 이야기가 있고 《논어》에서도 은의 예를 직칭直稱하였도다. 어찌 《주역》 지천태괘 중 제을귀매帝乙歸妹[140]의 귀가 은의 예를 말함이 아니리오. 내(星湖 李瀷)가 일찍이 이를 상고하니, 건乾과 곤坤이 어울리어 태괘泰卦[141]가 된 것도 아니며 태괘가 점괘漸卦[142]나 귀매괘歸妹卦와 공통하는 것이 아니라, 점괘와 귀매괘는 기제괘旣濟卦[143]와 미제괘未濟卦[144]에 공통하니 기제괘와 미제괘는 교호交互함이 부동인지라, 이것은 역易의 처음이며 끝이다. 태괘의 오음효五陰爻에 있는 제을귀매는 본디 귀매괘에서 온 것이다. 그러므로 귀매괘의 오음효에 나오는 제을귀매를 들어서 은이 혼인을 중히 여겼다고 중언부언하고 있다.』송나라에 가서 얻은 바는 이와 같은 유를 이름이로다.

또《성호사설》〈동국미속東國美俗〉조에『……또 가상할 만한 것이 있으니, 외친外親과 서로 혼인하자 않는 것이 그것이다. 중국소설을 보면 각성의 남녀가 어릴 적부터 그 세勢가 친하지 않을 수 없으므로 그 사이에 부끄러워하여야 할 만한 어지러운 일이 많되, 뒤에 혼인하였다는 미담이 있다. 이것은 다름이 아니라 합혼合婚이니, 본디 욕심을 이끌어 생심生心케 하였으므로 그리 된 것이다. 우리나라는 1백 년 전만 하여도 진秦나라 풍속을 숭상하여 데릴사위처럼 처가에 가 있었으므로, 외친일지라도 거의 본친本親과 다름이 없어 비록 5대가 넘어도 더불어 혼인하지 아니하여 드디어 풍속이 되어 내려오지만 천하에 폐 되는 일이 없도다. 일찍이 명사明史를 상고하니 중간에 외숙질外叔姪과의 혼인을 금하고, 부부·부자의 사이를 다 이절離絶시켜서 원성이 심했지만 예로부터 내려오는 적습積習을 하루 아침에 폐하기란 어려운 일이다. 여염에서 몰래 하는 음행은 법도 금하지 못하매 대관臺官[145]이 그 불편함을 극간極諫하여 마침내 옛 습속에 따랐다 하니, 어리석게도 법이 무엇인지를 모른 때문이로다. 그러나 우리나라에서는 불재가不再嫁의 제도가 있고, 또 외숙질과 혼인한 자의 자손은 출사出仕하지 못하게 하였으니, 1백 년이 못 되어 재빨리 풍속으로 되어 버렸다. 이에 다시 죄율罪律까지를 더하여 귀천현우貴賤賢愚 없이 한가지로 다스렸도다』고 했다.

### 12) 조선조 최후의 혼인조례婚姻條例

《형법대전刑法大全》[146]〈혼인위반율婚姻違反律[147]〉에
　제572조 : 씨관氏貫의 구동俱同한 사람이 상혼相婚하거나 혹 첩을 삼은 자는 태笞 1백에 처하고 이이離異함이라.
　제573조 : 동성무복친 혹은 무복친의 처를 취한 자는 징역 1년이며,

시마친의 처에게는 징역 2년에 처하되, 첩에게는 2등을 감하고, 시마친이나 소공이상친小功以上親, 혹은 소공이상친의 첩에게는 각각 간음률에 의하여 과단科斷[148]하고 아울러 이이함이라.

제574조 : 내외친속內外親屬끼리 혼인한 자는 좌개左開[149]에 의하여 처하되 아울러 이이함이라.
1. 동모이부자매同母異父姉妹에는 징역 5년.
2. 외숙의 처나 생질의 처에는 징역 1년 반이며, 첩에는 징역 1년.
3. 처첩 전부前夫의 딸에는 징역 3년.
4. 내외종內外從 혹은 이종자매姨從姉妹나, 조모 혹은 외조모의 본종자매本宗姉妹나, 자기의 종자매의 딸이나, 여매女妹의 자매, 혹 자손부子孫婦의 자매에게는 다 태 1백.

제575조 : 본절本節 제조諸條에 범죄함이 주혼자主婚者[150]로 말미암았으면 주혼자를 주주로 논하고 남녀는 종從으로 논하며, 남녀로 말미암았으면 남녀를 주로 논하고 주혼자는 종從으로 논하되 죽음에 이르거든 주혼자는 1등을 감함이라.

제576조 : 본절 제조諸條의 정정을 알고 거매居媒한 자는 범인의 율률에 1등을 감함이라.

---

1) 〈八條之教〉 우리나라 상고시대의 여덟 가지 금법禁法.《후한서後漢書》에『昔武王封箕子 朝鮮 箕子教以禮儀因囂 又置八條之教……』라고만 했고 세목은 없으나, 우리나라에 일반적으로 전해 내려오는 금살禁殺·금상禁傷·금도禁盜·금간禁姦 등을 내용으로 한 것이다.
2) 〈歸妹卦〉 뇌택귀매雷澤歸妹. 역易 육십사괘六十四卦의 하나. 여자가 시집가는 상.《주역》〈뇌택귀매雷澤歸妹〉조에『歸妹 征凶 無攸利 象曰 歸妹天之大義也 天地不交而萬物不興 歸妹人之終始也 說以動所歸妹也』라 쓰어 있음. ☱☳ (兌下 震上).
3) 〈賁卦〉 산화비山火賁, 역 64괘의 하나. 형통亨通을 보이는 상象.《주역》산화비山火賁 조에『賁亨. 小利有攸往 賁亨 柔來而文剛 故亨 分剛上而文柔 故小利有往 天文也 文明以止人文也……』라 쓰어 있음. ☲☶ (離下 艮上).
4) 〈洪範〉 모범이 되는 큰 규범.
5) 〈學在四夷〉 사이四夷에게 배움. 사이는 중국이 스스로를 중화中華라 일컫고 사방四方 나라를, 동이東夷·서융西戎·남만南蠻·북적北狄이라 하였음. 여기서는 「야野에 묻혀 그 습속을 익힘」을 뜻함.
6) 〈帝乙歸妹〉 은殷나라 천자 제을帝乙이 매씨妹氏를 시집 보냄.

7) 〈地天泰卦〉 역易 64괘 중 열한번째 괘. 하늘과 땅이 화합하는 상象.
8) 〈八政〉 나라를 다스리는 팔대강八大綱 곧 食·代(金融)·祀·司空(開墾)·司徒(敎育)·司寇(治安)·賓(外交)·師(國防)
9) 〈失禮求野〉 예에서 벗어나 야하게 됨.
10) 협주에 「서울[京城] 사람들은 혹 흰 떡으로 쌍봉雙鳳을 만들어 쓴다. 이름을 용병龍餠이라고 하나, 실은 계룡鷄龍을 본뜬 것이다. 이로써 닭 대신에 봉을 쓰는 것인데, 용봉으로 잘못 전해지고 있다」라고 했다.
11) 〈挹婁〉 고조선 때 만주 지방에 살던 부족. 뒤에는 수신肅愼 또는 말갈이라 불렀음.
12) 〈無常人〉 여기서는 무절제인無節制人.
13) 협주에 《수서隋書》 중의 「高麗는 高句麗를 이름」이라 했다.
14) 〈故國川王〉 고구려 제9대 왕. 서기 179~196년 재위.
15) 〈東川王八年〉 서기 234년.
16) 〈平岡王〉 고구려의 28왕 중에는 없음. 추존追尊된 임금인 듯하다.
17) 〈二八〉 16. 「二·八은 一六」으로 썼음.
18) 〈下嫁〉 공주나 옹주翁主가 시집감.
19) 〈金·大定十七年〉 서기 1177년.
20) 〈葛文王立宗〉 신라 진흥왕眞興王의 부친에 대한 추봉追封. 갈문왕은 신라 때 왕실에서 추봉한 왕명. 대개 방계에서 왕위를 이었을 경우 그 왕의 생부生父·장인·외조外祖·모제母弟나 여왕의 배우자 등에 추봉하였다.
21) 〈爾雅〉 십삼경十三經의 하나. 중국 고대의 사전류임.
22) 〈惠宗二年乙巳〉 서기 945년. 혜종惠宗은 고려 제2대 왕.
23) 〈大匡〉 고려 초 문무文武에 두루 쓰였던 관계官階. 정2품 또는 종2품. 성종成宗 4년(995) 이후로는 개부의동삼사開府儀同三司로 바꾸어 문관文官 벼슬에만 적용하였다.
24) 〈司天供奉崔知夢〉 사천관司天官 공봉직供奉職에 있던 최지몽. 천문과 점복에 밝아 왕규王規의 반란을 예언하였음. 효종 2년~성종 6년(907~987).
25) 〈紫微星〉 북두칠성의 북쪽에 있는 별의 이름. 옛 중국의 천문天文에서 천제天帝가 거처하는 곳이라고 함.
26) 〈有志化俗〉 속俗에 따르고자 생각함.
27) 원주에 「《고려공주전高麗公主傳》을 살펴보건대, 태조의 자녀子女로 상배相配한 이가 매우 많다」고 했다.
28) 원주에 「안정복安鼎複의 《동사강목東史綱目》에도 이와 같다」고 했다.
29) 〈光德元年〉 서기 950년. 광종은 서기 982~997년 동안 재위. 고려의 문물 제도를 크게 정비함.
30) 〈崔氏〉 이름의 명기明記가 없음.
31) 〈守文之主〉 덕치德治를 베푼 임금.
32) 〈尊崇失身者〉 이 대문에서는 예禮를 높이 받들어야 할 신분의 사람으로, 예를 지키지 아니하여 몸을 그르친 이.

33) 〈乙酉〉 현종 즉위년. 서기 1009년.
34) 〈辛未〉 서기 1031년. 덕종德宗 즉위년.
35) 〈王可道〉 고려의 문신. 본성은 이李. 왕王은 사성賜姓임. 치성공신致盛功臣의 호까지 받음. 초명初名은 자림子琳, ?~덕종 3년 (?~1034)
36) 〈德宗三年甲戌〉 서기 1033년.
37) 〈教化不淑〉 국민 교화가 맑지 못함.
38) 〈風俗淫僻〉 풍속이 음란하고 기벽함.
39) 〈文宗即位丙戌〉 서기 1046년.
40) 〈宣宗三年丙寅〉 서기 1086년.
41) 〈睿宗之年丙戌〉 서기 1106년.
42) 〈睿宗十六年辛丑〉 서기 1121년.
43) 〈關雎之好仇〉 새 저구雎仇의 자웅雌雄이 사이좋게 짝이 됨. 관저지화關雎之化라고도 함. 「시경」 수장首章에 나옴.
44) 〈據禮正名〉 예禮에 따라 정식으로 칭호함.
45) 〈夫人〉 본래의 칭호로서는 (가) 제후諸候의 정처正妻. (나) 제왕帝王의 첩妾.
46) 〈仁宗二十一年癸亥〉 서기 1143년.
47) 〈明宗十年〉 서기 1180년.
48) 〈內孽〉 아양부리는 여자.
49) 〈明宗二十七年丁巳〉 서기 1197년.
50) 〈熙宗七年辛未〉 서기 1211년.
51) 〈康宗元年壬申〉 서기 1212년.
52) 〈高宗五年戊寅〉 서기 1218년.
53) 〈高宗二十一年甲辰〉 서기 1234년. 본문에 갑진甲辰으로 되어 있으나 고종 21년은 갑오년甲午年임.
54) 〈元宗元年〉 서기 1260년.
55) 〈朞功之親〉 기복朞服과 1년간의 아홉 달·다섯 달의 공복功服을 입는 친척붙이.
56) 〈狃於習俗〉 습속이 난함.
57) 〈醜黷之行〉 어지러운 행위.
58) 〈教〉 왕명王命 또는 왕명을 적은 문서. 교서教書.
59) 〈世祖〉 원주에 「원의 세조世祖」라 했음. 원세조는 제5대 황제 홀필렬忽必烈임.
60) 원문에 「亦聽求婚」이라 했으나 문맥상 「亦不聽求婚」으로 뜻이 잡힘.
61) 원주에 「우리나라가 중화中華를 천조天朝라고 칭호한 것은 신라·고려에서 비롯된다」고 했다.
62) 원주에 「공양왕恭讓王 때 박초朴礎가 소疏에, 당唐으로써 군자지국君子之國 하고, 송宋으로써 문물예악지방文物禮樂之邦하여, 우리나라 사신들이 하마下馬하여 묵는 곳을 소중화관小中華舘이라 제題하였으니, 모두 사대事大로써 성의를 다함이라 운운하였다」고 했다.

63) 〈臣下之國〉 종주국宗主國의 지배를 받는 하위下位의 나라.
64) 〈獯粗〉 명明나라 때 흥안령興安嶺 서쪽 기슭과 음산산맥陰山山脈에 살던 몽고민족의 한 부족.
65) 〈用夷變夏〉 이적夷狄이 중화中華가 됨.
66) 〈恭愍王十五年丙午〉 서기 1366년.
67) 〈文宗三十五年〉 서기 1081년.
68) 〈大功親〉 아홉 달 복상하는 친척붙이. 종형제從兄弟·자매姉妹· 중자부衆子婦·중손衆孫·중손녀衆孫女·질부姪婦와 부부의 조부모·부부의 질부姪婦 등.
69) 〈官秩〉 벼슬의 위계. 관등官等.
70) 〈朝籍〉 조정에서 임금을 섬기는 신하들의 명적名籍. 조신朝臣. 조관朝官.
71) 〈肅宗元年〉 서기 1314년.
72) 〈毅宗元年〉 서기 1147년.
73) 〈士庶〉 사류士類와 서중庶衆.
74) 〈元宗十五年〉 서기 1247년.
75) 〈忠烈王二十二年〉 서기 1269년.
76) 〈忠肅王三年〉 서기 1316년.
77) 〈忠惠王妃〉 원주에 「백안홀도공주伯顔忽都公主」라 했다.
78) 〈忠肅王十七年〉 서기 1330년.
79) 〈忠定王元年〉 서기 1349년.
80) 〈忠肅王十五年戊辰〉 서기 1328년.
81) 〈忠惠王後元年庚辰〉 서기 1340년.
82) 〈元宗十五年甲戌〉 서기 1274년.
83) 〈蠻子〉 원元의 사람이 송宋의 사람을 이르는 말. 만인蠻人의 낮춤말.
84) 〈達魯花赤〉 몽고의 관명官名. 판서判書에 맞먹는 벼슬임. 원에서도 썼음.
85) 〈忠烈王元年〉 서기 1275년.
86) 〈忠宣王元年〉 서기 1309년.
87) 〈忠惠王元年〉 서기 1331년.
88) 〈宗簿寺〉 이조 때, 왕실의 계보인 선원보첩璿源譜牒을 맡아 편찬하는 일과 종실의 잘못을 조사 규탄하는 일을 맡았던 관아.
89) 원주에 「성이 이씨李氏인 자는 고告하지 않는다」고 했다.
90) 〈六典條例〉 이조 말엽, 각 관청이 맡은 사목事目과 시행규칙施行規則을 수록한 법전. 모두 10권 10책.
91) 〈大婚〉 임금의 혼례.
92) 원주에 「국성國姓 및 성관姓貫이 다른 이씨와 대왕대비전大王大妃殿과 동성인 자는 5촌까지, 왕대비전王大妃殿과 동성인 자는 7촌까지 이성친척異姓親戚은 종당혼자從當婚者로 8촌까지」를 한외限外 별단허혼자別單許婚者로 들었다.
원주에 「국성國姓 및 다른 관적貫籍의 이성李姓·당대이성當代異姓 8촌 친척은 다 허혼된다」고 했다.

93) 〈世宗九年丁未〉 서기 1427년.
94) 〈便宜二十二事〉 시국문제時局問題 22건.
95) 〈無門蔭士〉 문벌은 없으나 조상의 공功으로 과거에 급제하지 않고 벼슬에 붙은 이.
96) 〈外姻〉 외가와 처가의 친척붙이.
97) 〈有服〉 유복친有服親. 복을 같이 입는 가까운 척붙이. 곧 8촌 이내의 부계혈족父系血族, 7촌 이내의 부계혈족夫系血族, 4촌 이내의 모계혈족母系血族, 처의 부모.
98) 〈尊屬〉 부모와 그 계열 이상의 친척붙이.
99) 〈卑幼〉 비속卑屬. 자손子孫과 그 이하의 친척붙이.
100) 〈無服〉 무복친無服親. 복을 같이 입지 않은 가까운 일가붙이. 종고조부從高祖父・고대고高大姑, 삼종백숙부三從伯叔父・외증조부모外曾祖父母・처외조부모妻外祖父母 등, 본종십촌本宗十寸 등, 모족육촌母族六寸 등, 처족삼촌妻族三寸 등.
101) 〈緦麻遷〉 시마복緦麻服을 입는 친척붙이. 시마는 상복의 한 가지로 3개월을 입음. 가장 경한 상복. 종증조부從曾祖父・재종조부再從祖父・삼종형제三從兄弟・외숙外叔・처부모妻父母.
102) 〈徒〉 도형徒刑, 오형五刑의 하나. 1년 복역, 또는 곤장 열 대를 치고 복역 반 년을 함.
103) 〈小功〉 다섯 달의 복상. 종조부모從祖父母・재종형제再從兄弟・종질從姪・종손從孫 등의 친척붙이.
104) 〈同貫異姓〉 본관本貫이 같은 각성各姓.
105) 〈異貫同姓〉 본관이 다른 동성同姓.
106) 〈承明元年〉 서기 477년.
107) 〈薦神〉 지체가 높은 사람.
108) 〈相國〉 재상宰相. 백관의 우두머리.
109) 〈天將〉 관군官軍의 장수將帥.
110) 〈玉堂〉 홍문관弘文館의 별칭. 홍문관은 삼사三司의 하나로 내부內府의 경적經籍・문한文翰・경연經筵을 맡았던 관아.
111) 원주에 강릉부사江陵府使 때의 글이라고 했다.
112) 〈士女之盛〉 남녀가 왕성함.
113) 〈風俗之美〉 풍속이 순미함.
114) 〈冥妄〉 어리석고 함부로움.
115) 〈法家名族〉 법도 있는 집안과 명망 있는 가문.
116) 〈袒免之親〉 무복친無服親. 복상하지 않는 일가붙이. 「단면」은 상중복식의 한 가지였음.
117) 〈釐降〉 공주公主를 시집보냄. 하가下嫁.
118) 〈稷棋〉 요堯・순舜의 신하.
119) 〈契〉 요・순의 신하.
120) 〈顯宗十年乙酉〉 서기 1667년.

121) 〈令甲〉 정령政令. 법령에는 선후先後가 있어서 그 수장首章을 영갑이라고 함.
122) 〈有權〉 천기天氣의 돌아감을 능히 아는 권능權能이 있음.
123) 〈古昌〉 원주에 안동현安東縣이라 했다.
124) 〈炳義達權〉 형세形勢를 잘 알아보는 권능.
125) 원주에 「성이 다른 재종형제를 가리킨다」고 했다.
126) 이 밑의 본문에 「說者—疑其夷風ㅎ니 此는 實敎之論也」라 했다.
127) 〈舅姨〉 외숙외숙과 이모.
128) 〈三禮經〉 《예기禮記》《주례周禮》《의례儀禮》의 세 예서禮書.
129) 〈姪藝〉 어지럽고 추함.
130) 〈歸義首坤〉 옳은 이치에 따르며, 지도地道를 중히 함.
131) 〈同稟氣血〉 같은 핏줄로 태어남.
132) 〈箕子朝鮮〉 은나라가 망한 뒤 성인 기자(본명 胥餘)가 동쪽으로 와 조선왕이 되었다고 함. 후세인의 부회로서 신빙성이 없음.
133) 〈親厚旁達〉 두텁고 친한 정의를 널리 폄.
134) 〈有娀〉 은殷의 설모契母. 「殷契母曰簡狄有娀氏之女」(淮南子).
135) 〈三代〉 중국 상대上代의 하夏·은殷·주周를 일컬음.
136) 〈殷易〉 삼역三易의 하나. 연산連山·은역殷易·주역周易을 삼역三易이라고 함.
137) 〈坤〉 대지大地의 상象. 역易에서 생성력生成力의 근원으로 침.
138) 〈重坤爲冠〉 곤坤을 중히 하여 위에 놓음.
139) 〈乾下坤上〉 지천태괘地天泰卦의 괘상卦象. 땅의 기운이 내려오고, 하늘의 기운이 올라가는 형상形象을 이름.
140) 〈帝乙歸妹〉 은나라 천자 제을帝乙의 매씨妹氏를 시집보냄.
141) 〈泰卦〉 《주역》 64괘 중의 열한번째의 괘. 지천태괘.
142) 〈漸卦〉 풍산점괘風山漸卦. 《주역》 64괘 중 쉰세번째 괘. 「점지진야漸之進也」(순서를 따라 점차로 나아감)를 나타내는 상象.
143) 〈旣濟卦〉 수화기제괘水火旣濟卦. 《주역》 64괘 중 예순세번째 괘. 「기제旣濟」(더 발전함이 적음)를 나타낸 상象.
144) 〈未濟卦〉 화수미제괘火水未濟卦. 《주역》 64괘의 마지막 괘. 「미제未濟」(발전을 상징함)를 나타내는 상象.
145) 〈臺官〉 사헌부司憲府의 대사헌大司憲부터 지평地平까지의 벼슬.
146) 〈刑法大全〉 원주에 「광무光武 7년(1903)부터 융희隆熙 4년(1910)까지 8,9년 행용行用된 것이다」라고 했다.
147) 〈혼인위범률婚姻違犯律〉 원주에 「형법대전 중 제11장 제11절의 정정」이라 했다.
148) 〈科斷〉 법에 비추어 죄를 판단함.
149) 〈左開〉 「좌기左記」. 근간의 공문서는 「다음」으로 씀.
150) 〈主婚者〉 혼인을 책임지고 주관하는 사람.

# 第三章 ● 조선조 왕가의 혼인제도

## 1 간택揀擇

　　왕가혼취王家婚娶에 앞서 먼저 금혼령을 내렸다. 종실의 딸과 이씨 성의 딸, 과부의 딸 및 서얼庶孼 등 하천자下賤者는 금혼 중에 넣지 않았다. 서울 밖의 사대부집 딸의 연세명단年歲名單을 받아모아 날짜를 정하여 궁중에 불러들여 방석에 앉힌 다음, 아버지의 성명을 그 자리에서 쓰게 하여 그것을 보고 초간택初揀擇을 하였다. 초간택에 뽑힌 자 중에서 재간택하고, 그 중에서 다시 3간택하여 마침내 결정을 내린 연후라야 금혼령을 풀고 가례[1]를 올렸다.

　　이익의 《성호사설》〈국혼간택國婚揀擇〉조에 『우리 조정의 국혼國婚에 본디는 취집친열지규聚集親閱之規[2]가 없었다. 세상에 전하되 태종太宗이 이속李續의 아들을 부마로 삼고자 고매瞽妹[3] 지화池和를 시켜 찾게 하니, 속續이 손과 더불어 바둑을 두다가 「짚신 삼기에는 새끼날이 마땅하다」고 대답하였다. 상대가 맞아야 좋다는 뜻이었다. 이에 태종은 크게 노하여 속續의 집을 묵살하고, 그 아들에게는 영영 장가들지 못하게 하였다. 그 대신 사대부의 자제를 궁에 들게 하여 친간親揀해서 식을 올렸다. 그리고 무릇 왕녀는 다 시집보내어 지아비를 섬기게 하되 여느 평민과 같이하게 하였다. 그러나 마음을 누르고 지아비를 공경하기에 힘썼으나 소홀히 교만에 빠지기 쉬웠으니, 하물며 집중集中·진퇴進退 등 일에 있어서는 어떠하였으랴』고 하였다.

　　조종조祖宗朝에는 대전大殿[4]과 동궁東宮에 한하여서만 사대부집 딸의 연세명단을 받아 입궐시키어 간택하였고, 그밖에는 상궁尙宮을 시키거나 감찰중監察中 가씨可氏를 시켜서 여염본가閭閻本家를 살피게 하여서 간택의정揀擇議定하였다. 금조今祖(宣祖朝)에 이르러 얼서제군孼庶諸君[5]의 처도 다 명단을 받아 궐내에 알현시키어 이들 중에서 친히 간택하니, 선왕들이 대대로 지켜온 가법家法을 함부로 없애버린 것이다. 분수를 넘은 월례지화越禮之禍[6]도 이에서 비롯되었다. 영조조英祖朝의 수양대군首陽大君이 잠저潛邸[7]에 있을 때 길례吉禮가 미정이라 처음으로 정희왕후貞喜王后의 언니를 의혼議婚하여 정한 다음, 감찰

중 가씨가 그 집에 가니 주부인主夫人이 딸을 받들고 나와 더불어 대좌하였다. 정희왕후는 나이가 어렸으므로, 단의동발短衣童髮로 부인의 뒤에 숨어 이를 보았다. 주부인이 딸을 불러들이면서 「너의 앉음새가 그토록 머니, 어찌 나아가 앉지 않느냐?」 하였다. 가씨가 주부인에게 이르기를 「이 아기〔阿只〕는 기상이 범상치 않아 여느 사람과 겨룰 바 아닙니다」 하며, 다시 보고 가탄嘉歎하여 마지 않았다. 입궐하여 이를 아뢰매 드디어 정례定禮하게 되었다. 이로써 가씨의 지인지감知人之鑑[8]이 오늘에까지 일컬어진다. (이기李曁의《송와잡설松窩雜說》)

우리나라 왕조의 잘못 된 간택법에 대하여, 율곡의 다음과 같은 적절한 명언明言이 있다.『……선조宣祖는 불과용不果用하고 부마駙馬의 간택에 매우 잘못이 있었고, 비빈妃嬪의 간택도 예에 어긋났다. 왕희王姬의 하가下嫁는 은나라 임금 제을帝乙의 귀매歸妹에서 스스로 정례正禮지어졌는데도, 한 딸을 위하여 나라 안의 온 동남童男 중에서 고르니 이미 예법의 본의에 매우 위배됨이다. 곧 재간택이라 하여 처음에 약간 명을 선택한 다음, 그 중에 세 사람을 뽑고, 다시 날을 받아 한 사람을 간택하니 예의가 바른 나라로서는 있을 수 없는 만만부당사萬萬不當事이다. 하물며 왕비・세자비의 간택에 있어서는 어떠하였으랴? 대군大君・왕자 부인의 선택이 다 이와 같았으니, 사족士族 처자處子를 대접하는 도가 이미 이러하였다. 남남이 여녀에 앞서는 것이 예이기는 하나 문왕文王과 같은 지존至尊도 친히 위渭에 나아가 맞이하였는데 어찌 온 나라의 처자를 먼저 궐闕에 불러들여서, 스스로 취하고 버리며, 스스로 자랑하고 중매할 수 있겠는가? 이런 일이 천하에 없다가 공정조恭定朝(太宗) 이래 함부로 행하여져도 1백 년을 두고 바른 말로 상주上奏하는 이가 없으니 심히 개탄된다. 왕비를 간택함에는 마땅히 문과 예를 숭상하는 가문과, 그윽하고 넉넉한 품자稟姿를 지닌 가문을 널리 물어 일을 잘 처결하고, 식견이 높은 궁인으로 하여금 그 집안을 내왕하며 살피게 한 다음 실제로 그 재예를 시험하고, 그 신간身幹을 교정하고 그 응대를 잘 보아 하나라도 합당치 않으면 바로 다른 가문의 딸에서 구할 것이로다. 왕비나 세자비를 정식으로 배덕配德[9]함에, 어찌 먼저 불러들이는 것과 같은 비례非禮를 저지르리요.』 하였다. (이긍익李肯翊의《연려실기술燃藜室記述》별집別集)

《공사견문록公私見聞錄》에 이르기를 『권씨權氏는 경성사족京城士族의 딸이니, 인조仁祖께서 소현세자昭顯世子의 빈嬪으로 간택하고자 하였다. 권씨는 용모가 풍영豊盈하고, 한눈에 곧 덕이 있는 사람처럼 보였으나 거동에 예의가 없고 웃음이 헤프며, 음식을 주면 밥이건 국이건 탕湯이건 다 손으로 집어 먹으므로 미치광이라 알려졌는데, 상왕上王께서도 풍병風病이 아닌가 의심하고 더 보살피지 않았다. 인조께서, 뒤에 다른 곳에 시집간 권씨가 매우 부덕婦德이 있다는 말을 듣고 「내가 그 술책에 빠졌도다」 하고 차탄해마지 않았다』고 했다.

붙임 : 금혼령

선조宣祖 신축[10] 11월에 예조禮曹가 계啓를 올리어 아뢰기를 『중외中外 일체에 금혼禁婚하는 일은 오늘로부터 이미 방榜을 내건 바와 같이 서얼하천庶孼下賤은 의당 금혼에서 제외되며, 종실의 딸·이씨의 딸·과부의 딸 및 금혼령 전에 납폐한 자도 전례대로 명단을 바치지 않고, 본가本家가 본예조本禮曹에 알려오면 본조本曹가 빙열憑閱하고 허혼한다 함은 다 들리는 대로입니다. 새삼스럽게 아뢸 일이 못 되오나, 신등의 생각에 종실의 딸·이씨 성의 딸·과부의 딸 등은 분명하여 알기 쉬워 허혼하여도 좋습니다. 하오나 이미 납폐한 자에 이르러서는 만약 연세명단에 올리지 않고 다만 본가의 신고에 따라 본조本曹가 허혼한다면, 곧 혼효분요混淆紛擾의 폐가 없지 않아 이를 어찌할 수 없어 감히 품계稟啓하옵나이다……』하였다. 얼마 안 있어 윤허의 전傳이 내렸으므로, 이미 납폐한 이도 분요紛擾함을 덜기 위하여 얼마 동안은 아울러 금혼되었다.

## 2 친영親迎

세종 10년 갑인의[11] 교敎에 『혼례는 삼강三綱의 본본이요, 정시지도正始之道이다.[12] 그러므로 성인이 혼인의 예를 중히 여기시어 친영親迎[13]의 예의를 제정하였도다. 남귀여제男歸女第[14]하는 나라 풍속은 그 유래가 퍽 오래되므로, 창졸간에 바꾸지 못할 것이나, 이제부터의 왕자·

왕녀의 혼인은 하나같이 옛 제도대로 백성에 앞서 행하라』하였다.
(이맹휴李孟休《춘관통고春官通考》)

중종中宗 7년[15] 갑신에 승정원에 전傳을 내리어『우리나라 풍속에 남귀여가男歸女家의 습習이 있어 그 유래가 퍽 오래되는 바, 창졸간에 바꾸지 못하나 이제부터의 왕자·왕녀 혼인은 하나같이 옛 제도대로 백성에 앞서 행하라』하였다.《실록實錄》

중종 20년 정축[16]에 문정왕후文正王后 가례嘉禮 때의 교教에『예로부터 이르기를 혼인의 예가 정연한 연후라야 품물品物에 천명을 이룩할 수 있다고 하였으니, 예관禮官으로 하여금 친영의 예를 찬정撰定케 하고, 태평관太平館에서 거행케 하라』고 하였다. 이에 상왕은 면복冕服[17]을 갖추고 왕비를 태평관에서 친영하였다. 왕비는 선정전宣政殿에서 내외명부內外命婦[18]의 축하를 받으며, 백관은 인정전仁政殿 뜰에서 축하를 드렸다. 이때 상왕이 정부의 육조六曹를 불러 교를 내리어 이르기를『옛날에 노나라의 애공哀公이,「면복을 갖추고 친영親迎을 하다니, 혼인의 예가 그토록 중합니까?」하고 물은즉 공자께서 대답하시기를「이성二姓의 호합好合으로 선왕의 뒤를 이어 천지·종묘宗廟·사직社稷의 주인이 되는 것이니, 애공哀公은 어찌 그것을 중하다 중하지 않다 합니까」하셨다니, 지금의 형세가 비록 옛날과는 다르나 어찌 정례正禮를 폐하겠소? 친영의 예를 행하여 신민에게 보여 배필의 중한 뜻을 보이는 것이 어떠리요』하였다. 이에 영상領相 정광필鄭光弼이 이르기를「조종조祖宗朝에는 친영의 예가 없었사오니, 오례의五禮儀[19]의 식에 따라 행함이 옳다고 아룁니다」하였다. 이에 상왕이 이르기를「내가[20] 오례의를 살펴보건대 다른 절목節目은 자상하게 전하여졌으나, 유독 친영을 취하는 데는 말한 바 없으니, 내 이제 바른 예를 행하여 마땅히 위로부터 아래에 미치고자 생각한다. 홍문관弘文館에 명하여 널리 고례古禮를 살피게 하라」하였다. 이에 직제학直提學 이자李耔 등이 이르기를『《춘추》에는「법도法度를 밟아 영녀迎女한다」하였고,《정자》에는「선유先儒가 모두 이르기를, 제후는 마땅히 친영하여야 한다」고 하였으니 친영수수親迎授綏의 예가 소관所館에서 행하여졌나이다. 또 호녕胡寧은 이르기를「천자는 태상太上이시라 천하의 으뜸이고 왕후는 천지·종묘의 일을 더불어 맡아 만세를 잇는 중한 이이니 그 예는 동성제후와 더불어 고하게 하고, 유사有司에 명하여 왕영往迎케 하되, 제경諸卿이 부모의 고장으로 가서 경사京師로 모시고 온 연후에 천자가 친영하여 들인다」고 했습니다. 관혼례冠婚禮를 상고하면 오직 사례士禮만 있고 천자제후天子諸侯의 예는 없으나, 무릇 성인의 부부 되는 일에는 천자나 사가 마찬가지입니다. 주자는 이르기를 「옛날에는 천자가 후后의 집에 친히 가는 예는 없었으나, 지금의 여느 혼례에는 처가의 한 곳에 자리를 마련하여 그곳에 가 아내를 데리고 사위의 집에 돌아와 성례하기도 하나, 국가오례의國家五禮儀에는 다만 왕세자의 친영례親迎禮만 있습니다. 본디 궁궐 사람들은 택비성례擇妃成禮에 다른 고장으로 가지 못하는 법이니, 더없이 높은 천자도 그 예에 들었습니다. 곧 정자程子의 이른바 영어소관迎於所館[21]과 호씨胡氏의 이른바 제경諸卿이 다 이를 경사京師로 모시고 온 연후에 천자가 친영하여 들인다」한 것은, 오늘의 성례에 다 근거가 되옵니다만, 친히 비가妃家에 납시어 맞이하는 일만은 온당치 않사옵니다』하였다. 이에 유순柳洵은 「마땅히 소관所館에서 친영하여야 하옵니다」고 논하였다. 송질宋軼·남곤南袞·조계상曺繼商·최숙생崔淑生·정수강丁壽剛·정광필鄭光弼·김응기金應箕·신용개申用漑·권균權鈞·김전金詮·윤순尹珣·고형산高荊山·이계맹李繼孟 등이 「오례의五禮儀는 선왕께서 지으신 예이온데, 어찌하여 굳이 영우위항迎于委巷[22]하여 예를 깨리요」라고 논하니, 상왕은 「유순의 논에 따르라」고 말했다. 이에 정광필 등은 「그 예를 행하라 하심은 선왕의 성헌成憲에 매우 어긋나나이다」 하였다. 이에 상왕이 「조종조祖宗朝의 예문에 있는 일을 내가 행하려 않는다면 선왕의 성헌을 깨뜨렸다고 하려니와, 예문에 없는 예를 나로부터 행함이니 어찌 선왕의 성헌을 깨뜨렸다 이르리오. 이제부터 항규恒規로 정하여 오례의에 주를 달아 후세로 하여금 준행케 하라」 하였다.《실록實錄》

선조宣祖 35년 임인[23] 인목왕후仁穆王后 가례嘉禮 때 친영례를 행함에 있어서 예조께서 계啓를 올리되 「혼인육례婚姻六禮가 예로부터 한결같이 행하여진 바 《두씨통전杜氏通典》에는 납채納采[24]·납징納徵[25]·문명問名[26]·고기告期[27]·책비册妃[28]·명사봉영命使奉迎[29]·동뢰同牢라고[30] 있어 통전通典과 오례의五禮儀의 명목名目과 비슷하나 같지 않사옵니다」 하였고, 홍문관弘文館에서는 「예기를 상고컨대, 납채·문명·납길納吉³¹⁾·납폐納幣·납징納徵·청기請期³²⁾·친영의 예禮가 있사옵니다…… 운운」 하는 계啓를 올렸다.《문헌비고文獻備考》

이수광李睟光의 《옥당답자玉堂劄子》에 『엎드려 아룁니다. 혼례는 두 성〔二姓〕이 즐겨 합하여 위로 종묘宗廟를 받들어야 하므로 옛분들은 묘현례廟見禮³³⁾를 올린 연후에 성부成婦가 되게 하였사오니, 그 예의 중함이 이와 같습니다. 오늘은 육례六禮를 행한 다음, 의문儀文은 갖추었으나 본례本禮로 행치 않고, 홀로 묘현廟見하셨으니 어찌 심히 결례缺禮함이 아니리까. 만약 오례의에 실려 있지 않다 하여 경거輕擧하시나 친영의 예도 오례의에 실려 있지 않습니다. 중묘조中廟朝에 처음 시작하여 조정의 의범儀範³⁴⁾이 되게 하셨은즉, 하물며 묘현례 일절 또한 매우 중하옵나이다. 여러 고례古禮를 상고하고 회전會典을 참고하니 역대 제왕이 두루 행하여 아니한 바 없사온데, 근자에 이를 행하지 않고 어찌 오례의 중에 글이 없다고만 핑계하오리까? 옛날에는 삼일묘현三日廟見의 예가 있었고, 주자가례朱子家禮에도 제례制禮되어 있사옵니다. 오늘에는 그것을 강구조차 아니하여 3일내에 그 예를 올리는 일을 보지 못하오니, 어찌하여 유독 옛 제도에 따른 삼일묘현례만은 거행치 않사옵니까? 항차 우리나라 사대부가에서도 이 예를 올리는 이가 많사온즉, 지금 상존으로부터 단행하면 조가朝家의 성의盛儀에 조금도 미진 지회未盡之悔가 없을 뿐 아니라 여러 후세에 남겨서 장차 준봉해야 할 정법定法으로 삼음이 어찌 옳지 않으리요? 엎드려 바라오니 성명聖明께서 빨리 예관禮官을 시켜 강구케 하여 묘현례를 거행하시오면 다행함을 이기지 못하겠나이다』하였다.《지봉집芝峰集》

---

1) 〈嘉禮〉 왕王·왕세자王世子·왕세손王世孫의 즉위, 혼인, 책봉 때의 예식.
2) 〈聚集親閱之規〉 여럿을 모아들여 왕이 친히 봄.
3) 〈瞽媒〉 장님 매파媒婆.
4) 〈大殿〉 임금의 존칭. 대전마마, 또는 임금이 거처하는 궁전. 대내大內.
5) 〈孼庶諸君〉 왕실王室의 서얼로서 군君의 봉호를 받은 여러분.
6) 〈越禮之禍〉 예법을 너무 지나치게 대접하는 잘못. 지나친 예우禮遇로써 생기는 여러 화.
7) 〈潛邸〉 왕이 왕위에 오르기 전에 거처하던 집 또는 그동안.
8) 〈知人之鑑〉 사람의 본성을 잘 알아봄.

9) 〈配德〉 덕있는 이를 짝지어 줌. 덕있는 이를 아내로 맞음.
10) 〈宣祖辛丑〉 서기 1577년.
11) 〈世宗十年甲寅〉 세종 10년 무신년(서기 1428)이고, 세종대의 갑인년(서기 1434)은 세종 16년임. 본문에 잘못이 있음. 아마 세종 16년의 오식인 듯.
12) 〈正始之道〉 정정함이 비롯되는 근본 도리道理.
13) 〈親迎〉 혼인육례婚姻六禮의 하나. 신랑이 친히 신부를 맞음.
14) 〈男歸女第〉 남자(신랑)가 여자(신부)의 집에 장가가서 머물러 있음.
15) 〈中宗七年〉 서기 1512년. 임신년.
16) 〈二十年丁丑〉 본문에 어느 임금 때의 정축년인지 명기明記가 없음.
17) 〈冕服〉 제왕의 정복. 면류관冕旒冠을 쓰고 곤룡포袞龍袍를 입음.
18) 〈內外命婦〉 내명부內命婦와 외명부外命婦. 본문 제17장의 6. 〈내외명부 호칭〉 참조.
19) 〈五禮儀〉 오례. 나라에서 지내는 다섯 가지 예례禮. 곧 길례吉禮·흉례凶禮·군례軍禮·빈례賓禮·가례嘉禮.
20) 임금의 신하에 대한 자칭自稱은 과인寡人 또는 짐朕이나, 본문에 「吾」로 적히었으므로 「나」로 새겼음.
21) 〈迎於所舘〉 임금이 관소館所에 나가 친영親迎함.
22) 〈迎于委巷〉 임금이 여항閭巷에 나와 친영함. 이것은 예가 아니라고 논박되었다.
23) 〈宣祖三十五年壬寅〉 서기 1602년.
24) 〈納采〉 신랑가에서 청혼하고, 신부가에서 허혼許婚하는 약혼례.
25) 〈納徵〉 신랑가가 납폐納幣의 예물을 보냄. 혼인을 증명하는 예. 폐백幣帛(色繪綢緞—청홍의 채단을 씀이 세속임. 각 채단의 끝을 청홍의 색실로 묶음)과 혼서婚書를 보냄.
26) 〈問名〉 신부모新婦母의 씨명을 물어서 길흉을 점쳐 보는 예.
27) 〈告期〉 혼인할 길일을 택하며 알리는 예.
28) 〈册妃〉 비妃로 책봉하는 예.
29) 〈命使奉迎〉 친영례親迎禮 때 대신에 명하여 왕비를 봉영하여 들임.
30) 〈同牢〉 혼례 때 신랑·신부가 교배交拜하고 술을 나누는 잔치.
31) 〈納吉〉 고기告期와 같음. 혼인할 길일을 택하여 알리는 예.
32) 〈請期〉 납폐 뒤 혼인날을 상의하는 예.
33) 〈廟見禮〉 신부가 조상의 사당에 절하는 의례.
34) 〈儀範〉 예법의 본.

# 第四章 민서혼제民庶婚制

## 1 남귀여가지속男歸女家之俗을 바꾸어 친영지례親迎之禮를 행하다

우리나라 속언에 처를 취하는 일을 장가든다〔入丈家〕라고 하니, 곧 장가丈家는 처가이다. 그러니 장가든다는 것은 처가에 든다는 뜻이다. 유형원柳馨遠의《반계수록磻溪隨錄》에 이르기를『사대부가 고루구간固陋苟簡[1]하여 서婿가 부婦의 집에 가는 고로, 취처娶妻(아내얻다)라 하지 않고, 입장가入丈家(장가들다)라 하였으니, 이는 양이 도리어 음을 따랐으므로, 남녀의 의를 크게 잃음이로다』 운운하였다. 이렇듯 조선인의 남귀여가男歸女家[2]의 풍속이 예로부터 내려왔으니, 고구려 때에 이미 그러하였고, 고려 때에도 또한 그러하였다.《동국통감東國通鑑》에 고려 충혜왕忠惠王 4년[3] 때 원나라의 어사대御史臺에 보낸 청파구동녀請罷求童女의 소疎에『……아마도 그 풍속은 신랑으로 하여금 신부를 데려가게 하여야 할 터인데도, 신부를 내어 놓지 않으니 마치 진秦의 데릴사위 풍습과 같아……』 운운하였다. 이 한 마디로도 그 어떠함이 증명된다. 조선에 와서 비로소 신랑이 신부의 집에 가 있는 풍속을 바꾸어, 친영親迎의 예를 행한 다음 바로 신부를 신랑 집으로 보내게 하는 법을 지었다. 그 증거는 다음과 같다. 곧《삼봉집三峯集》을 보면, 태조 때의 정도전鄭道傳이 이르기를『친영의 예를 행하지 않고, 남귀여가男歸女家하니, 아내된 이가 제 부모를 의지하여 지아비를 가볍게 여기지 아니한 자가 없고, 교투驕妬의 마음이 날로 자라서 졸지에 반목하게 되어 가도家道에 능체陵替[4]가 생겼다』고 하였다.

태종太宗 15년[5] 봄 정월에 예조가 복제를 제정하여 올리고, 계啓로 아뢰기를『전조前朝(고려)의 옛 습속인 혼인례에 남귀여가男歸女家하는 법이 있어, 출생한 아들과 손자가 모두 외가에 오래 머물러 있게 되니 은혜가 중하였습니다. 그러므로 외조부모外祖父母·처부모妻父母의 상喪에 다 30일의 말미를 주더니, 본조本朝에 이르러서도 옛 습속이 아직 남아 있어 친소親疎[6]에 따른 등차가 없어서 실행에 불편함이 없지 않사오니, 이제부터 외조부모의 대공大功[7]에는 20일의 말미를 주고,

처부모의 소공小功[8]에는 15일의 말미를 주고자 하나이다』라고 하였다.《실록實錄》

이에 앞서 예조에 명하여 친영의 예를 의논케 하니, 예조에서 자상한 예를 지어 올렸다. 그러나 그대로 행하여지지는 아니하였다.《실록》

세종 10년 갑인[9]에 상왕이 교를 내리어 이르기를 『혼례는 삼강三綱의 근본이요, 정시지도正始之道이다. 그러므로 성인의 혼인의 예를 중하게 여기어 친영의 의례를 지었으나, 우리나라 풍속에 남귀여제男歸女第의 습속이 있어 그 유래가 오래인지라 창졸간에 바꾸지 못하나, 이제부터 왕자・왕녀 혼인은 한가지로 옛 제도에 따라 백성에 앞서 친영의 예로 행할 것이며, 삼강행실三剛行實[10]을 편집하여 중외中外에 반포하라』하였다.《춘관통고春館通考》

중종中宗 7년[11] 10월 갑신에 승정원承政院에 전傳을 내리어 이르기를 『본국 풍속에 남귀여가男歸女家하여 그 유래가 오래인지라 창졸간에 바꾸지 못하나, 이제부터 왕자・왕녀 혼인은 한가지로 옛 제도대로 백성에 앞서 친영의 예로 행하고, 금후의 경대부가卿大夫家의 혼인 때에도 친영의 의儀를 예문에 따라 행하면, 사서가士庶家에서도 이를 본받게 될 것이니, 이 일을 의논하여 계啓로써 올려라』하였다.《실록實錄》

동왕同王(中宗) 10년 10월 병자에 전傳을 내려 이르기를 『혼인의 예가 정연한 연후라야 군신 부자의 도가 따라 바르게 서니 우리 조정의 예악문물禮樂文物이 크게 갖추어졌으나, 오직 친영례親迎禮만이 불거不擧되므로, 내 국조보감國朝寶鑑을 보니, 조종祖宗에서도 이 예를 행하고자 하였도다. 혼인은 만세의 시작이거늘, 남귀여가로 천도를 역행하니 옳을손가? 혼인의 예가 중함을, 조종祖宗에서 행하고자 한 바의 뜻에 따라 전지를[12] 내리라』하였다.《실록》

참조參照 —— 중종中宗 11년 병자에[13] 교를 내려 이르기를 『세종대왕이 옛 제도를 동모動慕하여 왕자・왕녀의 혼가婚嫁에 다 친영케 하여, 사대부가에게 본받게 하고자 하였으나 근자에 들건대, 아직 옛 습속을 지켜 바꾸지 않고, 남귀여가하여 천도를 역행하니 옳을손가? 그 뜻을 중외에 효유曉諭하여 한 가지라도 모두 옛 예에 따르게 하라』하였다. 처음으로 유학幼學[14] 김치운金致雲이 친영을 행하여 드디어 정례定禮되

었으나, 기묘[15]에 문정공文正公 조광조趙光祖 등이 화를 입자, 이 예도 따라 폐기되었다.《춘관통고》

중종 13년[16]에 사서士庶의 친영례를 허하니, 처음으로 유학 김치운이 친영례를 행하여, 드디어 정례되었으나, 기묘에 문정공 조광조 등이 화를 입자, 이 예도 따라 폐기되었다.《문헌비고》

명종조明宗朝에, 사서가士庶家의 혼례가 전의 제도보다 얼마쯤 달라져 사위가 먼저 신부 집에 이르면, 신부가 나와 예를 행하여, 교배합근交拜合卺[17]하고, 다음날 구고舅姑[18]를 알현謁現하였으니 반친영半親迎이라 일컬어졌다.《춘관통고》

중종 무인연간[19]에 처음으로 친영례가 행하여지더니, 기묘에 사람들이 많이 죽으매 이 예도 따라 폐기되었다. 근래 사족가士族家가 길석吉夕에 가례대로 행함을 진친영眞親迎이라 하고 당일 저녁 신부의 집에 머물러 교배근연交拜卺宴하고, 그 다음날에 구고를 알현하는 일을 반친영이라고 한다.《후청쇄어侯鯖瑣語》

우리나라 혼인의 예가 노무鹵莽하므로,[20] 중고中古 이래 사대부가의 혼인에 있어, 그날 저녁에는 신부 집에 갇힌 채 합근지례合卺之禮를 행하지 않고, 3일 만에야 이를 행하였으니 참으로 말할 것이 못 되다. 서화담徐花潭이 처음으로 절충하여, 혼인날 저녁에 합근지례를 행하게 하여 오늘에 이르렀다.《춘관통고》

우리나라 혼인의 예가 노무하여, 혼인날 저녁에는 갇히고, 3일 후에야 합근의 예를 행하더니, 서경덕이 처음으로 절충하여 혼인날 저녁에 합근지례를 행하게 하여 오늘에 이르렀다.《회은집晦隱集》

나라 풍속에 혼인 3일 후에 상견相見하니, 이것을 삼일대반三日對飯이라고 한다. 문정공文貞公 조식曺植이, 한결같이 주자가례朱子家禮에 따라 친영의 예를 거행하기에는 어려운 형세에 있으므로, 그 어려운 점을 손질하여 초혼교배상견初婚交拜相見의 예를 행하게 하였으니, 이로써 대개 복고의 풍이 점점 일어나게 되었다.《춘관통고》

박세채朴世采가 찬한《동유사우록東儒師友錄》〈조문정공유사曺文貞公遺事〉조에 이르기를『혼인·상장喪葬·제사의 예를 다 가례의 본에 따랐으되, 그 대의를 따를 뿐 규정에 온전히 맞춘 것은 아니다. 신상新喪을 치름에 삼년곡읍三年哭泣하며 상복을 벗지 않으며 술을 먹지 않았다. 또한 혼례는 곧 나라의 풍속에 따라 신부집에서 행하게 되었으므로, 친영례를 행할 수가 없었으나, 서부婿婦로 하여금 대청에서 상견교배相見交拜의 예만은 행하게 하였으니, 이로써 점점 옛 예에 가까워졌다. 또 혼상婚喪에 음식상을 높게 차리는 풍속에도 따르지 않았으니, 한때 사대부들이 이를 모방하여 풍속이 조금씩 달라졌다』고 하였다.

《진산지晉山志》에 『우리나라 선현先賢들이 도학을 부르짖은 뒤로, 문교文敎가 크게 일어났으되, 시정여항市井閭巷의 유풍폐습渝風弊習[21]은 아직 다 고쳐지지 않아 혼인은 3일 후 상견相見하니 이를 소위 삼일 대반이라 하고, 상사喪事는 초상初喪에 필히 공불반승供佛飯僧하여 야野한 제사를 크게 벌이며, 마을의 장로長老에게 청하여 채붕彩棚[22]을 주관케 하니, 이것을 청배靑排[23]라 한다. 양반들 사이에도 풍습으로 전하여진 지 이미 오래되나, 그 잘못됨을 깨닫지 못하고 있다. 남명南冥선생이 덕유산德裕山에 입산한 이후로는 관혼상제冠婚喪祭를 한결같이 주자가례대로 받들게 하되, 친영의 예만은 거행에 어려움이 있는 형편이므로, 그 어려운 점을 손질하여, 초혼교배상견初婚交拜相見의 예를 행하게 하였다. 그리고 상례喪禮에는 불사佛事를 쓰지 않게 하여 마침내 풍속이 되게 하였다. 이렇듯 대현大賢들은 풍속을 바꾸고 고치었다』라고 했다.

선조宣祖 7년 갑술[24] 9월 기묘에 승정원에서 계啓를 올리되 『근년이래 취가娶嫁하는 이가 옛 예절이 옳은 줄은 알되, 혹 잘못이 있는 옛 풍속에 따르므로 몇 가지 예가 잘못 행하여지오니, 이제부터 혼례는 한가지로 주문공가례朱文公家禮에 따르게 하읍도록 청하나이다』 하니, 왕이 답하여 이르기를 『혼례는 입향순속入鄕循俗[25]이라, 이미 선례가 있으니 사람들이 꺼리는 새 예를 꼭 만들지는 말지니라』 하였다.

유형원柳馨遠이 찬한 《반계수록磻溪隨錄》〈신명친영지례申明親迎之禮〉 조에 『지금 왕자의 혼인에는 다 친영의 예를 행하나, 사대부가에서는 누습陋習에 따라 사위를 신부집에 머물게 하므로 취처娶妻(아내를 맞다)라 하지 않고, 입장가入丈家(장가들다)라 하니 이것은 양이 음을 따르는 일로서, 남녀의 의를 심히 잃게 함이다. 마땅히 예법을 옳게 밝히어 인륜의 도를 정명正明케 하여야 한다』고 했다.

영조英祖 25년[26]에는 『삼가 사부士夫의 혼취婚娶는 반드시 친영케 하라』는 전지傳旨가 내렸었다.《문헌비고》

영조 40년 갑신[27]의 교에 『광형匡衡[28]』이 이르기를 「배필의 합합은 생민生民의 시작이라. 요堯임금이 순舜임금에게 두 딸을 시집보냄에 본을 드리었다」 하고, 또 선유先儒들이 이르되 「관저인지關雎麟趾의 화化[29]가 있은 연후라야, 주관周官의 법도를 가히 행할 수 있다」 하였거니와, 희경羲經(周易), 상경上經에서는 건곤乾坤을 으뜸으로 쳤고, 그 하경下經에는 함항咸恒[30]을 으뜸으로 쳤으니, 친영의 예는 사람의 대륜大倫으로 나라의 오례의五禮儀에도 실려 있고, 주자가례朱子家禮에도 있는데, 근자에 와서 이 예가 어찌 된 연고인지 행하여지지 않으므로 하교하는 바이니라. 본디 예는 서인庶人에게는 통용되지 아니하는 법인즉, 이 하교한 뜻은 필서匹庶에 대하여 이름이 아니라 사대부가를 향하여 이르노니, 이제부터 바로 행하라. 오늘의《시경》장구章句 강강에 동래여씨東萊呂氏가 이르기를 「그때 제齊나라에서는 친영의 예를 행하지 않았다」[31]고 하니, 희噫라, 당당한 예의 나라가 어찌 그까짓 제나라의 누습을 본뜨랴? 희라, 글읽은 사대부가 예를 받듦이 옳은가, 아니면 제나라의 풍속을 따름이 옳은가? 슬프다. 옛날에 선정先正 조광조趙光祖가 한번 대사헌大司憲(都憲)에 오르자 남녀의 구분이 섰건만, 지난해의 단본지교端本之教를 어찌 혼연히 기다리기만 하리오? 각각 중외中外에 전지傳旨하라」고 했다.

영조 때의 사람 이종휘李種徽가 지은《수산집修山集》의〈혁구속革舊俗〉조에 『지금 혼인은 남녀의 호합好合으로 사람의 대륜이요 인도의 시작이라, 친영례親迎禮로써 정시正始하여야 함에도 세간에 이를 행하지 않는 일이 많고, 사대부가에서조차 가난으로 예의를 갖추지 못하는 일이 빈번하니, 예가 있다고는 하나 없음과 같다. 번거로운 여러 절차를 줄여 큰 절목節目만 따서 친영의 예를 행한다 해서 무슨 해되는 일이 있으리오』라고 했다.

## 2 사례편람四禮便覽 혼례조婚禮條

### 의혼議婚

남자는 나이 열여섯부터 서른 살, 여자는 나이 열넷부터 스물이 되면 당자當者와 주혼자主婚者[32]에 기朞[33] 이상의 상喪이 없는 한 혼인할 수 있으니, 먼저 중매인을 시켜 양쪽 집을 왕래하며 말을 통하게 하여 여가女家 쪽의 허락을 얻은 연후에 납채한다.

### 납채納采

주인이 아침 일찍이 일어나서 납채서納采書를 갖추어 받들고 사당에 고한 다음, 자제子弟를 사자로 삼아 여자편 집에 보낸다. 여자편의 주인이 나와 사자를 맞이하여 서식書式을 받들고 가 사당에 고한 다음, 나와서 복서復書(答婚書)하여 사자에게 주고 예를 행한다. 사자가 돌아가 복명復命하면 사위집의 주인이 다시 사당에 고한다.

### 납폐納幣

납폐함에는 납폐서納幣書(婚書箋)를 갖추어 사자를 여자편 집에 보내면, 여자편 집에서 혼서를 받고 복서復書(納幣復書)한 다음 예빈禮賓한다. 사자가 돌아가 복명하면, 납채 때와 같은 의식을 행한다.

권탄옹權炭翁 시諰가 신독재愼獨齋 김집金集과 혼례서를 논하여 이르기를 『납폐하기에 앞서 마땅히 먼저 사당에 예를 올려야 한다. 종가가 멀어 비록 친영 때에는 사당에 먼저 예를 올리지 못할지라도, 납폐 때에는 반드시 가묘家廟에 먼저 예를 올려야 한다』고 하였다.

### 친영親迎

혼인날 하루 전에 여자편 집에서는 사람을 시켜 신랑의 방을 꾸민다. 그 이튿날 신랑집에서는 방안에 잔치상을 차리며, 신부집에서는 밖에다 잔치상을 차리게 된다. 혼례날 신랑이 성복盛服하면, 먼저 아버지가 사당으로 인도하여 고한 다음, 초자醮子[34]하고 나서 친영을 명한다. 그 예의 절차는 다음과 같다.

먼저 술 부은 잔을 상 위에 베풀어 놓는다.[35] 주인은 성복을 한 다음에 당의 동서東序[36]에서 서향하여 자리잡는다. 그 서북에 서석婿席을 마련하되 남향으로 한다. 서婿는 서쪽 섬돌로 올라와 서남의 자리에 서서, 찬자贊者[37] 쪽을 향하여 잔을 잡아 술을 따라 줘고 마련된 서석 앞에 가서 재배해야 한다. 그 다음 서석에 올라와 남향南向하여 술잔을 받고, 무릎을 꿇어앉아 제주祭酒[38] 한다. 일어나서 말석으로 가 꿇어앉아 쵀주啐酒한다. 일어나서 자리 서쪽으로부터 내려와, 찬자贊者에게 잔을 준다. 재배하고 나서 아버지가 좌정한 앞에 나아가 동쪽을 향하여 꿇어앉으면, 아버지가 명하여 이르기를 『가서 배필을 맞이하여 우리 종사宗事[39]를 이으며, 공경으로써 힘써 거느리되 한결같이 하라』고 한다. 서婿는 『예, 오직 황송하기 그지없사와 명하신 바를 잊지 않겠나이다』하고, 허리를 굽혔다가 일어서서 나온다.

신랑이 나가 말을 타고 신부집에 가면 절차에 따라 신부집 주인이 사당에 고하고 초례醮禮를 명한다.

이때 신부가 성식盛飾하면, 수모手母[40]가 데리고 방 밖에 나가 남향하여 선다. 아버지는 동서東序에 서향하여 앉고 어머니는 서서西序에 동향하여 앉는다. 여석女席은 어머니의 동북쪽에 남향으로 잡는다. 찬자贊者[41]가 초주醮酒를 베풀되 서婿의 예와 같이 한다. 수모手母가 신부를 이끌고 어머니의 왼쪽으로 나오면, 아버지가 일어서서 명하여 이르기를 「공경하며 삼가서, 조석으로 시부모의 명을 어기지 말아라」한다. 어머니는 서쪽 섬돌까지 나와 보내되, 정관염피整冠斂帔[42]시켜 주며 이르기를 「조석으로 힘써 공경하여 규문閨門의 예에 어긋나지 말아라」한다. 여러 모고수자母故嫂姉가 중문에까지 나와 군삼裙衫을 바로잡아 주며 「이제 하신 부모의 말씀을 잘 들어 조석으로 허물 없게 하라」고 이른다. 이에 주인이 나와 사위를 맞아들여 전안奠雁의 예[43]를 행한다. 그 절차는 다음과 같다.

주인이 사위를 문 밖에서 맞이하여 읍양揖讓의 몸가짐으로 들어오면, 사위는 〈기러기雁〉를 가지고 따른다. 청사廳事까지 이르면 주인은 동쪽 섬돌을 올라와 서향하여 선다. 사위는 서쪽 섬돌로 올라와 북향하여 기러기를 바닥에 놓는다. 주인의 시자侍者가 이를 받으면 사위는 엎드렸다가 일어서 재배한다. 이때 주인은 답배하지 않는다.

수모手母가 신부를 받들고 나가 수레에 태우면, 신랑은 말을 타고 먼저 집에 왔다가 신부가 다다르면 거느리고 들어가 서부교례婿婦交禮한다. 그 절차는 다음과 같다.

  신부의 종자從者가 동쪽에 신랑자리를 마련하고, 신랑의 종자는 서쪽에 신부의 자리를 마련한다. 신랑이 남쪽에서 손을 씻으면 신부의 종자가 물을 떠주고 수건을 주며, 신부가 북쪽에서 손을 씻으면 신랑의 종자가 물을 떠주고 수건을 준다. 신랑은 신부의 몽두蒙頭[44]를 들어 주고 난 후 신부에게 읍하며 자리에 앉는다. 신부가 절하면 신랑은 답배한다. 이 경우 먼저 신부가 두 번 절한 다음 신랑이 한 번 답배하고 다시 신부가 두 번 절한 다음 신랑이 한 번 답배한다.[45]
  신랑이 신부에 읍하고 앉되, 신랑은 동쪽에, 신부는 서쪽에 자리잡는다. 종자는 술을 따르고 찬饌을 베푼다. 신랑은 신부에게 읍하며 제주祭酒하고 나서 술을 들고 마른 안주를 든다. 이런 제주의 예를 치고 나면 종자가 술을 따르는데, 신랑은 신부에게 읍하고 잔을 든다. 이때는 부제무효不祭無殽[46]이다. 다시 합환주合歡酒를 마시되 신랑·신부는 잔을 각자 앞에 놓는다. 다시 술을 따르면, 신랑은 신부에게 읍하고 잔을 든다. 이때도 부제무효라. 그 다음 신랑은 다른 방으로 가고 수모手母와 신부는 그 방에 남는다. 차린 음식을 밖으로 물린 다음에 자리를 베푼다. 신랑의 종자는 신랑의 퇴물을 먹고, 신부의 종자는 신부의 퇴물을 먹는다.

신랑이 다시 들어와 예복을 벗고 촛불을 켠다. 주인은 손님을 이어 접대한다. 그 이튿날 아침에 일어나서 신부는 시부모를 뵙고 절한다. 시부모도 신부를 예로써 대하되, 부모초녀父母醮女의 의식 때와 같이 한다. 신부는 또 다른 여러 존장을 뵙고 절한다. 만약 종부宗婦로서 시부모에게 진지를 올리면 시부모는 이를 들며, 3일이 되면 주인은 신부를 사당에 나가 조상을 뵙고 절하게 한다. 그 다음날 신랑은 신부집에 가 신부의 부모를 뵙는다. 그리고 신부집의 여러 친척붙이를 찾아 뵙는다. 신부집에서는 상의常儀에 따라 신랑을 예우禮遇한다.

## 3 혼인사주婚姻四柱 및 택일단자식擇日單子式

### 사주四柱

사주四柱는 곧 신랑의 생년·생월·생일·생시이니 간지簡紙[47]에 적어 봉투에 넣고, 겉에 사주 두 자를 쓴 다음, 붉은 보에 싸서 신부집에 보낸다. 그 까닭을 생각하면, 신부집에 신랑의 명궁命宮[48]·궁합宮合[49] 등을 점쳐 보게 하기 위함이다. 그러나 이것은 겉치레에 지나지 않고, 대개는 이에 앞서 이미 신랑의 성명星命[50]·궁합을 점쳐보고 무방하여야 정혼하였다.

|     연길涓吉    |     사주四柱    |
|---|---|
| 납폐納幣 　동일同日　선행先行　／　전안奠雁 　모년某年 　모월某月 　모일某日 　모시某時　（간지오섭·簡紙五摺） | 갑자甲子 　이월二月 　십구일十九日 　인시寅時　（간지오섭·簡紙五摺） |

### 연길涓吉

연길涓吉은 택일을 적은 단자이다. 신부집에서 간지에 서식을 따라 적고, 봉투에 넣은 다음, 겉에 연길涓吉[51] 두 자를 쓴다. 그리고 나서 붉은 보에 싸서 신랑집에 보낸다. 택일된 날짜에 좇아 준비하고 혼사를 치른다.

## 4 혼서식婚書式

## 1) 오례의 五禮儀 혼서식婚書式

○○벼슬 아무 이른 봄에 존체의 다복하옵심을 비나이다. 저의 아들 아무가 나이 이미 찼으되 아직 배필이 없더니, 어른께서 어진 뜻으로 영애를 저의 집 며느리로 허락하여 주심에 선인의 예에 따라 사람을 시키어 납폐하오니 살피시기를 바라오며 다 갖추지 못한 채 삼가 올리나이다.

      년   월   일(직함·성명을 붙이기도 함)

具銜姓名, 時維孟春, 台候多福, 僕之子某, 年已長成, 未有伉儷, 伏蒙尊慈, 許以令愛貺室, 玆有先人之禮, 謹專人納幣, 伏惟尊照, 不宣謹狀.
            年 月 日 ○

## 2) 파격혼서破格婚書

권시權諰는 호가 탄옹炭翁이요, 이조의 현종顯宗·숙종肅宗 두 왕조 때의 사람이니, 유학으로 저명하였다. 그의 집은 공주에 있었다. 이산尼山에 사는 윤미촌尹美村 선거宣擧와 회덕懷德에 사는 우암 송시열과 좋은 벗으로 사귀더니, 탄옹의 둘째아드님이 송우암가宋尤庵家의 딸을 아내로 삼게 되었다. 여기에 혼서가 있으니 그 식은 다음과 같다.

### 차남혼서次男婚書

글 베푸옵니다. 대혼大婚은 중한 예로 참으로 만세를 잇는 터전입니다. 그러므로 지경귀성至敬貴誠으로써 두 성姓을 얻어 호합好合케 하나이다. 용물用物은 보잘것없사오나 여러 예만은 다합니다. 먼 조상 때부터 주진朱陳의 계契[52]로써 다행히도 덕 있는 가문과 연혼連婚[53]하게 되더니, 이제 교친交親함에 과갈지영瓜葛之榮[54]을 주시어, 저의 집이 보잘것없는데도 영계令季[55] 영보英甫의 맏따님을 저의 가문 며느리로 허락하여 주시니 고맙습니다. 열제劣弟 권모權某의 차남은 재주가 모자라나, 현질賢姪께서는 배움이 있으므로, 여러 근심과 편안偏眼을 덜 것이매 걱정이 없사온즉, 우리들 붕우지간朋友之間에 누를 끼치지 아니할 것이며, 사덕四德[56]을 갖추어 실가室家[57]를 잘 이루어 자손을 번영케

하리라 믿습니다. 이제 선인의 예에 따라 납징納徵하오며 이로써 손모아 심경心敬 바치옵니다. 《탄옹집炭翁集》

**아자兒子 홍원弘遠 혼서婚書**

사람의 부부됨은 군자가 마땅히 이루어야 할 도입니다. 남녀가 한 집에 살면서 자녀를 낳음에 다 이것을 바라거니와, 이제 혼례에 앞서, 어리석고 못생긴 가아家兒 여피儷皮의 예[58]에 즈음하여, 영애令愛를 짜개질이나 뜨개질에 앞서 저의 집 며느리 되게 하여 주신 영예를 입사와 송구스럽습니다. 저의 아들 홍원弘遠은 일찍이 글방의 스승을 잃어서 경전자사經傳子史[59]를 아직 다하지 못한, 지금 나이 열일곱 살난 풋나기로 외람되이 백량지영百兩之迎[60]을 가짐에 더욱 두터운 친분을 알게 되옵니다. 못내 유경승劉景升의 아들에게는 미안합니다. 도요桃夭[61]의 글 한 편 지어 넣었습니다. 못 차린 예이오나 너그러이 보아 주시기 바라옵니다. 《번암집樊巖集》

## 5 혼행위의婚行威儀

신랑은 흰 말을 타고, 보랏빛 비단 단령[紫綃團領][62]을 입으며, 서대犀帶[63]를 띠고, 복시사모複翅糸帽[64]를 쓴다. 청사등롱靑絲燈籠[65] 네 짝이 전배前排[66]하고, 안부雁夫[67]는 주립朱笠[68]에 흑단령黑團領[69] 차림으로 기러기를 받들고 천천히 앞서간다. 관아의 여러 이예吏隸[70]를 빌어다가 혼행길을 배호陪護시킨다.

신부는 황동정팔인교黃銅頂八人轎[71]를 타고 사면에는 발을 드리운다. 청사등롱靑絲燈籠 네 짝이 전배하게 되는데, 안복案袱[72] 한 쌍·대추와 포脯·옷함·경대·부용향을 받든 열두 명의 계집종이 정장여복靚粧麗服[73] 차림으로 짝을 지어 앞에서 인도한다. 유모는 검은 비단의 멱라羃羅[74]를 쓰고 말을 탄 채 뒤를 따라간다. 또한 이예吏隸를 써서 혼행을 호행시킨다. (유득공柳得恭《경도잡기京都雜記》)

## 6 혼례교배婚禮交拜

　권탄옹權炭翁이 김집金集(愼獨齋)과 더불어 혼례를 논하여 이르기를 『혼례에 협배俠拜[75]·관冠[76]·현부모見父母·모배母拜·자배子拜·모우배母又拜의 절차가 있어서 남녀상배男女相拜하며, 비록 모자간일지라도 맞절을 한다. 협배의 예는 먼저 여자가 절하면 남자가 뒤에 절하고, 다시 여자가 절하고 나서 마친다. 본래 주자朱子의 설과 지금의 의례규범이 서로 같지 않으니 막시기자지오莫是記者之誤로다.
　혼례교배婚禮交拜는 세속에 여러 갈래가 있다. 신부가 먼저 재배하면 신랑이 답으로 재배한다. 그리고 다시 신부가 재배하니, 옛사람들이 행한 협배俠拜의 예와 같은 것이다. 일반 향가鄕家에서는 이 법에 따라 행하고 있다. 또 한편으로는 신부가 먼저 재배하면 신랑이 일배一拜하고, 또 신부가 재배하면, 신랑이 다시 일배하니 적이 미안한 바로 얼마쯤 고인古人의 예에 맞지 않아 이에 따를 수 없을 듯하더니, 마침내 주자의 설도 그러함을 보았다. 굳이 믿지 않고 기록한 사람의 잘못이라 의심한다』고 하였다.

## 7 동뢰연同牢宴의 고례古禮

　권탄옹權炭翁과 윤미촌尹美村이 더불어 혼례를 논하고, 동뢰연同牢宴의 찬품饌品을 풍속에 따라 보였으니 다음과 같다.
　형편에 따라 더 차리고 덜 차려도 무방하나 고례古禮에 따름이 그 본뜻에 맞는다. 부부가 이른바 삼정삼조三鼎三俎[77]를 같이하는 것이 곧 동뢰同牢이다.
　가만히 생각건대 큰 국솥을 쓰는데, 이것은 옛사람 말이 반드시 그렇게 하라는 것이 아니므로, 지금처럼 국그릇을 많이 놓는 것은 좀 미안하다 할 것이다. 또 선비의 혼인에서도, 기장과 피[稷]를 쓰되 변籩[78]에 담지 않으니 아무 뜻이 없다. 게다가 오늘날에 와서 다시 삼과삼소三果三蔬를 더하니 어찌 옛 예법의 뜻이겠는가? 의례의 규범과 가례家禮의 규범을 섞어 행하니 옛 예법도 아니요, 주자례朱子禮도 아니요, 그렇다

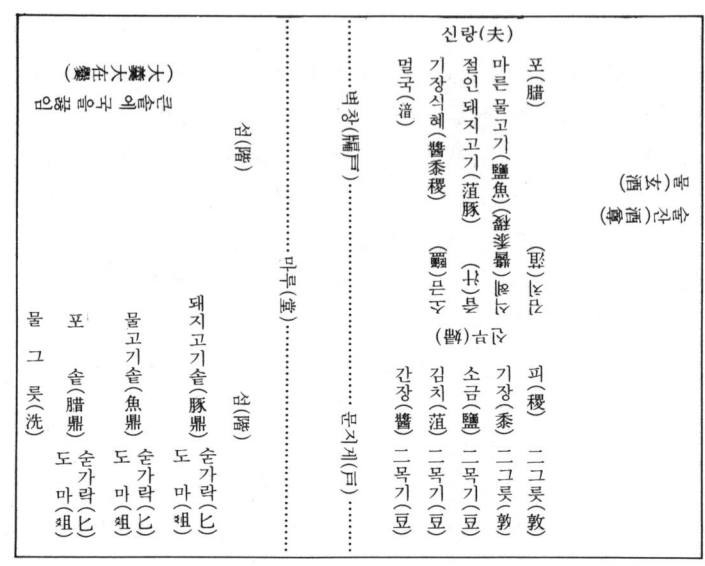

의례동뢰도儀禮同牢圖

고 새로운 예도 아니다. 스스로 지어낸 예이니 어찌 온전할까 보냐? 가만히 생각건대 옛사람들은 손으로 먹은 고로 혹자는 이르기를 숟가락을 사용했다는 글은 없으니 숟가락이 언제부터 쓰였는지는 알 수 없다고 한다.

나의 생각으로는 반서飯黍에 저箸를 배합한 것은 숟가락을 쓴 증거이니, 이런 풍속에 따라 시접匙楪[79]을 놓는 것은 무방하지 않을까 싶다.

또 옛사람은 음식을 땅에 차려 놓고 먹었으므로, 변두籩豆[80] 같은 그릇의 제도가 다 높게 지어져 있어 위는 음식을 담게 만들고, 중간은 손잡이 자루를 두어 길게 하고 밑은 발등 모양으로 하여 땅에 붙게 하였다. 또 도마도 높게 되어 있어 위는 고기붙이를 놓도록 평평하게 하고, 밑은 땅으로부터 떨어지게 하였으니, 요즈음의 반탁盤卓과 같은 짜임새이다. 반탁에다 음식을 차려 먹는 법이 언제부터 있어 왔는지는 모르나, 이제 반탁이 있다고 하여 변두 같은 그릇을 폐할 수는 없다. 내 생각으로는 동뢰상同牢床은 하나로 하고, 거기에다 김치·젓·기장·피 등을 차리되, 가운데에 돼지고기·물고기·포脯를 차리며, 기명器皿을 다 요새 그릇으로 쓴다면, 이야말로 통고의금通古宜今[81]의 본뜻에 맞으리라. 촛불도 하필 홍촉紅燭[82]만을 쓰랴? 사가에서는 홍촉 구하기가 쉽지 않으니, 황촉[83]을 마련하였다가 씀도 좋으리라. 《탄옹집炭翁集》

참고 —— 근자의 신랑신부 교배상交拜床 차림새는 다음과 같다.

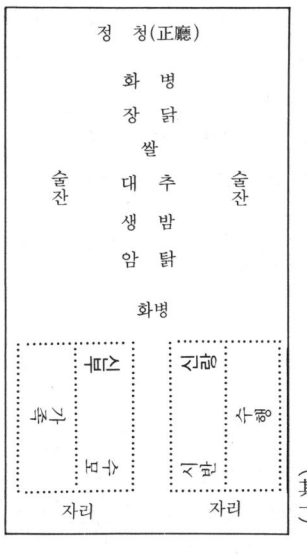
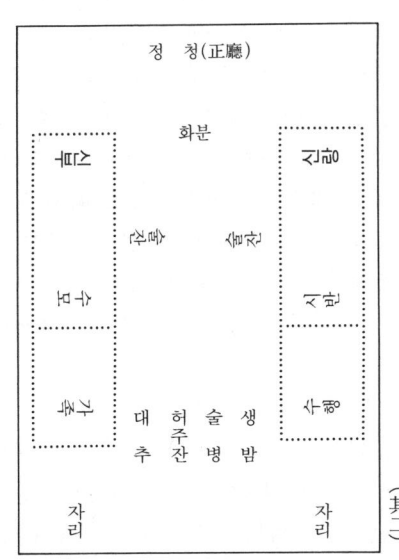

## 8 유학자儒學者(柳希春, 호는 眉巖) 가정의례 시종일통始終一通

**통혼通婚**

선조宣祖 6년[84] 9월 28일, 내가 옥당玉堂에 있을 때이다. 오차포만호吾叉浦萬戶 최두崔岉가 나를 위하여 광선光先의 마땅한 혼취처婚娶處를 들어 의논하였다. 곧 남원南原 상사리上寺里에 사는 고故 선전관宣傳官 김대장金大壯의 아들 사과司果[85] 창뢰昌鏞은, 영남 청도사인淸道舍人

준손駿孫의 손자로서 가풍이 좋고 가세가 온족溫足하며, 1남 2녀를 두었다. 장녀의 나이 열다섯 살이라고 한다. 내가 집에 돌아갔을 때 부인이 마땅타고만 한다면, 신홍申鴻을 보내어 통혼하리라.《미암일기眉巖日記》

### 혼서식婚書式

선조10년[86] 정월 초열흘 진시에 붉은 직령直領[87]을 읽고, 안방에 담자리〔氈〕를 깔고, 광선光先에 먹을 갈게 한 다음, 내 친히 혼서婚書를 쓰기를 『이른봄이 차츰 따뜻해질 즈음, 어떻게 지내시는지 삼가 문안드립니다. 저의 장손 광선光先이 이미 성년이 되었는데도 아직 배필이 없던 중 이에 납폐의 예를 하매 조감照鑑하여 주십사 엎드려 바라오며 삼가 글월 올립니다 孟春向溫, 勤問尊候如何, 仰戀仰戀. 長孫光先, 年旣長成, 未有伉儷, 謹行納幣之禮, 伏惟照鑑 謹拜狀』운운하였다.

부인이 채물綵物[88]을 함에 넣으니, 현玄[89] 한 필·훈纁[90] 한 필·홍사紅糸[91] 한 필·자단자紫段子[92] 한 끝·압두록鴨頭綠[93] 한 끝·청릉青綾[94] 한 필·면주綿紬[95] 한 필이라.《미암일기》

### 고묘告廟

11일에 조고신주祖考神主께 고하니, 그 글월에『장손 광선이 이미 성년이 되었음에도 아직 배필이 없던 중 이제 남원의 사과 김창가에 납폐를 행하니 감히 고합니다 長孫光先, 年旣長成, 未有伉儷, 今行納幣于南原司果金鏘家, 敢告』하였다.

희춘希春이 관대를 차리고 향을 피우며 축문을 읽어 고하였다.

### 교근례식交巹禮式

2월 21일 신시申時에, 경렴景濂(柳眉菴子)이 남원南原 혼소婚所로부터 왔으므로 성례한 사정을 물으니, 이르기를『19일 미시未時에 조금씩 내리던 비가 그쳤습니다. 미시말에 부관府館을 떠나 서문 밖 김사과金司果 댁에 이르렀는데, 그때 운봉현감雲峯縣監 박광옥朴光玉·경렴景廉·김참봉金叅奉·종호從虎가 후배後陪하였습니다. 광문光雯이 먼저 들어가 정위定位하여 선 다음, 신랑이 중방中房[96]을 거느리고 들어와 새문塞門[97]에 이르니, 주인 변집사邊執事가 검은 단령團領[98]을 입고 문에 나와 맞이하면서 읍하여 들이었습니다. 신랑은 삼양三讓한 뒤에 집사의 인도에 따라 들어왔습니다. 중방이 받든 기러기를 신랑이 손으로 받아 왼편으로 향하여 섰다가 자리 사잇길로 나아가, 무릎을 꿇고 기러기를 석수席首 왼쪽에 놓고, 잠깐 엎드렸다 일어나며, 뒤로 물러서 재배례再拜禮를 행하였습니다. 집사가 손을 이끌므로 신랑은 마침내 중당中堂에 들어가 신부석을 향하여 마주 섰습니다. 신부도 나와 마주 향하였습니다. 신부가 사배四拜한 다음 신랑은 재배로써 답하였습니다. 신랑이 먼저 읍하면서 상을 마주하여 서니, 신부도 따라 정한 자리에 섰습니다. 이렇게 부부는 차려 놓은 상을 사이에 두고 마주 서서 각각 석 잔씩 따르고, 세 번씩 음飮하였습니다. 그 다음 시자侍者가 신랑을 별막병풍別幕屛風 속으로 인도하였고, 찬부贊婦[99]와 유모는 신부와 함께 방에 들어가 웃옷을 벗겨 주고 나왔습니다. 이어 다시 시자는 신랑을 신부방에 인도하였습니다. 얼마쯤 있다가 신부는 입내入內하였고, 열일곱 살 난 오라비가 나와 신랑과 마주 저녁을 하였습니다. 밤이 되자 방에서 나갔던 신부가 다시 돌아왔습니다. 이튿날 사시초巳時初에 주인 김창金鏘·성원聲遠 경렴景濂·김종호金從虎·광문光雯에게 들어오라 청하기로 경렴이 맨 먼저 들어가 유씨柳氏를 뵈니, 그이는 김사과金司果의 아내였습니다. 유씨가 잠시 있다가 도로 들어간 다음 얼마 뒤 김종호·광문 등과 함께 저희들은 신부의 알현을 받았습니다. 그때 신부는 족두리首冠(疊支)를 쓴 채 구경렴舅景濂과 종호·광문에게 절하고 나서 각각 술잔을 올리더이다. 종호가 나간 뒤에 신부가 머리 치장을 간결히 하고, 구경렴을 알현하고 두 잔을 올린 다음 종호와 광문에게는 한 잔을 올리더이다. 신부의 용의容儀가 단정하고 신랑도 단아端雅하니, 사람들이 다 양미兩美라 일컬었나이다』 하였다. 《미암일기》

### 신부알조新婦謁祖

병자 10월 28일[100] 남원에 이르러, 오시午時에 안채로 들어가 북당北堂[101]에 앉으니, 성원聲遠은 서편 벽 쪽에 앉고, 광선光先은 동편 벽 쪽에 앉았다. 신부가 성장盛裝하고 나와 절하기에, 나는 일어서서 장손 며느리에 대하여 경애하는 뜻을 보였다. 《미암일기》

## 9 혼인육례婚姻六禮
―납채納采・문명問名・납길納吉・납징納徵・청기請期・친영親迎

《예기禮記》혼의婚義[102] 제44에 이르기를『혼례는 두 성이 즐겨 합하여 위로 종묘宗廟를 모시고, 아래로 후손을 잇고자 함이다. 그러므로 군자는 이를 중히 하니라』하였다. 이로써 혼례에 납채納采[103]・문명問名[104]・납길納吉[105]・납징納徵[106]・청기請期[107] 때, 모두 주인이 묘당廟堂의 궤연几筵[108]에 아뢰며, 친영親迎 때에는 문 밖에서부터 배영拜迎하되, 허리를 굽히고 묘당에 나아가 청명聽命[109]하니, 혼례를 경신敬愼히 하고, 중정重正히 여기는 때문이다. 아버지가 아들에게 술을 내려 들게 하고 아내 맞이를 명하되, 신부집에 가기에 앞서 행하는 법이다. 아들이 명을 받고 신부집에 가면, 주인은 사당의 궤연을 뵈온 다음 문 밖에 나와 배영한다. 서婿는 기러기를[110] 들고 들어가 읍하며, 당에 올라가 전안재배奠雁再拜[111]하니 대개는 부모가 친히 받는다. 이 전안의 예가 끝나면 서婿는 내려와 말을 타고 부차婦車로 가 수레끈을 주고 수레를 세 바퀴 돈다.[112] 그리고 나서 제 집으로 와 문 밖에서 기다렸다가 부부가 오게 되면 부부에게 읍하고 들어오는데 부부도 들어온다. 이에 동뢰연同牢宴을 베풀고 동식同食・합근合졸[113]하니[114] 한몸이 되어 부모・조상과 자손을 봉양하여야 하기 때문이다. 그러므로 혼례의 대체는 경신중정敬愼重正하고 친근하게 행하여야 된다. 그렇게 하여야만 남녀의 별別이 서고, 부부의 의義가 서게 된다. 곧 남녀유별男女有別이라야 부부유의夫婦有義하고, 부부유의라야 부자유친父子有親하며 부자유친이라야 군신유정君臣有正을 할 수 있다. 그러므로 혼례는 예의 근본이 된다. 부부는 새벽에[115] 일어나 목욕하고 기다렸다가, 날이 밝자 찬부贊婦가 와서 시부모를 뵈라고 이르면, 이에 부부는 대광주리에 대추・밤・약포 따위를 가지고[116] 가서 뵙는다. 만약 이때 찬부가 감주甘酒를 부부에게 내면, 부부는 포해제脯醢祭[117]를 올리게 되는데, 이것은 성부成婦의 예이다. 포해제가 끝나 시부모가 방에 들어가면 특히 돼지고기를 올린다. 이것은 부순婦順의 뜻이다.

다산茶山 선생의《아언각비雅言覺非》에 이르기를『납채納采는 사혼례士婚禮의 제일례第一禮이다. 그 예는 문명·납길·청기에 앞서 행한다. 채采는 채택采擇의 뜻인데, 오늘날에 와서는 현훈치서玄纁致書[118]하고, 이를 납채라 하니, 이것은 옛날의 납징納徵(第五禮)으로, 잘못 전하여져 그리된 것이다. 곧 采(가릴 채)자를 綵(비단 채)자로 여기고 그렇게 하였으니 어찌 야野하지 않으랴』고 하였다.

## 10 타봉징打封徵

이능화는 다음과 같이 주장한다.

혼인육례의 납징納徵에 한 가지 뜻이 더 있다.《의례주儀禮註》에『徵징을 成성이라』고 하였다. 곧 납폐로써 성혼됨을 말한다. 우리 경성 풍속에 혼인날에 앞서 신랑집에서 신부집에 예물을 보내는데, 이것을 속칭 납봉징納封徵이라고 한다. 종을 성장盛粧시켜 등에 지워 밤에 보내면, 신부집에서는 대청에 촛불을 켜놓고 그 예물을 받는다. 이때 악소지배惡少之輩가 떼지어 들어가, 그 혼잡한 틈을 타 촛대 등 기물을 훔쳐 갔다가 주식酒食을 털어 먹은 뒤에 그 물건을 돌려 준다. 이것을 타봉징打封徵[119]이라고 한다.

## 11 초醮의 의의意義

사혼례士婚禮에『아비가 초자醮子[120] 하면서 명하여 이르기를「이제 가서 너의 배필을 맞이하여 우리 집 종사宗事를 이어받아 힘써 공경하며, 선비先妣의 본에 따라 항상 받들어라」한다. 그러면 아들은「그렇게 하겠습니다. 오직 황공스러운 마음으로 명을 잊지 않겠습니다」고 한다. 또 아비가 딸을 보낼 때에는 명하여「일마다 다 삼가고 공경하며 조석으로 어긋남이 없게 하여라」하고, 어미가 시금결세施衿結帨[121] 하면서 이르기를「일마다 전부 힘써 하고 공경하며, 조석으로 집안일에 어긋남이 없게 하여라」한다. 서모庶母는 문 안에 들어와 띠를 매어 주며 「부모님께서 하신 말씀을 경공敬恭하여 명심하고, 조석으로 허물 없이 하며, 여러 금반衿鞶을 잘 보살피라」 한다』고 했다. 《맹자孟子》에는 『예에, 장부가 관冠이 되어 원복元服122)하면, 아버지가 필경심계必敬心戒하여 「부자夫子의 도에 어긋나지 말게 하여라」 명하고, 딸이 출가할 때면 어머니가 「순종順從하며, 바른 일을 함이 아내와 며느리 된 이의 도이니라」 한다』고 했다.

정다산丁茶山 선생의 《아언각비雅言覺非》에 이르기를 『초초醮는 아비가 아들에게 술을 먹이는 일이니, 혼례 때 사위가 되어 바야흐로 가려는 참에 행하되 「이제 가서 너의 배필을 맞이하여 우리집 종사宗事를 이어 받아 힘써 공경하며, 선비先妣의 본을 따라 항상 받들어라」 하고 명하는 의식을 이른다. 오늘날 사람들이 이를 그릇 알고, 부부동뢰夫婦同牢의 예를 초례醮禮라고 하는 것은 잘못이다. 관례冠禮123)에도 초초가 있다. 손〔賓〕이 관자冠者에게 처음으로 술을 먹이며, 이르기를 「술을 맛본 바 매우 좋고, 차린 음식이 푸짐하니 때를 만났도다」 하고 다시 술을 먹인다. 세 번 술을 먹이되, 그때그때의 이르는 말이 다 다르다. 어찌 부부동뢰를 초례라고 하겠는가? 일찍이 중국 문사文詞에서 재취를 재초再醮라고 한 것을 보았다. 아마 이로부터 그 잘못이 비롯된 듯하다. 《설문說文》에 초초醮를, 관혼의 제祭라 하였으나, 《예경禮經》에는 제례祭禮라고 하지 않았다. 《예경》〈관의소冠疑疏〉에 이르기를 「술을 따라 먹이되, 받아 마시지 아니함〔無酬酢〕을 초醮라고 한다」고 하였다.』 이것이 바른 뜻이다.

## 12 수신방守新房

우리 조선 풍속에 혼인한 신랑·신부가 한방에 들어 사흘 밤을 묵으니, 이것을 일컬어 신방이라고 한다.124) 만약 사위와 며느리의 나이가 아직 어리면, 장성하기를 기다려 뒤에 길일吉日을 택하여 따로이 신방을 차린다. 그날 밤, 부가婦家의 동서·시누이·언니들이 신방을 둘러싸고 창문에 구멍을 내어, 그 동정을 들여다보고는 입을 막고 웃음을 참는다. 이것을 신방보기〔守新房〕라고 한다. 《청장관전서靑壯館全書》

에 『습속이 좋지 못하여, 딸을 시집 보낼 때 사위를 맞이하여 사흘을 여가女家에 머물게 하는데, 집안 부인네들이 반드시 숨어서 그 사사로운 말을 다 들으니, 이 무슨 무례한 일이랴? 더러는 가장된 이가 통렬히 그런 짓을 못하게 말리더라』고 운운한 것이 그것이다.

혹 이르기를 『새로 빈 방에 들었으니 악귀가 침범하였을까 저어하여 이것을 지킨다』고 하나, 이 말은 이치에 맞지 않는다. 혹은 『예측하지 못하였던 변고變故가 있을까 염려하여 살핀다』고도 한다. 소위 예측하지 못한 변고란 예컨대, 정조正祖 임금 때의 문인 이덕무李德懋가 지은 《청장관전서》의 〈영처문고嬰處文稿〉중 유혜녀전有慧女傳에 이른 것과 같은 사건이다. 곧 다음과 같다.

어느 고을에 후처에 빠진 한 선비가 있었으니, 그 이름은 전하여지지 않는다. 전처 딸의 신랑을 맞이하던 날 한밤중에 도둑이 융복戎服을 입고, 큰 칼을 차고, 번쩍거리는 빛을 내며, 창 밖에서 큰소리로 이르기를 「신랑아, 나오너라. 그렇지 않으면 내 너를 베이겠다」고 하므로, 신랑이 크게 무서워하여 나가려 하매, 아내가 그의 옷자락을 잡고 말리면서 「첩이 처리하겠나이다」 하였다. 바로 문으로 나가 융복 입은 이를 껴안고 「인자하신 어머니, 인자하신 어머니여, 어찌하여 이러십니까」 하였더니, 적이 칼을 버리고 머리를 들이멜었다. 집 사람들이 촛불을 켜고 보니 계모였다. 신랑이 처부모의 모진 것을 비로소 알고 의심을 푼 후 이튿날 옷을 차려 입고 돌아갔다. 그러자 계모는 딸이 저를 악녀로 소문내었다고 크게 노하여, 딸을 죽여서 아무도 몰래 매장하였다. 이로부터 얼마 뒤 신랑이 와 보니 아내가 없었다. 다들 병으로 죽어 장사지낸 지 이미 오래라고 하나, 크게 의심되어 무덤을 파 보았다. 모습은 살아 있을 때와 같았는데, 옷에는 핏자국이 점점이 묻어 있었다. 신랑이 크게 비분하여, 옷을 갈아 입혀 장사지낸 다음, 부옹婦翁에게 문책하기를 「내 처의 원수는 그대가 갚으시오」라는 말을 남긴 다음에 옷을 떨치고 돌아가 버렸다. 이에 부옹의 가족이 의논하여 후처를 내보냈다. 군자가 있어 노래하기를 「딸의 슬기로움이여, 어미 손에 저 죽을 줄 알면서도 지아비를 말린 다음 어미를 껴안았으니 첫째로 지아비를 죽음에서 살렸고, 둘째로 지아비의 의심을 풀었도다. 슬프다, 그 어미가 죽일 줄 알았다면, 아내를 두고 홀로 돌아가서 어미 꼬임에 빠져 죽게 하였으랴? 슬프다, 그것을 몰랐음이여」하였다.

## 13 남침연람寢宴 및 타족장打足掌

　　남침연람寢宴과 타족장打足掌은 나이 적은 팔팔한 패들이 남의 혼사를 틈타 주식酒食을 털어 먹는 일을 이른다. 그 습속이 조선 초부터 시작하여 오늘에 이르기까지 그대로이다.《오주연문五洲衍文》《후청쇄어侯鯖瑣語》및《동상기東廂記》등에 자세히 적히었으므로, 이를 인용하여 참고케 한다.

　　《오주연문五洲衍文》의〈남침연변증설覽寢宴辯證說〉조에『《포박자질류편抱朴子疾謬篇》에「세상 풍습에 이르기를 신부를 놀리는 법이 있다. 여러 사람이 모인 가운데서나, 친척들 앞에서 추어醜語로써 물으며, 만대慢對로써 책하니, 그 속되고 상스러움을 차마 논할 수 없다. 혹은 회초리를 들고 갈기기도 하고, 혹 다리를 묶어 거꾸로 달아매기도 한다. 그래서 상처가 생기거나, 피가 흐르거나, 발이 삐고, 지체支體가 부러지거나 하는 일이 있으니, 가탄할 습속이로다」하였다. 양승암楊升庵 신愼이 이르기를「이 습속이 세상에 아직도 많아 며느리를 본 집에서 신랑을 피닉避匿시키면, 남자들이 떼를 지어 다투며 장난치며 신부를 놀린다. 이것을 학친謔親이라고 한다. 혹 치마를 걷어 올리고 바늘로 살갗을 찌르며, 혹 신발을 벗기고 그 발을 재어 보기도 한다. 참으로 병폐의 습속이로다. 진晉나라 때부터 이러하여 천년이 지나도록 고치지 못하매, 괴이한 일이라 하였더니, 오늘날 황명皇明의 세世에 아직도 그 습속이 남아 있다」고 하였다.』

　　우리나라는 비록 신부를 놀리지는 않으나 이맹휴李孟休(星湖의 子)의《춘관지春官志》에는『옛 습속으로서 혼인날 저녁에 신랑이 신부집에 오면, 그 이튿날 친족과 벗들이 일제히 신부집에 몰려가 주인이 베푼 주식酒食을 대접받으니, 이것을 남침연람寢宴이라고 한다. 아주 무뢰한 무리들은 술과 고기붙이를 크게 찾다가 좀 뜻에 맞지 않으면, 칼로 장막을 찢거나 소반·평상 따위를 깨어 버린다. 세번째 날이 되어 부부가 비로소 동뢰연同牢宴을 한다. 이것을 독좌獨坐라고 하는데, 중종中宗 무인[125]에 선비 김치운金致雲이 비로소 친영례親迎禮를 행하여 마침내 예식으로 정해지더니, 그 이듬해 기묘사화己卯士禍[126]에는 폐기되었다. 그러다가 명종明宗 때 사류士類들 간에 그 제도를 좀 바꾸어, 신랑이 처음 신부집에 가서 신부와 교배합근례交拜合졸禮를 행하고, 그 이튿날 신랑집에 가서 시부모를 알현하였으니, 이것을 반친영이라고 한다.[127] 친척과 어린 벗들이 신랑을 잡아 다리를 묶어 거꾸로 매고 몽둥이로 발바닥을 때리면서[128] 음설淫褻된 말로 물으며, 떼와 억지를 써서 마침내는 주찬酒饌을 뜯어낸다. 이것을 풍속으로 동상례東床禮라고 하니, 대개 왕우군王右軍(王羲之)이 동상東床에서 배〔腹〕를 깔고 뒹군다〔坦腹東床〕는 뜻에서 취한 말이다. 이 풍습은 남침연이 폐기된 뒤부터 생기었으니 신부를 놀리는 여러 습속과 맞먹는 것이다』고 하였다.

《후청쇄어侯鯖瑣語》에 이르기를『우리나라 혼례의 속俗으로 길석吉夕에 신부에게 촛불을 비췄다 껐다 하고는, 이튿날 신랑을 아는 여러 사람들이 한꺼번에 처가를 심방하면 그 집에서 술과 음식으로 잔치를 베푸니, 이것을 남침覽寢이라고 한다. 사흘 만에야 비로소 동뢰연同牢宴을 행하니, 이것을 독좌獨坐라고 한다. 매우 이치에 맞지 않는 바이다. 남침이라는 이름이 고려 말로부터 생겼는데, 부정不正한 이야기까지 부회傅會되었으니 더욱 고쳐야 한다. 더구나 무뢰한 자들이 남침을 핑계삼아 친면이 있건없건, 날마다 혼인집에 쫓아가 실컷 얻어 먹고 혹은 저녁마다 높은 곳에 올라가 횃불 피운 데를 보고 찾아간다. 대저 남녀가 부부 됨에 정시위중正始爲重[129]인데, 연야連夜 동숙한 다음, 며칠 뒤에 비로소 상견례相見禮를 행하니 또한 음설된 일이 아니냐?』고 하였다.

정종正宗 때 경성의 사족士族 김희집金禧集과 신덕빈申德彬의 딸이 있었다. 집이 가난하여 혼인을 할 수 없었는데 임금님이 이 소문을 듣고 가련하게 여기어 호조판서 조정진趙鼎鎭에게 명하여 남혼男婚을 주재케 하고, 선혜당상宣惠堂上 이병모李秉模에게 명하여 여혼女婚을 주재케 하되, 자재를 관급官給하여 혼인을 이루게 하였다. 그리고 문인 이덕무李德懋에게 명하여《동상기東廂記》를 적게 하여 그 일을 서술하게 하니, 본기本記의 네 절折은 곧 타족장打足掌의 일을 적은 것이다. 그 글은 다음과 같다.

《동상기東廂記》──세 사람이 어린 여비女婢를 거느리고 나와,

삼년 가뭄에 단비를 만났고
천리 타향에 고향 사람 보았네.
깊은 밤 신방에 촛불이 빛나는데
소년은 금방金榜[130]을 별자리에 건다.
三年大旱逢甘雨　　千里他鄕見故人
花燭洞房無月夜　　少年金榜掛名辰

라고 외운다. 그리고는 『이 시는 옛사람의 네 가지 기쁨을 나타낸 것이니, 이 네 가지 일은 사람이 다 그러기를 마음 깊이 바라는 바이로되, 그 중에서도 동방화촉야洞房花燭夜의 일이 가장 재미있도다. 더구나 늙은 도령의 화촉은 바로 인간 천하의 극락세계인데, 근자에 들건대 김도령이 조가朝家의 보살핌으로 장가들었다고 하니, 우리들이 다 기뻐하는 바이로다. 이 혼례는 다른 혼례와는 스스로 달라서 4백여 년을 내려온 옛 풍속이니 불가불 한 번 가보고, 축하도 하고 치기도 하여야겠다』한다. 문에 이르러 『김 도령, 아차, 김 서방, 집에 있느냐』한다. 김이 나와 본다.

大 : 너의 이번 혼인은 다시 없이 기특한 일이로다.
金 : 다 천은天恩이니 감축무지感祝無地입니다.
大 : 성덕사盛德事[131]로다, 성덕사로다.
　　밋밋한 복숭아 가지[132]에
　　그 꽃 활짝 피었네.
　　이 색시 시집가니
　　그 집의 복덩이로다.
　　桃之夭夭　　灼灼其華
　　之子于歸　　宜其室家
　　참으로 오늘날에 성덕사가 났도다.
二 : 총각 쌍상투가 두 갈래로 갈리더니, 너의 오늘 모양을 보니, 어변성룡魚變成龍이로구나.
三 : 오늘 우리들은 태수도 뵈올 겸 환자還子(還上)도 얻을 겸 생각하니[133] 너는 이 4백 년래의 고풍古風을 알고 있으렷다?

金 : (웃는다.)

大 : 우리들 세 사람 중에 나는 본디 당상堂上이니, 내가 마땅히 문초問招할 터인즉, 너는 하나하나 바로 말할지어다. 집장執杖은 누가 할꼬. 법대로 하리라.

一 : 예——띠로 갈구리〔套鉤〕를 만들고, 김을 잡아다가 앞에다 엎드리게 한다——너는 어느쪽 다리를 미워하느냐? 빨리 그 미운 다리를 내놓아라.

金 : 자. (하는 수 없이 다리를 내어놓는다.)

二 : (띠를 등에 멘다.)

三 : 너〔女婢〕(小系)는 가서 방망이를 씻어 올려라.

奚 : (방망이를 바친다.)

三 : (친다.) 이거 억센 발이로구나. 무지러뜨릴지로다.

金 : 아, 아, 내가 무슨 죄를 지었기에 그 큰 곤장으로 치오?

大 : (웃는다.) 네 죄를 정말 모르느냐? 다른 사람은 다들 섰거니와, 너만 혼자 자빠져 다리를 하늘로 올리고 있으니, 이게 죄가 아니냐? 또 네가 장가가기 하루 전에 무슨 물건을 어디로 보냈느냐.

金 : 혼서지와 채단을 보냈을 뿐이오.

大 : 또 무슨 물건을 보냈느냐?

金 : 함을 보냈소.

大 : 그 함은 저자에서 사 왔느냐. 아니면 집에서 만들었느냐. 또 어떻게 보냈느냐.

金 : 호조로부터 보내온 것이고, 안부雁夫가 지고 갔소.

大 : 응, 호조에서 보내온 것이라면 유별난 것일 게다. 노도령의 함이니 무거웠을 것이로다. 지고 가기에 고달팠겠도다. 그런데 네가 장가갈 때에 노상에서 구경하는 사람이 없더냐. 또 무슨 이야기가 없더냐.

金 : 늙은이, 젊은이, 사나이, 여편네들 구경하는 이가 많았으나 무슨 이야기는 못 들었소.

大 : 모진 놈이로고, 모진 놈이로고. 매우 쳐라.

三 : (친다.)

金 : 아, 아 바른 대로 아뢰리다. 대로상에 계집아이들이 뒤로 쫓아오면서 다들 같이 「새서방이 새아기를 데리러 가누나. 어제 준 떡값을

내놓아라」하였고, 또 한 패는 손을 들어 가리키며 야유하되 「부끄럽지, 부끄럽지」하였고, 또 「저 신랑은 수염이 겨우 생겼으니 나이 열다섯이나 되었을까. 묘하고도 묘하다」라고 하더이다. 그밖에는 정말 들은 것이 없소.

　大 : (웃는다.) 네가 말을 타고 처가에 닿았을 때 말 머리가 먼저 들어갔느냐. 네 머리가 먼저 들어갔느냐.

　金 : 말 머리가 먼저 들어갔소. (다들 크게 웃는다.)

　大 : 네가 말에서 내려서부터 합궁合宮에 이르기까지를 그대로 자세히 아뢰어라.

　金 : 죽도다, 죽도다. 덕을 나누소, 덕을.

　大 : 너의 온 몸이 도시 조정의 덕분인데, 너는 그저 생각나느니 덕분뿐이냐. 매우 쳐라.

　金 : 악, 악. 말을 타고 처가에 가, 전안奠雁의 예를 올리고 조금 뒤로 물러나 재배小退再拜하였소.

　김金, 노래 부른다〔小梁州〕

　　차일과 병풍 속, 전안청奠雁廳에 이르러
　　허리 굽혀 절하니,
　　나의 재배再拜 이 정성은
　　머리 숙여 우리 조정 받듦이로다.

　그리고 나서 동뢰연 자리에 들어가니 수모手母가 신부로 하여금 내게 재배시키더이다.

　〔뒷노래〕오늘 경사, 뜻 있음을 나는 알거니
　　　　　정겨움을 못 이겨 마음 정치 못하나
　　　　　내가 지닌 온 복력福力 다하여
　　　　　그 낭자娘子를 섬기어 가리.

　그쪽 수모가 권하기로, 나는 답배答拜를 하였소. 내 본디 서울 신랑이나 거기서는 어쩔 수가 없었소. 필경은 신부가 두 번 더 절하였고, 나는 두 번 답배하였소. 그리고 나서 양쪽으로 나눠 꿇어앉으니, 수모가 붉은 실을 풀어 삼배합환주三盃合歡酒를 권하더이다.

〔鵲踏枝〕첫번 잔에 장수長壽하고
　　　　두 번 잔에 벼슬하고 세 번 잔에 생남생男이라
　　　　그대 만일 거짓말하면
　　　　잔마저 삼키어 장취불성長醉不醒하리라.

　신방에 들어가서 상회례相會禮를 행하니, 신부의 당일례當日禮는 끝났고, 나는 잘 마시고, 잘 먹고, 잘 잤소. 제발 비나이다, 비나이다, 풀어 주기 비나이다.
　大 : 너는 왜 합궁절차合宮節次를 얼버무리느냐. 속속세세速速細細 알리어라.
　金 : 내가 저녁을 먹고 신방에 들어가니, 홍촉은 휘황, 비단 이불은 찬란, 향불이 그윽한데, 얼마 안 있어 신부가 들어오더이다.

〔調笑令〕이 꽃가지가 바람 따라 왔는가.
　　　　이 달이 구름을 헤치고 하늘에서 솟았나.
　　　　하늘의 선아仙娥가 거울에 비쳤나.
　　　　관음보살이 신령으로 나타났는가.
　　　　고개 들고 바라보니 낯설지 않으이.
　　　　어느새인가 나를 보고 절하네.

　그녀의 붉은 치마를 풀고, 그녀의 푸른 저고리를 빼앗고, 그녀의 은비녀를 뽑고, 땅에 떨어져 잘 잤소. (크게 웃고 더 말하지 않는다.)
　大 : 노도령의 행사는 불문가지不聞可知로다. 너의 혼인은 아주 딴판으로 조정에서 내려 주신 바이라. 다른 처녀 도둑하고는 다르니 어찌 편안히 풀어주랴. 듣건대 너는 지금 재물도 많고 쌀도 많아, 전에 죽 먹고 살던 살림보다 훨씬 좋아졌다고 하니 빨리 주효酒肴를 차려 오너라.

三 : (띠를 풀고 놓아준다.)
金 : (일어선다.) 크게 욕을 보았구나. 애〔小奚〕야, 너 주가酒家에 가 소주 몇 순배와 좋은 안주를 사 오너라.
奚 : (주효를 올린다.)
大 : (술 마신다.)
二 : (술 마신다.)
三 : (술 마신다.)
그러자 다들 취했다.

## 14 신가랑新嫁娘

문사 이옥李鈺[134]이 아조시雅調詩를 지어 신가랑新嫁娘의 정태情態를 아주 잘 그려내었으니, 여기에 인용한다.

    신랑은 목안木雁을 쥐고
    신부는 건치乾雉를 쥐었으니
    그 꿩이 울고, 그 기러기 날 때까지
    두 정 그치지 않으리.
    郎執木雕雁　　妾奉合乾雉
    雉鳴雁飛高　　兩情猶未已

    복 있는 손으로 홍사배紅絲盃[135] 들어
    낭군에게 권하나니 합환주를
    첫번 잔에 아들 낳고
    세 번 잔에 오래 사네.
    福手紅絲盃　　勸郎合歡酒
    一盃生三子　　三盃九十壽

    시어머님께서 예물 주시나
    한 쌍 옥동자에

걸치자는 말도 못하고
보에 싸 장 속에 넣었네.
阿姑賜禮物　　一雙玉童子
未敢顯言佩　　結在流蘇裏[136]

사경四更에 일어나 머리 빗고
오경五更에 시부모님께 문안 올릴제
기왕에 시집왔으니, 다짐하기를
침식寢食 잊고 힘쓰리라고.
四更起梳頭　　五更候公姥
誓將歸家後　　不食眠日午

진작, 궁체宮體 글씨 배웠으매
이응(ㅇ)자에 뿔이 있게 쓰니
시부모가 이것 보고 기뻐하며
언문여제학諺文女提學이라 하니라.
早學宮體書　　異凝微有角
舅姑見之喜　　諺文女提學

옥인 듯 손 정갈히 씻고
화장도 엷게 하였다가
시가댁 제삿날 다가오매
말도 삼가고 색옷도 삼가도다.
屢洗如玉手　　微減似花粧
舅家忌日近　　薄言解紅衣

사람들은 다 비단 바느질을 꺼리나
나는 병정 옷 그 바느질 중히 하리.
농부는 가문 밭에 호미질하고
가난한 집 부녀자는 베를 짜는데.
人皆輕錦繡　　儂重步兵衣[137]

旱田農夫鋤　　貧家織女機

임은 흰 말 타고 장가왔고
나는 붉은 가마 타고 시집갔네.
어머님이 문에 나와 분부하되
시부모님 잘 모시라 하시네.
郎騎白馬來　　妾乘紅轎去
阿孃送門戒　　見舅拜勿遽

친정은 광통교廣通橋께요
시댁은 수진방壽進坊이나
가마를 탈 적마다
눈물 절로 나누나.
兒家廣通橋　　夫家壽進坊
每當登轎時　　猶自淚沾裳

푸른 실로 한 번 머리를 얹고
흰머리 되도록 같이 살자 기약하고도
수줍어 수줍어서
석달토록 말 못하였네.
一結青絲髮　　相期到葱根
無羞猶有羞　　三月不共言

누에 쳐 주먹만하매
뜰 아래에 가 뽕을 따네.
동해주東海紬 없는 바 아니로대
몸소 쳐보고 싶어 치노라.
養蠶大如拳　　下階摘柔桑
非無東海紬　　要驗趣味長

임의 옷 짓고 깁다가

꽃내음이 서리어 시들해지는 때면
굽은 바늘 옷섶에 꽂고
앉아서 숙향전을 읽는다.
爲郞縫衲衣　　花氣惱儂倦
曲針揷衿前　　坐讀淑香傳

소비小婢가 와 창틈에 대고
아가씨 하고 낮은 소리로 부르니
친정 생각 문득 나서
내일은 가마 타고 가리라.
小婢窓隙來　　細喚阿只氏
思家如不禁　　明日送轎子

초록 상사단相思緞[139]을 베어 내어
쌍침雙針 바느질로 귀주머니〔耳囊〕[140] 지었네.
손수 세 겹으로 접어
얌전히 손을 내어 임에게 바치도다.
草綠相思緞　　雙針作耳囊
親結三層蝶　　倩手捧阿郞

사람들은 다 그네놀이 하는데
나는 홀로 그 틈에 못 끼누나.
팔의 힘 여리다 들었거니
옥룡玉龍 비녀 떨구면 나는 어이리.
人皆戱秋千　　儂獨不與偕
宣言臂力脆　　恐墜玉龍釵

해 무늬 고운 보에 싸서
피죽상皮竹箱에 간직한 옷감.
밤에 임의 옷 마르니
손에도 향기, 옷에도 향기로다.

包以日文褓　　貯之皮竹箱
夜剪阿郞衣　　手香衣亦香

진홍빛 화포요花布褥에
아청鴉靑 빛 토주土紬 이불일레.
게다가 운문단인데
황금빛 거북이 네 귀를 눌렀도다.
眞紅花布褥　　鴉靑土紬衾
何必雲紋緞　　四龜鎭黃金

## 15 신가랑의 부자유不自由

우리나라 가정의 신부에 몇 가지 부자유한 일이 있으니 그 항목은 다음과 같다.

첫째는 초례醮禮의 날이다. 이날 신부는 짙은 화장과 성복盛服을 하고, 눈썹에다 왜밀倭密을 발라 눈을 막아버리어 보지 못하게 한다. 일동일정一動一靜을 다 수모手母의 부축을 받아 하게 되며, 또 식음食飮을 하지 않는다. 대개 불시에 뒷간에라도 가야 하는 일이 있을까 두려워한다.

둘째는 시집가는 날이다. 이날에는 신부가 신랑집에 가서 시부모를 알현하고 친척에게도 절하니, 그 부자유는 초례날보다 도리어 더하다. 사흘 뒤에는 조묘祖廟에 절하고 주방廚房에 들어가 국을 끓여 시부모께 올려야 한다. 당시唐詩에 소위,

사흘 만에 부엌에 들어
세수하고 국 끓일 제
아직은 시어머님 식성 몰라
잠깐 먼저, 시누이에게 맛보이네.
三日入廚下　　洗手作羹湯
未諳姑食性　　先遣小姑嘗

라 한 바와 같다.

　셋째는 조석문안朝夕問安이다. 신부는 매일 새벽에 일어나 머리 감고 치장을 한 다음, 시할아버지·시할머니·시아버지·시어머니께 문안드리니, 보통은 사흘 동안만 하나, 골수 선비댁에서는 예법을 지킨다고 하여, 일년내 조석문안을 폐하지 아니하니, 다음과 같은 이야기가 있다.

　한 집의 규수가 나이 계筓[141]에 이르러, 통혼하는 이가 부모와 상의하여 이르기를 「아무 집 신랑감은 문벌과 재산이 다 합식合式하나, 다만 가법이 매우 엄하여서 신부로 하여금 일년내 조석문안을 드리게 한다니, 그것이 딸을 보내기 어려운 까닭입니다」 하였다. 규수가 이 말을 듣고 아뢰기를 「소아小兒 스스로 예법을 갖추었삽기에 그러한 걱정은 하지 마소서」 하였다. 부모가 웃으면서 허혼성례許婚成禮시켰다. 시집에 가, 그 이튿날 새벽에 아침 문안을 올리기 전에 신부는 머리감기와 빗질과 치장을 마친 다음, 시중드는 종에게 시켜 시아버지께 아뢰기를 「새아기〔新阿只〕[142]께서 바야흐로 문안드리고자 먼저 쇤네를 시켜 어른께서 모당을 뵈옵시었는지 알아오라 하였나이다」 하였다. 그 시아버지가 스스로 생각하기를 「윗사람이 먼저 행한 다음에 아랫사람을 가르쳐야 하니, 가장된 자가 먼저 조묘祖廟를 뵈온 뒤에, 며느리의 문안을 받음이 예에 맞을 것인즉, 내가 행치 아니하였으니 부끄러운 바로다」 하고, 마침내 새 며느리에 명하여 사흘 동안만 문안케 하고 그 뒤 다 면례免禮하였으니, 기담奇談으로 전하여진다.

　넷째는 고부간이다. 우리 조선의 습속에 시어머니가 매양 며느리를 학대하는데 설혹 자부子婦가 영리하여 모자라는 데가 없더라도, 털을 불고 흠을 찾아내고자 하는 일이 흔하다. 그러므로 속담에도 『며느리에게 흠이 없으면 달걀을 쌓으리라』고 하였다. 새로 온 며느리가 아직 가도家度를 잘 몰라 어쩌다가 실수라도 하면 가차 없이 치고 꾸짖으니, 그 도화선은 흔히 시누이〔小姑〕에 있다. 시누이가 몰래 다니면서 잘못을 헐뜯고, 겉으로는 말리는 체한다. 그러므로 속담에 『때리는 시어머니보다 말리는 시누이가 밉다』라고 하였다. 그런데 그 며느리가 시어머니가 되면 또 먼저 시어머니가 하던 대로 다시 한다. 그래서 『며느리가 자라 시어머니가 되면, 먼저 시어머니 하던 짓을 다시 한다』는 속담이 생겼다.

---

1) 〈固陋苟簡〉옛 습속에 젖어 예법 등이 야함.
2) 〈男歸女家〉남자〔新郞〕가 여자〔新婦〕의 집에 가 머물러 있음.
3) 〈忠惠王四年〉충혜왕 복위 4년. 서기 1343년.
4) 〈陵替〉아랫사람이 윗사람보다 승하여, 윗사람의 권위가 떨어짐.
5) 〈太宗十五年〉서기 1415년.
6) 〈親疏〉친함과 서먹서먹함.
7) 〈大功〉오복五服의 하나. 종형제從兄弟・자매姉妹・중자부衆子婦・중손衆孫・중손녀衆孫女・질부姪婦・남편의 조부모・남편의 백숙부모伯叔父母・남편의 질부姪婦 등의 상喪에 9개월 동안 복상服喪함.
8) 〈小功〉오복의 하나. 종조부모從祖父母・재종형제再從兄弟・종질從姪・종손從孫 등의 상喪에 5개월 동안 복상함.
9) 〈世宗十年甲寅〉세종 10년은 무신으로 서기 1428년임. 세종대의 갑인년은 세종16년(서기 1434)임.
10) 〈三剛行實〉삼강행실도三綱行實圖. 세종 13년(서기 1431) 왕명에 따라 설순偰循 등이 편찬함. 군신君臣・부자父子・부부夫婦 등에 관한 모범이 되는 105인의 충신・효자・열녀 행실을 기록하고 그림을 붙였음.
11) 〈中宗七年〉서기 1512년.
12) 〈傳旨〉왕지王旨를 유사有司 관원官員에게 통고함.
13) 〈中宗十一年丙子〉서기 1516년.
14) 〈幼學〉벼슬하지 아니한 유생儒生.
15) 〈己卯〉중종14년. 서기 1519년.
16) 〈中宗十三年〉서기 1518년.
17) 〈交拜合巹〉혼례식 때 신랑・신부가 맞절을 하고 잔을 주고받는 일.
18) 〈舅姑〉여기서는 시부모媤父母.
19) 〈中宗戊寅年間〉중종 13년. 서기 1518년.
20) 〈鹵莽〉매우 거칠음.
21) 〈渝風弊習〉나쁜 풍속과 잘못 된 습관.
22) 〈彩棚〉혼상婚喪 때 손을 접대하기 위하여 임시로 베푼 막사.
23) 〈靑排〉채붕의 별칭.
24) 〈宣祖七年甲戌〉서기 1574년.
25) 〈入鄕循俗〉시골에 들어가서 시골 풍속에 따름.
26) 〈英祖二十五年〉기사년. 서기 1749년.
27) 〈英祖四十年〉갑신년. 서기 1764년.
28) 〈匡衡〉전한前漢 때의 사람. 자는 치규稚圭. 벼슬은 태자소부太子小傅. 시詩 풀이를 잘하였다.

29) 〈關雎麟趾之化〉 관저關雎의 화化와 인지麟趾의 화. 관저지화는 저구雎鳩새의 암수〔雌雄〕가 서로 사이가 좋음에 비유하여, 부부가 호합하여 가도家道를 잘 다스림을 일컫는다. 《시경詩經》의 첫장章에 나옴. 인지麟趾의 화화는 부덕婦德이 높아 자손이 번성함을 일컬음. 《시경》의 소남召南편에 나옴.
30) 〈咸恒〉 역易의 택산함괘澤山咸卦와 뇌풍항괘雷風恒卦. 택산함괘는 《주역》 31번째의 괘로 친화親和의 형상이고, 뇌풍항괘는 《주역》 32번째의 괘로 만사형통萬事亨通의 형상이다.
31) 이 밑의 원주에 《시경》 제풍齊風의 주注가 실렸다.
32) 〈主婚者〉 혼례를 책임지고 주관하는 이. 보통은 부가夫家 또는 부가婦家에서나 친권자親權者가 맡는다.
33) 〈朞〉 한돌, 1년.
34) 〈醮子〉 혼례 때의 절차의 하나로서 아들에게 술을 들게 하고 훈계하는 예.
35) 이 밑에 원주로「東序小北」이라 하여 상 차리는 곳을 명기하였다.
36) 〈東序〉 임금이 거처하는 방이나, 제사나 혼례를 올리는 방의 동쪽머리.
37) 〈贊者〉 원주에「擇子弟之習禮者爲之」라고 있다. 혼례 때 신랑을 돕는 일을 맡는다.
38) 〈祭酒〉 잔치 때 술을 먼저 지신地神에게 올리는 절차.
39) 〈宗事〉 종가宗家로서 조상을 받드는 여러 가지 일.
40) 〈手母〉 姆·壽母. 혼례 때 신부에 딸리어, 치장 거례擧禮 등을 맡은 여자. 예에 익숙한 이나 친척 중 복덕이 있는 이가 맡는다.
41) 〈贊者〉 원주에「擇侍女爲之」라고 했음. 신랑의 찬자贊者를 시반侍伴, 신부의 찬자를 접반接伴 또는 반접伴接이라고도 한다.
42) 〈整冠斂帔〉 의관의 차림새 등을 바로잡음.
43) 〈奠雁之禮〉 혼례 때 신랑이 기러기를 신부의 집에 가지고 가 상 위에 차려 놓고 절하는 혼례 절차의 한 가지. 기러기의 나무 모형을 씀.
44) 〈蒙頭〉 얼굴 가리개. 혼례 때 신부가 쓰는 것을 말함.
45) 이 대문 아래의 본문에 就坐飮食畢에 婚出이라고 했다.
46) 〈不祭無肴〉 좨주祭酒도 하지 않고, 안주도 들지 않음.
47) 〈簡紙〉 장지壯紙로 접은 정중한 편지 종이.
48) 〈命宮〉 사람의 사주四柱(生年月日時)의 방위方位. 이에 따라 사람이 운명지어진다고 함.
49) 〈宮合〉 혼인에 앞서 신랑·신부의 사주를 오행五行에 맞추어 길흉을 점쳐 보는 방술方術.
50) 〈星命〉 사람의 운명과 길흉.
51) 〈涓吉〉 혼인할 날로 받은 일시日時.
52) 〈朱陳之契〉 백거이白居易 주진촌시朱陣村詩에「서주徐州에 주진촌이 있어, 주朱 성과 진陳 성이 서로 대대代代를 두고 혼인한다」고 씌어 있음.
53) 〈連婚〉 대를 두고 일정한 가문끼리 혼인함.
54) 〈瓜葛之榮〉 외와 칡은 다 같이 덩굴이프로, 그와 같이 일가一家 인척姻戚이 의좋게 지냄을 이름.

55) 〈令季〉 남의 아우를 높여 이름.
56) 〈四德〉 천지의 네 가지 덕德. 곧 원元·형亨·이利·정貞. 부녀자婦女子의 네 가지 덕, 곧 언용·덕德·공功·용容.
57) 이 밑에 본문本文으로「實出手衽」이라고 했는데 앞의 말뜻에 섞어 옮겼다.
58) 〈儷皮之禮〉 납폐納幣의 예. 혼례 절차의 한 가지.
59) 〈經史子集〉 당나라 때부터의 중국 관청의 장서藏書 분류의 네 구분. 경서류 經書類·역사류歷史類·제자류諸子類·시문집류詩文集類.
60) 〈百兩之迎〉 수레 백 채로 맞이한다는 뜻으로「혼례」를 이름.《시경》에「之 子于歸, 百兩御之」라고 했다.
61) 〈桃夭〉 출가할 여자를 복숭아 아름다운 모양에 비긴 말.《시경》에「桃之 夭夭, 灼灼其華, 之子于歸, 宜其室家」라고 했다.
62) 〈紫綃團領〉 보랏빛 비단으로 지은 남자용 예복의 한 가지. 깃이 둥글다.
63) 〈犀帶〉 서띠. 본래는 정正·종從 1품의 벼슬아치가 둘렀다. 서각犀角의 장식이 붙어 있다.
64) 〈複翅紗帽〉 벼슬아치들이 쓰던 사로 만든 모자. 양쪽에 날개 모양의 깃이 달렸다. 구식혼례 때에 신랑이 쓰는 것이다.
65) 〈青紗燈籠〉 청사초롱. 운문사雲紋紗로 몸체를 지음.
66) 〈前排〉 임금이 거둥할 때 앞에 늘어서 가는 관속. 혼례 행렬 때 앞에 늘어서 가는 사람들.
67) 〈雁夫〉 전안에 쓸 기러기를 들고 가는 사람. 실제로는 대개의 경우 나무로 깎은 기러기를 가지고 감.
68) 〈朱笠〉 융복戎服 차림에 쓰는 붉은 칠을 한 갓. 자립紫笠.
69) 〈黑團領〉 검은빛 단령. 빛에 따라 홍단령·백단령·자단령 등이 있다.
70) 〈吏隷〉 관아에 딸린 종.
71) 〈黃銅頂八人轎〉 여덟 사람이 메는 수레. 누런 통銅으로 수레 꼭대기를 치장하였다.
72) 〈案袱〉 간단한 혼수婚需를 가지고 가는 사람인 듯(한국명저대전집·경도잡기 172면).
73) 〈靚粧麗服〉 곱게 단장하고 아름다운 옷을 입음.
74) 〈冪羅〉 머리가리개. 또는 족두리.
75) 〈俠拜〉 맞절.
76) 〈冠〉 여기서는 혼례의 의관衣冠 차림을 이름.
77) 〈三鼎三粗〉 의례동뢰도儀禮同牢圖 아랫단 참조.
78) 〈籩〉 실과나 건육乾肉을 담도록 만든 그릇. 제기의 한 가지.
79) 〈匙楪〉 수저를 두는 놋그릇.
80) 〈籩豆〉 변籩과 두豆. 두는 김치나 젓갈을 담는 목기木器.
81) 〈通古宜今〉 옛날에 통하며, 오늘의 사정에도 맞음.
82) 〈紅燭〉 붉은빛이 많이 나는 등촉燈燭. 개원천보유사開元天寶遺事에「楊忠國子弟每至上元夜, 各有千炬紅燭, 圍于左右」라고 했다.
83) 〈黃燭〉 밀초密燭.

84) 〈宣祖六年〉 계유년. 서기 1773년.
85) 〈司果〉 이조 때 오위五衛에 딸린 군직軍職의 이름. 정6품.
86) 〈宣祖十年丙子〉 선조 10년은 정축년으로 서기 1575년. 병자년은 선조 9년으로 서기 1574년.
87) 〈直領〉 무관이 입는 웃옷의 한 가지. 깃이 곧게 되어 있다.
88) 〈綵物〉 비단 따위.
89) 〈玄〉 검은 비단.
90) 〈纁〉 흰 비단.
91) 〈紅紗〉 붉은 깁.
92) 〈紫段子〉 보랏빛의 단자. 단자段子(緞子)는 광택과 무늬가 있는 수자繻子 조직의 견직물.
93) 〈鴨頭綠〉 파랑빛의 비단.
94) 〈青綾〉 푸른빛의 무늬 비단.
95) 〈綿紬〉 명주明紬.
96) 〈中房〉 봉안자奉雁者. 전안에 쓸 기러기를 받들고 가는 이의 일컬음. 근수지인跟随之人.
97) 〈塞門〉 문가리개〔屛〕. 문밖 또는 안에 침.
98) 〈團領〉 깃을 둥글게 단 공복公服. 색에 따라 흑단령·홍단령·자단령·백단령 등의 구분이 있다.
99) 〈贊婦〉 혼례 때 신부를 모시어 시중드는 여인.
100) 〈丙子年〉 선조宣祖 9년. 1574년.
101) 〈北堂〉 주무가 거처하는 곳. 종묘나 가묘의 신주를 모신 곳.
102) 원주에 「소疏에 혼婚이란 처妻를 취娶하는 예로서 날을 정하고 예를 행함을 이름이다……」고 했다.
103) 〈納采〉 신랑될 사람의 집에서 신부될 사람의 집에 혼인을 청하는 의례儀禮. 본래는 납폐納幣와 달랐다. 원주에 「납채란 채택采擇의 예이다」라고 했다.
104) 〈問名〉 혼인할 여자의 운수를 점쳐보기 위하여 신부될 자의 어머니 이름을 묻는 의식 절차. 원주에 「여자의 어머니 이름을 물음」이라고 했다.
105) 〈納吉〉 신랑집에서 혼인할 날을 받아서 신부의 집에 보냄. 원주에 「길일吉日을 점쳐 이를 보냄」이라고 했다. 연길涓吉.
106) 〈納徵〉 납폐納幣. 혼인의 증證으로 신랑의 집에서 푸른빛 비단과 붉은빛 비단을 신부의 집으로 보내는 의식 절차.
107) 〈請期〉 혼인날을 받아 가부를 묻는 의식 절차.
108) 〈几筵〉 사당에 신주를 모신 곳.
109) 〈聽命〉 분부를 들음.
110) 〈雁〉 나무로 깎은 기러기 모형.
111) 〈奠雁再拜〉 신랑이 신부를 맞음에 앞서 부가婦家에서 행하는 혼례 절차의 한 가지. 이때 두 번 절함. 원주에 「전안의 예는 불재우不再偶(다시 장가가지 아니함)의 뜻. 또는 음양이 오고 감을 가리키는 뜻」이라고 했다.

112) 이 밑의 원주에 「수레를 세 바퀴 도는 것은 음양이 본래 기奇·우偶의 수數로 이루어짐을 뜻한다」고 했다.
113) 〈同食〉원주에 동뢰연 때 「부부가 같은 고기를 먹지, 각각 달리 먹지 않는다」고 했다.
114) 원주에 「한 잔을 두 잔으로 나누는 것을 근巹이라고 한다. 서婿와 부婦가 각각 한 쪽씩 들어 입가시는 정도로 한다……」고 했다.
115) 〈質明〉원주에 「혼례 다음날 아침 새벽을 이른다」고 했다.
116) 원주에 「대광주리〔筙〕는 쌀광주리〔筥〕와 비슷하며 푸른 칠을 입혔고, 거기에 대추·밤·약포 따위를 담는다……」고 했다.
117) 〈脯醢祭〉원주에 「부婦가 창 중간쯤에 자리잡으면 종자從者가 감주甘酒를 부어 부석婦席 앞에 놓는다. 부婦가 자리에서 서동면西東面하여 배수拜受하면, 종자從者가 서쪽 섬돌 위에서 북면北面 배송拜送하고 나서, 또 포해를 배천拜薦한다. 부婦는 자리 왼쪽에 올라가 잔을 들어서 포해제를 올린다……」고 했다.
118) 〈玄纁致書〉분홍 보자기에 글월을 싸서 보냄.
119) 〈打封徵〉원주에 「혹 봉채封采라고도 하나 잘못」이라고 했다.
120) 〈醮子〉아들에게 술잔을 줌. 혼인 때 친영親迎하러 신부의 집에 가는 아들에게 행하는 예식.
121) 〈施衿結帨〉딸을 시집보낼 때 어미가 시집살이 훈계를 한 다음, 명주수건을 옷고름에 채워주던 한 혼속婚俗.
122) 〈元服〉어른이 되어 처음으로 갓을 씀.
123) 〈冠禮〉남자로 20세가 되어 관을 쓰고 성인이 되는 의식.
124) 원주에 「신방新房을 한어漢語로는 원방圓房이라고 한다」고 했다.
125) 〈中宗戊寅〉중종13년. 1518년.
126) 〈己卯士禍〉중종 14년(1519) 11월, 남곤南袞·심정沈貞·홍경주洪景舟 등의 훈구재상勳舊宰相이 조광조趙光祖·김정金浄·김식金湜 등의 젊은 선비들을 몰아내어 죽이고 또는 귀양보낸 사건.
127) 원주에 《회은집晦隱集》에 이르기를 「우리나라 혼례가 야野하여서, 중고中古 이래로 사대부가士大夫家가 다 혼인날 저녁 신랑이 신부집에 가 머물러 있으면서도 합근合巹의 예만은 3일 뒤에야 행하니 심하기 이를 데 없다. 서화담徐花潭이 비로소 절충하여 혼인날 저녁에 합근의 예를 행하게 하니 지금껏 내려온다」고 했다.
128) 원주에 지금의 풍속에서는 「신랑달기라 한다」고 했다.
129) 〈正始爲重〉혼례를 정중하게 행함. 혼례를 정시지도正始之道라고 하는 데서 일컬었음.
130) 〈金榜〉과거에 급제한 이의 이름을 적어 노상에 붙인 방榜.
131) 〈盛德事〉왕은王恩으로 이루어진 경사.
132) 〈桃之夭夭〉《시경詩經》의 〈국풍國風〉편 〈주남周南〉조에 있다.
133) 원주에 「태수도 볼 겸 환자도 얻을 겸이라는 말은 일거양득一擧兩得임을 뜻한다」고 했다.

134) 〈李鈺〉 연대 미상.
135) 〈紅絲盃〉 혼례의 한 절차인 합근례合巹禮 때 드는 술잔. 이때 홍사紅絲를 씀.
136) 〈流蘇〉 기旗나 승교乘轎 등에 다는 오색실로 된 술. 여기서는 보褓로 새겼음.
137) 〈步兵衣〉 원주에 「옛적에 조세로 받아들인 비단으로 보병步兵의 옷을 지었으므로 이른 말」이라고 했다.
138) 〈東海紬〉 유명한 명주. 산지 미상.
139) 〈相思緞〉 「임의 옷에 쓸 비단」이라는 뜻으로 상사단은 따로이 없음.
140) 〈耳囊〉 귀주머니, 네모지게 지어, 아가리께로 절반을 세 골로 접음. 아래의 양쪽으로 귀가 난 주머니.
141) 〈笄〉 여자가 열다섯 살에 성년成年이 됨. 남자는 스무 살에 성년이 되는데 이는 관冠이다.
142) 〈新阿只〉 이두吏讀. 시부모가 갓 시집온 며느리를 일컬음.

朝鮮女俗考

● 第四章 민서혼례民庶婚制

혼례식 때 입는 신부의 정장차림.

혼례식 복장,
봉건시대에도 혼례식에는 신랑신부에게 고관대작의 복장을 입도록 허락하였다.

朝鮮女俗考

第四章 민서혼제民庶婚制

朝鮮女俗考

● 第四章 민서혼제民庶婚制

160

# 朝鮮女俗考

● 第四章 민서혼제民庶婚制

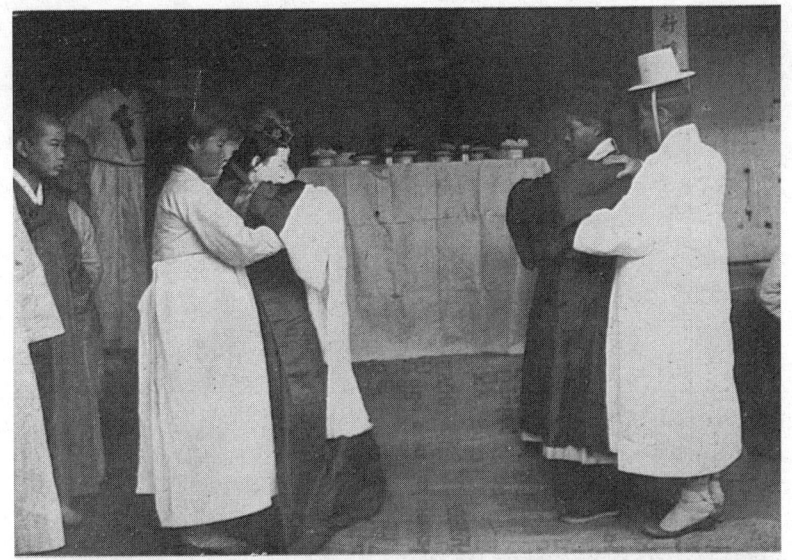

**혼례식** 혼례식은 신부집에서 거행하는 것이 일반적인 풍습으로 되어 있었다. 그림은 신랑이 전안례를 치르고 신부의 집에서 두 사람이 보좌하여 초례교배식을 행하는 장면. 혼례식은 서로 삼배삼헌하고 백년해로를 맹세한다. 신랑 옆에 있는 남자는 기러기를 들고 온 사람이고, 신부 옆의 여자는 수모隨母이다. 그날 하룻동안 신부는 눈을 감는 이상한 관습이 있었다.

**신랑찬新郞饌** 신랑이 신부집에 인사를 끝내면 푸짐한 〈신랑찬新郞饌〉을 차려낸다. 그림에서 신랑의 복장은 문관의 예복인데 혼례 때에는 평민도 착용할 수 있었다.

# 朝鮮女俗考

● 第四章 민서혼제民庶婚制

*婢騎부분
安陵新迎—1786년—42세—진본김제—25.3×63.3cm—국립중앙박물관

# 第五章 ● 종교적 혼례식

유래由來——우리나라 습속의 혼례는 다 주문공가례朱文公家禮에 따라 행하여 온 것이니, 유교에 따른 의식이다. 그러나 근래 민간종교에 불교, 기독교가 있어, 기독교에는 기독교의 혼례법이 있고, 불교에는 불교의 혼례법이 있다. 거기에 다시 사회지사社會志士의 개량혼의改良婚儀가 있어 아울러 행하여진다. 다음에 열거하여 참고케 한다.

## 1 기독교신도 혼례식

40년 이래 유럽의 선교사가 조선에 와 새 종교를 전하니 신도가 수십 만이며, 서울과 그밖의 각 도회지에도 모두 예배당이 있다. 그리스도교도의 혼례는 반드시 서양식으로 행한다. 예배당에서 행하는 혼례식 때 목사가 신랑·신부를 향하여 읽는 신약新約[1] 중의 장절章節은 다음과 같다.

 바리새인들이 예수께 나아가서 그를 시험하여 가로되「사람이 어떤 연고를 막론하고, 그 아내를 내어버리는 것이 옳으니이까?」하니, 예수께서 대답하여 가라사대「사람을 지으신 이가 본래 저희를 남자와 여자로 만들고 말씀하시기를, 이러므로 사람이 그 부모를 떠나서 아내에게 합하여 그 둘이 한몸이 될지니라」하신 것을 읽지 못하였느냐? 이러한즉 이제 둘이 아니요 한몸이니, 그러므로 하나님이 짝지어 주신 것을 사람이 나누지 못할지니라.』《마태복음 제19장 1절~6절》[2]

 아내들이여, 자기 남편에게 복종하기를 주께 하듯 하라. 이는 남편이 아내의 벼리 됨이 그리스도께서 교회의 벼리 됨과 같으니, 그가 친히 몸의 구주시니라. 그러니 교회가 그리스도에게 하듯, 아내들도 범사에 그 남편에게 복종할지니라. 남편들아, 아내 사랑하기를 그리스도께서 교회를 사랑하시듯 하고, 위하여 자신을 주심같이 하라. 이는 곧 물로 씻어 말씀으로 깨끗하게 하사 거룩하게 하시고, 자기 앞에 영광스러운 교회로 세우사 티끌이나 주름잡힌 것이나 이런 것들이 없이 거룩하고 흠이 없게 하려 하심이니라. 이와같이 남편들도 자기 아내 사랑하기를 제 몸같이 할지니, 자기 아내를 사랑하는 자는 자기를 사랑하는 것이라. 누구든지, 언제든지 제 육체를 미워하지 않고, 오직 양육하여 보호하기를 그리스도께서 교회를 보양함과 같이 하나니, 우리는 그 몸의 지체이니라. 이러므로 사람이 부모를 떠나 그 아내와 합하여 그 둘이 한 육체가 될지니, 이 비밀이 크도다. 내가 그리스도와 교회에 대하여 말하노니 너희도 각각 자기의 아내 사랑하기를 자기같이 하고, 아내도 그 남편을 경외하라.
《에베소서 제5장 22절~33절》


**혼인증빙婚姻證憑**

　　　주소……………………………………………
　신랑　　　　　　　　　　　성　명 ㊞
　　　　　　　　　　　　　…년…월…일생

　　　주소……………………………………………
　친족조(부)　　　　　　　　성　명 ㊞

　　　주소……………………………………………
　신부　　　　　　　　　　　성　명 ㊞
　　　　　　　　　　　　　…년…월…일생

　　　주소……………………………………………
　친족조(부)　　　　　　　　성　명 ㊞

　이제 두 사람이 하나님의 명령과 그 세우신 예법대로 여러 사람 앞에서 확실한 증거를 지어 혼례를 올린 바, 이 부부는 두 사람이 아니요, 더불어 참된 한몸이 되었으니 하나님께서 짝지어 주신 것을 사람이 나누지 못할지니라. 이러므로 이에 증명함이니라.
　　　주 나신 뒤……년

　　　주례(목사)　　　　　　　성　명 ㊞
　　　　주소……………………………………………

주혼                            성 명 ㉑
주소······················································
증참                            성 명 ㉑
주소······················································

## 2 불식佛式 화혼식花婚式

지금으로부터 10여 년 전에 기독교식 혼례를 보고 마음에 느끼는 바 있어, 대강 소견으로 불식 화혼식을 의정擬定[3]하여《조선불교통사朝鮮佛敎通史》에 실었던 바, 그후 그 법에 따라 불식 혼례佛式婚禮를 행하는 이가 많았다. 이것은 나의 바라는 바인지라 불식 화혼법의 취의趣意와 의식 절차를 다음에 적어 참고케 한다.

본래 혼가婚嫁의 예절은 종교상의 형식에 지나지 않는다. 그러나 어떤 종교를 막론하고, 정신과 형식을 아울러 갖춘 연후라야 그 종교의 생명을 영속시킬 수 있다. 이것을 사람에 비기면 육신이 있어야 영혼이 깃들고, 영혼이 없으면 육신이 죽는 일과도 같다. 지금 조선에는 유교·기독교·불교의 세 종교가 병치並峙하여, 유교에서는 홍사근배紅絲巹盃[4]를 주고받는 혼례식을 하고, 기독교에서는 금반지를 끼는 혼례식을 하고 있다. 유교식은 곧 지리번쇄支離繁瑣하며, 기독교식은 곧 간이편당簡易便當하다. 유교식은 곧 씀씀이가 화사華奢하고, 기독교식은 생략절검省略節儉하니, 유교식 혼례법은 우리 조선 사람의 생산 정도生産程度에 맞지 않은 점이 많다. 그러므로 식자들은 기독교식 혼례법의 간편함을 좇아 유교식 혼례의 번쇄함을 고치고자 한다.

조선 불교의 퇴폐는 퍽 오래되어 승니僧尼들은 불교를 믿는 일반 대중들을 저들의 전유물로 삼았고, 여느 속인으로 불교를 숭상하는 이도 후사後嗣가 없을까 두려워하여 오직 중에게 밥을 바치며 불공을 들여서 내세의 복을 짓는 일을 최상의 목적으로 삼았다. 그러므로 자연히 집에서 불교를 받드는 신남信男·신녀信女가 많았다. 이들 불교신도는 불제자佛弟子의 사부대중四部大衆[5] 중에서 우바새優婆塞[6]·우바이優婆夷[7]의 두 부류이다. 오늘날에는 불교가 부흥하여, 이로부터 점점 조선 전역 곳곳에 포교당布教堂이 별처럼 널려 있고, 바둑처럼 깔리어 부처를 만드는 이가 여마사속如麻似粟[8]으로 많으니, 불도들의 혼가례婚嫁禮는 당연히 불식에 따라 행하여진다. 이조 세조世祖대왕의 언역諺譯으로 유통되던 《석보상절釋譜詳節》에 다음과 같이 적혀 있다.

보광불普光佛이 세계에 나실 때 선혜선인仙慧仙人이 5백 외도의 미오자迷悟者를 가르쳐 고치시니, 이 5백 사람이 제자가 되어지이다 하여, 은전銀錢 한 개씩을 바치니라. 이때 등명왕燈明王이 보광불께 청하여 공양하리라 하고, 나라에 영을 내리어 좋은 꽃을 팔지 못하게 하고, 왕께 다 가져오게 하니라. 선혜선인이 들으시고 꽃 있는 곳에 가시다가 꽃 파는 구이俱夷를 만나니라. 구이는 꽃 일곱 줄기를 가지고 있었으나, 왕령에 따라 병에 간직하여 두니라. 선혜선인이 정성이 지극함을 알고, 꽃이 솟아남을 보고 사겠노라 하였으되, 구이가 이르기를 「장차 대궐에 보내어 부처님께 바칠 것이오니 팔 수 없사옵니다」 하니라. 선혜선인이 이르기를 「은돈 1백 냥으로 꽃 다섯 가지를 사고자 원하노라」 하시니, 구이가 「무엇에 쓰시겠나이까」 하고 물으니라. 선혜선인이 「부처님께 바칠 것이니라」 하니, 구이가 또 「부처님께 바치어 무엇하리요」 하고 되물으니라. 선혜선인은 「일체 지혜를 얻어 중생을 제도코자 하노라」 대답하시니라. 구이는 이 남자의 정성이 지극함을 알고, 보배를 아낄까 보냐 하며 이르기를 「내 이 꽃을 다 드릴 터이니, 원컨대 내 생생에 그대의 아내가 되게 하여지이다」 하니라. 선혜선인이 대답하되 「나는 좋은 덕을 닦아 무위無爲의 도를 얻고자 하므로 생사의 인연을 들을 수 없노라」 하니, 구이가 이르길 「내 원에 좇지 아니하면 꽃을 얻지 못하리이다」 하니라. 이에 선혜선인이 이르기를 「그러면 네 원을 들을 것이나, 나는 보시布施를 즐겨 사람의 뜻에 어긋나지 않으려 하니, 너는 내 보시하는 마음을 헐지 말지어다」 하니라. 구이가 이르기를 「그대 말과 같이 하리이다. 나는 계집이라 가지고 가기 어려우므로 지금 꽃 두 가지를 드리오니, 부처님께 바치고 생생생생生生에 내 원을 잊지 마사이다」 하니라. 이때 등명왕은 신하와 백성을 거느리고 종종 공양으로 성을 나와 부처를 맞이하여 이름난 꽃을 바치었고, 또 다른 사람들도 다 공양을 바치니라. 그 다음에 선혜선인이 꽃 다섯 가지를 바치매 다 공중에 뜨더니 머물어 화대花臺가 되었고, 다시 꽃 두 가지를 바치니 또 공중에 떠서 머무르므로 왕과 천룡天龍[9] 팔부八部가 일찍이 없던 일이라 하니라. 보광불이 찬탄하여 이르기를 「이는 아승기겁阿僧祇劫을 지난 뒤 부처가 되어 이름을 석가모니라 일컬어지리로다」[10] 하니라. 《월인석보月印釋譜》〈기팔장其八章〉

또 《대방광불화엄경大方廣佛華嚴經》〈입법계품入法界品〉 제19의 66을 상고하면, 덕왕태자德王太子[11]와 묘덕동녀妙德童女[12]의 배불혼인고사拜佛婚姻故事가 있다.

이상의 두 불교 고사를 본으로 한 불식 화혼佛式花婚 절의節儀를 의정擬定하면 다음과 같다.

주례법사主禮法師──신랑·신부를 인도하여 부처를 향하여 꿇어앉게 한다. 이때 신랑·신부에게 각각 배도陪導가 따르되 양옆에 선다.

신랑·신부──각각 오분향五分香을 사른다.

창삼귀의唱三歸依[13]──주례법사 창도唱導. 신랑·신부 수창隨唱. 신랑·신부 부처를 향해 삼배三拜. 끝나면 다 일어선다.

주례법사의 설송說頌──주례법사가 범음梵音으로 외면, 다들 조용히 듣는다. 설송說頌은 다음과 같다.

지금, 이 수월도장水月道場에서 우바새優婆塞 아무〔某〕와 우바이優婆夷 아무가 이미 항려抗儷의 약約[14]을 맺고 혼인의 예를 올리매, 삼가 석가여래 인행因行 때의 고사를 받들고, 둘이 다 함께 무위도無爲道의 대원大願을 꼭 구할 것을 다짐하였고, 칠지화七枝花의 헌공獻供을 공행恭行하였삽기, 시방부처〔十方諸佛〕님께서 밝히 증證하여 주시기를 굽어 청하옵니다.

신랑──법사의 설송이 끝난 다음, 먼저 다섯 가지의 꽃을 부처님께 바친다.

신부──신랑으로부터 두 가지의 꽃을 받아 부처님께 바친다.

주례법사──신랑·신부로부터 부처에 바치는 꽃을 받아 부처님 앞의 꽃병에 꽂는다.

신랑·신부──부처를 향하여 삼배. 다 일어선다.

주례법사──신부에게 물어 이르기를 「석가여래의 인행고사因行故事의 절의節儀에 따라 이제 신부에게 묻노니, 신부는 하나하나 진실되게 대답할지로다. 신부는 오늘부터 신랑 아무에게 몸을 맡겨 아내 됨으로써 그의 원에 따르며, 선행을 함께 닦으며, 무위도를 구하며, 부모를 존중하며, 스승을 공경하며, 친족과 화목하며, 가난한 이를 대휼大恤하며, 고독한 이를 불쌍히 여기어 크게 자비로우며, 보시布施에 힘쓰며, 삼세공불三世供佛의 일을 이어받아 불퇴전不退轉하되, 게으르거나 고달퍼하지 않겠느뇨」 한다.

신부──합장하고 대답하여 이르기를 「다 정원情願이나이다」 한다.

주례법사──신랑에게 물어 이르기를 「보살의 성성은 본래 불사음不邪淫한 바, 신랑은 신부를 아내로서 자족自足하게 여기며, 달리 아내를 구하지 말며, 다른 아내나 시비侍婢·친척붙이가 달리 매정媒定하는 여자 및 법으로 보호되는 여자들에 대하여 탐욕에 물든 마음을 먹지 않겠느뇨」[15] 한다.

신랑──합장하고 대답하여 이르기를 『신부를 아내로서 자족하게 알며, 달리 아내를 구하지 않으며, 그밖의 가르침을 다 받들겠나이다』 한다.

주례법사──신랑을 시켜 화관을 신부의 머리에 씌워 주고 나서[16] 홍상紅裳을 신부의 몸에 입혀 준다.[17] 그 다음 신랑·신부는 부처께 삼배三拜한다.

대중大衆──다 일어서 여래 십대발원문十大發願文·사홍서원四弘誓願 및 찬불게贊佛偈를 동창한다.

주례법사──예필禮畢을 고한다.

신랑·신부 먼저 나간다.

모인 손님도 따라서 헤어진다.


## 3 사회지사社會志士의 개량혼례식改良婚禮式

근일 경성 사회에 계명구락부啓明俱樂部라는 것이 있으니 각 방면의 지사가 모이는 곳이다. 부원 일동이 항상 풍속을 개량하며, 대중의 선도先導를 임무로 하는지라, 여러 사람이 공의共議하되, 유교식 혼례는 의식이 번잡하고 비용이 많이 들며 실實에 있어 의의가 없으므로, 간략한 방법을 고구考究하여 마침내 남녀결혼교배男女結婚交拜 때에 쓰는 축사를 지어 주례자에게 읽게 하였는데 먼저 부원가部員家의 혼례 때부터 시행하였다. 그 의문儀文은 다음과 같다.

고천문告天文
상천上天께 고告하나이다.
　　신랑新郞 변봉묵邊鳳黙과
　　신부新婦 김기용金基鏞이
굳게 백년의 약約을 맺으오니, 상천上天은 소감昭鑑하사 크게 권우眷佑를 드리우사 길이 홍복洪福을 받게 하소서.

---

1) 〈新約〉 신약성서. The new Testament. 예수 생애의 기록과 제자들의 전도기록傳道記錄 및 사도使徒들의 편지 등을 수록하였다. 마태복음 Mathew부터 요한계시록Revelation까지 27권임. 원전은 희랍어이고, 서기 397년에 기독교 경전으로 결정하였다.
2) 1956년 개역판 성서본문聖書本文에 따랐다.
3) 〈擬定〉 어떤 본을 따서 비슷하게 정함.
4) 〈紅絲呑盃〉 혼례의 한 절차인 합근례合巹禮 때 수모手母가 붉은 실을 손목에 걸치고 신랑·신부에게 잔을 주어 합환주를 들게 한다.
5) 〈四部大衆〉 사부중四部衆. 비구比丘·비구니比丘尼·우바새優婆塞·우바이優婆夷의 네 부중.
6) 〈優婆塞〉 Upāsaka. 부처의 10대 제자의 하나. 근선남近善男·근사남近事男·근숙남近宿男·청신사淸信士 등으로 번역된다.
7) 〈優婆夷〉 Upāsika. 근선녀近善女·청신녀淸信女 등으로 번역된다.
8) 〈如麻似粟〉 삼[麻]이나 조[粟]처럼 많음.
9) 〈天龍〉 불법佛法을 수호하는 신장神將들.
10) 《월인석보》 기팔장其八章 본문은 다음과 같다. (p. 167 참조)
11) 〈德王太子〉 원주에 「석가모니불을 가리킴」이라고 했다. 곧 정반왕의 왕태자 시절을 일컬음.
12) 〈妙德童女〉 원주에 「야수부인을 가리킴」이라고 했다.
13) 〈三歸衣〉 귀의불歸依佛·귀의법歸依法·귀의승歸依僧
14) 〈伉儷之約〉 서로 배필됨을 약상約相함. 또는 그 의례.
15) 원주에 「화엄경華嚴經 제2 이호지품離號地品 중에 있다」고 했다.
16) 원주에 「위덕태자威德太子 묘장광명보관지표법妙藏光明寶冠之表法을 본뜬 것이다」고 했다.
17) 원주에 「위덕화염마니보지표법威德火焰摩尼寶之表法을 본 것」이라고 했다.

第五章 종교적 혼례식

朝鮮女俗考

● 第五章 종교적 혼례식

金弘道 風俗畫帖 중 빨래터

# 第六章 혼인논재혼인론재婚姻論財

이능화李能和는 다음과 같이 주장한다.

《소학》에 이르기를 『문중자文中子가 이르되, 혼취함에 재재를 논하는 일은 오랑캐나 하는 바이니, 군자는 그렇듯 속된 일을 하지 않느니라. 옛날에는 혼인을 함에 남녀가 다 덕으로 택하고, 재재로 하지 않았다』고 했다. 우리 조선 유학자들이 매양 이 교훈에 따라 입으로 법도를 내세웠으나, 이는 일부 인사들의 언행일 뿐이요, 보통 인정으로는 다 돈 있는 집안을 바라는 것이 사실이었다. 이제 딸이 시집감에 치장을 사치스럽게 하고, 재폐財幣를 후히 하면 서가壻家치고 환영하지 아니하는 자가 없었으니, 사위가 또한 부가婦家에 대하여 이렇게 하지 아니할 수 없다. 인지印支의 습속이 이러하고, 유럽의 습속도 이러하니, 어찌 조선이 유독 그러하지 않겠는가? 무릇 골수 선비의 훈고訓詁는 태반이 정情을 꾸며서 이른 말이니, 어찌 그러하지 않으랴? 단 혼인논재婚姻論財의 일은 양반집을 대중삼은 것으로 일반 민속이 다 그러함을 이른 말은 아니다.

정도전鄭道傳의 《삼봉집三峯集》에 이르기를 『근래 혼인하는 집에서 남편의 덕행의 어떠함을 논하지 않고, 구차스러이 한때의 빈부로써 취사取捨하며, 또 그 서로 구하는 법도 나타나게 하는 것이 아니라 비밀리에 이를 중매케 하여, 저를 불러 마치 장사꾼들이 물건 팔듯 하니, 조심성이 없고 분별이 없어 혹 송사하며 혹 다툰다』고 했다.

《이조실록李朝實錄》에 세종世宗 9년[1] 여름 4월 임술에 예조가 계啓를 올리되 『신부가 처음 구고舅姑를 뵙는 날 지나친 사치에 힘쓰므로 거마와 수원隨員들로 문이 꽉 차며, 성대한 주찬酒饌이 베풀어지며, 거느리고 오는 남녀 종들이 30여 명이어서, 신랑집에서 이를 대접하는 데 쓸 양식 마련이 매우 번거로울 뿐 아니라, 이로써 가난한 자는 빚을 내기에까지 이르니 그 폐단이 적지않나이다』[2] 하였다.

성현成俔은 《용재총화傭齋叢話》에 이르기를 『옛날에는 혼례・납채 때에 다만 의포衣布만을 썼는데, 오늘의 납채에는 다 채단을 쓰니, 많이 하는 이는 수십 필을 쓰고 적게 쓰는 이도 서너 필은 쓴다. 보禖로도 비단을 쓴다. 혼인날 저녁에는 크게 잔치를 베풀어 손님을 위안한다.

그리고 아주 호사한 차림으로 말을 탄 신랑 앞에서 재물함을 진 이들이 앞을 인도하였다.[3] 나라에서 법으로 금지한 재물은 미리 보낸다』고 했다.

양성지梁誠之의 《눌재집訥齊集》에 『시사時事로 아뢸 일이 스물두 가지가 있사오니, 그 하나가 혼례를 간소하게 함을 숭상하여야 하는 일이옵니다. 대개 옛사람들은 혼취婚娶에 논재論財하는 일을 꺼리었는데, 우리 동방 풍습에 아직도 신랑이 부가婦家에 가는 습속이 그대로 행하여집니다. 혼례법을 바로잡는 일은 중국도 다 미치지 못한 바이오나, 서자婿者가 혼인날 저녁에 재물을 진 노복을 앞세우고 부가婦家에 가야 하며, 그러지 않으면 인척姻戚이 다 돌아보지도 않으니, 이것이 무슨 예속禮俗이겠습니까? 이후로는 이를 금지하시어 혼례법을 바로잡으시기 바라옵니다』라고 했다.

일본인 무라야마 지쥰村山智順 씨가 쓴《조선사회제도사朝鮮社會制度史》에 『현금 전남의 담양潭陽·곡성谷城·구례求禮, 경북의 영양英陽·봉화奉化·청송靑松 및 함남咸南 등지에서 행하여지고 있는 예부預婦[4]의 나이는 많아야 열 살 내외이다. 장차 남편이 될 자의 집에서 길러져 열너댓 살이 되어야 혼례를 올린다. 이 경우 혼폐금婚幣金 같은 것은 쓰지 않게 되어 있다. 그런데 이와 같은 혼인방법은 가난한 이들 사이에서 행하여진다.

또 황해도 지방의 은율殷栗·장련長連에서도, 가난한 남자는 유소幼少한 여자와 혼인한 다음에 그 성장을 기다리는 일들이 있다. 그 나이는 7, 8세도 있지만 대개는 열 살쯤이다. 어째서 이런 유소한 이와 혼인하는 것일까? 적혼기의 여자와 혼인하려면 1백 원 내지 수백 원의 납폐금이 드나, 일곱·여덟·열 살쯤 되는 여자이면 2,30원으로 된다. 그 까닭은 어린것은 성장의 가능이 미지수이며 부모를 섬기어 가사에 충분히 힘쓸 수 없기 때문이다. 그래서 소액의 납폐금으로 가하다.

현재 조선 각지에서 행하여지는 혼인에 쓰이는 납폐금의 액수가 결코 적은 것이 아니다. 가난한 이는 이 납폐금 때문에 혼인이 쉽지 않다. 이 곤란을 해결하는 수단으로서, 예부預婦라든가 양부養婦라는 방법이 행하여지는 것이다. 납폐금에 관한 재미있는 예가 있다. 이것은 함남 북청北靑 지방의 일이다. 가난한 남자가 혼전婚錢을 조달할 수가 없을 때 일정 기간 동안 무임으로 여가女家의 노동에 복무한 다음, 그 대상代償으로서 딸을 취하여 제 집으로 돌아가는 것이다. 이것은 앞에 서술한 고구려의 혼인법과 얼마쯤 비슷한 점이 있다고 생각된다』[5]고 하였다.

이에 대하여 이능화는 다음과 같이 주장한다.

예부預婦 혹은 양부養婦는 지나어支那語의 소위 동양식부童養媳婦이다. 비단 어린 동녀童女를 식부媳婦로 기르는 습속이 있을 뿐 아니라, 췌서제도贅婿制度[6]에도 또한 동녀를 기르는 습속이 있음을 알지 않으면 안 된다. 무릇 혼인논재婚姻論財의 일은 조선 안에 그렇지 아니한 곳이 없는지라, 무라야마 씨가 든 몇 고장은 그가 여행한 몇 군데만을 보고 가리킨 것일 뿐이다.

### 빈민貧民의 혼인에 자재資財를 관급官給하다 (東廂記)

세계 각처에서, 곧 구미歐美나 지나支那의 사람들은 남자가 재산이 없고 직업이 없으면 아내를 얻지 아니한다. 얻지 않는 것이 아니라, 사실 불가능하기 때문이다. 그러므로 학업을 마치고 직업을 얻은 연후라야 비로소 혼인을 논의할 수 있는 것이다. 혹 다른 나라에는 주의와 주장이 있어서 평생토록 시집을 가지 않거나 장가를 가지 않는 이가 있지만, 유독 우리 조선 사람으로서 남자 되고 여자가 된 자는 아무리 가난하더라도 반드시 시집가고 장가가는 것을 정칙으로 삼으니, 하나의 습속으로 굳어졌다. 그 까닭을 고구考究컨대『불효의 죄 중에 후손이 없는 일이 가장 큰 죄』라는 훈계로 말미암아 그렇게 된 것으로 생각된다. 사람마다 다 후사後嗣로써 뒤를 이어 조상을 받들게 함을 가장 큰 효도로 삼고 있다. 이렇듯 가난하더라도 반드시 장가가는 까닭은 사속관념嗣續觀念에 있는 것이다.

민간 남녀가 만약 가난하여 결혼할 수 없을 경우, 조정에서 비용을 내리어 혼인이 성사되도록 도왔다. 이조《경국대전經國大典》에『사족士族의 딸로서 서른 살이 가까워도 가난하여 출가치 못한 이에게는 본조本曹(戶曹)에서 계啓로써 윤허允許를 물어 자재를 양급量給한다』고 했고, 또『사족의 딸이 서른 살이 넘도록 문호부지門戶不至의 가난으로 출가하지 못한 이에 대하여는 그 가장을 중죄로써 다스린다』고 했다. 그리고 정조正祖 때 반포한《대전통편大典通編》에『혼기를 넘긴 미혼자는 2년마다 한 번씩 세수歲首에 혼인을 도와 결혼시키도록 품지稟旨한다』고 운운한 조문은 빈민의 혼인에 자재를 관급하기 위하여 베푼 규정이다.

  정조正祖 임금 때 경성 안에 사족의 남녀로서 김희집金禧集과 신씨申氏의 딸이 있었는데 가난하여 결혼하기가 어려웠다. 임금께서는 유지諭旨를 내리고 특별히 호조에 명하여 비용을 내려 혼인을 하도록 하되, 무릇 복식服飾·음식飮食·제의물諸儀物을 당시 시속의 제일등례第一等例에 따라 행하게 하였다. 곧 호조판서 조정진趙鼎鎭에게 명하여 남자집의 혼사를 주재케 하고, 선혜청당상宣惠廳堂上 이병모李秉模에게 하명하여 여자집의 혼사를 주재케 하고, 규장각검서관奎章閣檢書官 이덕무李德懋에게 명하여는《김신부부전金申夫婦傳》과《동상기東廂記》를 짓게 하였다. 이것은 사실을 소설적으로 편성한 가화佳話로, 근고혼속近古婚俗상 크게 참고가 되는 자료이니, 복식服飾·의물儀物 등의 가지가지 이름이 그것이다. 여기에《김신부부전金申夫婦傳》《김신사혼기제사金申賜婚記題辭》및《동상기東廂記》를 다음과 같이 인게引揭하여 여러 대방가大方家에게 참고케 한다.

### 김신부부전金申夫婦傳

  김희집金禧集은 경주 사람<sup>7)</sup>이니 현감 은중恩重의 서손庶孫이요, 신씨申氏는 평산平山 사람<sup>8)</sup>이니 덕빈德彬의 서녀庶女이다. 희집은 나이 스물여덟이요, 신씨는 나이 스물넷에 재주 있고 현숙하되, 매우 가난하다 하여 사람들이 더불어 혼인하지 않았다. 금상今上(正祖) 15년 신해<sup>9)</sup> 2월에, 상上이 사류서족士類庶族들의 가난함을 불쌍히 여겨 가끔 경조오부京兆五部<sup>10)</sup>에 칙서를 내려「남녀혼구男女婚媾를 권성勸成시키어 멀리하는 자는 이를 깨우쳐 주고, 관은 소요되는 자전資錢으로 돈 5백 냥, 무명 두 끝씩을 도와주고 이달 안으로 빨리 보報하여 아뢰라」하였다. 이때에 희집은 심씨沈氏와 더불어 혼약婚約하고 있었고, 신씨는 이가李家와 더불어 혼약이 있어 나아가 관자官資까지 받았다. 그러나 아직 날짜는 정하지 않고 있었다. 5월 그믐날에 한성부漢城府 판윤判尹 구익具廙이 상주하기를「5부 사람 중 가난하여 혼기를 잃었던 이를 다 권하여 혼인케 하였사오나, 오직 서부西部 신덕빈申德彬의 딸만이

관자를 받아 장렴粧奩[11] 등을 장만하고도 함부로 6월을 꺼리어 이른 가을로 날을 미루고 있고, 김희집은 이미 혼약한 집에서 문벌이 맞지 않는다 하여 부끄러이 여겨서 딸을 출가시키지 아니하나이다」하였다. 6월 초이튿날 상上이 유시諭示를 내리어 이르기를 「내 5부에 홀아비가 많다고 여기어 이들에게 권하여 혼인시키니 그 수가 무려 백수십 명에 이르렀으나, 오직 서부의 두 사람만을 성례시키지 못하였으므로 어찌 그들을 짝지어 그 성性에 화해和諧시키지 않으리요? 일이 같이 시작되었으니, 빨리 마무리 지을까 하노라. 신덕빈申德彬에게 권하여 다시 길일을 택하게 하고 희집에게는 각별히 좋은 배필을 맞이하도록 호조의 선혜청宣惠廳이 각각 도와주되, 전자에 비하여 더 풍요히 하여 좋은 일을 끝맺도록 하라」고 하였다. 이에 서부西部가 이승훈李承薰을 시키어 경조京兆에 보내니, 주부主簿 윤형尹瑩이 이르기를 「잠깐 듣자 하니 이가李家에서는 신씨를 마다하고, 이미 다른 곳에 혼처를 정하였다고 합니다」고 하였다. 승훈이 놀라며 이르기를 「이미 상감의 유시를 받들고도, 신씨의 혼사를 돌보지 않아 전날의 상주에 이토록 어긋남이 생겼으므로, 그 책이 마땅히 돌아올 터인데 이를 장차 어찌하리요」하였다. 판윤判尹 이하 다 마주보기만 하였다. 승훈이 이르기를 「하관下官이 은밀히 생각하옵건대 희집은 경림상공慶林相公의 후예요, 신씨는 이조판서吏曹判書의 후손이니 다 화벌華閥[12]이요, 또 나이도 맞으며 그 가난함도 같아 처지가 비슷할 뿐만 아니라, 같은 날에 상上께서 정혼재가定婚裁可하셨으니, 이는 하늘이 정한 바입니다」하였다. 모두들 그 비슷함이 배필 될 만하다 하고 격절탄상擊節嘆賞하면서 「아주 요행스러우며, 또 아름답지 아니한가」하였다. 마침내 익虞이 서부에 권하여 주부主簿에게 양가의 중매 일을 맡게 하였다. 이에 승훈은 반석방盤石坊의 희집가禧集家를 찾고, 형瑩은 반송리蟠松里의 덕빈가德彬家를 찾으니 두 집 다 문에 문짝이 없었고, 집의 처마가 내려앉아 구멍으로 해가 보이며 한낮이 지났는데도 부엌이 쓸쓸하였다. 손님과 주인이 바닥에 앉아 이야기하되, 승훈이 상감의 유시를 이른 다음, 신씨와 혼약함이 좋겠다고 하였다. 희집은 머리를 숙이고 어쩔 줄을 모르다가 이르기를 「이 희집이 아직 아내를 맞이하지 못한 까닭은 가난하고 외로운 때문입니다. 어찌하여 요행으로 심씨가에서 허혼하매 내리신 관자官資

까지를 삼가 받았사온데, 뜻밖에도 버림을 받은 바, 늙어 백발이 되도록 배필을 얻지 못하여 노모를 봉양할 길이 없겠기로 몰래 슬퍼하던 중에 이제 가르침을 받자오니 그 고마움을 무엇으로 갚겠습니까. 만일 그 댁에서 따르지 않는다 하더라도 이는 곧 저 희집의 명수命數가 기구한 탓입니다』고 하였다. 형瑩도 덕빈德彬을 찾아보고 승훈承薰이 한 것처럼 말하였다. 덕빈이 초연愀然해하면서 이르기를「사람의 부모가 되어 자식으로 하여금 나이가 차도록까지 제 어버이만 섬기게 하여 지금까지 부리니, 남과의 약조約條에 있어서 그가 먼저 나를 어긴들 누구를 탓하겠습니까. 내려주옵신 성지聖旨가 무겁고 넉넉한 데다가 여러 어른께서 매우 신고하시어 손수 매작媒妁하여 주시니, 감격함이 그지없어 실로 부끄러워 몸둘 바가 없습니다. 김군은 이름난 가문의 아들이니 굳이 혼인하지 않을 수 있겠습니까」하였다. 이에 승훈과 형이 크게 기뻐하며 양가에 통보한 다음 승훈은 부사府使로 하여금 경첩庚帖[13]을 주어 덕빈德彬에게 보내게 하고, 형瑩은 덕빈에게 권고하여 길일을 택하게 하여 혼인날을 열이튿날〔6월 12일〕로 정한 다음, 경조부京兆府에 신보申報하였다. 경조부가 임금께 상주하니 상上이 기뻐하며 이르기를「필부필부匹夫匹婦가 다 그 배필을 허다히 만나되, 김金·신申과 같은 기회로 주합湊合하는 일은 드문 것이니 신기하고 기쁘도. 호조판서 조정진과 혜당惠堂 이병모에게 양가의 혼례를 맡게 하노니, 조趙는 희집 돌보기를 아들과 같이 하고 이李는 신씨 돌보기를 딸과 같이 하되, 각각 양가를 대신하여 혼서婚書를 짓고, 무릇 채폐綵幣[14]·관구冠屨[15]·차환釵環[16]·상유裳襦[17]·금욕衾褥[18]·돈우敦盂[19]·반이盤匜[20]·주료酒醪[21]·병이餠餌[22]·병장屛帳[23]·교석絞席[24]·화촉畵燭[25]·향해香孩[26]·장렴粧奩·지분脂粉[27]·영쇄지속零碎之屬[28]과 말과 말안장, 그밖에 호행護行에 소용되는 제구諸具 등 주지 않는 것이 없게 하여, 왕언王言을 믿음 있게 함에 용심用心하여 힘써 갖추라」하고, 이어 내각의 검서관檢書官 이덕무에 명하여 이르기를「이런 드문 일에 전傳이 없을손가. 그대는 김신부부전金申夫婦傳 한 통을 적어 올려라」하였다. 열이튿날 닭이 울자, 희집이 도홍추사桃紅縐紗와 쌍문남사雙文藍紗 각 한 끝을 말아, 빨강과 파랑을 어울리게 매어 휴함髹函[29]에 넣고 꽃무늬가 있는 홍복보紅襆褓에 싼 다음 혼서婚書를 넣고 네모 방정하게 맞매어 신씨가에 보내었다.

### 혼서婚書

　조대照代[30]에 이남지화二南之化[31]를 몸에 받으니 필부필부匹夫匹婦요, 좋은 날에 백년지친百年之親을 맺으니 마땅히 지아비와 아내로다. 남녀항려男女伉儷는 하늘이 정한 것이요, 부부상혼夫婦相婚은 군은君恩이로다. 나의 무슨 친척 아무가 어려서부터 고빈孤貧하여 거연居然히 과년하던 중, 다행히 유례 없는 넓고 밝은 성세를 만남에 두루 중매하여 혼취시키고자 하였으나, 이 조실부모한 궁인窮人을 누가 돌보아 주며, 누가 그 미취未娶를 가련히 여기었으리요? 그윽히 듣자오니 영애令愛는 검소하게 자랐으며, 완유婉柔한 가르침을 받았고, 침선과 방적의 공工이 이미 제 앞을 다하였으되, 집이 가난하여 장렴粧奩 등 혼수의 마련이 없어 아직 출가하지 못하였도다. 아아, 이제 우리 성상께서 어진 정사를 베푸시매 유사有司는 명을 받들어 혼가婚嫁를 권하였고, 상上께서는 가취嫁娶의 제도를 친히 마련하셨으니, 정사로서도 마땅히 먼저 행하여야 할 일이로다. 남녀가 가취嫁娶를 원할진대 이때를 잃지 말아야 할 것인저. 연이나 5부의 혼구사婚購事가 다 끝났으되 홀로 양가의 자녀만 과기過期하여, 빙상배몽氷上背夢[32]하면서 상上께서 내려 주신 가기佳期를 어기고 더 기다릴손가. 목하의 양인 기연奇緣은 스스로 맺어진 좋은 배필이니 어찌 달리 구하리요? 나이 과만過晩함도 같으려니와 가세의 단한單寒함도 같거니와, 상上께서 은혜로운 명까지 내리셨으니 양미兩美[33]는 필성이라. 그러하나 가난하여 기댈 곳이 없으니 어찌 만사를 다 갖추리요? 오직 왕실에서 간곡한 궁념을 드리우사 저희 두 신하로 하여금 양가의 혼주婚主가 되어 제 아들딸처럼 하라 하시니, 이는 만민화육萬民化育의 요체要體인 바, 남의 아비 되게 하여 의지할 곳 없는 이를 도와 불쌍히 여기라 하심이라. 이러한 성덕은 만세에 드물게 듣는 일이며, 이러한 가우嘉耦[34]는 백대에 드문 일이라 근배卺盃가 태화泰和한 기운을 머금으니 행상幸祥함을 도영導迎하도다. 뇌연牢筵은 내가 사비私費로써 포수餔需할지니 성덕을 노래할진저. 다행으로 이달을 만나서는 나라에 만년의 서기가 서리고, 이때를 당하여는 남녀의 이성二姓이 배필을 만나는 경사가 생기매 상서로운 오늘 아침 삼가

여피지례儷皮之禮(납폐)의 예를 받들도다.

호조판서 조정진趙鼎鎭 삼가 지음

**답혼서答婚書**

필부匹婦가 그 갈 바를 얻으니 마침내 만물이 다 정겹고, 풍악이 화락하니 이성二姓의 호합好合이로다. 이것이 다 조화의 힘이로되 부모로서는 그 이름이 부끄럽도다. 내 딸이 배추·무우와 같은 품자稟資로써 매화보다도 더 매운 절개를 지녔으되, 가계가 그저 네 벽만 서있어 자봉紫鳳의 무늬만 거꾸로 드리웠을 뿐이더니, 혼인할 나이를 넘어 20여 세가 되어 늦게나마 승룡지희乘龍之喜[35]를 받음으로 주문지화周文之化[36]를 맞이하여 주진지연朱陳之緣[37]을 점지받은 듯하도다. 제때에 혼인하지 못한 이를 상上께서 어여삐 여기시어 널리 경도京都에 명하여 혼사하도록 권케 하시고, 갖추지 못한 혼가장구婚嫁粧具를 대어주신 다음, 경조판윤京兆判尹으로부터 여러 사정을 들으시고 화기를 두루 펴 상서로이 하시니, 이 어찌 상上께서 베푸신 바 아니오리까? 해가 돋는 밝은 아침에 혼인의 새(기러기)가 지저귀나니 바야흐로 성인께서 처음서부터 끝까지 염려하옵신 덕입니다. 양가를 혼약케 하옵신 칙교勅敎가 정중하시매 지체 없이 서둘러서 물채物采마다 빛이 나고, 예는 극진을 다하였고, 전미포백錢米布帛[38]이 그득하게 실려 왔고, 반세차환擊帨釵環[39]은 고문성족高門盛族도 이보다는 더하지 못하여, 빈부가 뒤바뀐 듯하니 오늘이 무슨 날이오니까? 자나깨나 정성스레 송축하오니 성상께서는 천세만세토록 무강하소서. 오직 진찰지보塵刹之報[40]는 부부된 이들이 마땅히 하여야 할 바이로다. 민락년풍民樂年豊[41]하매 다같이 인수지역仁壽之域[42]에 올랐고, 부화부순夫和婦順하니 길이 태평한 수제지치修齊之治[43]니이다.

선혜청 당상 이병모 씀

그날에 희집禧集은 미리 낯을 씻고, 머리를 빗고, 수염을 다듬어 손질하고 나서 모양을 돌보아 정돈한 다음, 번쩍거리는 사포紗袍를 입고 서대犀帶에 오모烏帽[44]와 미화麋靴[45] 차림으로, 백마의 금박이 안장에 올랐다. 어깨를 좀 높이어 뒤로 젖히고, 엄숙한 낯빛과 곧은 눈으로

서행徐行하니 안부雁夫는 앞에, 유온乳媼은 뒤에서 청사초롱이 쌍쌍으로 앞을 인도하였다. 경조京兆의 이예吏隸들이 좌우에 붙어 호위하니 그 위세가 당당하였다. 신씨申氏 집의 문에 닿아 말에서 내려 기러기를 받들고 초례석醮禮席[46]에 들어가니 신씨는 정장靚粧[47]에 취교翠翹[48]・금비녀・궤보요簂步搖[49]를 갖추었고, 많은 연꽃 무늬가 있는 녹의홍상綠衣紅裳을 걸치고 있었다. 주락선珠絡扇으로 낯을 가린 채 신부는 신랑과 나란히 맞절을 하였다. 장파粧婆[50]가 홍선근배紅線巹盃를 당기어 석 잔씩 입 추기게 하고, 낮은 소리로 축고祝告의 말을 외웠다. 그리고 나서 부부가 일어서서 방으로 들어가자, 양가와 이웃 마을 사람들이 다 감탄하면서 이르기를 「김군은 나이를 더할수록 마음을 더욱 굳게 먹고, 신씨는 용태가 더욱 온화하여 예의 있고 복이 많아 보이더니, 하루 아침에 상上께서 영을 내리시어 재상이 주혼자主婚者가 되어 어진 부부 되게 하였으므로 은광희기恩光喜氣가 온 마을에 찼구나. 먼저 약혼을 어기고 다른 집에 시집보낸 자는 자절自絕하고 말았으니 이것 또한 하늘의 시킨 바이로다. 대개 그 사는 마을이 반석방盤石坊・반송리蟠松里니 이 가연인즉 우연한 일이 아니로다. 수고복록壽考福祿[51]이 이미 점지되었으매, 그 왕성하고 견고함이 너럭바위와 드리운 소나무와 같다」고 하였다. 신하 이덕무李德懋는 이르기를 『예로부터 사람의 임금된 이 마음은 하늘과 더불어 통하는 법이니 어찌 우연이랴? 화기가 상서롭게 감돎도 다 상上께서 일으킨 바이로다. 아, 우리 주상께서 하늘처럼 어진 자리에 계시어 어두운 마음을 가진 자를 밝게 하시고, 답답한 자의 억울함을 펴게 하여 어려운 이들에게 은택을 흠뿍 내리시매 이룩하지 아니한 것이 없도다. 이 해 봄・여름을 통하여 백성들이 혹 감우甘雨를 기다리는데, 어진 정사를 베풂으로써 용의 힘을 빌릴 것 없이 자비로운 비를 오게 하셨도다. 곧 김金・신申의 혼구婚媾가 정하여지자 때맞게 단비가 패연히 내리었으니, 하늘과 사람의 신의란 그 나타남이 이와같이 빠른 바, 조야가 다 「지치至治의 세世[52]로다. 중국 상고上古의 3대 때에도 기천영명祈天永命[53]하여 오직 백성의 화기를 돋우었으니, 어찌 그렇듯 행서幸瑞함이 없을손가」하며 칭송하였다』고 말하였다.

### 동상기東廂記

── 제3절 (전 4절 중 제3절)

서리書吏들이 나와 이른다.

열흘을 여울목[灘頭]에 앉았다가 하루에 대뜸 열 여울을 지났구나. 소인들은 호조 서리요, 선혜청宣惠廳 서리로다. 조정에서 분부가 내리매 노도령 김희집金禧集과 노처녀 신씨申氏는 여태껏 마땅한 혼처가 없어 홀로 있던 중, 세상에는 노신랑과 노처녀가 많건만 오직 이 두 사람만이 이렇듯 혼인하게 된 것은 우연한 일이 아니며, 또 조정에서 이 두 사람에게만 치우치게 후은厚恩을 베푼 것도 아니로다. 이야말로 이들의 팔자소관이로다. 신 처녀와 김 신랑은 조정의 처분에 따라 부부가 되어 혼례도 빨리 거행하였도다. 그 혼례의 온갖 것은 다 선혜청과 호조戶曹가 준례대로 갖춰 준 바이니, 선혜당宣惠堂이나 호조판서의 친자녀 혼례와 같은 혼사로다. 본조本曹(戶曹)의 당상인 무침교無沈橋의 조판서대감判書大監이 신랑 쪽 주혼主婚을 맡았고, 선혜청 당상인 대사동大寺洞의 이판서대감判書大監이 신부 쪽 주혼을 맡아, 신랑 신부의 친아비와 같이 하여 혼서와 답혼서答婚書를 다 두 분 대감께서 사륙병려문四六騈儷文54)으로 지었고, 신랑사주단자新郎四柱單子도 보내며 좋은 날을 받았었으니, 그것이 이달 열이튿날이었다. 날짜가 얼마 남지 않았으매 양가의 혼수를 화급히 마련하였으되 하나도 미급함이 없었다.

    때가 봄이라 얼마나 뜨거운 눈물을 흘렸기에
    총각님 옷이 다 젖었는가.
    하늘과 같은 성덕盛德과 바다와 같은 홍은鴻恩으로
    이 혼인을 그 좋은 날에 이미 올렸으니
    전일前日의 가가呵呵는 무의무식無衣無食한 가난의 소리였고
    오늘의 가가呵呵는 신랑 신부가 사람을 섬기는 기쁨의 소리로다.
    幾番紅淚住春眼　總角衣亦應濕盡
    天般盛德海般恩　這婚姻已定佳辰
    前日呵　無衣無食貧窮秩
    後日呵　新郎新婦好事人

(원부모原父母는 턱을 어루만지다가 멈춘다.)

　　선혜청은 백목白木이요, 탁지부度支部는 청동青銅이라. 이 혼수는 돈으로도 몇 냥 안 되고 천으로도 몇 필 안 되지만, 다른 극상품極上品도 이 조가朝家의 성덕만 못하리라. 두 분 대감이 왕명을 정성껏 받드니, 우리들이 어찌 감히 털끝만큼인들 게을리하였으리요? 먼저 이러저러한 외구外具를 다 점검하였도다. 신랑이 탄 말은 배꽃같이 흰 말인데 푸르디푸른 다리〔月乃〕55)에 은엽사 당안장銀葉絲唐鞍粧을 얹었도다. 별초別抄(軍官) 김모金某가 지난번 새로 뽑아 올린 말을 신랑의 말로 제일 먼저 골랐도다. 무늬 있는 청사초롱 두 쌍은 훈련도감訓練都監에서 제공하였고, 백목차일白木遮日은 각 한 틀씩 어영청御營廳과 금위영禁衛營에서 빌려왔고, 팔장부백문지의八張付白文地衣 한 틀과 청변식행보석青邊飾行步席은 장흥고長興庫에서, 모란병풍은 제용감濟用監에서, 큰 놋촛대 둘은 공조에서, 고족상高足床은 선공감繕工監에서, 향고지香高支는 사복시司僕寺에서, 향좌향坐는 상의원尙衣院에서 제공하였고, 생안生雁은 경기감영京畿監營이, 부용향芙蓉香은 내국內局이, 청원향清遠香·목홍촉木紅燭·심홍촉心紅燭·홍라조紅羅照·만화방석萬花方席·전안석奠雁席·교배석交拜席은 각 아문衙門과 본조本曹(戶曹) 및 본청本廳(宣惠廳)이 차송借送하였고, 용두각龍頭刻의 함틀〔函支機〕과 옥동자는 세물전貰物廛에서 빌려왔고, 안부雁夫가 착용할 주사립朱紗笠과 패영수화貝纓水靴는 군문軍門에서 빌려왔고, 신부가 탈 금정교자金頂轎子는 빌려올 곳이 없어, 효경교孝經橋의 박생원朴生員 소유의 것을 세내었다.

　　기러기 놓고 절하는 의례 때는 틀리기 쉽고
　　말에 오를 때에는 떨어지기 쉬워라.
　　붉은 촛불 아래서는 더욱 조심할 것이리.
　　지금토록 공작병풍을 치고 밤을 보냈으랴.
　　부용장막 속의 이날이 분에 넘치누나.
　　세세히 살폈으되 끝내 못 보았으니
　　이들이 신선인가, 귀신인가, 꿈인가, 생시인가.

拜鴈時易蹉跌
跨馬時易墜隕
紅燭下更詳愼
生前孔雀屛間夜
分外芙蓉帳裏春
細細看終難認
是仙是鬼是夢是眞

아차, 정성껏 모신 한 가지 일을 하마터면 잊을 뻔하였구나. 본조本曹·본청本廳과 한성부漢城府 5부의 서리書吏·서원書員·사령使令·통대방通大房이 다 나아가 신랑의 차림새를 점검하였는데 초립은 작지 않았고, 가는 양대칠립涼臺漆笠과 은빛 모시 청도포와 흰 모시 중치막〔中赤莫〕[56]과 흰 모시 소창의小氅衣[57]와 생명주 한삼汗衫·한포단漢布緞 초록요대草綠腰帶와 두록대단豆綠大緞 두리낭자斗里囊子와 주황당사朱黃唐絲 접양유소결蝶樣流蘇結과 흰 모시 복곤자複褌子와 가는 무명의 속옷 홑 잠방이와 가는 백목白木 새 버선과 흰 모시 통행전筒行纏[58]과 초록당사 세조대細條帶와 단루망건單縷網巾[59] 붉은 대모관자玳瑁貫子[60]와 자줏빛 당팔사끈〔唐八絲緊兒〕과 청서피육분青黍皮六分과 무늬 없는 녹피당혜鹿皮唐鞋를 다 준비하니 무슨 쥐가죽과 같이 허술한 것이 있으며, 웃옷이 없는 따위 걱정이 있을까 보냐. 복사複紗 뿔오사모〔角烏紗帽〕와 접각袷角 자줏빛 사관대紗冠帶와 일품一品 질서각대秩犀角帶와 검은 녹피화鹿皮靴와 관대내공冠帶內供과 자줏빛 복창의複氅衣와 삼대승두청선三臺僧頭青扇을 극진히 마련하였도다.

집이 가난하매 옷도 저절로 가난터니
새 사람을 맞이하매 옷도 새롭도다.
본디 그는 풍신이 좋아
도포 입고 나서니 형용形容이 단정 선비다워라.
관대冠帶로 차리니 복색도 휘황 중신重臣 같구나.
그 풍채 한 마디로 다 말할 수 없으매
장인·장모 입이 함박같이 벌어져

깜박 잊었노라, 옷 거꾸로 입고 건을 떨구네.
家貧服自貧
人新衣亦新原
原來這 個風神俊
著道袍 形容端妙如先輩
被冠帶 服色輝煌似重臣
一口兒難盡說
宜丈人丈母口張似咸鮑
倒著墮巾

　　신랑 의복은 그만하고, 저 신부의 일습一襲 옷을 타점打點하세. 흰 모시 깨끼적삼과 경광주瓊光紬 쌍침요대雙針要帶와 흰 모시 네 폭 저고리와 가는 북포北布 붕어 속바지와 진홍빛 추사겹바지縐紗複褲子와 남방세주藍方細紬 홀치마와 푸른빛 모시 치마와 초록색·송화색松花色·보라색의 상의上衣 세 작勺, 갑사甲紗·숙초熟綃·광월사廣月紗 등과 자줏빛 삼회장三懷粧과 오합무죽이五合無竹伊·삼합무죽이三合無竹伊·가는 무명 버선·선질홍안금당혜線質紅眼錦唐鞋와 낭자계차娘子髻次 육진월자六鎭月子와 족두리簇頭里·은죽절銀竹節들이었도다. 속담에 『살아서 낯내기 한 번, 죽어서 낯내기 한 번』이라 하니 생전 처음 호사好事로다. 그밖의 어여미於餘未와 거두미去豆微와 붉은 장삼長衫, 금선수봉칠안군자金線繡鳳漆眼裙子와 진주선자眞珠扇子는 다 수모手母의 세물貰物이었다.

까마귀는 날개가 없으면 모양이 없고
부녀자는 복식服飾이 없으면 몸을 감지 못하네.
금수錦繡와 꽃가루가 철철 넘치누나.
처음 아노니, 초가 삼간三間에
홍라紅羅 아홉 폭 치마 있음을
마을 할머니들 탄복하여 묻거니
한편으로는 예사 팔자가 아니요
한편으로는 끝없는 천은인가 하여라.

烏無羽翼不得文
婦無服飾不掩身
終湏錦繡與花粉
可知白屋三問室
初有紅羅九幅裙
村嫗來休問
一則非常八字
一則無限天恩

　　신랑의 전안례奠雁禮 때와 신부의 신행 때에, 하임下任이 죄다 몇 쌍이었을까? 나조차비羅照差備 한 쌍, 향동자차비香童子差備 한 쌍, 부용향차비芙蓉香差備 한 쌍, 홍촉차비紅燭差備가 한 쌍이라. 납채 때 쓰던 것을 전안 때에 다시 썼도다. 신부례新婦禮 때의 하임 한 쌍은 남빛 치마에 자줏빛 저고리요, 경대하임鏡臺下任과 식지하임食飴下任 한 짝은 어린이 하임으로 삼회장三繪粧에 녹두빛 저고리와 붉은빛 치마요, 함하임函下任 한 쌍은 옥색회장玉色繪粧에 붉은 저고리와 남빛 치마요, 폐백하임幣帛下任 한 쌍과 몸종 한 쌍은 다 초록회장草綠繪粧에 붉은 저고리 남빛 치마요, 어린이 하임 한 쌍은 칠보 족두리와 초록당의草綠唐衣와 붉은빛 치마에 도토락댕기〔道土絡唐只〕요, 유모·수모·방지기 등이 입는 장옷과, 타는 말안장붙이들을 다 최상품으로 대령시켰도다. 또 신방에 들어가 점검하니, 채화화조침병綵畵花鳥寢屛과 꽃무늬의 자리등매〔花紋席登毎〕와 방사주방紗紬 초록양금草綠兩衾과 수화주진홍령자繡花紬眞紅領子와 토면주土綿紬 자줏빛 천의襟衣와 다홍빛 요와 원면쌍학 신랑 베개〔圓面雙鶴新郎枕〕와 방면구봉 신부 베개〔方面九鳳新婦枕〕와, 남녀 요강과 남녀 소첩梳貼, 넓고 가는 무명 다섯 자는 수건이요, 비누통·양치목養齒木에 검은 칠을 올린 쇄금혼서함灑金婚書函과 금전지모단보金剪紙毛緞褓와 분홍면주보와 내외보內外褓·일문보溢紋褓·자지포〔紫芝褒〕와 황칠룡황상黃漆龍樻床·왜주홍삼층경대倭朱紅三層鏡臺와 왜화룡기경대소입倭畵龍器鏡臺所入·악사라금갑경鄂斜羅金匣鏡과 놋대야·놋반상〔鍮飯床〕이니, 신방에 들여놓은 기물 또한 적지않았다.

베개가 놓이매, 처음이라 머리가 어리둥절
이부자리가 놓이매, 내 언제 무명바지 입었던고.
밥상이 들어오매, 푸새 먹던 그 전날 밥그릇이 부끄럽다.
모란병풍도 오늘이 처음이요
금갑경金匣鏡도 평생 처음이로다.
그대는 말하라, 여기가 요지瑤池의 나라인가
또는 우리가 그림 속의 신선인가를.
枕來初疑我腦門
被來猶疑我布褌
飯來又疑我西山碗
牧丹屛風豈非今日初相見
金匣鏡果是平生所未聞
君須認這應是瑤池世界
又或者畵裏神仙

  모든 일은 끝냄이 있어야 하는 것이니, 이 잔치 모임도 너무 분주할 수만도 없는 법이라. 봉상시奉常寺의 숙수熟手 몇 사람을 급히 불러다가 음식을 마련시켰도다. 증병蒸餠·인절미와 권모權母·백설기와 송편·난면卵麵·산면酸麵과 유밀과油密果·홍산자紅糤子·중백계中白桂와 다식茶食·양색요화兩色蓼花와 여러 가지 강정과 어만두魚饅頭·어채魚菜·구장狗醬·연계유軟雞濡와 어회魚膾·육회肉膾와 양지머리〔陽地頭〕·숙육熟肉과 전육화剪肉花·화약花葯·눌음이訥飲伊와 저육猪肉·백육白肉·잡탕雜湯과 탕평채蕩平菜·화채花菜·아가위·능금·유행柳杏·자두·생리生梨·황률黃栗·대추·참외·수박 이런 것들을 다 숙수熟手가 맡아 내놓되, 수팔련繡八蓮을 꽂지 않을 수 없었으니, 이야말로 사또 어른 밥상이라, 두꺼비가 받은 큰 상과 같았도다.

  평생을 마시고 먹었으되, 죽과 밥만을 알았거니
한 술 뜨기도 전에 배 먼저 부르누나.

신랑의 소매엔 황률이 반 되나 가득
수모手母가 합환주合歡酒 따른 통엔 술이 가득
다들 사양치 마시고 드십사.
이렇듯 큰 상은 다시 얻기 어려우이.

平生飮食只知粥與飯
未嘗一匙腹先滿
半升黃栗新郞袖
三酌紅絲手母樽
頓飯休遮攔
這大卓此生難再焉

어젯밤 봄비에
온갖 꽃이 터질 듯 피더니
인간세상을 흘러
강호산천에 다 찼도다.
군은君恩의 크기를 헤아리니
동해는 오히려 밭두렁인가 하여라.

前宵春雨中
百花齊得綻
流向人間
川澤皆充滿
量君恩大小
東海猶肴這畔

---

1) 〈世宗九年〉 정미년. 서기 1428년.
2) 원주에 「저자 주註로, 이 풍속은 고금古今이 같다」고 했다.
3) 원주에 「저자 주로, 이 풍속은 고금이 같다」고 했다.
4) 〈預婦〉 민며느리. 혼례 전에 나이 어린 며느리를 데려다가 기른 뒤 성년이 되어 혼례를 치름.
5) 이 「……」 안의 본문은 일본어 원문인데 우리말로 옮겨놓았다.
6) 〈贅壻〉 데릴사위를 두는 습관적 규구規矩.
7) 원주에 「경주는 관적貫籍이고, 거주지가 아님」이라고 했다.

8) 원주에 「평산은 관적이고, 거주지가 아님」이라고 했다.
9) 〈今上十五年辛亥〉 정조 15년. 서기 1791년.
10) 〈京兆五部〉 경조는 한성부漢城府의 별칭. 5部는 한성부의 동부·서부·중부·남부·북부의 다섯 행정구역.
11) 〈粧奩〉 화장 상자. 신부의 제구諸具.
12) 〈華閥〉 화족華族. 벼슬한 이가 많은 가문.
13) 〈庚帖〉 원주에 「사주의 별칭」이라 했다.
14) 〈綵弊〉 납폐納幣(혼인 때 신랑집에서 푸른 비단과 붉은 비단을 보냄)에 쓰는 채단.
15) 〈冠屨〉 머리에 쓰는 관과 발에 신는 신발붙이.
16) 〈釵環〉 비녀와 가락지 등 고리붙이.
17) 〈裳襦〉 치마와 저고리 등 옷가지.
18) 〈衾褥〉 이불과 요 등 이부자리.
19) 〈敦盂〉 쟁반과 바리 등 그릇붙이.
20) 〈盤匜〉 소반이나 대야 따위.
21) 〈酒醪〉 청주와 탁주.
22) 〈餠餌〉 밀가루로 만든 떡과 쌀가루로 만든 떡 따위.
23) 〈屛帳〉 병풍과 장막 따위.
24) 〈絞席〉 염포斂布로 쓸 베와 자리 따위.
25) 〈畵燭〉 그림과 초붙이.
26) 〈香孩〉 향개비.
27) 〈脂粉〉 연지와 분 따위 화장품.
28) 〈零碎之屬〉 자질구레한 여러 가지 물건.
29) 〈棃函〉 옻칠한 상자.
30) 〈照代〉 밝은 세상. 태평성세.
31) 〈二南之化〉 주공周公과 소공召公의 덕치德治.
32) 〈氷上背夢〉 독신생활을 일컬음.
33) 〈兩美〉 두 선남善男·선녀善女.
34) 〈嘉耦〉 좋은 배필.
35) 〈乘龍之喜〉 용과 같은 훌륭한 사위를 맞이하는 경사.
36) 〈周文之化〉 주문왕周文王의 덕치. 여기서는 그와 같은 어진 정사.
37) 〈朱陳之緣〉 양가혼인兩家婚姻. 서주徐州의 주진촌朱陳村은 주朱·진陳 양성만 살며, 대대로 혼인함을 이른 말.
38) 〈錢米布帛〉 돈·쌀·무명·비단.
39) 〈䥲帨釵環〉 화장구·수건·비녀·가락지나 고리붙이.
40) 〈塵刹之報〉 아무리 갚아도 다 못 갚을 큰 은혜. 진찰塵刹은 진수塵數로 무량수.
41) 〈民樂年豊〉 백성이 안락하고 농사가 잘 됨.
42) 〈仁壽之域〉 인덕仁德이 베풀어지며 장수하는 성세盛世 또는 그런 곳.
43) 〈修齊之治〉 수신제가修身齊家를 잘하게 하는 정사.

44) 〈烏帽〉 오사모烏紗帽. 본디 관복에 받쳐 쓰던 사로 만든 관모. 구식 혼례 때 신랑이 씀.
45) 〈麋靴〉 사모관대 할 때 신는 신발의 한 가지. 목이 길다.
46) 〈醮禮席〉 초례를 올리는 자리. 초례는 혼례의 한 절차로, 신랑·신부가 합환주를 석 잔씩 들음.
47) 〈靚粧〉 단장함. 화장化粧.
48) 〈翠翹〉 물총새의 깃. 또는 그 깃으로 만든 부인네의 목걸이. 비녀 따위.
49) 〈篢步搖〉 부녀자의 목걸이. 걸을 때마다 흔들리므로 이름.
50) 〈粧婆〉 혼례 때 신부를 돕는 수모手母.
51) 〈壽考福祿〉 장수長壽와 녹복祿福.
52) 〈至治之世〉 어진 정사가 잘 베풀어진 태평성세.
53) 〈祈天永命〉 국운國運이 오래 계속되고 번성하기를 하늘에 빎.
54) 〈四六騈儷文〉 한문 문체의 한 가지. 넉자(四字)와 여섯 자를 기본으로 하여 대구법對句法과 압운押韻을 많이 씀. 육조六朝시대와 당나라 때에 성하였다.
55) 〈月乃〉 여자의 머리숱을 많이 보이게 하기 위하여 더 넣는 딴머리채. 여기서는 말털을 일컫는다.
56) 〈중치막〉 웃옷의 한 가지. 소매가 넓고, 뒤가 한 가닥이고, 앞이 두 가닥이다.
57) 〈小氅衣〉 작은 창의. 창의는 소매가 넓고, 뒷솔기가 갈라진 웃옷. 본디는 관원이 평시에 입었다.
58) 〈筒行纏〉 바지를 입고 길을 갈 때 거뜬하게 무릎 아래에 매는 행전으로 아래에 귀가 없다.
59) 〈單縷網巾〉 한 층으로 된 망건.
60) 〈玳瑁貫子〉 대모구슬로 만든 관자. 관자는 망건의 한 부품附品으로 망건의 끈을 매는 고리. 금·옥·뿔들로 만듦.

朝鮮女俗考

● 第六章 혼인annotations재혼姻論財

尹 愹 | 挾籠採春 | 지본담채 | 27.6×21.2cm | 간송미술관

第七章 ● 조혼早婚 및 혼령婚齡

우리 조선 사람에게는 조혼의 폐단이 있다. 그 원인을 고구考究컨대, 첫째는 조부모 및 부모가 앓거나 늙어서 아들·딸·손자·손녀가 혼취하는 것을 보면 죽어도 여한이 없겠다고 바라는 때문이다. 세종 6년 갑진[1]에 12세 이하의 처자處子에 대하여는 혼가를 금하였으니, 조혼의 폐단은 국초國初부터 이미 있었다. 한편 종실宗室 자녀는 나이 열 살만 되면 의혼議婚하였었다. 이렇듯 왕가에서는 조혼을 행하면서도 백성에게만 조혼을 금하였으니, 이 법의 시행은 위에서부터 침범당한 것이다. 유형원柳馨遠의 《반계수록磻溪隨錄》에 조혼의 폐단을 『왕실 자녀들의 혼취가 너무 빠른 데서 말미암았다』고 하였다. 여기에서도 이같이 절언切言하였으니, 이로써도 증험證驗되는 바이다.

《이조실록李朝實錄》세종 6년에 『12세 이하의 처녀에 대하여 혼취를 금하니라』고 했다. 세종 22년 경신[2] 봄 2월 경술에 의정부議政府가 예조를 시켜 올리게 한 계啓에 이르기를 『삼가 가례를 상고하오매, 남자는 16세부터 30세, 여자는 14세부터 20세에 이르러 성혼함이 가하다 하였사오니, 이것은 주문공朱文公이 고금古今의 도를 참조하고 예의전서禮儀全書를 참작하여, 천지의 이치에 따라 사람의 성정性情에 맞게 지은 예禮이오매, 올해 3월 초팔일 이후로는, 한가지로 주문공가례朱文公家禮에 따라 남자 16세 이상, 여자 14세 이상이라야 혼가를 허락하고 그 부모가 50세가 넘어 아들딸들의 혼가를 청원할 경우 명나라의 데릴사위의 예에 따라 남녀 12세 이상되는 자에만 한하여 관에 고하고 성혼토록 하겠나이다, 하니 이에 따르니라』고 했다.

이에 대하여 이능화는 다음과 같이 주장한다.

예서預婿는 사위를 미리 데려다 기름을 이른다. 소위〈데릴사위〉이다. 대개 우리나라의 옛 풍습으로는, 남자가 부가婦家에 장가가서 아내를 본가로 데려오는 것으로 되어 있으나, 데릴사위의 경우는 부가婦家가 어린 사윗감을 미리 데려다가 한집에 살면서 기른 다음 자란 뒤에 성혼시켰고, 예부預婦의 경우는 부가夫家가 미리 어린 며느릿감을 데려와 기르다가 장성한 뒤에 성혼시켰으니, 이는 상가常家에만 있는 일이요, 반가班家에는 전혀 없는 일이었다.

《대전회통大典會通》〈혼가婚嫁〉조에 『남자 15세, 여자 14세면 바로 혼가를 허한다.³⁾ 만약 양가 부모 중 한 사람에게 질병이 있거나, 또는 50세가 찼을 경우에는 관에 고하여 혼가한다』고 했다.

왕실 자녀의 경우는, 그 연령과 정혼한 가주의 직성명職姓名을 종부시宗簿寺에 알리면, 종부시가 사실 여부를 검檢한 다음에 임금께 아뢴다. 연산군燕山君 무오⁴⁾에 정부 6조에 명하여 개가금지改嫁禁止의 당부當否를 의논케 하니, 홍귀달洪貴達·조익정趙益貞이 논하여 이르기를『옛사람은 20세 또는 23세에 혼가하였지만 오늘의 사족가士族家에서는 그 딸을 10세 이전에는 다 혼가시키나이다』하였다.

유형원柳馨遠의《반계수록磻溪隨錄》에『무릇 남녀의 혼취연세婚娶年歲는 반드시 예제禮制에 따라야 하고 조혼을 금하여야 한다. 고례古禮에서는 남자는 30세에 장가가고, 여자는 20세에 시집가도록 되어 있다. 후현後賢이 이 고례古禮를 참작하여 남자는 16세 때부터 30세 사이에, 여자는 14세부터 20세 사이에 혼인하도록 하였으니, 참으로 사람의 성정性情을 잘 참작하였다. 지금 왕실 자녀의 혼취가 너무 빠른데도 종가宗家가 다 이를 본뜸으로써 하나의 습속을 이루어 교화教化를 손상시키며 조혼의 본보기가 되어 있으므로, 먼저 나라에서 한가지로 예를 따라 행하여 아래의 잘못된 조혼을 금하시기 바라나이다』라고 했다.

《이조실록》중종 11년 을미⁵⁾조에, 어조御朝에서 강講하되 집의執義 성세창成世昌이 이르기를『남자는 20에 관冠하고 30에 장가들며, 여자는 15세에 계筓하고 20세에 시집가니, 이것이 옛예이거늘 지금 나이 겨우 13세 된 이에게 부모된 이가 관을 씌워서 혼가의 예를 두루 행하니, 이것은 옛예의 가르침이 아니오니다』하였다고 했다.

《속대전續大典》〈혼가〉조에는『무릇 혼기를 넘긴 자에 대하여는 한성부漢城府와 각도에 엄히 영을 내리어서 그 매우 심한 자를 찾아내어, 호조 및 영읍營邑으로 하여금 성혼을 돕게 한다』고 했다.

《전율통보典律通補》〈혼가〉조에『사족의 딸로서 30세가 가깝되, 가난으로 혼가하지 못한 자는 본조本曹에서 계啓를 올림으로써 재가를 얻어 양급자재量給資財하라.』혼기가 지난 미혼자는 2년마다 연초에 품지稟旨하라.『사족의 딸로서 문호부지門戶不至의 궁핍으로 나이 30이 지나도록 아직 혼가하지 못한 자에 대하여는 그 가장을 중히 논죄論罪하라』

고 했다.

---

1) 〈世宗六年甲辰〉 서기 1424년.
2) 〈世宗二十二年庚申〉 서기 1440년.
3) 원주에 「자녀가 만 14세면 의혼議婚을 허함」이라고 했다.
4) 〈燕山君戊年〉 연산군 4년. 서기 1498년.
5) 〈中宗十一年乙未〉 중종 11년은 병자년으로 서기 1516년임. 중종대의 을미년은 중종 30년 서기 1535년임.

第八章◉인민혼취人民婚娶의 계급관념

이능화는 다음과 같이 주장한다.

우리나라 사람이 혼취에 계급관념을 가지게 된 일은 매우 오래이니 신라 왕족으로부터 비롯되었다. 곧 《당서唐書》에 『신라 왕족을 진골眞骨이라 하여 제1골로 삼고, 귀족은 제2골로 친다. 왕후이 다 형제·여고女姑·이종姨從·자매를 아내로 삼으니 처족도 다 제1골이다. 제2골은 아내로 삼지 않았다. 아내로 취하더라도 항상 첩으로 삼았다』운운하고 있다.

다음은 《고려사》에 『충선왕대忠宣王代[1]에 벌열거족閥閱巨族[2]을 지정하여, 왕실 및 종친과 혼가하는 규제를 두었다』고 했으니, 그 글은 다음과 같다.

충선왕 즉위 초에 교를 내리어 이르되, 이제부터 종친은 반드시 역대 재상의 딸을 취하고, 재상의 아들은 왕지王旨를 물어 종실의 딸을 취하되, 만약 가세가 비미卑微하면 이에 따르지 않는다. 신라 왕손 김혼金琿 일가는 순경태후順敬太后 숙백叔伯의 종宗이요, 언양김씨彦陽金氏 일종一宗·정안임태후定安任太后일종·경원이태후慶源李太后·안산김태후安山金太后·철원최씨鐵原崔氏·해주최씨海州崔氏·공암허씨孔巖許氏·평강채씨平康蔡氏·청주이씨淸州李氏·당성홍씨唐城洪氏·황려민씨黃驪閔氏·횡천조씨橫川趙氏·파평윤씨坡平尹氏·평양조씨平壤趙氏 들은 다 역대 공신功臣·재상재상宰相의 종宗이라, 대대를 두고 혼구婚媾할 수 있으니 종녀宗女를 시집보내며, 그들의 딸들을 종비宗妃로 삼으면 좋다. 문무 양반집은 동성혼취同姓婚娶할 수 없고, 외가사촌外家四寸도 또한 구혼할 수 없다.

이조에 내려와서는 혼취할 때의 계급관념이 더 심하여져 왕가의 혼인은 말할 바 없고, 여느 사민士民에 이르러서도 같은 계급이 아니면 서로 혼인하지 아니하였다. 적서간嫡庶間에 혼인하지 아니하며, 반상간班常間에 혼인하지 아니하며, 가령 갑급이 을급과 혼인하면 낙혼이라 일컬었고, 을급이 갑급과 혼인하면 곧 앙혼仰婚이라고 일컬었다. 그래서 무릇 혼가매작婚嫁媒妁에 항용恒用되는 말에 『양가가 지체나 덕을 갖췄으면 더불어 혼인할 만하다』고 하였다. 영조英祖 때에 명사 이중환 李重煥이 있었다. 호는 청화산인靑華山人이다.《택리지》를 짓고, 그 총론에서 사회의 계급관념 상태를 극론極論하였는데 그 글은 다음과 같다.

우리나라는 이미 중국에 딸리어 성을 받는 국가는 아니다. 곧 중국 밖에 처한 동국민東國民이다. 기자의 후손으로 선우씨鮮于氏가 있기는 하나, 고구려에서는 고씨高氏가, 신라에서는 박朴·석昔·김金의 세 성이, 가락국에는 김金씨가 각각 왕王이 되어 스스로 성을 정하고 귀종貴種을 자처하였다. 신라 말부터 중국과 통하여 비로소 성씨 제도를 두었으나, 사환사족仕宦士族에게만 성을 주었으니, 여느 민간서중民間庶衆에게는 성이 없었다. 고려에 넘어와서 삼한三韓이 하나가 됨에 따라 비로소 중국 씨족을 본떠 널리 펴게 되자, 사람마다 다 성을 지니게 되었다. 그리하여 성씨 제도가 널리 퍼지기 전의 여러 파족들이 성씨 제도의 시행과 함께 같은 본관을 취하여 동성이 되더니, 그 결과 본관만 다르면 비록 성은 같더라도 한 파족派族으로 치지 않았다. 그러므로 고려의 성씨 제도가 그리 존귀한 것이 못 된다. 서로 혼인하려면 참으로 조상이 같지 않아야 하는 법이다. 오늘의 사대부가 이 법을 지키려 하지만 서로 얽혀 있으므로 미혹되어 있는 바이다. 우리 왕조가 나라를 열매 명분으로써 나라를 세웠으나, 오늘에 이르러 사대부들의 명분이 매우 속되어졌으니, 이는 사람을 씀에 오직 문벌만을 본 때문이다. 곧 신분과 층계를 너무 심하게 따지어, 종실과 사대부만이 조정의 벼슬을 하는 진신지가搢紳之家[3]요, 하사대부下士大夫는 향곡鄕曲의 벼슬인 중정中正이나 공조功曹나 하는 유요, 그 아래 사서士庶들은 군관軍官·교역관校譯官·산원算員·의관醫官 그 밖의 방외한산인方外閑散人이요, 그 밑은 이서吏胥·군호軍戶·일반 백성이요, 그 밑은 공사노비公私奴婢이다. 노비와 경외京外의 이서吏胥들은 하인층下人層이고, 서얼庶孼과 잡색인雜色人은 중인층中人層이며, 품관品官과 사대부는 소위 양반이다. 그러나 품관도 한 계층이요, 사대부도 한 계층이며, 사대부 중에도 또 대가·명가가 있어 명목이 많아 터놓고 교유하지 아니하였다. 그 구애와 제한이 이러하였으니, 성쇠존망이 없을 수 없었다. 그러므로 사대부라도 야가 되면 평민이 되고, 평민이라도 차츰 올라가 사대부가 되기도 하였으니, 선우씨가 평양의 품관品官이었지만 오늘에 와서는 사대부가가 아니며, 고구려의 고씨高氏와 신라의 석씨昔氏는 그 성종姓種이 없어졌고, 다만 신라의 박씨·김씨와 가락의 김씨만이 왕이 된 뒤 지금까지 귀현번성貴顯繁盛[4]하고 있다. 본디 이 두 성은 우리나라의 갑족甲族으로 중국 사람도 많이 이 성에 들어왔다. 곧 기자와 위만에 따라온 이가 있는가 하면, 원나라에서 고려의 왕비로 오는 등, 고려와 원나라는 한나라처럼 생각하여서 백성들이 왕래하며 옮겨 살았다. 곧 중국에서 유락流落하여 와 현가顯家가 된 족성에, 온양 맹씨孟氏·연안 이씨李氏·여주 이씨·남양 홍씨洪氏·원주 원씨元氏·해주 오씨吳氏·의령 남씨南氏·거창 신씨愼氏·창원 황씨黃氏가 있고, 이밖에도 고려의 족성 아닌 족성미상자族姓未詳者에도 현저한 자가 적지 않았다. 이런 모든 성씨는 다 고려 때 받은 성들이다. 그러므로 금세의 사대부들에 대하여 그 족보의 기원으로 계고稽考하면 그 시조가 이 성씨 속에 많다. 무릇 어떤 제도이건 오래되면 바꾸기 어려우니, 고려로부터 금세今世 8백여 년에 비천존귀卑賤尊貴간에까지 여러 대를 두고 전습傳習되는 동안 그 덕행공업德行功業이 역사에 빛나 문헌文獻에도 실렸으니, 이 어찌 중국의 육조六朝·당唐 이래 대성大姓인 최崔·노盧·왕王·사謝씨들의 후손만 못하리요. 우리 왕조[朝鮮]는 고려에 비하여 더욱 문명하여, 옛날 세종대왕은 성인의 자질로써 임금의 자리에 계시면서 일세의 예禮와 명교名敎를 묶어 법문으로 나타내었으니, 이에 사대부가 다 받드는 글월이 되었고, 집집마다 지키는 도덕이 되어 문채文彩가 빈빈彬彬하였다. 이로써 재학才學의 야함과 비루함에서 또 얼마쯤 잘못된 혼취풍속婚娶風俗에서 벗어날 수 있었다.

**사색당파四色黨派 불상혼취不相婚娶**

양반계급 중에 또 4색당파[5]가 있으니 각각 그 당파와만 서로 혼인하였다. 만약 다른 당파이면 통혼하지 아니하였으니[6] 정조正祖 때의 사람 남하정南夏正이 지은 《동소만록桐巢漫錄》에, 당인黨人을 약론略論하고, 서로 통혼하지 아니하는 일에 대하여 『당론이 있어 온 이래로 오인午人(南人)과 유인酉人(西人)은 구원仇怨이 대대로 깊어 혼로婚路를 끊고 서로 통하지 아니한다』라고 하였다.

요즈음 혹 당견黨見을 깨뜨리고 서로 통혼하는 일이 있으나 십중팔구는 아직도 옛습속을 지켜 초나라와 월나라 사이처럼 여기니, 진秦나라와 진晉나라처럼 사이가 좋게 되기는 어렵다.

1) 〈忠宣王代〉 고려 제26대 왕 때. 서기 1298년 및 1308~1313년 재위.
2) 〈閥閱巨族〉 나라에 공을 세운 큰 문벌. 벌열閥閱은 나라에 세운 공적을 적은 패를 문에 달아놓음을 이른다. 이 경우 문의 오른쪽 기둥을 벌閥, 왼쪽 기둥을 열閱이라고 하였다.
3) 〈搢紳之家〉 벼슬하는 집안. 진신搢紳은 홀忽을 띠에 꽂음을 이르는 말이다.
4) 〈貴顯繁盛〉 귀하게 됨과 번성함.
5) 원주에 「동인東人—소론小論, 남인南人—오인午人, 서인西人—유인酉人—노론老論, 북인北人—소북小北을 사색四色이라고 한다」고 했다.
6) 원주에 「혹 남인과 북인은 서로 통혼하였다」고 했다.

# 朝鮮女俗考

● 第八章 인민혼취人民婚娶의 계급관념

劉運弘─妓女─지본채색─23´9×36´2cm─서울 개인장

第九章 ● 혼인구기婚姻拘忌

## 1 남녀복명男女卜命

우리나라 습속에 딸을 출가시키고자 할 때, 먼저 운명을 점쳐 보는 풍습이 있다. 이는 고려조부터 전하여진 것이다. 조선시대 초에 이 풍속이 성행하여 관신가官紳家에 그 예가 더 많았으니 다음과 같다.

《연려실기술燃藜室記述》에 『세종조世宗朝 때 남지南智는 벼슬이 좌의정에 이르렀으며, 시호는 충간忠簡이었다. 안평대군安平大君이 공과 더불어 혼인을 상의하였더니, 공이 이르기를「아무에게 여식이 있사온데, 용모가 추하여 며느리 되기에는 마땅치 못하오니 시열視閱하시기 바라옵니다」했다. 안평대군이 이르기를「아내를 맞되 손수 택하는 일은 궁중에서 금지된 일인지라, 내가 감히 사사로이 할 수 없는 일이거늘, 상공相公은 어찌 그런 말씀을 하오. 아내의 곱고 밉고는 내가 개의할 바가 아니오」하였다. 이에 공이「매파를 시키어 저의 딸을 한 번 보게 하여 주시면 후회 없을까 하나이다」하였다. 그러나 안평대군은 듣지 아니하였다. 공은 다시 공손히 대답하고 나서 술이 거나해지자 이르기를「한 가지 일에 두 번 말이 되오나, 하양河陽에 소경 김학로金鶴老가 있는데 점을 잘 칩니다. 그가 나에게 경계를 주되, 다 영험이 있었습니다. 김학로가 말하되 군의 두 따님 명수命數가 다 해로偕老하기 어렵다고 하더니, 장녀는 임영군臨瀛君께 시집갔으나, 지금 수과守寡하고 있습니다. 그리고 그 아우가 있습니다」하였다. 안평대군이 웃으며「상공相公은 어찌 무복巫卜들의 말을 믿으시오. 대인은 요설妖說을 뿌리친다던데 그렇지가 않구료」하매 공이 바로 응낙하였다. 한족寒族이 옥파玉派와 연혼連婚하게 된 것을 다행하게 생각하면서도, 한편으로는 박명한 여자가 되어 낯을 들지 못하지나 않을까, 뒷말이나 없을까 하고 두려워하였다. 그러나 대군의 뜻이 이미 확고하므로 감히 마다할 수가 없었다. 이 해 안평대군의 아들 우직友直이 공의 딸을 아내로 맞았다. 그 이듬해 임신[1]에 공은 풍질風疾을 얻어 뜻하지 않게 벙어리가 되더니, 그 이듬해 계유[2]에는 안평대군이 역적으로 몰리었다. 그러나 공은 벙어리가 되어 있었으므로 이 일로 체포되지는 아니하였다.』

(《유문쇄록諛聞瑣錄》〈임영대군이무자臨瀛大君以無子〉조에도 보인다.)

　동서同書 예종조 남이지옥叡宗朝南怡之獄[3]조에 이르기를 『권람權擥에게 딸이 있어, 사위를 택하는 데 이이李怡가 이에 응하니, 남擥이 복자卜者에게 점치게 하였다. 복자가 이르기를 「이 사람은 반드시 요절할 것이니 안 되오」 하매 딸에 대하여도 운명을 점치게 하니, 복자가 이르기를 「그 명이 매우 짧고, 또 자식은 없겠으나 두 사람이 혼인하면 마땅히 복을 누릴 것이며 화도 입지 않을 것이리다」 하였다. 남이 이 말에 따라 이이李怡를 사위로 삼았다. 이이李怡는 열일곱 살 때 무과에 장원급제하여 임금의 지극한 총우寵遇를 받아 스물여덟 살에 병조판서로서 죽임을 당하고, 아내는 이미 몇 년 전에 죽었었다. 남이南怡가 일찍이 시를 지었으니 다음과 같다.

　　　백두산에 칼을 가니 그 바위 다 닳았고
　　　두만강에 말 먹이니, 그 물 말라라.
　　　사나이 스무 살에 나라를 못 다스리면
　　　뒷날, 뉘라서 대장부라 이르리요.
　　　白頭山石磨刀盡　　豆滿江流飮馬無
　　　男兒二十未平國　　後世誰稱大丈夫

## 2 남녀궁합男女宮合

　우리나라 남녀 혼가의 풍속에, 궁합이 맞는지의 여부를 꼭 보아, 맞으면 백년해로하고, 맞지 않으면 생이별하거나 사별할까 두려워하니, 궁宮이란 무엇인가. 곧 명궁命宮이다. 궁합이란 남녀의 명궁이 서로 맞아 하나도 흉살凶煞이나 상충相衝과 상극이 없음을 이른다. 그런데 술가術家에 의하면 구궁법九宮法[4]으로 궁합을 보니 요령은 다음과 같다.

　　　天機大要 本宮變卦起例
　　　생기生氣[5]　　천의天醫[6]　　복덕福德[7]

절체絶體[8]　　유혼游魂[9]　　귀혼歸魂[10]
화해禍害[11]　절명絶命[12]

일상생기一上生氣[13]──초변상효初變上爻는 생기대길生氣大吉이 됨.
이중천의二中天醫[14]──이변중효二變中爻는 천의天醫(天宜)가 됨.
삼하절체三下絶體[15]──삼변하효三變下爻는 절체絶體가 됨.
사중유혼四中游魂[16]──사변중효四變中爻는 유혼游魂이 됨.
오상화해五上禍害[17]──오변상효五變上爻는 화해禍害가 됨.
육중복덕六中福德[18]──육변중효六變中爻는 복덕福德이 됨.
칠하절명七下絶命[19]──칠변하효七變下爻는 절명絶命이 됨.
팔중귀혼八中歸魂[20]──팔변중효八變中爻는 본궁本宮에 돌아가 귀혼歸魂이 됨.
본궁本宮[21]──생기生氣·천의天醫·절체絶體·유혼游魂·화해禍害·복덕福德·절명絶命·귀혼歸魂.

### 男女九宮 宮合

상원갑자上元甲子[22]──남자는 구궁도九宮圖[23]의 칠궁七宮[24]으로부터 역행으로 세며, 여자는 오궁五宮[25]으로부터 순행으로 센다.

중원갑자中元甲子[26]──남자는 구궁도의 일궁一宮[27]으로부터 역행으로 세고, 여자는 이궁二宮[28]으로부터 순행으로 센다.

하원갑자下元甲子[29]──남자는 구궁도의 사궁四宮[30]으로부터 역행으로 세고, 여자는 팔궁八宮[31]으로부터 순행으로 센다.

만약, 중원갑자에 드는 술신생남戌申生男의 경우, 구궁도상九宮圖上에 곤궁이위坤宮二位[32]에 이르므로, 생기生氣는 간艮이 되며, 병오생녀丙午生女는 구궁도상에 간궁팔위艮宮八位[33]에 이르므로 생기는 곤坤이 된다. 이렇게 보아서 남녀의 궁합이 〈생기生氣〉가 되면 대길이요 〈복덕福德〉이 되어도 대길이다. 천의天醫가 되면 소길小吉이요, 본궁本宮이 되면 평상平常이요, 〈절체絶體〉나 〈유혼游魂〉이 되면 〈무화해無禍害〉요, 〈절명絶命〉이 되면 흉凶이다. 나머지도 이렇게 본다.

## 3 합혼폐개법合婚閉開法

대개大開──부부화夫婦和
반개半開──부부불화夫婦不和
폐개閉開──부부상리夫婦相離

자子·오午 　┌ 大開─14·17·20·23·26·29
묘卯·유酉 　┤ 半開─15·18·21·24·27·30
출생녀出生女 └ 閉開─16·19·22·25·28·31

인寅·신申 　┌ 大開─13·16·19·22·25·28
사巳·해亥 　┤ 半開─14·17·20·23·26·29
출생녀出生女 └ 閉開─15·18·21·24·27·30

진辰·술戌 　┌ 大開─12·15·18·21·24·27
축丑·미未 　┤ 半開─13·16·19·22·25·28
출생녀出生女 └ 閉開─14·17·20·23·26·29

(이 합혼폐개법合婚閉開法[34]은 한漢 때부터 모진 흉노가 구혼해 와 마다할 수 없더니, 이 폐단이 당나라 때까지도 계속되었으므로, 여재공呂才公이 이 법을 만들어 썼다. 이 폐개년법閉開年法을 만들어 천자에게 바치고, 천하에 반포하여 외국의 구혼을 거절하였다는 설이 전하나, 이것은 거짓이 확실하다.) ── 이상 《천기대요天機大要》

## 4　남녀원진구기男女元辰拘忌

우리 혼가 풍속에 원진元辰[35]을 꺼리니, 원진은 곧 성상星相의 흉살凶煞을 일컫는다. 그 법은 남녀 생년生年의 간지干支를 맞추어 궁합을 본다. 곧 자子(쥐띠)와 미未(염소띠), 인寅(범띠)과 유酉(닭띠), 진辰(용띠)과 해亥(돼지띠), 축丑(소띠)과 오午(말띠), 묘卯(토끼띠)와 신申(잔나비띠), 사巳(뱀띠)와 술戌(개띠)은 서로 원진이 된다. 이 살煞에 걸린 이들이 서로 혼인하면, 부부지간이 평생 불화하여 생이별하거나 사별한다고 한다. 이에 대한 결訣이 있으니 다음과 같다.

서기양두각鼠忌羊頭角――쥐는 염소 머리의 뿔을 꺼린다.
우진마불경牛嗔馬不耕――소는 말이 밭갈지 않음을 노여워한다.
호혐계취단虎嫌鷄嘴短――범은 닭의 부리가 짧음을 미워한다.
토한후불평兎恨猴不平――토끼는 잔나비 같지 않음을 한한다.
용증저면흑龍憎猪面黑――용은 돼지의 낯이 검음을 미워한다.
사경견폐성蛇驚犬吠聲――뱀은 개짖는 소리에 놀란다.

　대개 진嗔(성낼 진)자·혐嫌(혐의할 혐)자·한恨(한할 한)자·증憎(미워할 증)자·경驚(놀랄 경)자는 다 둘 사이의 원진을 형용하였다. 곧 원진살격怨嗔煞格의 글자이다. 그러므로 혼약하고자 할 때면 먼저 생년월일시의 간지干支를 물으니, 이것이 소위 팔자이다. 이로써 원진을 면하였는가의 여부를 점쳐 보며, 무녀를 들이어 신사神事를 취하여 살煞을 누르고 길을 맞으려 하였다. 부부간에 소위 악살惡煞이 있어 생이별하고, 사별하는 괴로움을 입었다는 예화例話가 있다.
　《호산외기壺山外記》에 이르기를 『열부烈婦 박씨朴氏는 지아비가 엄재희嚴載禧이니, 그는 만향재晚香齋 엄한붕嚴漢朋의 증손이었다. 재희가 일찍이 앓아 누웠으므로 간호하기를 조금도 게을리 하지 않았다. 시어머니가 술가에게 명수를 점쳐 보았더니, 며느리에게 악살惡煞이 있어 그 갚음이 지아비에게로 돌아왔다고 하며, 그 며느리가 죽어야 지아비가 산다고 하였다. 며느리의 친정어머니가 이 말을 듣고 이를 꺼리어 다른 점쟁이한테 물었으나 역시 같은 말이었다. 며느리가 친정어머니에게 이르기를 「나는 죽을 수 있겠으나, 지아비가 꼭 나을 수 있겠는지 알 수 없습니다」 하였다. 이에 어머니가 딸을 위로하며 이르기를 「네가 죽어 지아비가 꼭 살아난다면 너 죽는 것을 허락하겠다마는, 꼭 그렇다고 할 수 없구나. 항차 방술方術이란 망탄妄誕된 것이니, 어찌 그럴 수 있겠느냐」고 하였다. 지아비의 병이 날로 위독해지매 며느리가 밤낮으로 더욱 힘쓰므로, 시부모가 그 노고로 병이 날까 두려워 친정에 가 쉬기를 허락하였다. 친정에 돌아온 날 저녁 슬퍼하는 기색도 없이 웃으며 이야기하였고, 잘 때가 되니 어머니에게 이르기를 「어머님 품을 떠난 지 몇 해가 되었습니까」하며, 옷을 벗고 어머니 자리에 들어가 가슴을 만지며 어린애 모양으로 젖을 빨며 하더니, 한밤중에 옷을 끌어당기며 일어났다. 어머니가 이르기를 「왜 이러느냐?」하매 「뒷간에 갑니다」하였다. 어머니가 잠에서 깨어 촛불을 켜고 뒤쫓아 가니, 동묘東廟 아래께에 누워 있었다. 이미 형신形神이 나가 있었고, 보시기 그릇이 옆에 있었다. 아직 턱찌끼가 흘러내리는데 새파란 것이 질척하였다. 그때 나이 열일곱이니 가경嘉慶 임신년[36] 7월이었다. 인하여 지아비의 병은 나았다. 지금 아들의 나이가 마흔여덟이 되었으나, 시아버지의 마음에 아직도 며느리의 생각이 남아 있어 이렇게 나한테 이야기하였다』고 한다.

## 5 오행상극구기五行相克拘忌

우리나라 남녀의혼男女議婚의 풍속에 먼저 사주팔자四柱八字를 묻는다. 이것은 사주를 5행으로 보아 상극살相克煞을 서로 피하고자 함이나, 대개 매파媒婆나 점쟁이들 사이에 내려오는 관언慣言으로서 사람을 미혹케 하는 수단이다. 곧 남자가 혹 갑자생甲子生·을축생乙丑生이요, 여자가 혹 무진생戊辰生·기사생己巳生일 경우『갑자甲子·을축乙丑은 해중금海中金이요』『무진戊辰·기사己巳는 대림목大林木이라』하여, 이에 따라 남금南金, 여목女木으로 친 다음, 금金은 목木을 이기므로 남자가 아내를 눌러 이기는 평생불화지상平生不和之象으로 쳐서 이런 혼인을 불길로 돌렸다. 열의 의혼議婚에 아홉이 불합하는 것은 이 때문이다. 이것은 사소한 일이되 가정과 사회에 상당한 연관을 가지고 있으니 그 결과가 어떠하랴? 다음에 육십갑자六十甲子에 대한 납음오행納音五行[37]을 들어 혼속婚俗에 있는 구기사拘忌事를 살펴보겠다.

**六十花甲子**[38]

| | | | |
|---|---|---|---|
| 甲子 | 해중금海中金 | 丙寅 | 노중화爐中火 |
| 乙丑 | | 丁卯 | |

## 第九章 혼인구기婚姻拘忌

| | | | | |
|---|---|---|---|---|
| 戊辰<br>己巳 | 대림목大林木 | | 庚午<br>辛未 | 노방토路傍土 |
| 壬申<br>癸酉 | 검봉금劍鋒金 | | 甲戌<br>乙亥 | 산두화山頭火 |
| 丙子<br>丁丑 | 간하수澗下水 | | 戊寅<br>己卯 | 성두토城頭土 |
| 庚辰<br>辛巳 | 백랍금白蠟金 | | 壬午<br>癸未 | 양류목楊柳木 |
| 甲申<br>乙酉 | 천중수泉中水 | | 丙戌<br>丁亥 | 옥상토屋上土 |
| 戊子<br>己丑 | 벽력화霹靂火 | | 庚寅<br>辛卯 | 송백목松栢木 |
| 壬辰<br>癸巳 | 장류수長流水 | | 甲午<br>乙未 | 사중금沙中金 |
| 丙申<br>丁酉 | 산하화山下火 | | 戊戌<br>己亥 | 평지수平地水 |
| 庚子<br>辛丑 | 벽상토壁上土 | | 壬寅<br>癸卯 | 금박금金箔金 |
| 甲辰<br>乙巳 | 복등화覆燈火 | | 丙午<br>丁未 | 천하수天河水 |
| 戊申<br>己酉 | 대역토大驛土 | | 庚戌<br>辛亥 | 차천금釵釧金 |
| 壬子<br>癸丑 | 상자목桑柘木 | | 甲寅<br>乙卯 | 대계수大溪水 |
| 丙辰<br>丁巳 | 사중토沙中土 | | 戊午<br>己未 | 천상화天上火 |
| 庚申<br>辛酉 | 석류목石榴木 | | 壬戌<br>癸亥 | 대해수大海水 |

## 6 주당살구기廚堂煞拘忌

이능화는 다음과 같이 말한다.

역서曆書 끝 면면에 가취주당도嫁娶廚堂圖가 있으니, 이것은 대개 혼사에 참고로 쓰인다. 신랑의 합근례合巹禮 때나 전안 때에 소위 주당살廚堂煞을 꺼리어 당堂 안의 사람들이 일제히 당에서 내려와 피한다. 만일 피하지 아니하면 곧 거꾸러져 죽는다고 하니 이것이 소위 주당살이다.

가취주당도嫁娶廚堂圖는 다음과 같다.

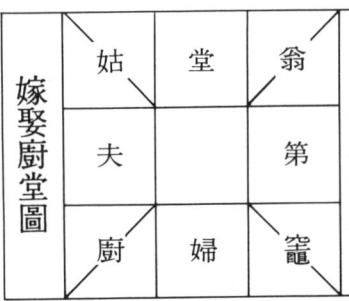

무릇 시집갈 날이 든 달이 크면, 夫로부터 순수順數로 세고, 작은 달이면 婦로부터 역수逆數로 세어[39] 第·堂·廚·竈에 닿는 날을 택일擇日할 일이다. 만일 翁·姑에 닿을 경우, 시부모가 없는 자이면 가하다.

---

1) 〈壬申〉 문종文宗 2년. 서기 1452년.
2) 〈癸酉〉 문종 3년. 서기 1453년.
3) 〈睿宗朝南怡之獄〉 남이南怡의 옥사獄事 예종睿宗이 즉위한 해(서기 1468) 유자광柳子光 일파가 예종의 뜻을 받들어 일을 꾸미어 남이를 죽인 사건.
4) 〈九宮法〉 역易의 근본이 되는 낙서洛書에 응한 일백一白·이흑二黑·삼벽三碧·사록四綠·오황五黃·육백六白·칠적七赤·팔백八白·구자九紫의 아홉 별의 운행과 중궁中宮·건乾·감坎·간艮·진震·손巽·이離·곤坤·태兌의 후천팔괘後天八卦와, 휴休·사死·상傷·두杜·개開·경驚·생生·경景의 팔문八門을 배합하여, 사람의 명수命數를 점치는 술법術法.
5) 6) 7) 곧 生氣·天醫·福德은 大吉卦.
8) 9) 10) 곧 絶體·游魂·歸魂은 平吉卦.
11) 12) 곧 福害·絶命은 凶卦.
13) 〈一上生氣〉 남녀본명생기법男女本命生氣法의 팔괘八卦 중 첫째. 식지食指·중지中指·무명지無名指로 짚어갈 때 첫째번 식지에 붙는 대길괘大吉卦.
14) 〈二中天醫〉 남녀본명생기법의 팔괘 중 둘째. 행술상行術上 식지·중지·무

명지로 짚어갈 때 중지에 붙는 대길괘.
15) 〈三下絶體〉 남녀본명생기법의 팔괘 중 셋째. 행술상 식지·중지·무명지로 짚어갈 때 무명지에 붙는 평길괘平吉卦.
16) 〈四中游魂〉 남녀 본명생기법의 팔괘 중 넷째. 행술상 식지·중지·무명지로 짚어갈 때 중지에 붙는 평길괘.
17) 〈五上禍害〉 남녀본명생기법의 팔괘 중 다섯번째. 행술상 식지·중지·무명지로 짚어갈 때 식지에 붙는 흉괘凶卦.
18) 〈六中福德〉 남녀본명생기법의 팔괘 중 여섯번째. 행술상 식지·중지·무명지로 짚어갈 때 중지에 붙는 대길괘.
19) 〈七下絶命〉 남녀본명생기법의 팔괘 중 일곱번째. 행술상 식지·중지·무명지로 짚어갈 때 무명지에 붙는 흉괘.
20) 〈八中歸魂〉 남녀본명생기법의 팔괘 중 여덟번째. 행술상 식지·중지·무명지로 짚어갈 때 중지에 붙는 평길괘.
21) 〈本宮〉 행술상 본명(本年·生命이 干支)을 팔괘에 따라 짚어가 닿는 괘를 일컬음. 또는 구궁도상의 중심이 되는 오궁五宮.
22) 〈上元甲子〉 행술가行術家들 사이에 쓰이는 세 갑자[三甲子] 180년 일주기 중의 첫째 갑자 60년. 만세력萬世曆상, 1864년의 갑자년부터 1923년의 계해년까지임. 앞으로의 상원갑자는 2044년의 갑자년부터 2103년의 계해년까지가 됨.
23) 〈九宮圖〉 행술상의 남녀본명구궁도는 다음과 같다. (天機大要의 文王後天圖參照)

| 二 未·申 坤三三絶 | 七 酉 兌三三絶 | 六 戌·亥 乾三三連 |
|---|---|---|
| 九 午 禽三三中 | 五 | 一 子 次三中連 |
| 四 辰·巳 巽三絶 | 三 卯 震三三連 | 八 丑·寅 艮三連 |

24) 〈七宮〉 구궁도상의 7, 곧 태兌를 일컬음.
25) 〈五宮〉 구궁도상의 5, 곧 중심인 본궁本宮을 일컬음.
26) 〈中元甲子〉 세 갑자[三甲子] 180년 일주기 중의 둘째 갑자 60년. 만세력상 1924년의 갑자년부터 1983년의 계해년까지임.
27) 〈一宮〉 여기서는 구궁도상의 1, 곧 감坎을 일컬음.
28) 〈二宮〉 여기서는 구궁도상의 2, 곧 곤坤을 일컬음.
29) 〈下元甲子〉 세 갑자[三甲子] 180년 일주기 중의 셋째 갑자 60년. 만세력상 1984년의 갑자년부터 2043년의 계해년까지임.
30) 〈四宮〉 여기서는 구궁도상의 4, 곧 손巽을 일컬음.
31) 〈八宮〉 여기서는 구궁도상의 8, 곧 간艮을 이름.

32) 〈坤宮二位〉 구궁도상의 2위인 곤坤.
33) 〈艮宮八位〉 후천도 상의 8위인 간艮을 일컬음.
34) 보는 법——子・午・卯・酉의 해에 출생한 여자는, 14・17・20・23・26・29세 때 출가하면 大開로 夫婦和하고, 15・18・21・24・27・30세에 출가하면 夫婦가 不和하고, 16・19・22・25・28・31세에 출가하면 夫婦相離한다는 식으로 봄.
35) 〈元辰〉 원진元嗔. 부부 사이에 까닭없이 미워하게 된다는 액운. 원진살元辰煞(元嗔煞).
36) 〈嘉慶壬申年〉 서기 1812년.
37) 〈納音五行〉 육십갑자병납음六十甲子並納音. 60갑자를 궁궁・상상・각각・치徵・우羽의 오음五音에 맞추어 십이율十二律에 배정하여, 오행五行으로 나타낸 술법의 한 본.
   갑자甲子를 황종黃鍾의 상상음으로 치고, 을축乙丑을 대려大呂의 상상음으로 쳐서 『갑자을축은 해중금海中金이라』고 하여 다같이 금金으로 침과 같다. 子——黃鍾. 丑——大呂. 寅——太簇. 卯——夾鍾. 辰——姑洗. 巳——仲呂. 午——蕤. 未——林鍾. 申——夷則. 酉——南呂. 戌——無射. 亥——應鍾.
38) 〈六十花甲子〉 육십갑자의 별칭. 육십갑자를 금金・목木・수水・화火・토土의 오행五行 상 소속으로 나타낸다. 이 오행五行 상의 생극生克을 보아 길흉吉凶을 점치는데, 맞추어 보는 요령 내용은 다음과 같다.

```
相生——金生水・水生木・木生火・火生土・土生金
相克——木克土・土克水・水克火・火克金
男土女土——有子富貴    開花滿枝
男土女水——富貴長壽    飲酒悲歌
男土女木——短命半凶    枯木逢秋
男土女火——長命富貴    魚變成龍
男土女金——衣食豊足    鳥變成鷹
男木女木——半吉半凶    蚊變爲龍
男木女金——貧困大凶    臥牛負草
男木女水——多子富貴    鳥變成鷹
男木女火——財祿子孫    三夏逢扇
男木女土——疾病死亡    入冬裁衣
男火女火——死亡大凶    龍變爲魚
男火女水——生離死別    老脚渡橋
男火女土——天祿長命    人變成仙
男火女金——無子半凶    龍失明珠
男火女木——福祿子孫    鳥變成鶴
男水女水——貧苦大凶    病馬逢針
男水女土——長命衣食    萬物逢霜
男水女木——官得財祿    蚊變爲龍
```

男水女火──衣食官命　花落逢暑
男水女金──事事大吉　三客逢弟
男金女金──無子無依　龍變爲魚
男金女水──貧苦且凶　駟馬得駄
男金女火──子孫忠孝　庚馬重駄
男金女木──半凶半喜　遊魚失水

39) 세는 수──9일이면 아홉, 25일이면 스물다섯을 셈.

第十章 ● 이혼출처離婚出妻

유교는 오직 전제專制를 으뜸으로 치니, 삼강三綱 곧 군위신강君爲臣綱·부위자강父爲子綱·부위부강夫爲婦綱이라 하여, 군君은 신臣에 대하여, 부父는 자子에 대하여, 부夫는 부婦에 대하여 절대지배의 권한을 가지며, 신은 군에 대하여, 자는 부모에 대하여 부婦는 부夫에 대하여 복종순명함을 당연한 도리로 삼았다. 여기서는 아내와 지아비의 관계에 대하여서만을 들어 말하건대, 소위 칠출七出[1]의 조목이라는 것이 있다. 부모에 순종하지 않음이 그 첫째요, 아들 못 낳음이 둘째, 음함이 셋째, 투기함이 넷째, 나쁜 질병 가짐이 다섯째, 말많음이 여섯째, 도둑질함이 그 일곱째이다.

특히 투거妬去[2]의 의의를 추역抽繹하면, 무릇 여자가 다 좋은 부군夫君을 맞아 해로하기를 소망하는 것이니, 혹 첩을 거느리어 정이 옮아가거나, 혹 방탕하여 외도하면[3] 자기 신명身命의 둘 바가 없게 되므로 투기심이 나는 것은 당연한 일이다. 그런데 아내에게는 지아비와 이혼하거나 출부黜夫[4]하는 자유와 권리는 없고, 도리어 투기함을 출기黜棄의 조건으로 잡으니, 공평한 마음으로 논하건대, 세상에 이렇듯 불공평·부자연한 일은 다시 없을 것이로다. 조선시대에 이르러서부터 유교로써 세상을 다스리니 반가班家에 칠거七去의 설이 당연히 행하여졌다. 7조목 중에 음행을 가장 큰 중대변사重大變事로 치고, 이에 대하여는 가차없이 축출하였다. 그러나 나라의 법에는 출처黜妻의 조문이 없었으므로, 특히 소청疏請하여 재가를 받았다. 곧 임진왜란과 병자호란 때에 경사가卿士家 부녀가 많이 잡히어 욕을 당하였으니, 난리가 평정된 뒤 다시 옛 지아비를 찾아오매, 여느 민부民婦들이 잡히었다가 돌아온 경우와는 달리 실행한 아내는 조상을 받들 수 없다 하여서 이리異離시켜야 할 사정을 소청疏請해 와 조정의 일대문제一大問題가 되었으므로, 정부에 명을 내리어 수의결정收議決定케 한 일이 있다. 여기에 실증을 들어 참고케 한다.

## 1 국법國法에 출처出妻의 문文은 없다

　이익李瀷의《성호사설》〈이혼〉조에 이르기를『국법에 출처出妻의 조문이 없으니, 유모兪某가 그 처의 난행을 고하였으나[5] 양쪽의 변론이 맞서 송사가 성립되지 못하였다. 처의 성행性行이 인륜에 어긋났으되, 부부례夫婦禮에 조례가 없다 하여 중신이 의논하여 그 이혼을 허하지 않았다고 했다. 내가 생각건대 출처의 조례가 없다 하여 불출처不出妻의 말이 있다고 할 수 있겠는가.

　본디 유가儒家의 출처 조목에 폐단이 있기는 하나, 불효하거나 음란하여 출처시킬 수밖에 없는 자를 어떻게 국법에 없다고 하여 내어보내지 않음이 있으리오. 남주南州에 박모朴某가 있어 그 처의 성질이 모질더니, 어느날 도망하여 보이지 않았다. 이를 빨리 관가에 소하였다. 옥관獄官은 그의 처가 지아비한테 피살된 것이라 의심하고 중형을 씌웠으되, 죽음만은 겨우 면하였다. 뒤에 재취하니 전처가 나타났다. 이런 일들을 어떻게 처결할 것인가? 이들 논자는 다만 죄 없이 아내가 쫓겨나는 일만 염려하고, 죄가 있는데도 쫓겨나지 않을 경우, 그것이 예교禮敎를 낭패시킨다는 것을 왜 생각지 않았을까. 이로써 사람의 풍습이 일변하고, 정사가 계집에 빠지게 되니, 천과만악千過萬惡인데도, 다시 금제禁制하지 못하였도다. 만일 처의 패행悖行에 벌을 내리지 않는다고 하자. 성인께서 예를 펴내되 부인들의 소행을 깊이 생각하지 않았다면, 어째서 칠출七出의 글을 지었으리요? 도적을 다스림에는 매우 엄심嚴審하여 함부로 죄를 매기어 양민에까지 폐해를 주는 일이 있다고 하여, 포도捕盜의 율律을 폐하였다는 말은 듣지 못하였노라. 오늘날의 습속은 병풍 치고 눈감고 으르렁대는 하동사자河東獅子만도 못하도다』라고 했다.

## 2 이혼조건에 왕명王命을 특청特請

　이맹휴李孟休의《춘관고春官考》에『임진란이 7, 8년을 끌었으므로 사부가士夫家의 부녀가 많이 잡혀갔다. 왜병이 물러간 뒤, 사부가에서는 그런 집안과는 혼사를 맺고자 아니하였다. 선조 임금께서 이를 염려하여 「이런 풍이 만약 오래 간다면, 온 나라의 큰 가문이 다 안전하지 못할 것이니라」하고 힘써 종실·귀척貴戚들에게 이런 가문과 혼사를 맺도록 권하였으니, 그 후로부터 굳이 탈이 있다고 구별하지 아니하였다고 했다. 그리고 임진란 때 사족의 부녀로서 잡혀갔다가 돌아온 이들에 대하여, 그 지아비들이 떼어버리고 개취改娶코자 청하였으나, 선조는 「실절失節의 비比가 아니니 버릴 수 없느니라」하여 허하지 아니하였고, 병자호란 뒤에도 조의朝議에 이리異離의 논이 있었으나, 선조先朝 때의 예정에 따라 행하였다」고 했다.

《이조실록》인조仁祖 무인戊寅 조[6]에 『어경연御經筵에서 특진관特進官 조문수曹文秀가 이르기를 「부부는 사람의 대륜으로, 잡혀갔던 아내는 이미 지아비와 대의가 끊기었으니, 어찌 영을 내리어 굳이 재합再合시켜서, 사대부의 가풍을 어지럽히리요? 우리나라는 예禮의 나라이온데, 한 번 변란을 겪었다 하여 이렇게 조처하옵시니, 신은 잠깐, 성조聖朝의 수치인가 하옵니다」하였다. 상上이 「잡히어 간 아내는 본심이 아니요, 그렇다고 죽을 수 없는 일이니, 대신의 뜻은 참으로 그 의지할 곳 없는 가련한 이들을 두고 말함이렷다」고 하니라』고 했다. 또 『사헌부司憲府가 계啓을 올리어 아뢰기를 「신하가 임금을 섬기고, 또는 지어미가 지아비를 섬기는 데는 하나를 따르고 다른 것을 물리치는 것이니, 이것은 천지 상도요, 인사의 대용大用이온즉, 하물며 더러 실신失身한 부婦는 그 지아비의 집과 이미 대의가 끊겼으니 어찌 재합함을 허락하여 그 부모를 섬기게 하며, 조상에게 제사지내게 하며, 또 자손을 낳아 그 가세를 잇게 하리요. 우리나라는 예양禮讓을 받드는 나라로 2백 년래에 가법이 가장 바로 서있어, 전후변란前後變亂[7]에 목숨을 버리고 더럽히지 않은 이로도 부인이 가장 많았으니, 그 풍습의 아름다움이 인간기강人間紀綱을 유지하여 왔사옵니다. 근자에 조정이 내린 건의가 비록 포용병육包容並育의 뜻이오나, 인륜을 밝히고 습속을 바로잡는 칙교勅敎의 도로서는 마땅치 못한 바가 있사오니, 조정서부터 새로운 법도를 세우시고, 아울러 이리異離할 것을 명하시오면 필부匹婦라도 원한을 품지 않을 것이옵니다. 그리고 재취를 허하지 않는 일에 이르러서는 국법에 근거가 없사오니, 달리 변통하소서」라고 하니, 이에

답하여 이르기를 「잡혀갔던 부인의 일에 대하여는, 이미 조정에서 내린 처치가 임기편방臨機便方[8]의 권도權道에 맞으니, 다시 의논하지 말라」고 하명하시니, 계계啓를 올려 이에 따르니라』고 했다.

또 《이조실록》 인조仁祖 경진庚辰[9] 조에 『재상이었던 장유張維의 처 김씨가, 아들 선징善徵의 이혼사로 예조에 장계狀啓를 올리매 예조가 대신에게 논의하게 하기를 청하니, 영의정 홍서봉洪瑞鳳이 「장유가 세상에 있을 때 아들 선징의 처가 잡혀갔다가 돌아왔으나, 배필이 될 수 없으니 선사先祀를 받들지 못한다 하여 이리異離를 청하여 오더니, 오늘날에 또 그의 아내가 며느리의 성미가 괴팍하고 구고舅姑에 순종하지 않아 편안치 않음이 있다 하여 이리異離를 청하여 온 바, 은근히 그 정상을 생각건대 전에 망부亡夫의 소진所陳이 조정의 윤허를 받지 못하였으므로, 이번에 다시 칠거七去를 상신하여서 꼭 망부의 뜻을 이루고자함이 분명하옵니다. 우리나라는 규문閨門의 예를 가장 중히 여기어 지키며, 여염의 하천가下賤家라도 재적再適하지 아니하며, 정일행貞一行을 가장 귀히 여기오니, 이는 천하 다른 나라에는 없는 일이요, 또 중화中華의 습속도 따르지 못하는 일이옵니다. 연이나 불행히 근자의 병란으로 남자고 여자고 잡혀가 욕을 당한 이가 많사와 그 정상情狀의 비롯됨을 살피건대 가긍可矜하오니 스스로 패음悖婬한 자와 한가지로 논하면 원한을 사지 않겠나이까? 지금의 처지를 사뢰건대, 사람을 책하기에는 어렵사옵니다. 책하면 죽을 것이오니, 같이 사는 자는 그들에게 맡기고, 개취改娶한 자라도 금하지 마시어 한恨을 가진 여인과 홀아비들이 각각 다 그들의 삶을 누리게 함은 바로 금법禁法을 내리지 않으신 선조 임금의 유의遺意에도 맞고, 임금으로서 나라를 다스리는 도에도 어긋나지 아니하옵니다」하였다. 우의정 강석기姜碩期가 「부부에게는 본디 칠거七去의 법이 있어, 일찍이 성인께서 이미 밝혀 말하셨습니다. 아내 된 자에게 칠거의 법에 드는 악행이 있다면 배필이 될 수 없음은 당연한 일입니다. 그 뜻을 생각하면 그저 강박만은 아닙니다. 부모에게 불순하여도 칠거의 악에 드는데, 해조該曹 복계覆啓[10] 중에 변통變通 등의 말씀이 있는 대로 원에 따라 시행하는 것은 참으로 마땅하오나, 생각건대 근래 인심이 맑지 못하여 혹 부부지간에 도리어 이런 기회를 타서 의리를 생각하지 않는 자라도 있게 된다면 나라가 함부로 이혼의 길을 열어준 셈이 되며, 인하여 패륜의 습속이 번져서 그 폐단을 막기 어렵사오니, 해조該曹는 이를 깊이 헤아리지 않을 수 없사옵니다」하니, 답하여 이르기를 「이미 정한 바이라 이제 와서 고치기 어렵도다. 그러나 공훈이 있는 신하의 독자인지라, 그 청을 특별히 허가하지 않을 수 없으니, 뒤에 선례로는 삼지 말지어다」하였다』고 씌어 있다.

김시양金時讓의 《하담록荷潭錄》에 이르기를 『김응남金應南의 아들 명룡命龍과 홍가신洪可臣의 아들 절㦿이 이호李浩의 딸을 아내로 맞았 었다. 기축의 난11)에 가신이 글을 올리어 이혼을 청하였고, 명룡도 글을 올리어 이혼을 청하였다. 그때 응남應南이 연경燕京에서 돌아오지 않았 으므로 사론士論은, 응남은 나무라지 않았으나 가신에 대하여는 애석하 게 생각하였다. 김상헌金尙憲의 아들 광찬光燦이 김채金埰의 딸을 아내 로 삼더니, 계축의 난12) 때에 상헌이 소를 올려 이혼을 청하였다. 예조판 서 이이첨李爾瞻이 이혼의 법에 해당하지 않는다 하여 불허하였으므 로, 광해군光海君이 자원을 받아들이어 이혼을 명하였다. 권분權盼의 손자 제躋가 원종경元宗慶의 딸을 아내로 삼더니, 이괄李适의 변13)에 종경이 죽음을 당하였으므로 글을 올리어 이혼을 청했다. 예조판서 이정구李廷龜가 그 충성스러움을 포장褒獎하고 그 청을 들어주니, 또한 세상이 달라진 것을 알 만하다』고 하였다.

이긍익李肯翊의 《연려실기술燃藜室記述》별집別集에 이르기를 『숙종 임술14)에 유정기兪正基의 처 태영泰英의 이리당부異離當否에 대하여, 예조참판 민진원閔鎭遠이 논하기를 「태영은 성행이 불순하여 거짓을 꾸미어 지아비를 고소하니, 사람들이 다 악하게 여기는 바입니다. 짐작 건대 어찌 칠거에 들지 않으리요. 다만 성인께서 칠거의 교훈을 내시 되, 그 밑에 삼불거三不去15)를 이르셨으니, 뒤에 가장으로 하여금 정상 과 이치를 생각하게 하여 경중을 잃지 않게 하고자 함입니다. 뜻이 아무 리 충후忠厚하다라도 나라의 법전을 넘을 수 없으므로 정하여진 법 을 고칠 수는 없습니다. 출처出妻는 그 지아비가 내어보내는 것이고, 이리異離는 나라에서 시키는 것이니, 지금 태영의 이리당부는 마땅히 국법에 따라 정하여야 합니다. 《대명률大明律》을 상고하면 처구부자妻 毆夫者16) 조에 『무릇 지아비를 때린 아내는 장 1백을 치고, 지아비가 이혼을 원할 때는 허한다』고 했으니, 지금 이리당연론을 펴는 이는 다 이 말을 끌어 함이옵고, 태영에게 비록 어긋남은 있으나 지아비를 때린 일은 없다 함이 곧 이리부당론을 펴는 이의 말이옵니다. 그러하오나, 그 지아비가 이미 죽었으니 이리異離 두 글자는 시행할 수 없으니, 나라에서 일을 처리함에 어찌 법에 없는 일을 새로 지어내겠나이까. 명에 따라 논하였습니다」 하였다』고 했다.

### 3 사정파의事情罷議 · 할급휴서割給休書

이능화는 다음과 같이 주장한다.

성호星湖 선생이 일컬었듯 우리나라의 법에는 이혼 조문離婚條文이 없었으니 이는 사실이었다. 그러므로 우리 조선 사람의 양반계급이 이혼출처離婚出妻함에는 임금께 상세히 아뢰어서 그 명을 특청하여야 했다. 그리고 상민계급常民階級이 부부불합하여 이혼함에는 습속상 두 형식이 있었다. 그 하나가 사정파의事情罷議요, 다른 하나가 할급휴서割給休書이다. 사정파의란 무엇인가? 부처夫妻 또는 부첩夫妾 사이에 만부득이한 사정이 있을 경우에 부처가 대면하여 동거할 수 없는 사정을 설파한 다음, 결별訣別의 사辭를 하고 상호 긍락肯諾하에 이리함을 일컫는다. 파의罷議란 우리 말의 뜻으로 범사가 끝장이 나 이루어지지 못함을 가리킨다. 할급휴서란 무엇을 말하는 것인가? 휴서는 곧 이혼증빙물離婚證憑物이다. 나라의 법에 이혼 조문이 없으므로 서류로 만드는 것은 근거없는 일이다. 그러므로 이혼할 때에 지아비가 아내에게, 또는 아내가 지아비에게, 웃옷깃의 한 자락을 가위로 잘라준다. 이를 할급휴서라고 한다.[17] 대개 이혼에 관한 성문법이 없었으므로, 옷을 베어 내어 신표信表로 삼아 문서에 권당權當시켰으니, 이 습속이 오래 행하여져 관습상 불문법不文法이 되었다. 이 사정파의와 할급휴서는 상민들 사이에 흔히 행하여졌으나 양반 사이에서는 이혼의 법이 없었으므로, 부처간이 불화할 때는 소박하고 서로 보지 않았으니 곧 이혼과 마찬가지이다.

## 4 소박불상견疎薄不相見

　부처간에 반목함을 속칭 소박이라고 하는데, 아내가 지아비를 마다하고 불납不納함을 내소박內疎薄이라 하고, 지아비가 아내를 돌보지 않음을 외소박外疎薄이라고 한다. 생이별이나 사별과 다름이 없어 한가정 안에 이런 일이 있게 되면, 곧 운수 보고 점치는 돈으로 금비녀가 쓰이고, 옥같이 정갈한 안방에서는 살풀이·푸닥거리가 행하여지게 마련이다.[18] 우리나라 가정의 부부가 불화하는 원인은 두 가지밖에 없다. 그 하나는 무릇 혼인약정의 권한이 오직 부모에게 딸려 있어, 그 명을 받아 부득이 선을 보아야 하므로[19] 자도子都[20]와 같은 미남도 무해無醢와 같은 추부醜婦를 맞아야 하며, 도온道蘊[21]과 같은 아리따운 여자도 가끔 응지凝之와 같은 지아비를 짝하게 된다. 그러니 밥상을 눈 위까지 들어올린 맹광孟光이 드물고, 아내의 눈썹을 그려준 장창張敞과 같은 지아비를 얻기 어렵다. 또 하나는 아내된 이의 평생 소망이 한 번 정한 지아비를 내내 섬기는 일인데, 만약 그 지아비가 방중房中에 화첩花妾을 두고 오로지 첩에게만 빠지면, 어찌 그 아내가 길가의 돌부처로 등을 돌리지 않을 수 있겠는가(俗諺曰, 夫若卜妾, 則其妻之爲情, 雖路下之石佛, 亦可背面).

---

1) 〈七出〉 칠거지악七去之惡. 처의 불순구고不順舅姑·무자無子·음행淫行·질투嫉妬·악질惡疾·구설口舌·절도竊盜. 이런 잘못을 출처出妻의 까닭으로 삼았다.
2) 〈妬去〉 칠거의 악 중 질투로 출처됨을 이름.
3) 원주에 「우리 속담에 화류계에 빠짐을 외입外入이라 한다」고 했다.
4) 〈黜夫〉 출처출처出妻에 반대되는 뜻으로 썼으나 풍속으로 있었던 것은 아님.
5) 원주에 「《숙종실록肅宗實錄》 임술조에 보인다」고 했다.
6) 〈仁祖戊寅〉 인조 16년. 서기 1638년.
7) 〈前後變亂〉 선조 25～31년(1592～1598) 사이에 걸친 두 차례의 왜란과 인조 14～15년(1636～1637)에 걸친 청의 침입. 곧 임진왜란과 병자호란.
8) 〈臨機便方〉 시의時宜에 맞는 대책.
9) 〈仁祖庚辰〉 인조 18년. 서기 1640년.

10) 〈該曹覆啓〉 사무를 관장한 해당 조曹에서 회보의 계啓를 올림.
11) 〈己丑之難〉 기축옥사己丑獄事. 선조 22년(1589) 정여립鄭汝立의 모반謀反으로 일어난 사건.
12) 〈癸丑之難〉 계축옥화癸丑獄禍. 광해군 5년(1613) 대북파大北派의 정인홍鄭仁弘·이이첨李爾瞻 등이 일으킨 옥화. 이로써 인목대비仁穆大妃의 아버지 김제남金悌男이 처형되었고, 영창대군永昌大君은 강화에 갇혔다가 죽었음.
13) 〈李适之變〉 이괄의 난. 인조 2년(1624) 당시 집권층이던 서인西人들 사이에서 일어난 변란으로, 인조반정仁祖反正에 공로가 큰 이괄이 모반을 꾀한다고 밀고되어 옥사가 일어남.
14) 〈肅宗壬戌〉 숙종 8년. 서기 1682년.
15) 〈三不去〉 칠거七去의 악惡에 대하여 출처할 수 없는 세 경우. 곧 무소귀無所歸(아내가 돌아가 의지할 곳이 없음), 여경삼년상與更三年喪(부모의 상을 같이 삼년 입음), 전빈천후부귀前貧賤後富貴(장가들 때 빈천하였으나, 그 뒤 부귀하게 됨) 등을 이름.
16) 〈妻殿夫者〉 《대명률大明律》상의 죄인의 한 가지. 아내로서 지아비를 때린 자.
17) 원주에 「휴서休書를 속칭 수세收稅라고 하나, 휴서의 와전이다」라고 했다.
18) 원주에 「소위 부처 불화는 원진살 때문이라고 하여, 점쟁이에 물어 신사神祀를 행하여 이 살을 풀려고 한다」고 했다.
19) 원주에 「먼저 신랑감·신부감을 보는 일을 선본다고 한다」고 했다. 간선看善.
20) 〈子都〉 유덕하고, 예의 있는 미남. 《시경詩經》鄭風에 『不見子都乃見狂且』라고 했다.
21) 〈道蘊〉 원주에 「재녀才女 사도온謝道蘊이 졸부拙夫 왕응지王凝之에게 시집갔으나 불락不樂하니 숙부 사안謝安이 〈왕랑王朗은 일소자逸少子이니 너 어찌 한恨하랴〉 하였다」고 했다.

朝鮮女俗考

第十章 이혼출처離婚出妻

金弘道 風俗畫帖 중 우물가

# 第十一章 ● 재상중자在喪中者 혼가불허婚嫁不許

우리 조선 사람이 스스로 예의지국이라 자랑함은 그 혼가장제婚嫁葬祭를 한가지로 주문공가례朱文公家禮에 따라 행하기 때문이다. 관자管子[1]가 이르기를 『의식이 넉넉하여야 예절을 아느니라』하였으니, 우리 조선 사람이 다 의식이 넉넉하여 예절을 잘 차리는 것일까. 아니다. 세계에서 가장 빈약하기로는 조선보다 더한 나라가 없으리라. 그러면서도 허덕허덕 허례 차리기에 힘쓰고, 생활의 실제 일을 생각하지 않으니, 이것이야말로 쇠패衰敗하고 흥기興起할 수 없는 조짐이라, 예만을 일컫는 썩은 선비는 그 책임을 면하기가 어렵다.

《경국대전經國大典》〈혼가〉조에 이르기를『사대부로서 처망자妻亡者는 3년 뒤에 개취改娶하되, 부모의 명이거나, 40세가 넘고도 아들이 없는 자는 기년期年 뒤에 개취가 허가된다』고 했다.

인조仁祖 21년[2]에 사헌부司憲府가 3년 이내의 개가취改嫁娶를 금할 것을 청하는 계啓를 올리어『상기喪紀[3]는 사람의 아들 된 이의 대륜大倫이요, 혼례는 풍화風化의 유기攸基[4]오라, 옛 성제聖帝와 명왕明王이 백성을 가르쳐 나라의 습속을 이룸에는 이 두 길로써 하였사옵니다. 우리나라 천년에 기자가 다스리는 백년 동안[5] 칙전勅典을 펴 가르치니, 교화가 잘 되고 습속이 순미淳美하여졌고 혼상婚喪의 예가 옛날에 비겨 부끄럽지 않더니, 상란喪亂 이후에 예속이 다 문란하여 상복을 그대로 입은 채 거적을 베고 자는가 하면 복상服喪중에 시집 장가를 보내고도 마음이 편하여 부끄러움을 모르고, 비단과 구슬이 상대喪帶와 상장喪杖에 휘황히 빛납니다. 혹 유식한 가문에서도 술과 음식과 날짐승 고기를 마구 구워 먹음이 이같이 하오니, 습속의 바꿈을 애석히 여기옵는 바, 예관을 시키시어 예에 정한 법식을 상고케 하시어 이제부터는 3년 안에 시집 장가드는 자들을 다 불근거상지율不勤居喪之律[6]로 논죄論罪하여 다스려 주십사 청하옵니다』하였다.

《춘관통고春官通考》에는『인조 21년 계미[7]에 복상중에 결혼하는 것을 금하라고 궁중·궁외에 명하였다』고 했다.

영조英祖 20년 갑자[8]에 펴낸 《속대전續大典》〈혼가〉조에『혼인은 한가지로 가례에 따라 이미 납폐한 뒤라도 양가 부모상이 있으면 3년을 기다려야 하며, 어기는 자는 곤장 1백 대라』했고, 또『상중에 있는 자나, 아들의 기복朞服이 끝나지 않았는데 혼례를 행하는 자는 불근거 상률로써 논죄함이라』고 했다.

《전율통보典律通補》에는『조부모·부모상을 당하고도 혼인한 자는 곤장 80대를 치고, 유죄流罪까지의 벌도 주니라』고 하였다.[9]

《사례편람四禮便覽》 의혼議昏 조에는『남자는 16세에서 30세, 여자는 14세에서 20세까지 자신과 주혼자主婚者에 기朞 이상의 상喪이 없어야 성혼이 가하다』라고 했다.

---

1) 〈管子〉 관중管中의 경칭. 중국 제齊의 환공桓公을 도와 민심교화民心敎化·부국강병富國强兵을 꾀하였음. 서기 645년.
2) 〈仁祖二十一年〉 계미년. 서기 1643년.
3) 〈喪紀〉 복상服喪의 여러 법도.
4) 〈攸基〉 원대한 기틀.
5) 기자의 조선통치설朝鮮統治說은 중국 사가史家의 부회附會라고 부인되고 있다.
6) 〈不勤居喪之律〉 복상을 불성실하게 한 자를 다스리는 법.
7) 〈仁祖二十一年癸未〉 서기 1643년.
8) 〈英祖二十年甲子〉 서기 1744년.
9) 원주에「첩은 2등을 감하고, 조부모·부모의 명을 받든 자는 벌을 면한다」고 했다.

朝鮮女俗考

第十一章 재상중자 在喪中者 혼가불허 婚嫁不許

228

申潤福 | 魚物장수 | 견본담채 | 28.3×19.1cm | 국립중앙박물관

# 第十二章 ● 법으로 재가再嫁를 금하다

고려 말년에 비로소 재가를 금하였다. 이 법은 명부命婦[1]와 판사 이하 육품六品 벼슬을 한 이의 처로서 과부가 된 이에 한하여 적용되었고, 일반 민부에까지는 미치지 아니하였다. 이 규정은 대개 고려 말에 정몽주가 당국當局하여 유교를 받든 까닭에 마침내 행하여지게 되었다. 《고려사》를 상고하면 공양왕 원년[2]에 도당都堂[3]이 계계啓를 올려서 아뢰기를『산기散騎 이상자以上者의 처로 명부가 된 이는 재가케 하지 마옵고, 판사 이하 6품까지인 이의 처는 남편이 죽은 후 3년까지는 재가를 허하지 마시어서 어긴 자는 실절失節에 연좌連坐시키옵고, 산기 이상자의 첩과 6품 이상자의 처첩인 자로서 수절을 자원한 자에게는 그 문려門閭에 표를 하여 표창하옵심이……』운운하였다. 조선조에 이르러서 태종太宗 때에 법을 만들고 이르기를『개가한 자의 자손에게는 현직顯職을 서叙하지 않는다』고 하였다. 현직을 서하지 않는다는 것은 더불어 실절의 조문에 연좌시키는 것이니, 그 가혹함이 백배나 더 된다. 본인에 대하여 실절로서 벌주는 것은 그 이치에 합당하거니와 현관을 서하지 않는 등으로 그 자손들을 벌하니, 푸른 하늘이여 푸른 하늘이여, 이 무슨 억하심정抑何心情인가.[4] 유학자들의 마음씀이 매양 이렇듯 혹독하니 내 통렬히 응징하는 바이다. 그 마음씀이 이러한 사람으로 가문이 잘못되지 않거나 후사가 끊기지 아니한 자는 거의 드무니「그러시면 후사가 끊깁니다」하고, 서선徐選의 아내가 그녀의 지아비에게 이른 말을 어찌 계감戒鑑으로 삼지 않으리까.『개가한 자의 자손에게는 현관顯官을 서하지 않는다』운운한 장구章句가 《경국대전》에 실리어 영영 금석률金石律이 되더니, 성종成宗 때에 이르러 《경국대전》을 다시 인쇄할 때 〈자손〉 위에 〈세세世世〉두 글자를 더 붙였다. 이때 군신 사이에 이에 대한 논의가 많았다. 논자마다 정이천程伊川의 말을 인용하여「상부孀婦는 예로 보아 아내로 삼을 수 없는데 어떠하오」물으니「그렇소. 무릇 아내를 취함에 절개를 잃은 자를 취하면 자기도 절개를 잃은 자가 되오」라 하였다. 또 이천伊川 선생이「혹 부모 없는 상부孀婦로서 빈궁하고 의탁할 곳 없는 자도 개가할 수 없습니까」물으니「다만 가난으로 주려 죽을까 두려워 뒤에 지어낸 설이나, 주려 죽은 이는 매우 적고 절개를 잃은 자가 많으니라」한 말을 대었다. 결국 이런 언론이 이겼으므로, 마침내 개가한 자의 자손은 세세世世로 현직을 받지 못하게 되었다. 그렇게 되어 반도의 서얼庶孼5)된 이들은 영영 그늘 밑에서 하늘의 햇볕을 보지 못하고, 수천 수만이나 되는 덕기德器의 재사들이 고행 길을 걸으며 뜻을 펼 수 없었다. 이 악법 조문은 나라가 멸망하고야 없어졌다.

태종 6년6) 6월에 사헌부 대사헌 허응許應 등이 시무 칠조時務七條를 올린 일이 있다. 그 첫째에 이르기를『부부는 인륜의 근본이오라 부인에게는 삼종지의三從之義7)가 있으며, 재적再適(再嫁)하는 법이 없사온데, 지금 사대부의 정처正妻 중 몰지각한 자와 자기자自棄者들이 혹은 부모탈정父母奪情하며, 혹은 장속자매粧束自媒하여 지아비를 두 번 세 번 거느리어 절조를 잃고도 부끄러워하지 않아 풍속에 누를 끼치고 있사오니, 대소양반의 정처로서 세 지아비를 섬긴 자는 전조前朝의 법에 따라 자녀안恣女案8)에 기록하여 부도婦道를 바로잡기 바라옵니다』라 했다.《실록實錄》

성종 8년9)에, 부녀의 재가를 금하는 명을 내리어 재가한 자의 자손은 벼슬에 천거하지 말도록 하는 율령律令을 지었다. 왕이 원임대신原任大臣10) 2품 이상자를 불러 재가금률再嫁禁律을 의논하자 정창손鄭昌孫 등이《경국대전》에 의거하여「세 번 지아비를 섬기는 일은 아니되오나, 그렇지 않은 재가는 할 수 있사옵니다」하니, 임원준任元濬・허종許琮 등이「재가하는 자를 한결같이 금단하여 그 자손에게 입사入仕를 허하지 말아야 참된 명교名敎의 도를 장려할 수 있습니다」하였다. 왕이 교를 내리어 이르기를『전傳11)에 믿음은 부덕이라 하였으니, 한 번 섬김에 종신토록 바꿈이 없도다. 이로써 삼종三從의 의가 있고, 재가법再嫁法이 없는 것이므로, 세도가 일월과 같이 당당하다 하여 사대부가의 부녀자가 예의를 돌보지 아니하고, 혹은 탈정奪情하고, 혹은 자매自媒하여 가풍을 허물고, 명교名敎를 어지럽뜨리니, 만약 엄한 금법으로 막지 않는다면 음벽淫僻된 행실을 바로잡기 어렵도다. 이제부터 재가한 이의 자손은 입사入仕시키지 말지어다』하였다. 이에 집의執義 이경동李瓊同이 왕의 말에 어려움이 많다는 뜻을 아뢰니, 왕은「주려 죽은 일은 적고 절개를 잃은 일이 많으니, 나라의 입법은 마땅히 이와

같아야 하느니라」하였다.《실록實錄》

《고사촬요攷事撮要》에 이르기를『성종 16년 을사[12]에 대전大典을 처음으로 반포하여 개가한 이의 자손은 동서반東西班을 불문하고 입사시키지 아니하노라』하였다.

이수광의《지봉유설芝峯類說》에는『개가녀의 자손을 동서반 어느 벼슬에도 서하지 않는 법은 성종조부터 비롯되었으니, 사대부가에서는 이를 부끄럽게 여기어 비록 나어린 과녀寡女라도 절대 개가하는 이가 없었다. 모름지기 비옥가봉比屋可封[13]이라 하여도 가하다. 다만 이 법을 세움에 있어 굴레와 같은 것이 있어서 옛 예와 걸맞지 않은 곳이 있을까 두렵다. 그러나 임진의 변에 부녀들이 정절을 스스로 지키고, 무지한 천녀賤女들까지 다 절개를 지켰으니 어찌 교화의 소치가 아니랴』고 하였다.

유희춘柳希春의《속몽구續蒙求》에는『우리 동방은 혼인의 예가 엄하여 상부孀婦가 재가하지 않으니, 그 근원은 은나라의 태사太師로부터 나왔다』고 했다.

동월董越의《조선부朝鮮賦》에는『혼인함에 삼가 중매하며, 재혼자가 낳은 아들은 학문이 많아도 사류士類에 끼일 수 없도다』하고, 스스로 주註하기를『습속에 재가함을 부끄럽게 여긴다. 재가하여 낳은 자손 및 실행부녀失行婦女의 아들은 다 사류에 들이지 않고 벼슬에도 붙이지 않는다』고 했다.

이능화는 다음과 같이 주장한다.

조중봉趙重峯 헌憲의《동환봉사東還封事》에『우리나라 상부孀婦로 아들이 있는 자가 아들의 앞길에 꺼림이 있을까 두려워하여 몰래 간음하여 자식을 낳아 밤에 버리는 자가 많이 있다』운운하였다. 이는 개가한 여자의 자손을 동서반 어느 쪽에도 서叙하지 않은 결과이며 필연지세必然之勢이다. 광해조光海朝의 문인 유몽인柳夢寅이 지은《어우야담於于野談》에 다음과 같은 기사가 있다.

정덕연간正德年間[14]에 외방에 한 유생이 있었다. 과거에 응시하러 서울에 왔었다. 벗을 찾아갔다가 돌아올 제, 밤이 이미 깊어 인적이 끊겼다. 종가鍾街에 이르니 장정 넷이 이문里門 골목으로부터 나와 유생을 밟아 땅에 넘어뜨리고, 가죽 포대로 그의 몸을 대여섯 겹 둘러싼 다음「너 만약 한 마디 소리라도 내면 당장 쳐 죽이리라」하고는 짊어지고 달아나니 어디로 향하여 가는지를 몰랐다. 많은 고샅을 지나 한 곳에 이르러 포대를 헤치고 나오니, 담장이 높고 행랑이 죽 둘러져 있었다. 옷을 벗기고 목욕을 시켜 다시 새옷으로 갈아입힌 후 한 방안에 넣었다. 벽은 능화지菱花紙로 발랐고, 금요침석金褥枕席이 다 화려하였다. 문득 문이 열리더니 연소한 미녀가 시비의 부축을 받으며 나왔다. 의복이 신선하고 용모가 고우나 좀 누른기가 있었다. 동숙하다가 밤이 되어 정을 다하니 북소리가 둥둥 울렸다. 미인이 일어나 나가자, 창 밖의 장정 넷이 가죽 포대를 가지고 와 다시 짊어지고 종가의 본디자리에 놓으니 방향을 몰랐다. 유생이 놀랍고 어리둥절하여 어떤 길로, 어느 집으로 들어가, 누구와 같이 잤는지도 몰랐다. 마음에 늘 잊지 못하여, 이듬해 다시 과거에 응시하여 서울에 와 밤마다 종가로 가 서성거렸으나 끝내 가죽 포대를 가진 장정을 만나지 못하였다. 대개 당시 개가를 금하는 법이 처음으로 베풀어지니, 사족가士族家에 이런 불미스런 일이 있었다.

연산군 4년 무오[15] 1월 기묘에, 앞서 단성丹城의 훈도訓導 송헌동宋獻同이 재변을 당하여 17조목을 상소하니, 그 첫째 조목에 이르기를 『상부의 개가를 금함은 절의節義를 높이고, 염치를 숭상하고자 함이오나, 남녀의 음욕은 사람의 대욕大欲이옵니다. 그러므로 남자는 삶에 아내를 거느리고자 하며, 여자는 삶에 지아비를 섬기고자 하옵니다. 이것은 삶의 비롯됨이요, 인정에 본디부터 있는 바이므로 말릴 수 없사옵니다. 또 부인에게는 삼종三從의 의가 있어 집에 있으면 아비를 따르고, 남의 아내가 되어서는 지아비를 따르고, 지아비가 죽으면 아들을 따라야 함이 예의 가르치는 바입니다. 그러나 혹 사흘 만에 상부가 되는 이 있고, 혹은 한 달 만에 상부가 되는 이 있고, 혹은 2, 30세에 상부가 되는 이 있으되, 강씨姜氏·조씨曹氏처럼 끝내 정절을 지키는 이도 있으나, 부모형제가 없고 아들이 없어 혹은 행로行露에서 욕을 당하고, 혹은 담을 넘어 들어온 자의 협박을 받아, 처음의 절개를 잃음이 왕왕 있습니다. 바라옵건대 30세 아래되는 아들 없는 상부孀婦에 대하여는 다 개가를 허하시어, 생계를 이루게 하여 주시옵소서』 하였다. 이 소청疏請을 정부 6조에 의논케 하니, 윤필상尹弼商은 『대전大典에 실린 바를 가벼이 고칠 수 없거니와 성종 임금의 가르치심이 귀에 아직도 양양하여 신은 감히 고치십사 아뢸 수 없사옵니다』고 논하였고, 노사신 盧思愼·신승선愼承善·한치형韓致亨 등도『대전의 법을 가벼이 바꾸지 못하나이다』하였다. 어세겸魚世謙·성준成俊·이극돈李克墩·유지柳輊·이세좌李世佐·윤계손尹季孫·노공필盧公弼·허침許琛·이륙李陸·이숙함李叔瑊·이극감李克堪은『대전의 법이 개가를 금하는 법은 아니고, 다만 그 소생에게 현직顯職을 서敍하지 않게 정한 것뿐이오. 사족士族이 다 그 자손들이 벼슬길에 나가기를 바라며, 가문의 명성이 떨어지지 않게 하온데, 이 법이 한 번 서매 누가 재취재가하여 그 소생들을 가두고 서민이 되게 함을 달게 하오리까? 그러므로 연소한 과녀寡女들이 세상에 많사오니, 애초 이 법을 논함에 여러 신하들이 어린 과부는 생리에 매우 어려움이 있는데, 그 정상을 곡진히 살피지 못한 점이 있다고 아뢰었으나, 선왕께서 스스로 헤아리시어 단연히 대전에 올리시어 후세에 드리우시니, 절의 지키기를 권장하시고, 풍속을 바로 잡기 위하심이라, 지금에 와서 가벼이 고칠 수 없사옵니다』라고 논하였다. 이에 대하여 정문형鄭文炯은『연소한 과부가 혼자 살면서 절개를 잃게 되면 일상풍속을 문란케 하고, 혹은 태평스런 세상을 해치고, 재앙을 불러일으키게 될 것이옵니다. 송헌동의 진언陳言도 바로 이와 같은 것이오니, 청하옵건대 본디 율문律文과 조종조祖宗朝의 옛 예에 따라 시행하시어 원한을 품는 부녀자가 없게 하여지이다』라고 논하였다. 박안성朴安性·김제신金悌臣·김경조金敬祖·안호安瑚는『왕촉王蠋이「열녀는 지아비를 두 번 바꾸지 아니한다」하였으니, 대개 부인은 한 지아비에 따라 마쳐야 하옵니다. 나라에서는 앞서 세 번 재가한 여자만 자녀안恣女案에 기록하여 그 자손에게 청요淸要의 직을 서敍하지 않다가, 이제 대전大典에는 재가한 자의 자손에게까지 동서반간東西班間에 서하지 않는 법을 지어 절의節義를 중히 하고자 하셨으니 불금不禁의 금禁이옵니다. 그러하오나 연소한 과부 중 부모형제 등 의탁할 곳 없는 자가 살 뜻을 잃고 외로이 고생하다가 원한을 품고 늙어 죽는다면 어찌 유감된 일이 아니오며, 혹 곤궁에 눌리어 못할 짓을 하여 절행節行을 허물게 되지 않으오리까? 사족이 서인이 되면 절의를 온전히 하기보다 오히려 절의를 훼손시킬 것이오니, 불가불 법을 변통하시어 절의를 높여야 하옵니다. 따라서 조종조祖宗朝의 옛 예례대로 재가한 사람의 자손에게 청요직淸要職 이외의 다른 벼슬에는 이를 허하여야 하옵니다』고 논하였다. 이에 맞서 신준申浚은 『재가한 여자의 자손을 동서반 어느 쪽의 벼슬에도 서하지 않는 법은 조종祖宗에서 지은 구전舊典은 아니오나 오직 절의를 높이고 권장하며 풍속을 교화하고 갈고 닦고자 근 1백 년을 내려온 대전이오매, 한 사람의 진언陳言으로 아직은 바꾸기 어렵사옵니다. 나라의 전장典章을 생각하옵건대, 함부로 바꾸는 폐단을 없이 한 연후라야 길이 지켜지나이다. 혹 상도에서 벗어난 상부孀婦가 있어 혹은 부모종족들에게 압박받고, 혹은 주림과 가난에서 나와 재가하여 그 소생에 현능賢能하고 쓸 만한 인재가 있다 하더라도 동반·서반에 다 출사出仕시키지 아니하였습니다. 그러므로 신은 이 법을 바꾸시지 마시고 더욱 펴 나가시어 폐단이 없게 하옵시사 아뢰옵니다』하였다. 조익정趙益貞은 논하되『아내는 한 지아비를 따라 삶을 마침이 그 도입니다. 대전大典이 재가를 금한 까닭은, 절의를 권장하고자 함이니, 법이 불미한 것은 아니오나 폐단은 자꾸자꾸 있사옵니다. 옛사람은 20세나 22,3세에 출가시켰사온데 지금의 사족가士族家에서는 그 딸을 10세 이내에 출가시키고, 혹 만혼한다 해도 20세 전에는 출가시키니, 출가하여 1,2년 내에 또는 3,4년 내에 과부가 되는 이가 있습니다. 출가할 나이도 못 되어 이미 미망인의 몸이 되었으나 그 부모는 가풍이 나빠짐을 애석히 여기어 재가시키지 않고, 사족된 자는 그의 자손이 묶일까 염려하여 상녀孀女를 취하지 아니하니, 이것이 원한을 품은 홀어미가 많은 까닭이옵니다. 이로 말미암아 태평함을 어지럽히며 재앙을 부르지 않는다고 반드시 이를 수 있겠습니까? 간혹 욕정을 이기지 못하여 스스로 그 절의를 잃은 자도 있으며, 혹은 강제로 횡포를 당한 자도 있어 세가世家에 누를 끼친 자가 많은데 처음에는 절의를 지키고자 힘쓰다가도 나중에는 절의를 깨뜨리게 됨이, 반드시 이에 말미암은 것이 아니라고 할 수 있겠나이까? 매우 가긍可矜한 이가 있어 오직 외딸인 과부를 이 법으로 묶어 개가시키지 않는다면, 그 부모의 뒤가 저절로 끊기니 어찌 아프지 않겠나이까. 열녀절부烈女節婦는 세상에 많지 않으므로, 나라가 이네들을 포상褒賞하여 그밖의 사람에게 절의를 권장함이 마땅합니다. 만약 사람마다 다 송백松柏의 절의를 지녀야 한다고 책을 지우게 되오면 반드시 다 얻지 못하여, 도리어 그 폐단만 위에서 아뢴 바와 같게 되지 않을까, 신 등은 두려워하옵니다. 이 법은 조종조祖宗朝에는 없었사옵고, 성종께서 스스로 헤아리시고 법으로 세워 특히 인심을 바르게 갈고 닦고자 하셨나이다. 그때 조정의 신하들은 다 불가하다 하였나이다. 지금은 정한 법을 고칠 수 없다고 논하는 이가 있는 만큼 특히 가볍게 대전을 바꿈은 옳지 않으나, 이 법에 폐단이 없다고는 이를 수 없사옵니다. 《주서周書》에도「도道에 오르내림이 있으면 정사도 따라 바뀌니라」하였사오니, 신 등의 뜻으로는 좀 바꾸어도 무방하리라 은근히 아뢰옵니다』하였다. 박숭질朴崇質·이극규李克圭도『재가한 사람의 소생을 벼슬에 허용함은 조종조祖宗朝의 구례舊例이오니, 송헌동의 진언을 채택함이 가한 줄로 아룁니다. 대전에 실린 바일지라도, 때에 따라 변통함은 사실과 시의時宜에 맞사옵니다』고 논하였다. 이계남李季男·정미수鄭眉壽는『우리나라는 절의를 바로잡고, 예를 가르침을 으뜸으로 하오니, 재가하는 일은 전왕조의 폐습인데도 사족가士族家에서 오직 재가뿐만 아니라 삼가三嫁까지 하는 일마저 있어, 성종께서 풍속을 바로잡고자 그 자손에게 동서반에 다 서지 못하게 금하셨으니 그 절의를 무겁게 받들어 풍속을 정돈하심이 지극하셨나이다. 선왕께서 지으신 아름다운 법을 바꾸자는 부박한 논에 따를 수 없나이다』하였다.

정석견鄭錫堅은『삼가 주문공朱文公의《소학서小學書》를 상고컨대「혹 묻기를, 상부孀婦는 예禮로 보아 아내로 삼을 수 없는데 어떠하오」하니, 이천伊川 선생이 이르기를「무릇 아내를 취함에 절개를 잃은 자를 취하면 자기도 절개를 잃은 자가 되오」하였고, 또「부모가 없는 상부로서 빈궁하고 의탁할 곳 없는 이도 재가할 수 없습니까」물으니「이는 다만 뒤에 가난으로 주려 죽을까 두려워하여 지어낸 설이나, 주려 죽은 사람은 적고 절개를 잃은 이가 매우 많으니라」하니, 풀이하는 이가 아뢰기를「아내를 맞는 일은 종사宗祠를 같이 받들어 후사에 전하고자 함이니, 만약 절개를 잃은 자를 취하여 배필로 삼으면, 곧 자기도 더불어 한가지로 절개를 잃은 자가 됩니다. 절개를 잃은 이가 많다 함은, 몸을 그르친 이가 재가하여 마음 속으로는 부끄러워 천지지간에 서지 못할 줄 알면서도 스스로 사는 이가 많다 함이니, 비록 산다

할지라도 무슨 보탬이 되리요. 전조前朝에 대륜大倫이 밝지 못하여, 무릇 사녀士女들의 재가를 괴이하게 치지 아니하였고, 세 번 지아비를 섬기는 일까지 있어 삼가녀三嫁女의 자손을 벼슬에 들이지 않는 법까지 지었나이다」하였습니다. 우리 조종조祖宗朝에 와서 더럽혀진 습속을 일신하여 절의를 무겁게 받들었으므로, 재가한 자를 다 사람들이 천하게 여기었나이다. 그러하와 재가한 자의 자손을 벼슬에 넣는 일을 따로이 금하는 법을 두지 않았으나, 우리 성종께서 특히 명륜明倫을 중히 어기고, 스스로 헤아리시어 대전大典에 기록케 했습니다. 그때 아뢴 대신들의 헌의獻議에「이렇게 하오면, 조과자早寡者가 자손에 누가 미쳐 수치가 될까 두려워서 재가할 수 없게 되어 은밀히 절개를 잃는 자가 많게 되오리니, 대전에 싣지 말기 바라옵니다」하니, 성종께서 윤허하지 않으시고「후왕이 혹 고치는 일이 있을지라도 과인은 불가불 입법하겠노라」하셨나이다. 지금 송헌동의 진언陳言은 세상일로서는 공경할 만하오나 주희朱喜·정이程頤의 광명정대한 논이 이미 그러하옵고, 또 대전에도 재가한 자의 자손을 동서반직東西班職에 서하지 말라고만 했고, 달리 재가의 금지를 두지 않았사오니, 크게 절개를 잃은 자는 으레 그러려니 자처할 것인데, 정사에 무슨 큰 방해가 되오리까? 선왕께서 인륜대절人倫大節을 중히 여기시어 단호히 법을 지어 성자신손聖子神孫에 만세토록 잇게 하고자 하셨사온데 훙거하신 지 3년 남짓밖에 안 되어 한 서생의 진언으로 법의 개부改否를 의논케 하오니, 신은 불가라 아뢰나이다』하였다.

이창신李昌臣도 논하기를『아내가 지아비를 따르되 몸을 마치도록 바꾸지 말며, 신하가 임금을 섬기되 죽는 일이 있어도 둘을 섬길 수 없으니, 이것이 사람된 도리이며 대륜입니다. 5대의 대신 풍도馮道는 나라가 멸하고 임금이 망하면, 또 타성他姓 임금으로 옮아 섬겨서 객사를 지나가는 손님 보듯 하여, 삼사三師[16]에 으뜸가게 총애를 받았으며, 다섯 왕조에 두루 정승 벼슬을 맡아 자칭 장락로長樂老라고 하나, 선유先儒들이 매국賣國의 간신이라고 기롱譏弄하니 무엇이 옳겠나이까. 큰 절개가 이미 이지러져 부인이 또한 이렇듯 어려서 과부가 되어 자식이 없으니, 참으로 애통하다 하여 만약 다른 사람에게 출가한다면 무릇 생리로는 맞으나, 절의로써 헤아리면 또한 여자 중의 풍도馮道인데 무슨 면목으로 천지간에 서리요. 옛날 조문숙曹文叔의 아내는 이름이 영녀令女인데, 어려서 과부가 되매 그 아비가 가련히 여기어 재가시키고자 하자 「짐승과 같은 행실을 내 어찌하리요」하고 머리를 깎고 귀와 코를 베어 죽기를 맹세하고 물리쳤으니 천년 뒤에 지금토록 듣는 이가 다 늠연히 옷깃을 여미는 바이옵니다. 혹 이천伊川 선생께 묻기를 「부모 없는 상부로서 빈궁하고 의탁할 곳이 없는 자는 재가할 수 있지 않습니까?」 하니 「이는 다만 뒤에 사람들이 주려 죽을까 두려워하여 지어낸 설이나, 주려 죽은 이는 아주 적고 절개를 잃은 이가 매우 많으니라」 하셨으니, 신은 성인이 다시 살아나도 이 말을 바꾸지 않으리라 생각하옵니다. 우리 성종대왕께옵서는 하늘이 내신 성군으로, 절의와 나라의 원기를 아시와 충신의 후손을 등용하시고, 효행한 이를 발탁하시며, 절부節婦의 집에 정문旌門을 세우는 등 그 일세의 풍속을 갈고 닦으심이 이러했습니다. 더욱 왕강王綱이 땅에 떨어져 후대 여러 임금님께서 교를 내리지 아니할까 염려하시어 실행부녀失行婦女 및 재가녀의 소생을 동서반직에 서叙하지 말도록 하셨으니, 그네들 어버이의 절개 잃음을 징계하여 조반朝班[17]을 더럽히지 않으며, 강상綱常[18]을 심어 세도世道를 만회하셨음이 지극하였나이다. 이로써 민풍民風의 잘못됨을 막으려 하셨으되, 사족가의 부녀로서 재가하는 이가 가끔 있었으나, 그 주혼가장主婚家長에 죄 주지 않으셨고, 또 그 재가자도 가혹하게 금하지 아니하셨나이다. 어찌 반드시 가혹한 법으로써만 절의를 권장하셨겠나이까? 송헌동이 담장을 넘어 협박하는 자에게 절개를 잃은 자가 만만萬萬으로 많다 하나, 신의 어리석은 생각으로는 그렇지 않다고 여기나이다. 옛날 왕응王凝이 괵주虢州 참군參軍으로 순직하매, 응凝의 본가가 가난하여 그의 처 이씨가 친정으로 돌아가려고 개봉開封 땅을 지나다가 여사旅舍에 머무니 주인이 들이지 아니하였나이다. 이씨가 하늘을 바라보매 날이 이미 저문지라 선뜻 떠나지 못하던 중 주인이 팔을 끌어 내미니, 이씨가 통곡하며 이르기를 「내 남의 아내가 되어 절개를 지키지 못하고 이 손을 남에게 잡히었도다」 하며, 도끼를 잡아 그 팔을 끊었나이다. 이씨와 같은 절개만 있다면 어찌 담장을 넘어 위협하겠나이까? 혹 담장을 넘어온 자에게 절개를 잃은 자는 특일特一 음부淫婦이오니, 오랏줄로 묶어 가두고 법으로 다스려야 하옵니다. 대장大匠도 졸공拙工이 되지 않게 곡직개폐曲直改廢하는데, 어찌 왕자로서 한 음부淫婦 때문에 깎을 수 없는 법전을 가벼이 고치겠나이까? 우리 전하께옵서는 성聖으로써 성을 이으시매, 사방 만백성이 다 눈을 새로이 하여 덕치德治를 보는 즈음에, 절의를 숭장崇獎하는 교를 중외中外에 펴셨사오니, 무계無稽한 한 사람의 말로 인해서, 부인의 실절문失節門을 크게 열어 놓는다면 풍화風化에 누가 됨이 어찌 얕으오리까」 하니, 보필에 따라 논하였다. 《이조실록》

　　어숙권魚叔權의 《패관잡기稗官雜記》에 이르기를 『가정嘉靖 초년初年 연간年間[19]에 조관朝官 정씨자鄭氏者가 있어 그의 딸이 일찍 과부가 되었으므로 다른 사람에게 개가시켰더니, 조정에서 풍속을 파괴하였다 하여 영영 벼슬을 주지 않았다』고 하였다.

　　조헌趙憲의 《동환봉사東還封事》에 이르기를 『여자가 어른이 되고도 시집가지 않음은 죄가 된다. 일찍 상부孀婦가 되어 의탁할 곳 없는 자에게 개가를 허하는 것은 대명大明의 법으로, 재가한 이의 자손일지라도 출사出仕를 막지 아니하였다. 그러므로 개가하고자 하는 이는 개가하고, 정녀貞女이고자 하는 이는 스스로 수절하였다. 우리나라 상부로서 아들 있는 자는 그 앞길에 꺼림이 있을까 두려워하여 은근히 간음하여 자식을 낳아 밤에 버리는 자가 많으니, 어찌하여 재가를 못하게 묶어 풍화風化를 훼상함일까? 어찌 재가를 허하여 사나이에게는 홀아비가 되지 않게 하고, 계집에게는 원한이 없게 하여 백년토록 자식을 낳아 기르며 편안히 살게 하지 않을손가』라고 했다. 《문헌비고文獻備考》

　　현종顯宗 경술[20]에 송시열이 상소하여 아뢰기를 『지아비가 죽어도 재가하지 않음은 천지의 큰 이치이옵니다. 성인이 어찌 이를 교로 삼지 않았겠습니까? 그러하와 예로써 이를 가르친 바 백성이 날로 착하여졌으므로 반드시 오늘과 같은 엄한 형과 중엄한 법으로써 모두를 다스리지 아니하여도 될 줄 아옵니다. 요즈음 홍천경洪千璟의 여동생이 몰래 형살刑殺되었다고 합니다. 듣잡건대, 대개 고려 말에 윤리가 문란하여 혹 지아비를 죽이고 달리 재가하는 자가 있었으므로 부득이 이 법을 마련하였다고 하오니, 이것이 과연 성인의 도리이겠나이까. 주공周公이 예를 지음에 어찌하여 가모嫁母와 계부繼父의 복상服喪을 정하였으며, 정자程子가 어찌하여 생녀甥女를 재가시켰겠나이까? 주공이 어찌

하여 예와 교를 달리 쳤으며, 어찌 재가가 비의非義임을 몰랐겠나이까』 운운했다. 《문헌비고》

이긍익李肯翊의 평론平論에 이르기를『우리나라 사족 부인의 개가금지는 본디 법으로 정한 것은 아니었다. 개가한 여자의 자손은 비록 명문거벌名門巨閥이라도 현직顯職을 불허하니, 사부가에서는 개가한 여자를 취하지 않았고, 딸이 있는 집에서는 서인에게 출가시키지 아니하였으므로 점점 풍속으로 되어 버렸다. 지금은 자연히 법제처럼 엄하게 되어 혹은 납폐만 받고 혼례를 치르지 않은 채 사위가 덧없이 죽었거나, 혹은 나이가 너무 어려 다만 합근合巹의 예만 치르고 동침도 못하고 죽은 이가 많아 나이 겨우 14, 5세에 상부가 된 사람이 헤아릴 수 없으니, 원이 맺히고 화평을 상함이 대단하도다. 천지가 생긴 지 오래이지만, 상고上古로부터 몇 성인들이 예를 지었으되 아직껏 개가를 금한 적이 없어 중국에서는 지금토록 이를 받드는데, 유독 이 작은 고장의 습속이 비좁아 이리되어 사람이 다 마음을 편히 하지 못한다. 우리나라 예와 법이 엄밀하기는 하나, 감히 말하자면 명분을 가르치는 나머지 죄를 얻게 하므로 굳이 힘을 내어 이를 말하지 않을 수 없거니와 개탄할 일이로다. 본디 명교名敎는 요堯·순舜·우禹·탕湯·문文·무武·주周·공孔·사思·맹孟으로부터 나왔거니와 이는 여러 성현께서 세운 교가 아니니 어찌 탓하겠는가. 천하 고금에 통행된 개가를 다스리는 일은 사간私奸하여 죄에 빠짐을 막기 위함이나, 이를 분명히 논한다면, 법을 고쳐서 문벌을 가리지 말고 현사顯仕로 뽑아야 한다. 이렇게 한다면 스스로 개가한 사람 자손들의 지색지환枳塞之患[21]이 없을 것이니 그 법의 바꿈이 어렵지 않도다』하였다.

이익李瀷의 《성호사설》에는 『우리나라의 미속美俗에 중화가 미치지 못하는 바가 있다. 곧 천인마저도 절개를 지켜 재가하지 아니하니, 이는 국법에 개가한 자의 자손을 청로淸路에 들이지 않게 되어 있기 때문이다. 군자의 덕은 풍風에 있고 소인의 덕은 소박한 곳에 있는 법인데, 풍만 숭상하고 소박素朴(草)함을 업신여기어 누르니, 한 나라의 풍속이 한가지로 되어 마을의 천인 자손은 애초부터 청반淸班[22]에 들 수 없는데도, 어리석게 노비奴婢마저 금욕수절禁欲守節하니, 교화가 얼마나 사람에게 함께 미치는가를 알거니와, 이는 다 상上께서 이끈 바이로다』라고 했다.
　이동휘李東徽의《수산집修山集》에는『예에 이르기를「부녀가 수절하는 것은 부인이 불재초不再醮함이라」하였고, 주자朱子가《소학서小學書》를 짓되 정정선생이 이른「주려 죽은 이는 적고, 절개를 잃은 이가 매우 많다」는 말을 들어 천하에 교를 베풀었는데도, 오늘의 세상에서 알지 못하는 자들이 큰소리하기를 좋아하여「우리나라는 규모가 좁으므로 지아비가 죽게 되면 왕명에 매이어 수절하여 화기를 상하게 한다」하여 이로써 설說을 이루니, 사람들이 다 그것을 잘못이라 여기며, 거공대유巨公大儒들도 혹 그러지 말기를 바라더라. 그러나 이 일은 이미 왕의 법제로 금지되어 오늘에 이르도록 지켜졌으니, 지금 이 법을 갑자기 바꾼다면 상上께서 사람들로 하여금 절개를 잃게 하는 꼴이 된다. 명의가 지엄하니 왕이 어찌 교로써 명분을 상케 하여 절의를 깨치게 하겠는가』라고 하였다.
　고종高宗 31년 갑오²³⁾ 6월에, 군국기무처軍國機務處 의안議案에『첫째로, 부녀의 재가는 귀천 없이 그 뜻에 따라 자유롭게 한다』라고 아뢰어 재가를 받았다.

---

1)〈命婦〉봉호封號를 받은 부인의 통칭. 내명부內命婦와 외명부外命婦로 나뉨. 제17장 6절의〈내외명부內外命婦의 칭호〉참조.
2)〈恭讓王元年〉기사년. 서기 1389년.
3)〈都堂〉의정부議政府의 별칭.
4)〈抑何心情〉대체 무슨 생각으로 그리하는지, 그 마음을 모르겠다는 뜻의 일컬음.
5)〈庶孼〉적실嫡室 이외의 첩실妾室에서 낳은 자손.
6)〈太宗六年丙戌〉서기 1406년.
7)〈三從之義〉부녀자가 따를 세 경우의 일컬음. 곧 미가종부未嫁從父(시집가기 전에는 아비에 따름)·기가종부旣嫁從夫(출가하여서는 지아비에 따름)·부사종자夫死從子(지아비가 죽어서는 아들에 따름).
8)〈恣女案〉행실이 방자한 부녀자에 대한 일종의 조서調書.
9)〈成宗八年丁酉〉서기 1477년.
10)〈原任大臣〉전임대신前任大臣.
11)〈傳〉성인의 저서를 일컬음.
12)〈成宗十六年乙巳〉1485년.
13)〈比屋可封〉요순시대에 인재가 이웃에 많았음을 일컬음.《漢書》에『堯舜之

世, 比屋可封』이라고 했다.
14) 〈正德年間〉 중국 서하西夏 때의 연호로 서기 1506~1531년 사이.
15) 〈燕山君四年戊午〉 서기 1498년.
16) 〈三師〉 태사太師·태부太傅·태보太保의 병칭並稱. 고려 초부터 두었다가 공민왕 11년에 폐함.
17) 〈朝班〉 조열朝列, 조정의 조례朝禮 때 벌여 서는 차례. 여기서는 〈조례의 귀위〉의 뜻.
18) 〈綱常〉 떳떳한 기강紀綱.
19) 〈嘉靖初年年間〉 명明 때의 연호. 서기 1522~1566년.
20) 〈顯宗庚戌〉 현종 11년. 서기 1670년.
21) 〈枳塞之患〉 사정이 있어 벼슬길에 나가지 못하게 함으로써 일어나는 여러 환란.
22) 〈淸班〉 청백淸白한 사대부가士大夫家.
23) 〈高宗三十一年甲午〉 서기 1894년.

# 第十三章 ◉ 수과守寡・수절守節

## 1 양반과부兩班寡婦

　조선시대에는 특별히 법을 만들어 개가한 여자의 자손에게는 정직正職을 서叙하지 아니하였다. 이런고로 양반과부가 다 정절을 지켰으나, 본심이 아니라 강제였다. 대개 조례朝禮에 열列하는 이를 양반이라 이르니, 양반가에서 과부가 개가하면 곧 벼슬길이 끊기며, 문벌의 이름을 지키기 어려웠다. 그러므로 과부 당사자가 수절을 원치 않더라도 그 부모형제가 굳이 수절시켰다. 과부는 깊은 안방에 처하여 밖과의 인연을 끊었으며, 족당族黨이 감시하고 비복婢僕이 둘러 이를 지켰으므로, 비록 사람을 따르고자 한들 스스로 나설 수가 없어 슬픔은 성을 허물고 원한은 하늘에 사무쳤다. 이로 인하여 글발을 보내어 황혼녘에 사람을 맞이하는 일을 약속하는 것과, 고운 베개를 낭군으로 삼고 이와 이야기하며 동침하는 일이 왕왕 있었다.
　옛적에 어떤 선비가 경성의 다방동茶坊洞에 살면서 어린이들을 가르치고 있었다. 하루는 이웃집 과부가 사람이 없는가 엿보더니 글을 적어 돌에 매어달아 던지거늘, 선비가 그 글을 받아보니, 마침내 과부가 자매自媒하는 바이었다. 이에 담을 넘어 들어가니 그 과부가 글을 지어 이르기를『청춘이 다함을 스스로 한탄하노니, 어느 마음에 환한 해가 뜨리오 自恨靑春去, 何心白日來』하여 다시 다음 저녁을 기약하고, 돌려보내었다는 이야기가 전하여진다. 또 옛적 어느 재상가宰相家에 딸이 있어 과부로서 수절하는데, 재상이 밤마다 집을 돌았다. 그의 딸 방 밖에 이르렀을 때, 밤은 깊었으되 등은 꺼지지 않았는데 또 사람이 있는 듯 더불어 속삭이는 소리가 들렸다. 몰래 들여다보았더니 그의 딸이 남복을 베개에 입히고 신랑처럼 하여 마주앉아 이야기를 주고받고 하는 시늉을 하더니 얼마 뒤에 껴안고 동침하는 것이었다. 이에 재상이 견딜 수 없어 몰래 그 딸을 먼 북도北道로 출가시켜 종적을 감추게 하였다는 이야기도 전한다.
　이런 이야기들 중 연암燕巖 박지원朴趾源이 저술한 열녀 박씨烈女朴氏의 얘기가 가장 수절과부의 괴로운 정을 곡진曲盡하게 나타낸 것이므로 여기에 옮기니 다음과 같다.

### 열녀烈女 함양박씨전咸陽朴氏傳 병서并序

제齊나라 사람이 이르기를 『열녀는 두 지아비로 갈지 않는다』하였으니, 《시전》의 백주栢舟가 그것이다. 그리하여 나라의 법에, 개가한 사람의 자손을 모두 정직正職에 서叙하지 않았으니, 이것이 어찌 여느 서성庶姓과 여맹黎氓을 두고 세운 법이겠는가. 그러나 국조國朝[1] 4백 년래에 오래도록 젖는 동안 상도常道가 되어, 부녀자는 귀천과 족벌의 높낮이를 가리지 않고 다 과부로서 수절하지 않는 이가 없으니 마침내 습속이 되었다. 그런즉 옛날의 열녀는 오늘의 과부 속에 다 있는 셈이다. 전사田舍의 소부小婦나 위항委巷의 청상靑孀이 부모의 핍박을 받지 않고자, 또는 자손이 청직淸職에 나서지 못하는 부끄러움을 주지 않고자, 수과守寡함이 수절함만 못하나 흔히 자멸주촉自滅晝燭[2]하며, 기순야대祈殉夜臺[3]하여 물불〔水火〕과 고됨과 죽음〔纏鳩〕을 평지 밟듯 하였으니 열렬하고도 열하나, 어찌 잘못이 아니겠느냐? 옛날에 형제명관兄弟名官이 있었는데 벼슬길〔淸路〕이 막히었으므로 어미 앞에 가 이 일을 이르니, 어미가 「어찌하여 너의 길을 막는다더냐」고 물었다. 이에 대답하기를 「그 길 앞에 과부가 있다 하여, 바깥 이야기가 매우 시끄러웠습니다」하였다. 어미가 놀라며 이르기를 「과부가 안방에만 있는데 어떻게 안다더냐」하였다. 「풍문으로입니다」하고 아들이 대답하니 어미가 곧 이르기를 「바람이란 소리는 있으되 꼴이 없어 눈으로 보고자 하여도 볼 수 없고, 손으로 잡으려 하여도 붙들 수 없으며, 빈 곳으로부터 일어나되 만물을 움직이는데, 어찌 형상 없는 일로써 사람을 논하여 마음을 부동시킨단 말인고? 다 과부의 아들인 때문이로다. 과부의 자식이니, 과부를 잘 알 수 있으리라. 거기 앉거라. 내 너에게 보일 것이 있다」하면서, 품 속에서 동전 한 닢을 꺼내며 이르기를 「이것에 둘레〔輪廓〕가 있느냐?」하고 물었다. 아들이 「없습니다」하였다. 다시 어머니가 「이것에 글자가 있느냐?」하고 물었다. 아들이 「없습니다」하였다. 어미는 눈물을 떨구면서 「이것이 네 어미가 죽음을 참은 신부信符이다. 10년을 만져서 다 닳았다. 대저 사람의 혈기는 음양에 뿌리를 두며, 욕정은 혈기로 모이며, 생각은 유독幽獨한 곳에서 생기며, 상함과 슬픔은 생각에 말미암음이니, 과부는 유독하고 상하고 슬프기가 말할 수 없는데 혈기가 있어 때로 왕성하면 어찌 과부라고 욕정인들 없겠느냐? 외로운 등불이 그림자를 비추면 홀로 보내는 밤이라 잘 새지도 않는데, 혹시 비라도 처마에 쓸쓸히 내리거나 창에 달빛이 희거나, 뜰가의 나뭇잎이 바람에 불리거나 하고, 또 짝지은 기러기가 하늘을 울고 가거나, 먼 닭소리가 잔잔할 즈음 어린 종이 슬쓸히 코를 골거나 할 때면, 마음 둘 바 없어 잠을 이루지 못하였으니 누구를 원망하겠느냐. 나는 이 돈을 꺼내어 굴렸다가는 방안을 두루 헤매며 찾고는 하였었다. 둥그니 잘 구르다가도 문지방에 닿으면 잘도 멈추더라. 내가 찾아서는 다시 굴리고 밤마다 대여섯 번씩 굴리다가 보면 날이 새더라. 10년 동안에 해마다 그 횟수가 줄어, 10년 뒤로는 닷새 밤에 한 번, 또는 열흘 밤에 한 번 굴리다가, 혈기가 이미 쇠약해진 뒤로는 다시 굴리지 아니하였다. 그러나 내 아직 열짝을 20여 년 동안이나 가지고 있으니, 그 공을 잊지 못하겠기 때문이다. 그리고 혹시 스스로 경계하는 바가 되는 때도 있다」 하였다. 마침내 모자가 서로 마주잡고 울었다. 뒤에 군자가 이 말을 듣고 「가위可謂 열녀로다. 슬프다, 그 괴로운 절개를 그토록 맑게 닦았으되 당세에 나타나지 못하고 사라져 전하지 않으니 이를 어찌하랴. 과부의 수절이 이토록 온 나라를 통하여 상도常道가 되니, 과부의 문에 남달리 나타난 절개 한 번 죽으매 무無로구나」 하였다.

## 2 상민과부常民寡婦

우리 조선 향곡鄕曲의 어리석은 백성들은, 만약 인근에 새 과부가 났다고 들으면 곧 여럿이 공모하여 이를 취하였으니, 그 법식인즉 미리 과부가 사는 곳, 자는 곳을 탐지하여 두었다가 밤을 틈타 들어가, 등에 업고 나와 가난한 홀아비로 하여금 하룻밤을 강겁強劫케 하여 짝을 이루게 하는 것으로 습속이 되더니, 별로 괴이하게 여기지도 않았고, 관에서도 심히 금하지 않았다. 불문의 습속치고 이것보다 더한 것은 없다. 비록 습속이 그렇기는 하되, 참으로 수절하는 과부를 만나게 되면 살인하는 옥사獄事까지 생겼다. 정다산丁茶山 선생의 《흠흠신서欽欽新

書》중에 이런 종류의 옥안獄案[4]이 한 번이 아니고 여러 차례 보인다. 참으로 나쁜 습속이라고 하겠다. 혹은 기지 있는 과부가 미리 강겁될 줄 알고, 계교를 써서 토끼처럼 빠져나오는 일도 있었고, 또는 오히려 폭한暴漢을 욕보인 과부도 있었으니, 여기에 다음의 한 예를 든다.

원주原州 주천면酒泉面에 이씨의 딸이 있어, 청년상부青年喪夫하고 수절하고자 뜻을 세우고 있었다. 풍문에 서촌西村의 안씨 성을 가진 사람이 바야흐로 그 여인을 업어다가 절개를 꺾고자 모의한다는 이야기를 듣고, 이씨의 딸은 제 옷을 오라비한테 입혀 놓고 저는 몸을 빼어 숨어 엎드렸다. 깊은 밤중에 과연 안이 무뢰한 10여 명과 짜고, 담을 넘어와 업어다가 이씨의 딸인 줄 알고 그 누이동생 방에서 자게 하였다. 그의 누이동생은 비녀를 꽂지 않은 〔未笄〕아가씨로서 얼굴이 고왔다. 이李더러 언니라고 부르며 같이 자기를 청하며 정성을 다하여 위로하였다. 이李는 짐짓 여자 시늉을 하여 머리를 숙이고 대답하지 아니하니, 안의 누이동생이 자꾸 같이 자기를 청하였다. 이는 본디 노총각이라 춘심春心이 어찌 동하지 않았겠는가? 옷을 벗고 같이 자니, 이튿날 안이 비로소 그 사실을 알고 부끄럽기 그지없어 마침내 그의 누이동생을 이에게 출가시켰고 이씨의 딸은 끝내 수절하였다.《파수록罷睡錄》

## 3 첩과妾寡

적과嫡寡[5]의 수절도 희한한 일에 속하거늘, 하물며 첩과妾寡[6]의 수절에 있어서랴? 남의 첩이 되어 지아비가 살아 있을 때에도 정조를 지키지 못하는 자가 많이 있는데, 하물며 지아비가 죽은 뒤에 있어서랴? 첩으로서 과부가 되면 수절하고 안하고는 이미 문제가 되지 않는다. 그러나 옛날 은아銀娥 같은 이는 남의 세번째 첩이었으되 과부로서 잘 수절하여 절의로 마치니 이 세상에서 백에 한둘도 없는 일이다. 가위 여성계의 모범 인물이라기에 여기에 특히 적어 보이니 다음과 같다.

성혼成渾의 《우계집牛溪集》〈은아전銀娥傳〉에 이르기를

낭자의 이름은 은이나, 무슨 성姓인지는 모른다. 양주楊州 사람이다. 종실의 수성수壽城守가 교하交河에 살더니, 하루는 그의 종이 양주의 양가댁 딸을 데려와서 「아내 없는 자에게 출가시키고자 한다」는 이야기를 전하였다. 이에 수성수가 그녀를 불러 의식을 제급製給하였다. 그때 동녀童女의 나이 열세 살이었다. 3년 뒤에는 수성수가 첩으로 삼았다. 수성수는 이미 두 첩이 있었으나, 이 동첩만을 총애하였다. 은아銀娥는 성품이 곱고 부드러워 일을 받들되 순하게 따르며, 조석으로 진지 올리기 10년을 하니, 살림 잘하고, 아랫사람 잘 위무慰撫한다고 매우 칭찬이 자자하였다. 수성수가 점점 늙어가매, 속마음으로 소녀에게 싫어하는 뜻이 생겼는가 의심하여 이르기를 「내가 죽으면 너는 다른 사람을 섬기겠느냐, 눌러 수절하겠느냐」 하였다. 소녀가 「그 일은 미리 말할 수 없습니다」 하고 대답하였다. 재차 물어도 번번이 이렇게만 대답하였다. 수성수가 병을 만나 오래 앓으니, 시중드는 다른 사람이 다 싫증을 내었다. 은아만은 두루 병시중을 들되, 약은 반드시 먼저 먹어보며, 옷끈을 푸는 일이 없이 항상 차려 입고, 아무리 깊은 밤일지라도 부름에 오직 따르며, 한번도 게을리하지 않았다. 그 정성에 감동하여 수성수가 임종할 때 밭과 재산을 급여하는 문서를 지어주고, 이르기를 「네가 만일 수의守義하면 이것으로써 위식종신爲食終身하고, 그렇지 않으면 내 아들에 주고 가거라」 하였다. 은아는 애통하게 울며 머리와 손가락을 잘라 순장殉葬하고, 예를 지키어 3년상을 정성껏 마쳤다. 유의遺衣와 침구를 옛 자리에 모셔 두고, 그 곁을 지키면서 상을 마친 뒤에도 거두지 않고, 하루같이 슬퍼하며 사모하였다. 또 집이 있고 없고는 묻지 않고, 다만 옛 방을 지키며 단정히 앉아 글을 읽었다. 새 종이로 창을 발라 반드시 정결히 하며 철따라 물건을 얻으면 반드시 바치고 절하였다. 화창한 봄날을 당하여, 이웃 할머니가 와서 주식을 만들어 주며 위로하여 이르기를 「낭자는 젊고 마음씨도 고운데, 독수공방하여 꽃처럼 시드니, 참 가엾습니다」 하여도 은아는 불연怫然히 대답하지 않았다. 그 후로도 여러 차례 와 더욱 간절하게 이야기하므로, 은아는 이를 싫어하였고 뒤에는 술을 가져왔다고 하면 앓는다는 핑계로 문을 닫고 거절하였다. 혼자 몇 해를 사노라니 사는 일이 어려워 보리밥에 나무뿌리도 없는 때가 있었다. 혹 이 여인에게 이르기를 「그 밭을 팔아서 스스로 넉넉하게 지내는 것이 어떠리오」 하여도, 은아는 「나는 본디 농가의 딸이므로 찌꺼기가 내 분수에 맞는 터인데, 오늘에 어찌 물려주신 밭을 남에게 팔아 넘기리요」 하며, 여러 자손에게 물려주니, 그들이 은아를 극진히 섬기었다. 또 어떤 이가 「어째서 그들에게 물려주어야만 하오?」하매, 은아는 「내가 마땅히 여러 자손에게 두루 나눠 준 것은 임의 뜻이었으니, 어찌 혼자 아끼어 나를 위하여 사사로이 쓰리까」 하였다. 은아는 성품이 명민하여 문리文理에 능통하였다. 항상 열녀전을 읽어 공경하며 본떴었다. 손님이 오면 술통과 도마 사이에 은근히 앉아 친히 술을 따르되 주량을 알맞게 하며, 차별 없이 고루 드렸으니, 사람을 섬기는 정간精 懇이 다 위와 같았다. 거상居喪하는 동안 머리를 한번도 빗질하지 않고, 나물 도 입에 대지 않았고, 애훼哀毁하여 병이 되어 마침내 구혈증嘔血症으로 9 년을 앓다가 죽으니, 나이 서른아홉 살이었다. 죽는 날 붓을 잡아 죽은 뒤의 관렴棺斂의 일과, 선부先夫에 종장從葬하여 달라는 뜻을 적고, 또 생전에 남긴 옷가지 가간십물家間什物을 조목조목 적어 놓았다. 이는 공경스레 지킨 이것 들을 후손에게 물려주고자 한 때문이었다. 여러 친족이 치상治喪할 때 서책書 册·궤안几案을 보니 그전 때와 꼭 같았고, 가사의 잔붙이들도 없는 것이 없었다. 서로가 다 함께 탄복하여 그 뜻에 어긋나지 않도록 선인 곁에 부장祔 葬하였다.

## 4 미성혼녀未成婚女의 종신수과終身守寡

남에게 출가하여 아내가 된 다음 지아비가 죽으면 수절하니 절의이고 도 절의이다. 그러나 천리의 당연한 도로 말하면 반드시 그런 것은 아니 다. 하물며 다만 혼약만 하고 불행히 성례도 못한 채 신랑감이 죽어도 여자가 종신토록 수절하니 세상에 어찌 이런 우스운 절의가 있겠는가. 여기에 몇 예를 들어 참고케 한다.

김씨는 인조仁祖 임금 때 강화군江華郡 농가의 딸이니, 나이 열일곱 에 같은 고을의 박정근朴貞根과 혼약하였다. 나라의 습속에 따라 정혼 定婚하고 연길涓吉하면 반드시 먼저 납폐納幣하는 법이라, 김가는 길일 을 택하여 이미 납폐를 받았다. 그러나 정근貞根이 갑자기 병을 얻어 별안간에 죽었다. 이에 박가가 환폐還幣를 청하여 오자, 김씨 부모가 받은 납폐를 돌려주자 하니, 김씨가 울면서 이르기를 「이미 납폐의 예를 행하였으니, 저는 박씨 가문의 사람입니다. 어찌 박가의 불행으로 다시 남에게 시집가겠습니까. 만약 그렇게 되면 새나 마소와 같으니, 어찌 사람이 새나 마소와 같은 행실을 하겠습니까? 납폐를 돌릴 수는 없습니다. 꼭 박씨에게 시집가야만 지금보다 더 비참〔慘〕하지 않겠나이다」하였다. 말투가 늠름하여 뜻을 고쳐먹게 할 수 없었다. 그 부모가 어쩔 수 없어 그의 뜻에 따라 박씨가에 보내니 사당에 절하고, 시부모를 뵈오며, 한결같이 다 상례에 따라 행하였다. 매양 지아비의 묘에 가 애통하게 호곡하더니 여러 차례 혼도昏倒하였다. 돌아와 영위靈位를 모셔 놓고 조석으로 전헌奠獻[7]하여 정성과 예를 다하며, 터부룩한 머리와 때옷으로 머리도 들지 않고 입도 열지 않은 채 2년 동안 하루같이 구고舅姑를 받들되 효도를 극진히 하였다. 시어머니가 종기를 앓자 친히 핥아 온전히 낫게 하였다. 상을 마치고 나니 시어머니는 그녀가 다른 곳에 하종下從[8]할까 염려하여 늘 간호하니, 김씨는 그 작은 뜻을 헤아리어 조용히 친족에게 이르기를 「내가 만약 하종하면 가련한 우리 늙은 시어머님께서 누구를 의지하여 사시겠습니까. 나는 죽으면 그만이려니와 우리 시어머님께 거듭 슬픔을 주게 됨을 견딜 수가 없습니다」하였다. 6년 뒤에 시어머니가 이어 죽으니 예대로 장제葬祭하되 성경誠敬을 지극히 하였다. 시어머니의 상을 효성을 다하여 마친 다음해, 즉 기사년 9월 27일 곧 납폐納幣를 받은 날 갑자기 병에 걸리어 눕더니, 10월 28일 합연溘然히 세상을 뜨니 곧 지아비가 죽은 날이었다. 《본전本傳》

분 파는 늙은이〔賣粉嫗〕는 숙종肅宗 임금 때 경성 사람 모씨某氏의 사비私婢이니, 젊었을 때 용모가 고왔다. 이웃 사나이가 보고 반기며 붙잡으니 사절하며 이르기를 「담장을 넘고, 담에 구멍을 뚫고 하는 그런 일은 아니되오. 우리 부모님께서 계시니, 만약 나를 버리지 않으신다면 우리 부모님에게 와 구하시오. 부모님께서 허락하시면 일은 다 되리다」하였다. 이웃 사나이가 물러가 납폐를 갖추어 가지고 부모를 뵈었으나 부모는 허락하지 않았다. 이에 사모하는 마음이 사무쳐 병이 되어 죽으니, 딸이 이 말을 듣고 울며 이르기를 「이는 내가 그를 죽임이로다. 내 본디 그에게 몸을 적신 바 아니로되 이미 마음으로 허락하매 그가 곧 죽은 바이로다. 내 어찌 그 마음을 바꾸리요. 나를 그리워하다가 죽은 그를 등지고, 내가 남과 더불어 놀아나면 이는 곧 개돼지니라」

하며 스스로 시집가지 않을 것을 맹세하고 분 파는 일을 업으로 삼으면서, 늙을 때까지 마음을 바꾸지 아니하였다. 《동계집東溪集》

옥랑玉娘은 영조 임금 때의 종성鍾城 여자이니, 곧 내사內寺의 비婢였다. 재주와 용모가 매우 뛰어났고 글을 좋아하였다. 평상시에도 상질 어린絁帙魚鱗[9] 속에서 글하는 잠꼬대를 하며 문 밖에 나오지 않았다. 읍중邑中에 소년 유생이 있어 낭자의 재주가 훌륭하다는 소문을 듣고, 일찍이 시사詩詞 한 편을 지어 기증하였다. 옥랑이 그의 재주와 정을 흠모하면서도 온화하게 사절하였다. 그래도 적이 사의를 두므로, 낭자가 감탄하여 「이 유생에게 몸을 맡기어 종신함이 마땅하도다」 하고, 부모에게 고하여 정혼하였더니, 혼례를 올리기 전에 갑자기 유생이 죽었다. 낭자가 애통상비哀痛傷悲하여 과부로서 수절하며, 유생의 친척에게까지 부도를 다하여 접대하였다. 《북관지北關志》

성가聖歌는 명종 때 촌가의 딸이니 정혼한 다음, 혼례를 올릴 기일 전에 지아비가 죽거늘 달리 출가하지 않고, 종신토록 소주 장사를 하며 살되, 소병素屛으로 그 지아비의 신령 모양을 지어 작은 발을 걸어 놓고 조석으로 제사지냈으니, 교관敎官 권극기權克己가 열녀전에 이를 수록하였다.

이능화는 이렇게 말한다. 나는 위의 제조諸條와 정반대되는 한 가지 일을 들은 일이 있다. 곧 옛날 원주原州에 한 향신鄕紳[10]이 있어 딸을 출가시키면서, 뜰 안에 잔치상을 차리고 교배례交拜禮를 행할 때, 불의에 광풍이 불어 장막의 기둥대를 부러넘어뜨리니, 신랑이 이에 맞아 그만 죽었다. 양가 사람이 놀라고 당황하여 어쩔 줄을 몰라하며, 신부 때문에 초상이 났다고 하여 신랑집에서 내어쫓으려 하매, 신부가 즉석에서 큰소리로 밝혀 말하기를 「이 자리에 참석하여 주신 여러 군자는 내 말을 들어주기 바라오. 나와 저 죽은 이와는 혼례가 채 끝나지 않았으니 나의 지아비가 아니오. 나에게 그를 따라야 할 의리가 없는 것은 소연昭然한 일이오. 그러므로 지금 여기에 모인 여러분 중에 만약 나의 비밀스러운 물건을 지닌 이가 있다면 나와 인연이 있은즉, 이는 곧 나의 지아비요……」 운운하였다. 그때 이웃집에 살던 홍씨洪氏 성을 가진 홀아비 양반이 「내가 곧 그 사람이오」 하고 응답하며 증품證品을 내어 보이거늘, 신부가 마침내 홍의 손을 잡고 같이 들어가 부부가 되었다. 대개 신부가 전날 저녁 서답¹¹⁾을 빨아 울타리에 말리었는데, 바람에 불리어 길가에 떨어진 것을 홍이 주워 몸 깊이 간직하였었다. 속담에 『서답을 주운 자는 재수가 있다』고 한 때문이었다. 뒤에 홍씨의 자손이 번창하여 부귀쌍전富貴雙全하여, 그 고을에서 제일가는 갑족甲族이 되었다.

---

1) 〈國朝〉 조선인朝鮮人이 조선朝鮮을 일컬은 칭호.
2) 〈自滅畫燭〉 미상.
3) 〈祈殉夜臺〉 죽은 지아비를 따라 밤에 죽고자 생각함.
4) 〈獄案〉 재판의 조서調書.
5) 〈嫡寡〉 적실嫡室로서 과부가 된 이.
6) 〈妾寡〉 첩으로서 과부가 된 이.
7) 〈奠獻〉 제사를 받듦.
8) 〈下從〉 지체가 낮은 사람한테 시집감.
9) 〈緗帙魚鱗〉 책이 많음을 일컬음. 상질緗帙은 누른빛 비단으로 만든 책갑冊匣. 어린魚鱗은 고기비늘 모양으로 늘어 있는 모양.
10) 〈鄕紳〉 지방 유지有志를 말함.
11) 원주에 「속칭 Sōtap(서답)을 Kachim(개짐)이라고도 부른다」고 했다.

# 第十四章 축첩蓄妾의 풍습

이능화는 이렇게 말한다.

동양인의 다처제는 지나支那 이제삼왕二帝三王 때부터 비롯하였는데 뒤의 제왕가帝王家에는 후궁 비빈이 많을 때면 거의 3천 사람이나 되었다. 또 향사鄕士들까지도 처첩을 수십 명씩 두어 제한이 없었으니 다음과 같다.

《예기》〈단궁檀弓〉에 이르기를 『순舜을 창오蒼梧의 들에 장사하고 나서 대개 세 비妃는 이에 따르지 아니하였으니, 장비長妃는 아황娥皇이요, 차비次妃는 여영女英이요, 차차비次次妃는 계비癸比니라』하였다.

정주鄭註에 이르기를 『제곡帝嚳[1] 때에 네 비를 세우고 후비后妃 넷을 별 넷에 비기어 제일 밝은 이를 정비正妃로 하고, 덜 밝은 세 사람을 차비次妃로 삼았으니, 요임금이 이를 따랐다. 순임금은 알리지 않고 장가들고는 정비를 세우지 않고 다만 세 부인을 거느리었다. 하후씨夏后氏는 아홉 사람을 늘리어 열두 사람의 비를 거느렸고, 은나라 제왕은 다시 스물일곱 사람을 더하여 서른아홉 사람의 비를 거느리었다. 주周의 제왕은 제곡 때의 법에 따라 정비 한 사람을 세우고는 도합 일백스물한 사람의 부인을 두고, 그 위位를 후后·부인夫人·구빈九嬪·이십칠세부二十七世婦·팔십일녀어八十一女御로 구분하였다.

《주례》의 〈천관天官〉조에 『음례교육궁陰禮敎六宮』이라 했는데 주註에 이르기를 『정사농鄭司農의 말을 빌리면 음례陰禮는 부인의 예이고 육궁六宮은 후오전일後五前一[2]인데 왕의 비가 120인, 후后가 1인, 부인 3인, 빈嬪 9인, 세부世婦 27인, 여어女御 81인』이라고 하였다. 정현鄭玄의 이른바 육궁六宮[3]은 후后[4]를 일컫는다. 부인칭침왈궁婦人稱寢曰宮이라 칭하니, 은폐지언隱蔽之言이다. 후后는 임금을 섬기어 더불어 육궁에서 지내니 정침正寢[5]이 하나, 연침燕寢[6]이 다섯이다. 교자敎者가 굳이 척언斥言하지 않고 육궁이라고 부름은 지금 왕후를 중궁中宮이라고 일컬음과 같다. 구빈九嬪의 빈嬪은 부婦다. 《혼의昏義》에 이르기를 『옛 천자의 후는 육궁에 거처하며, 삼부인三夫人·구빈·이십칠세부二十七世婦·팔십일녀어八十一女御(女御所謂御妻也. 御猶進也)를 거느리고, 천하의 내치內治를 들어〔聽〕명장부순明章婦順하였다. 그러므로 천하가 내화內和하였고, 외가도 잘 다스려졌다. 이 벼슬에서 부인夫人의 열列에 들지 않는 이〔者〕는(夫人之后가) 마치 삼공三公이 왕을 섬기듯 앉아서 부례婦禮를 논하되 관직은 없는 것과 같다』고 하였다.

내칙에 이르기를『부부의 예는 일흔 살이 되도록 동장무간同藏無間이다. 그러므로 첩은 늙었다 하더라도 쉰 살이 못 되며, 반드시 오일지어五日之御[7]로 섬겨야 한다. 아내가 부재중인 저녁은 첩이 모신다』고 했다. 그 주註에는『천자는 처 81인을 거느렸으니, 이들이 당구석當九夕하고, 세부世婦 27인이 있으니 이들이 당삼석當三夕하고, 빈嬪 9인이 있으니 당일석當一夕하고 부인 3인이 있으니 당일석當一夕하고, 후后도 당일석當一夕하니, 15일간을 고루 오일지어五日之御하였다. 제후는 일취구녀一娶九女하였으니 부인과 두 잉첩媵妾[8]은 각각 질제姪娣를 데리고 있는데, 이들 여섯 사람이 당일석當一夕하고, 다음에 잉첩媵妾 둘이 당일석當一夕하고, 다음에 부인이 전일석專一夕하여 고루 오일지어五日之御한다』고 했다. 그리고《백호통白虎通》에는『경대부卿大夫는 일처이첩一妻二妾이요, 사士는 일처일첩一妻一妾이라』고 했다. 덕국德國(독일) 사람 화지안花之安은 말하기를『옛 제왕은 자기 혼자의 욕심으로 다처제를 정하고, 그 부녀들이 서로 화합하지 않을까 염려하여 이에 질투하지 않음을 부녀의 미덕으로 내세웠다. 이는 사안석謝安石 부인 유씨劉氏가「소위 관저關雎 등의 시詩는 주공周公이 지은 것이라. 만약 주모周母에게 시켰든들 결코 그런 노래를 짓지는 않았을 것이다」한 데서도 알 수 있다』고 하였다.

《설문說文》에『妾은 接(붙음)이다. 혼례 올린다는 말을 듣고 달려가 군자를 접견함이다』라 했고, 《좌전》에는『남의 첩이 된 여자는 부르지 아니하니라』고 했다. 또《휘원彙苑》에는『첩은 접接이다. 군자를 접견은 하나 배필이 될 수 없다』고 했다. 우리 조선에도 이와 같은 뜻의 동화적 수수께끼가 속행俗行되고 있으니, 이르기를『붉으면 대추, 대추는 달지, 달면 엿이지, 엿이면 붙지, 붙으면 내 첩이다』고 하였다. 그 뜻이〈첩〉과〈접接〉(붙음)이 비슷하여 조선 사람의 축첩의 재미를 상상케 한다.

## 1 고구려인의 비첩婢妾

옥저沃沮는 나라가 작기 때문에 대국 사이에 눌려 마침내 고구려의 속국이 되어 미녀를 보내니, 고구려는 비첩婢妾으로 삼고 노복奴僕으로 처우하였다. 《위지魏志》

## 2 신라 진골眞骨의 측첩

신라 왕족은 진골眞骨이라 하여 제일골第一骨로 일컬어지고, 귀족은 제이골第二骨로서 형제兄弟·여고女姑·이종姨從·자매를 다 아내로 삼았다. 그러므로 처족妻族은 모두 제1골이며 제2골녀를 취하지 않았으니 비록 취하더라도 항상 첩으로 삼는다. 《당서唐書》

## 3 고려 귀관貴官의 측첩

고려 관부官府에는 측실側室(女侍)이 있었고, 국관國官에는 첩이 있었다. 서민의 처나 잡역을 맡은 비婢와 복식服飾은 비슷하였다. 부자 집에서는 처실妻室 3, 4명을 두며, 조금이라도 서로 맞지 않으면 바로 이거離居시키고 자녀를 낳으면 별실에 따로 두었다. 《고려도경高麗圖經》
 고려 중엽에 풍속이 크게 허물어져 사대부 사이에 처첩을 서로 훔치는 일까지 있었으니, 최충헌崔忠獻은 대장군 손홍윤孫洪胤을 죽여 그의 처를 아내로 삼았고, 김남준金南俊은 목사牧使 이집李緝의 처와 잠통潛通하여 지아비를 죽이게 했다. 《본사本史》《대동운옥大東韻玉》
 고종 2년[9] 12월에 공부상서工部尙書 정진鄭稹을 강등降等시켰다. 정진은 성미가 본디 탐욕스럽고 비루하여 남의 밭을 뺏어 차지하며, 처첩에게 서로 경쟁을 시키니, 집을 바로 다스리지 못하였기 때문이었다. 《동국통감東國通鑑》
 고종 3년에 이의민李義旼의 아들 지영至榮이 삭주朔州(春川 지방)의 분도장군分道將軍이 되었는데, 양수척楊水尺[10]들이 많이 살고 있어, 길에 들끓었으므로 지영이 이르기를 「너희들은 본디 부역賦役이 없는 바, 나의 기생 자운선紫雲仙에 따라야 한다」 하고, 드디어 그들의 명부를 작성하고 적은 공물을 계속 받았다. 지영이 죽은 뒤로는 최충헌崔忠獻이 또 자운선을 첩으로 삼고 인원에 따라 공물을 받아들였다. 《동국통감》

김원명金元命은 찬성 이귀수李龜壽와 더불어 생사를 같이하는 사이였다. 하루는 이귀수가 김원명의 집 앞을 지나게 됐는데 술상이 베풀어져 처와 첩이 동석하고 있음을 보고 김원명에게 「그대가 정승[相]으로서 집안도 다스리지 못하니, 어찌 나라를 다스리겠는가」 하며, 그의 첩을 꾸짖고 술도 마시지 않고 떠나갔다. 《열전列傳》

지대연池大淵은 혼자 일어서서 여럿을 거느렸는데, 마침내 재상까지 되었다. 많은 희첩姬妾을 두니 서른 명에까지 이르렀으되, 부富한 자만 얻어들이고 색으로써 취하지 아니하였다. 《고려사》

공양왕 원년에 도당都堂이 계啓를 올리되 「산기散騎 이상의 처첩과 6품 이상의 처첩이 자원하여 수절하는 이는 그 마을에 정문을 세워 표하옵소서」 하였다. 《고려사》

고려 때에는 사찰이 다 공물을 거두어들였다. 많으면 몇천 몇백 석이 되어 주지가 공경公卿보다 호부豪富하여 비첩을 두기에 이르렀다. 《용재총화》

이능화는 이에 대하여 이렇게 주장한다.

고려시대의 6품관 이상은 다 첩을 두었고, 절의 중까지도 축첩할 수 있었음을 확증할 수 있어 위와같이 들었으나 이상국李相國 규보奎報의 문집에

고종高宗 때에 몽고에서 동남동녀童男童女 각각 5백 명씩을 구해 보내라 하니, 왕이 답하여 쓰기를 「우리나라 습속은 비록 위로 임금된 이라도 오직 한 적실嫡室을 둘 뿐 달리 잉첩을 두지 않았으며, 대신급大臣級에 있는 이들도 또한 일처를 거느림에 지나지 않는다. 소생이 혹 있기도 하고 혹 없기도 하니, 다 징발하여 상국上國으로 보내면 곧 누가 대신의 직을 이어받아 대국을 섬기리까?」 운운하였다.

이는 일부러 한 둔사遁辭에 지나지 않으며, 이로써 몽고의 요구를 막아내려고 한 것뿐이니 어찌 사실의 그러함을 말함이겠는가?《고려사高麗史》를 상고하면 『명종이 아낀 비첩婢妾의 아들 선사善思가 중이 되니 의복예절이 적자와 다름이 없었고, 다른 여러 벽첩嬖妾의 아들도 머리를 깎고 유명한 사찰을 골라 살면서 권세를 부리자 상서尙書 민식閔湜이 한탄하며 이르기를 『무지개중〔虹沙彌〕이 나라를 망치도록 하였다』라 하였다. 대개 무지개〔虹〕는 한 끝은 땅에 닿고 한 끝은 하늘에 이어졌으니, 천한 어머니 소생의 소군小君 왕자를 비유한다.

또 충렬왕忠烈王 때 대부경大府卿 박유朴褕가 일찍이 『동방은 오행五行의 목木에 딸리어, 목木의 생수生數가 3이고 성수成數가 8이니 기수奇數는 양이요, 우수偶數는 음이라, 우리나라 사람에 사내가 적고 계집이 많음은 수리數理에 맞는다』고 했다. 마침내 소疏를 올리어 이르기를 『우리나라는 본디 남소여다男少女多로서 지금 존비간尊卑間에 일처만 거느리고, 아들이 없는 이도 감히 첩을 두지 아니하는데 이국인이 와서는 제멋대로 아내를 두매[11] 인물이 다 장차 북류北流할까 염려됩니다. 대소신하大小臣下에게 서처庶妻를 취하도록 허락하시되, 품계品階에 따라 강쇄降殺하시고[12] 또 서인庶人이 일처일첩을 취하여 아들을 낳으면 서처庶妻의 몸에서 태어난 아들도 적자嫡子와 같이 출사出仕하도록 허락하시어, 홀아비들의 원한을 풀어 주시고, 호구도 늘게 하기를 청합니다』하였다. 부녀들이 이 말을 듣고 원망하지 않는 이가 없더니, 연등회燃燈會(燈夕) 때 박유가 임금을 호위하여 갈 때 한 늙은 할미가 손가락질하며 「축첩을 청원한 자가 저 늙은이로다」하였다. 들은 이가 서로 전하여 손가락질하니 온 마을에 붉은 손가락이 다발을 이루었다. 그때의 재상에 그 아내를 두려워하는 이가 있어 그 논의는 그만두고 시행하지 아니하였다.《고려사》〈박유전朴褕傳〉《역옹패설櫟翁稗說》

《고려사》에서 박유가 『존비간尊卑間에 일처만 거느리고, 아들이 없는 자도 감히 첩을 두지 아니하였다』고 하였으나, 이 말은 믿기 어렵다. 고려의 풍습을 상고하건대 사士·서인의 축첩유무蓄妾有無는 질언質言하기 어려우나, 세도가 큰 고관高官들은 희첩姬妾을 30명이나 두었으니, 어떻게 존비간에 일처만 거느렸다고 할 수 있는가? 그 소의 뜻을 보건대, 대저 나라가 조례를 정하여 일반 국민들로 하여금 아들이 없을 경우, 축첩하여도 무방케 하고자 함인 듯하다. 옛 가르침에 부부에는 칠거七去의 악이 있어 무자거無子去도 그 하나요, 음거淫去도 그 하나요, 다언거多言去도 그 하나이되, 무자無子 탓으로 출처出妻함은 인정상 어려운 일인즉, 후인으로 하여금 축첩으로써 처를 쫓아내는 곤란한 일을 피하게 하고자 하고 있으나, 아들이 없는 것을 축첩의 이유로 삼으니 결국 남자 위주로 방종하고자 함은 마찬가지이다. 유가儒家의 선비들은 윤리제도로 삼강三綱을 가장 중히 여기니 지아비는 아내가 하늘로 여기는 바라, 지아비가 하는 일을 아내는 하늘처럼 여기어 따르지 아니할 수 없다. 부녀의 삼종三從이 바로 이것이다. 아들을 낳지 못한 아내가 그 지아비의 축첩함을 보고도 감히 질투하지 못하고 감히 말할 수 없으며, 또 감히 음淫하지 못한다. 이 여러 조건에 하나라도 잘못이 있으면 칠거七去의 죄를 범한 것이 되니 동양유자東洋儒者가 남녀의 권한을 제정함이 이와 같았다. 이는 가히 교묘한 일이라 하겠다.

## 4 조선조 인사人士들의 축첩

《이조실록》에 이르기를 『태종太宗 2년[13] 봄 정월에 예조와 영춘추관사領春秋館事 하륜河崙과 지춘추관사知春秋館事 권근權近 등에 명하여 3대 이하 역대 군왕의 비妃·빈嬪·시녀侍女의 수를 상고케 하여 청문聽聞하니, 예조가 소를 올려 이르기를 「신 등이 삼가 상고하오니, 혼의昏義에 제후는 일취구녀一娶九女하니 일국一國을 취한즉 양국兩國이 이를 잉媵하고 모두 질姪과 제娣로써 따르게 하였고, 경대부卿大夫는 일처이첩一妻二妾을, 사士는 일처일첩一妻一妾을 두어, 널리 후사를 잇게 하여 음일陰佚된 일을 막았나이다. 전조前朝 고려는 혼례의 제도가 불명하여, 적서嫡庶할 것 없이 절제가 없어, 혹은 수없이 많이 잠란僭亂하기도 하고, 혹은 매우 적어 후사後嗣가 끊기기도 하여, 선왕의 법과 같지 않을 뿐더러, 대륜이 문란하였사오니, 자세히 살피실 것이 못 되옵니다. 우리나라는 무릇 일을 다 법을 지어 받들어 시행하나, 혼인의 예만은 구폐舊弊를 따라 받드니, 정시正始의 도리가 아닌 듯 생각되옵니다. 복망하옵건대, 전하께서는 한가지로 선왕의 제制에 따라 궁호지의宮壼之儀¹⁴를 갖추시고, 경대부卿大夫와 사士에게도 제제를 정하시어 후사가 끊기지 않게 하시며, 또 이 정제定制를 잘 지키게 하여 인륜의 본을 삼게 하시고, 어기는 자는 법에 따라 다스리게 하옵소서」하니, 이를 윤허하였다』고 했다.

《전율통고典律通考》〈혼가〉조에는 『민으로 나이 40세 이상인데도 자식이 없는 자는 허가를 받아서 첩을 취한다. 위반한 자에게는 태笞 40이라』했고, 또 『처가 있는 자가 첩을 취하면 장杖 아홉을 치고 이리異離시킨다』 『남의 처를 첩으로 삼은 자는 장을 치고 처 있는 자가 남의 첩을 처로 삼은 자는 장杖 아홉을 친다』고 했다.

어숙권魚叔權의 《패관잡기稗官雜記》에 이르기를 『동방의 수는 천삼天三·지팔地八이라. 그러므로 여다남소女多男少하여 한 남자가 이삼 명의 첩을 두어도 비록 천부賤婦이기는 하나, 과부로 사는 자가 있으니 그 증거이다』라고 하였다. 다음에 참고로 이조 명인의 축첩사례蓄妾事例를 든다.

한간韓磵——공이 일찍이 성성이 모진 창기를 첩으로 두었었다. 이극감李克堪이 서장관이 되어 길에서 공에게 묻기를 「공은 집에 첩 몇을 두었으되, 다 성성이 모진 창기들이니 어찌된 일입니까」 하였다. 공이 웃으며 대답하기를 「성성이 모진 사람들이 나에게 화를 입히려고 하는 말이로다」 하였다.

홍윤성洪允成——세조가 김종서金宗瑞를 주誅하는 날 저녁에, 먼저 공公(洪允成)으로 하여금 공사를 여쭙는 것처럼 꾸미어 살피게 하니¹⁵ 김종서는 베개를 베고 안방에 누웠는데 세 첩이 뒤에 있었다. 김종서는 공을 앞에 불러놓고 「자네 용기가 대단하다고 들었은즉 나의 이 강궁强弓을 당기어 보아라」 하였다. 공이 시위에 살을 끼워 당기어 연거푸 두 줄을 끊으니, 김종서는 「번쾌樊噲도 이렇게는 못하였도다」 감탄하며, 첩을 시켜 큰 그릇에 술을 따르게 하였다. 공은 석 잔을 마신 다음 나왔다. 《동각잡기東閣雜記》

봉석주奉石柱——매우 용맹이 있고 격구擊球를 잘 하였다. 정난靖難에 공을 세워 군의 봉호를 받고, 정2품에 이르렀다. 사람됨이 탐욕스럽고 횡포스러웠다. 조정이 난신亂臣의 처첩을 공신의 노비로 나누어 줄 때 석주는 자색이 있는 자를 구하여 첩으로 삼아 밤낮 종음縱淫하였

다.《용재총화》

　황윤헌黃允獻——연산군 때에 생원 황윤헌黃允獻의 첩은 자색이 있고 가야금을 잘 뜯었다. 구수具壽가 이를 빼앗아 임금께 바치니 임금이 이를 매우 총애하였으나 그 성미가 괴팍하여 즐겨 말하거나 웃지 않았다. 임금이 옛 지아비를 그리워하여 그런다고 해서 마침내 황윤헌을 죽였다.《황토기사黃兔記事》

　중종 8년[16]에 교를 내려『경사卿士의 집에 첩잉을 두는 일이 많아……』운운하였다.《국조보감》

　박원종朴元宗——중종 때 박원종이 수규首揆(領相)로서 병조판서를 겸하고 있었다. 호음湖陰 정사룡鄭士龍·유촌柳村 황여헌黃汝獻이 함께 병부랑兵部郞으로서 공무를 의논하고자 가니, 공은 본디 호사함을 좋아하여 뜰·연못·집 따위를 크게 가꾸어 놓았다. 그리고 진탕 상을 차려 놓고 시첩侍妾 수십 명이 비단옷을 입고 노래하며 금선琴線을 탔었다.《지소록識小錄》

　송질宋軼——정국공신靖國功臣 여산부원군礪山府院君으로 영상을 배하였으다. 본디는 집이 빈궁하여 형제가 옷을 바꾸어 입고 나가더니, 누차 요관要官을 지내어 졸지에 부유하게 되었다. 관기들을 첩으로 두고, 첩의 집을 매우 화려하게 차리게 하였으며 첩은 비단이 아니면 아예 입지 않았다.《음애잡록陰厓雜錄》《해동야언海東野言》

　주세붕周世鵬——호號는 신재新齋다. 송양주노첩시送襄州老妾詩에

넋없이 아픈 마음으로 저토록 눈물 흘리니
이렇듯 슬픈 별리別離는 처음이오.
어머님 앓으실 제 약시중〔侍藥〕4년과
추운 겨울 3년에 그대는 제 몸을 돌보지 않았도다.
내 나그네로 머무는 동안 그대 청춘이 원망스레 지나가니
내 볼품없이 늙어 드리운 흰머리가 부끄럽거니
잘 어버이 섬기다가 좋은 곳에 가거라.
인연이 다하지 않았으매 후생後生을 기하세.《무릉잡고武陵雜稿》

　서경덕徐敬德——호는 화담花潭이다. 성혼成渾의《우계집牛溪集》

에, 『내 신미[17] 9월에 안습지安習之와 더불어 천마산天磨山에 노닐다가 영통사靈通寺에서 자고, 아침 일찍이 일어나 시내를 돌아 내려가니, 산과 골짜기를 끼고 수석水石이 청유淸幽하였다. 화담에 이르니 몇 칸짜리 초옥草屋이 있으나, 거친 뜰 좁은 길로 헤아릴 수가 없었다. 뒷기슭으로 불과 몇 자를 걸어 올라가 화담 선생 묘에 절하니, 섬돌도 없는 흙무덤인데, 묘 앞에는 생원서모지묘生員徐某之墓라 새긴 작은 빗돌이 서 있었다. 재배하고 나서 바장이며 바라보매, 생전의 높았던 풍도風度가 회상되어 쓸쓸해졌다. 가랑비가 내리므로 초가집에 들어가니 선생께서 거처하시던 옛집은 아니다. 언덕이 무너져 뒤뜰에 옮겨지었다고 한다. 건넌방에 종이 한 사람 살고 있기에 「화담 선생께서는 아드님을 몇 분 두셨댔습니까?」고 물으니 「정실 소생 아드님이 한 분, 첩 소생 아드님이 두 분입니다」 하더라』고 했다.

　명종 때 심연원沈連源은 수상首相으로서 경연經筵을 주재하였는데, 조사수趙士秀(松岡)는 경연이 있음을 알고 같이 입시하여 사대부들의 제사第舍(집)가 너무 큼을 논의하였다. 이때 공은 곧바로 심沈의 첩집 익랑翼廊이 너무 크다고 논하자 심연원이 낯을 찌푸리며 등에 땀을 흘리더니 뒤로는 익랑을 폐쇄하고 작은 사랑에 거처하였다. 《월정만록月汀漫錄》

　조식曺植──호는 남명南冥이니, 임종에 그의 첩이 울면서 입결入訣을 청하였으되, 끝내 허락되지 않았다. (이이李珥 《석담일기石潭日記》)

　이언적李彦迪·이이李珥──다 서자가 있으니 이는 첩이 있었던 증거이다.

　이능화는 이에 대하여 다음과 같이 주장한다.

　지나支那의 정사情史 찬술撰述을 상고하건대 『어떤 사람이 「공자께서도 첩을 거느리셨었는가」 물으매 《공총자孔叢子》(漢 때 孔鮒 지음)를 보니, 재재여載宰予가 초소왕楚昭王에게 공자님은 아내에게 오색 비단을 입지 못하게 하였으며, 첩에게도 비단을 입지 못하게 하였다고 대답하였다는데, 이것은 곧 공자께도 역시 첩이 있었다는 증거이다』 운운하고 써어 있다. 이로써 보건대 대저 다처제가 유교의 산물이니 공자가 첩을 거느렸었다는 것도 괴이할 바가 없다. 그러니 우리 조선의 주신재周新齋·서화담徐花潭·조남명曹南冥·이회재李晦齋·이율곡李栗谷은 다 공자를 배운 분들이라, 첩을 거느렸음이 어찌 괴이하겠는가? 또 이로써 오늘의 습속을 보건대 어떤 계급에 딸린 사람을 막론하고, 재화를 벌어 좀 여유만 있으면 반드시 먼저 첩을 두고, 제일 먼저 행락함을 으뜸으로 치며, 7, 8명의 첩을 두니 소위 8선녀 이야기가 마침내 습속화되었다고 할 만하다. 이것은 다 유교 풍속의 한 유풍으로 아직도 이와 같은 폐단은 그대로 남아 있다.

### 5 첩유계급妾有階級

조선 이래 민서축첩民庶蓄妾은 국법도 인정한 바이다. 곧 호적戶籍에 첩妾이 등재登載된 사실이 그것이다. 첩에는 두 계급이 있었다. 그 하나가 양첩良妾이고, 다른 하나가 천첩賤妾이다. 양첩이란 곧 양가의 딸을 불러 첩으로 삼음을 이름인데, 그 혼의婚儀는 취처혼례娶妻婚禮와 같고, 다만 신랑이 쓰는 사모를 두 뿔 나게 접어서 차별의 뜻을 보일 뿐이었다. 천첩은 곧 사비私婢·관비官婢·국비國婢[18] 등 공사의 천비나 창기가 남의 첩이 된 자를 일컬음이다.

### 6 첩자손妾子孫

조선 이래 적서嫡庶를 구별하여 그 차별을 매우 엄히 하고 거의 가두어 두다시피 하였으니, 첩의 아들 된 이는 재주가 비록 관갈管葛[19]과 같다 하더라도 한을 안고 일생을 마쳤다. 곧 나라로부터는 그 재주를 버림받고, 사회로부터는 배척을 받았으니, 고금천하에 이와 같은 옹졸한 법규는 다시 없었다.

#### 1) 방색서얼防塞庶孼의 동기動機 및 성전成典

태종대왕太宗大王 13년 계사[20]에 서얼庶孼의 자손은 현직顯職에 서 敍하지 말도록 명하였다. 《문헌비고》

애초 이태조李太祖는 신덕왕후神德王后 강씨康氏 소생 방석芳碩을 세자로 삼고자 하였다. 이때에 정도전鄭道傳·남은南誾·이직李稷 등이 방석 편에 붙어 제왕자諸王子를 꺼리어 이들을 제거하고자 꾀하였으므로 태종이 정도전을 주살誅殺하였다.

서선徐選은 정도전과 사이가 좋지 않아 간극間隙이 있어 기회마다 탓하더니, 정도전이 서얼인 점을 탓하여 서선이 조의朝議에서, 서얼의 자손을 현직에 서하지 말도록 상주하였다. 서선이 조의를 마치고 귀가하여 관복을 벗으니 그의 처가 「오늘 조의에서 무슨 일이 있었습니까」하고 물었다. 서선이 「오늘 내가 서얼의 자손을 방색防塞하십사 진달進達하였소」라 대답하였다. 그의 처가 실색하며 이르기를 「공公께서는 장차 후손後孫을 두시지 못하오리다」 하였는데 과연 그 말대로 되었다. 《조야첨재朝野僉載》

《경국대전》〈예전禮典 제과諸科〉조에 『개가하여 실행한 자의 자손 및 서얼자손은 문과 생원시·진사시에 응할 수 없다』고 했고, 영종英宗 때의 《속대전續大典》〈제과〉조에도 『서얼로서 쌀을 바치고 과거에 응하게 하던 규정을 영구히·삭제한다』고 했다.

인조仁祖 3년[21] 왕이 2품 이상의 대신을 빈청賓廳에 불러 「서얼 출신이라도 통사通事[22]의 직은 허하도록 작정酌定하라」 하니, 비변사備邊司가 아뢰기를 「태종임금 때 급사給事를 쓰시매, 서선徐選의 논에 따라 서얼에게 현직에만 서하지 않는 법을 지어 아직 전면 금고하지 않으시었고, 성종成宗임금 때《속대전》을 반포하시어 서얼의 자손을 문무과시文武科試에 응하지 못하도록 하였나이다. 그때 증손은 금하지 않도록 하였사오나, 뒤에 대전을 주해註解할 때 자자손손의 어귀를 첨가하여 이로써 서얼 자손을 영세금고永世禁錮하였나이다」 하였다. 《문헌비고文獻備考》[23]

선조 초년[24]에 서얼 신분申黃 등 1천6백여 명이 글월을 올리어 원한을 터뜨리니, 선조께서 이를 보시고 감동하여 교教를 내리어 이르기를 「미자微子는 상왕商王의 서자이로되 공자께서 인仁하다 칭찬하였고, 자사子思는 공자님의 서손庶孫이로되, 도통을 스스로 전하였도다. 아욱과 청대콩이 해를 봄에 줄기와 가지가 다름이 없고, 인신人臣이 충성을 다하고자 함에 어찌 정적正嫡이라야만 하겠는가」 하였다. 후세 정조正

祖 때 이로 인하여 규사葵史[25]라는 이름을 내리시었다.《규사서葵史序》

## 2) 법전상法典上의 첩자손妾子孫

《이조실록》에 이르기를 『태조 6년 정축[26] 8월 신묘에 노비변정도감奴婢辨定都監이 상언하기를 「옛 법을 두루 상고하니, 대소종大小宗의 적첩嫡妾의 법은 오직 가계家繼를 잇고자 이를 중히 하였나이다. 곧 적실嫡室에 자손이 없으면 첩자손이 의당 계사繼嗣하오니, 양첩良妾 자손에게는 노비를 전급專給하고, 만약 양첩에게 자손이 없으면 전계傳繼의 법에 명문明文은 없사오나, 노비의 반은 천첩 자손에게 주고, 나머지 반은 관에 수속收屬시키며, 또 타인의 비婢를 첩으로 삼았는데, 그 자손이 가계를 이을 경우는 7분의 1만 급하고, 나머지 노비는 관에 수속시켰나이다」하니, 왕께서 윤허하셨다』고 했다.

《경국대전》〈호전戶典 전택田宅〉조에『공신전功臣田은 자손에게 전하되, 적실嫡室에 자손이 없으면 양첩 자손에게 전하여 주고, 양첩 자손에 자손이 없으면 천첩 자손에게 전하여 주노라』고 했다.

또《예전禮典》〈봉사奉祀〉조에『문무관文武官 6품 이상은 3대에 걸쳐 제사지내고, 7품 이하는 2대에 걸쳐 제사지내고, 서인庶人은 다만 고비考妣[27] 1대만 제사지내되 만약 적장자嫡長子에 후손이 없으면 중자衆子[28]가 제사지내고 중자에게 후손이 없으면 첩의 아들이 제사를 받든다. 적장자嫡長子에 첩의 아들만 있을 경우 아우의 아들이 봉사하기를 원할 때는 이를 허하며, 또 첩의 아들이 받들기를 원할 때도 이를 허한다. 양첩의 아들에 후손이 없으면 천첩의 자손이 받든다. 무릇 첩의 자손으로서 제사를 받들 경우, 그 모母에 대하여는 사실私室에서 제사지내며 당대로 마친다』고 했다.

또《이전吏典》〈한품서용限品叙用〉조에『문무관文武官 2품 이상인 자의 양첩 자손은 정3품까지만 서하고, 천첩 자손은 정5품까지, 6품 이상인 자의 양첩 자손은 정4품까지, 천첩 자손은 정6품까지, 7품 이하 무직인無職人[29]의 양첩 자손은 정5품까지, 천첩 자손과 천인賤人으로 양인良人이 된 자는 정7품까지, 양첩자의 천첩 자손은 정8품까지만 서한다. 병조도 이와 같다. 2품 이상 된 자의 양첩 자손은 사역원司譯院·관

상감觀象監・내수사內需司・혜민서惠民署・도화서圖畵署・산학算學・율학律學에 그 재주를 보아 서용叙用한다』라고 했다.

정조正祖 정유[30] 《대전통편大典通編》에 『양첩・천첩 자손은 품계品階를 한정하여 서용하되, 통의절목通擬節目[31]에 따른다』[32]라고 했다.

또 《형전刑典》〈천첩〉조에 『2품 이상된 자의 자녀 있는 공사천첩公私賤妾에 대하여는 비婢로써 장예원掌隷院에 고하여 속신贖身한다』[33]고 했다.

또 《형전刑典》〈천첩자녀賤妾子女〉조에 『종친宗親의 시마緦麻 이상된 이와 외성外姓의 소공小功 이상되는 이의 천첩의 아들은 양첩의 아들과는 달리 속신贖身함이 없이 입역立役시킨다. 대소원인大小圓人[34]의 공사비첩자녀公私婢妾子女는 그들의 아비가 장예원掌隷院에 고하면 명부에 올려져 보충대에 소속되나, 만16세가 되어서도 신고하지 않은 자와, 고장告狀 후 3년이 지나도록 입안立案을 받지 않은 자, 입안에 붙여지고도 입역立役하지 않은 자는 사람으로 하여금 진고陳告케 하여 환천還賤시킨다』고 했다.

또 〈사천私賤〉조에 『아직 나눠주지 않은 노비는 자녀가 있건 없건 이를 다 분급分給하고, 분급할 만큼 노비가 많지 않을 경우는 적자녀嫡子女에게 먼저 주고, 나머지가 있으면 조상의 제사를 받드는 이에게 선급先給하며, 다시 나머지가 있으면 장유長幼의 차서에 따라 나눠주되, 적자녀가 없으면 양첩자녀良妾子女에게, 양첩자녀가 없으면 천첩자녀에게 준다』고 했다.

### 3) 가정내家庭內 계급악법階級惡法

《연려실기술燃藜室記述》 평론平論을 보면 『국속國俗에 서얼庶孼은 아비를 아비〔父〕라고 부르지 못하며, 어미를 어미라고 부르지 못하며 적출嫡出의 형제자매를 다 그 칭호로 부르지 못하여 노비와 같으니, 천하에 어찌 아비 없는 아들이 있을까? 윤기倫紀에 어긋나는 일이다. 《춘추春秋》에도 적서嫡庶의 구분이 명기明記되어 있기는 하나 그것은 적서로써 불렀을 뿐 엄한 구별은 없었다』고 하였다.

1) 〈帝嚳〉 중국 상대 오제五帝의 한 사람. 황제黃帝의 증손이요, 요堯임금의 아버지라고도 함. 전욱顓頊을 도와 그 공으로 신辛 땅에 봉함을 받았으므로 고신씨高辛氏라고 함. 뒤에 전욱의 뒤를 이어 박亳 땅에 도읍하였다고 함.
2) 〈後五前一〉 燕寢 五·正寢 一. 註 5) 6) 참조.
3) 〈六宮〉 정침·연침 5의 여섯 궁.
4) 〈后〉 임금[君]. 《서경》에 『仲虺之誥俟我后』라고 했다. 주周 때에는 왕비王妃의 뜻으로 정적正嫡을 왕후王后라고 하였음. 여기서는 뒤의 뜻.
5) 〈正寢〉 임금이 거처하며 시무視務하는 전각.
6) 〈燕寢〉 임금이 쉬며 지내는 전각.
7) 〈五日之御〉 원주에 〈御〉를 「進也. 侍也」라고 했다.
8) 〈媵妾〉 시중드는 시녀.
9) 〈高宗二年戊戌〉 서기 1898년.
10) 〈楊水尺〉 무자리. 삼국시대의 유민流民의 한 족속. 산과 들을 돌아다니며 사냥질함을 업으로 삼았는데, 고려 건국 초에 많았음. 백정·광대·기생들이 이 족속에서 많이 나왔음.
11) 원주에 《동국통감》의 기록을 인용하여 『원종元宗 15년(1274)에 결혼도감結婚都監을 두고 여정閻井의 여자 1백40명을 뒤져 원의 만자蠻子한테 시집보냈다』는 뜻이 기록되어 있음.
12) 〈降殺〉 품계를 강등시킴.
13) 〈太宗二年壬午〉 서기 1402년.
14) 〈宮壺之儀〉 궁중에서 잔치를 베풂. 여기서는 궁중혼례의宮中婚禮儀의 뜻임.
15) 원주에 「당시 홍윤성이 훈련주부訓練主簿였다」고 했다.
16) 〈中宗八年癸酉〉 서기 1513년.
17) 〈辛未〉 선조 4년. 서기 1571년.
18) 〈國婢〉 원주에 「관비官婢·국비國婢는 다 기생이다」라고 했다.
19) 〈管葛〉 제齊의 관중管仲과 삼국三國 때 촉蜀의 제갈량諸葛亮.
20) 〈太宗十三年癸巳〉 서기 1413년.
21) 〈仁祖三年〉 을축년. 서기 1625년.
22) 〈通事〉 역관譯官, 통역관.
23) 원주에 「성호星湖 선생 이익李瀷의 설을 상고하면, 서얼에 대한 방한법防限法은 서선徐選에서 비롯하여 강희맹姜希孟·안위安瑋가 대전大全을 편찬할 때 가장 심하였다. 여기 대전주大全註에 자자손손을 첨가하였다 함이 그것이다」라고 했다.
24) 〈宣祖初年〉 무진년戊辰年 서기 1568년.
25) 〈葵史〉 우리나라 역대 서얼庶孼들의 장주章奏 등을 뽑아 엮은 책. 철종 9년에 엮음.
26) 〈太祖六年丁丑〉 서기 1397년.
27) 〈考妣〉 고인이 된 부모父母.
28) 〈衆子〉 맏아들 이외의 여러 아들.

29) 〈無職人〉 벼슬하지 아니한 사람.
30) 〈正祖丁酉〉 정조 원년. 서기 1777년.
31) 32) 원문 협주에 「文科之隸藝館. 武科之薦守部는 依前勿改하고 文參上은 許戶刑工三曹하야……」 이하 細目의 명시가 있다.
33) 〈贖身〉 노비奴婢를 풀어주어 양민良民이 되게 함. 원문 협주에 「私賤則從本主情願이라」 이하 細目의 명시가 있다.
34) 〈員人〉 원주에 「문무관文武官·생원·진사·녹사錄事·조상의 공적으로 벼슬한 이 및 적자손嫡子孫이 없는 이의 첩자손妾子孫으로서 제사를 받드는 이」라고 하였다.

# 第十五章 조선여계 朝鮮女界 특부기담 妬婦奇談

한 가정 안에 만약 하동사자河東獅子가 있어 때때로 으르렁거리면 두렵기 이 같은 것이 없으니, 그 지아비 된 이는 거개 다 이에 따라 제어制御를 받지 아니할 수 없다. 평심平心으로 이를 논하건대, 사람의 아내 된 이가 그의 지아비가 달리 총애하는 사람을 두었을 경우, 이를 보고 투기상향妬忌相向한다는 것은 인정으로서 당연한 일이라 괴이할 것이 없다. 다음은 중국 투기妬忌의 한 예이다. 『진晉나라 사태전謝太傳의 유부인劉夫人은 공공(謝太傳)에게 별방別房을 두지 못하게 하였다. 공은 오래 전부터 노래와 풍악을 좋아하여 뒤에 기첩妓妾을 두고자 하였다. 형兄의 아들과 외생外生 등이 이 뜻을 알고 함께 유부인에게 묻되, 방편으로 《시경》의 관저關雎와 종사螽斯의 글을 들어 불기不忌의 덕을 말하니, 부인은 자기를 풍유諷諭함을 알고 「이 글을 누가 지었소」하고 물었다. 그들은 대답하기를 「주공周公이 지었나이다」하였다. 부인은 이르기를 「주공周公은 너희들과 같은 남자니라. 만약 주공의 늙은 아내에게 글을 짓게 했더라면 그렇지는 않았으리라」 하였다

일설一說에 소동파蘇東坡가 황강黃岡에 살 때 진계상陳季常과 더불어 노닐었고, 뒤에 계상季常은 스스로 싫증이 나서 불문佛門에 들어가 참선하였다고 한다. 그런데 계상의 처 유씨柳氏는 표한하여, 손님이 가면 꾸짖는 소리를 내었다. 소동파가 글을 지어 이를 풍자하였다.

뉘라서 용구거사龍丘居士를 어질다 할꼬.
한가한 이야기로 잠 못 이루는 밤에
문득 하동사자河東獅子의 으르렁 소리 들리니
지팡이를 세우고 손을 떼나 마음 쓸쓸하구나.
誰似龍丘居士賢　談空說有夜不眠
忽聞河東獅子吼　柱杖落手心茫然

지금 여기에 이와 비슷한 조선투부朝鮮妬婦의 예를 들어 참고케 한다.

## 1 판관사령判官使令

《골계전滑稽傳》에 『한 대장이 있어 아내를 매우 두려워했다. 하루는 홍기紅旗·청기靑旗를 고을 밖에 세우고 「외처자畏妻者는 홍기 쪽에, 불외처자不畏妻者는 청기 쪽에 모이라」고 영을 내리었다. 다 홍기 쪽에 모였으되, 유독 한 사람이 청기 쪽에 가 있었다. 대장은 이를 장하다 하며, 묻기를 「내 백만의 무리를 거느리고, 빗발치는 화살 속에서 적과 싸워 이를 무찌르매 조금도 굴하지 않았는데, 집안에 들어가면 사은私隱한 마음에 기가 꺾이어 처가 두려워지거늘, 그대는 어떻게 하여 불외처不畏妻의 도를 닦았느뇨」하였다. 그 군졸이 대답하되 저의 아내가 항상 나에게 경계하기를 「세 사람만 모이면 반드시 여색 이야기를 하게 되니 가지 말라 하였습니다. 보니 홍기 쪽 아래에 사람이 심히 많이 모인지라 가지 아니하였습니다」라고 하였다. 대장이 기뻐하며 「외처자畏妻者는 오직 이 늙은 것뿐이 아니로구나」하였다』고 했다.

이능화는 이에 대하여 다음과 같이 주장한다. 우리 속담에 지아비로서 아내에게 눌리어 지내는 자를 일컬어 판관사령判官使令이라 하니 대개 판관은 군수요, 사령은 관아의 역졸이다. 판관이 외처畏妻하여 어느날 뭇 사령들을 모아놓고, 청기 홍기를 세워 놓고 앞의 대장처럼 시켰다고 하여 이 이야기가 퍼져서 외처자를 판관사령이라고 부르게 되었다.

## 2 완백부인完伯夫人

옛날에 매우 투기가 심한 부인이 있었다. 그 부인의 지아비가 전라감사로 부임하자 따라서 임지로 갔다. 얼마 안 있어 감사가 수청기생守廳妓生을 둔 일을 탐지하고, 이를 막는 길을 생각하여, 감영의 수리首吏를 불러다가 명하여 이르기를 「통인 중에서 가장 미남을 골라 오너라」하였다. 수리가 물러가 감사에게 그 뜻을 아뢰었다. 감사가 집에 돌아와 부인에게 「미남을 데려다가 어디에다 쓰겠소」하고 물었다. 부인이 「공께서는 곧 수청기를 두어 종년행락終年行樂을 하시면서, 어찌 저에게는 수청남守廳男을 허락지 아니하오」라 하였다. 감사는 크게 놀라 기생을 물리고, 그의 처에게 다시 기생을 가까이하지 않겠다고 다짐하였다.

## 3 조태억趙泰億 부인

정승 조태억趙泰億의 부인은 본디 시기와 질투가 많은 성미를 지녔다. 조는 아내를 범처럼 무서워하여, 아직껏 달리 외총外寵을 두지 않았었다. 그의 종형 태구泰耉가 평안감사로 임명되자 조는 승지로서 명을 받들고 관서關西로 가서 며칠이 안 되어 한 기생을 보았다. 조태억의 부인 심씨沈氏가 이 말을 듣고 곧 행장을 차리고 평양으로 달려가 그 기녀를 쳐죽이려 하였다. 조는 이 말을 듣고 실색하였고, 기백箕伯(平安監司)도 크게 놀라 「이를 장차 어찌 하리요」 하고, 그 기생에게 멀리 피하도록 명하였다. 이에 기생이 대답하기를 「소첩은 피신하지 않겠나이다. 저의 살 길은 있사오나 가난하여 계책을 쓸 수 없나이다」 하였다. 「무슨 계책이 있는고」 물으니 「보석과 비단으로 성장하고 부인을 맞이하겠나이다」 하였다. 감사는 기생에게 돈을 주도록 명하고, 또 사람을 마중보내어 한편 심부인沈夫人에게 문안드리게 하고, 한편 주부廚傅를 보내어 공대供待토록 하였다. 심씨가 황주黃州에 이르렀을 때 후사候使[2]와 주부廚傅가 왔다는 이야기를 듣고, 냉소하여 이를 물리치며 「내 어찌 성사星使의 행행行[3]이라 이러한 마중과 공대供待를 받으리요」 하였다. 중화中和에 이르러서도 공대를 마다하고, 재송원裁松院을 지나게 되었다. 긴 숲 가까이에 다다르니, 때는 봄빛이 짙고 경색景色이 매우 아름다웠다. 심씨가 발을 걷고 완상하니 멀리 흰 모래밭이 눈처럼 보이었다. 맑은 강물이 거울 같은데 분첩粉堞[4]으로 둘리었고 장삿배들이 밀집하여 있었다. 산수가 다 명미한데 누정樓亭들이 아득히 보였다. 심씨는 감탄하여 「참으로 명승지로다. 그 이름이 거짓이 아니었도다」 하며 가기도 하고, 완상하기도 하였다. 그때 석양의 백사장으로 한 가인이 와 문득 말에서 내리며 「아무 기생 아뢰기를 청하나이다」 하였다. 그 공손한 말투와 목소리가 꾀꼬리의 교태와 같았다. 심씨가 이 말을 들으니 검은 울화가 바로 3천 길이나 일어나 땅에 세워둘 것도 없이 바로 때려 죽이려고, 큰소리로 꾸짖으며 「아무 기생, 너 아무 기생, 무슨 염치로 와 아뢰느냐?」 하고는 가까이 불러 앞에 와 서게 하니, 손맵시는 가을 물 속의 연꽃이요, 가는 허리는 봄바람에 흔들리는 버드나무요, 단장한 모습과 고운 옷차림이 사람의 눈을 끄는지라 심씨가 잘 보고 나서서 「네 나이 몇인고」 물었다. 「열여덟이나이다」 하니, 심씨가 이르기를 「과연 명물이로다. 사나이로서 너를 보고 가까이하지 않는다면 장부가 아니로다. 내 처음에는 너를 죽이려고 이 길을 떠났다마는 너를 본즉 과연 명물이라 손을 댈 수 없기에 내 너에게 공공을 시중들도록 허락하되 한마디 경계하여 두거니와 공께서 병이 나시지 않도록 삼가라」 하고, 마침내 말을 서울길로 돌리었다. 후사候使가 말렸으나 돌아보지 않고 가버렸다. 조趙와 기백箕伯5)은 비로소 안심하고 그 기생의 대담함을 칭찬하며 「생사生死를 넘어 범의 입에 들어갔었다」고 하였다. (이륙李陸의 《청파극담青坡劇談》)

### 4  유충홍柳忠弘 부인

허씨許氏는 선조 임금 때 첨지僉知6) 유충홍의 부인이요, 승지 허관許寬의 딸이니, 나주羅州에 살았다. 부인은 평생토록 가내범절家內凡節이 매우 엄격하여 충홍忠弘을 섬기되 손님 모시듯 공경하였고, 의복을 매우 곱게 입었으며 음식을 극히 풍성히 하여 하나도 눈살을 찌푸리게 하는 일이 없었다. 그의 지아비[忠弘]가 아들이 적음을 걱정하여 몰래 밖에다 첩을 두니, 부인이 몰래 길일을 택하여 혼례의 제구諸具를 크게 장만한 다음 큰 잔치상을 차려 놓고 성복盛服 차림으로 대좌하여 혼례와 같이 하였다. 충홍忠弘이 괴이하게 여기어 그 까닭을 물으니 부인이 웃으며 「본디 어르신네의 혼례는 이러하여야 하옵니다. 지금 어른께서 첩을 점쳐 두고 바야흐로 가시려 하온데 어찌 그 예가 없으오리까. 이것으로 초혼初婚의 예禮 때처럼 쓰십시오」 하니, 충홍이 그 일을 그만두었다.

## 5 김판원金判院 부인

판원判院 김효성金孝誠은 몰래 첩을 많이 두었다. 하루는 밖에 나갔다가 집에 들어와 부인이 방구석에서 무명 한 필을 검게 염색하고 있는 것을 보고, 공公이「그걸 물들여서 무엇에 쓰겠소」하고, 부인에게 정색으로 물었다. 부인이「공께서 뭇 첩에 홀리어 저를 원수같이 보오니 저는 아예 중이 되려고 이 천에 물을 들이고 있습니다」하고 대답하였다. 공公이「내가 본래 호색하여 기녀妓女·무녀巫女·양인良人·천인 할 것 없이 얼굴을 가진 자면 다 내 사물로 하지 않은 것이 없으되, 오직 승니僧尼만은 한 번도 가까이하지 못하여 한이 되었는데 그대가 여승이 된다니 나의 원이 이루어지겠군」하였다. 부인은 한마디 말도 못하고 그만 무명을 땅에 던졌다.

## 6 최운해崔雲海 부인

광주廣州에 관기가 있었으니, 중간에 폐하였다가 다시 나오고, 나왔다가는 또다시 폐하고 하여 20여 년을 뻗냈다. 목사 최운해崔雲海의 부인은 매우 사나운데다가 투기가 심하므로 집안 사람이 다 최〔崔雲海〕의 동정만 살피고 있었다. 하루는 누른 옷을 입은 소리小吏가 최의 책상 앞에 엎드리었다. 집안 사람이 먼 데서 잘못 보고 기생이라 하여 빨리 그의 처에게 알리었다. 그의 처는 크게 노하여 문틈에 숨어 칼을 만지며 엿보고 있었다. 최공이 일청日廳에 퇴청退廳하여 문에 이르러 문득 마음에 짚이는 바가 있어 발길을 돌이키니 그의 아내가 칼을 휘둘러 그의 옷자락을 베어내었다. 최공은 크게 놀라 객관으로 돌아가 버렸다. 그의 처는 더욱 노하여「내 노적老賊의 머리를 베지 못한 것이 한이로다」하며, 지아비의 애마愛馬를 끌고 들어가 베었다. 며칠이 지나 최는 처의 노여움이 풀렸음을 알고, 천천히 관아에 등청登廳하여 부록簿錄과 기물을 정돈한 다음 행계行計를 차렸다. 그의 아내가「어째서 이렇듯 행계를 차리오」하고 물으매, 최공은「그전 일이 이미 조정에까지 알려져 아무〔某〕와 서로 교체되었소. 그래서 갈 차비를 차리오」
하고는 광나루〔廣津〕를 건너 서울로 가버리니 그의 처는 홀로 나루에
선 채 강을 건너지 못하였다. 그뒤 이 부처는 다시 만나지 못하였다.
(이륙李陸의《청파극담》)

---

1)〈螽斯〉《시경》주남周南의 풍風에 『螽斯羽詵詵, 宜爾子孫振振兮 : 메뚜기의 깃이 많으니, 네 자손 떨치리로다』라고 했다.
2)〈候使〉문안드리러 가는 사자使者.
3)〈星使之行〉임금의 명으로 가는 사행使行.
4)〈粉堞〉석회石灰를 바른 성가퀴, 또는 낮은 벽.
5)〈箕伯〉평안감사의 별칭.
6)〈僉知〉첨지중추부사僉知中樞府事의 약칭. 조선 때 중추부의 정삼품正三品 무관 벼슬.

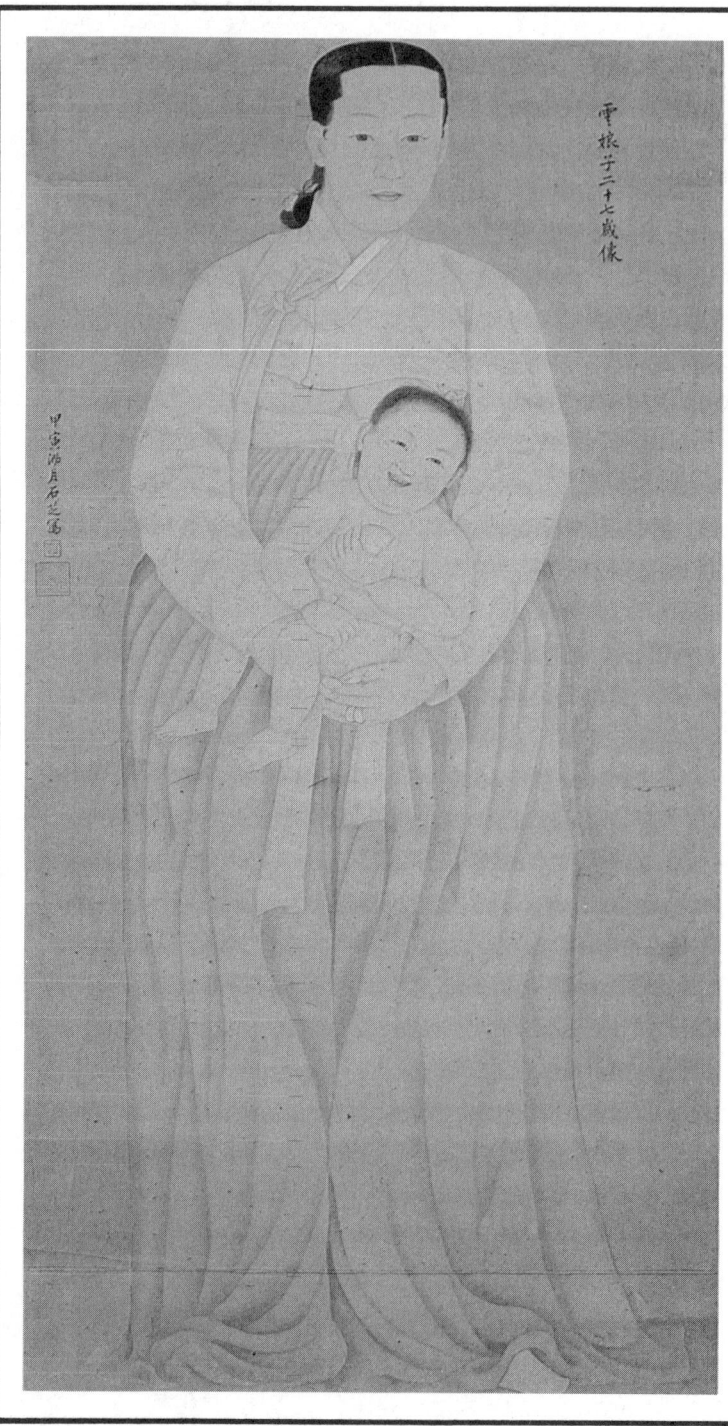

蔡龍臣―雲娘子像―지본담채―120.5×62cm―국립중앙박물관

# 第十六章 ● 조선부녀 朝鮮婦女의 산육잡속 産育雜俗

## 1 조선인 사속관념嗣續觀念

우리 조선 사람은 딸을 중히 하지 않고 아들만 중히 여긴다. 남자로서 아들이 없으면 불효라 해서 축첩을 하여 가도를 허물어뜨리는 일도 있다. 여자로서 아들을 못 낳으면 병이라 하였고, 심지어는 칠거七去의 한 조목으로까지 쳤으니, 세계에서 사속관념이 가장 강한 것이 우리 조선 사람이다. 그 까닭을 짐작건대, 유교의 종법숭중宗法崇重 제도를 본받아 조상을 공경하여, 분향하며 제사지내는 일을 높이 친 때문이었다. 공자는 유교의 시조로 그의 아버지 숙량흘叔梁紇과, 그의 어머니 안징재安徵在가 딸은 아홉을 낳았으되 아들이 없었으므로, 이구산尼丘山에 기도하여 비로소 공자를 낳았다고 한다. 우리 조선 사람으로 후사가 없으면 불사佛寺에 기도하거나,[1] 혹 명산에 기도하는 이가 많으니, 이는 공자가 기도로써 탄생하였기 때문에 그렇게 하는 것이다. 아들이 없어 산에 기도한 일은, 《삼국사기》〈고구려 본기〉에 『애초 부여왕扶餘王 해부루解夫婁가 연로하나 아들이 없었으므로, 산천에 제사지내며 후사를 구하였다』고 했고, 《고려사》에도 『명종明宗 14년[2] 태자가 될 후사가 없었으므로, 사신을 백마산白馬山에 보내어 제사지내었다』고 했다. 위의 운운은 왕가에 딸린 일이므로 역사에 실렸으나, 여느 일반 민간으로 후사가 없어 산에 기도한 이는 몇백 몇천인지 모를 만큼 많되 역사상의 기록이 없어 사람들이 모를 뿐이로다.

부녀가 아이를 낳지 못하면 의원들은 혈분血分이 부족한 탓이라 하여 사물탕四物湯[3]·향부환칠제香附丸七製[4] 등의 한방약漢方藥을 써서 혈기를 보하고 경도를 조절하니, 이로써 효험을 본 이가 매우 많다. 그러나 이조시대 이래로 양반의 처와 딸들은 바깥 사람들과 접하지 못하였으므로, 병이 있을 때에는 팔꿈치에 실을 매어 의원이 방 밖에서 실을 잡고 진맥診脈하도록 하였다. 그러니 은밀한 곳이나 아기집에 병이 있어도 의원은 볼 수 없었다. 오늘의 조선 부녀들은 좀 개방의 빛을 받아서 부끄러움 타는 일이 전일과 아주 달라졌기 때문에, 부녀로서 아기집에 병이 있어 생식하지 못하던 이가 의원에 들어가 수술을 받은 뒤 아들딸을 낳는 이가 매우 많아졌다.

## 2 회태설몽懷胎說夢 — 태몽胎夢

옛 성인의 탄생은 다 설몽說夢되었으니, 석씨釋氏는 〈오몽지경五夢之經〉[5]으로 공자는 〈양영지전兩楹之奠〉[6]으로써 설몽되었다. 그리고 고금의 다른 설몽으로서, 칠원漆園[7]의 나비꿈과 초황蕉隍의 사슴꿈[8]은 달관자達觀者의 꿈이요, 황량지침黃梁之枕[9]과 남가지경南柯之境[10]은 허영자虛榮者의 꿈이다. 예수를 받드는 이는 꿈에 천당으로 들 것이고, 불타를 염하는 이는 꿈에 극락세계를 노닐 것이고, 탕정蕩情한 자는 꿈에도 화류의 그늘을 떠나지 않을 것이고, 노동자는 꿈에서도 밭두렁이나 공장에서 나오지 못할 것이다. 그리고 매우 목마른 이는 물의 꿈을 꾸며, 배고픈 이는 밥먹는 꿈을 꾸게 되니, 이것은 다 중생의 심심·식식識·사사思·여려慮가 그림자로 나타난 것이다. 우리 조선의 습속에서 용꿈은 과거급제科擧及第의 징조요, 돼지꿈은 득재得財의 징조요, 물꿈은 술이 생길 조짐이요, 불꿈은 길경吉慶의 상상詳이다. 부인계에는 태몽이야기가 많으니, 이것은 본디《모시毛詩》의 이른바『길몽이 무엇일고? 어른이 점쳐 보니, 곰과 큰 곰은 사내아이의 상이요, 뱀이나 독사뱀은 계집아이의 상이니, 아들 낳아 농장弄璋시키고,[11] 딸을 낳아 농와弄瓦시키네[12]吉夢維何. 大人占之. 維熊維羆. 男子之祥. 維虺維蛇. 女子之祥. 迺生男子. 載弄之璋. 迺生女子. 載弄之瓦』한 곳에도 있고, 또 옛 전기傳記에서 이른 『아무 성현은 해의 태몽으로 잉태하였느니, 아무 영웅은 별의 태몽으로 출생하였느니』하는 데에도 있었다. 이제 우리나라 유儒·불佛을 대표하는 두 어른의 태몽설화를 들어 참고케 한다.

《고려사》및《연려실기술燃藜室記述》에 이르기를『정몽주는 자가 달가達可요, 호가 포은圃隱이니, 연일延日 사람이다. 어머니 이씨李氏가 꿈에 난초분蘭草盆을 껴안고 있다가 떨어뜨리고, 놀라 깨어나 공공을 낳았으므로, 인하여 몽란夢蘭이라 이름지었다. 어깨 위에 검은 점 일곱 개가 북두칠성 모양으로 있다고 한다. 아홉 살 되던 때, 어머니가 검은 용이 뜰 안의 배나무에 오르는 꿈을 꾸고, 놀라 깨어 나가 보니 공공이었으므로, 이에 따라 또 이름을 몽룡夢龍이라고 하더니, 스무 살이 지나 이름을 고치어 몽주夢周라 하였다』한다.《좌전》을 상고하면, 『정문공鄭文公의 첩 연길燕姞이 천사와 난蘭의 꿈을 꾸고 목공穆公을 낳았다』고 했다.

지금에도 부인네들은 난초꿈을 꾸면, 잉태하게 된다고 한다.
《삼국유사》에 이르기를 『성사聖師 원효元曉는 속성俗姓이 설씨薛氏요, 아명兒名이 서당誓幢이라.[13] 처음에 어머니가 별이 품 속으로 떨어지는 꿈을 꾸고 잉태하였고, 낳을 때에는 오색 구름이 땅을 덮었으니, 그 해가 진평왕眞平王 39년 정축년이었다』고[14] 했다. 고승高僧들의 비장碑狀을 상고하여 보니, 태몽 없이 탄생된 이가 하나도 없었다. 이것은 습례習例가 그러함이로다.

## 3 태중점험胎中占驗―태점胎占

우리의 습속에 부녀들이 아기를 가지면 미리 점을 쳐서 『이번은 남자아기다. 이번은 여자아기다』한다. 이 습속의 유래는 구원久遠하여《삼국사기》고구려본기에 『산상왕山上王 13년[15]에 세통촌洒桶村의 딸을 소후小后로 삼았다. 애초에 소후의 어머니가 잉태만 하고 아직 낳지 않았을 즈음 무당이 점쳐 이르기를, 반드시 왕후를 낳으리라 하므로, 소후의 어머니가 기뻐하더니 마침내 딸을 낳으매 이름을 후녀后女라 하였다』고 했다. 오늘의 풍속에 잉태하고 남아인가, 여아인가를 미리 점치는 법에 두 가지가 있다. 하나는 경험이니, 잉태하였을 때 배가 부르고 고통이 많으면 여아라 하고, 배가 그리 부르지 않고 평순하면 남아라고 한다. 매우 드물게는 그 중간쯤 되어 잘 맞히지 못하는 일이 있다고 한다. 다른 하나는 태점음양법胎占陰陽法이다. 그 점치는 법은, 49를 기수基數로 하고, 거기에 포태抱胎한 달〔月〕의 수를 더한 다음에 (가령 1월에 포태하였으면 49 더하기 1을 하고, 3월에 포태하였으면 49 더하기 3을 한다) 이 수에서 태모胎母의 나이와 천일天一·지이地二·인삼人三·사시四時·오행五行·육률六律·칠성七星·팔풍八風을 감하여 홀수이면 남아요, 짝수이면 여아라고 한다.

보기1──만약 18세녀가 12월에 포태하였다면 다음과 같다.
49+12-18-(1+2+3+4+5+6+7+8)=7이 되므로
즉 남아男兒이다.[16]

보기2──만약 23세녀가 12월에 포태하였다면 다음과 같다.
49+12-23-(1+2+3+4+5+6+7+8)=2가 되므로
즉 여아女兒이다.[17]

## 4 산부식음產婦食飮과 태신제胎神祭

우리 풍속에 부녀가 출산하고 나면 반드시 백반과 미역국을 먹는다. 미역〔藿〕은 해태海苔의 한 가지니, 파혈破血의 성분이 있어 산부에게 맞기 때문이다. 집에 잉부孕婦가 있을 경우에 달이 차오면 곧 짚자리와 기저귀·쌀·미역을 장만하여 놓고 기다렸다가 분만과 세아洗兒가 끝나면 곧 백반과 미역국을 낸다. 먼저 방의 서남쪽 구석을 정갈히 하고, 상 위에 백반 세 종지와 미역국 세 종지를 차려 삼신께 제경祭敬한다. 사흘째 되는 날, 이레째 되는 날 및 이칠일[18] 삼칠일[19] 그리고 백일百日에도 이와같이 한다. 세상에 이르기를, 호산지신護產之神이 셋 있기 때문에 삼신이라 이른다고 하였다. 우리말로 태를 〈삼〉이라고 하므로 태신胎神은 〈삼신〉이다. 곧 우리말 〈삼〔胎〕〉을 숫자 〈삼三〉으로 인정하여, 태신胎神을 삼신이라 하였으니, 이것은 잘못 풀이한 부회附會이다.

홍량호洪良浩의 《공주풍토기孔州風土記》에 『북쪽 풍속으로 아기를 낳으면 바로 수분水盆에 받아 세혈洗血하니, 이렇게 하는 일을 일컬어 태열胎熱을 뗀다고 한다』라고 했다.

## 5 검승현비儉繩懸扉

우리나라에 집에 산사產事가 있으면 곧 새끼를 왼쪽으로 꼬아서 문위에 가로 거는 습속이 있다. 검승儉繩이라 이르기도 하고, 또 인승因繩

이라고도 한다. 외부인은 이것을 보고 들어가지 않는다.[20] 만약 남자아기이면 새끼 눈에 붉은 고추와 푸른 소나무 가지를 사이사이 엇먹이어 끼우고 여자아기이면 소나무 가지와 숯덩이를 사이사이 엇먹이어 끼워 단번에 남아를 낳았는지 여아를 낳았는지 알게 한다. 산가검승産家儉繩의 유래는 아주 오래다. 이조 성종成宗 때 성현成俔이 지은 《용재총화》에『궁중에서는 아기가 탄생되면 권초捲艸의 예를[21] 행한다. 탄생한 날에 새끼를 꼬아 산실産室 문비門扉 위에 걸고, 사흘째가 되면 대신으로서 아들이 많고 재난 없는 이에게 명하여 소격전昭格殿에서 삼일재三日齋를 지내게 한다. 이 초제醮祭에서 헌관獻官이 새끼를 걷어다가 납納하나니라』고 운운云云하였으니, 민가검승民家儉繩의 풍속〔俗〕이 이로부터 유래하였다. 소격전은 노자老子를 모신 사당으로 이곳에서 권초捲艸의 예를 행하였다. 이 의식은 도교道敎의 유속遺俗을 본뜬 것이다. 그러나 우리 습속에, 제천祭天·제산祭山할 때에도 역시 검승儉繩하는데[22] 거기에 종이줄〔紙條〕을 드리워 제단을 둘러 표별標別한다. 이 검승儉繩(因繩)의 속俗은 아마도 우리 고조선 환인桓因(天帝)·왕검王儉(檀君) 신대神代로부터 고유하게 있어 온 제신의식祭神儀式인 듯하다. 더구나 환인桓因·환웅桓雄·왕검王儉을 세상에서 삼신이라 일컬었으니, 호산護産의 삼신과도 부회附會된다. 이것은 대개 천제天帝의 조화가 사람의 생명을 장악하고 있다고 생각한 데서 그렇게 이른 것이다.

## 6 지아제법止兒啼法

우리 조선 사람의 육아법이 아직 잘 갖춰지지 못하여 아기의 울음을 멈추게 하고자 함에, 문득 젖을 주기도 하고, 혹은 업어주기도 하고, 혹은 안아주기도 하여 요람망대[23]가 있음을 잊었다. 또 아기가 밤에 울음을 멈추지 않으면 곧 『저기 곽준郭䞭이 온다』고 놀라게 하였다. 곽준은 임진란 때에 일어났던 의병 곽장군으로 용지위맹勇智威猛하여 당시 천하에, 만약『곽준이 온다』고 하면 울던 아기도 울음을 멈추었다 하여 습속이 된 것이다. 아기의 울음을 멈추게 하려면 또『고이 온다.

아옹, 아옹』이라고 한다. 고이高伊는 고양이〔猫〕이고, 아옹阿翁은 고양이 소리다. 조선 사람이 고양이를 즐겨하지 않고 무서운 짐승으로[24] 여기는 것은 어려서부터 이렇게 키워온 때문이다. 수운거사水雲居士 이규경李圭景의 《수차설睡車說》을 다음에 든다.

옛날에는 아기를 배었을 때 태교胎敎를 하였다. 남아를 낳으면 농장弄璋시키고, 여아를 낳으면 농와弄瓦시켰으니, 비록 강보 속에 싸여 있을 때라도 가르치어 절도 있게 기르며, 때에 따라 지키고 성에 따라 다스리면 결코 울지 아니한다. 그러므로 아기 돌보듯 한다는 말이 있다. 그러나 울 때가 가끔 있다. 배가 고프면 우는 것이니 젖을 주어 멈추게 하고, 추워도 우는 것이니 따뜻이 하여 멈추게 하고, 아파도 우는 것이니 쓰다듬고 안아주어 멈추게 하여야 한다. 혹 밤에 쉬지 않고 울면 곧 병에 걸린 것이다. 대저 어미로부터 떨어지면 우는데 이 아기의 읍정泣情은 그 잘못이 그 어미에게 있다. 세상에는 애아愛兒의 벽癖를 가진 이가 있어 항상 업고 안고 하므로 혹 잠깐 떼어놓기만 하여도 우니, 우는 것이 버릇이 되고 다시 우는 버릇이 성품으로까지 되는 것이다. 아기가 우는 것은 어쩔 수 없는 일로서 아기를 기르는 데는 아기 옷〔褓〕[25]을 편안하게 입혀서 잘 눕히는 것만 한 것이 없다.

우리나라 아기의 울음은 이미 천하에 유명하였으니 한양자漢楊子・운양자雲楊子와 같은 방언에까지, 연燕의 바깥 변방 조선 열수列水(大同江)에는 아기의 울음소리가 그치지 않아 시끄럽다〔喧〕고 하였다. 훤喧은 훤喧으로서 자전字典을 살피건대 서럽게 울어 그치지 않음을 일컬었다. 수천 년 동안 아직껏 아기의 울음소리는 변하지 않고 여전히 남아 있으니 이상하다. 오늘날 시골의 아기 어멈은 웃어른을 모시고 아랫사람을 거느리며, 음식장만・바느질・길쌈하기 그밖에도 잡작雜作에, 두 몸일지라도 견디기 어려운 판인데 겸하여 젖먹이 아이까지 있어 밤낮으로 울음을 그치지 않으므로 안거니 업거니 하여, 잠시도 손을 떼지 못하는 형편이다. 그렇다고 온종일 일을 폐하고 아기만 끼고 누워 있으면, 곧 가도가 버려지고 마침내 나부懶婦가 된다. 그러나 출산을 법도 있게 다스리며, 마땅히 수차睡車를 장만하여 아기를 기름에 울지 않게 하며, 혹 시끄럽게 울더라도 함부로 안았다, 업었다, 품었다, 눕혔다 하지 말 것이다. 곧 곤정壼政[26]을 폐하지 말며, 부도를 잃지 말 것이로다.

**첫돌맞이**  첫돌날에 돌상을 차려놓고 아이로 하여금 마음대로 골라잡게 한다. 그 집은 것에 따라 돈과 곡식은 부富, 국수와 실은 수壽, 책은 학문, 활은 무武로서 현달할 것이라고 점한다.

어린이들의 설빔, 색동저고리 상의에 다복과 장수를 비는 모자를 쓰고 가죽구두를 신고 있는 어린이들이 귀엽다.

【朝鮮女俗考】

⊙ 第十六章 조선부녀朝鮮婦女의 산육잡속産育雜俗

1) 원주에 「불사佛寺마다 칠성당七星堂이 있다. 이곳에서 부녀가 아들 낳기를 빈다」고 했다.
2) 〈明宗十四年〉 갑진년. 서기 1184년.
3) 〈四物湯〉 숙지황熟地黃・백작약白芍藥・천궁川芎・당귀當歸 각 두 돈씩을 배한한 약.
4) 〈香附丸七製〉 불임不姙에 먹는 부인 약의 한 가지. 당귀當歸・봉출蓬出・목단피牧丹皮・애엽艾葉・오약烏藥・천궁川芎・현호색玄胡索・삼릉三稜・시호柴胡・인화仁花・오매烏梅 등 한약방재를 빻아 약수에 개어 빚은 환약.
5) 〈五夢之經〉 석가모니의 탁태영몽도托胎靈夢圖에 흰 코끼리〔白象〕를 비롯한 다섯 상징象徵이 있다.
6) 〈兩楹之奠〉 공자의 아버지인 숙량흘叔梁紇이 60세가 넘어서 16세 된 안씨顔氏의 셋째 딸 안징재顔徵在를 재취再娶하니 공자의 어머니가 공자를 잉태할 때 꿈에 기둥 둘을 봄.
7) 〈漆園〉 장자의 별칭. 칠원에서 벼슬을 살았으므로 이른 말. 여기서는 〈칠원에 노니는 나비꿈〉의 뜻으로 장자와 같은 달관한 이의 꿈이라는 뜻.
8) 〈蕉隍之鹿〉 초록몽蕉鹿夢. 정鄭나라 사람이 사슴을 잡아 파초의 잎으로 덮어 두었으나 뒤에 찾지 못하여 꿈에 잡었던 것으로 치고 체념하였다고 함.
9) 〈黃粱之枕〉 한단몽邯鄲夢・노생몽盧生夢. 부귀영화를 누린 꿈.
10) 〈南柯之境〉 당唐의 순우분淳于棼이 꿈에 괴안국槐安國에 가 왕녀를 아내로 맞고, 남가군南柯郡의 태수太守가 되었다고 함.
11) 〈弄璋〉 높은 벼슬을 하여 홀笏을 지님.
12) 〈弄瓦〉 요조한 숙녀가 되어 실패〔瓦〕를 지님.
13) 원주에 「당幢은 속칭 털〔毛〕을 이름이다」고 했다.
14) 〈眞平王三十九年丁丑〉 서기 617년.
15) 〈山上王十三年〉 서기 209년.
16) 17) 이 대문의 숫자는 원전에 모두 아라비아 숫자로 되어 있다.
18) 〈二七日〉(이칠일) 14일.
19) 〈三七日〉(삼칠일) 21일.
20) 원주에 「아기 낳은 집에서 외인의 출입을 3일・7일까지 꺼리는데, 이것을 부정不浄을 피한다고 한다」고 했다.
21) 〈捲艸之禮〉 궁중에서 행하던 산가속産家俗의 한 가지. 산실 문지방 위에 새끼를 꼬아 검.
22) 원주에 「검儉・인因은 다 신神의 뜻이 있다」고 했다.
23) 원주에 북경인北京人의 요람搖籃・수차睡車에 관한 기록이 《오주연문五洲衍文》과 《국파총화菊坡叢話》에 있음을 들고, 서양에 Hamace가 있음을 들었다.
24) 원주에 「고양이가 흔히 주인을 해치는 일이 있으므로 싫어한다」고 했다.
25) 원주에 「《사성통해四聲通解》에 『襁의 새김을 강보襁褓의 별명』이라고 하였다」고 했다.
26) 〈壼政〉 궁중내치宮中內治. 여기서는 부녀자의 가정사家庭事.

# 第十七章 ● 여자 권리權利·명호名號 및 지위계급

## 1 조선여자의 기명습관起名習慣

조선조 이래 유교로써 백성을 지도하기 시작하여 성정性情을 훈도薰陶하고, 사상을 테두리지어 관습화하며 풍속화하여, 성인의 본과 현자의 교훈에 맞도록 힘썼다. 이로써 온 조선반도를 통틀어 죄다 순량온순淳良溫順한 백성되게 하여 그들을 쉽게 특권계급의 노예로 만들고 마침내 사대모화事大慕華의 근성根性까지 길들였다. 따라서 자유·독립의 기상이 조금도 없게 되었으니, 비록 몇천만의 지장보살이 있다 한들 어두운 지옥의 고통을 받는 중생을 어떻게 할 수 있었겠는가.

유가의 교훈에 『순종으로써 정정을 행하는 일이 처첩된 이의 도이다』라는 말이 있다. 무릇 이런 유의 이치가 하나만 아니라 수두룩하다.

《대대례大戴禮》에 『부인칠출婦人七出[1]의 법이 있으니, 불순부모不順父母가 그 첫째 조목이다』하였다.

《모시毛詩》에 『여자로 태어나면 맨땅에서 자고, 헌옷을 입으며, 아들딸을 낳으며 의儀를 지켜야 하느니라. 오직 술빚기와 밥짓기를 곡진히 하며, 부모를 병에 걸리지 않도록 할지니라』고 했다. 주자는 이를 주석하여 이르기를 『무릇 여자는 순종으로써 정도正道를 삼으면 부족함이 없다. 선할진대, 원하는 무릇 길상吉祥한 일이 안 될 수가 있겠는가? 오직 술과 음식을 여쭈어 받들면 부모에게 근심이 없어 좋으니라』하였다. 맹자의 어머니도 『부인의 예는 오반五飯[2]을 정성껏 다하여 술과 간장을 잘 담그고, 구고舅姑를 잘 봉양하고, 바느질에 힘써야 한다. 그러므로 집안의 일만 닦고 밖에 나갈 뜻을 없애야 되느니라』하였으니, 모두 이러한 사정을 이르고 있다.

《석명釋名》에 이르기를 『부婦(며느리)는 女(여자)가 帚(빗자루)를 든 형상을 본뜬 글자이니, 무릇 여자는 비를 들고 깨끗이 소쇄掃灑함을 받들어야 한다』하였고, 《맹자》에는, 딸이 시집가매 어미가 문에 나가 보내며 이르기를 『시집에 가거든 필경필계必敬必戒하여 부자夫子의 도에 어긋나지 말아라 하고 훈계하는 법이니, 순종으로써 정도正道를 삼음이 처첩妻妾된 이의 도道니라』하였다. 또《의례儀禮》의 혼례婚禮 조에도,『어머니가 출가하는 딸에게 결세의結帨儀³⁾를 베풀고「……힘써 행하여 밤낮으로 어기지 말아라」한다』고 했다.

무릇 이 여러 훈계는 여자를, 술음식 차리기·옷짓기·소쇄하기·아들낳기에 힘쓰도록 하고, 또 어김없이 순종시키기를 위주로 할 뿐, 일호의 자유나 조그만큼의 인권人權도 절대불허한 것이다. 그러니 이와 같은 동양 여자의 무자유無自由와 무인권無人權은 참으로 지나支那 역대 유성儒聖·유현儒賢들의 고심과 고구苦口로써 맺어진 열매로다.

우리 조선 풍속에 자녀를 낳으면 먼저 이름을 짓되 아명으로 부르는데, 여아의 경우 십중팔구는 順(순할 순)자를 붙여 불렀다. 이제 다음과 같이 그 예를 든다.

① 천간자天干字로써 이름한 예
갑순甲順: 갑자甲子·갑인甲寅·갑진甲辰·갑오甲午·갑신甲申·갑술甲戌의 해 출생자
을순乙順: 을축乙丑·을묘乙卯·을사乙巳·을미乙未·을유乙酉·을해乙亥의 해 출생자
병순丙順: 병자丙子·병인丙寅·병진丙辰·병오丙午·병신丙申·병술丙戌의 해 출생자
정순丁順: 정축丁丑·정묘丁卯·정사丁巳·정미丁未·정유丁酉·정해丁亥의 해 출생자
무순戊順: 무자戊子·무인戊寅·무진戊辰·무오戊午·무신戊申·무술戊戌의 해 출생자
기순己順: 기축己丑·기묘己卯·기사己巳·기미己未·기유己酉·기해己亥의 해 출생자
경순庚順: 경자庚子·경인庚寅·경진庚辰·경오庚午·경신庚申·경술庚戌의 해 출생자
신순辛順: 이름한 이가 없다. 음이 부르기에 순탄하지 않기 때문이다.
임순壬順: 임자壬子·임인壬寅·임진壬辰·임오壬午·임산壬申·임술壬戌의 해 출생자

계순癸順 : 계축癸丑·계묘癸卯·계사癸巳·계미癸未·계유癸酉·계해癸亥의 해 출생자

② 보배寶貝 자로써 이름한 예

금순金順
은순銀順  } 이 뜻은 곧 그 탄생이 금은보배와 같이 귀함을 이름이다.
옥순玉順

③ 길상吉祥한 글자로써 이름한 예

길순吉順
덕순德順  } 이 뜻은 곧 그 탄생이 길吉·경慶·복福·덕德에 상응함을 이름이다.
복순福順
명순命順

④ 덕성德性의 글자로써 이름한 예

정순貞順
유순柔順
양순良順  } 이는 곧 그 사람에 대한 바람을 보임이니, 정貞·양良·인仁·효孝의 덕을 가지라는 뜻이다.
인순仁順
예순禮順
효순孝順

⑤ 단지 순順자로만 이름한 예

순이順伊  } 이伊는 어미語尾다. 장녀長女를 이미 순順자로 이름
또순又順   하였기 때문에 또순(又順)이라고 부른 것이니, 또순은 반드시 차녀次女이다.

위의 여러 이름은 혹은 생년生年을, 혹은 길상어吉祥語를, 혹은 덕성어德性語를 땄으되 반드시 순順의 뜻을 제일의第一義로 삼았으니, 조선 여성의 도덕적 성격을 표시하고자 함이다. 곧 순종 뜻의 이름으로써 정도로 삼고, 강맹剛猛·강한強悍 뜻의 이름을 꺼리었다.

지금으로부터 20여 년 전에 불란서 사람 뒤 끄로[4]가 조선에 내유來遊하여 책 한 권을 저술 간행하니, 그 서명이 《빈곤과 조선 여성》[5]이다. 그 책 속에 이런 사정을 설하면서 조선의 빈곤 원인이 여아들의 이름에도 나타나 있다고 간파하였다.

## 2 조선여자의 상속칭호常俗稱號

조선 여자의 어릴 때 호칭은 그 이름자를 부르는 것이 예사이나 혹 이름으로 부르지 않고, 아기〔阿只〕라고만 하니[6] 이것은 곧 부모나 존장자가 집안에서 그 여아를 대하여 일컫는 이름이다. 만약 여자가 출가하여 머리를 올리고 비녀를 꽂으면, 아명을 쓰지 않고 별도 칭호를 가진다.

대개 지아비의 성성을 좇아 모실某室·모댁某宅하니 다음에 예를 든다.

| | |
|---|---|
| 이실李室<br>이서방실李書房室<br>김실金室<br>김서방실金書房室 | 여자가 이씨의 처·김씨의 처가 되면, 집안 어른들이 이실李室·김실金室 하고 부르기도 하고, 이서방실李書房室·김서방실金書房室 하고 갖은 이름으로 부르기도 한다. 서방은 남자가 글방에 다니며 글을 읽기 때문에 속칭俗稱 서방書房이라고 한다. |
| 이서방댁李書房宅<br>김서방댁金書房宅<br>여보女甫<br>사랑舍廊 | 출가한 여자를 대하여 집안 동서〔姒娌〕들이 이서방댁李書房宅·김서방댁金書房宅이라 부른다. 지아비가 아내에 대하여 부르는 호칭은 따로이 없고 〈여보〉라고 하니, 그 뜻은 『이보(見此 ─여기를 보오. 나를 보오)』의 뜻이다. 아내가 지아비에 대하여 〈사랑舍廊〉이라고 하니, 대개 남자는 바깥채 사랑舍廊에서 지내기 때문이다. |

양주댁楊州宅  
과천댁果川宅  
도동댁桃洞宅  
행정댁杏亭宅

출가한 여자끼리 상등相等하게 부르는 호칭이다. 양주군楊州郡·과천군果川郡·도동桃洞·행정杏亭 등지에서 시집왔다는 뜻의 부름이다.

### 3 부가지명婦家地名에 따른 부군칭호夫君稱號

한 집안의 생활상의 처지로 볼 때 주식을 다스리는 부婦가 본위이므로, 부가부家(妻家)의 지명地名을 따 부군夫君의 칭호로 삼았다. 예컨대 경성녀京城女를 취한 이는 〈경성댁〉이라고 호칭되며, 수원녀水原女를 취한 이는 〈수원댁〉이라고 호칭된다. 대저 고려 때에는 남자가 여자의 집으로 장가丈家갔으니, 부가부家로써 부호夫號를 삼는 속俗은 고려 때부터 시작되었으리라고 생각된다. 우리 조선 사람은 벼슬을 지닌 사람에 대하여는 반드시 그 벼슬로 칭호하지만, 벼슬을 하지 않은 이에 대하여는 부가부家의 지명地名으로 인천생원님仁川生員主·예산서방님禮山書房主 등으로 불렀으되, 상민常民이 양반에 대하여만 썼다.

경성댁京城宅  
수원댁水原宅  
옥산촌댁玉山村宅  
금수동댁金水洞宅  
인천생원님仁川生員主  
예산서방님禮山書房主

### 4 대첩칭호對妾稱號

대구집大邱室  
진주집晉州室  
평양집平壤室  
함흥집咸興室

자기 첩과 타인의 첩에 대하여 두루 쓰였다. 대개 첩이 되는 이는 기녀妓女 출신이 십중팔구十中八九다. 대구·진주·평양·함흥·해주는 다 기생이 나는

해주집海州室  
송현집松峴室  
계동집桂洞室

고장이다. 그리고 송현·계동의 여인을 첩으로 얻었을 때도 송현집·계동집으로 칭호되었다.

## 5 대비칭호對婢稱號

이능화는 이렇게 주장한다. 《성호사설星湖僿說》에 『우리나라 노비의 법은 천하 고금에 비할 곳이 없다. 한번 노비로 잡히면 백세토록 고통을 받음도 아프거니와, 어미가 비婢이면 딸도 어미를 따라 비婢 노릇을 한다. 지아비와 더불어 어미의 어미의 어미 때부터 십대 백대토록 어느 대에 누구의 부림을 받을지 모르는 아득하기만 한 외예外裔들이다. 하늘과 땅에 사무치는 고뇌를 받아도 빠져나올 수가 없다』고 하였다. 대저 우리나라 습속이 예로부터 이러하여 거의 인도가 없었다. 오늘에 이르러 해방되었다고는 하나, 옛날의 습속이 아직도 다 없어지지 아니하였으니 이는 개탄할 일이다.

  종種――우리 습속상 비복婢僕이 통칭이다.
  하임下任 및 통지기〔筒直伊〕――다 여비女婢의 칭이다.
  무수리〔水賜里〕――궁인宮人이 부리는 비婢의 칭이다.

이규경李圭景의 《종변증설種辨證說》에 『방언으로 노비를 종種이라고 하는 것은 혹 기록에 잡종雜種이라는 말이 있으니, 이런 뜻의 종種일까? 혹은 從(따를 종)에 따라 종種이라고 하였음인가?』 했다.

《사왕망전史王莽傳》에 『망莽이 비婢를 사고자 하매 사람들이 비를 천거하였다. 망이 이르기를 「이 아종兒種은 아들을 낳으리로다. 주자원朱子元 장군에게 후사가 없으니, 이 아이를 바쳐야겠다」 하였다』고 했으니, 우리나라의 〈종種〉 명칭이 혹 여기에서 연유하여 생겼는가.

혹은 세세전종世世傳種[7]하여 대를 이어 세습으로 비복 노릇을 하므로 종種이라는 말이 생겼는가.

인화仁和 강남姜南이 이르기를 『지금 사람들이 남의 흉포오만凶暴傲

慢함과 이치에 따르지 않음을 꾸짖어 이르기를 잡종이라』고 하며 또 《진서晉書》에도 전연前燕 때의 사관이 적은 찬贊에 이르기를 『잡종이 우글거리므로 세상에 걱정이 꽉 차 있다』고 하였으니, 다 천칭이다. 우리나라 속속俗에 노비를 종이라고 하는 것도 이들을 천하게 여기어 이른 말이리라. 《풍토기風土記》를 상고컨대 『진랍국眞臘國이 야인을 노비로 삼고 종種이라고 부르매, 나라 사람들이 서로 꾸짖을 때 서로 종種이라고 하여 진한인골嗔恨人骨[8]하니 다 이를 천하게 여긴다』라고 했다. 우리나라 방언에서, 노비를 다 종이라고 하니 어찌 된 일일까.

《일지록日知錄》에 『낭郎이란 노복이 주인을 일컫는 말이다』라고 했고, 《통감通鑑》 주註에는 『문생門生·가노家奴가 그 주인을 부르되 낭郎이라고 하니 금속今俗에도 낭주郎主 운운한다』고 했다. 우리나라의 노비는 주인을 상전님〔上典主〕이라 일컬었고, 문부文簿에서는 상전이라고 하였다. 저희들끼리 사사로이 서로를 부를 때는 노奴는 별감別監으로, 비婢는 한임漢任으로 부른다. 곧 한임은 항아님〔姮娥主〕의 와음訛音[9]이다. 대저 궁노宮奴를 별감別監이라 하고, 비婢를 항아姮娥라고 하는 것은 관습이다. 궁비宮婢는 무수리〔水賜里〕라고 불리운다. 〈공사패노자公賜牌奴子〉함으로부터 〈구사丘賜〉라고 이르니, 구사驅使(부림)와 비슷하기 때문에 이르는 와칭訛稱이다. 옛 법에 한 번 노비가 되면 남녀를 막론하고 대대로 노비 노릇을 하더니, 영조英祖 때부터는 노노奴가 양녀良女를 취하여 자녀를 낳으면 어미를 따라 양인良人이 되어 노비를 면하나, 노奴가 비婢를 취하여 자녀를 낳으면 어미를 따라 노비가 된다. 원왕중元王仲의 《휘설주좌어暉雪舟詼語》에 『비婢의 비를 세상에서 중대重臺라 하고, 상한常漢(상놈)의 비를 통지기〔筒直伊〕라 하고, 그 주인은 항거恒巨라고 불린다』고 했다.

이능화는 이에 대하여 다음과 같이 주장한다.

통지기는 물통〔水筒〕·밥통을 다루는 일에 종사하는 자이다. 예컨대 수청자守廳者를 청지기〔廳直〕, 수방자守房者를 방지기〔房直〕라고 이르는 것과 같다. 경성에서 조석으로 각집의 찬비饌婢(食母)가 싸리바구니를 겨드랑이에 끼고, 손에 나무통〔木杆〕(魚驗杆)을 들고 단골 반찬 가게에 가서 어육·채소 등 물건을 사되, 그 값 액수에 따라 통에다 금을 긋고[10] 월말 때 그 돈을 상환한다. 이 경우 예에 따라 10분의 1 또는 20분의

ㅣ구문口文(情錢)을 받는다. 이런 찬비饌婢를 속칭 통지기〔筒直伊〕라고
한다.

## 6 내외명부內外命婦의 칭호

속담에『어미는 아들이 잘되기를 바라고, 아내는 지아비 잘되기를
바란다』고 하였다. 대저 여자의 지위는 오직 지아비의 현달顯達 여하에
따라 존비의 차이가 생긴다. 조선법전을 상고하면 내명부內命婦·외명
부外命婦 조가 있다. 내명부는 빈으로부터 장의掌醫까지로, 다 왕가의
후궁 및 여관女官이요, 외명부外命婦는 곧 벼슬한 이의 처로, 지아비의
직위에 따라 봉고封誥된 이들이다. 다음은《대전회통大典會通》〈이전吏
典 명부命婦〉조이다.

내명부
원原            빈嬪――정1품[11]        귀인貴人――종1품
               소의昭儀――정2품        숙의淑儀――종2품
               소용昭容――정3품        숙용淑容――종3품
               소원昭媛――정4품        숙원淑媛――종4품

상궁尙宮[12]     상의尙儀――정5품        상복尙服――종5품
               상식尙食――종5품        상침尙寢――정6품
               상공尙功――정6품        상정尙正――종6품
               상기尙記――종6품        전빈典賓――정7품
               전의典衣――정7품        전선典膳――정7품
               전설典設――종7품        전제典製――종7품
               전언典言――종7품        전찬典贊――정8품
               전식典飾――정8품        전약典藥――정8품
               전등典燈――종8품        전채典彩――종8품
               전정典正――종8품        주궁奏宮――정9품
               주상奏商――정9품        주각奏角――정9품

|  |  |  |
|---|---|---|
|  | 주변치奏變徵──종9품 | 주치奏徵──종9품 |
|  | 주우奏羽──종9품 | 주변궁奏變宮──종9품 |

| 세자궁世子宮 | 양제良娣──종2품 | 양원良媛──종3품 |
|---|---|---|
|  | 승휘承徽──종4품 | 소훈昭訓──종5품 |

| 수규수규守閨[13] | 수측守則──종6품 | 장찬掌饌──종7품 |
|---|---|---|
|  | 장정掌正──종7품 | 장서掌書──종8품 |
|  | 장봉掌縫──종8품 | 장장掌藏──종9품 |
|  | 장식掌食──종9품 | 장의掌醫──종9품 |

외명부
원原[14]   공주公主──왕녀王女(嫡)
         옹주翁主──王女(庶)
         부부인府夫人(왕비모)──정1품
         봉보부인奉保夫人(대전유모)──종1품
         군주郡主(왕세자녀)──정2품(嫡)
         현주縣主(왕세자녀)──정3품(庶)

종친처宗親妻   부부인府夫人(대군처)──정1품
             군부인郡夫人──정·종1품~정6품

문무관처文武官妻 정경부인貞敬夫人──정·종1품
               정부인貞夫人──정·종2품
               숙부인淑夫人──정3품(당상관)
               영인令人──정·종3품
               공인恭人──정·종5품
               의인宜人──정·종6품
               안인安人──정·종7품
               단인端人──정·종8품
               유인孺人──정·종9품

유인孺人은 문관文官 정·종9품인 이의 처에 대한 품계品階이다. 세속에 벼슬하지 않은 사류士類들의 처가 죽으매 〈유인모봉모씨지구孺人某封某氏之柩〉라는 명정銘旌을 쓰니 아마도 잠망僭妄된 일이리라.

## 7 조선여자의 호적상 명칭

조선 여자는 호적상에 이름은 없고, 다만 양반일 경우면 〈모갑某甲의 처 모씨某氏〉라고 적히고, 평민과 서얼庶孼일 경우면 〈모갑某甲의 처 모조이〔某召吏〕〉[15]라고 적혔다. 조이〔召吏〕를 상고컨대 이는 신라 때의 용어로 여사女史의 칭稱이었다. 조선에 이르러 조이의 칭은 다만 평민 계급에만 쓰였다고 생각된다. 이제 한 예를 들면, 역신逆臣 등의 일족에 대하여 그의 모와 처를 다 조이라고 불렀으니,[16] 조선의 역대실록歷代實錄에 보인다. 비록 대관이었더라도 역적으로 되면 그 모母와 처는 명부命婦의 작호가 삭탈되어 평민의 처로 대접받으므로 조이라고 불리었다. 조선 유학자류儒學者流들 사이에 계급관념이 있어서 삼의三醫[17] 사관처司官妻·서얼庶孼의 처에 대하여 호적이나 명정에 성씨姓氏를 쓰느냐, 조이〔召吏〕를 쓰느냐의 당부當否를 논하였으니, 다음에 그 예를 다 들어 참고케 한다.

이항복李恒福의 《백사집白沙集》 삼의사관처호적칭명의三醫司官妻戶籍稱名議 조에 이르되 『이는 고사古事에도 근거가 없고, 예에서도 상고할 수 없사오나 다만 노비를 일컫는 조이라는 칭이 있고, 또 수촌手寸(노비들의 手訣)을 보인 일 등으로 증거할 수 있을 뿐입니다. 그러나 한편 노비 아닌 김국상金國祥의 처에도 밝히 조이라고 하였으니, 극히 참정參定하기 어렵사옵니다. 굳이 억의臆意를 헤아리옵건대, 군소君所에도 사휘私諱[18]가 없었는데, 우리나라 구속舊俗에 부인이 특별히 우대되어 무릇 상언上言에 도장을 썼으니, 이미 옛 법에 어긋나거늘 하물며 내려와 서녀에 이르러 어찌 감히 씨氏를 일컬을 수 있으리요. 그러므로 조이라는 칭은 고치지 못할 바이옵니다. 그리고 판적공부版籍公簿[19]에 이르러서도 곧 군소君所에서 쓰는 칭호의 경우와 같이 차별이 있사옵니다. 그러나 그 지아비가 이미 취적就籍을 허하여 범민凡民과는 달리 부종부작夫從婦爵하여 공부公簿에 칭씨稱氏된 이는 여느 서민과는 구별되옵니다. 개견蓋見하옵건대 우리나라 선현들이 본색문자本色文字를 잊은 채 구별하여 적지 않고, 그저 씨자氏字의 예법 상용법만 재론하여, 특별한 존륭尊隆의 뜻을 따로 둠이 없었사옵니다. 서출녀庶出女의 상喪에 모봉모씨某封某氏로 명정銘旌을 적는 데 어찌 안 될 바가 있겠나이까? 씨를 일컬음에는 대략 융쇄隆殺[20]의 구별이 없사옵기 굳이 이 뜻을 구진具陳하여 예재睿裁하심에 자비資備하옵나이다』하였다.

유장원柳長源 저著《상변통고常變通考》문해問解에『문 : 서얼부인庶孼婦人에 대하여 모씨某氏라고 적는 것이 옳은가? 또 국법에서도 조이 〔召吏〕라 칭하라고 되어 있는가?』『답 : 씨는 성과 다르므로 서얼이 비록 비천하기는 하나 씨를 쓴들 어찌 흠이 되겠는가? 조이는 법전에 없으니, 모성지구某姓之柩라 적음이 무방하다』라고 했다.

이희준李羲準의 《계서야담溪西野談》에 『조선 명종明宗 때에 송사련宋祀連이 상신相臣 안당安瑭의 문인이 되어 그 집의 가비家婢 감정甘丁을 취하여 아들 익필翼弼을 낳았다. 익필은 호가 구봉龜峰으로 유학에 이름이 있다. 율곡 이이·우계 성혼과 더불어 벗하며 서로 잘 지내었다. 그의 모母가 사망하자 구봉이 이르기를 「우리 어머니의 명정은 율곡이 아니면 쓰지 못하리라」하였다. 마침내 율곡이 와서 「사비감정지구私婢甘丁之柩라 썼으나 구봉은 심안心安하였다」고 했으니, 구봉은 스스로 그 사천私賤한 소생임을 꺼리지 않았고 율곡도 사실대로 참되 썼으니, 과연 다 유학자로서 본색이 뚜렷하다.

유형원柳馨遠의 《반계수록磻溪隨錄》〈호적〉조에『학생學生[21]의 처에 대하여 법전에 아무 직명職名도 쓰지 않게 되어 있으나, 마땅히 양녀良女로 적어야 옳다. 학생이 비록 출사出仕하지 아니하였더라도 이미 학치사업學治士業에 들었으니, 농공상가農工商賈와는 다르므로, 의당 나라에서 명호名號를 정하여서[22] 법으로 나타내어야 한다. 외사생外舍生의 유음有蔭[23]·내금위內禁衛의 충의忠義·충순忠順·위재衛在·사열士列의 처에 대하여서도 다 마찬가지이다. 남의 첩이 된 이라도 마땅히 양녀로 적어야 한다. 그리고 공경公卿·대부大夫의 첩을 한가지로 평민과 같이함은 타당치 못하다. 당제唐制를 상고하면 1품자의 첩은 종6품으로 치고, 2품자의 첩은 종8품을 쳐서 첩들에게도 지아비의 지위에 따라 품계품階에 보하여 고신告身하였으니, 마땅히 제도를 마련하여 6품 이상자의 첩은 유인孺人으로 봉하고 2품 이상자의 첩은 단인端人으로 봉할 것이니[24] 이와 같은 법령을 마땅히 지어내야 한다[25]고 했다.

누가 묻기를 「사부부녀士夫婦女의 이름 적음을 해속시駭俗視하니 어떠하오」 하였다. 이에 대답하기를 「여자는 본디 이름이 없는 법이라 예禮에 『여자는 계笄에 이르면 자字로 부른다』고 했고, 한漢・진晋의 사전史傳에는 『후비后妃일지라도 그 이름을 방서傍書하였다』고 했고, 수隋・당唐 이후에는 보이지 않는다. 우리나라로 말하면 혹 사부녀가 휘諱도 이름도 잃어서 신주神主의 함중陷中에까지도[26] 이름을 써야 하느냐의 당부를 모르니 이렇게 습속이 야하다 하였다. 묻기를 「예에 이르기를 여자의 휘諱는 문 밖으로 나가지 못한다고 한 것은 무엇이오?」 대답하여 가로되 「그것은 곧 다른 뜻이다. 그 휘라는 것은 선세부인 先世婦人의 휘를 일컬은 것으로 이것은 다 가내사家內事로서 다만 그 집안에서만 행할 일이요, 집 밖에서 행하지 말라 함이로다. 그러므로 옛날에는 국國에 들면 그 나라의 국휘國諱를 물었고, 대부의 곳에는 공휘公諱[27]만 있고 사휘私諱가 없으니 다 그 휘의 구분을 이름이다. 대개 부인은 그 지아비에 따르므로 비록 이름이 있을지라도 사람들은 그 부가夫家의 호에 따라 부르며, 직접 그 이름을 부르는 일이 없었을 뿐더러 자칭까지도 그렇게 하였다. 지금의 아무 댁・아무 처하고 부르는 유가 그것이다. 비록 존귀하더라도 다 그렇게 불리니, 소위『부인을 이름으로써 부르지 않는다』로 행하여진 것이다. 상시常時의 행용行用이 이와 같아야 하였으므로 판적版籍에까지도 나라의 모든 사람을 헤이되, 남자는 이름이 있고 여자는 이름 없이 적혀 임금에게 헌상되어 공부公府에 비치되었다. 후세 자손이 그 세계世系와 명휘名諱를 고지考知할 수 있기는 하나, 남녀명칭男女稱名에 차별을 두어 부인의 이름은 빼고 적지 않았으니 어찌 옳으랴. 그것은 그렇다 하고 지금 죽은 뒤까지도 이름 부르기를 꺼림은 어찌 된 일인가. 속자俗者는『법이 그렇게 시키는 바이라』고 하여『나라가 제정한 법으로서 왕가로부터 사부가士夫家가 다 이 법에 따라 행하니, 어찌 꺼릴 까닭이 있겠는가. 이미 습속이 바뀌어 사람들이 그전에는 이름 못 씀을 부끄럽게 여겼으나, 지금은 오히려 이름 쓰는 것을 수치스럽게 여기게 되었다』고 한다.」

또 어떤 이가 이르기를,「씨는 본디 이름 대신에 쓰는 것이다. 그런데 씨氏를 쓰고 다시 이름을 적는 것은 무엇이오? 또 씨자를 존칭처럼 서민들까지 이를 일컬으니 괜찮지 아니하오.」대답하여 가로되「씨자를 혹 남녀에 구분 없이 쓸 수 있다. 또 씨라고 하는 것은 성과 다른 까닭에, 귀천에 두루 쓰인다고 어찌 탓하리요.[28] 대개 상고上古 때의 서인庶人들에게는 성이 없었고, 다만 땅을 나눠 가진 봉국자封國者에게만 성을 주었으니, 이렇게 된 사람이라야 성을 가지었다. 중고中古 때의 봉읍훈덕자封邑勳德者는 읍호邑號로써 명하였으므로, 혹 조자祖字를 씨로 하였다 하더라도 그 족族과는 다른 것이다. 이것이 바로 비록 귀자貴者나 씨와 같은 성을 가지게 된 까닭이다. 주말周末부터 금일에 이르기까지 부성父姓을 자전子傳하니 귀천이 다 같다. 그리고 씨는 성과 다른 것이라 어찌 귀천에 통용하지 않으리요. 만일 존칭이라면 판적版籍에 오르는 이는 임금께 상주上奏되어야 하였으니, 비록 경대부卿大夫의 처일지라도 어찌 씨로 적을 수 있었겠는가」했다.

## 8 향신鄕紳의 처妻

그전 갑오년[29]에 우리 선군자先君子께서 북청北青군수로 가시어 나도 따라갔다. 그 토속土俗에 적을 만한 것이 많았다. 그 고을의 향신鄕紳[30]으로 관청에 근무하는 이를 혹은 좌수座首, 혹은 공방향소工房鄕所, 혹은 별감別監이라 하고, 향교鄕校에 출입하는 이를 혹은 학장學長, 혹은 도유사都有司, 혹은 장의掌議, 혹은 색장色掌이라 하고, 노덕서원老德書院[31]에 출입하는 이를 혹은 원장院長, 혹은 원감院監이라고 하더라. 이들 신사는 이 사회의 최고 지위에 있어서 이분들의 처도 최고 지위를 자처하여 남의 존경을 받고 있었으니, 혹은 좌수댁座首宅[32] 혹은 학장댁學長宅으로 불리우며, 모든 공회석상公會席上에서 윗자리를 차지하여 지아비의 영화로써 아내가 호강하고 있었다. 그러므로 향신들의 처는 길쌈에 힘써 적재취전積財聚錢하여 지아비의 운동비를 대어 좌수나 학장의 소임을 맡게 하고자 꾀하니, 아마도 허영이 그렇게 시키는 바이리라. 일군一郡의 이런 일로 전도全道의 일을 짐작할 수 있는 바, 황해·평안·함경·강원 네 도가 다 같다. 그러나 전라도에서는 이서吏胥³³⁾가 가장 권위가 있었다. 경기·충청·경상 세 도는 양반이 많이 살므로 그렇지 않다.

1) 〈婦人七出〉《대대례大戴禮》본명本命 편에『婦有七去, 不順父母去, 無子去, 淫去, 妬去, 有惡疾去, 多言去, 盜去』라 했다.
2) 〈五飯〉다섯 끼의 밥.
3) 〈結帨儀〉본문本文 주註에「시집가는 딸에 대한 의식이다」고 했다.
4) 5) Du Croq : Pauvre et Douce Corée
6) 원주에「큰아기〔大阿只〕·작은아기〔小阿只〕와 같은 예다……」운운했다.
7) 〈世世傳種〉대를 이어 종〔奴隷〕이 됨.
8) 〈嗔恨人骨〉사람됨의 잘못을 성내어 꾸짖음.
9) 원주에「한임漢任은 곧 하전下典의 뜻이다」라고 했다.
10) 원주에「가령 10전을 한 눈〔一目〕이라고 하면, 매 십전十錢마다 금 한 줄〔一目〕씩 긋는다」고 했다.
11) 원주에「교명敎命이 있으면 무계無階라」는 보기補記가 있다.
12) 원주에「궁인직宮人職에 딸림」이라는 보기가 있다.
13) 원주에「궁인직에 딸림」이라는 보기가 있다.
14) 원주에 서얼庶孼과 재가자再嫁者에게는 봉하지 않으며, 개가자改嫁者로부터는 추탈追奪함. 왕비모王妃母·세자녀世子女 및 종친宗親 이품二品 이상 되는 이의 처에게는 읍호邑號를 병용하고, 종친 중에서도 대군大君 부인夫人 외에는 읍호를 병용하지 아니한다」고 했다.
15) 〈召吏〉원문에 〈조이cho-i〉라고 했다. 조이는 하천출신녀下賤出身女를 이르는 말이다.
16) 원주에「어제의 정경부인貞敬夫人이 오늘엔 조이召吏가 된다」고 했다.
17) 〈三醫〉내의원內醫院(왕실의)·전의원典醫院(양반의)·혜민서惠民署(평민의)를 두루 일컬음.
18) 〈私諱〉사사롭게 이르는 휘. 휘는 죽은 이에게 붙인 이름.
19) 〈版籍公簿〉토지와 인구人口를 등기한 공적 문서.
20) 〈隆殺〉오르내림.
21) 〈學生〉벼슬하지 아니한 고인故人의 명정銘旌이나 신주神主에 적는 존칭. 원주에「양반은 명정銘旌·신주神主·봉미封彌·호적 등의 서식에 그 아비가 무직자無職者로 이미 죽었으면 학생學生이라 하고 생존해 있을 때는 나이가 80이라도 유학幼學이라 칭하되, 〈학〉자서법 學字書法은 생존시는 〈㐊〉에 따르고 죽었을 때는 〈爻〉에 따른다」고 했다.
22) 원주에「유인孺人·안인安人과 같은 예는 품계 내에 들지 않는다」고 했다.

23) 〈外舍生有蔭〉 외척으로서 과거를 치르지 않고 벼슬한 이. 〈外舍〉는 왕후의 친정집.
24) 원주에「지금 국전國典에 유인孺人은 9품, 단인端人은 8품으로, 이 품계에 의해 그 이름을 따로이 정한다」라고 했다.
25) 원주에「고인의 명정을 씀에, 벼슬하지 아니한 이의 처에게 법을 어기고 유인孺人으로 쓰고, 서얼의 처에게는 쓰지 아니하였다. 나라에서 법을 정하였으면 어기는 자가 없이 하여야 할 것이다」라고 했다.
26) 〈陷中〉 신주神主 뒷면을 오목하게 깎아내린 부분. 여기에다 고인의 관직·성명·별호 등을 적음.
27) 〈公諱〉 고인에 대하여 공식으로 붙여진 이름. (보기 : 충무공忠武公)
28) 원주에「동속東俗에 귀자貴者는 씨氏로 일컫고, 천자賤者는 가哥로 일컬음」이라 했다.
29) 〈甲午年〉 고종 31년. 서기 1894년.
30) 〈鄕紳〉 고을의 유지급有志級 인사.
31) 〈老德書院〉 원주에「백사白沙 이항복李恒福 서원書院의 이름」이라고 했다.
32) 〈座首宅〉 원주에「좌수부인夫人의 칭호이다」라고 했다.
33) 〈吏胥〉 각 관아에 딸린 낮은 벼슬아치.

# 第十八章 ● 조선여자의 복장제도

조선 여복의 고대제도는 문헌에 나타난 것이 없고, 오직 예濊·고구려·백제 부인복의 기사가 편언척자片言隻字로 있을 뿐이다. 그 제도에는 동호東胡[1]·북로北虜[2]와 더불어 비슷한 바가 있으니, 대개 우리나라 고대 문화가 그곳으로부터 갈라져 나온 때문이다. 신라의 계급제도는 의복에도 많이 표시되었다. 그러다가 통일신라 이후로는 곧 의복제도가 당제唐制를 따르기 시작하였으니 부인들도 중화의상中華衣裳을 입게 되었다. 고려의 의복제도는 당唐·송宋·원元의 것을 참잡叅雜하였으나, 여복으로는 몽고식 제도가 가장 유행하였다. 조선시대에도 이를 이어받더니 오늘에 이르기까지 전하여지는 바이다. 이렇게 사대배화事大拜華의 무리〔儒學者流〕가 급급하게 여복을 중화의 제도에 따르게 하고자 창언倡言하였으나, 오늘날에는 실행하지 않고 있다. 금일의 여자 복장으로서 학도복과 같은 것은 서양복제를 참용叅用하여 상의가 길고 하의가 짧지만, 대저 전자에서는 상의가 가슴을 덮지 못할 만큼 짧았고, 하의는 무릎 아래에까지 내려가게 만들었다. 또 여자는 뒤에 쪽찐머리를 하여 기름때가 옷깃에 끼어 추하고 보기 싫었는데, 지금은 다들 머리를 잘 거두어 위쪽에 머리를 쪽찌니 전에 비하여 많이 깔끔해졌다.

## 1 예濊의 여장女裝

예濊는 남녀의 옷을 다 곡령曲領[3]으로 지었다.《삼국지三國志》
예맥濊貊의 여자에는 바지가 없다. 천〔帛〕으로 종아리를 싸되 안에다 솜을 넣어 더하고, 이름을 준의繜衣라고 하니, 그 모양이 쾌자와 같다.《설문해자說文解字》
베는 구하기 어려운 감이다. 예맥 사람은 베로 종아리를 싸되 안에다 솜을 넣으니, 모양이 첨유襜褕와 같다.《급취편주急就篇註》

## 2 고구려의 여장

고려高麗(高句麗) 부인은 치마·저고리를 입었고, 옷 뒷자락과 소매에는 다 옷선[襈]이 둘러져 있다. 《후주서後周書》
고려 서인은 굵은 베옷을 입고 고깔을 썼다. 《신당서》
고구려 부인은 치마·저고리를 입었으되 옷선을 둘렀다. 《북사北史》

## 3 백제의 여장

백제 부인의 옷은 두루마기와 비슷하되 소매가 날씬하고 크다. 집안에서는 머리를 땋아 목 뒤에 서리되 한 가닥을 내려드리워 모양을 내었다. 출가한 이는 두 가닥을 양쪽으로 드리웠다. 《후주서》

## 4 신라의 여장

신라 부인은 장유長襦(두루마기類)를 입었고, 화장을 하지 않았다. 머리를 곱게 빗어 동이고, 구슬과 채색비단으로 꾸미었다. 남자는 머리를 밀어 깎고, 흑건黑巾으로 비스듬히 가리었다. 《신당서新唐書》
신라 초의 의복제도는 상고할 수 없다. 제23대 법흥왕대法興王代⁴⁾에 이르러 비로소 6부⁵⁾를 정하고 존비尊卑에 따라 복색을 달리하는 제도를 만들었으나 그때까지만 하여도 이속夷俗이었다. 진덕왕眞德王 2년⁶⁾에 이르러 김춘추金春秋가 당나라에 들어가 당의唐儀를 본받고자 현종玄宗에게 청하여 조가詔可와 함께 의대衣帶를 받아가지고 돌아와 이를 시행하게 되어 이속을 중화제中華制로 바꾸었다. 문무왕文武王 6년⁷⁾에 다시 부인들의 복장을 바꾸니, 이로부터 의관衣冠이 중국과 같이 되었다. 《삼국사기》
《차기지車騎志》에 이르기를, 진골眞骨의 딸 겉옷은 담[罽] 또는 수놓은 무명이나 깁[羅]을 금하였고, 속옷·반비半臂·고의·버선·신발도 담 또는 수놓은 깁을 금하였다. 목도리[褾]는 금은실을 써서 공작새의

꼬리나 비취새 깃털 모양을 수놓는 것을 금하였다. 빗에는 대모玳瑁 구슬을 곱게 박는 것을 금하였고, 비녀에는 구슬을 새기거나 매는 것을 금하였다. 관에다가는 곱게 자개를 박는 것을 금하였다. 베는 28새 이하를 썼고, 붉거나 누른빛의 것을 꺼렸다.

육두품六頭品[8]의 딸 겉옷에는 다만 중소中小의 능시견綾絁絹을 썼고, 속옷에는 담·수놓은 비단·풀무늬 깁을 금하였다. 반비半臂[9]에는 담·수놓은 비단·가는 깁을 금하였고, 고의에는 담·수놓은 비단·가는 깁붙이·금니金泥[10]를 금하였다. 목도리에는 담·수놓은 비단·깁·금은니金銀泥를 금하였고, 배자·등거리·단의短衣에다 담·수놓은 비단·포방라布紡羅·풀무늬 깁붙이를 금하였다. 겉치마에는 담·수놓은 비단·깁·가는 비단·풀무늬 깁·금은니를 금하였다. 옷고름에 담·수놓음을 금하고, 속치마에는 담·수놓은 비단·풀무늬 깁을 금하였다. 띠에는 금실·은실·공작꼬리·비취새 깃의 꾸밈을 금하고, 버선목에 담·수놓은 비단·가는 깁·풀무늬 깁을 금하였다. 신발에는 담·수놓은 비단·깁·가는 비단을 금하였고, 빗에는 자개박이를 금하였다. 비녀에는 순금을 금하였고, 그 대신 조각한 은비녀나 쩬 구슬을 썼다. 관冠에는 가는 사紗를 썼고, 베는 25새 이하의 것을 쓰되 붉은빛·노랑빛 그밖에 울긋불긋하거나 번쩍거리는 것을 금하였다.

오두품五頭品[11]의 딸은 겉옷에 무늬 없는 외올짜기 깁만 쓰고, 속옷에는 소문릉小紋綾만 썼다. 반비半臂에는 담·수놓은 비단·풀무늬 깁·가는 깁을 금하고, 고의에는 담·수놓은 비단·풀무늬 깁·금니를 금하였다. 목도리에는 능견綾絹 이하를 쓰고, 배자나 등거리에는 담·수놓은 비단·풀무늬 깁·포방라布紡羅·금은니金銀泥·무늬비단을 금하였다. 겉치마에 담·수놓은 비단·풀무늬 깁·가는 깁과 금은니·무늬비단을 금하고, 옷고름에 담·수놓은 비단·깁을 금하였다. 속치마에 담·수놓은 비단·깁붙이를 금하고 버선에 담·수놓은 비단·깁·가는 깁·풀무늬 깁을 다 금하였다. 신발에는 가죽 이하의 것만 쓰고 빗은 민대모[素玳瑁] 이하의 것만 썼다. 비녀는 백은白銀 이하의 것을 쓰고 관은 쓰지 않았다. 베는 20새 이하의 것을 쓰고, 붉은빛·노랑 및 울긋불긋하거나 번쩍거리는 것을 금하였다.

사두품四頭品[12]의 딸은 겉옷에 명주 이하만 쓰고, 속옷에는 소문릉小

文綾 이하만 썼다. 반비와 고의에는 소문릉과 명주 이하만 쓰고, 목도리·단의에는 명주 이하만 쓰고, 배자와 등거리에는 능綾 이하만 썼다. 겉치마에는 가는 명주 이하만 쓰되, 옷고름과 치마를 같은 것으로 하였다. 치마끈은 깁 이상을 쓰되, 속치마는 입지 않았다. 띠에 수짜개〔繡組〕와 풀무늬 깁·승천라乘天羅 등 깁 이상을 금하고, 명주 이하만 썼다. 버선과 버선목은 소문릉 이하만 쓰되, 버선에는 소문릉·가는 비단·명주·베만 쓰고, 신발은 가죽 이하의 것만 썼다. 빗은 민상아 뿔·나무로 만든 것을 썼다. 비녀 새김질·펜 구슬 및 순금은 사용하지 못했다. 관도 없고, 베는 18새를 쓰고, 색깔에는 빨강·노랑 따위 울긋불긋한 것은 금지되었다.

평인의 딸은 겉옷에 명주나 베만 쓰고, 속옷에는 가는 명주·명주·베만 썼다. 고의는 깁〔絁〕 이하의 것을 쓰고, 겉치마는 명주 이하의 것을 썼다. 옷고름은 능 이하의 것만 쓰고, 띠는 능과 명주 이하의 것을 썼다. 버선과 버선목은 무늬 없는 것을 쓰되, 버선은 깁이나 명주 이하의 것을 썼다. 빗은 민상아 뿔 이하의 것을 쓰고, 비녀는 놋〔鍮〕이나 돌 이하의 것을 썼다. 베는 15새 이하의 것을 쓰고, 빗은 4두품 딸의 경우와 같다.

신라 문무왕 4년[13] 봄 4월에 하교하기를 「부인도 중국 왕조의 의상을 입어라」고 하였다.《삼국사기》

《수서隋書》에 이르기를 『신라속新羅俗에 부인이 머리를 땋아 뒤에 동였으되 여러 빛의 비단이나 구슬을 치장함이 고구려의 습속과 같았다』고 하였다.

《동경지東京志》에 이르기를 『신라 때에 국도國都의 북쪽이 허결虛缺하였으므로, 여자들이 머리 뒤에 쪽을 틀었으므로 인하여 북계北髻라고 이름하였으니, 지금에 이르도록 그렇게 한다』고 했다.

### 5 고려의 여장

《송사宋史》에 이르기를 『고려 사녀士女들은 흰옷 입기를 숭상하며, 남자의 건모巾帽는 당장唐裝과 비슷하였다. 부인은 살쩍머리〔鬢〕를 오른쪽 어깨에 드리우고, 나머지 머리는 아래로 내리어 댕기로 묶고 비녀를 꽂았다. 치마는 겹으로 하여 두른 이가 많다』고 하였다.

《고려도경高麗圖經》을 보면『모시로 지은 옷에 곧 중단中單[14]이 있다. 아직 습속이 야野하여 일정한 제도의 마련 없이, 왕공실王公室부터 서민 남녀가 구분 없이 죄다 이를 입었다. 가죽신의 꼴은 앞이 낮고 뒤가 높으며, 형상이 괴이한데, 나라 안의 남녀노소가 다 이런 신을 신었더라』고 했다.

또 이르기를『부인네의 출입에 종과 말을 주니, 대개 공경귀인公卿貴人의 처이다. 말꾼은 서너 사람을 넘지 않았다. 비단으로 머리를 덮어 썼으되, 나머지 끝을 말등에 드리우고 삿갓을 받쳐 썼다. 왕비부인王妃夫人은 홍색으로 차려 입었으며, 끄는 수레를 쓰지 않고 메는 수레를 탔다. 옛날 당나라의 무덕武德[15]·정관貞觀[16] 연간에 궁인이 말을 타되, 검은 보자기로 온몸을 가리었는데, 지금 고려의 머리에 쓰는 여장풍속女裝風俗을 보니 당나라 때에 있었던 멱리羃䍦의 유법과 같지 않은가. 부인들이 머리를 꼭두마머리로 땋아 내려드리웠으니, 여자 상제의 복상服喪머리 쪽찐 모양에 아주 흡사하더라』고 하였다.

또『고려 부인의 치장은 바르는 것을 즐겨하지 않았으며, 분을 바르되 빨강은 쓰지 않았다. 비단 세 폭으로 여덟 자 넓이의 자루를 지어 눈썹과 이마 할것없이 머리로부터 땅에까지 내려드리우고 면목만 내어 놓았다. 흰 모시로 두루마기를 지어 남자처럼 입었고, 무늬비단으로 넓은 고의를 지어 입었으되, 속에다가 생명주를 넉넉하게 받쳐서 몸에 붙지 않게 하고, 감람근건橄欖勤巾[17]에 가는 줄이 쳐진 금방울을 지니고 비단 향주머니를 찼으니, 귀한 댁 부인이다. 부가富家에서는 큰 자리를 깔고 시비들이 곁에 나란히 서서 물수건 따위 잔시중을 들므로 한창 더울 때일지라도 고통을 모르더라. 추동秋冬의 의상으로는 간간 누른 명주〔黃絹〕를 혹은 두텁게, 혹은 얇게 하여 쓰되 공경대부의 아내와 사민유녀士民游女들에 구별이 없더라』하였고, 또『왕비만은 붉은 것을 숭상하고, 그림을 많이 수놓은 옷을 입었으니, 국관서민國官庶民들은 감히 쓰지 못하더라』했다.

『관부官府에는 시녀侍女(媵)가 있고, 국관國官에는 첩이 있다. 서민의 처와 잡역을 맡은 비婢는 서로 비슷한 복식을 하고 근무하더라. 그러므로 머리로부터 내리써 드리우지 않았다. 머리를 위로 올리고, 치마를 걷어붙이고 일을 하더라. 부채를 잡은 손의 손톱이 보일까 부끄러이 여기어 흔히 주머니 모양을 지어 감추었다.』

『부인의 머리 트는 법은 귀천 없이 같았다. 한 가닥은 오른쪽 어깨에 드리우고, 나머지 머리는 아래로 드리어 댕기로 묶고 작은 비녀를 꽂았다. 세민細民은 머리에 특히 쓰는 물건이 없었다. 쓰는 물건을 지으려면 백금 한 근에 준하는 값이 드니, 그렇게 할 힘도 없거니와 또 머리에 안 쓰면 안 된다는 금禁이 있는 것도 아니더라. 치마는 대략 여덟 폭으로 지어 입되 겨드랑이에까지 높이 올려 매며, 여러 겹 입는 것을 숭상하여 부귀가富貴家의 처첩은 7, 8필로 치마 여럿을 짓기까지 하니 매우 우습다. 숭녕崇寧 연간에[18] 유규劉逵・오식吳拭 등이 사신으로 그곳(高麗國)에 가 칠석회七夕會를 맞으매 관반사館伴使 유신柳伸이 풍악 울리는 쪽을 돌아다보며 부사에게 「우리나라는 빗질을 하나 머리가 방만放慢하니, 필시 옛날의 추마계墜馬髻를 본뜬 듯하외다」 하거늘, 규逵 등이 「추마계는 동한東漢의 양기梁冀 처 손수孫壽의 소행이니, 아마도 그렇지 않을 것이오」 하였다. 신伸 등이 「그렇겠습니다. 그렇겠습니다」 하더라. 그러나 지금에 이르도록 고치지 않으니, 머리쪽을 허술하게 다루는 스스로의 옛 습속이 어찌 그러함이 아니냐』고 하였다.

김부식金富軾은 한편 『송나라 사신 유규劉逵・오식吳拭이 방문하여 와서 관연館宴의 향장창녀鄕粧倡女를 보자 섬〔階〕 위로 올라와 임금을 뵈옵고, 넓은 소매의 옷과 색실띠〔色絲帶〕의 넓은 치마를 가리키며 감탄하여 이르기를 「이것이 다 3대[19] 적의 복식服飾이온데 이렇듯 고려 땅에서 숭상될 줄은 몰랐나이다」 하였다니, 오늘의 부인 예복이 대개 당나라의 옛 제도를 본뜬 것이도다』 하였다.

『서민가의 미혼녀는 붉은 깁으로 머리를 묶어 드리웠다. 남자도 같으나 특히 붉은 깁 대신에 검은 노끈으로 매었더라. 처음으로 입성하여 길 양쪽을 보던 차에 문득 겨우 열 살쯤 된 여자아이를 보았다. 아마도 시집을 안 간 여자인 듯한데 머리에 아무것도 쓰지 않았다. 누른 옷인데 여름옷으로는 적당치 않아 보였었다. 진작 캐어묻고자 했으나 끝내 자세히 알아내지 못하였다. 혹 이르기를 왕부王府의 소아복이라고 하더라』고 했다. 《고려도경高麗圖經》

『신이 듣자오니, 삼한三韓의 의복제도는 염색하지 않는다 하옵고, 또한 꽃무늬를 금한다고 들었나이다. 그러므로 어사를 두어 민복民服을 살피게 하여 집에서 꽃무늬를 놓아 입는 자가 있으면, 단죄벌물斷罪罰物하며, 또 서민이 다 지키므로 영이 잘 시행되더이다. 구속舊俗에 따라 여자복은 흰 모시에 누른 치마이니, 위로는 공족公族·귀가貴家로부터 아래로는 서민처첩庶民妻妾에까지 하나도 구별이 없더이다. 근년에 공사貢使가 내조하여 조정으로부터 십등관복十等冠服을 받아가 마침내 이에 따라 왕부王府와 승상가丞相家가 다 화풍華風을 따르니, 세월이 좀 가면 풀이 쓸리듯 다 따르게 되오리다』고 하였다. 《고려도경高麗圖經》

공양왕共讓王 때에 조준趙浚이 상서하여 이르기를 「우리나라는 조종조祖宗朝[20]의 의관제도를 본받아 전부 화제華制를 받들었는데, 시왕지제時王之制에 눌리어서 원복元服을 따르는 데 이르러 변화종이變華從吏[21]하게 되니, 상하에 큰 변이 생기어 민지民志가 부정不定이나이다」라고 하였다. 《고려사》

## 6 조선조의 여장

태종太宗 7년[22] 여름 4월 임인에 광연루廣延樓 아래서 문신文臣들에 대하여 친시親試를 보았다. 시제試題는 시무책時務策으로서 〈의관제도를 죄다 중국의 본에 따라 받들며, 여자의 복식服飾에 있어서도 구속舊俗을 숭상하니, 이는 과연 더 개혁할 수 없는가?〉와 〈관혼상제를 다 중국제도에 따라야 하는가?〉 등 이러한 몇 가지였다. 법도法度를 세워 행하려면 반드시 마땅한 것이어야 하며 어긋남이 없어야 한다. 고고하되 해괴하지 않으면 그것은 있어도 좋은 것이다.

태종 9년[23] 3월 임술에, 사헌부司憲府가 시무책時務策 몇 조목을 올렸으니 『첫째는 우리나라의 전장典章·문물文物이 죄다 중국제도를 받들며, 더구나 여자의 복식은 구속을 따르니 고치지 않을 수 없사옵니다. 그러나 아직은 구제舊制를 따르면서 자상히 헤아려 제도를 짓되 어지러운 것은 덜고, 사치스러운 것은 깎아버려서 상하로 등급을 두어 차별

함이 가하나이다. 우리 왕조에서는 여복으로 큰 겉옷[襖]과 치마[裙]·입모笠帽를 받들지만 주부나 비婢가 다 상하 없이 흑라모黑羅帽와 백초군白綃裙을 착용한다면 비싼 값과 재물이 쓰일 뿐만 아니라 존비·귀천이 뒤섞이오니, 이제로부터는 대소부녀大小婦女와 종비從婢들에게는 오군襖裙을 금하고 그 입모笠帽에도 다만 모시와 베[苧布]만 쓰게 하여 깁과 비단을 금하고, 그 모첨帽襜(帽帷)의 장단을 주부의 입모笠帽와 다르게 하면 비용도 덜 들고 상하도 분간되오리다』하였다.

태종 14년 11월 병진, 부녀에게 명하여 염모簾帽를 드리우게 하고 선자扇子를 지니게 하였다. 이에 앞서 부녀 입모는 그 전첨前簷이 아니라 선자로 낯을 가리게 되었더니, 지금은 전첨을 드리워 그 낯을 가리게 하였다.《실록實錄》

《문헌비고》에『태종조太宗朝에 본국 여복을 다 중국제도에 따르게 하고자 하매, 허주許稠가 계啓를 올리어 아뢰기를「신이 이왕에 연경燕京의 궐리厥里를 지나다가 공자묘孔子廟에 들어가 여복화상女服畫像을 보았는데 본국本國 여복女服과 다름이 없고, 다만 수식首飾만 달랐나이다」하더니 그뒤로는 이런 일이 그치어지니라』고 했다.

세종 원년 기해²⁴⁾ 봄 정월에, 사헌부가「앞서 만든 부녀화금립자婦女畫金笠子를 작은 인자印子로 박아서 검고檢考의 자료로 바치게 하여 주시기를 청하나이다」하고 계를 올리니, 상上께서「양반 부녀들이 쓴 입모笠帽를 행로行路 중에 탈취하여 이를 본뜨고자 하는 일은 아니되니, 이제로부터 만약 새로 만든 자가 있으면, 그 입모의 임자와 만든 공장工匠에 대하여 조서를 꾸미고 다 율律에 어긋나는 것으로 논죄論罪하라」하였다.《세종실록世宗實錄》

세조 원년에 직제학直提學 양성지梁誠之가 소疏를 올리어 여복에 장의長衣를 금하였으니, 이로써 남녀의 복식제도에 구별이 생겼다.《문헌비고文獻備考》

옛날에는 부인네들이 출입할 때 머리에 쓰는 것이 없었는데 중종 때 기건奇虔이 새로운 모양의 것을 지어 올리자 후세가 이를 준용하게 되었다.《문헌비고》

동월董越의《조선부朝鮮賦》에 이르기를『여자는 귀밑머리로 귀를 덮었으니 패수佩首가 보이지 않고 머리에는 백권白圈을 써서 지긋이

미광眉眶을 눌렀네. 부귀자는 낯을 흑회黑繪로 가렸고 빈천자는 종아리에 가린 것 없이 흰 치마로다』하고, 자주自註를 내되『부귀가의 딸은 머리에 대모첨大帽簷과 비슷한 네모난 것〔匡〕을 쓰고 흑회를 드리었으되, 낯을 가리었다. 이것을 젖히고 다니는 이가 왕경王京에 있더라』고 하였다.《문헌비고》

조신曺伸의《유문쇄록臾聞瑣錄》에『우리나라 사족士族의 부녀가 외출外出할 때 다 비단으로 머리를 씌우고, 원립圓笠을 써 사방으로 자 남짓하게 내려드리우니 낯을 가리기 위함이다. 대개 당나라의 멱라유모冪羅帷帽의 제도를 본뜬 것으로 이것을 혹 개두蓋頭라고 일컫는다』고 했다.

《해동역사海東繹史》의 저자 한치윤韓致奫은 이르기를『생각건대 이것은 중토中土의 나올羅兀 지음새와 같은 것으로 지금도 궁인이 이것을 쓴다. 서긍徐兢도《고려도경高麗圖經》에서 비단으로 머리를 씌우고, 그 나머지를 말등〔馬上〕까지 덮고 다시 입笠까지 더하였으니, 곧 당나라 궁인宮人의 흑멱리법黑冪䍦法을 본받은 것이라 하였으니 대개 이 제도를 이른 것이다』고 했다.

세조 10년[25]에 광주목사廣州牧使 김수金修가 소疏를 올려서 말하기를「나라에서 제도를 지음에 중화中華의 제도를 본떴으나 다만 부녀 수식首飾 복식만은 아직껏 고습古習을 따릅니다. 은근히 생각건대 찬비饌婢로서 연경燕京에 다녀온 이가 아직도 있고 그 의복도 다 있사오니, 찬비와 통사通事를 시켜 의녀醫女와 기녀 중 적당한 이에게 수식·복색을 교습시키도록 하옵시사 청하나이다」하니, 예조에 명하여 의논케 하였다. (이덕무李德懋의《청장관전서青莊館全書》〈앙엽기盎葉記〉)

성종 때의《경국대전》에 이르기를『서인 남녀에는 다 홍자의紅紫衣와 자대紫帶를 금하고, 짙은 회색옷과 백색옷을 입도록 하여야 한다. 사족 부녀에게는 금하지 아니한다. 당하관堂下官 이하인 자者의 혼인 때에는 사라紗羅·능단綾段·계구罽毬의 사용을 금하며, 사족의 부녀와 아동·경기京妓에게는 금하지 아니한다』고 했다.

선조宣祖 5년[26]에 교를 내리어 이르기를『우리나라 대소남녀가 모두 귀밑을 뚫고 귀고리를 달아 중국으로부터 기롱譏弄을 받으니 매우 부끄럽도다. 이후로는 호습胡習을 일절 혁파革罷하도록 내외에 효유曉

諭하라』하였다.
　이수광李睟光은 이르기를『부인의 머리 쪽찌는 법과 동자의 머리 땋는 법은 호속胡俗에서 나온 것이다. 예법가禮法家가 다 중화의 제도를 받들고자 하지만, 구속舊俗을 빨리 바꾸지 못하고 있다. 개탄할 노릇이다』라고 하였다.
　허균許筠 찬술撰述의《식소록識小錄》에는『사족 부녀들이 쓴 차수遮首는 옛날의 소위 유모帷帽요, 신부들이 동뢰연同牢宴 때 쓰는 권수捲首는 곧《시경》에서 이른 부계육가副筓六珈이다』[27]라고 하였다.
　조극선趙克善은『우리나라 부인이 검은 비단 또는 보라 비단의 온 폭幅 두 자 두 치의 가운데를 접어 두 겹으로 하고 그 속에 두터운 종이를 발라 머리에 쓰되, 이마를 가린 다음 어깨 뒤로 내려드리우니 이것을 차액遮額이라고 한다. 광해군光海君 중년 때부터는 검은 비단으로 겉을 하고, 그 안에 솜을 넣어 붙여 머리에 쓰니 이것을 족두리足頭里라고 한다. 일시에 숭상되어 나라의 풍속이 되매, 차액의 제도는 아예 없어졌다』고 하였다.《문헌비고文獻備考》
　이익李瀷은『지금의 혼례에 신부가 통은 크고〔服裒〕위쪽은 넓고〔衣闊〕소매는 크고〔袖大〕띠는 긴〔帶長〕군군裙(소위 원삼元衫・당의唐衣)을 입으니 곧 중국의 제도이다.《삼국사기》를 상고하면 송나라 사신 유규柳逵 등이 와서 향장창녀鄕粧倡女가 소매가 넓은 옷과 색실띠가 달린 큰 치마를 입은 것을 보고「다 3대 때의 옷으로 이곳에서 이렇듯 숭상되는 줄을 몰랐다」고 하였는데, 지금의 신부 복식이 바로 이것이다. 이에 앞서 진덕왕眞德王 때 김춘추金春秋가 당나라에 들어가 중화中華의 제도를 본받겠다고 청하여 의대衣帶를 받아가지고 돌아와 중국식 제도로 바꾸었고, 문무왕文武王 4년[28]에는 다시 부인 복식제도를 중국식으로 개혁하였다. 문무왕은 곧 태종왕太宗王 김춘추의 아들로 절실하게 모화慕華하여 남녀복식을 다 중국식 제도로 바꾸었으니 한창 성하였다. 오늘의 부녀자가 입은 착수단삼窄袖短衫은 어디로부터 왔는지 알 수 없거니와, 더구나 귀천에 다 통용되니 더욱 해괴하다. 더울 때 입는 단삼單衫은 밑을 걷어 올려 꿰매어 치마 위끝을 덮지 못하게 하였으니 더욱 괴패怪悖하도다』라고 하였다.《문헌비고》
　안정복安鼎福은『우리나라 부인복은 웃저고리와 치마가 이어지지 않고, 저고리가 짧아서 허리를 가리지 못한다. 원나라 세조가 중국의 습속을 개혁하여서 남자에게 고습착수단의袴褶窄袖短衣[29]와 하복에 군상裙裳을 입혔는데, 생각건대 이때의 원나라 복식제도를 본받아 인순불변因循不變으로 오늘에 이른 것이리라』고 하였다. 《문헌비고》

또 《문헌통고》를 상고하면 『신라의 부인은 머리를 곱게 빗어 동였고, 고려(고구려)의 부인은 머리를 땋아 오른쪽 어깨에 드리웠고 백제의 부인은 양쪽으로 갈라 드리웠으니 대략 같았다. 이것은 다 은나라의 유제遺制이다. 오늘날의 풍습에 부녀들이 꼭 머리를 땋아 두 갈래로 하여 위를 동인 다음, 그 끝을 꾸부리어 오른쪽에 꽂고, 그 끈을 드리워 마치 《시경》의 권발여채卷髮如薑[30]라는 말과 같으니 성세盛世의 풍채風彩를 완연히 보는 듯하도다』라고 했다. 《문헌비고》

또 『지금의 풍속에 혼례 때 머리치장을 하고 붉은 장삼을 입는 제도는 명승明昇으로부터 나왔다』고 하였다. 《문헌비고》

남방위藍方威의 《조선시선朝鮮詩選》에는 『삼한부인三韓夫人은 머리를 들어 꾸몄고 여자는 말아 뒤로 드리웠으되 전부 땋고 얼마를 남기어 드리웠도다』고 했다.

영조英祖 35년에 부녀의 덧머리 틀기를 금하고, 그대신 족두리를 쓰도록 바꾸었다.[31]

정조正祖 12년[32] 겨울 10월에 부녀의 덧머리 틀기를 금하였다. 애초 영조 때 머리 틀기를 금하는 명이 있었으나 제대로 행하여지지 않아서 이에 이르러 우정규禹禎圭가 소를 올려 그 폐단을 성론盛論하였으므로 왕이 대신을 불러 묻자 다 금하는 것이 옳다고 하였다.

상上이 이르시되 『……대저 머리 트는 법양法樣이 《예경》에 있는가. 법서에 있는가. 그 근본을 캐어 보건대 아름답지 못한 제도이다. 애초에 머리 가꾸는 모양이 함부로 중수지식重首之飾[33]하여 다투어 사치스럽고 크게 꾸미니 그 도가 자꾸 높아지고, 함부로 날뛰는 자는 재산이 쓰러지는 것도 돌아보지 않으며, 가난한 자는 자못 폐륜廢倫에까지 이르는 일이 있게 되었으므로 그 폐단이 극하도다. 이를 바로잡고자 국중國中의 부녀에 대하여 가체加髢함을 일절 못하도록 고치되 부녀복식에 관한 일이 정사 밖의 일이라 일컫지 말지라. 이제부터 사치를 버리고 검소하게 하도록 시켜 본을 세워 잘못 됨을 바로잡는다면 금석金石도 깨뜨릴 수 있을 것인즉, 그 금령禁令을 늦추지 못할지니라. 이로써 절목을 지어 중외中外에 인반印頒하도록 명하노라』하였다.

### 절목節目

1. 사족처첩士族妻妾과 여항부녀閭巷婦女에 대하여 다른 머리를 땋아 엮어, 본머리에 덧붙이는 일을 일절 금한다.
1. 대체식代髢式과 낭자머리·쌍계雙髻·사양계絲陽髻는 출가 전의 머리 지음새이니 하지 말 것이며, 머리를 틀어 뒤에 쪽찌고 머리 위에 족두리를 쓰되, 족두리를 만드는 데 쓰는 면서綿絮나 양죽涼竹은 다 검은색으로 한다.
1. 지금의 이 금제禁制는 오직 사치하는 일을 덜고자 하는 성의聖意이니, 족두리로 대용한다고 핑계하여 칠보七寶 따위를 여전히 꾸며 쓰면 곧 제도의 개혁은 이름뿐이고 실인즉 검소함이 없으니, 금옥金玉·주패珠貝 및 진주당계眞珠唐紒·진주투심眞珠套心 따위는 한가지로 다 금단한다.
1. 어유미於由味·거두미巨頭味는 명부命婦들이 상시常時 지니는 것이나, 민가에서 혼례 때에 쓰는 일만은 금하지 않는다.
1. 족두리의 꾸밈새는 이미 금지조항으로 보이었거니와 혼인에 쓰이는 칠보 족두리를 세貰로 얻거나 세로 주는 자를 먼저 금단하고, 영令 이후 범하는 자는 임자나 거간꾼을 가리지 말고 법사法司에 넘겨 법대로 처벌하고, 거간꾼을 칭하여 잡패雜佩를 매매하는 갖가지 악습은 고쳐야 할 것이므로, 구전舊典의 명문明文대로 포청捕廳에 붙여 고발 금단한다.
1. 상천여인常賤女人으로 거리에서 낯을 내어놓은 유와, 종전 공사천비公私賤婢에게 허락하였던 덧머리 따위의 머리 꾸밈새에 대하여는 각별히 금단하고 각 궁방宮房의 무수리〔水賜里〕·의녀醫女·침선비針線婢, 각 영읍營邑의 여기女妓 등에 대하여는 머리를 Y(두 갈래질 아)자 모양으로 위로 올리게 하여 예사와 다름을 나타내고, 내의녀內醫女는 모단冒緞을 쓰고, 나머지는 흑삼승黑三升을 쓴다.

1. 경사京師에서는 동짓날〔冬至日〕을, 외방外方에서는 동지에 준하는 날을 한하여 일제히 준행한다.
1. 정한定限이 지난 뒤에 이를 준행하지 않는 자에 대하여는 그 가장家長을 즉시 오랏줄로 묶는다.《국조보감國朝寶鑑》

정조正祖 때의 상신相臣 채제공蔡濟恭이 덧머리를 대어 땋고 쪽찌는 일을 금할 것을 청하는 계啓를 올리어 이르기를『신은 머리를 땋아 트는 일에 대하여 생각하는 바를 사뢰려고 하옵니다. 근자에 영상領相의 말을 들으니, 신중한 생각을 가지고 있어 좋기는 하나 그로 말미암아 구폐舊幣의 개혁이 지지부진遲遲不進하여 참으로 근심되는 바이옵니다. 대개 지금의 큰 폐단으로 덧머리를 대어 틀어 얹는 일보다 더한 것이 없으니, 유생된 궁한 집에서도 6, 70냥을 들이지 않고서는 살 수 없고 잘 하려고 하면 수백 금이 들므로, 밭을 팔고 집을 팔지 않으면 달리 도리가 없사옵니다. 그러나 밭과 집을 팔 수 있는 이가 얼마나 되겠나이까? 이런 까닭에 아들이 있어 며느리를 취하려 하나, 덧머리를 대어 틀고 쪽찌는 일을 할 수 없어서 현구고지례見舅姑之禮를 올리지 못하여 폐륜廢倫에까지 이른 자를 다 손꼽을 수 없나이다』하였다.《번암집樊巖集》

또 머리 틀어 얹는 일을 금하고 부녀관婦女冠을 쓸 것을 논하는 계啓를 올리어 이르기를『이번에 머리 틀어 얹는 일을 금하심은 부녀들의 수식首飾에 관계되는 일로 상감께서 내리신 제도이매, 사부가士夫家나 여항閭巷을 막론하고 모두 족두리를 쓰도록 새 제도를 짓는 한편, 혹 연석筵席에서 화관을 사용하는 일에 대하여는 금하지 않으신다는 교가 있었사옵니다. 이런 까닭에 화관을 씀이 허락되었다 하여 족두리를 버리고 화관花冠만을 지어 쓰려고 하는 논의가 성행되니 화관이 반드시 중국식 제도인지는 모르나 덧머리를 대어 땋아 얹는 일과는 다름이 있어 꼭 금할 일은 아닙니다. 하오나 만약 족두리와 더불어 일시에 두 가지가 행하여지면, 곧 새로 제도를 정하신 본의에 어긋나게 되올 것임을 굳이 사뢰나이다』하니, 왕이 이르기를『화관은 금지하는 항에 들지 않았으니 일일이 금단하지는 말 것이오며, 원래의 사목事目에 이미 족두리로 정제定制하였으니, 이는 지금 바로 거행하여야 할 정식定式이니라. 새 영令을 내린 이 마당에 이래라 저래라 하리요? 하물며 족두리도 중국의 제도와 같음에랴? 경의 주언奏言으로써 더욱 엄히 금하고 바로잡아 기어이 영을 지키게 하며, 화관에 혹 도채부금塗彩傅金하는 자가 있다 하기에 담무擔務서 당상관堂上官에 명을 내렸으니, 곧 공조에 분부하여 조작장수造作匠手 등에 대하여 각별히 엄중하게 다스리어 바로잡음이 옳으니라』하였다.《번암집樊巖集》

정조正祖 때의 사람 이덕무李德懋의《청장관전서青莊館全書》앙엽기盎葉記 중의〈여복종화제女服從華制〉조에『근일 조가朝家에서 덧머리 없는 일을 금하니, 이는 중국제도를 본뜬 여자복식女子服飾을 다스리는 좋은 기회이거늘, 족두리를 쓰되 아직도 쪽찌는 뒷머리에 매우 공을 들이니, 끝내 간소하게 되지 못하는 바이로다』했다.

또《청장관전서》〈사소절士小節〉조에 이르기를『근일 부인들이 즐겨 엷은 빛〔淡色〕치마를 입는 까닭에 얼마쯤 상부孀婦의 복의服衣 같아 매우 이상하고, 또 먼저 짧은 흰 치마를 입은 다음 치마를 걸치므로 다리 없는 오홉五合치마·칠홉七合치마라는 이름으로 불린다.[34] 본디 부인네들은 구기사설拘忌邪說을 잘 지껄이면서 이런 상서롭지 못한 옷을 입는 까닭이 그 무엇인가』하였다.

또『장부의 심의폭건深衣幅巾[35]과 부인의 궤계염의䯻䯻衤[36]는 제사관혼제사관혼祭祀冠婚 때에 차리는 것은 좋으나, 부인의 틀어 얹은 머리와 짧고 좁은 저고리는 몽고의 유풍이라 워낙 말할 것이 못 되거니와 족두리 쪽〔簇兜北髻〕은 이 무슨 장식인가.[37] 궤계염의를 사대가에서 왕왕 행한다 하더라도 야野한 풍속이라고 웃지 않은 이가 없다. 이것은 잘못 된 습속에 젖어 예의 뜻을 잘 모르는 때문이다. 빈가貧家의 여자가 지아비에게 출가하여 오래되면 머리를 땋아 얹는 손질을 다하지 않고, 평두자平頭者로 있는 이가 많다.[38] 이토록 평두平頭로 몇 년이고 오래 지내는 이가 많거늘 머리를 땋아 얹고 꾸밈질을 하는 것이 어찌 마음 편한 일이리요? 곧 많은 돈과 재물을 없애면서 되〔胡〕의 복식을 하니 이것을 적은 돈과 재물로써 예장禮裝하는 일에 비겨서 그 경중득실輕重得失의 어떠함을 돌아보아야 하지 않겠는가? 장부의 갓도 역시 이속夷俗이기는 하나, 하루 아침에 벗고 다니어서 사람들의 눈에 해괴하게 보일 수 없거니와, 부인에 이르러서는 집안에 있으니 아무 해괴할 것이 없다. 또 조정으로부터 머리를 틀어 얹는 일을 금하는 영슈이 내렸으니 구차히 범법犯法하지 말 것이다. 예에 어긋나는 습속이 어찌 있을 수 있으리요?』라고 했다.

그리고 동서同書《青莊館全書》〈사소절士小節 부의婦儀〉조에 이르기를 『머리 틀어 얹는 일은 몽고의 유풍이니, 무릇 지금의 부인이 어쩔 수 없이 이 속俗에 따르지만 이에 힘써 크게 사치할 것이 못 된다. 부귀가 富貴家에서 7, 8만 냥을 비축하여 군마軍馬가 많은 기치旗幟와 치장에 눌리어 쓰러지는 격으로, 요란스럽게 머리를 꾸미고 웅황雄黃붙이[39]·법랑法瑯 비녀[40]·진주 달린 비단끈[41] 따위로 그 무게를 버티지 못할 만큼 머리를 꾸며도 가장家長된 이로서는 금할 수가 없었다. 그럴수록 부인은 더 사치하지 못할까 걱정하고 있다. 근자 부자집에 며느리가 있어 나이 겨우 열세 살인데, 틀어 얹은 머리가 높고 무거워 시아버지가 방으로 드는 것을 보고 바삐 일어서다가 목이 부러졌다고 한다. 사치가 사람을 죽이었으니, 아아 그를 슬퍼하노라』고 하였다.

변체辮髢는 속칭 다리〔加加髢〕이다. 몽고는 본디 기악온철목진奇渥溫鐵木眞의 나라이다. 기악온奇渥溫은 성으로서 패아지근孛兒只斤 씨氏라고도 한다. 철목진鐵木眞은 이름이니, 송영종宋靈宗 병인丙寅[42]에 건국하여 몽고라고 호하였다. 오세五世 홀필렬忽必烈에 이르러 국호를 원元이라고 고쳤다. 「군마가 많은 기치와 치장에 눌리어 쓰러지는 격」이라는 말은 다 덧머리 髢을 이른 말이다.

《청장관전서》〈여복종화제론女服從華制論〉조에 『태종조太宗朝에 왕비관복王妃冠服이 명나라로부터 왔으나 궁중에서 그 입는 법을 모르더니, 명明의 승모昇母 팽씨彭氏가 가르치매 알게 되었다. 세조 원년[43]에 명나라 사신 윤봉尹鳳이 고명誥命과 면복冕服을 가지고 왔으므로 상上이 환관 전균田畇을 보내어 윤봉에게 「중전이 관을 받았으되, 작은 데다가 또 비녀가 있으니 어떻게 쓰오?」라고 묻게 하셨다. 윤봉은 「머리를 빗은 다음, 머리를 정수리 좌우로 갈라 서로 얽매어 올려 Y(두 갈래질 아)자 모양으로 틀고, 그 위에 관을 쓰고 나서 비녀를 꽂습니다」 하였다. 다시 전균이 명복命服[44]에 딸린 금 따위 보전寶鈿[45]은 어디다 쓰오?」 하고 물으니, 윤봉이 「그것의 이름은 금보禁步이니, 두 어깨에서 앞으로 내려드리우는 것이요, 함부로가 아니라 절도 있게 걷기 위함입니다」하였다.

　박제가朴齊家의《북학의北學議》〈여복〉조에『세계에 늘 고통과 결함이 있어, 천하의 남자는 머리를 깎고 되〔胡〕의 옷을 입었으나, 여자의 복식은 아직 그러하지 않다. 우리나라의 장부丈夫에게는 의관이 있으나, 여복에 이르러서는 몽고 제도를 따르고 있다. 오늘의 사대부는 다만 되〔胡〕의 옷을 부끄럽게 여기면서도 집안의 여복에 대하여 아무 금령을 내리지 못하고 있다. 내가 연경燕京에서 몽고 여인과 원조元朝의 인물을 그린 화첩을 보니 그 모양이 우리나라 여복과 같았다. 대개 고려가 원元의 비妃·궁宮의 복식을 본떠 들여서 오늘에까지 전습되었다. 남자들은 머리칼을 모아 땋아 얹고도 마음이 편한지 괴이하게 여기지 아니하며, 여자들은 짧은 저고리에 긴 치마를 입고 제사 손님 사이를 두루 다니니 어찌 한심하지 않으리요. 고례古禮에 뜻이 있는 이는 빨리 화제華制를 본떴으면 하고 있다. 한 벗이 희롱하여 이르기를「오늘의 장부치고 그 집을 잘 다스리는 이가 절무絶無하니, 이후에도 잘 될 것 같지 않아 두렵다」고 하였다. 동자의 머리 땋아 묶는 일은 마땅히 금하여야 한다. 무릇 남자의 머리 땋기는 다 되〔胡〕의 풍속을 따른 것이다. 그러므로 만주 여자에 머리를 땋아 얹고 두루 다니는 자가 많으니라』하였다.

　이규경李圭景[46]이 북관北關 실녀室女[47]들의 머리 틀어 얹는 일에 대한 변증설辯證說에서 이르기를『관북關北의 육진六鎭에는 이상한 풍속이 매우 많다. 그 중 더욱 괴이怪異한 것은 종성鐘城·회령會寧 등지의 풍속에, 실녀의 나이 열예닐곱이 되면 머리를 두 갈래로 땋아 얹어, 출가한 여자 머리 모양을 하고, 좌우 귀 뒤의 땋은 머리를 풀지 않고 틀었다가 혼인 뒤에 비로소 이를 푸니, 그런 풍속이 예로부터 내려온다고 하였다. 옛 예에 여자 열다섯에 계계笄[48]라 하였으니, 고례古禮에 따라서 머리 땋은 것으로써 비녀 꽂는 것에 대신함이로다. 고례에 계笄의 의는 있으나 머리를 틀어 얹어 어른 모양을 한다는 이야기는 아직 듣지 못한 바이다. 육진六鎭은 여진女眞·야인野人들이 사는 곳이므로 그 풍風에 물든 때문이리라. 우리나라 전대前代의 역사에도 이런 구풍은 보이지 않는다.《후주서後周書》백제전百濟傳 같은 곳에『부인의 옷은 두루마기 같고 소매가 좀 크다. 집안에 있는 이는 머리를 엮어

第十八章　조선여자의 복장제도

머리 뒤에 틀었고, 한 가닥은 땋아 드리웠다. 출가자는 두 갈래로 갈라 드리웠다』고 했다. 실녀가 머리를 땋아 얹는 일은 고례에도 없거니와 우리나라 고유의 구속舊俗도 아니다. 더 괴이한 일이 있으니, 육진의 촌야村野에 있는 어린이들은 머리를 어른처럼 땋아 틀지 않은 자가 없는데, 이는 아직 취가娶嫁도 하기 전에 성인의 의儀를 짓는 일로 어찌 괴이하지 않은가?』라고 하였다.

윤국소尹國韶의 《문소만록聞韶漫錄》에 『나라의 풍속에 남녀가 어릴 때 귀 밑에 구멍을 뚫고 귀고리를 드리우는 되〔胡〕의 습속이 전래되었으되 아직 이를 고치지 않더니, 상上(宣祖) 초년[49]에 마땅히 되의 유속遺俗을 고쳐야 한다는 명이 계셨다. 그러므로 귀천 할것없이 갓난이의 귀 밑을 뚫지는 않았다. 다만 여자아이에게는 혹 귀고리로 얼굴을 꾸미는 일이 있었다』고 했다.

이희령李希齡이 《약파만록藥坡漫錄》에서 송도松都의 풍속을 논하여 『고려 습속으로, 사녀士女[50]가 다 흰옷을 숭상하고, 여인들이 많이 정결을 스스로 지키어 여항閭巷의 하천下賤한 자라도 개가하는 일을 부끄럽게 여기었다. 출입 때는 반드시 단립簞笠을 쓰고 손가락에는 보옥을 끼지 아니하였다. 사람이 있으면 비키고 굽히어 마주 보지 않았다. 서로 이야기할 때는 택호宅號를 쓰며, 머리에는 기름을 바르지 않았고, 낮에는 분을 바르지 않았으니 그 소박함은 가상할 바요, 그 정절 지킴은 신이한 바이다. 이로써 독녀가 많았다』고 했다.

---

1) 〈東胡〉퉁구스족〔通古斯族〕의 옛 이름. 흉노족凶奴族의 동쪽에 있다 하여 붙인 이름.
2) 〈北虜〉중국 북부에 살던 종족. 흉노족 또는 견융족犬戎族.
3) 〈曲領〉둥근 깃의 웃옷.
4) 〈法興王代〉신라 제23대 왕. 재위 514~540년.
5) 〈六部〉신라의 서울인 경주의 여섯 행정구역 곧 양부梁部·사량부沙梁部·본피부本彼部·점량부漸梁部·한지부漢祇部·습비부習比部.
6) 〈眞德王二年〉서기 648년.
7) 〈文武王六年〉서기 666년.
8) 〈六頭品〉성골·진골 다음의 제3위 신분.
9) 〈半臂〉내관內官의 소매가 짧은 깃옷.
10) 〈金泥〉이금泥金. 금박 가루를 아교로 갠 것. 글 또는 그림을 그리는 데 씀.

11) 〈五頭品〉 신라 골품제의 제5위 신분.
12) 〈四頭品〉 오두품 다음의 제6위 신분.
13) 〈文武王四年〉 서기 664년.
14) 〈中單〉 상복의 한 가지. 두루마기 모양이나 소매가 넓음.
15) 〈武德年間〉 당고조唐高祖의 재위 연간. 서기 618~626년.
16) 〈貞觀年間〉 당태종唐太宗의 재위 연간. 서기 627~649년.
17) 〈橄欖勤巾〉 미상.
18) 〈崇寧年間〉 금금의 영제永濟대. 서기 1212~1213년.
19) 〈三代〉 옛 중국의 하夏·은殷·주周의 세 왕조.
20) 〈祖宗朝〉 조종으로 삼은 왕조. 고려는 송宋을 조종국으로 삼았다.
21) 〈變華從夷〉 중화中華의 본에 따르던 것을 바꾸어 오랑캐의 본에 따름.
22) 〈太宗七年〉 서기 1407년.
23) 〈太宗九年〉 서기 1409년.
24) 〈世宗元年己亥〉 서기 1419년.
25) 〈世祖十年〉 서기 1465년.
26) 〈宣祖五年〉 서기 1572년.
27) 〈副笄六珈〉《시경》권3 용풍鄘風에 있음.「君子偕老 副笄六珈」대문. 副는 제복에 하는 수식首飾, 笄는 비녀, 珈는 구슬.
28) 〈文武王四年〉 서기 664년.
29) 〈袴褶窄袖短衣〉 슬갑膝甲붙이나 좁은 소매·짧은 저고리 따위의 옷가지. 슬갑은 바지 위에 덧입어 무릎을 가리는 방한의防寒衣.
30) 〈卷髮如蠆〉 틀어올린 머리가 전갈(거미 따위 곤충) 같다.「彼君子女 卷髮如蠆」—《시경》도인사都人士에 나옴.
31) 원주에「뒤에 금령禁令을 거두고 머리 얹은 구속舊俗으로 돌아갔으나, 고대 치미高大侈靡하는 습속만은 엄금하였다」고 했다.
32) 〈正祖十二年〉 무신. 서기 1783년.
33) 〈重首之飾〉 머리 치장을 중히 함.
34) 원주에「다리 없는 치마〔無足裳〕란 짧은 치마의 뜻이고, 오홉, 칠홉은 그 짧은 정도로서 되〔升〕와 홉合의 비례와 같다……」고 했다.
35) 〈深衣幅巾〉 심의와 복건. 심의는 지체가 높은 선비가 입는 웃옷의 한 가지. 소매가 넓으며 아래가 열두 폭임. 감은 베를 쓰며, 가를 검은 비단으로 두름. 복건은 선비 두건의 한 가지.
36) 〈䯻笄褘衣〉 궤계는 부인네가 수식首飾을 하고 머리를 쪽찌는 일. 염의는 활옷으로 공주·옹주는 대례복을 입고, 새색시들은 혼례복을 입음.
37) 원주에「궤계䯻笄는 덧머리를 대어 얹은 머리〔假䯻〕로, 철사를 둥글게 하여 튼 것과 비슷하며, 겉으로 꼬아 틀었다〔外編以䯻〕. 염의褘衣는 여자의 웃옷으로, 붉은빛의 것과 초록빛의 것이 있으니, 오늘의 홍삼紅衫·단삼丹衫 따위다. 족도簇兜는 부인의 관冠이니 속칭 족두리簇頭里이다. 그 지음새는 위가 후하고 아래가 빨았다. 쪽은 온 머리를 머리 뒤에 가져다 튼 것이니 속칭 낭자머리〔娘子䯻〕이다……」고 했다.

# 第十八章 조선여자의 복장제도

왕비전하의 모습, 고종의 비妃이며, 영친왕 이은李垠의 어머니.

궁중의 여궁女宮들의 정장차림.

朝鮮女俗考

第十八章　조선여자의 복장제도

【朝鮮女俗考】

◉ 第十八章 조선여자의 복장제도

노리개를 달고 부채를 든 조선조 여성들

부녀자들은 곡식이나 물 등을 머리에 이어 날랐다.

【朝鮮女俗考】

● 第十八章 조선여자의 복장제도

38) 원주에 「오늘의 풍습으로는 신부新婦가 머리를 쪽찌거나 족두리 따위를 쓰지 않아 기가미가旣嫁未嫁를 구별하기 어려우나, 백제의 미가녀未嫁女는 머리를 한 가닥으로 땋았고, 신라의 미가녀未嫁女는 머리채를 머리 뒤에다 얽어 달았다」고 했다.
39) 〈雄黃〉 천연으로 나는 비소화합물批素化合物. 성질은 계관석鷄冠石과 같음. 빛은 등황색. 여기서는 이것을 재료로 만든 수식용 장구首飾用裝具.
40) 〈法瑯簪〉 구리붙이에 법랑琺瑯(硝子質)을 입혀 만든 비녀.
41) 〈眞珠繻〉 비단에 진주를 단 수식용 장구의 한 가지.
42) 〈宋寧宗丙寅〉 송宋나라 영종 병인년. 곧 개희開禧 2년. 서기 1206년.
43) 〈世祖元年〉 병자년. 서기 1456년.
44) 〈命服〉 각 신분身分에 맞는 옷. 중국 고대 복제에서는 사대부를 일명一命에서 구명九命까지로 나누고, 그 명에 따라 빛깔·모양을 달리한 데서 온 말이다. 《시경》에 「服其命服」이라고 있음.
45) 〈寶鈿〉 금金 따위 보배붙이로 만든 기물.
46) 원주에 「이덕무李德懋의 손자」라고 했다.
47) 〈室女〉 낭자娘子.
48) 〈筓〉 여자는 15세에 이르러 성인례成人禮를 올리고 비녀를 꽂는다. 남자는 관冠이라 하여 20세로서 성인례를 올리고, 상투를 틀고 관을 쓴다.
49) 〈上初年〉 선조宣祖 원년. 무진년戊辰年. 서기 1568년.
50) 〈士女〉 남녀.

第十九章 ● 조선여인의 상복喪服 등급

조선의 상복제도는 한 가지로 주문공가례朱文公家禮에 따라 복을 더 입기도 하고 덜 입기도 하니, 거기에는 다 뜻이 있다. 조선시대 현종 임금 때의 유학자인 탄옹炭翁 권시權諰가 《가례상복家禮喪服 사기私記》한 편을 지은 일이 있는데, 주로 남녀친속男女親屬의 상복에 등급이 있는 연유를 풀어 적었다. 가히 참고할 만하기로 다음에 싣는다.

### 가례家禮 복상服喪 사기私記

부父에 3년, 조祖에는 기년期年, 증조曾祖에는 5월, 고조高祖에는 3월을 입으니, 반씩 내린 것이다. 3년은 두 돌(朞·期)이요, 기期는 네 철이요, 5월은 두 철이요, 3월은 한 철이다. 방친旁親의 복으로, 종조친從祖親에는 종조의 반을 입고, 종증조친從曾祖親에는 종증조의 반을 입고, 종부친從父親에는 종부복從父服을 입는다. 그러므로 족증조부모族曾祖父母와 고족조부모姑族祖父母와 고족부모姑族父母와 고족형제자매姑族兄弟姉妹에는 다 3월을 입는다. 고조高祖의 자손은 종증조지친從曾祖之親이요, 종조조부모從祖祖父母와 고종조부모姑從祖父母와 고종조형제자매姑從祖兄弟姉妹는 다 증조曾祖의 자손으로 종조지친從祖之親이다. 그러므로 다 5월을 입는다. 백숙부모伯叔父母와 고종형제자매姑從兄弟姉妹와 종부형제從父兄弟의 자子와 손孫은 다 조祖의 자손으로 종부친從父親이다. 그러므로 다 종부복從父服을 입는다.

여자가 출가하면 방친旁親으로 내려간다. 이렇게 내려가는 것은 존尊으로 두 어른을 받들지 않는다는 뜻이다. 첩은 군의 처와 자子에 복을 입되, 군당君黨붙이에 대하여는 복을 입지 않는다. 처와는 달라 군君과 같은 복을 입을 수 없다. 군과 같은 복을 입지 않는 첩은, 사친私親에 대하여 복을 내려 입지 않고, 그 부父에는 내려 입는다. 이것은 두 존尊을 섬기는 것이 아니므로 가하다. 이존二尊은 금기된다. 여자가 출가하였으나 부부夫婦와 자子가 없을 경우, 그 형제자매와 형제의 자子가 함께 복을 입되, 환기還期까지 입으니 부부夫婦가 고인이 되어 무빙無憑하기 때문이다. 부부夫婦가 죽고, 자子가 없을 경우, 혹 사친私親에 복을 내려

입어도 따로이 금기되지는 않는다.

　적손嫡孫과 현증손玄曾孫으로서 후사가 된 이가 마땅히 기期를 복상服喪하며, 적자嫡子가 3년을 복상하는 것은 조祖와 사嗣를 중히 함이다. 계모에게도 장자는 3년을 복상하여 부父와 같이한다. 적손嫡孫으로 부父가 작고하여 증고조부모曾高祖父母를 모시고 있었을 경우, 3년을 복상함도 조상을 중히 받드는 연유 때문이다. 적손으로 부父가 작고하여 조祖를 모셨을 경우, 1년은 장기杖朞로 복상함이 옳다. 복이라고 하는 것은, 많을 경우라야 3년을 입으니, 여기서 덜 입는 복상은 있지만, 더 입는 복상은 없다. 내려 입는다고 하는 것은 장杖으로 입지 않음을 이름이다. 그러니 장으로 입는 것은 더 입는 폭이며 덜 입는 것이 아니다. 대개 증고조모曾高祖母에 대하여도 이에 따른다. 사士의 서자로서 부父를 모시면, 그 모母에 대하여는 시總(석 달)를 입으니, 부父를 중히 받드는 뜻에서이다. 그러므로 그 사私를 펴지 않고 다만 서모庶母와 같은 복을 입는다. 부父가 생존할 경우, 모母에 기期를 입는 것은 고례古禮요, 그렇지 않음은 금왕대今王代(顯宗)의 제도이다. 자모慈母·계모繼母에 3년을 입는 것은 기모己母와 같다. 고례古禮를 들으니, 부父가 생존할 경우, 모母에 대하여 장기杖朞를 입었다고 한다. 그런데 가모嫁母·출모出母에도 장杖으로 복을 입는 것은 혹 이르기를 금왕대今王代의 일이라고 한다. 출모·가모에 대하여 자子로서 기복期服으로 내려 입는데, 자子로서는 부父와 헤어졌다고 하더라도 내려 입지 말아야 하리로다. 부父를 모시고 있는 이는 가모·출모에 대하여 복을 입지 않는다. 부父와 의절하고 있는 까닭에 그 사私를 펼 수가 없다. 자子로서 비록 모母와 끊기었다 하더라도 부父를 모시고 있지 않을 경우, 1년 기복朞服을 입는 것은, 그래도 자子인 때문이다. 서손庶孫이 조祖를 모시고 있을 경우, 그 부모에 대하여 그 사私를 펴지 못하며, 서자로서 부父를 모시고 있을 경우 그 사私를 펴지 못한다.

　제부조諸父祖의 처를 모母라고 일컬으며, 제자손諸子孫의 처를 부婦라고 하며, 형의 처는 수嫂요, 제弟의 처는 〈제의 처〉라고 한다. 무릇 모母에 대한 복은 다 그 부夫에 대한 복과 같이 입으니, 부모일체이다. 부婦는 그 부夫가 입는 복에서 1등을 내려 입는다. 기복期服을 입는 부夫의 처는 아홉 달〔九月〕, 아홉 달 입는 부의 처는 다섯 달, 다섯 달 입는 부의 처는 석 달[緦]로 끝난다. 형제의 처에는 복을 입지 않는다. 소공小功의 상기喪期는 별세한 때부터 비롯하는데, 손부가 입는 시緦는 어느 날부터 시작하는지 미상이다. 손손은 친친親親이므로 조조祖에 대하여 대공大功으로 복상한다. 부부婦는 그 부부夫에 따라 복을 입는 것이 옳다. 그러므로 복상은 등급에 따라 차츰 내리어 경輕하게 되는 법이니, 대개 모모母에게는 후하게, 부부婦에게는 박하게, 수수嫂에게는 무복無服한다. 모모母 는 존尊이며 친친親이요, 구부舅婦는 엄엄嚴과 비비卑요, 수수嫂는 친친親도 존尊 도 엄嚴도 비비卑도 아니다. 그러므로 원혐遠嫌이다. 여女(딸)는 형제의 처에 대하여 소공小功을 입으니, 출가한 부인도 마찬가지니라. 비록 출가하였더라도 내려서 복상하지 않음은, 이미 의義가 비롯된 뒤에 정하여진 까닭이다. 형제자兄弟子의 처에 대하여 소공을 입는 것은 모부母婦의 의가 없기 때문에 내려 입은 것이다. 그러므로 모모母에 상당 하지 않는 이에게는 복을 입지 않는다. 다만 형제자兄弟子의 처에게 입는 복복服은 적부嫡婦에게만 기복을 입고, 적손嫡孫이 되어 증현손曾玄 손孫으로서 뒤를 이은 자의 처에게 소공小功을 입는 것은 조조祖를 위함이 니, 다 그 부부夫에 입는 복의 반을 입는다. 그 고자매姑姉妹에 대하여 는 복을 입지 않으니 의가 미치지 않기 때문이다. 사족士族들이 자자子가 있는 서모에게 시緦를 입고 자기를 기른 서모에게 소공小功을 입는 것은 은은恩 때문이다. 계모가 개가改嫁하여도 장장杖으로 복을 입는 것도 은은恩 때문이다.

  부부夫의 부모 이상자와 제부모諸父母에 대하여는 다 부부夫가 입는 복보 다 1등을 내려, 3년은 기기期로, 기는 아홉 달로, 아홉 달은 다섯 달로, 다섯 달은 석 달 시緦로 입어 마친다. 고조高祖에 대하여 시복緦服을 입는 것은 방친旁親에 대한 경우와 다르다. 부부夫가 3년의 복을 입을 경우, 후세後世로부터 비롯한다. 대개 옛날에는 복제服制로 기기期 를 입을 경우, 제부모諸父母에 대하여는 부부夫보다 내려 복을 입고, 제자 손諸子孫과 부부婦에 대하여 부부夫와 같이 복을 입으니 보보報 때문이다. 부부夫의 제고諸姑와 제형제자매諸兄弟姉妹 및 제형제의 처에 대하여는 다 복을 입지 않는다. 부부夫의 고자매姑姉妹에 대하여는 소공, 종부자매 從父姉妹에게는 시를 입는 것은 친친親 때문이다. 부부夫의 형제의 처에 대하여 소공, 종부형제의 처에 시를 입는 것은 동실동락同室同樂의

의義로 친親 때문이요, 부부의 고자매姑姉妹와 종자매從姉妹에 대하여 출가하였더라도 내려 입지 않으니, 이미 경의輕義에 따라 제복制服된 것이니 더 내릴 수 없다. 여녀는 종형제의 처에 복을 입지 않는다. 여녀는 재실在室함에 의義가 미치지 못하여 멀기 때문이다. 양養으로서 다른 이의 뒤를 이은 자의 처가 본생구고本生舅姑에 대하여 대공大功을 입으니, 백숙부모伯叔父母에 대하여 입는 복과 같다. 복服에 강쇄降殺를 일컫지 않고, 3년이나 기期를 입는 것은 의복義服이다. 첩이 군君의 처와 자子에 기期를 입는 것은 복제服制에 따름이다. 군君의 부모에 대하여 복을 입지 않음은 어찌된 까닭일까. 혹자는 이르기를 「대개 옛날에 군君에게 3년 복상한 것은 곧 종기從期요, 지금 부부에게 3년 복상하는 것은 종복從服이다」고 하였다.

외족外族에게 시를 입는 것은 복제服制에 시가 끝인 때문이요, 자매의 자에 소공을 입는 것은 보報요, 고자매姑姉妹의 부부에 복을 입지 않는 것과 여녀의 부부에 대하여 시를 입는 것은 보報이다.

모당에 대하여는 오직 모의 부모형제자매에만 복을 입으니 외척外戚인 때문인데, 부부의 부모형제 경우의 반을 입는다. 구舅의 자子와 종모從母의 자子는 혈속血屬으로 정상친情相親이다. 따라서 시를 입는다.

외손부와 생부甥婦에게 시를 입는 것은 보報요, 외숙의 처는 외외로서 모母가 아니니, 의義를 미칠 수가 없다. 그러므로 복을 입지 않는다. 여녀는 종부형제의 처에 대하여 복을 입지 않는다. 그리고 고자매姑姉妹의 처에 대한 보報에 대하여는 미상이다. 부부의 모당에 대하여는 그 부부의 복상차강服喪差降과 같다.

처의 부모에 대하여 시를 입는 것은 처의 친親인 때문이니, 모의 부모의 경우에 견주어 부모에 대한 복상의 반을 입는다.

모가 나가서 계모를 모신 이는, 계모의 부모형제자매에 대하여 소공을 입는데, 모가 나가면 계모로써 친親을 삼으니, 그 모모와 같기 때문이다. 계모의 형제자매의 자子에 대하여는 복을 입지 않는다. 정의情義를 미칠 수 없기 때문이다. 적모嫡母의 부모형제자매에 대하여는 소공을 입으니, 적모에게는 자子와 같기 때문이다. 적모 사후이면 복을 입지 않는다. 의를 미칠 수 없기 때문이다. 이부형제자매異父兄弟姉妹에게 소공을 입는 것은 동태同胎인 때문인데, 부형제父兄弟의 경우에 견주어

〈표〉 본종오복지도 本宗五服之圖

(이 도표는 복잡한 오복제도(五服制度)를 나타낸 친족도로, 중앙에 '己'(자기)를 두고 상하좌우로 친족 관계와 상복(喪服)의 종류를 배치한 그림이다.)

그 반을 입는다. 이부형제의 자와 부父의 이부형제에 대해 복을 입지 않음은, 본본이 하나인 때문이다.

사족들에게는 부의 첩의 자에 대하여 시를 입는 일이 있다. 그러나 대부들은 대개 서모에 대하여는 복을 입지 않는다. 저[己]를 기른 서모에게는 대부일지라도 복을 입는다. 은恩이 있기 때문이다.

혹 이르기를 「여자가 이미 출가하면 부당夫黨에 따라야 하는 것이므로 사친私親은 외외가 된다. 그러므로 부夫를 따라 복을 입고, 모당母黨은 본디부터 외외로서 복제가 낮으므로 더 내려 입지 않는다」고 하고, 혹 이르기를 「예에 이존二尊을 두지 않았으므로 여女로서 출가한 이나, 양자로서 남의 뒤를 이은 이는 사친私親에 대하여 내려서 복을 입고, 모당에 대하여서도 사친이므로 내려서 복을 입는다」고 하였다.
(표 참조)

〈표〉 출가여위본종강복지도 出嫁女爲本宗降服之圖

# 朝鮮女俗考

● 第十九章 조선여인의 상복喪服 등급

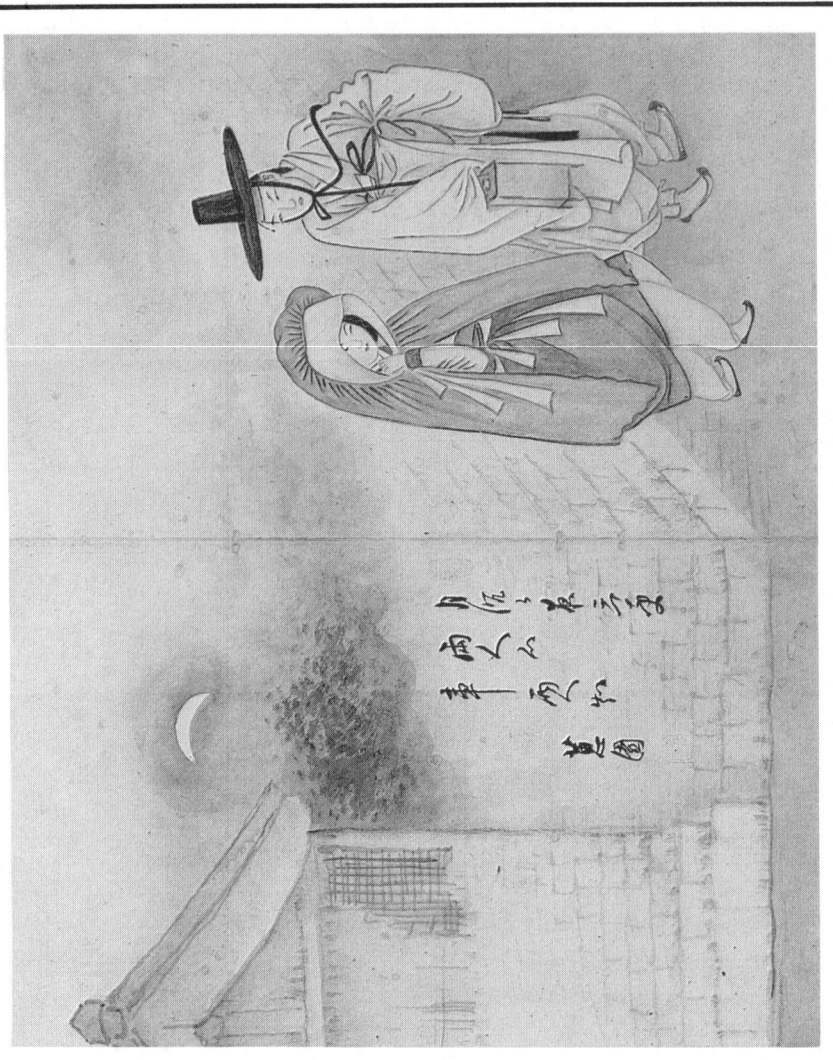

申潤福─月下情人─지본담채─28.2×35.2cm─간송미술관

# 第二十章 금폐부녀禁閉婦女의 유교제도

## 1 궁실宮室의 내외변별內外辨別

《예기》 내칙편內則篇에 이르기를 『예는 부부가 삼가는 데서부터 비롯하니, 궁실을 꾸미되 내외를 구분했다. 남자는 바깥채에서 지내고, 여자는 안채에서 지내야 하므로, 궁궁을 깊은 곳에 짓고 문을 굳게 하여, 내관문지기에게 지키도록 한다. 남자는 안방에 잘 들지 않으며, 여자는 바깥방에 잘 나가지 않는다. 남자는 불언내不言內하고, 여자는 불언외不言外하여야 한다』고 했다. 우리나라 영실제도營室制度를 구체적으로 말하면, 안채〔內舍〕에 정간正間·침방寢房·다락방〔樓房〕·벽장壁藏·부엌〔廚間〕·청사廳事·건넌방〔越房〕·곁방〔附夾房〕 및 문간방〔廡房〕·곳간이 있고, 바깥채(外舍斜廊)에도 정간正間·침방寢房·청사廳事·청지기방 등이 있어, 안채와 바깥채 사이를 막고 중문을 내며, 중문 밖에 대문을 내고 그 곁에 열두 행랑을 꾸미어 종들을 거처시킨다. 무릇 이 영실제도는 부부를 서로 삼가게 하기 위하여, 안과 밖의 구별을 둔 것이니, 내칙內則의 교훈에 잘 맞는 것이다. 정조正祖·순조純祖 연간에 서유구徐有榘가 《임원경제지林園經濟志》를 펴내고, 조선 가옥의 영조제도營造制度를 논하였으니 다음에 실어 참고케 한다.

**영실제도營室制度**
東制·堂屋廡寮位置──중국 당옥堂屋은 다 一자 모양으로 되어 서로 이어 있지 않으나, 우리나라의 당옥은 그렇지 아니하여 방房·당堂(마루)·상庿(행랑)·무廡(문간방)가 둘레둘레 이어 있고, 지붕마루가 꾸부러져 그 모양이 마치 口자字 같고, 혹 日과 같고, 혹은 두 ㄱ자가 마주 서 있는 것 같으니, 여기에는 여섯 가지 결점이 있다.
지붕마루를 꾸부리면, 그곳에 물길홈〔溝水道〕이 마주 만나게 되므로, 덮인 암키와〔鴛瓦〕가 얇게 물리어 지붕이 새어, 이런 곳으로부터 대들보가 많이 썩으니 그 결함의 첫째이다.
집이 口자 모양이니, 안뜰이 좁은 데다가 그늘이 엇갈리어 곡과穀果 따위를 말리는 데 다 불편하니 그 결함의 두번째이다.

사면 처마의 물방울이 다 엇섞이어 안뜰〔中庭〕에 떨어져 그 빗물이 문으로부터 행랑채 섬돌 밑으로 흘러, 저절로 작은 도랑이 생기고, 움푹 패이기도 하고, 진흙이 막히기도 하여 한번 폭우라도 내리면 뜰이 물바다가 되니 그 셋째 결함이다.

집칸이 사방으로 둘러 있어 통풍될 곳이 없으므로, 조석으로 불 땔 때 나는 연기가 처마·서까래·창·벽 등 곳에 서리어 새까맣게 검지가 앉아 옻칠을 한 집 같으니 그 결함의 네번째이다.

화재가 났을 때 불을 끄려면 두레박물만을 믿을 것이 아니라, 갈구리나 다른 연장을 써서 지붕을 헐어내리어 연소延燒하지 못하게 하여야 하는 것이다. 중국의 옥제屋制에서는 붙여 짓는 것을 꺼리는데 그 까닭은 불 걱정 때문이다. 그러나 우리나라는 당堂·실室·낭廊·무廡가 다 한 채에 붙어 있어, 비록 천백의 갈구리가 있다 하여도 한꺼번에 지붕을 끌어내릴 재주가 없으므로, 한쪽 구석에서 불이 나도 곧 온 집이 다 타게 되니 그 결함의 다섯번째이다.

궁실을 꾸미되 먼저 안과 밖을 구별하여야 하는 것인데, 지금 경성에 있는 부호귀족의 집은, 비록 크고 좋기는 하나 왕왕 바깥채와 안방이 붙어 있어서, 비가 많이 와 장마가 질 때, 맨발로 다니기 쉽고, 혹 창호가 마주 대하여 있어 안의 소리가 밖에까지 들리니 그 결함의 여섯번째이다.

瓦蓋──우리나라 기와의 몸이 너무 크므로 기와의 배가 너무 휘었고, 배가 너무 휘었으므로 저절로 빈 곳이 많게 되어, 부득불 진흙으로 메우니, 흙이 무겁게 눌러 대들보가 구부러지는 병폐가 있다. 또 진흙이 한번 마르면 기와 밑이 저절로 뜨거나 터서 흘러내리며 틈도 생기므로, 바람이 스미고 비가 새고 쥐구멍이 생기고 참새가 뚫고 들어오며 뱀이 서리고, 고양이가 튀기는 것을 막을 수 없는 흠이 있다.

草蓋──향촌에서 지붕을 덮음에 볏짚을 많이 써, 서너 줌씩을 펴서 고기비늘처럼 차례차례 입히어 지붕을 해 잇고, 새끼로 가로세로를 얽어 그 끝을 서까래 머리에다 맨다. (중략) 바닷가와 가까운 곳에서는 갈〔蘆葦〕로 지붕을 해 이으며, 아주 북쪽에서는 가죽나무껍질〔樺皮〕로 지붕을 하니, 볏짚이나 갈보다 오래 간다. 그러나 이것은 그 고장의 토산이 아니면 해 이을 수가 없다.

石蓋──산골의 민가는 혹 풀로 지붕을 이었으니, 그 빛은 푸르고 얇은 게 목판 같아, 큰 것은 한두 자에서, 너댓 자가 된다. 고기비늘처럼 차곡차곡 엇물리어 풍우를 막을 수 있게 이었으니 다른 기와지붕에 비하여 가장 오래 간다. (이상 김화金華《경독기耕讀記》)

### 방항房炕

우리나라의 방실제도房室制度는 이를테면 동상남향東上南向 집일 때, 동쪽 한 칸을 위는 다락, 아래는 부엌으로 꾸미고, 가운데 한 칸 또는 두 칸을 방으로 꾸미고, 서쪽 한 칸 또는 두 칸을 청廳으로 꾸미되, 그 방 남북에 창을 내어 빛을 받고, 바람을 통하게 한다. 대청에다가는 분합문을 두르고, 대청과 방 사이는 장지를 달아 추울 때는 닫고 더울 때 열어 놓는다.

突制──박연암朴燕巖이 우리 온돌제도에 여섯 가지 결함이 있다고 하였으니 그 설이 옳다. 나는 그 설에 따라 여섯 가지 해로운 점을 부연하겠다. 곧 땔나무를 쓰지 않을 수 없는지라, 도회지에서는 땔나무의 귀하기가 계수나무와 같다. 열 식구 되는 집의 한 해 땔나무 비용은 백금百金도 부족하여, 웬만한 것을 조금 팔아서 얻은 돈과, 미장이질하여 번 돈의 태반을 부엌 아궁이에다 살라버리는 셈이니 그 해의 첫번째이다.

땔나무가 귀하므로, 도회지로 통하는 교외의 산에는 날마다 나무꾼이 찾아가 새로 돋아나는 나무 하나를 남기지 않았으니, 아름드리 재목이라곤 백리를 가도 하나를 만날 수가 없다. 그러므로 양생송사養生送死[1] 함에 웃어른 모실 곳조차 없으니 그 해의 두번째이다.

땔나무가 귀하므로 사방의 산이 나무 없는 벌거숭이가 되었으며, 마른 가지·죽은 뿌리까지도 캐지 않음이 없다.

한번 장마를 만나면 진흙과 사태가 흘러내려 개천을 진흙으로 메우고 곡식과 전답을 매몰하니 그 세번째 해이다.

땔나무가 귀하므로 가난한 집에서는 고부姑婦가 한방에서 지내게 되어 젊은이와 늙은이가 서로 다투게 되며 혹 남자가 안에 들어가 거처하기 쉬워 재기가조載記可造의 계戒[2]를 범하게 되니, 그 해의 네번째이다.

또 며칠이고 불을 때지 못하매 쥐와 벌레가 구멍을 뚫으므로, 갑자기 아궁이에 불을 때면 매연煤烟이 인화하여 벽대壁帶³⁾를 태워 집 전부가 불붙게 되니, 그 해의 다섯번째이다.

구들장을 깔고 흙을 바른 다음, 세 겹 네 겹으로 종이를 바르고, 그 뒤 다시 기름먹인 두터운 장판지에 풀을 칠하여 바르니, 이것이 이른바 유둔油芚이다. 이 유둔(장판)이 터지면 비용이 많이 들어서 재력이 없으면 고칠 수가 없다. 그리고 굴뚝목(烟門)까지 불기가 미치지 못하여 끝내는 습기가 차 장판이 군데군데 썩게 되는데, 그곳을 고치려고 한 장만 뜯어내도, 곧 구들장 위에 바른 흙이 따라 일어나 방 전체의 구들을 고치지 않으면 안 된다. 3년만 구들을 고치지 않아도 구들고래에 재가 막히어, 구들이 쇳덩이같이 차갑게 되니 몇 해 만에 한 번씩은 고쳐야 한다. 그때 낡은 것을 떼어버리고 새것으로 발라야 하므로 천물天物을 함부로 없애버리니 그 해의 여섯번째이다.

구들 한 가지의 잘못으로 일체 이용후생지구利用厚生之具가 다 그 병폐를 받지 않음이 없다. 빨리 구들제도를 고치지 않으면 안 된다. (김화金華 《경독기耕讀記》)

**온돌토항溫突土炕 변증설辨證說**

이규경李圭景의 《오주연문五洲衍文》에 온돌에 대한 다음과 같은 글이 보인다.

무릇 궁실의 기용제도器用制度는 고소금밀古疏今密⁴⁾하고, 전졸후교前拙後巧⁵⁾하나, 만약 일용함에 편리만 하다면, 어찌 금고수古의 차이를 구태여 논하리요. 상고에는 굴(穴)과 들(野)에 살며, 나무로 깃(巢)을 꾸몄고, 풀로 옷을 삼으며, 초식으로 피를 만들었고, 오지그릇으로 물마시더니, 지금에는 높다란 집과 다듬은 담장 속에 살며, 진수성찬을 먹으며, 비단옷과 수놓은 치마를 입고, 금분옥완金盆玉椀으로 마시니, 이것은 자연스러운 이치이다. 오늘날 온돌을 놓고 구들고래를 내는 제도는 구시舊時의 마루방을 꾸미던 풍속과는 아주 다르다. 곧 시대를 타고 바뀐 것이나, 구습에 따라 잠자는 곳을 마룻바닥으로 꾸몄더라면 우환이 없었을 것이로다. 일찍이 《성호사설星湖僿說》을 열람하니 『이왕의 1백 년 전에는 공경귀척公卿貴戚의 집일지라도 난돌煖突(温突)이 한두 칸에 지나지 않았으니 늙은이와 앓는 이만 기거하고, 그 나머지 사람은 다 대청에 병풍을 쳐서 간막이를 꾸민 마루방을 침처寢處로 삼았고, 자녀의 방은 자리풀〔茵〕로 깔았고 그곳의 온돌은 마분馬糞을 때어 얼마간의 연기 기운으로 덮이었다』고 옛 노인들로부터 들은 일이 있다고 하였다.

상국相國 이경석李景奭이 현종顯宗 신축辛丑[6]에 올린 상주를 상고하면「옛 조종祖宗 때는 이 일에 매우 절용節用하시어, 내간內間의 온돌은 다만 몇 곳만 꾸미고 나머지는 다 마루방이었으므로, 지금의 원자방元子房도 온돌로 하지 말게 명하시면 비용을 덜 뿐더러, 과분한 사치를 덜게 되오리다」하였다. 이에 대하여 현종도「그러하다」하시어 온돌 한 방을 감하도록 명하고,「옛 궁중에서도 또한 이러하였느니라」하였다.

탐라耽羅(濟州道)의 풍속에서는 집의 대들보〔梁〕가 다섯이나 돼, 다 마루방으로 하여 자는 곳을 삼고, 난돌煖突은 한 방도 꾸미지 않았다. 다만 초본草本으로 취온取溫했으나, 사람들은 질병 없이 나이 기이耆頤(1백 년)[7]를 넘기니, 사람의 질요疾夭는 후양厚養 여부에 많이 달렸음을 비로소 깨닫도다. 사실인즉 온돌제도는 중고 때부터 있었다.

《당서唐書》의 고려高麗(高句麗)전에『겨울이 되면 모두 긴 불골〔長炕〕을 만들어 아래로부터 뜨거운 불을 때어 따뜻이 한다』하였으니, 이것이 곧 지금의 구들〔溫突〕이다.

《계구잡초薊丘雜抄》에 연경燕京 쪽은 매우 추워서, 마루에서는 잘 수 없고, 구들에서 자며 동서남북 없이 어디에 있는 방이건 다 볕이 쪼이는 앞처마 쪽에 바싹 내어 꾸미었다. 빈가貧家의 점방은 이부자리 바로 밖이 거리여서 부인네가 구들 위에 편히 앉았다가 장사꾼이 오면 탕湯·병병餠·효효肴·속속蔌[8]을 창으로부터 받아먹고 종일토록 문을 여닫지 않고 취사를 하니, 구들 놓은 습속은 연경 쪽에서부터 시작하여 차츰 우리나라에 들어온 것이리라.

양자강 쪽의 방언으로써 이를 상고하여 보건대 말끝마다『연경의 외교外郊와 조선의 열수列水[9] 사이……』라고 하였으니, 곧 연경 쪽에서부터 우리나라로 오되, 먼저 서북쪽에서부터 온 것 같다. 그러므로 지금 북관北關 지방의 민속民俗에서, 집을 중국처럼 一자字 모양으로 짓고,

구들아궁이를 하나만 내되 반드시 앞쪽 처마 가까이에 꾸미고, 거기서 자고 먹고 하는 것은 거의 연경의 유속遺俗과 같다.

중원中原은 고염무顧炎武(亭林)의 《일지록日知錄》으로 상고컨대 북쪽 사람들이 흙으로 자리를 만들고, 그 밑을 휑하게 꾸미어 아래로부터 불을 때는데 이것을 구들아궁이〔炕〕라고 하니, 고서에서는 기록이 없고,《시경詩經》의 포엽匏葉에 항화자炕火炙가 전해진다.[10]《정의正義》에『항炕은 올린다〔擧〕의 뜻으로 꼬치로 고기를 꿰어 불 위에 올려놓고 구움〔炙〕을 이른다』고 하였다.《좌전左傳》에는 내관內官 유류가 거처에 불을 피웠다가 그만두었다는 기록이 있고,《신서新序》에는 완춘宛春이 위령공衛靈公에게 이르기를『그대가 호구狐裘[11]를 입고 곰가죽자리에 앉았으면서도, 아랫목에 불을 때어 부뚜막으로 꾸몄도다』라 말하였다는 기록이 있다.《한서漢書》소무전蘇武傳에는『땅을 파서 구덩이를 만들고 온화溫火를 놓았다』고 하였으니 이것은 비슷하기는 하나 구들〔炕〕은 아니었다.

김유신金庾信의 소원부小園賦에

  관녕管寧은 해어진 명아주자리에 앉아 있고
  계강稽康은 부뚜막을 만들어 따뜻이 잠자도다
  管寧藜牀雖穿而可坐
  稽康鍛竈即暖而堪眠

하였으니, 차츰 온돌을 놓게 된 것이리라.

《수경주水經註》에『토은현土垠縣의 관계사觀鷄寺 터 안에 큰 당이 있으니, 높고도 넓어 승려 1천 명이 들어갈 만하다. 밑을 다 돌로 묻은 다음, 그 위에 흙을 발랐다. 당 밑의 안을 이리저리 뻗치고 얽어매어 소통시켜 놓고, 기실基室 밖에 불아궁이 넷을 내어 불기운이 안으로 들어가게 하였으니 일당一堂이 죄다 따뜻하다』고 했다. 이것은 오늘날의 온돌제도로 그 형상을 잘 설명하였다.

또《한서漢書》를 상고하면,『曲堗徙薪』이라고 있다. 堗(굴뚝 돌)은 집운集韻에 조총竈囪(부뚜막의 굴뚝)이라고 하였다. 그러니 이 堗자字 대신 이 돌突(굴뚝 돌)자를 쓴 것은 근고近古의 일이고 항炕(구들 항)자는 잘 쓰이지 아니하였다. 그리고 고금古今에 항항자를 넣어 지은 시詩가 없는데 주석창朱錫鬯의 《일하구문日下舊聞》 중주집中州集 주변항침시朱辨炕寢詩에

풍토가 남과 북이 달라
습속이 같지 않거니
밖은 고장 따라 철이 다르지만
안의 풍속은 얼마쯤 같네.
겨울을 견디려고 초구貂裘[12] 신세 지느니
한겨울을 엎디어 지내고자
서산의 돌을 주워 아궁이 만드니
검은 불길은 눈을 놀라게 하다.
연기는 구름되어 날아 오르고
불길은 붉은 구슬을 쌓는데
훈훈한 기운이 옷 속에 배매
한바탕 몸을 풀고 발을 모으네.
風上南北殊　　習尙非一躅
出疆雖伏節　　入國暫同俗
御冬貂裘弊　　一冬且跧伏
西山石爲薪　　黔色驚射目
飛飛勇玄雲　　焰焰精紅玉
惠氣生袴襦　　仍工展奉足

하였으니, 이는 중국의 구들제도를 이른 것이다. 내가 북쪽에 노닐며 처음으로 연로인가沿路人家의 구들제도를 보니 꼭 옛날의 야속野俗과 마찬가지이므로, 전일에 들은 바를 함께 약술하여 변증辨證하노라. 《오주연문五州衍文》

윤황尹煌의 《팔송봉사八松封事》에는 『평시에 귀비貴妃를 맞음에도 다 마루방을 썼는데, 지금은 궁중의 하천下賤한 이라도 다 온돌을 쓰니, 공신가포貢薪價布[13]가 그 몇 갑절이 되었다』고 했다.

《약파만록藥坡漫錄》에는 택당澤堂 이식李植이 엄동에도 마루방의

짚자리에 거처하면서「사람이 온돌에서 지내면 총명이 감해지니라」
하였다는 기록이 있고, 숙종 때의《이현석문집李玄錫文集》에는『어른들
의 말을 들으니, 옛사람은 늙은이나 병든 이가 아니면 온돌에 거처하지
아니하며, 소장자小壯者는 겨울이 되어도 마루방에 짚자리를 펴고 지냈
다는데, 지금은 젊고 병 없는 이가 다 난돌煖突에서 지낸다』고 했다.
　이능화는 이에 대하여 다음과 같이 주장한다.
　온돌제도는 본디 북방한지北方寒地에서 비롯되어 점차 고구려로
옮아 온 것임을 이규경李圭景의 당서唐書 인용에서 알 수 있다. 또 고려
때의 사찰寺刹에도 온돌이 있었음을 상고할 수 있거니와, 하동칠불암河
東七佛庵 같은 고찰에는 아자선방亞字禪房이라는 온돌이 있어, 허물어
지지 않고 예대로 전하여지니 신기한 일이다. 또 고려 때 최자崔滋의
《보한집補閑集》에『화엄월수좌華嚴月首座(覺訓)는 묵행자黙行者로
이름이 있어, 귀정사歸正寺의 별구別區에 거처하였다. 내가 구성龜城에
살 때 도인道人 존순存純이 나에게「행자行者(華嚴月首坐)는 겨울에도
자리 한 장을 깔고, 떨어진 옷을 걸쳤으며, 그 헌옷 속에 서캐나 이가
없었고, 얼음장 같은 구들 위에 앉았으되, 추운 모양을 짓지 않았으며,
도를 배우는 후학後學들이 책을 안고 가 물으면, 자세히 풀이하여 마지
아니하였다. 막 추워오매 방이 얼까 걱정하여, 선방禪房이 빈 틈을 타
서, 방자를 보내어 급히 나무를 때게 하여 구들을 따뜻이 하여 놓았지만
행자行者가 돌아와 보고 좋아하는 기색이 없더니, 천천히 문호를 나와
돌을 주워다가 구들아궁이를 메우고 진흙으로 그 틈을 바르고 올라와
처음과 같이 편안히 앉으므로, 이로부터는 다시 방자를 보내어 구들을
덥게 하지 않았다」고 하였다』라 했다. 그리고 고려 고종 때의 상국相國
이규보李奎報의 난돌시暖堗詩는 다음과 같다.

　　　겨울 달을 받고 빙돌에 누웠으니
　　　추위가 스미어 뼈를 에우네.
　　　요행히 삭정이와 우둠지가 있어 이를 지피니
　　　한다발 뜨신 기가 피어 오르매
　　　봄인 듯 기운 내어 기지개 펴니
　　　얼마쯤 이부자리가 친하여지도다.

冬月臥氷堗　寒威來刮骨
幸今燒榾拙　一束炎已發
氤氳氣如春　衾席稍可親

### 창용 牕牖

牕牖──중국의 창은 다 남쪽 기둥〔南楹〕편에 내되, 길이와 넓이를 기둥에 알맞게 내고 종이를 벽에다 바른다. 방안을 밝게 하며, 또 바람을 막기 위함이다. 벽마다에 다 겹창을 내었다. 방안을 밝게 하고자 할 때는 바깥창을 열어젖히고, 서늘하게 하고자 할 때는 안팎 창을 다 열어젖히니 또한 잘된 지음새이다. 우리나라의 창은 다 짧고 작은 데다가 문살이 빽빽하고 깊으며, 거기에 다시 종이를 안에다 바르므로 빛을 받는 데 매우 방해가 된다. 그런데 근자에는 반드시 영창映窓을 꾸미어 바람을 막고 빛을 들이니, 중국의 겹창과 다름이 없게 되었다. (김화金華《경독기耕讀記》)

映窓──영창의 지음새는 외창外牕의 지음새보다 나은 듯하다. 아래위에 영창대〔楎〕를 대는데, 그 길이는 문설주 높이만하고, 넓이는 한 치쯤이 좋다. 아래위 영창대에 각각 두 줄씩 홈을 파고, 창자창牕子牕 두 짝을 달되, 두 문짝 아래위에 혀를 만들어 영창대 홈에 끼워넣고 밀어서 여닫는다. 판자문板子門은 밖에 달고 창자창은 안에 단다. 어둡게 하려면 밖의 판자문을 밀어 닫고, 밝게 하려면 판자문을 밀어 연다. 명암明暗을 중간쯤으로 하려면 외창은 닫고 판문을 열며, 통풍시키어 시원하게 하려면 세 창(外牕·板門·映窓)을 다 연다. 그 문짝 좌우가 벽에 드러나 보이도록 아래위 영창대에 붙어 있다. 작은 나뭇대를 써서 가로세로로 살을 지르고 전후지錢厚紙로 바른다. 지금의 장지법〔障子法〕과 같다. 마땅히 판문이나 완卍자창으로 한다. 밀어 열 때라도 장지 안에 숨으면 보이지 않으므로 속칭 「두꺼비집〔蟾家〕」이라고도 부르니, 그 속에 숨을 수 있음을 이름이다. 그 완자창의 좀 안쪽 문살에 손바닥만한 유리조각을 끼워넣으면, 주인은 안쪽에 앉아 창을 열지 않고서도 바깥일을 살필 수 있다. 유리[14]에다 화초 모양을 오려 붙임이 좋다. 방안에서 밖을 볼 때는 안 보이는 것이 없지만, 밖에서는 안을 들여다보아도 보이는 것이 없다.

장지〔障子〕──우리나라의 옥실제도屋室制度로는 방과 대청 사이에 기둥과 기둥 사이의 넓이에 따라, 네 짝 혹은 여섯 짝의 샛문을 달고, 샛문 안팎에 전후지錢厚紙를 바르는데 이것을 장지라고 한다. 그러나 이런 장지는 문살에 종이를 바른 것으로 모르는 사이에 구멍이 뚫린다. 그러므로 장지를 두껍게 하기 위하여, 한쪽에다가는 널빤지를 빽빽하게 쳐붙이고, 또 한쪽에다가는 문살을 성글게 만들어, 두 짝을 못으로 쳐 한 짝을 만든 다음, 안팎에 종이를 바르면 구멍이 뚫릴 염려가 아주 없게 되니, 기물을 갈무리하는 다락문 같은 것은 반드시 이렇게 하여야 할 것이로다.

分閤──우리나라 옥실제도로 대청의 사면에 창살이 긴 샛문을 다는데 대청 앞쪽으로 드리는 들창문을 분합이라고 한다. 이 분합은 위쪽이 문살이요, 아래쪽은 널판지이다. 매 칸에 네 짝씩 달게 되어 있다. 가운데의 두 짝 아래 위에는 쇠꽂이를 달아 여닫게 하고, 양쪽 두 짝은 문짝 꼭대기에 삼배목三排目 장식을 하여, 비녀장〔鐵簪〕을 단단히 꽂아 잘 달리도록 한다. 그러나 쇠꽂이와 비녀장이 밖으로 덧나와 비녀장이 한번 빠지면 곧 쇠꽂이 쪽이 잘 돌지 않아 분합문은 제자리에 달리지 못한다. 네 짝에 각각 암수〔雌雄〕꽂이를 써서 세워놓으면 문짝이 빠지게 되는 걱정을 덜 수 있다.

障子──방실창용房室牕傭 밖에 만약 얼마쯤 물림 추녀가 되어 있다면, 추녀 밑에 쭉 기둥을 따라 성기성기 문짝을 달도록 꾸미어, 종이를 한 겹만 바른 다음 낮에는 열어 두고 밤에는 닫아 풍한風寒을 막는다. 가래나무로 문살을 하되, 卍자 모양으로 하면 좋다.

廳板──중국의 대청칸은 벽돌을 깔았으므로 매우 든든하되 습기를 빨아들이는 흠이 있다. 그러므로 앉았다 누웠다 함에는 반드시 의자나 평상〔榻〕따위를 써야 한다. 우리나라 사람은 마루에서 의자나 평상 따위를 쓰지 않고 자리바닥에서 기거하므로 대청은 다 널을 깔아 마루방으로 하되, 바닥으로부터 한두 자를 띄어 방으로부터 차오는 습기를 멀리한다. 대청마루의 지음새는 통나무를 베어다가 가로세로가 서로 한 자 남짓하게 되도록 마루틀을 짜고 마루틀의 양쪽 가에 다 홈을 치니, 이를 속칭 귀틀〔耳機〕이라고 한다. 거기에 맞추어 다시 널을 한 자 남짓하게 잘라 아래위가 서로 물리도록 혀를 내는데〔上下作舌〕,

서로 물리는 혀의 치수는 마루틀의 홈을 보아 꼭 맞도록 한다. 이렇게 무잉무축無剩無縮하게 다음다음으로 마루틀의 홈을 끼워 가는데, 이것을 속칭 우물마루〔井板〕라고 한다. 이 우물판 짜기에 쓰인 널은 좁고 빽빽이 끼워져, 가령 물을 붓더라도 새지 않을 만큼 틈이 없어야 잘된 것이다. 대체로 대패를 써서 정갈하게 민 다음 진한 송명유松明油를 달여 헝겊으로 묻혀 바른 다음, 문지르고 훔쳐 빛을 내면, 윤이 나 볼 만하게 된다.

樓制 ── 무릇 다락을 세움에는, 따로이 터를 잡아 대청과 상접하지 않도록 하여야 한다. 다락에는 사다리를 지어 엇비스듬하게 놓되, 사다리 층계의 좌우에다는 난간을 만들어야 한다. 위의 좁은 다락마루에는 널빤지를 깔아 올라가 있게 한다. 만약 다락이 대청과 연접해 있는 경우면, 나무로 계단을 만들어 오르내리기에 편하게 하여야 한다. 대개 다락은 높이 솟아야 좋으니, 주춧돌과 주춧돌 사이가 여남은 자이고, 기둥 높이도 여남은 자가 되면 괜찮다. 가령 다락이 원채〔本軒〕에 붙어 이어졌을 경우라면, 다락의 지붕을 반드시 원채의 지붕보다 높게 하여 다락의 처마가 원채의 처마를 덮게 하는 것이 좋다. 기둥은 둥글게 하며, 누상에는 난간을 두르고, 분합을 달아 바깥면에 종이를 발라 빛을 들이게 하며, 혹 방실房室과 같은 겹창을 달면 좋다. 다락 밑의 주춧돌은 둥글게 하며, 벽돌 따위를 쌓아 담장을 두르고, 뒤쪽 담장의 뒷벽에 널문〔板扉〕을 달아 곳간庫間으로 꾸민다면, 도끼·낫·鐏(농림 기구의 한 가지일 듯)·큰 호미·가래 등 농기구와 숯붙이를 넣어 두기에 좋다.

浴室 ── 욕실은 방 가까이에 있게 마련이므로 겹창으로 하며, 벽을 두텁게 하여 빈 틈으로 바람이 스미지 않도록 하고, 아궁이 지음새를 부엌 아궁이 지음새처럼 하여 목욕물이 잘 데워지도록 하여야 한다. 문은 반드시 아궁이 가까이에 내어 물나르기에 편하게 할 것이요, 칸 크기는 너무 작지 않게 하고 옷걸이·함박대야붙이를 대어 두는 것이 좋다.

廁室 ── 뒷간은 모름지기 높고 밝아야 좋다. 낮고 어두우면 좋지 못하다. 집에는 뒷간 셋을 두어야 하니, 하나는 안채에, 하나는 바깥채에, 또 하나는 담 바깥 밭두덩께에 두어야 한다. (이상 김화金華《경독기耕讀記》)

## 2 부녀내외법婦女內外法

윗글에서 설명한 바는 우리 조선 상류급 부호가富豪家들의 영실제도 營室制度이다. 이들에 딸린 가정 부녀는, 집안에 있을 때면 깊은 안방에서 지내고, 나갈 때면 가마를 타고 가니, 어찌 그 낯을 볼 수 있었겠는 가? 이것이 곧 소위 내외법內外法이다. 가난한 이의 집은 두옥斗屋 3칸이라, 한 칸은 부엌이요, 한 칸은 내실이요, 또 한 칸은 사랑이다. 이런 집에 딸린 부녀는 취사·청소·물긷기·절구질 등 일을 다 손수 하였다. 손님이 와서, 문득 문 밖에서「이리 오너라」[15] 하고 부르는데, 그 요지는 먼저 종을 나오라고 하여 이야기하고자 함이다. 마침 그 집 주인이 외출이라도 하였을 경우면, 종이 없으니 부득불 내실 부인이 그 낯을 숨기고「사랑방 양반 아니 계시다고 여쭈어라」[16] 하고 소리 전하니, 곧 이 말은 종더러 내객에게 알리라는 뜻으로, 마치 제삼자에게 명하듯 말하였다. 이것이 또한 소위 내외법이다.

우리 조선부녀의 내외법[17]은 아마도 조선조 이래 유교사상이 점점 피어난 뒤의 일일 것이니, 무슨 까닭으로 그렇게 되었을까? 고려시대에는 사대부의 처가 출입하여도 아무 탈이 없었다. 심지어는 권문權門에까지 나아가 아뢰었으니, 곧 당시 부녀에게는 꽤 자유권이 있었는데, 조선시대로 내려와서는 부녀를 마치 죄수처럼 감금하게 되었다. 여기에 그 증례證例가 있다. 곧, 《이조실록》태종 8년[18] 초에 대사헌大司憲 남재南在가 상소하여 아뢰기를「옛날에는 한번 출가出嫁하면, 부모가 돌아가도 귀녕歸寧[19]하는 법이 없어 그토록 근엄하였으나, 전조前朝(高麗朝) 말에 풍속이 퇴폐하여, 사대부의 처가 권문에 출입하고도 부끄러운 줄을 모르매, 식자들이 이를 수치스럽게 여기었사오니, 이제부터는 문무 양반의 부녀로 하여금 부모·친제자매親弟姉妹·친백숙親伯叔·구이舅姨 이외의 사람과는 서로 오가지 못하게 하시어 풍속을 바로 잡아지이다」운운하였다고 했다.

## 3 염모폐면簾帽蔽面

《예기禮記》에 『부인은 낮에 뜰을 거닐지 말라』고 했다. 이것은 곧 부인을 방안에 오래 가두어 두는 일이다. 또 《예기》에, 『부인은 까닭없이 중문을 나가지 말라』고 했으니 이 말은 혹 뜰에서 노닐더라도 안뜰을 넘어서 바깥뜰로는 한 발자국도 나가지 말라 함이다. 내칙內則에는 『여자가 문을 나서면 반드시 낯을 가릴지라』고 하였으니, 이것은 곧 부득이하여 문을 나가게 되더라도, 남에게 낯을 보이지 말라고 함이다. 생각건대 고려 때에는 부녀가 밖을 나감에 입모笠帽를 쓰되 앞창을 젖히고 부채로 낯을 가렸으나, 조선조 태종 이후로는 부녀가 부채를 지니는 일마저 금하고 염모簾帽를 드리워 낯을 가렸으니, 그 증례는 다음과 같다.

동월童越의 《조선부朝鮮賦》에

여자가 살쩍머리〔頰髮〕로 귀를 가렸으니
머리에 꾸민 여러 치장 보이지 않으이.
머리에다가는 흰 것을 둥글게 썼으니
눈썹과 눈두덩이 눌리었네.
부귀富貴한 이 나들이할 제
검은 비단으로 온몸을 감싸며
비천한 이는
민다리에 흰 치마 입더라.

女鬢掩耳　　不見佩首
首戴白圈　　直壓眉眶
富貴者出　　乃蔽以黑繒
貧賤者脛　　不掩於素裳

그리고 『부귀가의 부녀는 머리에 네모 반듯한 대모大帽 같은 것을 쓰고, 창에다가는 검은 비단을 드리워 낯을 가리었다』고 자주自註를 달았다.

## 4 나올페면羅兀蔽面

조선조의 옛 풍속에 부녀가 밖으로 나갈 때에, 가마[屋轎]도 탔지만 그보다도 말이나 나귀를 타고 나올羅兀로 낯을 가렸으니, 그 증례는 다음과 같다.

《연려실기술燃藜室記述》에『기건奇虔은 세종 임금 때 포의布衣[20]로서 지평持平 벼슬에 발탁되어, 벼슬이 판중추정무공판中樞貞武公에까지 올랐다. 당시에는 부녀들이 나들이함에 머리에 아무것도 쓰지 않더니, 공이 새로 나올[21]을 창제創製하여 올리매 지금토록 이것을 쓰고 있다』고 했다.

《문헌비고文獻備考》에는『《남양홍씨가승南陽洪氏家乘》에「우리나라는 예법이 매우 엄하여 사인士人의 처가 가마를 굳이 타지 않으려고 하니,[22] 중고에도 이런 풍속이 있어, 병자란 뒤에는 비록 재상가의 부인일지라도 왕왕 말을 탔었다. 이정귀李廷龜의 손부孫婦가 근친觀親 갈 때 나귀를 탔으며, 감사 홍명일洪命一의 장녀, 진사 조상정趙相鼎의 처가 친가親家를 왕래할 때, 말이나 나귀를 타고, 나올로 낯을 가리었다. 나올은 깁〔紗〕으로 짓되 사면을 드리워 낯을 가리고 어깨를 덮게 되어 있다」라고 적혀 있다. 조신曹伸의《유문쇄록諛聞瑣錄》에는「동방의 사족 부녀가 밖에 나갈 때, 깁으로 된 원립圓笠을 쓰고 사방으로 한 자 남짓하게 드리워 낯을 가리니, 대개 당唐나라의 멱라羃羅[23]와 장모帳冒[24]를 본뜬 것으로, 이것을 개두蓋頭라 이른다」라고 적히었다』고 하였다.

## 5 옥교屋轎 · 장의長衣

양반의 처는 낮에 나들이를 함에 반드시 옥교屋轎를 타고 비복을 거느리며, 혹 밤에 걸어다닐 때는 군상裙裳[25]으로 낯과 몸을 감추었고, 촛불을 든 비복들이 전도前道하였다. 평민의 처는 곧 장옷〔長衣·藏衣〕을 썼다. 장옷은 초록색 명주로 지은 긴 옷으로 머리와 낯을 모두 가리며, 종아리까지 내려가는 것이다. 이 옥교와 장옷이 언제부터 시작뇌었는지, 기록에 없으니 알 수 없다. 그러나 이 옷차림은 지금까지도 두루 행하여진다. 평양·해주 등지의 기생이 외출할 때는, 곧 대로립大蘆笠을 가지고 낯을 가리며, 함흥·북청 등지의 기생은 천의薦衣를 쓰니, 장옷보다는 짧은 것이다. 이 천의는 백양목으로 짓는다. 평양의 일반 여성은 출행할 때 반드시 흰 수건을 목에 두른다. 경성에 와서도 마찬가지여서, 척 보아서 평양 사람인 줄을 알 수 있다.

## 6 부녀관희婦女觀戲를 금하다

유가들에『예가 아니면 보지 말라〔非禮勿觀〕』고 하는 교훈이 있다. 조선조 이래 산대잡희山臺雜戲[26]는 외국 사신에게 보이기 위한 것이나, 육예六藝[27]에 들지 않으므로 유생들에게도 못 보게 금법을 내렸으니, 하물며 부녀자에게 보이었겠는가?《이조실록》에『세종 13년[28] 가을 7월 계미에 대사성大司成 신개申槩가 소를 올리어 이르기를《예기》에, 부인은 낮에 뜰을 거닐지 말며, 까닭 없이 중문을 나서지 말라 하였으니, 성인께서 부도婦道를 근엄히 하심이 이와 같사오니, 본조本朝(朝鮮朝)의 부녀자들이 전조前朝(高麗)의 폐습을 그대로 받아, 채붕나례彩棚儺禮[29]나 큰 구경거리가 있을 때마다 다투어 거리에 모여 포장을 치고, 혹은 다락에 기대어 무안한 낯으로 여기저기를 보고도, 부끄러운 줄을 모르니 오직 부도에 어긋날 뿐만 아니라, 혹 사신을 초빙하여 영접하는 때를 당하여 고소苦笑를 살까 두렵사오니, 이제부터 부녀들이 놀이를 보는 일을 아주 엄금하시어, 그릇된 폐풍을 고치시와 부도를 바로잡으시오면 더없이 요행이겠나이다』라고 하였다.

이능화는 이에 대하여 다음과 같이 주장한다.

윗글에서『……큰 구경거리가 있을 때마다 다투어 거리에 모여 포장을 치고……』운운한 대로, 나도 그런 광경을 본 바이다. 거금距今 4,50년 전에 매양 국왕이 출행出幸할 때이면, 종가어로鍾街御路[30] 양쪽에 「某營門依幕」「某衙門依幕」「某府依幕」「某署依幕」「某宮依幕」「某宅依幕」이라 종이장을 써 붙였는데, 위에 관인官印까지 찍히어 인주가 울긋불긋 휘황하였다. 장사들이 폐업하고 그 자리를 내어 친 것이다.

문을 열고 발을 치거나, 바닥을 쓸고 자리를 깔거나 하여, 양반계급의 부녀희첩婦女姬妾들이 가마를 타고 와 앉아 바깥을 보고 관람하매, 음식은 진진陳陳하고, 의상은 초초楚楚하며, 분바른 낯은 불그스레하고 희어서 발에 얼비치었다. 그러니 무뢰한 소년들과 떠도는 탕자蕩子들이 떼지어 몰리어 오고 몰리어 가고, 왔다갔다하며 들여다보고는 품평品評하니 너무나 괴이하였다.

## 7 부녀상사婦女上寺를 금하다

고려 때에는 석교釋教를 숭상하여 부녀자들이 절에 가 불공을 드리고, 승려에게 음식대접을 마음대로 하게 하여 금하지 않았으나, 조선조 이래로는 유교로써 세상을 버티게 하니, 부도를 삼가 닦게 하여 음란한 풍을 막음으로써 예의풍속을 가꾸고자 하였다. 그러므로 부녀자들의 절간 출입을 먼저 금하였다.

《이조실록》세종世宗 27년[31] 조에, 여름 4월 사헌부司憲府가 계啓를 올리되「승사僧寺에 부녀자가 왕래함을 금하는 법령은 이미 성문으로 있사오나, 개경사開慶寺·회암사檜巖寺·대자사大慈寺 등에는 부녀자들이 몰래 왕래한다 하옵기, 이속吏屬을 보내어 금하게 하옵소서」하였고, 동왕 29년에 다시 사헌부가 계를 올리어「부녀자들의 사찰 왕래 금지는 누차 입법하였사오나, 근자에 듣자오니 그 폐단이 여전하옵기, 신명통금申明痛禁하시기를 청하옵니다」하였다.

이능화는 이에 대하여 다음과 같이 주장한다.

조선조 때의 부녀자에 대한 사찰 왕래 금지는, 다만 양반가의 부녀자들에게만 적용되었고, 일반 부녀자들에 대하여는 그렇지 아니하였다. 매년 7월 15일에 도성 근교의 여러 절에서 우란분재盂蘭盆齋[32]를 올리는데, 성중의 부녀로서 산사山寺에 가 불공을 드리며 천혼薦魂[33]하는 이가 몇천 사람이 되는지를 몰랐으니, 이는 예로부터 그렇게 있어온 풍속으로, 아직껏 얼마 달라지지 아니하였다.[34]

## 8 여자개방女子開放 현금상태現今狀態

1. 일반 규녀閨女는 다 남녀공학인 보통학교에 들어가 허리까지 내려 오는 긴 웃옷을 입고[35] 아래옷으로는 무릎까지만 가는 짧은 치마를 입으며, 머리는 예쁜 더벅머리를 훤칠하게 올리고[髮豊鬆而堆雲],[36] 걸음걸이는 활발하며 생기가 난다.

1. 일반 부녀婦女는 자유로이 나들이하며, 번거롭게 낯을 가리거나 몸을 감추던 가마나 장옷 같은 일체 기구를 폐기하고, 박쥐양산[蝙蝠傘]으로 대신하며, 무릇 놀이터나 관극하는 곳과 음악을 연주하는 공회당 같은 곳에 여자가 반수 이상을 차지하고, 부인 상점의 간판이 곳곳에 걸리며, 여자 정구 경기가 때때로 개최되고 있다.

1. 혹 여권론을 주장하는 이가 있어, 대중을 모아 놓고 연설하여, 여자로서 엎디어만 있음을 한탄하는 웅변을 보이므로 사람들로 하여금 갈채케 하고 있다.

1. 자유연애의 풍조가 새로 들어왔고, 부부이혼의 청이 법정에 끊이지 아니하고, 남녀가 정사情死하였다는 이야기가 날마다 신문지에 보도되고 있다. 심지어는 머리를 잘라 어깨에 가지런히 드리웠으니 이것은 곧 외국의 풍에 물든 것이다. 길을 갈 때에, 어린이들은 이를 가리켜 〈단발미인〉이라 부르고 있다.

---

1) 〈養生送死〉웃어른을 생전生前에는 잘 모시고, 사후死後에는 정중히 장례를 지냄. 여기서의 「送死」는 좋은 곳에 묘墓씀을 이름.
2) 〈載記可造之戒〉사실史實을 기록함에 꾸미기 쉽다는 경계. 여기서는《예서禮書》의 기록을 어겨서는 안 된다는 경계를 이름.
3) 〈壁帶〉원주原註에「중방목中房木을 가리킨다」고 했다.
4) 〈古疏今密〉옛것은 성글고 이젯것은 조밀함.
5) 〈前拙後巧〉앞시대의 것은 졸拙하고 뒷시대의 것은 정교함.
6) 〈顯宗辛丑〉현종 2년. 서기 1661년.
7) 원주에「濟州無房䆛而作長爐, 於足所抵處, 熾火伸足, 接爐取溫而寢」이라 되어 있다.
8) 〈湯餠肴蔌〉국·떡·고기반찬·나물.
9) 〈列水〉대동강의 옛 이름.
10) 원문에「詩匏葉傳炕火炙」라 되어 있다. 이 중의「傳炕火炙」를「황화자가

11) 〈狐裘〉 여우의 겨드랑 밑의 흰 털 가죽을 모아 지은 옷.
12) 〈貂裘〉 돈피가죽으로 만든 갖옷.
13) 〈貢薪價布〉 땔나무와 무명 따위를 공물로 바침.
14) 「유리」앞에 「燕貿」가 있다. 미상.
15) 원주에 「Irionora」라고 했다.
16) 원주에 「Sarang yang-pan Ani Keisitako yotchuora」고 했다.
17) 원주에 「우리 풍속에 부녀婦女가 외인外人을 보지 않음을 내외內外라고 한다」고 했다.
18) 〈太宗八年〉 무자년戊子年. 서기 1408년.
19) 〈歸寧〉 시집간 딸이 친정에 돌아와 부모에게 문안드림. 근친覲親.
20) 〈布衣〉 무명옷. 곧 벼슬하지 않은 선비.
21) 〈羅兀〉 원주에 「속칭 나올羅兀(너울)이라고 한다」고 했다.
22) 원주에 《경국대전經國大全》 형전刑典 금제禁制 조에 『종친宗親의 처와 딸, 당상관堂上官의 모母와 처·딸, 음관蔭官의 신부 이외의 부녀로서 옥교屋轎를 탄 자는 장杖 80이라』고 했다.
23) 〈冪羅〉 여자의 대모戴帽의 한 가지. 족두리.
24) 〈帳冒〉 머리에 내리쓰는 가리개붙이.
25) 〈裙裳〉 본디 군상은 「치마」이나, 여기서는 치마 모양으로 된 옷가지의 하나로 풀이됨.
26) 〈山臺雜戲〉 산대놀이. 가면극의 한 가지. 산대도감놀이.
27) 〈六藝〉 옛 중국 사대부들이 숭상하던 여섯 가지 기예技藝. 예禮·악樂·사射·어御(말타기)·서書·수數.
28) 〈世宗十三年〉 신해년申亥年. 서기 1431년.
29) 〈彩棚儺禮〉 임시로 막사를 짓고 하는 푸닥거리. 또는 놀이.
30) 〈鍾街御路〉 임금이 출행出幸할 때 지나던 종로거리.
31) 〈世宗二十七年〉 을축년. 서기 1445년.
32) 〈盂蘭盆齋〉 우란분회. 범어로는 Ullambana. 도현倒懸이라고 번역됨. 고苦를 구원한다는 뜻. 불교에서, 지옥 아귀도餓鬼道에 떨어진 이의 혹심한 고통을 덜어준다고 올리는 법회.
33) 〈薦魂〉 죽은 이의 넋을 위로하고, 극락세계에 가도록 빎.
34) 이 밑의 본문은 뜻이 겹치므로 줄였다.
35) 원주에 「옛날 여자의 저고리는 가슴을 가릴 수 없을 만큼 짧았다」고 했다.
36) 《시경》 용풍鄘風에 「鬒髮如雲」이라 하였다. 이는 아름답다〔多美也〕는 뜻이다.

# 朝鮮女俗考

◉ 第二十章 금폐부녀禁閉婦女의 유교제도

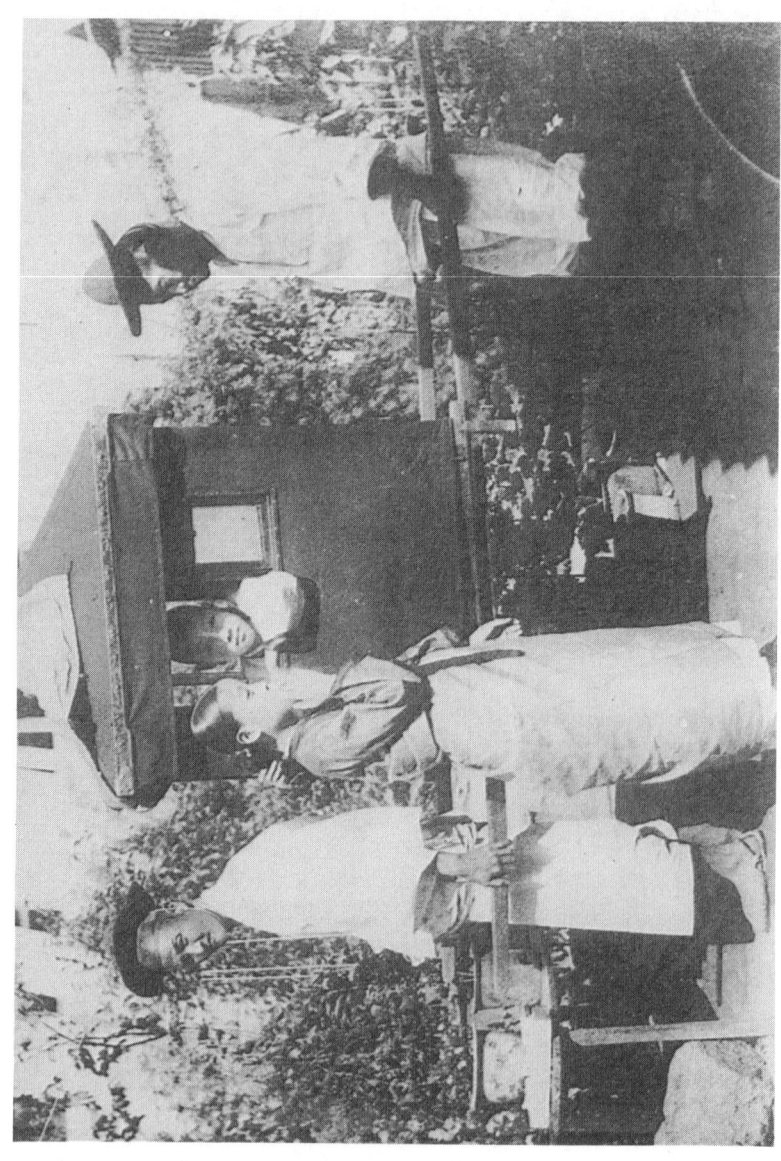

양반댁 규수와 교군.

朝鮮女俗考

第二十章 금폐부녀禁閉婦女의 유교제도

**장옷** 여자들이 나들이할 때 남자들에게 얼굴을 보이지 않게 하기 위하여 상류 귀족 계급은 가마를 이용했고, 중인 계급은 장옷을 입었다. 중국의 고전《예기》에 『여자들은 외출할 때 반드시 얼굴을 가려야 한다』라고 되어 있다. 장옷이 봄바람에 날리는 모습이 고아하다고 묘사된 고서의 기록을 찾아볼 수 있다.

朝鮮女俗考

○ 第二十章 금폐부녀禁閉婦女의 유교제도

장옷

부인들이 외출할 때 쓰는 삿갓

# 朝鮮女俗考

● 第二十章 금폐부녀禁閉婦女의 유교제도

申潤福 | 端午風情 | 지본담채 | 28.2×35.2㎝ | 간송미술관

# 第二十一章 ● 조선부녀의 연중행사

## 1 홍석모洪錫謨 편編《동국세시기東國歲時記》

### 정월

**원일문안비元日問安婢** 경도京都의 풍속에, 사돈집 부녀가 서로 단장한 소비小婢를 보내어 신년평안新年平安을 묻게 하니, 이를 문안비 問安婢라고 한다. 이참봉李參奉 광려匡呂의 시에 이르기를

뉘집 문안비가
뉘집에 들어 문안하는고?
誰家問安婢　　問安入誰家

**원일소발元日燒髮** 남녀간에 그해 빗질할 때마다 빠진 머리를 모아 빗그릇〔梳函〕에 두었다가, 정월 초하루가 되기를 기다려 황혼에 문 밖에서 태운다. 이로써 질병을 물리치고자 한다. 손사막孫思邈의《천금방千金方》을 상고하니『정월 인일寅日에 흰 머리를 태우면 길하다』고 했다. 설날에 머리를 태우는 풍속이 여기서 비롯되었다.

**묘일토사卯日兎絲** 정월 묘일卯日을〈토끼의 날〉이라고 한다. 이날 뽑은 솜실을 톳실〔兎絲〕이라고 하여, 이 실을 차면 재앙을 물리친다고 한다. 이날에는 남의 식구와 나무붙이를 집안에 들이지 않으며, 여자가 들어오는 것을 꺼린다. 오행五行에서 목木도 동東이요, 묘卯도 동이므로 목물木物을 꺼렸다고 생각된다.

**추령소액芻靈消厄** 그 해 집 남녀의 나이가 나후직성羅睺直星[1]에 들게 되면, 그 집안에서는 정월 보름에 추령芻靈을 만든다. 이것을 속말로 제웅〔處容〕[2]이라고 한다. 그 머리 속에 동전을 넣어 보름〔上元〕전날 밤 초저녁 길에다 버리어 이로써 액을 막고자 한다.

**삼유북문三遊北門** 도성都城 북문을 숙청문肅清門이라고 한다. 항상 닫아 두고 쓰지 않았다. 근처 계곡이 청유清幽하므로 보름날 전에 마을 부녀들이 세 차례 이 문에 와서 논다. 이 문이 재앙을 다스린다고 하기 때문이다.[3]

**청계산동교**清溪山銅橋  안동 풍속에, 마을 부인네 중 늙었거나 약한 이들이 떼를 지어, 정월 보름날 밤에 성 밖으로 나가, 고기 두릅 꿴 형상으로 늘어 엎드리어, 앞뒤를 서로 이어 끊어지지 않게 하고, 한 어린 여자를 좌우에서 부축하여 그 위를 걷게 한다. 그러면 다리 건너는 시늉으로 왔다갔다하면서 소리내어 부르는데, 여자아이가 먼저「이것이 무슨 다리인고?」하면, 엎드린 이들이 일제히「청계산 구리 다리〔銅橋〕지」라고 한다. 큰길 다니듯 혹은 서쪽, 혹은 동쪽으로 왔다갔다하다가 밤이 다 된 뒤에야 그친다.

### 3월

**각시**閣氏  아가씨들이 푸른 풀을 줌으로 따다가 머리채를 만들어 깎은 나무에 붙이고, 다시 붉은 치마를 입혀 각시閣氏라고 하였다. 이부자리와 머릿병풍을 차려놓고 놀이를 한다.[4]

### 4월

**봉선화염지**鳳仙花染指  아가씨들이 봉선화를 백반白礬[5]에 반죽하여 손톱에 물들인다.[6]

### 5월

**창포탕**菖蒲湯·**창포잠**菖蒲簪  단오날에 남녀 어린이들이 창포탕을 짜서 세수를 하고, 다홍색과 녹색의 옷을 입는다. 창포 뿌리를 깎아 비녀를 만들되, 혹은 수壽자, 혹은 복福자를 새기고, 그 끝에 연지를 발라 두루 머리채에다 꽂는다. 이로써 질병을 막고자 하니, 이것을 단오장端午粧이라고 한다. 《대대례大戴禮》를 상고하면『5월 5일에 축란蓄蘭으로 목욕한다』고 했다. 또《세시잡기歲時雜記》에는『단오에 창포를 베어 어린이를 위하여 호로胡蘆[7] 모양을 만들어 차고 재앙을 물리치고자 하였다』하니, 창포로 목욕을 하고 뿌리를 머리에 꽂는 지금의 풍속도 여기에서 비롯된 것이다. 또《완서잡기宛署雜記》를 상고하면『연도燕都(北京)에서는 5월 초하루부터 초닷새까지, 아가씨들이 아주 예쁘게 차린다. 출가한 여자들도 각각 친정에 근친勤親하러 오니, 이날을 여아절女兒節이라 한다』고 했다. 우리나라 풍속이 북경과 비슷하니, 그 단장한

모양이 북경풍을 본뜬 듯싶다.[8]

## 2 신광수申光洙 찬撰 《관서악부關西樂府》

**평양단오平壤端午**
푸른 모시 치마에 흰 모시 저고리
때가 단오라, 뭇 새빛이 솟는다.
오동꽃 핀 별원別院의 그네줄은
아가씨를 달고 하늘로 솟네.
마을 아낙네는 비단 치마에 옥가락지 끼고
대성산大城山에 모여 천중제天中祭 지내도다.
저녁해가 문 앞의 길을 길게 비추면
다들 깊숙한 갈갓[荻笠] 쓰고 돌아온다.
울긋불긋 치장한 머리와 분바른 얼굴에 붉은 치마 입었으니,
시체時體에 맞추어 치장한 이가 줄지어 늘어섰네.
다투어 흰 나비 모양으로 짝을 지어
석류꽃 그늘로 빨리 사라지도다.

| 青苧裙和白苧衣 | 一時端午著生輝 |
| 桐花別院鞦韆索 | 推送空中貼體飛 |
| 村女紗裙玉指環 | 天中祭墓大城山 |
| 夕陽長慶門前路 | 皆著深深荻笠還 |
| 桃饗鶴額紛紅裳 | 列侍輕盈時體粧 |
| 爭趁雙飛白蝴蝶 | 石榴花下捉迷藏 |

## 3 성현成俔 찬 《용재총화慵齋叢話》

**우란분회盂蘭盆會** 『칠월 보름날은 속칭 백종百種 날이다. 절[寺]에서 온갖 꽃과 과일을 모아 우란분회盂蘭盆會를 베푸니, 경중京中의 절에서는 더욱 잘한다. 부녀들이 각처의 절에 모이어 쌀과 그밖의 곡식

을 바치고, 망친亡親의 혼령魂靈을 불러 제사 지내었다. 왕왕 중이 거리에 탁자를 차려 놓고 이런 행사를 하는 일도 있었다』운운하는 기록이 《용재총화》에 있다. 이와 같은 풍속은 지금에도 있다. 칠월 보름날에는 경성 부녀자가 산사山寺에 가서 망친亡親의 영패靈牌를 임시로 지어 놓고, 향불을 피워 부모의 제사를 지낸다. 제사를 끝내고 영패를 태우면서 우는 이가 많았다. 이날 밤 경박한 무뢰배無賴輩들이 떼를 지어 선녀善女를 희롱하며, 취醉하여 상여꾼을 손찌검하는 일이 흔히 있었다.

## 4 김매순金邁淳 찬 《열양세시기洌陽歲時記》

**작조두作澡豆**  정월 상해일上亥日[9]에 부녀들이 조두澡豆[10]를 만든다. 속담에 「돼지날〔亥日〕에는 조두를 만들고, 쥐날〔鼠日〕에는 치장을 한다」했다.

**단오추천端午秋韆**  단오날에는 연소한 남녀가 그네뛰기 놀이를 한다. 경향이 다 같되, 관서關西에 더욱 성행되니, 선의미식鮮衣美食으로 서로 모여 즐겁게 놀이한다.

## 5 유득공柳得恭 찬 《경도잡기京都雜記》

**초판희超板戲**  원일元日에 마을 부녀자들이 흰 널판을 짚단 위에 걸쳐 놓고, 양쪽 끝에 나눠 서서, 세게 굴러 뛰면 대여섯 자까지 올라간다. 그때 패물이 쟁쟁 울리거나, 지쳐서 나가떨어지는 것을 즐기니 이것을 초판희超板戲(널뛰기)라고 한다. 주황周煌의 《유구국기략琉球國記略》을 상고하면『그곳의 부녀가 널판 위에서 춤을 추니, 판무板舞(널춤)라고 한다』했는데, 이와 비슷하다. 국초國初(조선조 초) 에 유구琉球가 입조하였는데, 어떤 이가 좋게 여겨 본받은 것일까?

**목호로沐葫蘆**  동녀들은 나무로 작은 호로葫蘆를 만들되, 파랑·빨강·노랑으로 각각 한 개씩 칠하여 채색실로 끈을 만들어 차고 다니다가, 보름날 밤에 몰래 길에 버린다. 액을 없앤다고 하기 때문이다.

朝鮮女俗考

第二十一章 조선부녀의 연중행사

**단오장**  음력 5월 5일 단오에는 여인들이 창포물로 세수하고 머리를 감았고 깨끗한 새옷을 차려입었다. 특히 혼인하고 처음으로 맞이하는 단오에는 새신부가 화사한 복장에 아름다운 머리장식을 하는 풍습이 있었다. 이 모습은 소녀들에게 둘러싸인 새신부의 뒷모습이다.

# 朝鮮女俗考

● 第二十一章 조선부녀의 연중행사

**그네뛰기**   단오에 마을 사람들이 모여 함께 즐긴다. 신록이 무성한 계절에 흰옷을 입고 제비처럼 날아오르는 모습이 아름다우며, 폐쇄성이 강했던 시대에 이러한 놀이를 기회로 서로 접할 수 있는 정겨운 민속놀이의 하나이다.

**널뛰기**   널뛰기는 정월에 양반의 저택에서 부녀자들이 하는 놀이이다. 5,6척 정도 되는 널판 양끝에 서서 균형을 맞추어 번갈아 뛰어오른다. 평소 외출할 기회가 없었던 규수들이 이때 높이 뛰어올라 밖의 세계를 구경하는 기쁨을 맛보았으며 색채가 선명한 봄옷도 공중에서 나부끼는 것이 인상적인 민속놀이이다.

**답교踏橋** 보름날 달이 뜬 뒤, 서울 사람이 종가鍾街(鍾路)에 모두 나와 종소리를 들은 다음, 헤어져 여러 다리를 밟으며「다리병을 고쳐라」[11]고 이르니, 대광통교大廣通橋[12]·소광통교小廣通橋[13]·수표교水標橋[14]에서 가장 성행되었다. 이날 저녁에는 예에 따라 야금夜禁을 늦추니, 인해인성人海人城을 이루어 피리를 불며, 북을 치며 떠들었다. 심방沈榜의《완서잡기宛暑雜記》에는『열엿새날(正月) 밤에 부녀들이 무릇 다리가 있는 곳에서 떼지어 놀며 삼삼오오씩 서로 짝을 지어 다리를 건넌다. 이것을 도액度厄(액막이)이라 한다』고 하니, 곧 답교踏橋놀이에서 연유된 것이다.《지봉유설芝峯類說》에는『보름날 밤의 답교놀이는 전조前朝(高麗朝)부터 시작된 것이니, 평시에도 매우 성하여 남녀들이 모이어 떠들썩하면서 밤마다 그치지 아니한다』고 했다.

---

1) 〈羅睺直星〉 제웅직성. 열다섯 살 되는 사람의 운명을 맡은 별이라고 함.
2) 〈處容〉 제웅. 짚으로 사람의 형상을 만든 것으로 민속상民俗上 액막이, 무당들의 영장굿에 쓰인다.
3) 원주에「이 대문의 숙청문肅淸門은 숙정문肅靖門이다」라고 했다.
4) 원주에「이를 상고하면, 자고희紫姑戲가 이것이다」라고 했다.
5) 〈白礬〉 명반明礬을 구워서 이룬 덩이. 매염료媒染料나 약으로 쓰임.
6) 원주에「여아女兒의 염지染指는 사월은 빠르므로, 오뉴월에 하였다」고 했다.
7) 〈葫蘆〉 박의 한 가지. 호리병박. 무애춤〔無㝵舞〕을 출 때 허리에 차는 제구諸具의 한 가지. 여기서는 두번째의 뜻.
8) 원주에「여아절女兒節은 오늘의 Boy-Day와 같다」고 했다.
9) 〈上亥日〉 그 달 첫 해일亥日(돼지날).
10) 〈澡豆〉 팥 따위를 갈아서 만든 가루비누.
11) 원주에「다리〔足〕가 다리〔橋〕와 소리가 같기 때문에 이런 민속이 생긴 것이다」라는 뜻을 적었다.
12) 〈大廣通橋〉 서울 청계천에 놓였던 다리. 지금의 서린동에 있었다.
13) 〈小廣通橋〉 서울의 청계천에 놓였던 다리. 지금의 남대문로 1가에 있었다.
14) 〈水標橋〉 서울의 청계천에 놓였던 다리. 지금의 관수동에 있었다. 교각에 수심의 증감을 알 수 있도록 자〔尺〕 단위로 금을 그은 표(水標)가 있었다.

# 第二十二章 조선부녀의 노력동작 勞力働作

우리 조선은 예로부터 여자가 부지런히 일하여 남자에 뒤지지 않았다. 조선에서 나는 고치실과 명주·베·모시·무명 등, 하나도 여자의 손을 거치지 아니한 것이 없다. 시정市井에서 물건을 팔고 사는 일에나, 논밭에서 밭갈고 씨뿌리는 일에도 부녀의 조력이 태반이다. 의류재봉衣類裁縫과 주식모의酒食謀議가 다 여자 아니고서는 되지 아니하는 바이니, 이로써 보건대 조선산업사상朝鮮産業史上에 실로 여자는 주요한 자리를 차지하고 있다. 다음에 그 증례를 들어 참고케 한다.

## 1 한예시대韓濊時代 여공일반女紅一斑

예濊는 누에치기를 알았으며, 또 무명을 짰다.《위지魏志》
예濊에는 무명이 있다.《북사北史》
옥저沃沮는 고구려의 속국이다. 고구려는 대가大加에게 조세의 일을 통책統責시키어 맥포어염貊布魚鹽 및 그밖의 해중식물을 거두어 천리 길을 짐지워 오게 하였다.《위지》
변진弁辰은 폭이 넓은 무명을 짰다.《위지》
진한辰韓은 누에치기를 잘 알고 있었다.《위지》
마한 사람은 농사짓기와 누에치기를 알고, 무명을 짜며, 진한은 비단을 짰다.《후한서後漢書》
백잔왕百殘王(백제왕)이 남녀 1천 명과 가는 무명 1천 필을 바치고 돌아갔으며, 금후로도 내내 노객이 되겠노라 스스로 맹세했다.〈고구려 광개토왕비高句麗廣開土王碑〉

## 2 신라시대 여자의 직작織作

신라는 토지가 기름지고, 뽕과 삼이 많았으니, 비단과 무명을 짰다.《북사北史》

신라가 사신을 시켜 하주霞紬·어아주魚牙紬를 헌조獻朝해 왔다.
《당책부원귀唐册府元龜》

　신라 유리왕儒理王 9년[1]에 6부의 이름을 고치고, 6부를 반으로 갈라 두 편을 만든 다음, 왕녀王女 두 사람에게 부내部內 여인을 나누어 거느리고, 7월 보름 이후 매일 일찍부터 대부大部의 뜰에 모여 을야乙夜(二更)까지 베짜기를 하게 하였다. 8월 보름에 가서 그 공을 따졌다. 그리고 진 편은 주식을 차리어 이긴 편을 대접하게 되는데 가무백희歌舞百戱를 다하며 논다. 이를 가배嘉俳[2]라고 하였다. 이때 진 편의 한 여자가 일어나 춤을 추며 노래하기를 「아소아소」〔會蘇會蘇〕[3] 하니, 그 소리가 애처롭고 고왔다. 《동경지東京志》

　신라에는 28승升 베·20승 베·15승 베가 있었다. 《삼국사기》〈차기지車騎志〉

　이능화는 이에 대하여 다음과 같이 주장한다.
　경상도에서 나는 안동포安東布가 지금도 품질이 가장 좋다. 무명은 가늘고, 약간 주황빛을 띤 것이 여름 옷에 가장 알맞은 감이다. 대개 경상도는 본디 진한辰韓과 신라의 옛 강토였으므로, 을야乙夜가 되도록 늦게까지 베를 짜는 풍속이 남아 있다.

## 3 고려시대 여공품女工品

　고려에는 비단이 적으므로 나라 안이 다 베나 모시로 옷을 지어 입더라. (손목孫穆《계림유사鷄林類事》)

　고려는 그 나라가 스스로 모시와 삼을 심어 가꾸니, 사람들은 대부분 포의布衣를 입었다. 절품絶品을 모시(紵)[4]라고 한다. 희기가 구슬과 같고 폭은 좁았다. 임금과 귀한 신하가 다 이것을 입더라. (서긍徐兢《고려도경高麗圖經》)

　충렬왕忠烈王 2년에 한 비구니가 하얀 모시를 바치니 섬세하기가 매미 날개와 같고 화문花紋으로 꾸몄다. (《고려사》以下 同)

　충렬왕忠烈王 14년 무자[5]에 가는 베의 헌납을 금하였다. 이에 앞서 경상도 권농사勸農使 채모蔡謨가 가는 베를 많이 거두어 임금께 바치었으므로, 진물進物로서 품귀하더니, 이덕손李德孫 · 설승인薛承人 등이 이어 내려, 그 거두는 수를 늘이고 또 잣수〔尺數〕도 배가倍加시키니, 백성이 심히 곤고困苦하였다. 왕이 이를 듣고 세마포의 헌납을 금하였다.

충렬왕 때 홍자번洪子藩이 소疏를 올리어 「여러 도에서 가는 모시를 거두니, 백성이 견디기 어렵나이다. 마땅히 관비로 있다가 풀려난 자로 하여금 베짜기를 시키어, 백성이 힘을 펴게 하시옵소서. 본디 공물부과貢物賦課는 양이나 액수가 정해져 있사온데, 각도가 민가의 세마포를 끄집어내어 실實에 있어서는 횡령하고 있으므로 마땅히 금하사이다」 하였다.

공민왕恭愍王 4년 을미<sup>6)</sup>에 원元이 조공으로 무늬모시〔紋苧布〕를 받던 일을 그만두었다.<sup>7)</sup>

공민왕 때 방사량房士良이 소를 올리어 이르기를 「우리나라는 모시와 베를 입으면서, 상하가 다 오랜 동안 만족해 왔사온데, 지금은 귀천 없이 다투어 다른 나라의 물건을 무역해다가 절제없이 사치를 하니, 이제부터 사士 · 서庶 · 공工 · 상商 · 천賤 · 예隸에게는 한가지로 사라능단紗羅綾緞 따위의 비단옷 입는 일과, 금은주옥으로 치장하는 일을 금하시기 바라나이다. 예삿집 자손으로 혹 가빈무전家貧無錢하여 비단 이부자리를 장만하지 못하므로, 오랜 세월을 지체하여 혼인할 때를 놓치며, 심지어는 부모가 죽어 친족붙이에 맡겨져, 혹은 노비처럼 예를 올리지 못하여 인륜까지 깨뜨리는 일이 더러 있사오니, 이제부터 혼인하는 집에서는 오로지 무명만 쓰게 하시고, 외국 물건을 일절 금하여 주시기 바라옵니다. 곰곰이 보오면, 농사짓는 이도 밭갈이를 하여 세를 바치고, 공장工匠도 공실工室에 노역을 하는데, 장사하는 이만은 부역도 없고 세금도 없으니 이제부터 사紗 · 라羅 · 능綾 · 단緞 · 초綃 · 면綿 따위의 천에 다 관인官印을 찍어 그 경중과 장단에 따라 얼마씩 수세收稅하시기 바라옵니다」고 하니, 왕이 이를 깊이 받아들이었다.

**4 조선시대 여공품女工品**

## 1) 면포綿布의 여공

조선조 이래의 여공품女工品에 대한 외국인의 기록을 보면, 명나라 《일통지一統志》에 『조선산 모시〔苧布〕는 흑백 두 빛의 것이 있다』하였고, 또 『조선에는 흰 모시가 생산된다』고 하였다. 동월董越은 《조선부朝鮮賦》 주에서 『조선 무명은 삼〔麻〕으로 짰다. 모시가 이름이 있다는 것은 잘못 전하여진 것이다. 무명은 정精하고 가늘기가 고운 깁과 같다』고 하였고, 청淸 《일통지一統志》에는 『조선에는 무명과 명주가 난다』고 하였다. 《화한삼재도회和漢三才圖會》에는 『표주表紬는 중국과 조선에서 나니 무늬 없는 비단과 같고, 두텁고 질기며, 또 무늬 있는 흰 명주도 나는데 모두 광택은 없다』고 하였다. 이런 것들은 모두 조선에서 특산되는 여공품인데, 베·모시 및 명주를 이른 것이요, 무명에 대하여는 언급이 없다. 우리 조선에는 솜이 있어 백성이 이것을 옷감으로 만들어 입으며 화폐 대신으로 썼다. 여공품으로서는 무명이 제일인데, 시장의 돈 대용으로서도 이 무명을 대종大宗으로 삼았다. 대저 이 공업품의 원료가 되는 것이 오직 솜인즉, 솜을 수입하여 번식시킨 역사를 적어 만세토록 기념하지 않을 수 없다.

고려 공민왕 때 단성丹城[8] 사람 문익점文益漸이 사신으로 원나라에 갔다가 목화씨를 얻어 가지고 돌아와 장인인 정천익鄭天益에게 주어 씨뿌리게 하였다. 처음에는 배양법을 몰랐으므로 몇을 말라 죽이고 하나만 사는 식이었으나, 이어 3년을 내리 가꾸어 드디어 크게 번식시키니, 처음으로 씨아·물레(繅絲車)를 만들어 솜실을 뽑아내는 일이 세상에 크게 행하여졌다.

이황李滉이 문익점 비각에 적되 『지정至正 갑진甲辰[9]의 해를 당하여 공公이 사신으로 원나라에 들어가 공사公事로써 남쪽 거친 땅에 정배되더니, 풀리어 돌아오는 길에 목화씨를 얻어 백성을 이롭게 함의 급함을 생각하여, 금지된 일을 무릅쓰고 가지고 와서 드디어 온 나라에 크게 번식시켰도다. 이로써 우리나라는 솜에 만세영뢰萬歲永賴하여, 개벽 이래 몇천만 년이 되는지 모르는 오랜 동안 하늘도 그 이익을 다하지 못하고, 땅도 그 보배를 일으키지 못하더니, 곧 공 한 몸이 기려羈旅중 쫓기는 길에 목화씨 한줌을 주머니에 넣어 온 뒤에 비로소 이 땅에서 그 이利가 나기 시작하매, 백성을 돕고 나라의 재물을 유족히 하고도 남음이 있었다. 우리나라에 누에치기가 몇 가지 있기는 하나, 무명의 실제 소용에 비하면 화려한 비단은 민간에 쓸모가 없는 바이다. 여태까지의 국속國俗에 통용되는 물건은 담자리〔氈裘〕나 베붙이더니, 이제 공의 먼 앞날을 염려해 준 커다란 은덕에 힘입어 이 솜으로 짠 무명이 온통 유행되어 오곡五穀・육재六財¹⁰⁾와 더불어 그 공이 같게 되었다. 이로써 온 나라의 억만 창생이 다 퍼렇게 얼던 일을 면할 수 있게 되었을 뿐 아니라, 한 나라의 의관문물衣冠文物을 일신시켰으므로, 우리 조정에서 추석총명追錫寵命¹¹⁾하셨음도 법을 넘은 것이 아니라 의당한 바이로다』하였다.

이이李珥가 지은〈삼우당문선생신도비서三憂堂文先生神道碑序〉에는 『씨뿌리고 거두어들이는 농사일로써 천하를 이롭게 하였으니 공功이요, 또 그런 공 중에서도 으뜸으로 치는 바이로다.《시전詩傳》《서전書傳》에서도 농사의 덕을 으뜸으로 쳤으되, 당시의 농農과 후세의 농을 다 공으로는 쳤으나, 덕으로 치지 않았음은 어인 까닭일까? 대개 이렇듯 유공하면 마땅히 덕으로 삼을 만함을 알지로다. 옛날의 사람 논하는 이가 본말本末의 뜻을 덜 익히어 둘로 여기었으니, 나는 고려의 문충선공文忠宣公의 경우에서 그러함을 증험하는 바이로다. 공公의 휘諱는 익점益漸이요 자字는 일신日新이니, 강성江城 사람이다. 원元 연호로 지순至順 신미¹²⁾에 출생하여 경자년¹³⁾에 나이 꼭 갓 서른이 되던 해에 경동당급제京東堂及第로 신등新登하였고, 계묘년¹⁴⁾에 좌정서左正書의 벼슬을 배수했다. 그 해(공민왕 12년)에 사신으로 원나라에 갔다가 갇힌 바 되었으나 굽히지 않으매, 만리 밖의 운남雲南에 정배되어 3년을 살고 풀리어 돌아왔으니, 그 절개가 가상할 만하도다. 바야흐로 험악한 남쪽 배소配所에 있을 때, 밭에 목화가 많은 것을 보고 종자從者 김용金龍에게 따게 하매, 한 노파가 이를 알고 놀라며「나라가 엄히 금하는 바인데, 어찌 따오?」하였으나, 공은 몇 알을 붓자루 구멍에 숨겨 넣고 돌아와 그것을 꽃밭에 심고, 일부를 장인 정천익에게 나눠 심게 하니 3년 만에 크게 번식하였도다. 또 소거繅車・탄기彈機・사추絲樞 등을 새로 만들며, 씨를 뽑아 널리 심게 하니 솜옷을 지어 입게 되었고, 실을 뽑아 무명을 짜게 되었도다. 지금에 이르러서는 온 나라에 널리 퍼져서, 공경사서公卿士庶로부터 심산궁곡의 백성이 다 솜과 무명을 장만하여 두었다가 옷을 말라 입는 바이로다. 그러니 여우와 담비 가죽이 두터운 줄을 모르고 살던 뭇 사람이 다 공이 붓대 구멍에 넣어 가지고 온 몇 알 솜씨에서 나온 무명의 덕을 보는도다. 그러므로 나라 안의 온 사람이 공公을 농신農神(稷)으로 우러러보며, 목면공木綿公이라 일컫고 아직도 공의 덕을 아쉬워하는 바이로다』고 했다.

조신曺伸의 《유문쇄록諛聞瑣錄》에 적힌 목면근본기木綿根本記에 『솜은 본디 민閩(福建省)·광廣(廣東省) 등지에서 났으며, 그 크기가 잔(盃)만하니 그곳 사람이 무명으로 짜서 이름을 길패吉貝라 하였다. 송강松江 사람이 먼저 오니경烏泥涇에 씨뿌려 심었다. 처음에는 씨아 따위 수레를 돌리거나 활로 튀기는 법이 없어, 손으로 씨를 빼며, 끈이나 댓가지로 흔들고 털어 성제成劑하였으므로 그 일이 매우 어려웠다. 원나라 초에 황도파黃道婆라는 늙은이가 있어 애주崖州로부터 와서, 솜타기·무명짜기(捍彈紡績)의 기구와 얇은 무명짜기와 배색配色·잉아(綜線)법·무늬내기에 여러 방법이 있음을 가르쳐 옷·이부자리·띠·수건의 감을 짜내었다. 사람들이 다 배우자 서로 다투어 짜내어, 다른 고을에 넘겨다 팔게 되었다. 노파가 죽으매 사람들이 모두 감은感恩하여 같이 장사 지내고, 또 사당을 세워 제사 지내었다. 지금도 북경 거리의 관외關外(遼陽) 등지의 남녀 평복은 다 무명이다. 우리나라는 옛날에 무명은 없고 다만 베·모시·명주뿐이더니, 고려 말에 진주 사람 문익점이 일찍이 원나라에 들어갔다가 목면씨를 따 몰래 주머니에 간직하고, 아울러 씨아·물레 따위를 만들어 가지고 왔으므로 나라 사람이 다투어 그 법을 전하니, 백년도 안 되어 온 나라에 퍼져서, 나라 사람의 상하上下 거의가 이것으로 옷을 지어 입게 되었다. 이렇게 하여 많이 짜 쌓아 둘 만큼 면업이 세상에 성행하게 되었다. 베에 비하여 무명이 몇 갑절이나 낫다. 처음 복건성 지방 남쪽 끝에서 생겨났으나, 온 천하에 퍼지어 사람에게 이익을 줌이 이 같은 것이 아직 없도다. 이제 와서는 우리나라에도 성하게 되었으니, 익점益漸의 공은 황도파에 못지않아 나라에서는 그의 자손에게 벼슬을 주어 녹을 받게 하였다』고 했다.

우리 조선은 8도에 함경도와 강원도의 산군山郡 덜고는 목화를 심지 않은 곳이 없다.[15] 그리하여 그 밭갈이와 씨뿌리기는 남자들이

하고, 목화따기・씨앗기・솜타기・실뽑기・무명짜기는 다 여자가 하여야 할 일에 속한다. 농가의 집집 부녀가 무명짜기를 정업正業으로 하여, 시골에서 부자가 되는 일이 있다. 이들 거의가 부녀의 길쌈으로 기초를 잡아 점점 업을 불리어 나간 사람들이다. 가난한 집으로 이를진대 부녀가 직조織造하여 어려운 살림을 꾸려나가려니, 스스로는 치마저고리도 제대로 없는 이가 많았다. 허부인許夫人 난설헌蘭雪軒이 빈녀貧女를 읊은 글이 있다.

> 밤늦게까지 베틀에 앉아 쉬지 않으니
> 베틀만 삐걱삐걱 차갑게 울어댄다.
> 틀에서 또 한 필 짜내건만
> 이번에는 누구의 옷이 되려나?
> 夜久織未休　　軋軋鳴寒機
> 機中一疋練　　終作阿誰衣

참으로 가난한 이의 살림이 얼마나 신고스러운가를 잘 설파說破하였다. 근년들어 면사가 외국에서 수입되어 들어와 수공품手工品보다 값도 덜하므로 조선 부녀들이 번거롭게 물레질을 하지 않고, 직접 양실〔洋絲〕을 사다가 직조하여 쓰며, 또 당국에서도 육지면陸地綿[16]을 목포木浦 등지에서 시작試作하여 좋은 효과를 거두었고, 또 이득도 몇 갑절이나 되매 장차 각지에 퍼질 기세이다. 이로써 문공文公이 가져온 목면[17]은 장차 멸종을 볼지도 모른다.

## 2) 잠견蠶繭의 여공女工

조선의 면포가 여자의 공력으로 된 최대의 산물임은 위에서 자상히 말한 바이나, 이밖에 누에고치・베・모시가 있어 면포에 버금가니, 이것도 다 여자의 공력에 딸린 것이로다. 곧 고려 때 최자崔滋의 《삼도부三都賦》에

> 계림鷄林 땅 좋은 고장에 뽕나무는 크고 커서

봄이면 누에 치니 한 집에 일만 발이요,
여름이면 실을 내니 한 손가락에 일백 가닥이라.
뽑으면서 얽으면서 명주를 짜내니라.
번개 같은 북, 바람 같은 바디 손을 빼니 벼락이라.
생명주 무늬줄과 겹실을 얽은 양이
내인 듯 안개인 듯 부드럽고 눈인 듯 서리인 듯 희도다.
파랑·노랑·빨강·초록 물들여
비단을 만들며 수를 놓아
높으신네 옷을 짓고 우리 옷도 지어 입세.

鷄林永嘉　　桑柘莫莫
春而浴蠶　　一戶萬箔
夏而繅絲　　一指百絡
始繩而縒　　方織而綃
雷梭風梯　　脫手霹靂
羅綃綾線　　縑綃縛縠
煙織霧薄　　雪皓霜白
靑黃之　　　朱綠之
爲綿綺　　　爲繡纈
公卿以衣　　士女以服

라고 하였다. 이 노래로써 영남嶺南에 양잠이 성하였음을 알 수 있다. 조선조의 나랏법에 종상지법種桑之法이 있어, 후비后妃가 친히 누에치기를 하여 백성에게 권장하는 뜻을 보이었다. 이것은 비록 형식적인 일이기는 하나, 누에치기를 중히 여긴 뜻만은 잘 볼 수 있다. 그 증례를 열거하여 참고케 한다.

성종成宗 8년[18] 봄 3월에 왕비가 친잠례親蠶禮를 행할 제, 선공감繕工監이 창덕궁 후원에 상단桑壇을 꾸미고 친잠집사親蠶執事는 뽕을 땄다. 일품내명부一品內命婦 2명, 이품내명부二品內命婦 1명, 삼품내명부三品內命婦 1명, 일품외명부一品外命婦 2명, 이품외명부二品外命婦 1명, 삼품외명부三品外命婦 1명이 따라 뽕을 땄다. 여기에 1품부터 3품까지의 외명부와 상의尙儀 1명, 상궁尙宮 1명, 상기尙記 1명, 상전尙

傳 1명, 상공尙功 1명, 전제典製 1명, 전빈典賓 4명을 더 거느리었다.

성종成宗 24년[19] 봄 3월에 왕비가 후원 채상단採桑壇에 납시어 왕세자빈王世子嬪과 내외명부內外命婦를 거느리고 친잠례親蠶禮를 행하고, 채상녀採桑女 및 잠모蠶母・면포綿布를 내리었다. (後略) 이에 앞서 태종太宗이 일찍이 교를 내리어 이르기를 「의식은 민생에 소중한 것이니, 그 어느 쪽도 폐할 수 없는 바이라, 옛날에 친잠親蠶의 예가 있었으니, 이제부터 궁중으로 하여금 삼〔麻枲〕을 들이어 길쌈할 차비를 하라」 하였다.

《경제육전經濟六典》에 따르면 국초國初에 『종상법種桑法을 만들어 대호大戶는 3백 본, 중호中戶는 2백 본, 하호下戶는 1백 본이니, 뽕을 가꾸지 않는 자가 있으면 그 관할 수령을 파직한다』고 했다.

단종端宗 2년[20] 9월에 호조戶曹가 계啓를 올리되 「청컨대 각읍 도회관都會官으로 하여금 잠종蠶種을 받아 여러 고을에 나누어 주게 하여 양잠을 시키되, 부지런하고 게으름을 계고하여 관할 수령을 혹은 상주고, 혹은 벌주시기를 바라옵니다」 하니, 이에 따랐다.

《경국대전》 호전戶典에 『여러 도가 반드시 뽕밭 있는 곳에 도회잠실都會蠶室을 두고, 그 사정을 기록하여 본조本曹(戶曹)・본도本道・본읍本邑에 비치하고, 누에를 친 다음 고치실을 뽑아 상납하여야 한다』고 했다. 인종仁宗의 어제시御製詩에

  한 집에 두 며느리가 있으니
  재주 있는 이, 재주 없는 이로 다 으뜸이라.
  졸拙한 이는 졸한 것을 걱정하면서
  하루에 한 자라도 짜나
  교巧한 이는 교한 것을 뽐내어
  하루에 일백 자를 짜고는
  머리와 얼굴을 치장하고
  꽃 속에 나비 좇기
  나비 좇다 꽃꺾기를 하다가는
  졸한 이의 직조를 비웃더라.
  그러다가 저녁 바람 시원한 가을이 되어

온 집에 다듬이 소리 요란하면
졸한 이는 옷 먼저 지어 입고
집뜰 달빛 아래 노래 부르고 춤을 추나
잘 짠다고 뽐내던 이여, 후회한들 어찌하랴?
추운 날에 엷은 옷 입고
호호하고 손 불며 베틀에 앉아 우니
북도 추운지 잘도 헛빠져 나가누나.
꽃과 나비는 이미 있지 않으니
서릿바람 치는 이 밤을 원망하누나.

一家有兩婦　　巧拙百不敵
拙者念其拙　　一日一織尺
巧者恃其巧　　百尺期一日
理髮學宮糚　　好逐花間蝶
逐蝶又花折　　長笑拙者織
秋風一夕至　　萬戶砧聲急
拙者先裁衣　　歌舞堂前月
巧者悔何及　　天寒翠袖薄
呵手泣機上　　梭寒易拋擲
難將花與蝶　　敵此風霜夕

　현종顯宗이 친히 경잠도耕蠶圖를 그리고, 이르기를 「지난해 겨울에 우연히 간단한 경잠도를 그리었다. 좀 솜씨를 내어 전가田家의 부녀가 신고하여 근로하는 양을 형용하였다. 볼 때마다 정말을 보는 듯하니, 경耕耕·잠蠶의 두 미구美具가 한 폭 그림에 담겼도다」 하였다.
　영조英祖가 어제경직도御製耕織圖에 다음과 같이 말하였다.
　대저 나라는 백성을 으뜸으로 하고, 백성은 밥을 하늘로 치는 법이니, 중하지 않다 할 수 있겠는가? 이 경직도는 경류耕類[21]가 스물세 그림·직류織類[22]가 스물세 그림이다. 곧 경도耕圖는 침종浸種·경경耕·파누耙耨·초시·녹독磟碡·포앙布秧·초앙初秧·어음淤蔭·발앙拔秧·삽앙揷秧·일운一耘·이운二耘·삼운三耘·관개灌漑·수예收刈·등장登場·지수持穗·용대舂碓·사籭·파양簸揚·농礱·입창入倉·제신제神이요, 직도織圖는 욕잠浴蠶·이면二眠·삼면三眠·대기大起·촉적促績·분박分箔·채상採桑·상족上簇·자박炙薄·하족下簇·택견擇繭·교견窖繭·연사練絲·견아繭蛾·사사祀謝·위위緯·직織·낙사絡絲·경경經·염색染色·반화攀華·전백剪帛·성의成衣이다.

　지팡이를 짚고 간검看檢하는 할아버지와, 옷을 걷고 네모진 대광주리를 안고 있는 사람의 그림이 침종도浸種圖[23]

　막대를 쥐고 소를 꾸짖는 것이 경도耕圖[24]

　가랑비가 부슬부슬 오고, 도롱이 입은 이가 밭 가운데 있는 것이 파누도耙耨圖[25]

　시냇가의 논에서 목동이 소를 몰고 있는 것이 초도耖圖[26]

　소에다 아래윗벌을 맡기고, 부녀가 창을 마주 이야기하는 그림이 녹독도碌碡圖[27]

　개가 짖으며 대광주리를 쥔 동자를 따르고 있는데, 옷을 걷고 씨를 뿌리는 그림이 포앙도布秧圖[28]

　지팡이를 쥔 이가 동자를 거느리고 밭두렁에서 수작하는 그림이 초앙도初秧圖[29]

　혹은 통을 져 오고, 혹은 논에 물을 끄는 것은 어음도淤蔭圖[30]

　혹은 모를 뽑아 주고 받으며, 혹은 지고 가는 것은 발앙도拔秧圖[31]

　혹은 굽히고 있고, 혹은 펴고 있으며, 혹은 돌아다보고 이야기하고 있는 것은 삽앙도挿秧圖[32]

　목동이 피리를 부는데, 논밭에서 부지런히 일하는 그림은 일운도一耘圖[33]

　호미 쥐고 김매는데, 한낮이 되니 앞길로 부인이 들점심을 가지고 오는 것은 이운도二耘圖[34]

　시냇가에 부채로 해를 가린 할아버지가 있는데, 논밭에서 물소리를 요란스레 내는 것은 삼운도三耘圖[35]

　논에 물을 고루 대며, 서로 농가農歌를 화창和昌하는 것은 관개도灌漑圖[36]

　누런 구름이 들에 덮였는데, 그 밑에서 분분하게 벼를 베는 것은 수예도收刈圖[37]

　산더미처럼 노적가리를 쌓는 것을 보는 것은 등장도登場圖[38]

뭇 볏단에 누런 금조각이 이는 것은 지수도持穗圖[39]

방아 소리가 서로 화합하여, 누런 것이 하얗게 되는 것은 용대도舂碓圖[40]

그릇에 넣고 치는데, 부녀가 창에 기대고 있는 것은 사도簁圖[41]

솔솔 부는 바람에 겨와 쭉정이를 날리는데, 촌부村婦가 아기에게 젖을 주는 것이 파양도簸揚圖[42]

쉬지 않고 일하면, 옥 같은 가루가 펄펄 나는 것은 농도礱圖[43]

혹은 지고, 혹은 안고 곳간에 들이는 것은 입창도入倉圖[44]

향과 촛불, 술과 안주를 차려놓고 그 앞에서 절하는 제신도祭神圖[45]

아낙네들이 서로 웃으며, 두 손으로 물장난하는 것이 욕잠도浴蠶圖[46]

혹은 부지런히 점검點檢하며, 혹은 어린아이와 한가로이 노는 것은 이면도二眠圖[47]

촛불을 들고 비춰 보거나, 아낙네가 깊이 잠든 그림은 삼면도三眠圖[48]

뽕잎 소리가 빗소리 같은데, 누에치는 아낙네들이 한창 바쁜 것은 대기도大起圖[49]

밤에 관솔불[50]을 피워놓고 창가에서 부지런히 일하는 것은 촉적도促績圖[51]

두 아낙네가 잠박蠶箔을 받들고 있는데, 늙은 시어머니가 지휘하고 있는 것은 분박도分箔圖[52]

푸른 잎 속에 광주리를 끼고 쉬는 것은 채상도採桑圖[53]

지팡이를 짚고 흰 누에를 바라보는 것은 상족도上簇圖[54]

뜨거운 불을 피워놓고 온 얼굴에 땀을 흘리고 있는 자박도炙箔圖[55]

많다고 일컬으고 주거니받거니 하며 서로 모여 이야기하는 것은 하족도下簇圖[56]

부처夫妻가 부지런히 고치가 담긴 대광주리를 희롱하는 것은 택견도擇繭圖[57]

어떤 이는 고치를 독에 가져다 넣고, 어떤 이는 호미를 메고 들로 향하는 것은 교견도窖繭圖[58]

어린이는 불을 불고, 늙은이가 고치를 삶는 것은 연사도練絲圖[59]

수정水亭가에서 웃음 짓고 있는데, 흰 나비가 펄펄 나는 것은 잠아도

蠶蛾圖[60]
　손으로 물레를 돌리며, 두 아낙네가 이야기하는 것은 위도緯圖[61]
　밝은 등불 아래에서 파란 명주실에, 쉬지 않고 북을 치는 것은 직도織圖[62]
　밤새 실을 흔드는데, 등불이 깜박깜박하는 것은 낙사도絡絲圖[63]
　종일토록 날실을 벼르는데, 어린아이들이 노는 것은 경도經圖[64]
　파랑·초록·노랑·빨강, 이렇게 하는 것은 염색도染色圖[65]
　실을 이리저리 어긋 짜서 모양을 내는 것은 반화도攀華圖[66]
　손에 가위를 잡고, 혹은 길게 혹은 짧게 베는 것은 전백도剪帛圖[67]
　은바늘에 실을 꿰어 저고리며 치마를 짓는 것은 성의도成衣圖[68]이다. (사사도祀謝圖는 원문 누락)
　처음서부터 끝까지 모두 마흔여섯 그림에, 농부의 애씀과 잠부蠶婦의 고초가 바로 눈앞에 보이는 듯하니 아, 마땅히 밥을 먹음에 한 톨의 좁쌀알도 농부의 신고로부터 나왔고 옷을 입음에 한 자의 천도 잠부의 간난으로부터 나왔음을 알지니, 이로써 밥을 먹고 옷을 입음에 다 아껴야 할 것이로다. 이 경직사십육도耕織四十六圖가 어찌 크게 유익하지 않을손가.

### 3) 마포麻布의 여공女工

　조선에서 나는 베 중에 함경도 육진六鎭의 것이 가장 좋으니 북포北布라 한다. 가장 가는 것은 한 필을 바리〔鉢〕 안에 넣을 수 있다. 그러므로 속칭 발내포鉢內布라고도 한다. 경상도 각지에서도 베가 나니, 이름을 영포嶺布라 한다. 안동安東에서 나는 것은 안동포安東布라 하니, 여름 옷에 알맞는 감이다. 강원도에서 나는 것은 강포江布라 하고, 또는 상포常布라고도 하여, 바닥이 거칠고 값도 헐하여 상복喪服에 많이 쓰인다. 또 농부들도 이 삼을 많이 심어 여름 옷을 해 입는다. 이 삼베는 다 여자의 공력工力으로 된 물건이다. 정조正祖 때 사람 홍양호洪良浩의 《이계집耳溪集》예마藝麻 조에, 북지北地(六鎭)의 풍속을 읊은 글이 적혀 있다.

3월에 심은 삼을 7월에 거두어
5월에 실을 내어 열흘 남짓 헹궈서
부드러운 손을 놀려 가는 베를 짜내니
매미 날개인 듯 얇아서 주먹 안에 드는데
아깝게도 남쪽 상인에 다 넘겨 주고
몸에다간 거친 베로 몽당치마 두르도다.
三月藝麻七月穫　　五月繰絲十日濯
纖手弄指作細布　　薄如蟬翼小盈握
可惜盡與南商充　　身著麁裙下掩脚

### 4) 저포苧布의 여공女工

　조선 모시에 한산산韓山産이 가장 좋으니, 한산모시라 한다. 오직 봄·여름의 옷감이다. 장성長城·정읍井邑 두 군에서도 모시가 나지만 그 원료는 다 한산군에서 실어다가 여공을 더하여 천으로 만든다. 《고려사》를 상고하면, 충렬왕忠烈王 때 홍자번洪子藩이 상소하여 이르기를 「여러 도가 저포를 납세로 거두어들여, 백성이 심히 고통을 받사오니……」 운운하고 있다. 이것으로 보건대, 고려시대에는 여러 도에서 다 모시를 생산한 것이 분명하다. 그러나 오늘날에는 한산 부근의 서너 군에서만 모시가 나니, 생각건대 고려 때에 여러 도가 모시를 납세로 심히 거두어들였으므로, 백성이 고통을 견디다 못하여 그 업을 폐하고 하지 않은 것이리라. 고려자기의 경우도 관에 심히 바치게 한 가혹한 정책 때문에 폐절廢絶되어 전하여지지 않으니, 또 한 예가 되는 바이다.

### 5 농사상 여자의 동작動作

　조선 각도에서 봄과 여름 사이에 여자가 밭과 논에서 제초하거나 모내기하는 것을 언제나 볼 수 있고, 또 때때로 여자가 밭 사이에서 농가를 부르는 것을 들을 수 있다. 《약파만록藥坡漫錄》 선조 31년[69]

무술 조에 이르기를 이에 앞서 경리經理 양호楊鎬가 서울에 체류하면서 청파교靑坡郊를 행군할 때, 밭 가운데서 남녀가 호미로 김을 매면서 가락을 맞추어 노래를 부르고 있었다. 경리가 통관通官에게 「저 노래에도 강조腔調가 있느냐」 묻기에, 있다고 대답하였다. 그러자 들어 보자고 하므로, 통관은 일상으로 쓰는 방언方言(우리말)을 곡에 붙여 부르는 것이어서, 한문자로 된 말이 아니라고 대답하였다. 이어 접반관接伴官 이덕형李德馨을 시키어 번역하여 보였다. 그 노래에 이르되,

옛날에도 이렇더면
이 몸을 어찌 버티었으리.
걱정이 실올이 되어
꼬불꼬불 다 맺혔네.
풀고 또 풀어도
끝간 곳을 몰라라.
昔日若如此　此身安可持
愁心化爲絲　曲曲皆相結
欲解復欲解　不知端去處

라고 했다. 이것은 조선에 밭노래가 예로부터 이미 있었다는 증례가 된다. 지금 서해西海의 두 도에서는 수심가愁心歌를 잘하고[70] 전라도에서는 산타령山打令[71]을 잘하고, 경상도에서는 미나리노래〔美那里歌〕를 잘하니, 생각건대 〈미나리노래〉는 산유가山遊歌가 바뀐 것이리라. 우리말에서는 산山은 뫼〔美〕요, 유遊는 노리奴里이므로, 미나리가美那里歌는 뫼놀이노래〔山遊歌〕이다. 함경도에서는 여자가 밭에 나가 일을 하지 않으나, 장에 나가 파는 일은 많이 하여 그 풍속에 집의 닭이 달걀 몇 개만 낳아도, 장에 가지고 가서 판다.

## 6 부녀시판婦女市販

우리 조선의 부녀는 흔히 장을 본다.[72] 머리에 광주리를 이고 다니며

판매하니, 옛 기록에도 보이는 바로서 그 풍속의 유래가 오래되었다. 이제 그 증례를 다음에 든다.

《신당서新唐書》에 이르기를 『신라의 저자에서는 여자가 다 팔고 산다』고 했다.

송나라의 서긍徐兢이 지은 《고려도경高麗圖經》에 『고려에는 아침 일찍부터 늦게까지 장이 서는데, 부인네가 다 버드나무 광주리를 들고 다닌다. 6홉을 한 되라고 하며[73] 피〔稗〕나 쌀로 물건의 값을 정한다. 여러 곳을 다 돌아보고 나서 값의 고하를 정하더라』고 했고, 『고려는 그 풍속으로, 점방에 늘 사람이 있는 것이 아니므로, 낮에는 비어 있어 노유老幼와 관리官吏·공기工伎들이 거기서 물건을 바꾸더라』고 했다.

## 7 부녀용역婦女舂役

우리 조선 사람들은 쌀을 찧음에 물방아[74]를 쓴다. 그리고 연자방아가 있어 눈먼 말이나 나귀를 종일토록 돌리어 쌀을 찧었다. 지금의 쌀장수는 전용 정미소를 가지고 하루에도 수십 석을 찧을 수 있다. 그러나 시골의 농가에서는 디딜방아를 써서, 무릇 쌀·보리·수수·기장을 찧으니, 부녀가 하여야 할 일에 속한다. 아침에는 밥짓기를 하고, 낮에는 점심을 앞 밭에 여나르고 저녁에는 보리를 말리었다가 절구질을 하니, 하루 내내 쉴 사이가 없다.

### 1) 신라시대의 대악碓樂

《삼국사기》 열전列傳에 이르기를 『백결百結 선생은 어디 사람인지 모른다. 낭산狼山 밑에 살되, 집이 가난하여 백 군데나 기운 헌 옷을 걸치었으므로, 그때 사람이 동리백결선생東里百結先生이라고 일컬었다. 일찍이 영계기榮啓期의 사람됨을 경모하면서, 스스로 금琴을 타면서, 무릇 희喜·노怒·비悲·환歡과 억울한 심정을 다 폈다. 한 해가 저물어 이웃 마을에서 조〔粟〕를 절구질하니, 그의 아내가 절구 소리를 듣고 이르기를 「사람들은 다 조를 찧는데, 우리만 없으니 어떻게 설을 쇠리오?」하였다. 선생이 하늘을 보며 한탄하여 이르기를「죽고 사는 일은 명으로써 정하여졌고, 부귀빈천은 다 하늘에서 오는 바이라, 마다 할 수 없소. 이미 간 것은 좇지 말 것인즉, 그대는 어찌하여 마음 아파하오? 내 그대를 위하여 절구 소리를 내어 위로하리라」하고, 마침내 금琴을 타 절구 소리를 내니, 세상이 이 곡조를 전하여, 이름을 대악碓樂이라 하였다」고 했다.

### 2) 고려시대의 용미행舂米行

《동문선東文選》을 상고컨대, 석釋 굉연宏演이 지은 용미행舂米行이 있다. 이르기를

큰색시는 동쪽 방아
작은색시는 서쪽 방아
작은서방님은 남쪽 방아
큰서방님은 북쪽 방아
딸은 거들어 방아대 잡는데
어린 아가는 쌀장난으로 키를 뒤집거니
푸른 치마 큰며느리 높다랗게 머리 쪽찌고
기운 센 다리로 방아를 밟는다.
큰서방, 작은색시, 놀라며 서로 말하며
익살로 웃음으로 와작와작
등에 흐르는 땀, 잠깐 쉬고는
손으로 쌀을 집어 흰가 덜 흰가를 살핀다.
쌀이 아직 덜 희기로 더 찧으려니
힘들이고 애씀이 참으로 가련하이.
하늘이 내린 재주야 다를 바 없거니와
어찌타, 빈부貧富로 길이 갈렸나.
비록 이로써 노勞와 일逸로 갈라졌지만
치치와 양養은 모름지기 상통하는 것
지난해도 풍년 들어 쌀값이 내렸고

올해도 삼[麻]과 밀이 다 잘 되었네.
아, 나라에서 세稅를 덜어주시니
아낙네의 키, 남정네의 체가 싫지 않아
찧거니, 날리거니, 까부르다가
슬슬 일어서 부글부글 끓이도다.
《시경詩經》에서도 곡신穀神인 후직后稷을 노래했으니,
만고에 그 공을 길이 칭송하고자
이제는 마을마다 풍년이라 즐겁고
온 누리도 맑고 밝아 먼지가 없으니
다만지 원컨대는, 해마다 태평하여
쌀 한 말에 서 푼 하던 옛날처럼 되오소서.[75]

| 大婦舂東臼 | 小婦舂面臼 |
| 小郎舂南臼 | 大郎舂北臼 |
| 幼女護力攀碓頭 | 幼兒弄米龘柳斗 |
| 靑裙大婦雲鬢高 | 氣猛脚健踏碓牢 |
| 大郎小婦驚相問 | 謔浪笑傲聲嘈嘈 |
| 汗流浹背時暫息 | 以手挼看白未白 |
| 欲白未白還更舂 | 努力辛勤眞可惜 |
| 天地降材非爾殊 | 奈何貧富不同途 |
| 雖然由此勞逸異 | 一治一養還相須 |
| 去年秋熟米價落 | 今年麻麥殊兩穫 |
| 那堪政又減科徭 | 婦籤夫節良不惡 |
| 或舂或揄式蹂蹂 | 浙之溲溲蒸浮浮 |
| 大雅蒸民歌后稷 | 功奏萬古何時休 |
| 只今閭閻逢歲樂 | 四海淸和塵不起 |
| 但願年年歲太平 | 斗米三錢差可擬 |

## 3) 조선시대 근세의 용가春歌

금속금俗의 용가春歌에는 대략 두 종류가 있으니, 시속의 잡가雜歌 방아타령方牙打令과 절구질하는 아낙네가 부르는 방아타령이다. 방아

方牙는 절구질함(舂)을 이른 말이요, 타령打令은 노래이다. 다음에 후자 後者(절구질하는 아낙네가 부르던 방아타령)를 들고자 하니, 그 가사는 다음과 같다.

| | |
|---|---|
| 각돌등 | 咯咄噔 |
| 공득공 | 空得空 |
| 절구질하는 방아야 | 舂作之方牙 |
| 언제 절구질 끝내고 | 何時舂完了 |
| 내 임 보러 가리. | 見我夫君去 |
| 아라리아 지라리아 | 阿羅里呀 疾毫里呀 |
| 용천이아 아리랑 아씨고 | 龍泉伊呀 阿里郞兒氏古 |
| 방아로고나. | 方牙露古那[76] |

## 8 부녀도의婦女擣衣

우리 조선 사람의 의식주에서, 의衣와 식食의 일을 다 부녀들이 하니, 무릇 직조·세탁·재봉 등 일이 그것이다. 그러므로 어떤 옷감을 재봉하려면 먼저 다듬이질을 한다. 그 법은 쌀풀을 옷감에 먹인 다음, 한 자 남짓한 박달나무의 두 방망이(방치)로 두드린다. 대개 이 다듬이질은 그 소리가 귀를 요란스럽게 하니, 우선 첫번째 해요, 그 옷이 쉬 떨어지게 되니 두번째 해요, 때를 쉽게 타니 세번째 해요, 빗방울에 잘 견디지 못하니 네번째로 해이로되, 아직도 그만두지 못하는 까닭은 오랜 습속이라 없애기 어렵기 때문이다. 당나라 사람의 글에 「가을밤에 임의 옷을 다듬이질한다〔爲君秋夜擣衣裳〕」고 한 구절이 있는 것을 생각하면, 혹 중국으로부터 전하여진 것이 아닐까?《동문선東文選》에도, 고려의 설손偰遜이 지은《의수부도의사擬成婦擣衣詞》가 있으니 다음과 같다.

하늘에 뜬 흰 달이
가을밤을 비췄는데

슬픈 바람이 서북에서 불어오니
귀뚜라미가 베개 밑에서 운다.
임은 멀리 행역行役 가고
나 혼자 빈 방을 지키니
빈 방도 한스러워
한밤중 추위에 떤다.
하늘엔 달이 밝아
밤중에 나유羅帷를 비춰 주니
흰 이슬은 다듬잇돌을 적시고
다듬이 소리는 슬픔으로 퍼진다.
이 밤을 어이 새며
간 임은 언제 오리?
수심에 겨워 잠 못 이루니
하늘엔 찬 구름만 나는구나.
또닥또닥 안방에서 다듬어
서리처럼 눈처럼 옷을 지어
글 적어 넣은 뒤, 멀리 보내니
그 속에서 눈물은 피가 되도다.
계집으로 시집을 오매
오직 절개로 시종始終할 뿐
어찌 이 몸 박명薄命하여
임과 장상별長相別하랴?

皎皎天上月　　照此秋夜長
悲風西北來　　蟋蟀鳴在床
君子遠行役　　賤妾守空房
空房不足恨　　感子寒無裳
天上月皎皎　　中宵入羅帷
白露裛清砧　　音響有餘悲
敢辭今夕勞　　游子何時歸
沈憂不能寐　　焉得凌雲飛
擣擣閨中練　　裁縫如霜雪

織題寄邊庭　　中有淚成血
婦人得所歸　　終始惟一節
云胡妾薄命　　與君長相別

## 9 해녀海女

### 1) 제주해녀濟州海女

　정종正宗 때 사람 신광수申光洙의《석북집石北集》에 제주잠녀가濟州潛女歌가 있다. 노래에

　　　탐라의 아가씨는 헤엄도 잘 쳐
　　　열 살이면 시내에서 놀며 배우도다.
　　　혼인에서도 해녀를 치니
　　　부모는 그 덕에 의식걱정 없다고 자랑하이.
　　　나는 뭍의 사람으로 이 말을 믿지 않다가
　　　이제 명을 받고 남해에 와 보니
　　　때는 2월, 성의 동쪽 따뜻한 날에
　　　집집의 아가씨들 바닷가에 나와
　　　가래〔鍬〕하나, 다래끼 하나, 바가지 하나로
　　　벌거숭이에 작은 바지도 부끄럽지 않아
　　　깊은 바다 푸른 물에 뛰어드니
　　　바람이 분분紛紛 공중에 튄다.
　　　북쪽 사람은 놀라나, 남쪽 사람은 괜찮다 웃네.
　　　물을 당기며 이리저리 타고 노니
　　　오리가 헤엄 배워 물 속에 자맥질한 듯
　　　다만 바가지만 둥둥 물 위에 떴구나.
　　　문득 푸른 물결로 솟아올라
　　　허리에 맨 바가지끈을 급히 끌어올리고
　　　한때 긴 파람으로 숨을 토해내니

그 소리 비동悲動하여, 수궁水宮 깊이 스민다.
인생이 일을 하되 하필이면 해녀이리
그대는 다만 이利를 탐내 죽음을 무릅쓴가.
뭍에서 농사짓기·누에치기·산나물캐기 한다는 말 못 들었는가?
세상에 험한 것 물보다 더한 것 없도다.
능한 이가 일백尺자 가까이 바다 속에 들어가
더러는 주린 짐승에 물리기도 하면서
날마다 일해다가 바치니
벼슬아치들이 돈을 주고 사가더라.
팔도가 다 서울로 진상보내매
하루에도 몇 바리씩 건복乾鰒이 생기니
고관집 부엌과 귀하신 분네야
신고하여 진상된 줄 어찌 알리요.
잠깐 한번 씹고 물리는 것을
해녀여, 너는 낙으로 친다마는, 나는 슬프다.
목숨을 걸고 마련한 그 물건을 내 어찌 먹으리요.
아, 나는 서생書生으로 해주 청어 한번 못 먹었거니
어찌 아침 나조에 염부추나물만 먹으면 좋으이.

| 耽羅女兒能善泅 | 十歲已學前溪游 |
| 土俗婚姻重潛女 | 父母誇無衣食憂 |
| 我是北人聞不信 | 奉使今來南海遊 |
| 城東二月風日暄 | 家家兒女出水頭 |
| 一鍬一笭一匏子 | 赤身小袴何曾羞 |
| 直下不疑深青水 | 紛紛風葉空中投 |
| 北人駭然南人笑 | 挈水相戲橫乘流 |
| 忽學鳧雛没無處 | 但見匏子輕輕水上浮 |
| 斯須湧出碧波中 | 急引匏繩以腹留 |
| 一時長嘯吐氣息 | 其聲悲動水宮幽 |
| 人生爲業何須此 | 爾獨貪利絕輕死 |
| 豈不聞陸可農蠶山可採 | 世間極險無如水 |
| 能者深入近百尺 | 往往又遭飢蛟食 |

| | |
|---|---|
| 自從均役罷日供 | 官吏雖云與錢覓 |
| 八道進奉走京師 | 一日幾馱生乾鰒 |
| 金玉達官庖 | 綺羅公子席 |
| 豈知辛苦所從來 | 纔經一嚼案已推 |
| 潛女爾雖樂吾自哀 | 奈何戲人性命累吾口腹 |
| 嗟吾書生海州青魚亦難喫 | 但得朝夕一饜足 |

법학박사 와다 이찌로和田一郎의 제주에 관한 기록이[77] 있는데 그 개략을 말하면 다음과 같다.

제주도의 해녀는 세상에서 가장 유명하니, 그 체격은 완강하고, 그 활동은 기운이 있어, 이를 보는 이로 하여금 상쾌하게 한다. 섬의 연안 약 6백 리엔 1백30여의 어촌이 있다. 이 마을의 부녀자 대다수가 어채漁採의 업에 종사하니 이들이 해녀이다. 해녀의 업은 바다 속으로 자맥질하여 들어가 패류貝類와 조류藻類를 채취하는 일이다. 그 활동과 동작을 보면 남자로서는 할 수 없는 일이다. 그 실례를 들면, 이 섬의 수산총액이 25만 원인데, 그 5분의 3은 해녀의 손에서 나온 것이다. 제주해녀는 매년 조선의 동서 해안에 출어出漁하고, 혹은 지나支那 산동성山東省 근해까지 출어하는 자가 3천 명을 내리지 않으며, 그 출어기出漁期는 약 반 년이 넘는다. 그리고 해녀 1인의 평균수입은 약 40여 원이 된다. 그러나 그들은 질박質朴하고 무교지無巧智하여, 함부로 간악한 고용주의 학대를 받아 혹 출어장出漁場에서 과다한 입어료入漁料를 물거나, 혹은 불량배들에게 속아 빼앗기기도 하여, 곤고困苦의 경지에 빠지는 자가 적지않다. 이것은 당국이 법을 만들어 보호하지 않으면 안 될 일이다.

조수가 올라오고, 바람이 시원하게 불므로, 어선을 타고 항구를 떠나 해녀의 작업을 보았다. 재미가 적지아니하다. 해녀는 허리에 해물海物을 따 넣은 망태를 차고 옆에다가는 피로할 때 쉬는 준비물로 바가지를 두르고, 손에다가는 낫〔鎌〕과 비슷한 기구를 쥐었다. 잠겼다가는 뜨고, 떴다가는 잠기니, 잠길 때에는 두 다리를 꼿꼿하게 뻗어 고기 모양으로 물 속에 있다가, 떠올라와서는 숨을 쉰다. 이렇게 여러 수백 번을, 해가 비낀 고요한 바다에서 계속하니, 참으로 일종의 기관奇觀이다. 만약 해물을 사고자 하는 사람이 있으면, 뱃머리에 다투어 모이어 제 물건을 과시하는 것이었다. 해가 산을 넘고 밥짓는 연기가 나무에 서릴 때면, 그 해녀들은 각자 집으로 돌아가니, 혹 알몸인 채 바위에 앉아 아기에게 젖을 주는 이도 있었다.

제주도의 해녀는 대개 열두세 살 때부터 잠수하여 재주를 익히고 스무 살에 해녀가 되어, 쉰 살이 되면 그만둔다. 제주도의 현재 총인구는 19만인데, 여자가 남자보다 2천5백 명이나 많다.《탐라지耽羅誌》에도, 여자가 남자보다 많으며 줄어지지 않고 퍼지는 까닭은, 활동하는 힘이 있는 때문이라고 하였다.

### 2) 영동해녀嶺東海女[78]

근고近古의 김금원金錦園 여사는 글을 잘 지었다. 영동을 유람하고 그 본 바를 적은 글에『영동해녀는 다 맨발에 노랑머리이다. 미역을 따서 업으로 하니라』고 했다.

---

1) 〈儒理王九年〉 임진년. 서기 32년.
2) 〈嘉俳〉 가위(팔월 한가위)의 차자借字.
3) 〈會蘇〉「아소」(아서라. 금지의 말)의 차자.
4) 원주에「疑是毛絁」라고 하였다.
5) 〈忠烈王十四年〉 무자년. 서기 1288년.
6) 〈恭愍王四年〉 을미년乙未年. 서기 1355년.
7) 협주에「按尼獻花紋苧以來仍歲貢于元」이라 하였다.
8) 〈丹城〉 원주에「지금은 경상남도에 딸려 있다」고 했다.
9) 〈至正甲辰〉 지정至正 24년. 서기 1364년.
10) 〈六財〉 土・金・石・木・獸・茟. 또는 幹・角・筋・膠・糸・漆.
11) 〈追錫寵命〉 임금이 남다른 굄으로, 퇴관하였거나 죽은 이에게 위호位號를 내림.
12) 〈至順辛未〉 지순至順 2년. 충혜왕 1년. 서기 1331년.
13) 〈庚子年〉 지정至正 20년. 곧 공민왕 9년. 서기 1360년.
14) 〈癸卯年〉 지정 23년. 공민왕 12년. 서기 1363년.
15) 원주에「송도목松都木・진주목晋州木・나주목羅州木이 가장 이름이 있으니, 실발이 가늘기 때문이다. 방언으로 면포를 목木이라고 한다」고 했다.
16) 〈陸地棉〉 원주에「미국종 목면. 곧 개량종의 일컬음」이라고 했다.

17) 원주에 「木棉」은 「재래종 목면」의 뜻이라고 했다.
18) 〈成宗八年〉정유년丁酉年. 서기 1477년.
19) 〈成宗二十四年〉계축년癸丑年. 서기 1493년.
20) 〈端宗二年〉갑술년甲戌年. 서기 1454년.
21) 〈耕類〉농사도農事圖 따위.
22) 〈織類〉양잠직조도養蠶織造圖 따위.
23) 〈浸種圖〉볍씨 담그는 그림.
24) 〈耕圖〉밭갈이 그림.
25) 〈耙耨圖〉김매는 그림.
26) 〈耖圖〉써레질하는 그림.
27) 〈碌碡圖〉돌밭 고르는 그림.
28) 〈布秧圖〉모판 내기 그림.
29) 〈初秧圖〉볍씨 싹튼 그림.
30) 〈淤蔭圖〉모판보기 그림.
31) 〈拔秧圖〉모뜨기 그림.
32) 〈揷秧圖〉모심기 그림.
33) 〈一耘圖〉애벌 김매기 그림.
34) 〈二耘圖〉재벌 김매기 그림.
35) 〈三耘圖〉세 벌 김매기 그림.
36) 〈灌漑圖〉물대기 그림.
37) 〈收刈圖〉벼베기 그림.
38) 〈登場圖〉걷어들이기 그림.
39) 〈持穗圖〉이삭 달린 그림.
40) 〈舂碓圖〉방아찧는 그림.
41) 〈籭圖〉체질하는 그림.
42) 〈簸揚圖〉까부르는 그림.
43) 〈礱圖〉맷돌질하는 그림.
44) 〈入倉圖〉곳간에 낟알 섬을 넣는 그림.
45) 〈祭神圖〉제사 지내는 그림.
46) 〈浴蠶圖〉누에 터는 그림.
47) 〈二眠圖〉누에가 두 잠 잘 때를 형상한 그림.
48) 〈三眠圖〉누에가 석 잠 잘 때를 형상한 그림.
49) 〈大起圖〉누에가 일어나 뽕잎 소리 요란하게 먹는 형상의 그림.
50) 원주에 「솔마디를 태워 등불 대신에 쓰는 것을 관솔불〔松明〕이라고 한다」고 했다.
51) 〈促績圖〉바쁜 누에치기 밤일 그림.
52) 〈分箔圖〉잠박 나누는 그림.
53) 〈採桑圖〉뽕따는 그림.
54) 〈上簇圖〉누에 올리는 그림.
55) 〈炙箔圖〉잠박 삶는 그림.

56) 〈下簇圖〉 잠박을 내리어 고치를 따는 그림.
57) 〈擇繭圖〉 고치 고르는 그림.
58) 〈窖繭圖〉 고치를 갈무리하는 그림.
59) 〈練絲圖〉 고치실 뽑는 그림.
60) 〈蠶蛾圖〉 누에나비 그림.
61) 〈緯圖〉 고치실 그림.
62) 〈織圖〉 명주짜기 그림.
63) 〈絡絲圖〉 실감는 그림.
64) 〈經圖〉 명주날 벼르는 그림.
65) 〈染色圖〉 물들이는 그림.
66) 〈攀華圖〉 무늬 놓는 그림.
67) 〈剪帛圖〉 옷 마르는 그림.
68) 〈成衣圖〉 옷짓는 그림.
69) 〈宣祖三十一年〉 무술년戊戌年. 서기 1598년.
70) 원주에 「마을 아낙네들이 술을 마시고, 흥겹게 노래부르며 집안에서 춤을 추는 것이 황해도의 여속女俗이다」라고 했다.
71) 원주에 「노래를 속칭 타령打令이라 한다」고 했다.
72) 원주에 「우리 풍속에 장본다는 말이 있다」고 했다.
73) 원주에 「승升은 되[刀]다」라고 했다.
74) 원주에 당인唐人의 시 「雲碓無人水目春」이라는 구절을 들고, 물방아가 중국에도 오랜 옛날부터 있었다고 했다.
75) 「쌀값이 쌀수록 살기 좋았음」을 말한다.
76) 원주에 차자借字에 대한 간단한 풀이가 붙어 있다.
77) 원주에 《朝鮮의 匂》(日文)이라는 서명書名을 들었다.
78) 원주에 「영동嶺東은 강원도 연해군沿海郡을 일컫는다」고 했다.

# 第二十二章 조선부녀의 노력동작 勞力働作

응덩이 짝발라 곰방대 문 노파

# 朝鮮女俗考

● 第二十二章 조선부녀의 노력동작 勞力働作

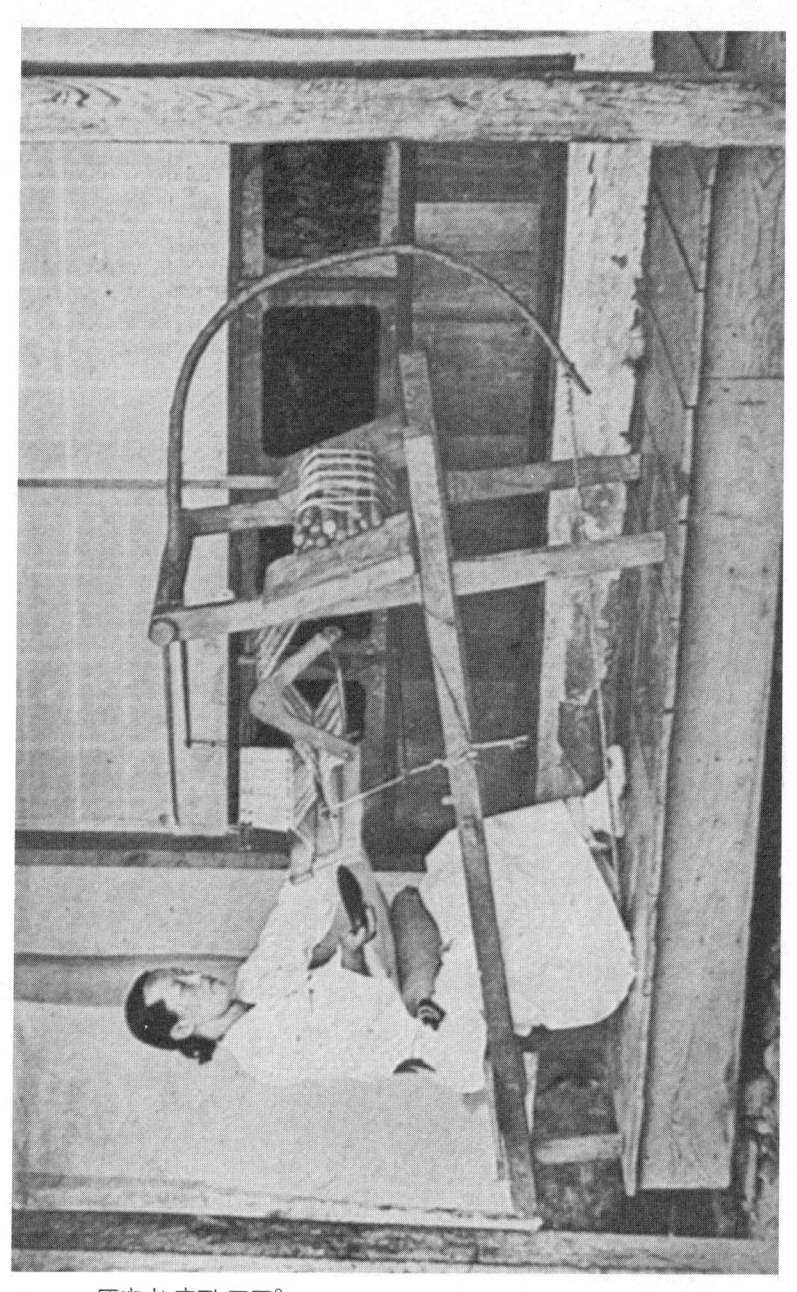

베를 짜고 기계.

395

# 朝鮮女俗考

● 第二十二章 조선부녀의 노력동작 勞力動作

**연자방아와 아낙네** 우리나라의 소는 성질이 매우 온순하고 인내심이 강해서 농사에 적합함은 물론 연자방아를 돌리는 데도 적절히 이용되었다.
다듬이질, 세탁한 천을 말려서 개킨 다음 다듬잇돌에 올려놓고 다듬잇방망이로 골고루 두드린다. 다시 천의 균형을 맞추어 잡아당긴 후 바느질한다.

물레질을 하여 실을 뽑아 천을 만들어서 의복을 짓는 일은 부녀자들의 중요한 업무였다.

　길쌈　　옛부터 양잠은 견직물 공급의 중요한 원천이었다. 이것은 견사를 뽑는 구식방법으로 원시적인 수단이며, 산간에서는 이렇게 자체적으로 평견平絹을 만들어냈다.
　길쌈　　약간 발전된 방식으로 견사를 뽑는 모습이다. 주로 여성들의 가내수공업의 한 가지였으며, 이 실을 가지고 고급스런 의복을 지어입었다.

【朝鮮女俗考】

● 第二十二章 조선부녀의 노력동작勞力働作

김장   김장은 아마 가하히 가장 중요한 부엌일로 매해 11월중에 담그며, 가정마다 참가하는 것은 약간씩 차이가 있으나 기본적인 재료는 많아 해빠추이다. 주부들의 연중행사 중 한 가지이다.

398

# 朝鮮女俗考

● 第二十二章 조선부녀의 노력동작 勞力働作

洗濯 １년 내내 흰옷을 즐겨입었던 우리나라여성은 빨래가 부녀자들이 가장 중요하고도 부지런한 일거리였다. 빨래감을 한다하야 본격적 빨래있으며 빨래를 할때 다음으로 풀을먹여 홍두깨에 방망이질을 했고, 다시 조각을 꿰어 맞추어 꿰맸다. 그러므로 자연히 빨래터는 부녀자들이 모여 이야기꽃을 피우는 장소가 되었다.

● 399

朝鮮女俗考

● 第二十二章 조선부녀의 노력동작 勞力働作

**상류 가정의 부녀자** 조선시대에는 남녀의 구별이 엄격하게 지켜졌다. 설사 부부간이라도 하인이 아닌 이상 거처하는 방도 내외의 구별을 두어 남자는 사랑에 여자는 안채에 기거하였으며, 토담을 쌓아 밖에서 직접 안이 보이지 않게 하였다. 안에 손님이 있으면 남자는 조심하고 근접을 삼가하였다.

분주히 방아를 찧는 모습.

第二十二章 조선부녀의 노력동작 勞力慟作

# 朝鮮女俗考

● 第二十二章 조선부녀의 노력동작勞力働作

실감기, 조면기를 사용하여 쳬를 틀고 손이로 쳐서 쌀을 만든다.

# 朝鮮女俗考

● 第二十二章 조선부녀의 노력동작 勞力働作

한가로이 사랑옵게 바느질 한다.

● 403

# 朝鮮女俗考

● 第二十二章 조선부녀의 노력동작 勞力働作

※일곱 살에 헤엄을 배워 한평생 바닷물과 싸우는 해녀들의 잠수질을, 〈재주〉라고 보기에는 너무나 가슴 아픈 사연이 많으리라.

　제주도의 해녀, 제주 연안은 해저지형과 해류가 어획물이 풍부해질 수 있는 조건을 갖추고 있다. 남성은 집에서 아이를 돌보고, 여성은 바다에 나가 잠수질을 하는 것이 보편화되어 있다.

# 朝鮮女俗考

◉ 第二十二章 조선부녀의 노력동작 勞力働作

제주도의 해녀

◉ 405

朝鮮女俗考

第二十二章 조선부녀의 노력동작勞力働作

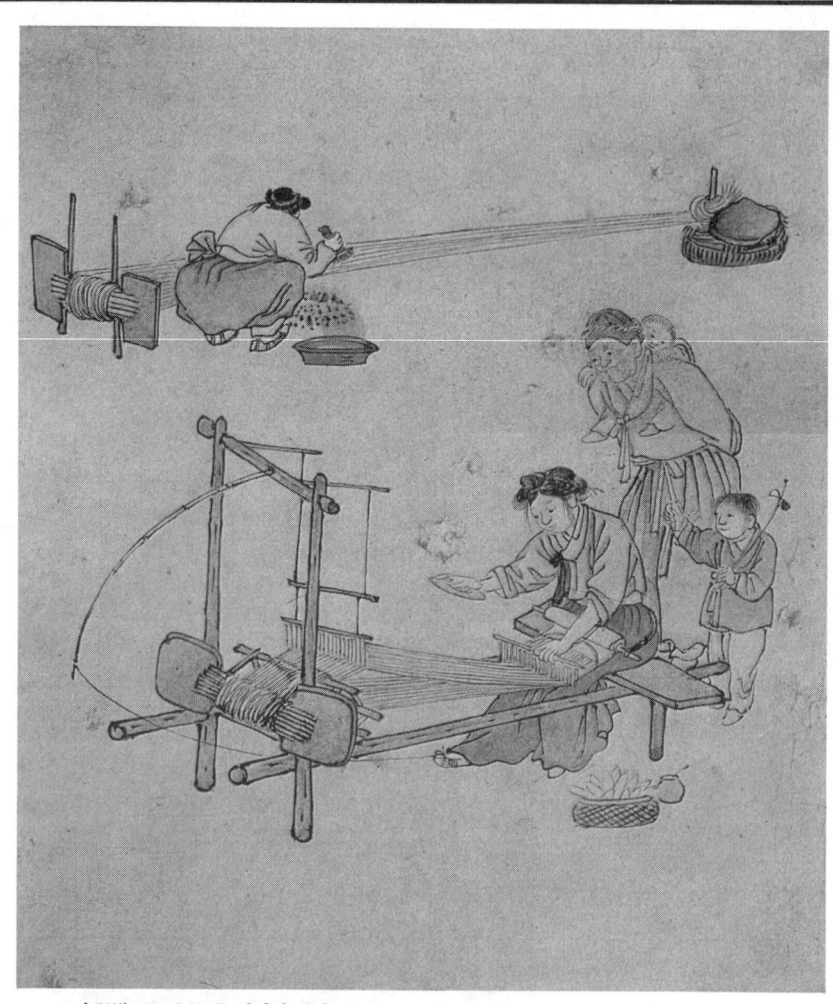

金弘道 風俗畫帖 중 여인의 길쌈

# 第二十三章 ● 조선부녀의 지식계급

조선부녀의 무교육에 대하여는, 그러려니 하고 예사로 여기고 있다. 여자는 주식酒食 차리기와 옷짓기, 그리고 물긷기와 절구질만 하면 족하니, 글자는 알아서 무엇하느냐, 또는 여자가 만일 글자를 알면, 도리어 집안의 규범을 그르칠 염려가 있다 하여 가르치지 아니하였다.

조선조 정조正祖 때의 유학자 아정雅亭 이덕무李德懋가 부의婦儀에 대하여 적은 바 있었는데, 그 글에 『부인은 마땅히 서사書史·논어·모시毛詩·소학서小學書·여사서女四書를 약독略讀하여 그 뜻에 통하고, 백가성百家姓·선세계보先世系譜·역대국호歷大國號·성현명자聖賢名字를 알아야 하되, 함부로 시사詩詞를 짓거나 밖에서 들은 말을 전하지 말지어다』 하였다. 그리고 주문위周文煒는 『부녀자는 사람들로부터 재주 없다는 말을 들을지언정, 덕이 없다는 말을 듣지 말라. 세가대족世家大族의 부녀가 지은 시사詩詞가 잘못되어 유전하면, 반드시 석자釋子들의 손에 들어가, 뒤에는 창기가 부르게 되니 어찌 부끄럽지 아니한가?』 하였다. 이 말은 조선 양반의 여자교육에 대한 사상을 대표한다. 전자의 세가世家에서건, 후자의 대가大家에서건, 일반 여자교육 같은 것은 꿈에도 생각지 아니한 바이었다. 그러나 사족학자士族學者 가정에는 혹 규녀식자閨女識子가 있었으니, 사임당 신씨師任堂申氏·난설헌 허씨蘭雪軒許氏·유몽인柳夢寅의 매씨妹氏·윤광연尹光演의 부인과 같은 이들이다. 이들은 모두 소위 「어깨 너머로 배운 글」<sup>1)</sup>로, 직접 교육을 받아서 식자識子가 된 것은 아니다. 희첩姬妾·기류妓類들에서도 시사詩詞에 능한 이가 있었다. 대개 기녀는 얼굴이 잘 생기고, 거기에다 재주가 있었으므로, 혹 교방教坊<sup>2)</sup>에 다닐 때 배웠거나, 기녀로 남의 첩이 되어, 글 잘하는 지아비로부터 배웠거나 하였다. 조선여자의 유식자들을 네 종류로 가르면, 첫째는 사족부녀士族婦女로서 글 아는 이, 둘째는 사족부녀로서 시사를 지을 수 있는 이, 셋째는 사족첩실士族妾室로서 시사를 지을 수 있는 이, 넷째가 교방기녀教坊妓女로서 시사를 지을 수 있는 이다. 이 네 갈래를 차례대로 열거하여 참고케 한다.<sup>3)</sup>

만약 시사詩詞의 우열을 논평한다면, 교방기녀의 시가 사족첩실의 시사보다 낫고, 사족첩실의 시사가 사족부녀의 시사보다 나으니, 그

처한 경지에 따라, 정감情感과 감발感發이 달랐기 때문이다.

## 1 사족부녀士族婦女의 유문식자有文識者

### 신영석申永錫 부인 허씨許氏

허부인許夫人은 충정공忠貞公 허종許琮[4]의 자씨姉氏이니, 감찰監察 고암孤菴 신영석申永錫에게 시집갔다. 부인은 경서經書와 사서史書에 박통博通하여 사리를 익히 알았으며, 또 지감知鑑이 있어 사물을 봄이 고명하였다. 충정공 형제는 조정에 4, 50년을 두고서 온 터라, 무릇 큰 논의가 생기면 반드시 먼저 부름을 받았었다. 때에, 성종成宗이 윤비尹妃를 폐하고 사사賜死할 무렵, 허종은 지의금知義禁 벼슬에 앉아 있었으므로, 아우 침琛을 형방승지刑房承旨로 하여 임任을 맡게 하였다. 두 공의 집이 사직동社稷洞이라, 두 사람이 다 패패牌를 받고 궐闕로 향해 가기에, 부인이 혼자 생각에 폐비廢妃의 아들이 이미 세자가 되었으니, 오늘의 전지대신傳旨大臣은 후일에 반드시 큰 화를 받으리라 여기어, 사람을 중로中路에 급히 보냈다. 두 공은 부인이 「앞 다리〔橋〕에 일부러 떨어져, 대궐에 가지 마옵사」한다기에, 부인의 말대로 다리를 건너다가 일부러 떨어져, 이것을 핑계로 부름에 응하지 아니하였다. 이에 이극균李克均·이세좌李世佐의 숙질이 대신 그 임을 맡았었다. 뒤에 연산燕山이 즉위하자 두 이李는 다 참화를 입었고, 허씨들은 끝내 탈없이 보신保身하였다. 새문동塞門洞으로 가는 길에 돌다리가 있었으니, 이로부터 종침교琮琛橋라고 하였다. 《일사유사逸士遺事》

### 이준경李浚慶 모부인母夫人 신씨申氏

신씨申氏는 중종中宗 때 이수정李守貞의 부인이요, 동고東皐 이준경李浚慶[5]의 모부인이다. 준경은 다섯 살 때 《소학小學》을 어머니로부터 배웠다. 연산군燕山君 갑자에, 집이 화를 입어 먼 고을로 정배되었다가, 중종반정中宗反正 때 나이 아홉 살에 비로소 화를 면하고 서울로 돌아왔다. 외톨로 고생하며 모부인을 따라 외가에 가 자랐으니, 나이 열 살에 비로소 취학하였다. 모부인은 교육에 엄하여 《효경孝經》《대학大學》 등 책을 친히 가르쳤고, 조금이라도 잘못이 있으면 준렬한 책責을 주었으나, 공공은 오직 공경으로 받고, 조금도 어색해하지 아니하였다. 모부인이 항상 격려하여 이르기를 「고례古禮에도 과부의 자식으로 배운 바가 없으면 더불어 벗하지 말라는 말씀이 있는데, 너는 이미 의지할 곳을 잃고 나와 같이 사니 한 가지 거행이라도 잘못하면 세상이 너를 버리리라. 오로지 학업을 부지런히 하여 가업을 떨어뜨리지 말아야 한다」고 하였다. 뒤에 공공은 상국相國[6] 벼슬에까지 올랐다.《신여자보감新女子寶鑑》

### 사임당師任堂 신씨申氏

명종明宗 때 신씨申氏는 호가 사임당師任堂이니, 감찰 이원수李元秀의 부인이요, 율곡栗谷 선생 이이李珥의 모부인母夫人이요, 진사 신명화申明和의 딸이다. 어릴 때 경서經書와 사서史書에 통하였고, 서화書畫를 잘하며, 자수에 재주가 있었다. 일곱 살에 안견安堅의 산수화山水畫를 본받아 이를 잘 그렸고, 또 포도를 잘 그리어 세상의 칭찬을 받았다. 부인은 맑은 선비 가문에 태어나, 전하여지는 경서經書와 고사古事를 다 알았으며, 좋은 말과 착한 행실을 몸소 받들어 행하였다. 이공李公의 학업이 허술하면, 신씨가 이를 보태어 그 잘못 깨달은 곳을 바로잡았으니, 참으로 어진 아내였다. 신씨는 일찍이 이공李公에게 「내가 죽은 뒤에도, 공은 재취하지 마시오. 우리에게 아들 넷이 있으니, 어찌 후사를 얻기 위하여 예에 실린 교훈을 어기겠소?」하였다. 원수元秀가 「공자출처孔子出妻[7]의 일절이 정말 예에 맞는 일일까?」하니, 신씨는 「공자께서 노나라 소공昭公 때, 제齊의 이계尼谿로 가 난리를 피할 제, 공자님의 부인 병관씨幷官氏가 따르지 않고, 송나라로 바로 갔습니다. 그리고는 다시 더 아내〔室〕 운운하시지 않으셨으니, 출처出妻 운운하는 말도 나오지 아니하였습니다」하였다. 이공이 또 「증자曾子 출처出妻는 무슨 예이오?」하매, 신씨는 「배〔梨〕를 쪄도 익지 않아 양친兩親을 모시는 일에 어긋남이 생겼으므로 부득불 그렇게 하였을 뿐이며, 종신토록 재취하지 아니하였으니, 항려伉儷의 예는 중히 지키었습니다」하였다. 이공李公이 「《주자가례朱子家禮》에도 그런 일이 있지 않소?」하매, 신씨는 「주자는 나이 마흔일곱에 영인令人 유씨劉氏가 돌아갔고, 장자 숙熟이 취처娶妻할 나이가 못 되어 주식을 다스릴 사람이 없었으되 재취하지 아니하고, 근신謹愼하였나이다」고 하니, 이공은 말이 막히었다. 신씨가 조졸早卒하였으나, 이공은 신씨의 말과 같이 재취하지 아니하고, 아내의 명복만을 빌었다. 이들에게 네 아들이 있었으니, 맏이가 선璿, 둘째가 번璠, 셋째가 이珥, 넷째가 우瑀이다. 모두 믿음직하였다.《동계만록東溪漫錄》

### 이수록李綏祿 부인 송씨宋氏

송씨宋氏는 선조宣祖 때 이수록李綏祿의 부인이니, 백강白江 이경여李敬輿[8]의 모친이요, 진천鎭川 송제신宋濟臣의 딸이다. 나면서부터 숙현淑賢하였고, 어려서 여훈女訓 등 여러 책을 배워 대의에 통하고, 사리에 밝아, 친정에 있을 때부터 소문이 자자하였다. 며느리가 되매, 구고舅姑를 고례古禮대로 한결같이 받드니, 시부모도 중히 여기었다. 지아비의 형제·자매가 여덟이요, 생질 남녀와 거느리는 종 등 수십 명이었으나, 그 사이를 주선하되 하나처럼 대접하며, 그 도를 다하여 한집안 사이에 말이 없게 하니, 문중이 여범女範으로 추대하였다.

### 유양증兪養曾 부인 남씨南氏

남씨南氏는 선조宣祖 때 유양증兪養曾의 부인이요, 유경兪橄의 모친이니, 숙혜淑惠하기가 출천出天하였고, 총명하여 깨달음이 으뜸이라, 말이나 행실·문사文史·전기傳記 등을 한번 들으면 잊지 아니하였다. 집을 다스림에 법도가 있었고, 가정을 엄수하여, 자녀교육에 의를 다하여 힘썼다.

### 이흥종李興宗 부인 유씨柳氏

유씨柳氏는 선조宣祖 때 죽창竹窓 이흥종李興宗[9]의 아내로, 글을 잘하였고, 경서經書·사서史書를 익혔으며, 해학을 잘하였다. 아들 둘이 있었으니 식湜과 수洙요, 딸 둘이 있었으니 복천고覆天膏와 신루산神樓散이었다. 하루는 박안례朴安禮가 생선生鮮을 가지고 이달李達·최가운崔嘉雲·백광훈白光勳 등과 함께 홍종興宗의 집에 와 이르기를 「벗이 있어 멀리서 오니 또한 즐겁지 아니한가?」[10] 하니, 죽창竹窓의 부인

유씨가 이르기를 「나도 술을 즐기니, 잔칫상을 차리어 손님을 즐겁게 하리다」하였다. 식록이 고기를 받아 씻으며 이르기를 「처음에 놓을 때에는 어릿어릿하였는데, 조금 뒤에는 제법 흥청대누나」[11] 하니, 신루산신루散이 종〔婢〕 취봉翠鳳과 국란國蘭을 불러 「고기를 솥에 넣어 잘 끓여라」이르고, 복천고覆天膏는 죽은 고기를 방안에 가지고 들어가, 「잉어가 죽었으니 숯불에 구워라」하고 일렀다. 취봉翠鳳이 고기를 끓이다가 솥 안을 들여다보며 이르기를 「전어와 상어가 펄펄 뛰누나」하였다. 그리고 취봉이 막 그릇을 씻는데, 개가 고깃국 냄새를 맡으므로, 국란國蘭이 밖에서 들어오며 개를 꾸짖되 「사람이 먹는 음식도 몰라보는구나」하였다. 유씨가 고깃국을 여럿에게 나누는데, 작은아들 수수洙가 왼손으로는 웅장熊掌[12]을 가리키고 오른손으로는 물고기를 가리키며 이르기를 「물고기도 내가 먹고 싶은 바요, 또한 웅장熊掌도 내가 먹고 싶은 바이로다」하니, 세상 사람들이 재동이라 일컬었다. 하루는 흥종興宗이 비가 오는 것을 보고 글을 읊으니, 한가족이 다 화창하였다. 그때 사람들이 일가팔시인一家八詩人이라고 일컬었다. 《창계견문滄溪見聞》

### 난설헌蘭雪軒 허씨許氏

허씨許氏는 호가 난설헌蘭雪軒이니, 선조宣祖 때 정자正字 김성립金誠立의 부인이요, 감사監司 초당草堂 허엽許曄의 딸이요, 허봉許篈·허성許筬·허균許筠의 매씨妹氏이다. 타고난 재주가 뛰어나 일곱 살에 글을 지었으니, 여신동이라 칭호되었다. 성미가 신선 같아 항상 화관花冠을 쓰고, 향안香案과 마주 앉아 음풍吟風하며, 시사詩詞를 지었다.

### 조경인曹景仁 부인 심씨沈氏

심씨沈氏는 선조宣祖 때 조경인曹景仁의 부인이요, 우의정右議政 심수경沈守慶의 딸이니, 가법家法에 밝다고 이름이 났다. 부인은 천성이 완숙한 데다가, 내칙內則에 따라 가정의 엄한 가르침을 받아, 어려서부터 언사와 거동에 털끝만큼의 잘못도 없었다. 열다섯 살 때, 조공曹公에게 출가하니, 부덕을 온전히 갖추었고, 효도로 공경하며, 인자로써 거느리며, 위아래 사람과 화협和協하였으니, 종족과 이웃 마을에 칭찬이 자자하였다. 여공女工 이외에 사서史書를 보아 의義와 이理에 통달하였고, 자손을 교육함에 학업을 이루게 하니, 다 현부인賢夫人이라고 계啓를 올리어 칭송하였다. 그러나 재능을 남에게 보이려 하지 않았으며, 항상 「직조하고, 제사 잘 지내는 것이 내가 할 일이요, 총명하다고 자희自喜한다는 것은 아내된 자의 할 바가 아닙니다」고 하였다.《행장行狀》

### 유희춘柳希春 부인 송씨宋氏

유희춘柳希春의《미암집眉巖集》일기日記 조를 보면『선조宣祖 4년 경오[13] 6월 12일에, 부인 송씨가 긴 글을 지어, 광문光雯을 시켜 적어 보내니, 그 사辭에

굽어 엎드려 글을 보오니, 민망스럽게도 난보難報의 은혜로운 구절이 있어 고맙기 그지없습니다. 들자오니, 군자로서 수행치심修行治心하는 일은 오직 성현들의 명교明教이온데, 어찌 사람의 계집으로서 힘써 받들지 아니하겠습니까? 만약 마음에 작정하고도 물욕을 누르지 못하오면 스스로 거둘 것이 없사올 것인즉, 어찌 집에 있는 계집에 대하여 보은報恩 같은 생각을 하시나이까? 서너 달 혼자 지냄을 그토록 미안해하시고 덕 있다 칭찬하시니, 모르기는 하겠습니다만 속없는 이 같사옵니다. 편안하고 조히 있어 외간의 번거로움을 끊고 사사로운 생각을 아니하고 있사온데, 어찌 글월을 자주 주시어 치사하시며 돌보시나이까? 곁에는 벗이 엿보고, 아래에서는 거느리신 많은 아전과 종이 있어 눈여길 것인즉, 공론이 스스로 생길 것이오매 글월 주시노라 애쓰지 마사이다. 이로 말미암아 남에게 인의仁義를 베풂에 깊지 못하다는 여김을 사지 않도록 하사이다. 집에 있는 아내로서는 이런 걱정 저런 걱정 그지없사옵니다. 공에 딸린 저에게 불망지공不忘之功하옵시며, 혼자 계시는 몇 달 동안에 자주 글월 주시고, 붓끝마다에 과공誇功하시나, 예순을 바라보시는 공께서 독처獨處하시면 보기保氣에 크게 도움이 될 것이오니 이것이야말로 저의 난보難報의 은혜이옵니다. 그러하오나 공께서 귀직貴職에 앉으셨으매 도성만인都城萬人이 받드는 터라, 독처하시기에도 사람으로서 어려움이 있겠사옵니다. 제가 그전에 어머님 상을 당하였을 때, 공公께서는 만리 밖에 계셨고, 사방에는 돌보아 주는 이가 없어 호천통도呼天痛悼 그지없는 중에도, 지성껏 예를

다하여 장사지내어 남에게 부끄럽지 아니하니, 이웃 사람들이 성분제례成墳祭禮함에 아들과 같다고 하였나이다. 3년상을 마치고 공을 따라 만리길에 올라 간관섭험間關涉險하니, 무슨 생각인들 없었겠나이까? 저에게는 공을 향해 정성을 바칠 수 있었던 그 일만이 잊을 수 없는 일이옵니다. 공께서 몇 달씩이나 독처하시는 노고야말로 제가 치른 몇 가지 어려웠던 일에 겨누어 무슨 경중의 차差가 있겠사옵니까? 바라옵건대, 공께서는 영절잡념永絶雜念하시고, 보기연년保氣延年하옵소서. 이것만이 오늘밤 우러러 바라는 모두이옵나이다. 서툰 글이오나 용서하시고 보옵소서. 송씨 사룀.

부인의 사의詞意가 다 좋으니 탄복함을 이기지 못하였다』했다.
『병자14) 10월 11일에, 또 작시作詩에 대한 선인의 경계를 이야기하고 나서 한 구를 지으니, 부인이 나에게 이르기를 「시의 법은 직설直說하지 말지며, 글의 흐름도 그러하온지라, 산에 오르듯, 바다를 건너듯 상상을 일으키되, 문장을 잘 살펴, 부려야 좋사옵니다」 하기로, 나는 놀랍게 여기며 그 말대로 글을 짓다』라고 했다.
《미암집》 행장行狀 조에는 『공의 아내 송씨宋氏는 홍주洪州의 이름 있는 가문인 사헌부 송준宋駿의 딸이니 정경부인貞敬夫人에 봉하여졌다. 타고난 성품이 명민하여 서사書史를 섭렵하였으니 여자 선비다운 기풍이 있었다. 공의 상을 치름에는 예를 극진히 하였다』고 했다.

### 홍천민洪天民 부인 유씨柳氏

유씨柳氏는 광해군光海君 때 율정栗亭 홍천민洪天民의 후취부인이니 학곡鶴谷 홍서봉洪瑞鳳의 모부인母夫人이요, 유탱柳樘의 딸이며, 유몽인柳夢寅의 매씨妹氏이다. 부인은 어릴 때, 오라비 몽인의 학업을 곁에서 엿보아, 경사經史에 박통博通하였다. 문장이 뛰어났으되, 부인은 스스로 음영吟咏하지 아니하였으므로 그 전하는 글이 절무絶無하다. 다만, 다음과 같은 일절만이 세상에 남아 있다.

마을에 드니 봄빛이 어리누나.
물소리 밟으며 다리를 건넌다.
入洞穿春色　　行橋踏水聲

지아비 율정栗亭의 상을 치른 뒤에도 매달 초하루·보름〔朔望〕이면 반드시 글을 지어 제사 지낸 다음 곧 태워 버리었다. 율정의 아우 졸옹拙翁이 그 문사文辭를 엿들으니 너무 비엄悲嚴하여 차마 보기 어려웠다. 학곡鶴谷이 일찍이 아버지를 여의었으므로 부인이 친교하였다. 가르침이 엄하여 좀 잘못이 있으면 피가 나게 매를 주었다. 그리고 매채를 비단보에 싸 두면서 이르기를 「집의 흥패興敗와 아이의 근태勤怠가 다 이것에 달렸으니, 그 아니 중한가?」 하였다. 아들이 글을 받아 욀 때면 반드시 포장을 치고 뒤에서 엿들었다. 아이가 외면 기뻐하면서도 교만하거나 나태해질까 두려워 보이지 않게 함이었다. 아들은 학업을 이루어 문장을 잘하더니 재상宰相의 자리에까지 올랐다. 말년에 호당湖堂[15]을 지나다가 올라가 유람할 제, 수직守直하는 노파가 호당에 전하여 내려오는 옥배玉盃를 내어 보이며 「이 잔은 선생이 아니고는 들 수 없습니다」 하였다. 부인은 웃으며 「저는 다만 부녀자입니다. 저의 시아버님, 저의 집 어른, 그 어른의 아우, 그리고 저의 아들과 생질이 다 호당湖堂에 뽑히어, 이 옥잔으로 술을 마셨건만, 저만 홀로 이 잔을 못 듭니다」 하니, 듣는 이가 미담美談이라고 하였다.《첨록만록보입睫錄漫錄補入》

부인이 그 전에 집이 매우 가난하여 푸새밥과 나물국도 결하는 때가 많았다. 하루는 비婢를 보내어 고기를 사오게 하였다. 고기 빛을 보니 상하여 독이 있는 듯하므로, 「사온 고기가 얼마나 되느냐?」 묻고는, 노리개 판 돈을 다 주고 사온 고기건만, 담장 밑에 묻게 하고는 「우리가 고기 사 먹는 것을 보고, 남이 병이 날까 두렵구나」 하였다.《동언당법東言當法》

### 이자견李自堅 부인 이대헌李大軒

이대헌李大軒은 광해군 때 첨정僉正 이자견李自堅의 부인이요, 현감 이억년李億年의 딸이다. 글에 능하고 식감識鑑이 있었다. 자견의 아우 자건自健은 정인홍鄭仁弘 등에 붙어, 벼슬이 첨정까지 이르렀었다. 하루는 자건이 손님을 모셔다가 잔치를 하였는데, 대헌大軒이 묻기를 「오늘 자리에는 어떤 손님이 오시오?」 하니, 자건이 「다 귀객이신데,

성명은 이이첨李爾瞻・허균許筠…… 이런 분들입니다」하였다. 대헌은「내가 보기엔 다 상서롭지 못합니다」하였다. 자건은 대헌의 명찰함을 존중히 여기어 이로부터 그 사람들과 교절交絶하고 벼슬에서 물러나 전리田里로 돌아왔으니, 이로써 계해의 화[16]를 면하였다.《창계기문滄溪記聞》

### 조인趙遴 부인 김씨金氏

김씨金氏는 광해군光海君 때 조인趙遴의 부인이니 호화스런 가문에서 자랐으되 교만하거나 뽐내는 버릇이 절무絶無하였고, 언행이 예에 맞고,《소학小學》《내칙內則》등을 즐겨 읽었다. 자손을 옳게 가르쳤고, 제사를 받드는 일과 손님 접대하는 일에 손수 반찬을 만들었으되, 항상 고기나 나물을 방정方正하게 썰었다. 여러 아들에게는 항상「시첩侍妾과 형수〔姒〕・제매들은 다 아버지에 가까운 이들이니, 이분들도 어머니라, 너희들이 어찌 공경하지 않을소냐?」하였다. 조공趙公도 늘「내가 편안히 지내는 것은, 아내가 매우 규범이 있기 때문이다」라고 하였다.《내범內範》

### 김래金㻋 부인 정씨鄭氏

정씨鄭氏는 광해군 때 김래金㻋의 부인이니, 초계草溪 정묵鄭黙의 딸이다. 부인은 나면서부터 경민화정敬敏和静하고, 총명영오聰明穎悟하여 소꿉놀이를 할 때도 항상 예기禮器를 차려 놓았다. 여사女史[17]에 뜻을 두더니 배우지 않고도 그 뜻을 알았고, 남의 글읽는 소리를 듣기만하여도 능히 외어 적을 수 있더니, 고금의 사리에 밝았다.《백주집白洲集》

### 이시명李時明 부인 장씨張氏

장씨張氏는 인조仁祖 때 이시명李時明의 부인이요 장흥효張興孝의 딸이니, 안동安東에 살았다. 부인은 총명하고 효심이 깊었다. 좋은 말을 즐겨 들었으므로, 아버지가 애지중지하여《소학小學》과《십팔사략十八史略》을 주니, 쉬지 않고 깨쳐 여남은 살에 이미 글을 지어 적을 수 있었다. 정윤목鄭允穆[18] 공公이 그 글을 보고 놀라며 이르기를「필세筆

勢가 큼직한 것이, 우리나라 서법이 아니로다」하였다. 더 자라 어른이 되매, 글을 짓고 글씨를 쓰는 것은 여자가 할 일이 아니라 하여 아주 끊었으므로, 그 가장묘필佳章妙筆이 전하지 아니하였다.《본집本集》

### 이후재李厚載 부인 조씨趙氏

조씨趙氏는 인조仁祖 때 이후재李厚載의 부인이니 풍옥헌風玉軒 조수륜趙守倫의 딸이요, 창강滄江 조속趙涑의 자씨姉氏다. 배움에 아주 잘 깨달았고, 마음씀과 행실이 단결端潔하였다. 다박머리 때부터《여훈女訓》등 여러 서책에 널리 통하였고, 삼가 예를 행하여, 부모구고父母舅姑를 효孝로써 섬기었고, 여공女工에도 민첩하였으므로, 성미가 엄한 여러 어른들도 어진 며느리라고 극찬하였다. 또 그 사려思慮함이 군자와 같아, 일을 당하면 반드시 꾀하여 잘 처결하였으므로, 시부모가 일찍이 가정을 맡기고 크게 기뻐하였다.

### 박제장朴悌章의 처 김씨金氏

김씨金氏는 효종孝宗 때, 덕원德源 박제장朴悌章의 아내이니, 영흥永興 김민金旻의 딸이다. 김씨는 어려서부터 총혜聰慧하여, 아버지로부터 글자를 배웠으니, 한번 보면 꼭 적었다. 어른이 되자 글도 잘 지었고, 복서卜筮도 잘하였다. 출가하여선 시부모를 잘 섬기고, 집안을 화목하게 하니, 이웃 마을에서도 높이 보았다.

### 윤백호尹白湖의 모부인 김씨金氏

윤휴尹鑴[19]의 모부인母夫人 김씨金氏는 숙종肅宗 때, 송우암宋尤庵(時烈)이 다니러 와, 며칠을 묵으며 아들과 함께 담론談論함을 보고, 여느 손님과 다름을 깨닫자 벽에서 엿듣고, 크게 놀라며 아들에게 경계하여 이르기를「이 손님이 사납게 보이며, 말투가 평탄치 않구나. 불인不仁할까 걱정이로다」하니, 휴鑴가 이르기를「이 손님은 큰 선비로 그렇지 아니합니다」하였다. 얼마 후 휴가 어머니를 앞서 죽으니 사람들이 다 그 어머니의 현지賢智함을 일컬었다.《동소만록桐巢漫錄》

### 신광유申光裕 부인 임씨任氏

임씨任氏는 호가 윤지당尹摯堂으로 신광유申光裕의 부인이요, 임성주任聖周[20]의 매씨妹氏이다. 부인은 총민聰敏하여, 어렸을 때부터 집에서 수업하고, 크게 학업을 성취하였다.《본집本集》중 성리인의론性理仁義論과 같은 것은 고금 여류학문女流學問 중에서 으뜸가는 논이다. 두 오라비 녹문鹿門 임성주任聖周·운호雲湖 임정주任靖周와 더불어 문장에 이름이 있되, 윤지당尹摯堂이 가장 뛰어났다고 일컬어진다. 저서《윤지당유고尹摯堂遺稿》2권이 세상에 전하여진다.《인물지人物志》

### 임상덕林象德 부인 박씨朴氏

　　박씨朴氏는 영조英祖 때 임상덕林象德의 부인이니 판서判書 박사수朴師洙의 (?)[21]이다. 덕과 행실이 다 착하였고, 경전과 사서史書를 널리 알고 있었다. 지아비가 나이 약관에 동사회강東史會綱을 찬집纂輯하다가 다 이루지 못하고 나이 30에 작고하였으므로 박씨가 이것을 이어받아 완성하여 세상에 간행刊行하였다.《인물지人物志》

### 김선근金銑根 부인 곽씨郭氏

　　곽씨郭氏는 호가 청창晴窓이니 영조英祖 때 상우당尙友堂 김선근金銑根의 부인이요, 사부師傅 곽시징郭始徵의 딸이다. 일곱 살에 독서하였고, 글짓기를 잘하였으니 마치 신동과 같았다. 언젠가 마을의 어른이 이를 보고 운韻을 놓고 글을 지으라고 하니, 척척 대구를 놓는데 절창絶唱이었다. 어른이 됨에 문장은 더욱 나아가 사장詞章에 재주를 더하였다. 또 경술經術·성리학性理學에 더욱 힘썼으므로 조예造詣가 정심精深하였다. 여문儷文을 지은 바 역시 공교로우니 문집이 6권이다.《규합총서閨閤叢書》

### 정일당靜一堂 강씨姜氏

　　강씨姜氏는 호가 정일당靜一堂이니 정조正祖 때 탄원坦園 윤광연尹光演의 부인이다. 부인은 어려서부터 총명과 지혜가 세상에 뛰어나 글을 잘하였고, 필법이 묘하였다. 경술經術·성리性理에 조예가 정심精深하여, 우리나라 규방문학閨房文學의 교초翹楚[22]였다. 불행히도 자녀가 없었고 부군夫君도 선서先逝하였다. 문집 30권・경설經說 2권이 있었으나 지금은 전하지 않고, 다만《정일당집靜一堂集》한 권만이 간행되어 세상에 전하여진다.《본집本集》《경수당전서警修堂全書》

### 홍인모洪仁謨 부인 서씨徐氏

서씨徐氏는 순조純祖 때 승지承旨 홍인모洪仁謨의 부인이니 상국相國 홍석주洪奭周의 모부인母夫人이다. 배움이 넓어 천문・지리・의복醫卜・수학數學 등에 정효精曉하지 않은 데가 없었다. 부인은〈영수각시고靈壽閣詩稿〉를 지어 세상에 간행하였다. 부인은 아들을 가르침에 친히 일과를 정하여 매일 외게 하며, 항상 경전・사서史書・고인古人의 격언・시문을 많이 들려 주어 깨닫게 하였다. 자제子弟가 조금 잘못하면 엄히 책하되 자복自服한 연후라야 멈추었다.《만필漫筆》

## 2 사족부녀의 능해시사자能解詩詞者

### 이각李恪 부인[23]——送夫出塞

어느 모래밭에 푸른 기[24] 머문고?
군가軍歌와 되의 피리소리가 꿈 속에 슬픈데
밭머리의 버드나무를 바라보며 무엇을 한하리요?
다만지 월지月支[25]를 걸어 두고 돌아오실 날을 기다리다.
何處沙場駐翠旗　　戍歌羌笛夢中悲
陌頭楊柳吾何悔　　只待歸鞍繫月支
《대동시선大東詩選》

### 정씨鄭氏[26]——詠杜鵑花

어젯밤인가 봄바람이 빈 방에 들어오더니
한 폭 구름 비단의 붉은 향내 서렸네.
이 꽃 피는 곳에 우는 새 있으니
숨어서 우는 그 새 남의 애를 끊나니.
昨夜春風入洞房　　一張雲綿爛紅芳

此花開處聞啼鳥　　一詠幽姿一斷腸
　　《동인시화東人詩話》


임벽당林碧堂 김씨金氏[27]──貧女吟
　　땅이 구석지니 찾는 이 적으이.
　　산이 깊으니 속된 일 없으이.
　　집이 가난하니 술 한 말도 없으이.
　　숙객宿客도 한밤에 돌아가다.
　　地僻人來少　　山深俗事稀
　　家貧無斗酒　　宿客夜還歸
《열조시집列朝詩集》


창암蒼巖 김씨金氏[28]──自警
　　덕德과 인仁을 지녀야 사람이거늘
　　꽃비녀에 보배 찬다고 몸 편안하리?
　　연지분과 부귀영화가 도리어 두렵거니
　　위로는 왕장王章이 있고 아래로는 백성이 있도다.
　　據德懷仁可謂人　　華簪寶貝莫安身
　　脂膏榮祿吾還畏　　上有王章下有民


송씨宋氏[29]──題新舍
　　하늘이 삼산수三山壽를 내리시니
　　영작靈鵲이 와 백세영百世榮을 알리다.
　　만 이랑 좋은 밭도 말고
　　원앙처럼 화락하게 평생을 보내고저.
　　天公爲送三山壽　　靈鵲來通百世榮
　　萬頃良田非我願　　元央和樂過平生


　　從眉庵公于鍾城謫所
　　따라 따라 마천령摩天嶺까지 오니
　　동해 바다 끝없이 거울로 퍼졌도다.

안사람이 만리 길을 무슨 일 온다?
삼종의三從義<sup>30)</sup> 무거우니 나는 달리네.
行行遂至摩天嶺　　東海無涯鏡面平
萬里婦人何事到　　三從義重一身輕

### 사임당師任堂 신씨申氏<sup>31)</sup>——大關嶺望親庭

흰 머리로 늙으신 어머님 동햇가에 계신데
장안長安을 향해 두고 가는 이 마음
때로 머리 돌려 북평北坪 땅 바라보니
구름이 해가 지는 푸른 산에 내리다.
慈親鶴髮在臨瀛　　身向長安獨去情
回首北坪時一望　　白雲飛下暮山青


### 思親

만산萬山에 쌓인 천리 밖 먼 친정집
돌아가 뵙고 싶은 마음에 꿈을 꾸니
한송정寒松亭 가엔 달무리요
경포대鏡浦臺 앞엔 바람이라.
모랫가엔 흰 갈매기가 오락가락
물결 위엔 고깃배가 여기저기
어느때나 동해 길 다시 밟아
어버이 무릎 아래 채색 비단 뒤적이며 바느질하리?
千里家山萬疊峯　　歸心長在夢魂中
寒松亭畔雙輪月　　鏡浦臺前一陳風
沙上白鷗恒聚散　　波頭漁艇每西東
何時重踏臨瀛路　　綵舞斑衣膝下縫

### 빙호당氷壺堂<sup>32)</sup>——詠氷壺

상 위에다 놓고 미주美酒를 담기에 맞으니
시냇가에 옮겨 놓으면 더욱 좋으리.
화창한 날 핀 꽃이 비처럼 떨어지니

비로소 알도다. 단지 속에 별천지 있음을.
最合床頭盛美酒　如何移置小溪邊
花開白日能飛雨　始信壺中別有天

정씨鄭氏[33]——영학詠鶴
한 쌍 선학이 맑은 하늘을 향해 우니
단구丹邱[34]에 옥피리를 희롱하는 듯
삼도三島 십주十洲로 돌아가고픈 마음인데
만천풍상滿天風霜이 추운 털끝을 스친다.
一雙仙鶴叫淸霄　疑是丹邱弄玉簫
三島十洲歸思濶　滿天風霜刷寒毛

성씨成氏[35]——贈人
이웃집에 걸어가 두세 번 불렀더니
어린 동자가 나와 주인 없다 이르는구나!
지팡이 짚고 꽃구경 갔거나, 아니면
거문고 들고 술친구 찾아갔을 것을!
步出隣家三四呼　小童來報主人無
若非杖策尋花去　定是携琴訪酒徒

봉원부부인蓬原府夫人 정씨鄭氏[36]——出江舍
강가 모래밭에 갈매기 모이니
언덕의 나뭇잎 날린다.
뜰에다간 살찐 율무와 밤을 걷어들였고
그물로는 멀겋게 살찐 게를 올렸도다.
발을 걷고, 산 푸르름 보며
달빛을 마주 술통을 연다.
밤도 차가워 잠 아니 오는데
솔 이슬이 비단옷 적시다.
來訪沙鷗約　江皐木葉飛
園收芋栗當　網擧蟹鮮肥

褰箔看山翠　　開樽對月輝
　　　夜凉清不寐　　松露滴羅衣

이씨李氏[37]──실제失題
　　　구름과 하늘이 물처럼 맑거니
　　　누대樓臺는 나는 듯 높게만 보인다.
　　　긴 밤 비 아니 그치거니
　　　꽃다운 푸새는 오랜 생각에 잠긴다.
　　　雲斂天如水　　樓高望似飛
　　　無端長夜雨　　芳草十年思

정씨鄭氏[38]──太公釣魚圖
　　　흰 머리로 낚싯대 드리운 손님은
　　　세상을 초연히 사는 늙은이로다.
　　　주문왕周文王과 같은 낚시질인가?
　　　멀리 기러기가 날아가고 날아온다.
　　　鶴髮投竿客　　超然不世翁
　　　若非西伯獵　　長伴往來鴻

장씨張氏[39]──蕭蕭吟
　　　창 밖에 비 쓸쓸하니
　　　쓸쓸한 그 소리 스스로워
　　　내 스스로운 소리 들으니
　　　내 마음도 스스롭다.
　　　窓外雨蕭蕭　　蕭蕭聲自然
　　　我聞自然聲　　我心亦自然

　　敬身吟
　　　이 몸은 부모의 몸이거니
　　　어찌 이 몸 아니 공경恭敬할까.
　　　이 몸 욕되게 하면

어버이 몸 욕되게 하는 것을.
　　身是父母身　　敢不敬此身
　　此身如可辱　　乃是辱親身

聖人吟
성인의 때에 나지 아니하였으매
성인의 낯 못 보고
성인 말씀 어찌 들으랴만
사람의 마음 속에 이는 것을 보노라.
　　不生聖人時　　不見聖人面
　　聖人言何聞　　生人心可見

稀又稀詩
사람이 70을 사는 것은 예로부터 드문데
70에 셋을 보탰으니 더욱 드물다.
드물고 드문 중에는 남자가 많은데
드물고 또 드문 중에 드물고도 드물도다.
　　人生七十古來稀　　七十加三稀又稀
　　稀又稀中多男子　　稀又稀中稀又稀

이씨李氏[40]——自嘆
　이제란 가사袈裟에도 진흙이 묻었구나.
　어인 일인지 푸른 산도 날 마다하누나.
　사방으로 둥그런 하늘이 나를 가뒀거니
　뉘 있어 먼 곳에 갇힌 몸을 잡아주리?
　　袒今衣上活黃塵　　何事青山不許人
　　圜宇只能囚四大　　金吾難禁遠遊身

유씨柳氏——嘲藥泉相公
　약천 노상공을
　뉘 일러 힘이 다했다 한다.

행년 일흔셋에
불수산을 달이도다.
藥泉老相公　　　誰云筋力盡
行年七十三　　　親煎佛手散
(藥泉〔南九萬〕이 나이 73세에 그 別室이 아이를 생산하자 공이 친히 약을 달인 고로 이 시를 썼다.)

윤씨尹氏[41]──臨終作
부용성芙蓉城에서 옥피리 소리가 나니
열두 난간에 아지랑이가 인다.
귀의歸衣할 꿈에 날은 빨리도 밝는데
반창半窓으로 지는 달이 꽃을 비춘다.
芙蓉城裏玉簫聲　　　十二欄干瑞靄生
歸夢忽忽天欲曙　　　半窓殘月映花明

심씨沈氏[42]──奉送家大人謫固城
옥계玉階에 서릿바람 이니
사창紗窓에 달그림자가 차다.
문득 기러기 돌아가는 소리 들리니
천리 밖 남관南關(固城)을 생각하다.
玉砌霜風起　　　紗窓月影寒
忽聞歸雁響　　　千里憶南關

곽씨郭氏[43]──應口詩
바다도 지고 달도 지거니
꽃이라고 한 해를 이어 붉을손가?
강 위의 고깃배가
돛을 멈추고 저녁 바람에 돌아서다.
海涵天日暮　　　花續一年紅
江上魚舟子　　　停帆向晚風

悼孫女
여덟 살에 일곱 해를 앓았으니
너 돌아가 누웠은들 몸이 편할소냐?
다만지 눈 오는 이 밤을 슬퍼하노니
어미를 떠나간 너는 얼마나 추울꼬?
　八年七歲病　　歸臥爾應安
　只憐今夜雪　　離母不知寒

조씨曹氏[44]──夜行
어득한 골짜구니에 시냇물이 서늘한데 달은 아직 뜨지 않으니
어득한 등藤나무 그늘이 길 위에 드리웠다.
가야 할 마을은 아직도 저 산 밖에 있거니와
성긴 별, 맑은 이슬에 방아 소리가 들린다.
　幽澗冷冷月未生　　暗藤垂地少人行
　村家知在前山外　　淡露疎星一杵鳴

김씨金氏[45]──相思
님이 오시느냐 어떻게 물으리요?
밤새 그리움에 얹은머리 풀렸도다!
홀로 난간에 기대어 잠 못 이루니
숲 저쪽 대밭에 비오는 소리.
　向來消息問如何　　一夜相思鬢欲華
　獨倚雕欄眠不得　　隔林疎竹雨聲多

최씨崔氏[46]──偶吟
밝은 해가 하늘에 뜨니
하늘은 높고 해는 멀다.
다만 구름이 끼어
밝은 빛 가리지 말기를!
　白日懸天上　　天高白日長
　只恐浮雲近　　蔽此明明光

### 서씨徐氏[47]──次季兒十咏

구름이 흩어지니 하늘이 가시듯
저녁 달이 뜰에 찼다.
앉아서 소나무 숲 저무는 것을 즐기니
맑은 그림자 정자亭子를 비춘다.

雲散天如拭　　中宵月滿庭
坐愛松林晚　　清陰翳小亭


### 次李白秋下荊門

싸늘한 하늘엔 구름도 없으이.
외로운 배만 먼 바람을 안고 올라오다.
포구로 돌아오는 고기잡이배가 몇 가닥 피리를 부니
그 소리 오산초수吳山楚水의 저녁 하늘에 퍼진다.

霜天寥落淡雲空　　獨上孤舟萬里風
漁笛數聲秋浦晚　　吳山楚水夕陽中


### 次杜詩秋興韻

달이 높은 다락에 뜨고, 서리는 숲에 찼으니
서늘한 가을 기운이 완연하다.
싸늘한 별이 또렷또렷 그림자를 드리우니
노목老木의 푸른 잎이 그림자를 짓는다.
천리 밖 남쪽 성을 흰 머리로 돌아보니
임금님께 바친 충성 삼 년일레.
흐린 등잔불이 홀로이 빈 벽을 비추는데
먼 다듬이 소리는 바람에 실려 어디로 가는가?

月滿高樓霜滿林　　清秋爽氣晚來森
寒星歷歷初垂影　　老木蒼蒼晚作陰
千里南城回白首　　三年北闕繫丹心
疏燈自照懸虛壁　　何處風聲送遠砧

영향당影響堂 한씨韓氏[48]——哀江上新婦詞

묻노니, 강 위에 떠 있는 배야
예로부터 오늘까지 새아기〔新婦〕를 얼마나 실어 날라 어머니 되게 한고?
채 붉은 정문旌門에 들기도 전에
흰 가마 뒤를 따르니, 신부는 홍안紅顔이요, 신랑은 백골白骨이로다.
강 위의 저 배야, 더디 가지 마라
듣자 하니, 십년 과부가 뒤채에서 신고辛苦한다더라.
강 위의 저 배야, 더디 가지 마라
어린 서방 혼령이 아직도 동쪽 마루에 있나니
시비侍婢가 뱃머리에서 곡하며 이르기를
「강 건너 물가에도 원앙새 있고
이쪽 물가에도 원앙새 있어
안개 속에 짝을 지어 오가며
산의 뒤쪽과 강의 남쪽 햇볕 속을 나는가?」

問爾江上水上船
古往今來載得幾個成親少年新嫁娘
從未聞丹旌在前
素轎隨後紅顔新婦白骨郎
江上船歸莫遲
聞有十年嬬閨辛苦養孤兒之萱堂
江上船歸莫遲
小郎兒魂靈猶自倚東床
侍婢船頭哭且語
彼洲渚有鴛鴦
此洲渚有鴛鴦
烟雨裏兩兩飛去飛來
山之北水之陽

### 지일당只一堂 전씨全氏[49] ── 無題

봄이 오니 꽃이 한창  
해가 가니 주름이 점점  
탄식한들 무엇하리?  
다만지 착한 길을 가고저.

　春來花正盛　　歲去人漸老  
　歎息將何爲　　只要一善道

### 정일당静一堂 강씨姜氏[50] ── 敬次尊姑只一堂韻

인사人事를 배워 사람된 도리 다하리니  
어린이를 보살피고, 늙은이를 편케 하고자.  
바로 말을 달리어 이 길을 가니  
이제부터는 가는 길 탄탄하리라.

　下學須敦倫　　慈幼且安老  
　直轡從此行　　自是坦坦道

### 夜坐

밤이 깊으매 만물이 고요한데  
빈 뜰에는 흰 달이 밝으매  
작으나마 이 맑은 곳에서  
환히 성정性情의 본모습을 보도다.

　夜久羣動息　　庭空皓月明  
　方寸清如洗　　豁然見性情

### 失姓氏[51] ── 代良人贈人

바람과 이슬의 선대仙臺 열두 층에  
발자국 소리 끊기고, 비단 구름이 일도다.  
솔 사이로 그립다는 글월을 보내고자 하나  
푸새 우거진 무덤에, 그대 병으로 누웠어라.

　風露瑤臺十二層　　步虛聲斷綵雲稜  
　松間欲寄相思字　　多病長卿臥茂陵

失姓氏[52]――月梨花
　백낙천白樂天은 양귀비의 원한을
　이태백李太白은 흰 눈의 향기를 읊었으나
　형언할 수 없이 풍광風光 좋은 여기
　밤하늘 한복판에 달이 밝다.
　樂天歌說楊妃怨　　李白詩稱白雪香
　最是風光難畫處　　碧空明月夜中央

高陽村女――送女伴于歸
　마음을 세우향등細雨香燈 아래에 설레이며
　한화방초閒花芳草 앞에 옷소매를 이었도다.
　아가야, 출가함에 상심하여 눈물을 떨구지 마라
　계집되어 지아비 따르니 하늘인가 하여라.
　論心細雨香燈下　　聯袂閒花芳草前
　于歸莫墮傷心淚　　女必從夫認是天

失姓氏――咏織女圖
　요대瑤臺 높은 곳에 오색 구름이 서리듯
　천만千萬 화초花草가 다 스스롭게 피듯
　진종일 이 생각 저 생각에 끝이 없거니
　임을 만나 옷깃 마주댈 날 그 누가 알리?
　瑤臺百尺綵雲深　　萬草千花各自心
　終日七襄無限意　　誰知君我一般襟

수향각繡香閣 원씨元氏――七夕
　은하수 이른 아침에 까막까치 다리 놓으니
　푸른 물결 그 강물을 발벗지 않고 건너가
　한 해에 한 번 만나 상사相思 눈물 떨구니
　그 눈물 빗발되어 인간에 내리도다.
　烏鵲晨頭集絳河　　免教珠履步清波

一年一點相思淚　　滴下人間雨脚多

呈玉山
가을이라 청지각淸池閣에 설레는 마음인데
밤의 난간 위에 홀로 달이 떠 온다.
못에 넘친 3백 그루 연꽃은
임을 보낸 지금인데 누구를 위하여 피려는가?
秋淸池閣意徘徊　　向夜憑欄月獨來
滿水芙蓉三百本　　送君從此爲誰開

以上《대동시선大東詩選》

난설헌蘭雪軒 허씨許氏[53]──貧女吟 三首
어찌 용색容色인들 빠질건가?
바느질과 길쌈도 잘하였으나
어려서부터 한문寒門에서 자라났기에
좋은 중매할미들 몰라보누나.

밤이 오래도록 베를 짜니
삐걱삐걱 소리도 나고, 베틀도 차갑구나
틀에서 한 필씩 짜낸 그 천
끝내는 누구 옷 지을까?

손에다 금 가위 쥐니
밤 추위에 열 손가락이 곱아 온다.
남의 시집갈 옷만 지어 주고
올해도 나는 홀로일레라.

豈是乏容色　　工針復工織
少小長寒門　　良媒不相識

夜久織未休　　憂憂鳴寒機
機中一匹練　　終作阿誰衣

手把金剪刀　　夜寒十指直
爲人作嫁衣　　年年還獨宿

築城怨 二首
천 사람이 공이질하니
땅바닥이 막 울리도다.
애써 성벽을 좋이 쌓건만
운중雲中만 못하거니 위상魏尙인들 있으랴?[54]

성벽을 쌓고 또 쌓으니
성벽이 높아서 적은 도적은 막으런만
혹시 큰 도적 많이 오면 어이하나 두렵구나.

千人齊抱杵　　上底隆隆響
努力好操築　　雲中無魏尙

築城復築城　　城高遮得賊
但恐賊來多　　有城遮未得

莫愁樂 三首
돌재〔石城〕 밑에 나서
돌재 머리에서 자라
돌재에 사는 서방님을 맞아
돌재를 오가며 놀았느니.

나는야 백옥당에 살았고
임은야 꽃말〔五花馬〕을 탔었지.
아침해가 돌재에 뜨면

봄철 강 위엔 쌍돛대가 오갔지.

家住石城下　　生長石城頭
嫁得石城婿　　來往石城遊

儂住白玉堂　　郞騎五花馬
朝日石城頭　　春江戲雙舸

**效崔輔國體[55] 三首**
저에게 금비녀 있으니
시집올 때 머리를 치장하였소.
오늘 그대가 가는 길에 드리오니
천리라 먼 길에 날 생각하소.

못가의 버들가지는 성금성금
우물가의 오동잎은 뚝뚝
창 밖에는 가을벌레 소리
하늘도 차가운데 이불마저 엷구나.

봄비가 서쪽 못에 소리 없이 내리어
가벼운 추위가 비단 휘장에 스미는데
수심에 겨워 낮은 병풍에 기대니
담벽 쪽에서 살구꽃이 지도다.

妾有黃金釵　　嫁時爲首飾
今日贈君行　　千里長相憶

池頭楊柳踈　　井上梧桐落
簾外候蟲聲　　天寒錦衾薄

春雨暗西池　　輕寒襲羅幕

愁倚小屛風　　墻頭杏花落

長干行 二首
나의 집은 장간리에 있었거니
장간리 길을 오고 갔네.
꽃을 꺾어 임에게 묻거니
나보다 더 예쁘냐고 말이네.

간밤에 남풍이 이니
배가 깃발을 달고 파수巴水[56)]로 가도다.
북에서 온 이를 만나매
양자강에 임 계심을 알았도다.

家居長干里　　來往長干道
折花問阿郞　　何如妾貌好

昨夜南風興　　船旗指巴水
逢着北來人　　知君在楊子

江南曲 五首
강남이라 풍일風日이 좋아
비단인가, 비취인가
둘이서 마름〔菱〕캐러 갈 때
서로가 흥겨워 목란 배〔木蘭舟〕노를 저었네.

강남을 즐겁다 일렀으나
내가 보니 서러운 곳.
해마다 포구에는
돌아오는 배만 바라보는 애끊음이 있었도다.

호수에 어스름 달이 밝은데

아가씨들 연蓮을 캐다 밤중에야 돌아가네.
이 물가에서는 아예 노젓지 마라.
행여 원앙새 놀라 날아갈세라.

강남 땅에서 자라난 나
어려서야 이별 따위 몰랐다오.
내 나이 열다섯에
어찌 알았으리, 농조아弄潮兒[57]에 시집갈 줄을.

붉은 연꽃은 치마로 입었다오.
흰 마름꽃은 치장으로 찼다오.
물가에 배 멈추고는
임과 더불어 썰물을 기다렸다오.

江南風日好　　綺羅金翠翹
相將採菱去　　齊盪木蘭橈

人言江南樂　　我見江南愁
年年沙浦口　　腸斷望歸舟

湖裏月初明　　采蓮中夜歸
輕橈莫近岸　　恐驚元央飛

生長江南村　　少年無別離
那知年十五　　嫁與弄潮兒

紅藕作裙衩　　白蘋爲雜佩
停舟下渚邊　　共待寒潮退

**賈客詞 三首**
아침에 의도宜都[58] 나루를 떠나니

뒤쪽 바람이 오우五雨[59]를 부는구나.
뱃머리에서 서로들 술을 들며
달빛 아래 노저어 가네.

사나운 바람, 사나운 물결에
사흘을 곧장 배 안에서 묵었으니
젊은 여인은 뱃머리에 앉아
향불을 피워 놓고 돈셈을 배운다.

자리 걷고 바람 따라 가다가도
거센 여울을 만나면 게 머물도다.
서강西江에 물결이 흉악하니
어느날에야 형주荊州 땅에 이를꼬?

朝發宜都渚　　北風吹五雨
船頭各澆酒　　月下齊溫漿

疾風吹水急　　三日住層船
少婦船頭坐　　焚香學算錢

掛席隨風去　　逢灘即滯留
西江波浪惡　　幾日到荊州

**相逢行**
장안의 길가에서 만나
꽃 속으로 가면서 이야기하다가
황금의 말채찍도 놓아버린 채
우리는 말을 달려 돌아왔었네.

청루靑樓 아래에서 만나
말일랑은 수양버들에 매고

비단옷이며 갓옷을 벗어
잡혀 놓고는 새술을 즐겼네.

相逢長安陌　　相向花間語
遺却黃金鞭　　回鞍走馬去

相逢靑樓下　　繫馬垂楊柳
笑脫錦貂裘　　留當新豊酒

塞下曲
전군前軍이 나팔 불며 군문軍門을 나가니
붉은 기도 눈발에 얼어 날리지 않는구나.
구름이 어두운데 요새要塞에 신호불〔候火〕본다.
밤이 깊었는데, 몇 기마병이 벌판을 가는구나.

추운 변방이라 봄이 없어 매화도 못 보는데
이곳 사람 부는 피리 소리가 들려오누나.
밤이 깊어 고향꿈에 놀라 깨건만
달빛만이 높은 산 어두운 꼭대기를 비추다.

前軍吹角出轅門　　雪撲紅旗凍不翻
雲暗磧西看候火　　夜深遊騎獵平原

寒塞無春不見梅　　邊人吹入笛聲來
夜深驚起思鄕夢　　月滿陰山百尺臺

堤上行
십리라 긴 둑에 버들가지 드리었네.
강 건너 연꽃 내음이 사람들의 옷마다에 가득
밤이 되자 남쪽 호수에 달이 밝으니
아낙네들 다투어 죽지사竹枝詞[60]를 부른다.

長堤十里柳絲垂　　隔水荷香滿客衣
向夜南湖明月白　　女郎爭唱竹枝詞

鞦韆詞
그네 뛰고 내려와 비단신 고이 신고는
말없이 섬돌에 서니
매미 같은 모시적삼에 땀이 한초롬
떨어뜨린 비녀를 누구 시켜 가져올지 몰라라.
蹴罷秋千整繡鞋　　下來無語立瑤階
蟬衫細濕輕輕汗　　忘却敎人拾墮釵

夜坐
농 속의 비단 꺼내어 가위로 잘라
겨울옷을 마르면서 손발을 만져 본다.
등잔불 곁에 두고 옥비녀를 비껴뽑아
불꽃을 뒤적이어 빠진 벌레 날린다.
金刀剪出篋中羅　　裁就寒衣手履呵
斜拔玉釵燈影畔　　剔開紅焰救飛蛾

閨怨
비단 섶·비단 치마엔 눈물자국이 가득
일년방초가 임을 그리도다.
거문고로 강남곡을 다 타내니
봄비가 배꽃을 치건만 대낮인데 문이 닫혔다.
錦葉羅裙積淚痕　　一年芳草恨王孫
瑤箏彈盡江南曲　　雨打梨花晝掩門

광주문관 이한매光州文官李漢妹(失名)──有題繡梅枕
　한 폭 사뜻한 빛은
　가인佳人이 새로 놓은 수繡 솜씨로다.
　하얀 줄이며, 하얀 꽃받침은

길이 베개맡을 훈훈케 하도다.
一幅寒査色　　佳人繡裏新
氷條與雪蕚　　長帶枕邊春

**경참판 최일가 부인慶參判最一家夫人(失名)──湖中路上作**
먼 나무에 첫서리 내리니
기러기 서천西天을 날아간다.
푸른 강도 수심에 겨워 홀로 가는데
어느날에나 고원故園으로 돌아가리?
遠樹霜初落　　西天雁自飛
滄江愁獨去　　何日故園歸


늦가을 누대樓臺에 달은 떴으나 방은 비었다.
갈밭섬엔 서리 내렸는데, 저녁에 기러기 난다.
남 몰래 숨어서 거문고 한곡조 타니
들의 연못에서는 시든 꽃이 떨어진다.
月樓秋盡玉屛空　　霜打蘆洲下暮鴻
瑤瑟一彈人不見　　藕花零落野塘中


入塞曲
신부산新復山 서쪽에 열여섯 고을이 있는데
말안장이 월지月支의 요새要塞 마루〔頂〕에 걸렸구나.
강가엔 장사 지내는 이 없는 백골白骨만 있으니
백리사장百里沙場엔 아직도 전혈戰血이 흐르도다.
新復山西十六州　　馬鞍懸取月支頭
河邊白骨無人葬　　百里沙場戰血流

**신춘소申春沼 부인 심씨沈氏[61]──제망녀祭亡女**
밝은 해가 어두워 슬픈 바람이 부니
차갑게 언 이내 마음이 내〔煙〕가 되어 하늘로 퍼지누나.
학발고당鶴髮高堂 앞에 혼자 앉아 피눈물을 흘린다.

고이되 보지 못하니, 마음에 온갖 끝이 맺히누나.
하늘아 물어 보자. 내 무슨 몹쓸 죄를 지었기에
옥차금패玉釵金佩 아리따운 이내 딸을 덧없이 묻었는가?
빈 산에 가랑잎 떨어지니 강물도 우는구나.
쓸쓸한 백양 나무에 흰 달이 밝다마는
한스러움은 끝없어 영영 사라지지 않도다.

| 慘淡烈日 | 蕭瑟悲風 |
| 玉泉氷心 | 煙散雨空 |
| 鶴髮高堂 | 獨坐泣血 |
| 愛而不見 | 心曲萬結 |
| 借問蒼天 | 我何罪孼 |
| 玉釵金佩 | 空埋幽室 |
| 山空木落 | 江波嗚咽 |
| 凄凄白楊 | 皎皎寒月 |
| 有恨悠悠 | 萬古不滅[62] |

최씨崔氏[63] —— 爲祭

봉鳳과 황凰이 짝을 지어 날매 서로 즐겁더니
봉만 날아가고 내리지 않으니, 황만 외홀로 울도다.
머리를 긁으며 하늘에 물어보나, 대답이 없으니
하늘은 멀고 바다는 넓은데, 한스러움도 끝이 없도다.

| 鳳凰于飛 | 和鳴樂只 |
| 鳳飛不下 | 凰獨哭只 |
| 搔首問天 | 天黙黙只 |
| 天長海濶 | 恨無極只 |

鶴丁軒姑婦唱和稿[64] —— 金剛木蘭[65]

금강석을 차고, 금강석을 베개로 베고
금강산에 들어가, 금강경을 읽었도다.
목란꽃을 꺾어쥐고, 목란배를 타고
목란사를 찾아가, 목란사木蘭詞를 읽었도다.

佩金剛石　　枕金剛木
入金剛山　　讀金剛經(姑唱)
折木蘭花　　乘木蘭舟
訪木蘭寺　　讀木蘭詞(婦和)

**烏騅赤龍**[66]
오추烏騅말이 오강烏江[67]을 건너지 못하니
8년을 날린 위풍이 오유선생烏有先生[68]이로다.
적룡赤龍이[69] 적소검赤霄劍[70]을 휘두르니
산하山河를 하나로 다스린 적제赤帝의 아들[71]이로다.
烏騅不渡烏江水　　八年威風烏有先生(姑唱)
赤龍能揮赤霄劍　　一統山河赤帝之子(婦和)

**蜀圖詞**
봄비가 오니 사람들은 양자댁楊子宅[72] 밭갈이를 하고
가을바람이 부니 학이 무후사武候祠[73]에 와 울음 운다.
황소가 두메 푸른 강가에서 푸른 풀을 뜯는데
붉은 게가 백마강에서 붉은 생선을 잡도다.
春雨人耕楊子宅(姑唱)
秋風鶴唳武候祠(婦和)
蒼苔綠草黃牛峽(婦唱)
紫蟹紅鮮白馬江(姑和)

**集句**
나그네 길에서 한식寒食을 맞이하니
산 속이므로 맛있는 것이 없도다.
낙양성洛陽城을 한번 떠나니 4천 리요
동정호洞庭湖에서 노닐기 열두 해라.
馬上逢寒食(姑唱)
山中無別味(婦和)
洛城一別四千里(婦唱)

洞庭平分十二秋(姑和)

**聯句**[74]
팔보문八寶門 앞에 삼보점三寶店이 있는데
네 신선이 있는 자리에, 두 신선의 바둑꾼이 있소.
八寶門前三寶店(婦唱)
四仙床上兩仙碁(姑和)

뜰가의 밤나무엔 꾀꼬리[75] 앉고
밭머리의 뽕나무엔 오디새[76]가 푸들푸들
庭畔栗陰留栗留(姑唱)
陌頭桑葉扈桑扈(婦和)

까마귀도 어미에게 먹이[77]를 주며
나귀[78]도 주인을 받지 않는다
烏玄能哺母(姑唱)
盧的不妨主(婦和)

**小佩嘲**[79]
쏘면 맞고, 두면 이길진대
혁추이광奕秋李廣[80] 같은 이 많을지나 그렇지 못하이.
구양수歐陽修 늙은이 말 좀 잘못하여
이제 와서 소패小佩한테 웃음을 사누나.
射者皆中奕者勝   奕秋李廣未曾饒
歐翁自言飮少醉   醉說今爲小佩嘲——鶴丁軒姑

**乞半鏡**[81]
꾀하지 않았어도 마음을 같이하는 한통속이니
혜안慧眼의 사나이라 밤에도 금金을 보네.
반쪽 보석이나 그래도 당세當世의 보배이거니
바가지 속 같은 마음이 서로 맞았네.

개 짖는 마을 어두운 밤에, 그대가 먼저 왔으니
추운 밤에 개구멍 속으로 깊이 들어왔도다.
일곱 자 담장을 뛰어넘었으니
바람과 이슬의 한평생을 어느 숲에 보낼꼬?
　　不謀同智是同衿　　慧眼男兒夜識金
　　半璧猶爲當世寶　　靈犀相照二人心
　　犬村月落君行早　　狗竇天寒我入深
　　七尺軒軒年又壯　　一生風露住何林 ── 鶴丁軒吳氏

**慧觀悲人**[82] ── 乞半鏡次鶴丁軒原韻[83]
추운 밤이라 바람과 이슬에 옷이 젖는데
금금을 끊고자 하는 도둑 마음은 같구나.
내 무릎을 꿇고 바칠지니
머리 숙여 환례還禮할 그대 마음 어떠하오?
개천이나 큰 강에 다 바람이 잔잔한데
내것 네것 하여 언제도록 싸우랴?
물욕을 깨뜨림에 때 있으니, 한하지 마라.
두 도둑 다 구슬 같은 마음으로 착한 사람 될지로다.
　　夜寒風露濕衣衿　　會是同心可斷金
　　倒膝獻恭吾有意　　點頭還禮爾何心
　　溝鴻若割風塵定　　原鹿如爭歲月深
　　物破有時須莫恨　　瓊瑤分作兩家林

## 3 사족첩실士族妾室의 능작시사자能作詩詞者

**이옥봉李玉峯**[84] ── 謝人來訪
탁문군卓文君[85] 댁 우물처럼 초라하고
사조謝脁[86]의 집처럼 산 밑의 오막살이
뜰은 비만 오면 나막신 자국이 나는데
손〔客〕이 눈길에 나귀 타고 오셨구나.

飲水文君宅　　青山謝眺廬
庭痕雨裏屐　　門到雪中驢

**閨情**
임 기약 어이 이리 늦은고?
뜰의 매화도 다 졌는데
문뜩 가지 위에 까치 소리 나면
거울을 마주앉아, 헛되이 눈썹을 그린다.
有約郎何晚　　庭梅欲謝時
忽聞枝上鵲　　空畫鏡中眉

**徐益妾善書題額寄來**
가늘고 단단한 글씨는 하늘 밖의 모습이니
원화元和[87]의 발자취를 보는 듯
참으로 봉이 살아나 버드나무 속을 나는 듯
큰 글자가(?)[88] 안으로 엉겼도다.
처음으로 산가山家에 걸어 놓으니, 범이 뛰는 듯
문뜩 강각江閣으로부터 용이 뛰어오르는 듯
위부인衛夫人[89]의 글씨만이 단단하고
소약란蘇若蘭의 재주만이 으뜸이랴.
글씨의 몸은 난초인 듯 뜻이 굳세고
글씨의 가지는 푸른 구슬인 듯 스치어
글자와 먹으로 하여 만리 길이 마음으로 통하니
고마움이여, 여주驪珠[90]와 백옥동白玉童에 겨누리라.
瘦硬寫成天外態　　元和脚迹見遺蹤
眞行煮鳳飄揚裏　　大字崩？結密中
試掛山軒疑躍虎　　乍臨江閣訝登龍
衛夫人筆方知健　　蘇若蘭才豈擅工
體似蕙枝思則壯　　指纖葱玉掃能雄
神交萬里通文墨　　爲謝驪珠白玉童

**別恨**
내일 밤은 짧고 또 짧을지라도
이밤이사 길고 길었으면
닭소리 들리자 이 밤이 새니
두 눈에서는 천 갈기 눈물이 내린다.
明宵雖短短　　今夜願長長
鷄聲聽欲曉　　雙瞼淚千行

**離怨**
깊은 정이 수이도 들었으매
여쭙자니 더욱 부끄럽다.
향신香信을 묻길래
잔장殘粧인 채 난간에 기댄다.
深情容易寄　　欲說更含羞
若問香閨信　　殘粧獨倚樓

**秋恨**
멀리 임을 둔 밤에도, 방안에 등불은 밝아
꿈을 깨니, 비단 이불 한가닥이 중천에 떴다.
싸늘한 새장에서 앵무새는 지저귀는데
뜰 하나 가득 오동잎이 서풍西風에 진다.
絳紗遙隔夜燈紅　　夢覺羅衾一半空
霜冷玉籠鸚鵡語　　滿階梧葉落西風

**夫郎趙瑗受百里之命到家**
버드나무 강가에 오두역마五頭驛馬가 우나니
넌지시 시름 풀고, 임이 수레에서 내리신다.
봄꽃이 지는데, 부끄러이 거울을 보며
매화꽃 창가에서 눈썹을 그려 보누나.
柳外江頭五馬嘶　　半醒愁醉下樓時
春紅欲瘦羞看鏡　　試畵梅窓？月眉

**春日有懷**

멀리 가신 벼슬길이 남의 애를 끊는구나.
한강수 잉어야, 나의 편지 전해다오.
꾀꼬리도 새벽비에 근심으로 우는가.
푸른 버드나무 한들한들, 봄이언만 꿈이로다.
섬돌가에는 분명코 풀이 났건만
거문고에는 먼지가 앉아 쓸쓸하구나.
뉘라서 목란배[91]에 임을 싣고
흰 마름꽃 가득한 광릉廣陵[92] 나루에 오리오.
章臺迢遞斷腸人　雙鯉傳書漢水濱
黃鳥曉啼愁裡雨　綠楊晴裊夢中春
瑤階的歷生春草　寶瑟凄凉閉素塵
誰念木蘭舟上客　白蘋花滿廣陵津

**詠雪**

어찌타 문을 닫고 고와객高臥客[93]을 꺼리는가.
우의牛衣[94] 입고 눈물지으면서도 못 가는 이 몸
구름이 덮인 산골짜기에는 회오리 자리
바람 부는 하늘에는 눈보라로다.
강가는 모래 아닌 눈으로 흰데, 기러기 내리는 듯
창이 밝아오는 새벽이면 더욱 서러워
요사이 강남江南에는 매화가 피었겠지.
바다인 듯 하늘인 듯 망망히 몇 봄을 기다린고.
閉戶何妨高臥客　牛衣垂淚未歸身
雲深山逕飄爲席　風捲長空聚若塵
渚白非沙欺落鴈　窓明忽曉怯愁人
江南此日梅花發　傍海連天幾樹春

**歸來亭**

진작 벼슬을 내어 놓고 돌아오니

물이 갈린 곳에 정자가 있구나.
한산漢山[95]에 임자 있음을 알거니
갈매기와 해오리기들도 떼를 지어 노니누나.
기장이 익었으니 먼저 술을 빚자.
마음이 한가하니 구름이나 되고자.
토구菟裘[96]에 묻혀 늙자함은
벼슬을 낮추 봄이 아니로다.
解紱歸來早　　亭開一水分
漢山知有主　　鷗鷺得爲群
秫熟先充釀　　心閒欲化雲
菟裘終老計　　非是傲徵君

過寧越作
닷새[97] 동안 강을 돌고, 사흘 동안 산을 넘자니
노릉魯陵[98] 위의 구름에 슬픈 노래 끊겨라.
이 몸 또한 왕가의 딸이거니
이 땅에 우는 두견새 소리, 차마 못 듣네.
五月長于三日越　　哀歌唱斷魯陵雲
妾身亦是王孫女　　此地鵑聲不忍聞

玉峰見黜呈詩雲江
요사이 임께서는 잘 계시는지.
달이 사창紗窓을 비추면 나도 한숨겹다.
만약 꿈길에 자취 곧 있을 양이면
문 앞의 돌길이 이미 모래밭 되었으리라.
近來安否問如何　　月到紗窓妾恨多
若使夢魂行有跡　　門前石路已成沙

김고성성달 첩金高城盛達妾[99]──過金谷別業次韻
누대樓臺가 쓸쓸한데, 빈 뜰마저 잠겼으니
앞 시내의 물소리 잘잘잘 들려라.

그 승사勝事 그 영화 물을 곳 없으나
대숲에 우는 새소리 그 더욱 정겹도다.
저녁달이 다소곳 빈 뜰에 가득 찼으니
높다란 오동잎에 비 떨어지는 소리 들려라.
다락집은 그대로이나, 사람들이 바뀌었으니
흐르는 구름과 강물만 예와 이제 아니다.
　樓臺寂寞鎖空庭　　嗚咽前溪淺水聲
　勝事繁華無處問　　竹林啼鳥最多情
　淸宵月色滿空庭　　臥聽高梧滴露聲
　臺榭依依人事變　　白雲流水古今情

양사기 첩楊士奇妾[100]──夫君往女岳未還寄詩
　사립문을 닫지 않고, 먼 길 시름겨워 바라보니
　밤은 깊어, 바람과 이슬이 나의 蘿衣[101]를 적신다.
　양산관楊山館[102]에 꽃이 많아
　날이면 날마다 그 꽃 보고 못 오신고.
　恨望長途不掩扉　　夜深風露濕蘿衣
　楊山館裏花千樹　　日日看花歸未歸

秋閨怨
　가을바람에 우수수 오동잎이 지는데
　하늘은 어둑어둑, 기러기 더디 난다.
　옥창옥창에 기대보나 사람은 보이지 않고
　눈썹 같은 초생달이 서쪽으로 진다.
　秋風摵摵動梧枝　　碧落冥冥鴈去遲
　斜倚玉窓人不見　　一眉新月下西池

정순희 첩丁舜憙妾──彩蝶[103]
　꽃나비 바람에 춤추는데
　늦봄비 뒤에 꾀꼬리 울도다.
　그리워 그리워 꿈을 꾸나

밝은 달만, 작은 서쪽 다락을 비추도다.
彩蝶風前舞　　殘鶯雨後啼
相思惟有夢　　月白小樓西

**김농암 첩金農巖妾——春生**[104]
봄에 나서 가을에 지니, 스스로 제 분이라.
8월에 배꽃 핀단 말 아직 없더라.
서쪽 바람에 온 나무가 바야흐로 쓸쓸한데
한떨기 푸른 가지가 남아 있어, 햇빛을 웃을 것가?
春生秋殺自平分　　八月梨花古未聞
萬樹西風方慘悽　　一枝留得笑東君

**안평궁희安平宮姬 십인十人——煙詩**
가랑비와 엇섞인 듯
바람 따라 문으로 들어온다.
부드러운 양이 혹은 짙고, 혹은 엷으니
저녁인데도 어두운 줄 몰라라.
和雨纖如織　　隨風繞入門
依微深復淺　　不覺近黃昏
——小玉

하늘로 날아서는 비가 되고
땅으로 내려서는 구름이 되는구나.
저녁이 되어 산빛이 어두워
그윽히 초군楚君을 물어 생각한다.
飛空遙帶雨　　落地復爲雲
近夕山光暗　　幽思問楚君
——芙蓉

꽃에 안개 자욱하니, 길 잃은 벌이요
대숲에 덮였으니 깃巢 잃은 새일레.

저녁에 가랑비가 내리니
창 밖이 새삼 소소하도다.
冪花蜂失路　　籠竹鳥迷巢
黃昏成小雨　　窓外更蕭蕭
　—翡翠

비단으로 가벼이 달을 가린 듯
푸른 띠로 산을 두른 듯
솔솔 바람에 차차로 흩어지더니
아직도 작은 연못을 촘촘히 적시도다.
蔽月輕紈細　　橫山翠帶長
微風吹漸散　　猶濕小池塘
　—玉女

산 밑에 싸늘히 내가 쌓이어
궁궐 나무 있는 쪽을 가로질러 날아간다.
저녁내는 바람에 저절로 움직이는데
지는 해가 온 푸른 하늘로 비춘다.
山下寒煙積　　橫飛宮樹邊
風吹自不定　　斜日滿蒼天
　—金蓮

산에는 맑은 나무 그늘이 일고
연못엔 비단 그림자가 흐르거니
안개는 사라져 자취 볼 수 없어도
연꽃 잎에는 구슬이슬 맺혔도다.
山谷繁陰起　　池塘繡影流
飛蹤無處覓　　荷葉露珠留
　—銀蟾

작은 살구나무에는 앳된 열매 달렸고

외딴 대밭에는 홀로(?)
연한 그림자를 눈여겨 바라보니
해는 지고 어둠이 다가오도다.
小杏新成眼　　孤篁獨保?
輕陰暫見重　　日暮又黃昏
　—飛瓊

밑을 향하여는 동문洞門을 가리고
옆으로 퍼져서는 높은 나무를 가리더니
잠깐 사이에 날아가누나
뒤의 뫼와 앞의 시내로.
低向洞門暗　　橫連高樹迷
須臾急飛去　　後岳與前溪
　—紫鸞

멀리 푸른 내를 바라보더니
가인佳人은 비단짜기를 멈추고
바람에 마주 서 혼자 근심하는데
내는 날아가 홀로 무산巫山 쪽에 지도다.
遠望靑煙細　　佳人罷織紈
臨風獨惆悵　　飛去落巫山
　—雲英

내는 작은 골짜기와
긴 둑 강물 위에서 일어나
사람이 사는 이 세상을
문득 푸른 궁궐로 만드누나.
短壑淸陰裡　　長堤流水中
能令人世上　　急作翠珠宮
　—寶蓮

죽서竹西[105]――謾吟[106]

뜰가 나무에서 우는 새여
어느 산에서 자고 일찍이 온다.
산속의 일을 잘 알지니
진달래꽃은 언제쯤 피려는가.
庭樹彼啼鳥　　何山宿早來
應知山中事　　杜鵑何日開


暮春書懷 一

꽃이 지니 날씨 가을이라.
고요한 밤이여, 은하수마저 맑구나.
이 몸 기러기 못 되어 한이어니
몇 해를 두고 임이 계신 원주原州 고을 못 가도다.
落花天氣似新秋　　夜静銀河淡欲流
却恨此身不如鴈　　年年未得到原州


冬至

북녘 땅에 눈바람이 부니
황종黃鍾 응률應律 풍악을 울리는 듯
엷은 햇볕은 먼지바람 뒤에 비로소 비추고
짧은 해는 점점 빛이 여려가도다
잠깐 보건대, 인심은 날로 달라지나
오직 계절풍물季節風物만은 예와 이제 같으이.
겨울 지나 어느 숲에 봄이 먼저 올꼬.
아마도 추위를 깨뜨리고 필 매화가 으뜸이리.
北陸猶吟雪裏風　　黃鍾應律暗相通
穉陽初動飛灰後　　短晷纔添弱線中
漸見人情時日異　　惟知節物古今同
満林春色誰先漏　　破凍梅花第一功

**早春書懷**
가벼운 바람이 떨기떨기 난간에 와 스미는데
수렴垂簾을 낮추고 차茶를 달인다.
산 위의 잔설로 하여 산기운은 차지만
푸새들은 봄마음을 얻어, 추위 속에도 푸르도다.
정겨운 경치는 달밤과 통하고
술 이름은 별처럼 많건만
뜬 세상 한 목숨도 그와 같이 사라질지니
다만 가는 세월 잡을 길 없음을 한하노라.
陣陣輕風乍透欄　　低垂簾陌點茶經
雪因山氣殘猶白　　草得春心凍更青
詩境現前通夜月　　酒名從古列天星
浮生若此能消受　　只恨流光不暫停

**暮春書懷 二**
하 답답하여 동쪽 담장에 나가 거니니
나무가 우뚝우뚝 하늘 높이 푸르구나.
닫힌 방에도 먼 산으로부터 봄이 오니
드린 발 너머, 석양 속에 꾀꼬리 울도다.
귀한 분 노닐던 꽃에는, 해마다 비가 내리고
촉임금 넋인가, 피다 남은 진달래꽃에는 밤마다 바람이 부네.
세월이 흘러 사람이 늙어감에
지난날을 회심回尋하니 끝이 없어라.
睡餘散步小墻東　　樹色蒼然望更空
閉戶春歸山影外　　隔簾鶯語夕陽中
王孫芳艸年年雨　　蜀魄殘花夜夜風
流水光陰人欲老　　回尋前事竟無窮

**除夕**
집집에서 폭죽 터뜨리는 소리가 온 거리에 퍼지는데
새해와 묵은 해를 재촉하는 촛불도 밝도다.

지다 남은 매화는 아직도 섣달의 눈 속에 있는데
한마디 새벽닭 소리가 벌써 봄을 알리도다.
무정하게 이 해를 남겨 놓고 세월이 간다 해도
사람의 힘으로야 돌이킬손가, 이 밤이 가는 것을.
만고萬古의 세월도 꿈처럼 사라졌거니
사람은 그 속에 어느덧 늙어가다.
家家爆竹九街通　　新舊相催燭影紅
半落梅猶餘臘雪　　一聲鷄已報春風
無情又遣今年去　　有力難回此夜窮
萬古消磨應是夢　　人生老在不知中

有懷
서쪽에 해가 지고, 동쪽에 달이 돋는데
등불 앞에 혼자 누우니, 만사萬事가 다 부질없다.
천지天地가 다 캄캄하여 쓸쓸한데
이 몸 이 마음에 무슨 괴롬 이는고?
斜暉西盡月生東　　獨臥燈前萬事空
天地夜來俱寂寞　　如何煩惱此心中

遣懷
그려도 못 보기에 혼자 다락에 서니
덧없는 촛불이 수심愁心을 더하누나.
만약, 사람살이에 이별이 없다면
신선神仙과 영화榮華를 구求치 않았으리.
相思不見獨依樓　　燭影空添一段愁
若使人生無暫別　　不求仙子與封侯

寄呈
거울 속에 얻은 병을 뉘라서 가련타 하리.
약은 없으나 놀라지 마옵사.
그대와 내가 남이 아닐진대

이 밤의 이 마음을 임은 아오리.
鏡裏誰憐病已成　　不須醫藥不須驚
他生若使君如我　　應識相思此夜情

夜吟
새벽에 표연히 임의 소식이 오니
등잔불엔 꽃잎이 지고, 거미가 실을 늘이도다.
임과 나에 사무친 정을 그 누가 알랴?
명월明月이나 은근히 알지 모를지.
一札飄然到曉時　　青燈花落喜蛛垂
兩邊情緒誰相念　　明月殷勤知未知

附錦園女史跋[107]
오호라. 이 책은 죽서竹西가 지은 바이니, 그 사람을 보는 듯하여, 맑은 눈동자와 밝은 낯이 은연중에 지권紙卷 속을 비추니, 가히 귀하도다. 죽서를 아는 이는 다 그 재주와 행실의 홍혜함은 알거니와, 그 풍미風味가 숲에 부는 바람처럼 담연하였음은 오직 내가 아는 바이다. 보는 눈을 갖춘 이라면, 그 글을 읽고, 내 말이 거짓이 아님을 마땅히 알지니라. 죽서는 나보다 몇 살 아래이나 어려서는 같은 시골에서 컸고, 자라서도 또한 다같이 경사京師(서울)로 가게 됨에, 오가며 수창酬唱하는 일이 많았는데, 갑자기 이 세상에서 자취를 감췄으니, 아직 잘 모르기는 하겠으나, 저 세상에 가 나와 죽서가 다 남자로 다시 태어난다면 혹은 형제가 되고, 혹은 벗이 되어, 못다한 노래를 더불어 화창和唱할 수 있지 않을까 생각하노라. 슬프다. 신해辛亥[108] 가을에 금원錦園이 제題하노라.

금원錦園[109]——제천의림지堤川義林池
못가에 치렁치렁 드리운 버드나무 푸른 가지는
사람의 어두운 근심을 알아보는 듯
그 위에 꾀꼬리 소리 그치지 않으니
사람을 보냄에 더욱 슬프구나.

池邊楊柳綠垂垂　　黯黮春愁若有知
上有黃鸝啼未已　　不堪悵惆送人時

丹陽仙巖
봄의 시냇물이 도원桃源으로 통하는 듯하니
사람을 만나서도 길을 묻지 않았네.
진종일 꽃 속을 헤매었으니
스스로 청산금수靑山錦繡 속에 놀았네.
春水桃源路自通　　逢人不復問西東
往來終日迷花氣　　自在靑山錦繡中

丹陽金華南華二窟[110]
시가詩家에게 흥겨움이 하두 많다고
조물造物하신 그분이 사람을 미워하여 산을 보냈는가.
산새는 산의 일밖에 모르나
숲속의 봄빛만은 알리랏다.
詩家風月暫無閒　　造物猜人送出山
山鳥不知山外事　　謂言春色在林間

金剛山萬瀑洞[111]
오르고 또 올라 만폭동에 드니 경개가 새롭고
낙화방초落花芳草의 전날(前塵)이 서럽구나.
우거진 나무빛은 거의 그림 그대로인데
콸콸 쏟아지는 물소리도 요란하도다.
때마침 십오야 밝은 달에
고향을 바라보니 이 몸 둘 데 없어라.
깊은 산 지는 해에 훨훨 나는 저 학들은
이것이 다 어젯밤 꿈 속의 사람이럿다.
轉入香區境益新　　落花芳草悵前塵
七分樹色春如畵　　萬斛泉聲洞不貧
得月縱經三五夜　　望鄕難化億千身

深山落日翩翩鶴　　俱是前宵夢裏人

**歇惺樓**
헐성루가 하늘 중천에 우뚝한데
잠깐 산문山門에 드니 그림 같은 숲일레.
손끝마다에 와 닿는 기암절벽처奇巖絶壁處에
부용꽃이 무수히 온 봉우리에 그림자 드리운다.
歇惺樓壓洞天心　　纔入山門即畫林
指末千般奇絶處　　芙蓉無數萬峰陰

**楡帖寺**
하늘가 우뚝한 절벽에 암자庵子 하나
북쪽 산기슭의 맑은 종소리가 남으로 퍼지는데.
흰 구름은 한가로이 산골짜기에 일거니
고요한 연못엔 달빛이 밝았나니.
문득 뜬 세상의 꿈을 깨고 깨어
조용히 옛 부처님 말씀 듣도다.
오십삼존五十三尊 맑은 곳에
영靈을 통하여 백겁토록 그 빛 받으리.
懸崖天畔一禪庵　　山北淸鍾響在南
打起白雲間出洞　　招來明月靜沉潭
惺惺頓覺浮生夢　　寂寂如聞古佛談
五十三尊淸淨界　　靈通百刦慧燈參

**奎堂學士承恩除龍湾伯赴任到所串館**
용성龍城을 울리는 화각畫角[112] 소리도 겹거니
강가의 버드나무며 꽃들이 다 새롭도다.
고요한 한낮엔 고을 뜰의 풀이 스스로 자라고
깊은 밤엔 달이 떠 티끌을 없애도다.
기생들이 가벼운 적삼에 고운 버선으로 투호놀이 하는데
금띠에 산호갓끈 한 손〔賓〕은 검劍을 만지는구나.

뜨거운 여름에 부임차赴任次 천리 길을
수레 타고 다다르니 군은君恩이 무겁도다.
龍城畵角不勝春　　江柳江花色色新
晝靜官閒庭自草　　夜深月到座無塵
輕衫寶襪投壺妓　　金帶瑚纓撫劍賓
紅雨燕山千里路　　星軺來到荷君恩

**統軍亭觀開市擧火**
관하關河[113]의 경승景勝치고는 이 다락이 으뜸이라
마이馬耳[114]와 청래靑來가 압록강가에 우뚝하도다.
육도六道[115]를 비치는 온 성진星辰은 극포極浦로 통했고
만산萬山은 서주西州를 감싸고 바둑돌처럼 둘러 있구나.
고운 모래밭 저쪽 무너진 담엔 고목古木이 섰거니
짙은 안개 찬 구름에는 온 들이 가을일레.
난간에 기대니 장을 여는〔開市〕불꽃이 피어 오르는데
강에 가득한 병선의 불은 태평스레 보이도다.
關河形勝最斯樓　　馬耳靑來鎭鴨頭
六道星羅通極浦　　萬山碁置擁西州
晴沙古木中荒堞　　暝霧寒雲大漠秋
徙倚欄干烽點破　　滿江戍火泰平籌

**龍山三湖亭[116]**
서호西湖[117]의 형승形勝이 이 다락 앞에 있으니
마음대로 올라가 바라보며 노닐고저.
양둑의 비단 물결이 봄풀에 어리는데
온 강이 금빛 석양夕陽 속에 흐르누나.
구름이 드리운 작은 마을로 조각배 들면
꽃이 지는 조용한 물가에 먼 피리소리가 슬프다.
끝없던 풍연風煙이 다 걷히매
비단주머니〔錦囊〕[118]가 그림난간에서 더욱 빛나도다.
西湖形勝在斯樓　　隨意登臨作遨遊

兩岸綺羅春草合　　一江金碧夕陽流
雲垂短巷孤帆隱　　花落閒磯遠笛愁
無恨風煙收拾盡　　錦囊生色畫欄頭

### 又吟二絶

꽃기운은 무르익고, 버들가지는 드리었으니
봄바람에 그림인 듯 그 자태도 고와라.
유인游人이 안개 속 물결 위에 꿈인 듯 노니나니
기러기는 먼 하늘을 날고, 돛단배는 더디 가도다.
花氣融融柳欲絲　　春風如畫艷陽姿
游人近作煙波夢　　鴈遠天晴一帆遲

맑은 달이 봄버들에 어리더니
뽀얀 안개는 새벽꽃을 적시도다.
모래밭에 갈매기도 한가한 채 날지 않는데
풀밭 멀리서 피리소리 들려라.
淡月春迷柳　　餘霞曉在花
沙鷗閒不起　　芳草笛聲賒

### 龍山船遊

뱃노래 부르며 쪽배를 젓나니
저녁 안개 짙은 속을 멀리로 가려는다.
흰 물결 삼십리三十里가 한빛인데
강둑에 드리운 버드나무가 명루名樓인 듯 다 좋아라.
櫓歌聲裏棹扁舟　　斜日雲霞遠欲流
一色煙波三十里　　近江垂柳盡名樓

### 吟四絶[119)]

봄뜻으로 서로 만나 좋은 날씨 아끼니
버들강아지는 햇눈을 떴고, 살구꽃은 볼이 텄도다.
우리들이 글〔詩〕을 찾아 마음껏 즐기며 꽃을 보나니

누가 주었는가? 이리도 좋은 짬을, 우리 다섯 신선께.[119]
春意相逢惜艶暉 　　柳眉初展杏腮肥
尋詩厚餉看花福 　　誰遣仙娥共息機

봄은 다 갔는데도 손[客·君]은 돌아오지 않으니
이 한 봄에 병도 많거니와 심심함도 많아
명승名勝을 찾아 서로 상음觴吟하나
새삼 뜬세상 한평생이 꿈임을 알겠도다.
送盡東風客未還 　　一春多病更多閒
觴吟共許名場外 　　透得浮生夢覺關

넓고 넓은 물결 위에 백구는 나는데
잠 아니 오는 이 밤, 난간에 몸을 기대어 본다.
저쪽 강둑에서 때로 사람 소리 들리니
달 밝은 앞개[南浦]에 배 돌아오나 보다.
煙波浩蕩白鷗天 　　斜倚欄干夜不眠
隔岸時聞人語響 　　月明南浦有歸船

강 위 하늘을 향해 발을 여니
봄바람이 열두 화란畵欄을 부는구나.
강 건너 둑의 도리양류桃李楊柳는
하나로 아롱아롱, 모두가 아지랑일레.
簾幕初開水國天 　　春風十二畵欄前
隔江桃李沿江柳 　　盡入空濛一色煙

**湖東西洛記**
　　다섯 사람이 서로 마음을 아는지라 더욱 친하고, 또 함께 경치 좋은 곳과 한가한 곳을 찾아 화조운연花鳥雲煙과 풍우일월風雨日月을 즐기지 않은 날이 없었다. 혹은 거문고를 타며 그 소리를 즐기며 청흥淸興을 보냈고, 혹은 담소하다가 천기天機가 유동하면 곧 글을 짓되, 딴은 맑게, 딴은 곱게, 딴은 씩씩하게, 딴은 괴[古]하게, 딴은 호탕하게, 딴은 울부짖는 듯 이렇게들 하여, 누가 잘하고 못하고가 없이 타고난 성정性情대로를 익혀 한가지로 우유자적優遊自適하였다. 특히 경춘瓊春은 당체지정棠棣之情과 관포지의管鮑之誼로 지냈거니와, 그 초진탈속超塵脫俗한 모습과 출류발췌出類拔萃한 재주는 수월水月의 정精이요, 옥설玉雪의 살갗과 같았으니, 고금에 드물게 보는 바이나 애석하게도 규중여자이었으므로 세상에 나타나지 못하였었다. 어찌하였든 우리들은 다 형제처럼 대하면서 마음과 속을 주고받았다. 때로 입 다물 줄 몰랐고, 때로 글을 논함에 줄줄 내리따졌고, 때로 시절에 맞추어 글을 읽음에 쟁쟁하기가 꾀꼬리가 봄숲에 울듯, 봉이 높은 뫼에 우는 듯하였으니, 흐뭇하여 스스로 어쩔 줄을 몰랐다.

평생의 정유情遊를 희념컨대, 산과 내를 따라 기괴奇怪한 곳을 찾아 명승을 거의 두루 돌며, 남정들도 할 수 없는 바를 다하였으니, 하고픈 대로는 다한 셈이다.

슬프다. 천지의 강산은 큰데, 한구석의 우리나라는 대관大觀에 부족하고, 고금의 일월은 유구悠久한데, 백년부생百年浮生은 쾌락에 부족하구나. 그러나 한구석으로써 미루어 짐작하면 천하의 강산이 다 이와 같고, 백년으로써 미루어 보면 예로부터 이제까지가 다 같은 세월일지니, 강산江山의 대소大小와, 일월日月의 멀고 가까움을 논하여 무엇하랴. 다만 지나온 일과 보아온 경개가 다 한가지로 보건대 꿈일 뿐이로다. 만약 글로써 전치 아니하였다면 오늘에 금원錦園 있음을 어찌 알리요? 저 베개를 베고, 눈을 감고, 신령神靈의 경지에 들어 공공명명空空冥冥하여 감화感化함도 한밤의 꿈이요, 크게 생각하면 천지도 일순一瞬인지라, 살아온 온갖 일이라 허로 돌아가나니, 이는 곧 평생平生의 꿈이다. 그러므로 황량몽黃粱夢[120]과 같은 잠깐 헛된 꿈을 꾸고 나서 비로소 평생이 길기는 하나 꿈임을 깨달으며, 화서몽華胥夢[121]을 꾸고 나서 비로소 지극한 도가 무위無爲임을 깨닫나니, 평생의 긴 꿈과 하룻밤의 짧은 꿈이 무엇이 다르리요?

슬프다. 하루로 보면 하루가 꿈이요, 한 해로 보면 한 해가 또한 꿈이니, 백년 천년 예로부터 오늘까지가 꿈 아닌 것이 없으며, 나 또한 꿈 속의 사람으로 꿈 속의 일을 적고자 하니, 이 어찌 몽중몽夢中夢이 아니랴, 마침내 한번 웃고 붓을 도와 유람시말遊覽始末을 적으니, 천백

중 열하나요, 읊은 글에 이르러서는 산일된 것을 거두지 못하고, 그 대략을 이에 적어 한중와유閒中臥遊에 보탬이 되고자 하노라.

저 유람한 곳은 호중사군湖中四郡[122]으로부터 관동으로 옮아서는 금강산과 팔경八景, 그리고 낙양洛陽[123]을 거쳐 마지막에 관서關西로 가서는 만부灣府[124]를 돌고 다시 낙양으로 돌아왔다. 그러므로 호동서락기湖東西洛記라 이름하는 바이다. 경술모춘상한庚戌暮春上澣[125]에 금원錦園이 적었노라.

김운초金雲楚[126]――諷詩酒客
　술이 과하면 타고난 성정性情이 다치고
　글[詩]이 교巧하면 사람을 궁케 하나니
　글과 술은 벗이로되
　멀리하기도 가까이하기도 말을 것이.
　酒過能伐性　　詩巧必窮人
　詩酒雖爲友　　不踈亦不親

首陽山賞楓
　말을 달려 동성東城으로 나가
　동성에서 얼마 되는 곳에
　가다가는 서고, 또 가다가는 서고 하니
　단풍은 그곳이 한창이러라.
　驅馬出東城　　東城幾里許
　行行且止止　　紅葉最多處

敬次西漁相公兼呈淵泉老爺
　단심丹心은 대궐문〔象魏〕에 있고
　백수白首는 강호江湖에 있거니
　벼슬을 내어놓고 한계開界에 노니니
　구름과 내〔煙〕가 그림 같도다.
　丹心懸象魏　　白首長江湖
　投紱寬開界　　雲煙似畫圖

**綠塘夜坐**

연못가의 정자에 소나기 지나더니
어렴풋이 뜬 달이 밤하늘을 적신다.
난초 잎은 아직도 푸르고
연꽃은 붉은 빛을 더한다.
온갖 물物은 반드시 항적恒寂에 들건만
사람은 어찌하여 악연惡緣 속에 있는가.
마침내는 요동遼東 학을 얻어
사해四海를 훨훨 날거나.

池亭俄過雨　疎月夜涵空
蕙葉涼猶綠　荷花洗更紅
物歸恒寂裏　人在惡緣中
焉得遼東鶴　翩翩四海窮

**次上瓊山**

우리들이 소요하는 곳은
평평한 물줄기 흐르는 물가
나무는 개인 새벽 하늘에 우뚝 섰고
산기운은 저녁 나절에 더 좋았어라.
다락에 앉으면, 구름이 머리 쪽을 어리었고
뜰을 걸으면, 풀포기가 신을 스쳤거니
이 세월을 어이 견디리?
본디, 아낙에게는 근심이 많은 것인가?

吾輩逍遙地　平分水一涯
樹姿朝更霽　山氣夕還佳
樓坐雲侵鬢　園行草過鞋
春光那忍遺　閨女本多懷

**題丹淵畵軸**

푸른 농막農幕에 가을이 늦었는데

단연丹淵[127]은 어찌 오지 않는다?
더불어 글을 읊고
더불어 누대樓臺에 오를 것을.
봉우리는 구름 위에 솟았거니
푸른 강은 들을 돌아 흐르네.
이렇듯 그림의 단청이 환경幻境을 자아내니
신운神韻이 돌아 어리도다.

碧墅秋將晚　　丹淵胡不來
吟哦同結社　　醒醉共登臺
峰揷雲旗立　　江綠地幅洄
丹青猶幻境　　神韻迴徘徊

**重陽翌日陪淵泉老爺登南山**
남산을 구경하려 할 때마다
집에 틈이 나지 않더니만
구름이 하염없이 오가고
강이 유정有情하게 흐르는 곳에서
단풍을 글로 읊으며
국화 속에 웃음을 지어보나니
감주甘酒와 노어회鱸魚膾도 맛이 있어
우리 노야老爺 주름살이 펴지도다.

每欲見南山　　家私未得閒
雲來無宿約　　水去有情關
紅葉題詩後　　黃花對笑間
酒酣鱸膾美　　聊可解愁顏

**細雨登江樓**
널따란 다락이 강을 따라 열렸으니
하늘과 땅이 끝이 없구나.
솔솔 바람은 물가를 스쳐가는데
가랑비가 풀숲에 내리누나.

지나간 꿈은 안개 속의 버드나무 같았고
다가오는 근심은 눈 속의 매화 같으니
봄볕은 어이 이다지도 멀꼬?
마음과 눈이 다 헤매어지도다.
廣檻逐江開　　乾坤互不限
微風波面去　　細雨草頭來
舊夢如煙柳　　新愁似雪梅
春光何杳杳　　心目共徘徊

狎鷗亭有懷
강가 정자亭子여, 누가 주인인고?
사람은 가고 강물만 치나니
새는 날아 하늘가에 사라졌고
들 밖에는 잡초만 우거졌도다.
장삿배는 수심에 겨워 먼 길 떠났거니
고기잡이 배들은 노래를 희롱하누나.
환경幻境은 예와 이제 같건만
어찌하여 아침이 가면 저녁이 오는가.
江亭誰是主　　人去水空波
高鳥天邊没　　平蕪野外多
商人愁遠帆　　漁子弄清歌
幻境如今古　　朝將奈暮何

道中有懷
버들솜 나는 때에 유경柳京(平壤)을 떠나
솔꽃이 진 뒤에 송영松營(開城)을 지났도다.
꽃이 져 버들솜이 훨훨 나는데
오늘도 뜬세상의 하루를 멀리로 보낸다.
柳絮飛時別柳京　　松花落後過松營
飛花落絮雖飄蕩　　猶勝浮生日遠征

### 戱題

부용꽃이 온 못에 가득 피니
내 얼굴은 사람 중의 부용꽃.
아침 해를 받으며 둑 위를 가니
어느 누가 나 부용을 아니 보고 어이리?
芙蓉花發滿池紅　　人道芙蓉勝妾容
朝日妾從堤上過　　如何人不看芙蓉
(연꽃「芙蓉」과 지은이의 호「芙蓉」을 엇맞추어 읊었음.)

### 賧老妓

한가한 방안에서 온종일 나무 그늘을 마주하니
노래도 잔칫상도 다 그만, 담담한 마음일레.
세상에는 비파 타는 아낙네도 많건만
어느 아낙이 백한림白翰林을 만나는다.
閑閨遲日對芳陰　　歌罷華筵話素心
世間不乏琵琶女　　只是難逢白翰林

### 문관 홍순언 첩文官洪舜彦妾[128]──別後有吟

날이 밝으려는 새벽에 잠을 깨니
홀연히 창가에 새소리 들리도다.
밤새 모래밭에는 어느 산에서 온 비가 지났는가?
버들에는 아침내가 자욱하도다.
이별의 한恨은 해 따라 꽃 그늘 따라 번지거니
이별의 슬픔은 길이 옷섶을 당기도다.
거문고를 다스리어 강남곡江南曲을 타니
난새〔鸞鳥〕가 떠나는 듯 연꽃을 꺾는 듯하여라.
睡起濛濛欲曙天　　忽聞啼鳥語窓前
沙頭夜過何山雨　　柳外朝生極浦煙
難恨晴隨花影轉　　別愁長與錦紋牽
理琴彈罷江南曲　　曲曲離鸞又採蓮

이모 첩李某妾[129]──詠懷

태백가太白家[130]에 소홍小紅이 있으니
본디부터 내려오는 깊은 시름 지녔네.
여자로서 삼종의三從義 지키기는 어려우나
한번 죽어 영웅 되기는 어렵지 않으이.
마음은 난초 같아야 비가 오면 서럽고
몸은 버들 같아야 바람 보면 기쁘이.
금비녀를 팔아 술을 사다 놓고 고개 돌리니
은하수가 서쪽에 기울었는데, 달이 동쪽에 있구나.

太白家中有小紅　元來幽恨古今同
孤負三從非女子　無難一死是英雄
心如亂蕙愁逢雨　身似垂楊喜帶風
金釵沽酒纔回首　銀漢西傾月在東

---

1) 원주에 「형제의 독서가숙讀書家熟에서, 자매들이 어깨 너머로 들어서 안 때문에 이른 말이다」라고 했다.
2) 〈教坊〉 원주에 「평양의 교방과 같은 예로, 기녀가 가무를 배우는 곳」이라 했다.
3) 원주에 「기녀들의 시詩는 따로 《해어화사解語花史》(이능화 지음)에 보이겠다」고 했다.
4) 〈許琮〉 조선문신朝鮮文臣(1434~1494). 세조 때 함길도절도사咸吉道節度使, 성종 때 북정도원수北征都元帥 역임. 궁술과 문명이 높았다.
5) 〈李浚慶〉 조선문신朝鮮文臣(1499~1572). 선조 때 벼슬이 영중추부사領中樞府事에 이르렀다.
6) 〈相國〉 재상宰相의 딴 이름.
7) 〈孔子出妻〉 공자가 아내와 이별한 고사故事.
8) 〈李敬輿〉 조선문신(1585~1657). 효종 때 영중추부사에 이름. 시문詩文과 글씨에 뛰어났다.
9) 〈李興宗〉 조선문신(1717~1773). 벼슬이 영조英祖 때 이조참판, 사간司諫이었다.
10) 「有朋自遠方來不亦悅乎」《논어》학이學而편.
11) 「始舍之圉圉然 繼則洋洋然」《맹자》만장萬章편.
12) 〈熊掌〉 곰의 발바닥. 아주 맛있는 음식을 일컫는 말. 《맹자孟子》고자告子편에 「魚我所欲也 熊掌亦我所欲也」라고 있다.

13) 〈宣祖四年庚午〉 경오년庚午年은 선조 3년, 서기 1570년.
14) 〈丙子〉 선조 9년. 서기 1576년.
15) 〈湖堂〉 이조 때의 독서당讀書堂.
16) 〈癸亥之禍〉 계해년(仁祖元年, 1623)에 광해군光海君이 폐위되고, 인조가 즉위하여 이이첨·정인홍 등이 처형된 일을 일컬음.
17) 〈女史〉 여자로써 문필 재능이 있는 이.
18) 〈鄭允穆〉 조선시대 학자. 호 청풍자清風子·죽창거사竹窓居士(1571년~1629). 광해군 8년(1616)에 잠시 벼슬에 나갔다가 바로 은퇴. 성리학에 밝았음.
19) 〈尹鑴〉 1617~1680년. 남인南人으로 복상문제服喪問題를 놓고 서인西人인 송시열宋時烈과 논쟁하였음. 숙종 6년(1680) 경신庚申에 서인의 득세로 사사賜死되었다.
20) 〈任聖周〉 조선시대 학자. 호 녹문鹿問(1711~1788) 성리학육대가性理學六大家의 한 사람.
21) 원주에 「?」으로 되어 있다.
22) 〈翹楚〉 중속衆俗에서 뛰어남.《춘추春秋》序에 「實爲翹楚」라 하였다.
23) 〈李恪夫人〉 원주에 「세종 때 사람」이라고 했다.
24) 〈翠旗〉 군기軍旗.
25) 〈月支〉 포백布帛에 그린 겨냥판. 소지素支.
26) 원주에 「패관잡기에 정鄭씨·성成씨·김金씨의 규수시작자閨秀詩作者가 있으니 정鄭씨가 좀 낫다」고 했다.
27) 원주에 「의성義成의 별좌別座 김수천金壽千의 딸이요, 현량賢良 유여주兪汝舟의 부인이니, 문집 1권이 있다. 문장을 잘하였고, 글씨를 잘 썼으므로 열조시집列朝詩集에 실렸다」고 했다.
28) 원주에 「광주光州의 병사兵使 석진石珍의 딸로 얼굴이 못생겼으므로 창암蒼巖이라 자호自號하였다」고 했다.
29) 원주에 「미암眉巖 유희춘柳希春의 부인이요, 신평新平 송준宋駿의 딸이니, 글을 잘하였다」고 했다.
30) 〈三從義〉 삼종의 의. 부인으로서 따라야 할 도리. 어려서는 아비를, 출가하여서는 남편을, 혹 남편이 죽으면 아들을 좇아야 한다는 예禮의 규범.
31) 원주에 「진사 이명화李明和의 딸이요, 이율곡의 어머니이니, 경사經史에 통하고 서화를 잘하여, 일곱 살에 안견安堅의 산수도山水圖를 본떴고, 포도를 잘 그렸다」고 했다.
32) 원주에 「종실宗室의 숙천영부인肅川令夫人이니, 시문을 잘하였다」고 했다.
33) 원주에 「초계군수草溪郡守 묵묵의 딸이요, 연안延安 사람 김래金徠의 부인이요, 연흥부원군延興府院君 제남悌男의 자부子婦이다」라고 했다.
34) 〈丹邱〉 밤낮으로 환하게 밝은 언덕.《습유기拾遺記》에 「高辛有丹丘之國…」이라는 구절이 있다.
35) 원주에 「인재仁齋 성희성熺의 딸이요, 진사 최당崔塘의 부인夫人이다」라고 했다.

36) 원주에 「문양文陽 유자신柳自新의 부인이니 임당林塘 정유길鄭惟吉의 딸이다. 광해군光海君의 부인夫人이 되었으므로 부부인府夫人으로 봉하였졌다」고 했다.
37) 원주에 「부사府使 신순일申純一의 부인이요, 연안延安 이정현李廷顯의 딸이니, 시문詩文에 능하고 또 글씨를 잘 썼으며 주역과 이백집李白集을 수사手寫하였다. 문집文集 한 권을 전한다」고 했다.
38) 원주에 「동래東萊 정자순鄭子順의 딸이요, 군수 정찬우의 부인이다」라고 했다.
39) 원주에 「안동 사람 경당敬堂 장흥효張興孝의 딸이요, 재령 사람 이시명李時明의 부인이요, 갈암葛菴 이현일李玄逸의 어머니이니, 경사經史에 밝았고, 시문詩文에 능하여 글을 잘 하였다」고 했다.
40) 원주「연양군延陽君 이귀李貴의 딸이다. 일찍이 과부가 됨에 출가出家하여 중이 되니 니명尼名을 예순禮順이라 하였다. 광해군 때 창두蒼頭의 행패로 금도소禁盜所에 잡히어 연좌連坐되었다」고 했다.
41) 원주에 「장모張某의 부인이다」라고 했다.
42) 원주에 「응교應教 심광세沈光世의 딸이요, 군수 이집李楫의 부인이요, 추포秋浦 황신黃愼의 외손녀이다」라고 했다.
43) 원주에 「호가 청창晴窓이니, 사부師傅 곽시징郭始徵의 딸이요, 절우당節友堂 김선근金銑根의 부인이다. 문집 6권이 있다」고 했다.
44) 원주에 「지사知事 조명趙明의 딸이요, 동지同知 이필운李必運의 부인이다」라고 했다.
45) 원주에 「잠곡潛谷 김육金堉의 딸이요, 감사監司 서문리徐文履의 부인이다」라고 했다.
46) 원주에 「두기杜機 최성대崔成大의 딸이요, 사인士人 정지손丁志孫의 부인이다」라고 했다.
47) 원주에 「감사監司 서회수徐廻修의 딸이요, 승지 홍인모洪仁謨의 부인이요, 연천淵泉 홍석주洪奭周의 어머니이니 경사經史에 통하였고, 시문詩文을 잘하였다. 영수각시고靈壽閣詩稿 1권이 있다」고 했다.
48) 원주에 「일찍이 과부가 되었다」고 했다.
49) 원주에 「천안 사람 생원 전여충全汝忠의 딸이다」라고 했다.
50) 원주에 「강재姜在洙의 딸이요, 탄원坦園 윤광연尹光演의 아내이다」라고 했다.
51) 원주에 「사인士人 정문영鄭文榮의 아내이다」라고 했다.
52) 원주에 「분애汾厓 신정申晸의 자부이다」라고 했다.
53) 원주에, 이조 선조 때 사람이다. 초당草堂 허엽許曄의 딸이요, 하곡荷谷 허봉許篈의 매씨妹氏요, 정자正字 김성립金誠立의 부인이다. 나이 27세에 몰没하였다. 문집文集 1권이 있다. 또 호를 경번당景樊堂이라고 하였다. 명明의 목재牧齋 전겸익錢謙益이 이르기를 〈금릉金陵의 태사太史 주지번朱之蕃이 동국東國으로부터 그 시집을 얻어 가지고 가니, 마침내 중화中華에 성盛히 전한다〉고 했다.

54) 〈雲中無魏尙〉 운중雲中은 삼국시대 문제文帝 때, 위魏나라의 한 요새. 위상魏尙은 그곳의 태수太守.
55) 〈崔國輔體〉 중국 당唐나라 현종玄宗 때의 시인 최국보의 문체.
56) 〈巴水〉 파강巴江. 중국 사천성 남강현에서 흘러 가릉강嘉陵江에 듦. 그 흐르는 수로水路가 「巴」자 같다고 하여 붙였다고 전함.
57) 〈弄潮兒〉 바닷물을 희롱하는 사람. 곧 뱃사람.
58) 〈宜都〉 중국 호북성 의창현의 고을 이름. 이곳에 양자강이 흐름.
59) 〈五雨〉 옛 측후기測候器의 한 가지. 배의 돛대 끝에 달고 풍향風向을 봄.
60) 〈竹枝詞〉 이조 후기에 불린 십이가사十二歌詞의 한 가지.
61) 원주에 「고리 신희세申熙世의 딸이다」라고 했다.
62) 《동국여지승람東國輿地勝覽》 문경현聞慶縣 조를 상고하면 「최씨崔氏의 딸이 있어, 지아비가 죽으매 사언시四言詩를 지어 제사 지냈으니, 그 체體는 모시毛詩를 본받았으되, 매우 애완哀婉하여 심부인沈夫人의 제망녀시祭亡女詩와 더불어 서로 백중伯仲하다」고 했다.―李能和
63) 원주에 「사직司直 안귀손安貴孫의 아내이니, 가은현加恩縣에 살았다. 아버지로부터 시문詩文을 배우더니, 귀손貴孫이 죽으매, 이 글을 지어 제사 지냈다」고 했다.
64) 본문本文에 「이왕에 안지정安之亭 선생이 고부기담姑婦奇談을 간행하면서 그 내력에 대하여 이르기를, 〈학정헌鶴丁軒 오씨吳氏의 부가夫家는 신申이요, 그녀의 시어머니〔姑〕는 정씨鄭氏이다. 부가夫家는 처음에 원주原州에서 살다가 뒤에 중국에 가 살았는데, 시어머니와 며느리〔姑婦〕가 다 천재였다. 요동遼東으로부터 강남江南에 전거轉居하였으나, 지금은 어디로 향하였는지 모른다. 요동에 있을 때 학정헌이라 호號하였다 하니, 고국을 그리워하는 뜻을 얹어 지은 것이다. 고부姑婦가 화창和唱하되, 시어머니가 먼저 글귀를 놓으면, 반드시 며느리가 뒤를 놓고, 거꾸로 며느리가 먼저 글귀를 놓으면 반드시 시어머니가 뒤를 놓았으니, 짝이 맞아 글에 허술한 데가 없었다. 내가 임술년에 정씨의 조카 추재秋齋 정집鄭潗으로 인하여 원고를 얻어 상하上下권으로 엮었으니, 그 상권은 이미 열매를 맺었도다〉라고 했다. 그 글이 부드럽고 교치巧緻하여 우리나라나 중국〔華・東〕할것없이 희한하므로, 한두 편을 적록摘錄하는 바이다. 그 글에 매우 윤기가 있다. 한 점의 고기로 그 쇠고기 전부의 맛을 알 것이요, 일부로써 그 전모를 가히 짐작할 만한 것이다」라고 했다.
65) 이 아래에 「정추재鄭秋齋가 금강산에 노닐다가 금강경 1부를 얻어 고모姑母에게 바치니」라고 했다.
66) 〈烏騅〉 검은 털의 흰 점박이 말. 중국 삼국시대 초패왕楚覇王 항우項羽가 탔다고 함.
67) 〈烏江〉 중국 안휘성安徽省 화현和縣을 흐르는 강. 항우項羽가 한漢의 유방劉邦에게 쫓겨 이 강에서 자결하였음.
68) 〈烏有先生〉 가상인물假想人物. 한漢의 사마상여司馬相如가 그의 글에 적었음. 《사기史記》에 「烏有先生者 烏有此事也 爲濟難 亡是公者 忘是人也 欲明

天子之義也」라고 있다.
69) 〈赤龍〉 붉은빛의 용.
70) 〈赤霄劍〉 손잡이에 붉은 치장이 붙은 보도寶刀. 주무왕이 주紂를 주誅할 때 썼다고 한다.
71) 〈赤帝子〉 한고조漢高祖 유방劉邦을 일컬음. 한漢은 화덕火德이라고 하여, 붉은빛을 숭상하였다. 원주에 「고부姑婦가 초한연의楚漢演義를 보다가 항우項羽가 오강烏江을 건너지 못하는 대문에 이르러, 그 경황을 읊은 것이다」고 했다.
72) 〈楊子宅〉 양주楊朱의 집. 양주는 중국 전국시대의 사상가.
73) 〈武候祠〉 제갈량을 모신 사당. 무후武候는 제갈량의 시호.
74) 원주에 「시어머니가 조카 정추재鄭秋齋와 바둑을 둠에, 시어머니가 이어 두 국局을 이기니 추재가 이르기를 〈아주머님 연구聯句로 우리 고모를 괴롭히십시오〉 하니 이때 종〔小奴〕 은동銀同이 명주를 펴놓았다. 이에 주재 정집이 연구제聯句題로 유소주팔보문외삼보점有蘇州八寶門外三寶店이라는 글귀를 내놓았다」고 했다.
75) 원주에 「율유栗留는 꾀꼬리〔鶯〕를 가리킨다」고 했다.
76) 원주에 「상호桑扈는 오디새를 가리킨다」고 했다. 「초여름 한창 누에치기에 바빠, 시어머니와 종은 뽕따러 가고, 오씨吳氏는 절구질을 하여 온 몸이 시꺼멓게 되므로, 검은 천을 겉에 걸치고 취반炊飯을 하므로 이에 시어머니가 이 글을 지었다」고 했다.
77) 원주에 「포哺는 새끼 까마귀가 어미 까마귀에게 은혜를 갚음을 이름인데, 며느리의 성이 오吳씨이므로 까마귀 오烏자를 놓았다」고 했다.
78) 원주에 「노盧는 시어머니의 성이 당나귀 정〔鄭〕자 정鄭씨이므로, 당나귀여〔驢〕에 맞추어 쓴 것이다. 옛날에 당나귀는 주인을 받지 않는다는 말이 있으니, 한소열사漢昭烈祠에 이런 글이 적히어 있다. 시어머니는 웃으며 대꾸하지 않고, 며느리 또한 돌아선 채 아무 말이 없으므로 추재 정집이 이를 알아차리고 그 뜻을 밝히었다」고 했다.
79) 〈小佩嘲〉 원주에 추재 정집의 말을 이용하여 「학정헌 오씨의 소비小婢는 이름이 소패小佩이니, 총기가 뛰어났다. 학정헌 오씨로부터《고문진보古文眞寶》의 구양수歐陽修 지음 취옹정기醉翁亭記를 배우다가 이 글에, 〈쏘는 이마다 맞히고 두는 이마다 이긴다 有射者中奕者勝〉라고 있으니 〈쏘는 이마다 맞힌다 함에는, 사람마다 잎 하나하나 과녁 하나하나를 맞힐 수 있어 그럴싸하오나, 바둑을 두는 이마다 이긴다면 지는 자가 어디에 있을지 모르겠나이다〉 함에 오씨가 대답을 못하였다. 이에 고모께서 〈소패는 참으로 천재로다〉 하며 분필粉筆을 들어 판板에 소패조小佩嘲라 제題하고 이 글을 지었다」고 했다.
80) 〈奕秋李廣〉 원주에 「혁추이광은 바둑과 활쏘기를 잘한 사람이다. 취옹정기醉翁亭記는 구양수歐陽修의 작作으로, 좀 취하여 적은 것이다. 대개 〈쏘는 이마다 맞히고, 두는 이마다 이긴다〉고 도취된 말을 하여, 어린 종에게 조소를 사누나」고 했다.

81) 원주에「사막인沙漠人이 파사시波斯市에 들어와 체경體鏡을 사 밀실密室에 감추어 두었다. 도둑이 이 말을 듣고 담장을 넘어들어와 급히 이것을 찾고자 하니, 이미 그 거울을 짊어진 자가 있었다. 이에 도둑이 엎드려 빌며〈저도 역시 도둑인데, 담장을 누가 먼저 넘느냐에 선후先後는 있으나, 청컨대 거울 반쪽은 저를 주시오〉하였다」는 이야기를 인용하여 적었음.
82) 원주에「혜관慧觀은 성이 변卞, 이름이 순徇이니, 나주 사람이다. 일찍이 과부가 됨에, 아버지를 찾아 중국에 건너갔다. 아버지는 공포公逋로 중국에 망명亡命하였다」고 했다.
83) 원주에「학정헌 지음 걸반경乞半鏡이라는 글을 보고 乞半鏡次鶴丁軒原韻」의 시는, 학정헌의 원시原詩와 더불어 다 좋은 글이다……」라고 한 안지정安之亭의 말을 인용하여 적었음.
84) 원주에「이옥봉은 선조宣祖 임금 때의 사람이니, 종실宗室 이봉李逢의 서녀庶女요, 학사學士 조원趙瑗의 부실副室이다. 시문을 잘하고, 얼굴이 고왔으나, 아들은 없었다.《지봉유설》조원趙瑗의 자字는 백옥白玉이요, 임천林川 사람이니, 벼슬은 승지였고, 국난 때 죽었다. 첩 이씨는 호가 옥봉 또는 옥인玉人이니, 그녀의 시는 짝을 지은 더펄새가 옛 옥자갈밭〔磯〕 떠나는 듯, 고기가 뛰어 창포섶에 드는 듯하였다.《정지거시화靜志居詩話》근세 규수문장閨秀文章은 허난설許蘭雪을 으뜸으로 치나, 충의忠義 이봉李逢의 서녀도 시에 이름이 있더니, 이봉의 벗인 백옥伯玉 조원趙瑗의 첩이 되었다. 기축년에 나는 상주尙州에 새로 부임하게 되었고, 백옥伯玉은 상주목사尙州牧使였다가 교체交替되어 환경還京함에, 길에서 만나 술자리를 베풀게 되었다. 이때 백옥이 옥봉을 불러 글을 짓게 하여 나에게 주었다. 이李는 즉석에서 입을 열어,

　　낙양의 재자才子를 늦이 부르시매
　　노래 지어 상강湘江의 굴원혼屈原魂을 조상하렸더니
　　임의 노여움을 무릅쓰고 이 길을 올라와
　　회양淮陽 높은 곳에 누움도 임금님 은혜로다.
　　洛陽才子何遲召　　作賦湘潭吊屈原
　　手批逆鱗登此道　　淮陽高臥亦君恩

하고는, 붓을 들어 백접선白摺扇에 적고, 입을 지긋이 다물고 미음微吟하니, 그 소리가 맑고 고와 인간세상의 모습 같지가 아니하였다」《문소만록聞韶漫錄》했다.
85)〈卓文君〉한漢 때의 여류문인女流文人. 사마상여司馬相如의 아내.
86)〈謝朓〉남제南齊 때의 문인. 초서草書와 예서隸書에 능하고 오언시五言詩를 잘 지었다.
87)〈元和〉원화체元和體. 본디 원화체는 당唐의 원진元慎과 백거이白居易의 시체詩體를 이름이나, 여기서는 글씨체의 뜻으로 썼음.
88) 원문에 미상자未詳字로 되어 있다.
89)〈衛夫人〉중국 진晉 때 예서隸書의 명인名人. 이조 세종 때 만든 활자에 위부인자衛夫人字가 있다.

90) 〈驪珠〉 여의주如意珠.
91) 〈木蘭舟〉 목란木蘭으로 만든 선유船遊배.
92) 〈廣陵〉 이조 때 한성漢城의 딴 이름. 한강나루.
93) 〈高臥客〉 은자隱者. 여기서는 남편男便을 그리워하는 자기를 이른 듯.
94) 〈牛衣〉 덕석. 거친 삼으로 떠서 짬. 한漢나라 때 왕장王章이 과거급제할 때까지, 앓으면서도 이불 아닌 우의牛衣를 덮고 누웠다는 고사가 있다.
95) 〈漢山〉 경기도 광주廣州의 옛 이름.
96) 〈菟裘〉 전국시대 노魯(지금의 山同省)의 지명地名. 은공隱公이 은거하던 곳. 전하여 은거지隱居地의 뜻으로 쓰임.
97) 〈닷새〉〔五日〕 본문에는 다섯달〔五月〕로 되어 있으나 뒤 사흘〔三日〕의 일자와 같지므로 피하여 쓴 것으로 생각됨.
98) 〈魯陵〉 노산군릉. 곧 단종端宗의 무덤.
99) 원주에「이름 모름」〔失名〕이라고 했다.
100) 원주에「이름 모름」〔失名〕이라고 했다.
101) 〈蘿衣〉 송라松蘿. 소나무겨우살이로 짚주저리 모양으로 만든 여승女僧이 쓰는 모자.
102) 〈楊山館〉 양사기가 풍주부사豊州府使로서 양산楊山에 가 머물렀던 관소館所.
103) 원문에는 제목이 없다. 첫구를 제목으로 하였다.
104) 원문에는 제목이 없다. 맨 첫구를 따서 제제로 하였다.
105) 원주에「죽서竹西는 헌종憲宗 때 사람으로, 성은 박朴씨요, 반남潘南 사람이니, 좌의정금천부원군左議正錦川府院君 박은朴訔의 후손이요, 사인士人 종언宗彦의 측실딸〔側室女〕이요, 송호松湖 서기보徐箕輔의 부실副室이다. 어려서부터 깨달음이 빼어나, 아버지 곁에서 글을 들어 알되 빠짐없이 다 외웠다. 자라면서 더욱 책을 읽어 소학·경사經史·시문詩文 등에 통하지 않은 곳이 없더니, 불행히도 조서早逝하였다.《반아당시집半啞堂詩集》한 권이 있으니, 서돈보가 서문을 썼고, 금원 여사가 발문을 썼다」라고 했다. 이 앞에「止齋金瑗根藏下並同」이라 되어 있다.
106) 원주에「여덟 살 때의 작」이라고 했다.
107) 〈錦園〉 죽서竹西의《반아당시집半啞堂詩集》뒤에 적은 글.
108) 〈辛亥〉 철종哲宗 2년. 서기 1851년.
109) 원주에「지재止齋 김원근金瑗根이 분향낭독焚香朗讀하고 관수서실盥水叙實한 뒤에, 다음과 같은 글을 적었다」고 했다.「금원錦園은 시랑侍朗 김덕희金德熙의 부실副室이니, 원주原州 사람이다. 그녀가 금강산을 유람한 것은 순조純祖 30년 경인년庚寅年 봄 3월이었다. 그 해 나이 열넷에 규당학사奎堂學士 김덕희金德熙와 혼인하였다. 규당奎堂이 만윤湾尹(義州府尹)이 됨에 동행한 것은 헌종憲宗 11년 을사년乙巳年(1845) 초봄이었다. 의주에서 서울로 돌아와 용산龍山 삼호정三湖亭에 거처한 것이 정미연간丁未年間이요, 이 글들이 탈고脫稿된 것은 철종哲宗 원년元年 경술庚戌(1850) 늦봄이었고, 박죽서朴竹西 여사의《반아당시집半啞堂詩集》에 발문을 쓴

것은 철종 2년 신해辛亥(1851) 11월(黃鍾月) 중순이다. 금원은 뛰어난 재주를 타고난 방년 열넷에 문장을 이미 짓더니, 여러 고을의 산수山水와 내외금강內外金剛의 절경과 영동팔경嶺東八景의 승개勝槪를 두루 보고 돌아, 이 글들을 지음에, 규방문장閨房文章의 으뜸이 되어 사람들을 흠란歆難시키는 바이로다.」《제천의림지》이하 〈통군정관개시거화〉까지의 일곱 수의 글은 〈호락홍조湖洛鴻爪〉의 제목에 묶이어 있다.
110) 원주에 「종암鍾巖」이라는 부제副題가 달려 있다.
111) 원주에 「원화동천元化東天이라고도 한다」고 했다.
112) 〈畫角〉뿔로 만든 악기의 한 가지. 거기에 그림을 그렸다.
113) 〈關河〉관關과 하河. 요새지. 또는 전장戰場의 뜻.
114) 〈馬耳〉청래靑來 모두 미상未詳. 지명地名. 산명山名. 누대명樓臺名?
115) 〈六道〉지옥·아귀餓鬼·축생畜生·수라修羅·인간人間·천상도天上道의 여섯 세계.
116) 〈西湖〉한강오호漢江五湖의 하나. 지금의 마포麻浦(삼개)아래쪽.
117) 〈錦囊〉. 글〔詩〕을 지어 넣어 두는 비단주머니.
118) 원주에, 다음과 같은 자주自註를 붙였다. 그 글에 「틈만 있으면 글을 읊었으니, 따라 수창酬唱한 이가 넷이었다. 하나는 운초雲楚이니 성천成川 사람이요, 연천淵泉 김상서金尙書의 소실이다. 재화才華가 뛰어나 글〔詩〕로써 크게 떨쳤는데, 자주 서로 내방하여 며칠씩을 묵었다. 또 하나는 경산瓊山이니, 문화文化 사람이요, 화사花史 이상서李尙書의 소실이다. 들은 것이 많고 아는 것이 넓어 글을 잘하였는데, 이웃에 시집 와 살았으므로 서로 심방하였다. 또 하나는 죽서竹西이니, 동향同鄕 사람이요, 송호松湖 서태수徐太守의 소실이다. 재기才氣가 영혜하여 하나를 들으면 열을 알았다. 한유韓愈와 소동파의 글을 좋아했다. 글〔詩〕도 고체古體로 지었다. 또 하나는 나의 동생 경춘瓊春이니 쇄천洒泉 홍태수洪太守의 소실이다. 총혜하고 한가지로 단정하였거니와 경사經史에 박통博通하였고, 글도 남에게 떨어지지 아니하였다. 서로 따르고 더불어 노닐며 글을 지어 비단과 주옥 같은 글이 영상만지盈床滿地하였으니, 때로 낭독하면, 그 낭랑함이 구슬을 던지는 것 같았다. 철따라 풍월風月을 읊느라 바빴고, 강호화조江湖花鳥를 노래하며 수심愁心을 풀었다」고 했다.
119) 〈우리 다섯〉주註 118)에 보인, 네 벗과 지은이 금원錦園.
120) 〈黃粱夢〉잠깐 사이에 꾼 부귀영화의 꿈. 당唐 노생盧生이 한단邯鄲 땅의 주막에서 도사 여옹呂翁의 베개를 빌어 베고, 잠이 들어, 부귀영화를 누리면서 여든 살까지 잘 지낸 꿈을 꾸었는데, 깨어 보니 아까 끓이기 시작한 황량黃粱(메좁쌀)밥이 채 되지 않은 동안이었다고 하는 고사가 전하여진다.
121) 〈華胥夢〉낮잠. 중국 옛 전설의 임금인 황제黃帝가 낮에 잠을 자다가, 꿈에 화서華胥 나라에 가 그곳의 태평한 모습을 보았다는 고사가 전하여진다.
122) 〈湖中四郡〉기호지방畿湖地方의 네 고을.
123) 〈洛陽〉중국의 옛 동주東周·후한後漢·위魏·서진西晉·남북조南北朝·

당唐 등 왕조가 도읍하였던 곳. 지금의 하남성河南省 낙양현에 있다. 여기서는 한성漢城의 뜻. 한성은 「낙양」 또는 전한前漢·수隋·당唐 등 왕조가 도읍한 일이 있는 고을인 「장안長安」으로 별칭別稱되었다.

124) 〈湾府〉 의주義州의 딴 이름.
125) 〈庚戌暮春上澣〉 철종哲宗 1년(1850) 3월 상순.
126) 〈金雲楚〉 원주에 「성천成川 기생. 이름은 부용芙蓉으로 연천淵泉 김리양金履陽의 첩이다」라고 했다.
127) 〈丹淵雲旗〉 그림을 그린 이. 지은이의 벗(?)
128) 원주에 「평양기생. 이름은 모른다」고 했다.
129) 원주에 「평양기생. 이름은 소홍小紅이다」라고 했다.
130) 〈太白家〉 글 잘하는 선비의 가문이라는 뜻인 듯.

【朝鮮女俗考】

● 第二十三章 조선부녀의 지식계급

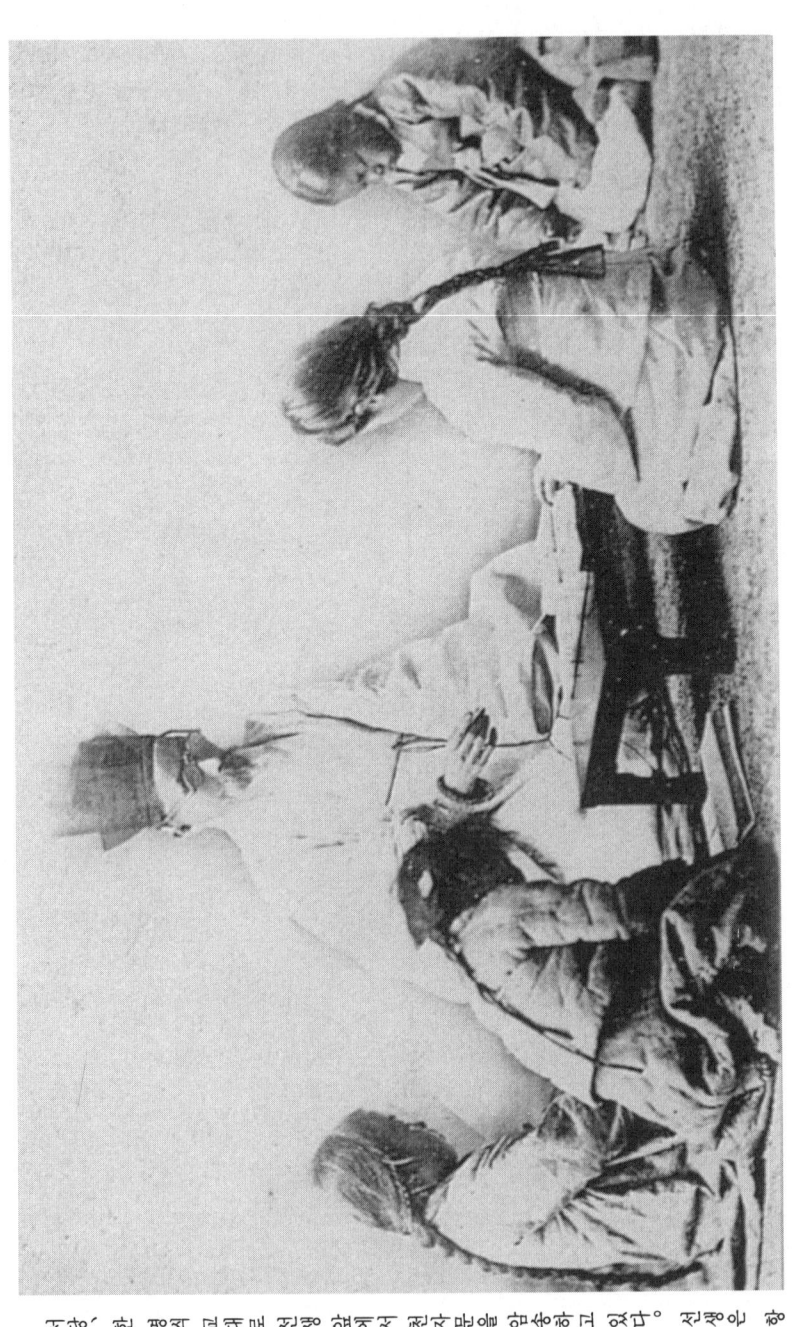

한 가정에 있고 신성한 자녀교육에 전력을 다하였음은 결코 부인할 수 없는 사실이다. 조선부녀의 책임으로 현모양처의 자격을 구비한 부녀를 많이 양성함은

# 朝鮮女俗考

● 第二十三章 조선부녀의 지식계급

기생학교의 학생들。

# 朝鮮女俗考

## 第二十三章 조선부녀의 지식계급

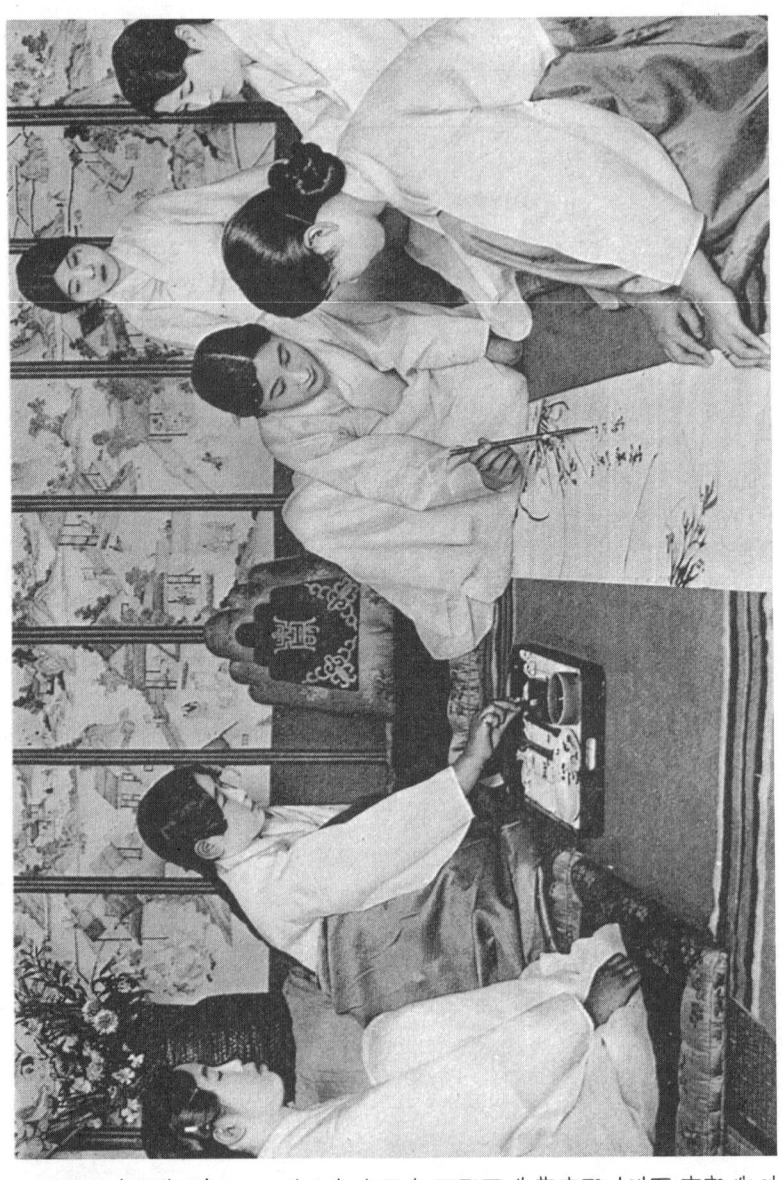

기생의 글씨와 그림 — 그림과 글씨는 기생의 수양과정으로서 가장 중요하다. 손님에게 준다든지 자기에서 청을 받게 되면 직접 그림과 글씨를 써주어야 한다. 그러나 詩文書畵에 능통하지 못한 편 기생이 자격이 없었다. 이 사진은 기생학교에서 글씨와 그림을 연습하는 학습 장면의 하나이다.

# 朝鮮女俗考

● 第二十三章 조선부녀의 지식계급

가합금 삼한시대 남쪽의 가야국에서 만들었으며 12현으로 크기는 쟁과 비슷하다. 가야국의 악사 우륵이 가실왕의 명을 받들어 12곡을 만들었고, 가야가 망한 후 신라시대에 널리 보급되었다.

479

【朝鮮女俗考】

● 第二十三章 조선부녀의 지식계급

관기의 정장차림

● 480

관기官妓

朝鮮女俗考

第二十三章 조선부녀의 지식계급

朝鮮女俗考

第二十三章 조선부녀의 지식계급

金弘道 風俗畫帖 중 여인의 물레질

482

# 第二十四章 ● 조선의 효녀와 효부

우리의 구도덕舊道德에서는 효가 백행의 으뜸이며 만선萬善의 근원이 되었다. 대저 사람들이 효도의 귀함과 마땅히 하여야 함을 알았으되, 사람마다가 모두 효행을 다한 것이 아니니, 효도함의 매우 어려움을 알 것이다. 대략 효라는 것은 천성이 그러하고, 지성을 다하지 않고서는 능히 다해 낼 수 없는 것이다. 그러므로 사람의 아들, 딸 된 이가 효도를 행하면 천지신명도 감응感應하는 것이니, 얼음 위에서도 잉어를 낚았고, 눈 속에서도 죽순竹筍을 얻어 부모에게 바친 옛 효도고사孝道故事가 있다. 이런 일은 천효지성天孝至誠이 아니고서는 이룰 수 없었던 일이다. 우리 조선은 예로부터 충의절행忠義節行으로 역사를 빛낸 이는 헤아릴 수 없이 많으나, 효자가 적었음은 마치 새벽녘의 별과 같고, 효녀·효부는 더욱 적었다. 그러므로 혹 효행한 이가 있으면, 곧 조정에 아뢰어 그 마을과 집 앞에 정문旌門이나 정기旌旗를 세워, 여러 향리에 본을 보여 풍속을 교화하고자 하였다. 조선조 중종中宗이 조광조趙光祖 등 유학을 닦은 선비를 거용擧用하매 이때 효자열부孝子烈婦를 포상하는 일이 많았다. 이는 유교적 도덕으로 사회를 이끌고자 한 정책이었다. 중종 기묘[1] 이전에는 일반 사회에 유교적 도덕사상이 아직 박약하였으므로, 효열지행孝烈之行을 한 이에 특별히 상을 주어 이를 장려하였다. 그러나 옛 효자의 그 행적을 보면, 부모가 병으로 위독할 때 손가락을 자르고 살을 베어 병을 낫게 한 일들이 대부분이었으니, 지금의 처지에서 보건대 이는 반드시 그렇게 하여야 할 일만은 아니나, 의약이 발달되지 않았던 옛날에는 우연히 이런 방법이 주효하여, 왕왕 임종의 마지막에서 살리어 내는 일이 있었다. 대개 손가락을 자르고, 살을 베어 어버이의 병을 고친 일은, 오늘날의 혈액주사와 같은 효험 때문이었다.

## 1 신라 효녀

《삼국유사》빈녀양모貧女養母에,『효종랑孝宗郎이 남산南山(三花述)의 포석정鮑石亭에서 노닐고 있을 무렵 그의 문객들이 달려왔는데,

두 사람이 늦게 왔다. 낭郎이 그 까닭을 물으니「분황사芬皇寺 동리東里에 약 스무 살쯤 되어 보이는 한 딸이 눈먼 어머니를 껴안고 소리내어 울므로 마을 사람들에게 물었더니, 그 딸이 가난하여 걸식하여 봉양하여 왔으나, 흉년을 만나자 남에게 의지하여 손만 내밀 수 없어 품을 팔아 곡식 30석을 얻어 큰 부자집에 맡겨 두고, 일을 하다가 날이 저물면 쌀을 싸가지고 집에 와 밥을 지어 같이 먹고 같이 잔 다음, 그 이튿날 아침에 부자집에 다시 가 일하곤 하기를 얼마동안 계속하였는데 그 어머니가〈전날의 거칠은 밥은 맛이 있더니, 오늘의 향기로운 밥은 명치를 찌르는 것 같아 마음이 편안치 않구나. 어찌 된 일이냐?〉고 묻기에 그 딸이 사실대로 말하자 그 어머니가 통곡하니, 딸이 구복지양口服之養[2]은 하였으나, 실어색난失於色難[3]하였음을 탄식하면서 서로 붙들고 우는 것을 보노라고 늦었습니다」고 하였다. 낭郎이 듣고 측은하여 곡식 1백 섬[4]을 보내자, 낭의 어버이도 옷 한 벌을 보냈다. 낭의 1천 무리들도 조곡租穀 1석을 거두어 주었다. 이 일이 궁중에 알려지자, 진성왕眞聖王도 곡식 5백 석과 집 한채를 내리되, 졸도卒徒를 보내어 그 집을 지키게 하여 도적맞지 않게 하는 한편, 그 마을에 정문旌門을 세우고, 이름을 효양리孝養里라 붙였다』고 하였다.

## 2 조선조의 효녀·효부

〈광주부廣州府 효자〉에 이르기를『내은이內隱伊는 사가私家의 비자婢子 신분이었다. 도적이 그의 초가에 들어와 사람을 죽이려 겁을 주므로, 내은이가 몸으로 아비를 막았다. 끝내는 제가 죽고 아비를 살리니, 이 일이 왕에게 알리어져 그 마을에 효녀정문孝女旌門이 세워졌다』고 했다.《동국여지승람東國輿地勝覽》

〈청도군淸道郡 효자〉에『군리郡吏 종비從非는 김군산金郡山의 처이다. 어버이를 정성껏 섬겼는데 갑자기 작고하자 종비는 영당影堂[5]을 베풀고, 조석으로 제사 지내되, 생시生時와 같이 하니, 왕에게 알리어져 그 마을에 효부정문이 섰다』고 했다.《동국여지승람》

〈선산군善山郡 효자〉에『송씨宋氏는 열아홉 살에 어머니가 악질을 앓자 손가락을 끊고 피를 내어 약에 타드리니, 병이 곧 나았다. 이로써 마을에는 정문이 세워졌다』고 했다. 《동국여지승람》

〈화순현和順縣 효자〉에 『양리가良里加는 호장戶長 김인지金仁之의 딸이다. 인지仁之가 악질로 앓으므로, 양리가가 손가락을 잘라 피를 내어 약으로 올리니, 아비의 병이 곧 나았다』고 했다. 《동국여지승람》

〈문화현文化縣 효자〉에 『유씨柳氏는 나이 열넷에 아비가 죽었으니, 조석으로 친전親奠을 올리었고, 또 어미가 나쁜 병을 앓으매 손가락을 끊어 태워 약으로 드리니 어미의 병이 나았다』고 했다. 《동국여지승람》

홍원현洪原縣의 효녀 길씨吉氏는 집에 화재가 났을 때, 채 나오지 못한 어버이를 구하러 불속에 뛰어들어갔다가 나오지 못하고 부모와 더불어 죽었다. 이 일이 왕에게 알리어져 마을에 정문이 세워졌다. 《동국여지승람》

〈곽산군郭山郡 효자〉에 『사월四月이는 군인軍人 김말건金末巾의 딸이다. 시어머니가 미치광이 병에 걸리어 여러 해가 지났으나 낫지 않으므로 지아비가 내다버리었다. 산 사람의 뼈가 약이라 듣고, 손가락을 끊어 약으로 드리니 병이 곧 나았다. 이 일이 왕에게 알리어져 마을에 정문이 세워졌다』고 했다. 《동국여지승람》

이에 대하여 명나라 사신 진감陳鑑은 다음과 같은 사부辭賦를 지어 칭찬하였다.

아, 효녀의 마음이 곱고도 고으이
정성을 다하여 봉양하였나니
배워서가 아니라 마음에서 우러남이로다.
아가의 몸을 어미가 주시더니
어미가 이수二豎[6]에 걸리어 낫지 않누나.
아기 죽고 어미 남으면 아기는 또 낳으려니와
어미 죽고 아기 남으면 그만이로다.
황금의 칼을 손에 쥐니 그 날 날카로워
다만 어미 있으므로 나 있음을 알거니
한번 휘두르매, 그 손가락 몽땅 떨어져서
피가 흘러흘러 치마를 적시도다.

그릇에 받아 바치니, 어미 마음 기쁠까마는
때를 넘기지 않았으매, 어미 앓음에서 일어났도다.
아, 천도天道는 멀지 않아 바로 여기
높은 곳에 있어 여기저기를 다 비추고
나라님이 비석 세워 마을 문 내셨으니
바람이 그 나무를 맑게맑게 부누나.
길가를 한번 바라보자 마음이 흐뭇하여
이에 바로 붓을 쥐고 이 글을 적노니
아, 효녀여 귀하고도 귀하도다.
사람마다 입을 다물고 감탄하누나.

吁嗟孝女兮　　婉且孌
萃和毓秀兮　　凝其全
匪由學問兮　　孝發于中兮身可捐
兒之有身兮　　母所遺
母罹二豎兮　　不能醫
母亡兒在兮　　將焉依
兒死母存兮　　母當有兒
金刀在手兮　　銛其鋒
但知有母兮　　焉知其躬
一揮俄爾兮　　落春葱
紛紛血墜兮　　衣裳紅
杯羹甫進兮　　母心悅喜
曾不逾時兮　　母疾以起
於戲天道兮　　不遐甚邇
昭玆在上兮　　何彼此
國王立石兮　　表里門
風聲斯樹兮　　薄還淳
道傍一見兮　　心神欣
爰秉直筆兮　　爲斯文
吁嗟孝女兮　　良足珍
帚箕詳語兮　　噫何人

帚箕詳語兮　　噫何人

　또 명사明使 예겸倪謙도 시를 지어 칭송하였는데, 그 서序에는『곽산郭山 고을길 왼쪽에 큰 돌이 우뚝 섰으니, 〈효녀사월지문孝女四月之門〉이라고 제題가 새겨졌다. 내가 물었더니, 김씨의 딸이 어미의 풍질風疾을 위하여 손가락을 끊어 곧 낫게 하매, 국왕이 이를 갸륵하게 여기어 유사有司에게 명하여서 정문을 세우게 하고, 이 비석을 세워 그 마을을 표하였다고 하더라. 대저 효孝는 백행 중의 으뜸이요, 만선萬善의 근원인즉, 작은 한 마을의 비천한 소녀가 능히 이를 실천하였으니, 하물며 사대부가에 있어서랴』하였다. 그 글은

　　조선 곽주 고을에
　　사월四月이라는 딸이 있어
　　어려서부터 효성이 지극하여
　　어버이 섬기어 기쁘게 하더니
　　하루 아침에 어머니가 병에 걸리어
　　바람 기운으로 넘어졌도다.
　　깜짝 놀란 딸의 근심
　　비통한 울음소리 들려라.
　　의원의 말에 사람의 살이 약이라 하매
　　이를 드리어 병을 돌려서
　　어머니 병을 고친다면야
　　어찌 몸 따위가 이지러진다 상관하랴.
　　안방에서 칼을 휘둘러
　　손가락 잘라내니 피가 흘러라.
　　태워서 재를 만들어 약에 섞어 드리니
　　한 번 마심에 어머니 병이 참말로 나았구나.
　　지극한 효성이 신명神明에 통하니
　　감치感致하심이 어찌 밝지 않으리.
　　하늘은 고루 덕을 내리시어
　　중화中華와 중화 아닌 곳을 가리지 않았도다.

나라님이 그 마을에 정문 세우시니
어찌 효녀 표창 아니랴.
천년토록 사라지지 않고
새긴 이름 높이도 걸렸구나.
옛날 조아曹娥가 창강滄江에 뛰어들어
죽음으로 효孝에 순殉하매
아, 저 불효배不孝輩들에게
사라져 가는 천리天理의 빛을 밝히더니
내, 조선에 와 민풍民風을 보며
이곳을 지나다 흔연히 말을 세우고
노래를 지어 들으니
뭇 사람들이여, 이 현열賢烈을 전하소서.

朝鮮郭山州　　有女金四月
小少性純誠　　孝奉雙親悅
一朝母嬰患　　風疾氣累絶
皇皇女心憂　　悲痛恒哽咽
醫云用人肉　　食之病良瘳
女聞親可延　　寧計體虧折
揮刀人中閨　　斷指流鮮血
燒灰進湯劑　　一飮眞消雪
至孝通神明　　感致何昭晣
始知帝降衷　　不以華夷別
國王表宅里　　豈必施綽楔
千年永不磨　　刻石名高揭
滄江殞曹娥　　生死同一轍
嗟彼梟獍徒　　欲熾天理滅
我來觀民風　　過此欣駐節
載採入歌詠　　庶足傳賢烈

동월董越이 글〔詩〕을 지어,

일찍이 문희文僖의 효녀시孝女詩를 읽었더니
동국東國 백성의 예법을 길이 알림이여.
죽고 삶은 이미 천년의 꿈에 떨구었건만
그 이름은 아직도 석자 빗돌〔碑石〕에 남았거니.
구름이 번거로워 뒤쪽 하늘 막막하고
남쪽 시냇물 소리에 들이 휑한데
봄을 지나 이곳을 돌아가니
전인前人의 오랜 생각 머리에 돌고너.
曾讀文僖孝女詩
久知東國重民彝
死生已落千年夢
表樹猶存三尺碑
雲鎖北山天漠漠
水聲南澗草離離
經春使節還過此
欲繼前人覺思遲

〈순천군順天郡 효자〉에『복태卜台는 김다경金多慶의 딸이다. 다경이 모진 병을 앓았는데 산 사람의 뼈가 약이라는 말을 열두 살 때 듣고, 왼손의 손가락을 끊어 약에 타드리니, 아비의 병이 나았다』고 했다. 《동국여지승람》

〈김효녀시서金孝女詩叙〉[7]에 이르기를『삼강위군三江爲郡은, 솜밭〔綿地〕 수백 리를 가까운 산의 도적떼들이 침범하므로, 강江을 사이에 두고 둑 일대를 굳건히 지키는 한편, 말구유 같은 작은 배를 저어 타고 고기잡이를 업으로 삼았다. 달이 지면 거기에 등을 달고, 강물 따라 고기떼를 찾으면서 백에 한 마리도 놓치지 아니하였다.

감파보甘坡堡에 반송盤松이라는 병사가 있어, 고기잡이에 재주가 있었다. 신사년[8] 10월에 강물이 줄었을 즈음, 장수의 명령에 따라 세 사람과 함께 강에 들어가 고기잡이를 하게 되었다. 그때 배가 물에 부딪쳐 불이 꺼지고 하늘마저 캄캄하였으니 배는 산산이 조각나 버렸다. 두 사람은 뱃조각을 쥐고 강둑으로 나왔으나, 반송만은 혼자 물에 빠져 죽었다. 그의 딸 반춘盤春이 집에 있다가 이 소식을 듣고 달려가 밤낮으로 수십 일을 울더니, 강에 얼음이 얼게 되어서는 그 위에 가 통곡하였다. 그 이듬해 얼음이 녹으매 또 밤낮으로 울었는데, 어느날 문득 시체가 떠올랐다. 반춘은 사람을 시켜 집에 알리고, 시체를 안고 강둑을 따라 집으로 가는데, 워낙 강변이 전부 돌길이었으므로 자빠지며 걸으며 하기 수십 리에 두 발에서는 피가 났으며, 다리는 살갗이 다 벗겨졌다. 이때 앞서 소식을 받은 어면보魚面堡 사람들이 와서 배로써 실어다 주었다. 이렇게 해서 그 딸이 치마를 찢어 시체를 싼 다음 사람에게 업혀 나와 장사 지내니, 슬퍼하며 놀라지 아니하는 이가 없었다. 이곳에 빠져 죽은 이의 시체치고 건져진 적이 거의 없었는데, 이토록 사나운 물살에서 몇 달이 지난 시체가 한자 한치도 어김없이 바로 그 자리로부터 떠올랐으니, 하늘이 감동한 바 아니고서는 그럴 수가 없었다. 옛날에 조아曹娥와 요녀饒女가 다 효도를 위하여 몸을 바치매 그의 아비 시체와 함께 떠오른 바 있어서 당시 사람의 칭경稱敬을 받으며 후세까지 미담으로 전해지더니, 이 딸의 효성도 하늘에 감동된 바 있어 장례를 극진히 하여 효도를 다하게 하였구나. 그러나 애석하게도 변방邊方의 풍속이 호사好事에 무관심하고, 수신守臣들이 다 무인武人이라 뛰어난 효행이 세상에 알려지지 못하고 사라져 버리는 일이 많았으니, 이를 슬퍼하노라. 내 한단순邯鄲淳이나 유종원柳宗元과 같은 문장이 못 되어 노래로써 잘 칭송할 수는 없으되, 이 수이지행殊異之行을 글로써 나타내지 않을 수 없으므로, 이에 글을 지었으니, 그녀의 성姓은 김씨니라』고 했다. 《체소집體素集》

 효부 최씨崔氏는 사인士人 하계원河繼源의 처요, 가선사립嘉善斯立의 딸이다. 지아비를 빨리 여읜 데다가 집이 매우 가난하였으나 방적에 힘써 시어머니를 공경으로써 받들었다. 스스로는 죽을 먹으면서도 시어머니에게는 맛있는 것을 대접하였고, 겨울에는 시어머니가 추위할까 걱정하여 밤에 일어나 불을 때되, 시어머니가 모르게 하여 안심시켰고, 수壽를 마치자 정례情禮를 극진히 하였다. 그의 시아버지가 홀로 된 뒤에는 더욱 정성으로 받들며, 박명薄命을 자처하면서 겨울에도 덥게 지내지 않고, 여름에도 서늘하게 지내지 않았다. 친척의 모임에는 언제나 나가 뵈었다. 가산家産을 다 팔아 시가媤家 3대의 묘를 선영先

塋의 곁에 이장移葬하니, 사람들이 다 효부孝婦라고 칭송稱頌하였다.
《중경지中京志》

조씨趙氏는 사인士人 장전張敟의 처이니, 천성이 온유하고 효성이 지순至純하여 시부모를 잘 섬기었다. 시어머니가 앓기라도 하면 약이며 미음을 정성으로 달여서 보살피며, 조금도 곁을 떠나지 아니하다가 틈을 내어 가사를 돌보곤 하였다.

병자호란 때 강도江都(江華)에 피난갔는데, 시어머니가 말에서 떨어져 중상을 입었으나, 창황전패倉皇顚沛[9]의 속에서도 앓는 시어머니 곁을 떠나지 아니하였다. 병 낫기를 기다리면서 다른 곳으로 옮기어 강화가 함락되었을 때에도 화를 면하게 하니, 사람들이 다 그 효성이 지극하였던 때문이라고 하였다. 영조英祖 임금 때 장계가 올려져 포상되었다. 《중경지》

박씨朴氏는 생원 조경온趙絅溫의 처이니 집은 가난하였으나 정성과 예를 갖추었고, 여인으로서 단성을 다하여 부모공양과 제사 받들기를 극진히 하였으므로, 일찍이 시아버지 나산蘿山이 이르기를 「우리들의 숙수승환菽水承歡[10]은 다 새 며느리의 힘이다」 하였다. 시어머니 김씨가 고질痼疾로 여러 해를 앓는데도 지성껏 구호하니, 시어머니가 감탄하여 이르기를 「내가 낳은 자식인들 어찌 이만하리오」 하였다. 그러던 중 그녀의 지아비가 부모공양을 당부하며 죽었다. 박씨는 지아비를 따라 죽으려는 마음을 크게 늦추지 않았으나 시아버지가 급병을 앓자 손가락을 잘라 여러 날을 더 살게 하였다. 전후의 상중에는 채식을 하며 상을 마쳤다. 지아비의 고모는 소년과부가 되어 자녀가 없었으므로, 수십 년을 같이 살면서 경애敬愛를 바꾸지 않았다. 죽은 뒤에도 기일忌日만 되면 반드시 제사를 지냈다. 매산楳山 홍직필洪直弼[11]이 그녀의 죽음에 묘지墓誌를 썼으되 〈여사女士〉로써 일컬었다. 오산鰲山 성근수成近壽는 따로이 한글로 옮기어 부녀자를 교화하였다.

---

1) 〈中宗己卯〉 중종 14년. 서기 1520년.
2) 〈口腹之養〉 부모를 호식好食으로써 봉양함.
3) 〈失於色難〉 부모의 낯빛을 항상 부드럽게 하여 드리는 일이 어려워서 그 일을 다하지 못함.

4) 〈百斛〉 1백 섬〔百石〕. 1곡은 열 말〔十斗〕.
5) 〈影堂〉 조상의 위패位牌나 화상畵像을 모신다.
6) 〈二豎〉 병마病魔. 진晉의 경공景公이 앓을 때, 꿈에 병마가 두 아이〔豎〕로 변신하여 나타났다는 고사가 전한다.
7) 〈金孝女詩叙〉 원주原註에「김효녀는 이름이 반춘盤春이다. 이 글〔詩〕은 조선조 선조 때의 사람 이춘영李春英이 지은《체소집體素集》에 있다」고 했다.
8) 〈辛巳年〉 이춘영李春英(1563~1606) 생대의 신사년. 선조 14년, 서기 1581년.
9) 〈倉皇顚沛〉 갑자기 자빠지고 넘어짐.
10) 〈菽水承歡〉 콩을 먹고 물을 마시는 가난한 살림을 하면서도, 부모를 정성껏 봉양하여 효도를 다하는 즐거운 일.
11) 〈洪直弼〉 영조 52~철종 3년(1776~1852). 자 백응伯應, 호 매산梅山. 벼슬이 대사헌에 이름. 형조판서에 임명되었으나 사임함.

# 朝鮮女俗考

● 第二十四章 조선의 효녀와 효부

申潤福―蕭婦耽春―紙本淡彩―28.2×35.2cm―간송미술관

第二十五章 ◉ 조선의 열녀烈女

홍양호洪良浩가 지은 《열부정려기烈婦旌閭記》에 『부인의 행行은 죽음으로써 열렬을 나타냄이니, 대개 타고난 천성天性을 지킴이로다. 그러므로 마을의 필부匹婦라도 능히 열렬을 행하여 손가락을 잘라 피를 쏟을 수 있었고, 도적을 만나서는 대신 죽을 수 있었으며, 맹수를 잡아 묶고 물린 자를 빼어낼 수 있었으니, 역사의 기록에도 실린 바 되어, 상고할 수 있다』고 하였다. 열녀의 행은 이렇듯 극진한 것이었다. 대개 손가락을 잘라 피를 내었음은, 세상의 효녀·열녀가 흔히 행한 일로, 오늘의 혈액주사와 같은 효험을 위함이었다. 도적을 만나서는 대신 죽었고, 강포한强暴漢의 겁탈에는 천방으로 항거하다가 죽음으로써 따르지 않았으니, 열렬한 이가 아니고서는 할 수 없는 일이다. 범을 묶어 놓고 물린 자를 뺏은 일은 우리 조선에 호환虎患이 많아, 산골 마을에 범이 내려와 사람을 물어 간 일에 연유한다. 이런 경우 여느 사람 같으면 무서워서 피하기가 일쑤인데, 이렇듯 지아비를 범의 입으로부터 구해냈음은 열부烈婦가 아니고서는 할 수 없는 일이었다. 또 조선조 이래 열녀로서 수과守寡하는 사람은 저마다 정성을 다하여 묘와 신주를 모시었고, 또 나라에서도 이런 이에게 반드시 정문을 세워 표창하여 본뜨게 하였으니,《동국여지승람》각 군 조에 이런 열녀가 수천백 명이 실려 있다. 이는 곧 조선조의 유교적 정치가 삼강행실三綱行實과 문공가례文公家禮 등 서책을 널리 반포하여 얻은 효과이다. 이제 전적典籍에 실려 있는 고금 조선의 열부를 열거하니 다음과 같다.

## 1 조선 고대의 열녀

**광부狂夫의 아내**
여옥麗玉은 고조선 때의 진졸津卒[1] 곽리자고霍里子高의 아내이다. 자고가 아침에 배를 내어 삿대질을 하는데, 머리 센 광부狂夫가 물살이 심한 곳을 건너가므로, 그의 아내가 따라가며 말리었으나 미치지 못하였다. 마침내 그〔白首狂夫〕가 물에 빠져 죽었다. 그의 아내가 공후를 타며 노래하니 그 소리가 매우 애처롭더니, 노래를 마치자 또한 강물에 몸을 던지어 죽었다. 자고가 돌아와 그의 처 여옥에게 알리매, 여옥이 하 애달퍼서 공후를 타며 그 소리를 본떠 노래하고, 이름을 「공후인箜篌引」이라고 하였다. 그 노래에 이르기를

그대 강을 건너지 말랬더니
그대 끝내 강을 건너다가
물에 빠져 가셨으니,
그대여, 이 어찌하리?
公無渡河　公竟渡河
墜河而死　公將奈何
(古今註)

## 2 고구려 열녀

**평강왕녀平岡王女 고씨高氏**

온달溫達은 고구려 평강왕平岡王(平原王)[2] 때의 사람으로서 그 용모가 용종가소龍鍾可笑하나, 마음은 수연晬然하였다. 집이 가난하여 늘 걸식으로 어머니를 봉양하였다. 그가 떨어진 옷과 해어진 신발로 시정市井을 왕래하니, 그때 사람들이 다 바보 온달이라고 하였다.

이때, 평강왕의 어린 딸이 잘 울므로, 왕은 우스갯소리로 「너는 늘 울기만 하여 내 귀를 요란스럽게 하므로 커서 사대부의 아내는 될 수 없을 터이니, 바보 온달에게 시집보내리라」고 항상 말하여 왔다.

딸의 나이 이팔[3]이 되매 상부上部의 고씨高氏에게 하가下嫁시키고자 했다. 공주가 왕에게 이르기를 「부왕께서는 늘 말씀하시기를, 너는 꼭 온달의 아내가 될 것이라 하옵시더니, 이제 어인 까닭으로 전에 한 말을 고치십니까? 필부匹夫도 식언食言하여서는 아니되거늘, 하물며 지존의 자리에 계신 분으로서 아니되옵니다. 그러므로 임금은 희롱하는 말을 하지 않는다고 하옵니다. 지금 부왕의 명하심은 잘못이오니 소녀는 그 명을 받들 수 없나이다」 하였다. 왕은 크게 노하여 이르기를 「너는

나의 가르침에 따르지 않으니 내 딸일 수 없도다. 어찌 같이 살 수 있겠느냐? 마땅히 가고 싶은 곳에 가 있거라」 하였다.

이에 공주는 보배 가락지 열 개를 팔꿈치에 맨 다음, 궁궐을 나와 홀로 걷다가 길에서 한 사람을 만났다. 온달의 집을 물어 알고, 마침내 그의 집에 이르렀다. 눈먼 노모를 보고 앞에 나아가 절하고 나서 그 아들이 있는 곳을 물으니, 노모가 대답하되 「내 아들은 가난하고 누추하므로 귀인이 가까이할 사람이 못 되오. 지금 그대의 말소리를 듣고, 내음을 맡으니 이상하게도 향기롭고, 그대의 손을 만지니 솜같이 부드러우니, 꼭 천하의 귀인인 것 같으오. 뉘 댁에서 이곳에 오시었소? 내 아들은 그저 허기를 참지 못하여 느릅나무 껍질을 벗기러 산으로 간 지 오래되었는데 아직 돌아오지 않았소」 하였다.

공주가 나가 산 밑에 이르러 보니 온달이 느릅나무 껍질을 지고 오므로, 그에게로 가 속에 품은 마음을 이야기하였다. 온달은 성난 모습으로 이르기를 「여기는 어린 여자가 다니는 길이 아니니, 필시 사람이 아니라 여우나 귀신일지로다. 나에게 가까이 오지 말아라」 하고 돌아다보지도 않고 가버리었다. 공주는 혼자 돌아와 사립문 밑에서 자고, 그 이튿날 아침 다시 들어가 모자에게 갖추 이야기하였으나, 온달은 여전히 미심하여 결정을 아니 내렸다. 그 어머니가 이르기를 「내 아들은 매우 어리석어 귀인의 배필되기에 부족하고, 우리집은 매우 누추하여 귀인이 살기에 마땅치 않습니다」 하였다. 이에 공주는 「옛사람의 말에, 한 말의 조〔粟〕라도 찧을 수만 있으면 족하고, 한 자의 베라도 꿰맬 수만 있으면 족하다 하였으니, 만약 마음만 같다면 꼭 부귀하여서만 같이 살리요?」 하고, 금가락지를 팔아 밭과 집, 종과 마소〔馬牛〕· 기물 器物을 사들이어 소용되는 온갖 것을 갖추었다.

처음으로 말을 살 때 공주가 온달에게 이르기를 「삼갈 것은 여느 장사꾼의 말을 사지 말고, 반드시 병들거나 야위어서 놓아 준 국마國馬를 골라 사다가 뒤에 국마와 바꾸도록 하시오」 하였다. 온달은 그렇게 하였다. 공주가 매우 부지런히 말을 사양飼養하였으므로 말은 날로 살이 찌고 힘이 세어졌다. 고구려는 해마다 봄 3월 3일에 낙랑의 언덕에 모이어 멧돼지와 사슴을 사냥하여 이를 제물로 하늘과 산천신山川神에게 제사 지내었었다. 그날이 되어 왕이 사냥 나갈 때는 여러 신하와

5부의 병사가 다 따라갔었다. 이에 온달이 잘 기른 말을 타고 수행하였는데 빨리 달리어 항상 앞장서고, 사냥하여 잡은 짐승도 많았으니 이를 따르는 자가 없었다. 왕이 불러 성명을 묻고는 매우 놀랐다.

이때 후주後周의 무제武帝가 병병을 내어 요동遼東을 침노하였으므로, 왕이 예산隸山의 들에 나가 적병을 맞아 싸울 때, 온달은 선봉先鋒이 되어 날래게 달리어 적 수십 명을 베이었다. 이에 여러 군사가 이 기세를 타고 힘써 싸워 크게 이기었다. 논공행상論功行賞 때 온달이 그 첫째가 아닐 수 없었다. 왕이 기뻐 탄복하며 이르기를 「가위 내 사위로다」하고, 예를 갖추어 그를 사위로 맞고, 대형大兄 벼슬을 내리었다. 《삼국사기》〈열전列傳〉

## 3 백제 열녀

### 도미의 아내

도미都彌는 백제 사람으로서 비록 소민小民 출신이나 의리에 밝았다. 그의 아내는 미려하였고, 또 절행節行이 있어 그때 세인이 칭송하였다.

일찍이 개루왕蓋婁王[4]이 이 말을 듣고 도미를 불러 말하기를 「무릇 부인의 덕은 정결함을 으뜸으로 치나, 만약 어둡고 사람이 없는 곳에서 교묘한 말로 꾀인다면 곧 마음을 아니 움직일 자가 적으리로다」 하매, 이에 대답하기를 「사람의 정은 본디 헤아릴 수 없는 것이나, 신의 처는 비록 죽을지언정 두 지아비를 섬기지 아니하오리다」 하였다. 왕은 이를 시험하고자, 일을 꾸미어 도미를 머물게 한 다음, 가까운 한 신하에게 거짓으로 왕차림을 시켜 말을 태워 도미의 집에 보내었다. 먼저 사람을 시키어 왕이 왔음을 알리고, 그의 처에게 이르기를 「내 오래 전부터 너의 아름다움을 듣고 좋아하였는데, 도미와 내기를 하여 너를 얻었으므로 내일 너를 궁인宮人으로 데려가겠노라. 이제부터 너의 몸은 나의 것이니라」 하고, 막 음란하고자 하니, 도미의 아내가 이르기를 「나라님에게는 망령된 말씀이 없사오매, 내 감히 따르지 아니하리요? 청컨대 대왕께서 먼저 입실하소서. 제가 옷을 갈아입고 들겠습니다」 하고 물러

나와 한 계집종을 치장시켜 들이었다.

뒤에 왕이 속은 것을 알고 크게 노하여 도미에게 애매한 죄를 씌워 그의 두 눈을 뺀 다음, 사람을 시켜 그를 끌어내어 작은 배에 실어 강물 위에 띄워 놓고, 도미의 아내를 끌어다가 강압으로 음란하려 하자 도미의 아내가 이르기를 「이제 양인良人⁵⁾을 이미 잃고 오직 한 몸이니 혼자서는 살지 못하는 터에, 항차 임금님을 모시게 되었사오니 어찌 어기리이까? 지금 경도로 온몸이 더러우니 청하옵건대 곱게 목욕한 다음에 날을 기다려 주십시오」하였다. 왕이 믿고 이를 허락하였다.

도미의 아내는 마침내 도망하여 강가에 이르렀으나, 배가 없어 건널 수가 없었다. 하늘을 부르며 통곡하니, 갑자기 조각배가 나타나서 물결을 따라오므로, 이를 잡아타고 천성도泉城島에 이르러 지아비를 만났으니, 아직 죽지 않은지라, 풀뿌리를 캐어 먹으며 같이 배를 타고 고구려의 산산蒜山 밑에 이르렀다. 고구려 사람들이 이를 불쌍히 여기어 옷과 밥을 주니 드디어 살아나 기려羈旅의 고장에서 일생을 마쳤다. 《삼국사기》〈열전〉

### 지리산녀智異山女

〈남원부南原府 열녀〉에『지리산녀는 구례현求禮縣의 여자로서 용모가 고왔다. 지리산 밑에 살았으나 그 이름이 기록에는 없다. 집이 가난하였으나 부도婦道를 다하니 백제왕이 그 아름다움을 듣고 궁궐 안으로 들이려 하였으나 한사코 따르지 않았다.』《동국여지승람》

## 4 신라 열녀

### 도화랑桃花娘

제25대 사륜왕舍輪王⁶⁾은 시호諡號가 진지왕眞智王으로 비妃는 기오공起烏公의 딸 지도부인知刀夫人이다. 태건太建 8년 병신⁷⁾에 즉위하여 치국治國 4년 만에 정사가 어지럽고, 음란한 짓이 많으므로 폐위되었다. 이에 앞서 사량부沙梁部에 서녀庶女가 있어 얼굴이 염미艶美하므로, 그때 사람들이 도화랑桃花娘이라 일컬었다. 왕이 듣고 궁중에 불러

들여 상통하려 하자 그녀가 이르기를 「계집으로서 지킬 바는 두 지아비를 섬기지 아니함이니, 지아비 있는 계집을 다른 지아비로 가게 한다면 그 일만은 비록 만승萬乘의 자리에 계신 분일지라도 할 수 없나이다」 하였다. 왕이 이르기를 「지아비를 죽인다면 어떻게 하겠느냐?」 하니, 「차라리 저자에서 목을 베일지언정 다른 원이 없나이다」 하였다. 《삼국유사》

## 5 고려 열녀

교동현喬桐縣 열녀 조씨曹氏가 외적外賊이 고을에 침범하였을 때 수절하였으므로 이 일을 조정에 알리고 마을에 정문을 세웠다. 《동국여지승람》

안동부安東府 열녀 김씨金氏는 유천주兪天柱의 아내이니, 홍무洪武 신사년辛巳年[8] 어느날 밤 술시戌時쯤 방에 들어가 양곡을 포대에 넣고 있었다. 그때에 범이 밖에서 지키고 섰던 지아비를 잡아가므로, 김씨가 목궁木弓을 쥐고 소리를 지르며 나아가 왼손으로는 지아비를 잡고, 오른손으로는 호랑이를 때렸다. 이렇게 60보쯤 가니 범이 놓고 달아났다. 김씨가 지아비를 등에 업고 집에 돌아오니, 새벽녘이 되어 지아비가 소생하였다. 그날 밤 범이 다시 와 크게 으르렁거리므로, 김씨가 문을 연 다음 막대기를 가지고 범에게 이르기를 「너는 짐승 중 영물靈物이거늘, 어찌 이다지도 심히 구느냐?」 하니, 범은 배나무 옆을 물어뜯고는 가버렸다. 뒤에 배나무는 말라 죽었다. 《동국여지승람》

영산현靈山縣 열녀 신씨辛氏는 낭장郎將 신사천辛斯蕆의 딸이다. 홍무洪武 임술[9] 6월에 외구外寇 50여 기騎가 영산 고을을 침범하였는데, 사천이 온 가족을 이끌고 피난하여 멸포蔑浦를 건널 때 적의 추격이 심하였다. 둘째 아들 식열息悅이 배를 끌어 밀려고 하였으나, 그때 여름 장마로 물이 한창 불어 물살이 세었으므로 배의 닻줄이 끊어져 그만 배가 겉둑에 돌아와 닿았다. 적이 따라와 사천을 쏘아 죽이고, 신씨辛氏를 잡아가고자 하였으나 신씨가 듣지 아니하니 칼을 빼어 보이면서 끌고 가려 하였다. 이에 신씨가 크게 꾸짖어 이르기를 「도적놈들아,

너 죽고 나 죽자. 너는 이미 우리 아버지를 죽였으니, 하루라도 같이할 수 없는 원수로다. 내 죽을지언정 너를 따라가지 않으리라」 하고 적을 잡아 물어 쓰러뜨렸다. 적이 일어나 크게 노하여 신辛을 죽이니, 나이 스물이었다. 체핵사體覈使[10]가 조정에 아뢰어 비석을 세워 사적을 적고 마을에는 정문을 세웠다. 《동국여지승람》

신씨辛氏는 낭장郎將 김우현金遇賢의 아내로서 홍무洪武 기미[11]에 외적外賊이 갑자기 쳐들어왔을 때 우현은 군軍을 일으켜야 할 낭장으로서 명命을 저버리고 도망하였다. 감군監軍이 와 신씨에게 묻기에, 대답하여 이르기를 「만약 상賞을 일이라면 바로 지아비 있는 곳을 알리려니와, 지금 죄를 더하려고 지아비 있는 곳을 물으시니, 어찌 사실대로 알리어 지아비를 죽게 하리요?」하며, 곤장을 아프게 맞으면서도 종내 말하지 아니하고 죽었다. 영락永樂 을미乙未에 정문을 세웠다. 《동국여지승람》

창녕현昌寧縣 열녀 윤씨尹氏는 진사 양호생梁虎生의 아내로서, 나이 스물셋에 과부가 되었다. 시아버지 판사성判事成 양윤덕梁允德이 개가시키고자 하였으나, 그녀의 뜻을 돌리지 못하였으니, 그녀는 쉰 살에 죽었다. 20여 년을 수절하는 동안 가문이 다 화목하였다. 나라에서 그 절행節行을 알고 비석과 정문을 세웠다. 《동국여지승람》

이숭인李崇仁이 쓴 《배열부전裵烈婦傳》에 『성주목星州牧 열녀 배씨는 진사 배중선裵中善의 딸로서 나이 열여섯에 사족士族 이동교李東郊에게 시집갔다. 그때 나라 안의 일이 잘 다스려지더니 홍무洪武 경신[12]에 외적이 경산京山에 다가오매 합경閤境[13]이 요란하였으나 감히 나아가 막을 이가 없었다. 그때 동교는 합포合浦의 수막帥幕에 가 종군하고 있었다. 그런데 동교가 돌아오기 전에 적의 기병이 배씨가 사는 마을에 쳐들어왔다. 배씨는 젖먹이를 안고 달리었다. 적은 급히 따라오는데, 강물이 불어 건널 수가 없었다. 배씨는 적을 돌아다보면서 꾸짖으며 이르기를 「어찌하여 나를 죽이지 않느냐? 내 어찌 도적에게 몸을 더럽힐까보냐?」하였다. 적은 화살을 쏘아 어깨를 맞혔는데 다시 쏘아 맞혀서 강물에 던졌다. 체핵사體覈使 조준趙俊이 이 일을 왕에게 아뢰어 정문을 세웠다. 《동국여지승람》

나씨羅氏는 감찰監察 나상羅常의 딸이요, 집현전集賢殿 직제학 배윤

裵閨의 아내이다. 윤규이 죽으매, 나씨는 나이 아직 어렸으나, 3년을 단발수분斷髮守墳하며, 한가지로 문공가례文公家禮에 따라 일체 상장 喪葬을 치러 부도浮屠의 법을 쓰지 아니하였다. 이 일이 왕에게 알려져 마을에 정문이 세워졌다.《동국여지승람》

　진주목晋州牧 열녀 최씨崔氏는 영암靈巖 사인士人 최인우崔仁祐의 딸로서 주호장州戶長 정비鄭備에게 시집갔다. 홍무洪武 기미에 외적이 진주를 침범하자 합경閤境이 어수선하였다. 이때 정비는 서울로 도망하였고, 적군은 마을에 들어왔다. 최씨는 서른이 좀 넘은 미인으로 네 아들을 데리고 바삐 산속으로 피하였다. 나올 때 적과 마주치자 적이 칼로 위협하였다. 최는 나무를 껴안고 항거하며, 떨쳐 꾸짖기를 「내 맞아 죽을지언정 도적에게 더럽히고 살소냐. 죽느니만 못하도다」하며 계속 매도罵倒하니 마침내 이를 죽이어 나무 밑에 넘어뜨리고, 두 아들을 잡아갔다. 겨우 여섯 살 난 셋째 아들이 시체 옆에서 호곡號哭하였고, 기저귀를 찬 어린아기가 기어가 어머니의 젖을 빠니, 피가 입으로 들어갔다. 얼마 안 있어 어린아기도 죽었다. 이어 10년 기사14)에 도관찰사都觀察使 장하張夏가 왕에게 아뢰어 마을에 정문을 세우도록 명을 내리고, 이역吏役들에게 그녀의 열렬을 널리 알리도록 하였다.《동국여지승람》

　함양군咸陽郡 열녀 송씨宋氏는 역승驛丞 정인鄭寅의 아내이니, 홍무洪武 연간에 외적의 침입 때 잡혀갔다. 적이 송씨를 더럽히고자 했는데 한사코 따르지 않더니 드디어 죽었다. 이 일이 왕에게 알려져 정문이 세워졌다.《동국여지승람》

　거창군居昌郡 열녀 최씨崔氏는 낭장郞將 김순金洵의 아내이다. 홍무洪武 경신 7월에 외적이 본현에 침입하여 최씨를 잡아 더럽히고자 하매 끝내 항거하다가 죽으니, 그 동리를 절부節婦의 마을이라 표적하였다. 《동국여지승람》

　고부현古阜縣 열녀 이씨李氏는 낭장 이득인李得仁의 아내로서, 신우辛禑15) 때에 외적이 쳐들어와 더럽히고자 하매 끝내 항거하여 죽음을 당하였다.《동국여지승람》

　광산현光山縣 열녀 김씨는 중랑장 조안정趙安鼎의 아내로서, 나이 열일곱에 아버지가 죽고, 열여덟에 지아비가 죽고, 열아홉에 어머니가 죽었다. 묘 지키기를 다 3년씩 하여, 생업을 놓고 슬퍼하여 마지않았으니, 이 일이 임금께 알려져 정문이 세워졌다.《동국여지승람》

문씨文氏는 판전교시사判典校寺事 강호문康好文의 아내로서, 신우辛禑 무진16)에 외구外寇가 마을에 침입해 왔다. 문씨에게는 어린아이 둘이 있었는데 어린것은 업고, 큰아이는 손을 잡고 달아나 숨으려다가 잡히었다. 적은 그녀의 목을 매어 앞세웠고 또 업힌 아기까지 건드리므로, 문씨는 빠져날 수 없음을 깨닫고, 어린것을 포대기로 싸 나무그늘에 놓은 다음, 큰아이에게 이르기를 「너는 여기 있거라. 뒤에 데려가리라」하니 그 아이가 굳이 그 말에 따랐다. 몽불산夢佛山 극락암極樂菴께에 이르니, 1천 자 가량 높은 벼랑이 있었다. 문씨는 같이 잡힌 이웃 여자에게 이르기를 「도적들에게 더럽혀서 살기보다 깨끗한 몸으로 죽으리라」하고, 몸을 떨쳐 떨어지니 적은 잡지 못하고, 극구極口 꾸짖고 나서 그 아이들을 죽이고 가버렸다. 그러나 벼랑 아래에 덩굴이 있어 창포풀로 빽빽하여 죽지 않고 오른쪽 어깨만 부러졌다. 먼저 벼랑 밑에 와 숨어 있던 마을 노인이, 이를 보고 불쌍히 여겨 범벅과 죽으로 살리었다. 사흘을 있다가 적이 물러갔다는 소문을 듣고 돌아오니 마을 사람들이 다 경탄하였다. 오래 뒤 부러진 어깨도 다 나았다.《동국여지승람》

김씨金氏는 서운정書雲正 김언경金彦卿의 아내로서 신우辛禑 때에, 외구外寇가 창졸간에 들어와 김씨를 잡아 더럽히려 하매 김이 이르기를 「만번 죽을지언정, 욕을 당할 수 없다」하고 뜻을 굽히지 아니하니, 적이 그녀를 죽이고 말았다. 조선조 태종太宗 때 마을에 정문을 세우라는 영이 내렸다.《동국여지승람》

민씨閔氏는 예조정랑禮曹正郎 권극중權克中의 아내로서 지아비가 죽은 뒤, 여묘廬墓17)하기 3년에 지나칠 만큼 예를 극진히 하며 슬퍼하더니, 머리를 깎고 중이 되어 묘 곁에서 살다가 목숨을 마쳤다. 이 일이 임금께 알려져 정문이 세워졌다.《동국여지승람》

정의현旌義縣 열녀 정씨鄭氏는 합적哈赤의 난18)에 지아비를 잃었는데, 그때 나이 어리고 자식도 없는 데다가 용모가 고왔으므로 안무사군관安撫使軍官이 강취強娶하려 하였다. 정씨가 죽음을 맹세코 칼로 자결하려 하여 끝내 안무사군관은 뜻을 이룰 수가 없었다. 정씨는 늙을 때까지 개가하지 아니하였다. 이 일이 임금께 알려져 마을에 정문이 세워졌

다.《동국여지승람》

　남원부南原府 열녀 이씨李氏는 생원 양중수梁仲粹의 아내로서 외구外寇가 더럽히려 하였으나 따르지 않아 마침내 적에게 죽음을 당하였다. 이 일이 왕에게 알려져 마을에 정문이 세워졌다.《동국여지승람》

　강화부江華府 열녀 삼녀三女는 강화부리江華府吏의 처자處子로서 신우 3년[19]에 외구外寇가 강화도를 침범하여 함부로 노략질을 할 때 삼녀三女가 적을 만났으나, 의분하여 욕을 당하지 아니하고 맞붙잡고 강에 떨어져 죽었다.《동국여지승람》

　평창군平昌郡 열녀 안씨安氏는 전의정典醫正 경덕의景德宜의 아내로서 신우 때에 외적外賊이 난입亂入하매 뒤뜰의 움 속에 숨었다. 적이 그녀를 잡아 더럽히려 하였으나 따르지 않아 이에 죽음을 당하였다.《동국여지승람》

　회양부淮陽府 열녀 권금權金의 아내는 문헌에 그 이름은 없다. 권금이 밤에 범한테 물리었는데, 장정 7,8명이 감히 구해내지 못하므로, 그의 아내가 범의 허리를 껴안고 대문에 버티어 크게 호통치니, 범이 권금을 놓고 가버렸다. 권금은 죽었으나, 이 일이 왕에게 알려져 정문이 세워졌다.《동국여지승람》

　이천현伊川縣 열녀 손씨孫氏는 한림승지翰林承旨 기자룡奇自龍의 아내로서 나이 스물한 살 때 자룡이 중국에 가더니 돌아오지 아니하였다. 손씨는 시어머니를 부지런히 봉양하며 두 마음을 먹지 아니했는데 조정에서 그녀의 절의節儀를 가상嘉尙하게 여기어 비석과 정문을 세웠다.《동국여지승람》

　고려역부高麗役夫의 처――의종毅宗[20] 때 중미정衆美亭을 지으매 역부役夫들이 식량을 자담하였다. 한 역부는 가난하였으므로 여러 역부가 음식을 나눠 주었다. 어느날 그의 아내가 여러 음식을 갖추어 왔으므로, 역부가 이르기를 「가난하여 이렇게 차리기 어려울 터인데, 그대가 남에게 얻어 왔는가? 아니면 남의 것을 훔쳐 왔는가?」 하였다. 이에 아내가 이르기를 「낯이 어지러우니 누가 나에게 주며, 성품이 졸拙하니 어찌 훔칠 수 있겠습니까? 머리를 베어 팔아서, 그 돈으로 차려왔습니다」 하고 그녀의 머리를 보였다. 역부役夫가 울음이 복받쳐 먹지 못하니, 듣는 사람들이 다 슬퍼하였다.《고려사》

고려 원종元宗[21] 때 조씨曹氏는 수녕현遂寧縣 사람으로서 삼별초三別抄[22]가 난을 일으켰을 때, 조씨의 나이가 여섯이었는데, 아버지 비조를 따라 적중賊中에 있었다. 뒤에 아버지 비조는 적중에서 달아났다 하여 탐라耽羅에 도형徒刑되어 복역하다가 죽었다. 열세 살 때 한보韓甫에게 시집가니, 시아버지 한광준韓光俊이 동정東征에 나갔다가 전사하고, 지아비 보甫도 거란족한테 죽었다. 나이 30이 못 되어, 아버지·시아버지·지아비가 다 전진戰陣 속에서 죽으니, 50년을 과부로 살면서 그곳을 떠나지 않았다. 그녀의 드높은 절개가 세상에 퍼지자 가정稼亭 이곡李穀이 《조절부전曹節婦傳》을 지었다. 《본전本傳》

현문혁玄文奕의 아내는 그 성씨姓氏가 기록에는 없다.[23] 원종元宗 11년에 삼별초三別抄가 강화江華에서 반란을 일으켰으므로, 문혁이 구경舊京으로 도망하는데 적의 배 4, 5척이 따라왔다. 문혁이 혼자 활질을 하면서 상접相接하자 아내가 옆에서 화살을 뽑아 섬기고, 섬기고 하니, 적이 감히 가까이 오지 못하였다. 문혁이 탄 배가 물 얕은 곳에서 흔들리자 적이 쫓아와 그를 쏘았다. 문혁이 팔을 맞고 배 안에 쓰러지니, 그의 아내가 「나는 의를 지키지, 도적들에게 욕은 당하지 않으리라」하고, 두 딸을 데리고 강물에 몸을 던지어 죽었다. 적들은 문혁을 잡았으나 그의 용감함을 아끼어 죽이지 아니하였다. 그런 뒤 문혁은 구경舊京에 돌아갔다. 《고려사》

유씨柳氏는 고려 말 낭장郎將 송극기宋克己의 부인이니, 나이 스물셋에 과부가 되었다. 부모가 그 어림을 가련하게 여기어 그녀의 마음을 돌려서 개가를 권하였으나, 부인은 돌이 된 아들 유瑜를 업고 도망하여 5, 6백 리를 걸어 시부모의 집에 돌아왔다. 시부모가 들이지 않으면서 이르기를 「어찌하여 부모의 말을 듣지 아니하느냐? 삼종지의三從之義에 어긋나는 일이로다」하였다. 이에 부인이 울며 이르기를 「등에 업은 아기의 뜻에 따라도 삼종지의三從之義에 어긋나옵니까?」하였다. 시부모가 측은히 여기어 허락하여 들이었다. 《우암집尤庵集》

6 조선조 열녀

연산군燕山君 때, 정씨鄭氏는 조지서趙之瑞의 아내이니, 포은圃隱의 증손녀이다. 연산조가 나포령拿捕令을 내리매, 조지서는 스스로 생각하여도 면하기 어려울 것 같아, 아내에게 이르기를 「내가 아무래도 돌아올 수 없을 듯하니, 조부님 신주를 장차 누가 모시겠소」 하였다. 정씨가 울며 이르기를 「죽는 일이 있더라도 자보自保하겠습니다」 하였다. 조趙는 마침내 죽음을 당하고, 집도 몰수되어 정씨鄭氏는 갈 곳이 없었다. 시부모가 이르기를 「어찌하여 우리집과 끝을 맺고, 본가로 돌아가지 않느냐?」 하므로, 정씨가 대답하기를 「망인께서 저에게 신주를 맡기시매, 죽어도 지키겠다고 하였사온데, 어찌 그 마음이 변하였겠습니까」 하였다. 정씨는 망인의 첩의 집에 가 의탁하여 살면서, 조부모 신주를 모셔 놓고 조석으로 곡하며 제사 지내던 중, 밀행칙사密行勅使가 이곳으로 온다는 소문이 들리자, 신주를 안고 집 뒤의 대나무숲에 숨어 3년상을 마쳤다. 반정反正[24]이 된 뒤 옛집에 돌아가 여느 때와 같이 제사를 받들었다. 《음애잡기陰崖雜記》《신여자보감新女子寶鑑》

중종中宗 때, 이씨李氏는 신생申生의 아내이니, 성혼한 뒤 바로 아버지가 병으로 죽었다. 이李는 장사와 제사를 다 가례家禮의 본에 따라 행하였다. 3년 후 제삿날이 다가왔다. 집의 개를 보니 새끼를 배어 배가 잔뜩 불렀다. 이씨는 개를 불러 먹이를 주면서 타이르기를 「나의 정성을 너도 알고 있을 터인즉, 내일이 제삿날인데, 네가 오늘 새끼를 낳으면 곧 제사를 못 지내게 된다. 그러니 네가 새끼를 낳겠거든 나가서 낳아라」 하였다. 개는 머리를 숙이고 듣더니, 어디론가 가버렸다. 아침에 제사를 지내고 나니, 개가 산골짜기로부터 나왔는데, 배가 홀쭉해 있었다. 먹이를 먹고 나더니, 윗산에 가 새끼를 가져오려 하였다. 그 성감誠感이 이와 같았다. 《사재척언思齋摭言》

중종中宗·명종明宗간의 윤낭자尹娘子는 경성京城의 사족士族이었다. 부父 아무가 밀양부사密陽府使가 되어 식솔을 거느리고 부임하매 그녀도 따라갔다. 나이 겨우 열여섯 살밖에 안 되었으나 자태가 아름다우며, 성품이 정숙하였다. 게다가 《소학小學》과 《여사女史》[25] 제편諸篇을 잘 깨닫고 있었다. 밀양부의 지인知印이 그녀를 몰래 좋아하더니, 은밀히 많은 뇌물을 그녀의 유모에게 주어 완월翫月한다고 그녀를 영남루嶺南樓에 꾀어내게 하였다. 유모는 깊은 밤에 낭자를 데리고 누상에 올랐다. 누樓는 산 위쪽에 있는데 대나무숲으로 빽빽이 싸였다. 그날 밤은 달이 밝은 보름이었다.

지인은 대나무숲에 숨었다가 갑자기 일어나 어정어정 올라왔고, 유모는 어느 틈엔가 피하여 버렸다. 혼자 남은 낭자는 문득 어찌 된 일인지를 몰랐다. 지인이 낭자를 껴안고 범하려 하자, 죽음을 무릅쓰고 듣지 않으니, 그는 일이 잘되지 않을 것을 알고, 칼로 낭자의 한 팔을 베었다. 낭자가 다른 한 팔로 대어들자, 그는 칼로 낭자의 목을 베어 대숲 속에 던졌다. 낭자의 집에서는 사실의 어찌 됨을 몰랐다. 이튿날 이를 알고 두루 수색하였으나 어찌할 수 없었다. 사람들은 그녀가 음란하였다고 헛소문을 내었다. 이에 부사는 부끄럽게 여기어 벼슬을 그만두고 돌아갔다. 그후부터 사객使客으로 밀양을 지나던 이가 왕왕 영남루에서 묵다가 횡사橫死하였고, 부사로 부임하여 온 이도 많이 죽었으므로 누樓를 폐하고 다시는 객관을 열지 아니하였다.

이진사李進士 아무가 밀양을 지나다 이 일을 듣고, 일부러 누樓에서 유숙하였다. 야반夜半에 문득 거센 바람이 불어와 촛불을 덮치더니, 울음소리가 대나무숲으로부터 들려왔다. 한 여자가 칼에 맞은 목으로 붉은 기〔朱旗〕를 손에 들고 앞에 와 섰다. 이생원李生員이 따져 묻기를 「너는 어찌 된 귀신이냐?」하였다. 그녀는 울면서 사실을 다 호소하더니, 다시 울면서「오랜 동안 원수를 갚으려 하였으나, 아직 그 때를 얻지 못하던 중에, 이제 요행히도 공을 만나서, 나는 원수를 갚게 되었습니다. 그 도적이 아직도 아무 벼슬에 있나이다」하고는 사라져버렸다. 이튿날 아침 부사에게 이 일을 통고하여 관속명부官屬名簿(吏案)를 살피게 한 바, 과연 주기朱旗라는 성명을 가진 자가 있었다. 이를 잡아다가 심문하니, 머리를 숙이면서 죄를 자백하였다. 법에 따라 이를 사형에 처하였다. 그 시체를 살펴보니 얼굴은 살아 있는 듯한데 그 목은 잘려져 피가 아직도 선鮮하였다. 부모가 이를 듣고 돌아가 장사 지내었다. 마을 사람들이 그를 슬퍼하여 사당을 세워 그녀를 제사 지내니, 오늘에 이르도록 영남루嶺南樓 아래쪽 대나무숲 속에 아랑사阿娘祠가 있다.《기문총화奇聞叢話》

숙종肅宗 때 향랑香娘은 선산善山 상형곡上荊谷의 양가댁良家宅 딸이니, 어려서부터 성품이 정숙貞淑·효순孝順하여, 계모가 매우 완악

頑惡하였으나, 항상 그 뜻에 따랐다. 시집은 갔으나, 지아비가 불량하여 그녀를 원수같이 미워하였다. 그러나 계모에게로 가지 않고, 그저 지아비로부터 핍박만 받고 있었다. 그녀의 숙부와 시아버지가 다 이를 불쌍히 여기어, 달리 시집가기를 권하였다. 향랑은 굳이 거절하며, 시가에 몸을 맡길 것을 다짐하였으나, 시아버지가 끝내 허락하지 아니하였다. 이에 향랑은 갈 곳이 없어 죽고자 결심하고 낙동강의 지주비砥柱碑 쪽으로 갔다. 그때 우연히 나무하는 아낙네를 만나매 다리〔髢〕꼭지를 풀어주며 말하기를 「이것을 가지고 가서, 우리 부모님께 드리어, 내가 죽었음을 증證하여 주오」 하였다. 그때 향랑의 나이 스물이었으니, 그 노래에 이르기를

    하늘은 얼마나 높고 멀며
    땅은 얼마나 넓고 아득한가.
    하늘과 땅은 크기도 한데
    이 몸 하나 둘 곳 없어라.
    차라리 이 물에 몸을 던져
    어복魚腹 속에 죽고자.
天何高遠　　地何曠邈
天地雖大　　一身靡托
寧投此淵　　葬於魚腹

라 하였다. 《만록漫錄》

  숙종 때 김씨金氏는 김학성金鶴聲의 어머니이니, 본성本姓은 미상未詳이고 경성 사람이었다. 젊어서 과부가 되었으나 아들 학성은 약관若冠으로 과거에 급제하였다. 김씨는 삯바느질로 호구하며, 두 아이의 학자學資를 대었었다. 어느날 물방울 떨어지는 소리를 들으니, 쟁그랑 하는 금옥金玉 소리가 났다. 내려가 보니 큰 솥이 묻히었는 데 돈꿰미가 가득 차 있었다. 빨리 묻어버렸으므로 아무도 몰랐다. 뒤에 언니에게 부탁하여 집을 팔고 작은 초가집을 얻어 살았다. 지아비의 제삿날 술을 차리고 언니를 모시었는데, 두 아들도 있었다. 여기서 한숨을 쉬며 이르기를 「돌아가신 지아비께서 고아시더니, 나도 대를 이어 미망인未亡人

이 되자, 항상 뜻을 이루지 못하지나 않을까 걱정이 되었으나, 이제 나는 귀밑머리가 허옇게 될 때까지 오래 살았고, 두 아들도 능히 부지父志를 잇게 되었으니, 이제 문득 죽은들 만족타 하리로다」하고, 마침내 돈솥 묻은 이야기를 하였다. 그녀의 언니가 이 말을 듣고 「어째서 그 돈을 묻어버렸을까?」하였다. 이에 대답하기를 「재물이란 곧 재화災禍로서, 까닭 없이 큰 재물을 얻으면 반드시 액이 있는 법이며, 또 사람은 마땅히 궁핍함을 알아야 합니다. 그때 두 아들이 다 어렸었는데, 만약 편안하게 배우고, 먹고, 입고 하였더라면 학업에 힘쓰지 않았을 것이고, 가난 속에 자라지 않았더라면, 어찌 재물이 쉽게 오지 않음을 알았겠습니까. 그러므로 나는 그 집에서 이사하여 당연히 마음을 끊었습니다. 그 뒤 얼마쯤 재화를 모을 수 있었는데, 그것은 다 나의 열 손가락에서 나온 것으로, 그전에 문득 보았던 그것에 비할 것은 아닙니다」하였다. 어머니는 장수하였고, 자손도 충려充閭하였으니, 사람들이 다 현모의 덕이라고 하였다. 《희조일사熙朝逸事》

    숙종 때 송씨宋氏는 고준실高俊實의 아내이니, 송도松都에 살았다. 그녀의 지아비는 만부湾府(義州)에 행상차 가, 박춘건朴春建의 집에 묵었다. 춘건은 그의 재물을 탐내어, 고준실과 말을 몰래 죽이고 압록강에 던져버렸다. 송씨는 남복을 하고 만부湾府에 가 걸식하면서 오랫동안 정탐하던 중, 춘건의 집에 들어가 등나무 채찍을 얻은바 핏자국이 아직 남아 있었다. 인하여 부府에 고하였으나 부윤府尹은 잡아다가 엄하게 다스리지 아니하였다. 이에 송씨가 주야호천晝夜呼天하며 강둑에서 통곡하니, 홀연히 물소리도 요란하게 강물이 불어서 시체와 죽은 말이 솟아올랐다. 이로써 급히 순영巡營에 고하였다. 그러나 순영에서는 사실을 밝히지 않고 도리어 노하며 형을 가하였다. 이때 문득 파란 참새가 날아와 송씨의 머리에 앉아 날개를 치면서 슬피 울므로, 순영이 이에 놀라 용천관龍川官에 맡기어 다스리게 하였다. 마침내 박춘건이 처형되었으니 송씨는 원수를 갚았다. 《중경지中京志》

    영조英祖 때 황씨黃氏는 박석주朴碩柱의 아내이니, 지아비 석주가 평강平康에 나들이 나갔다가 도적한테 죽음을 당하였다. 황씨는 원수를 갚겠노라 다짐하면서 발상發喪하지 아니하더니, 마침내 아들을 데리고 평강에 가 전전걸식하면서 3년을 보냈다. 그러던 중 한 주사酒肆에 이르러 지아비가 평소에 지녔던 행죽行竹을 얻으매, 그 적도賊徒 여섯이 범인임을 증證하고, 관에 고하여 벌주게 하니 적들은 다 참형을 받았다. 황씨는 하늘을 우러러 지아비를 세 번 부르고, 칼을 뽑아 적의 배를 베어 제사 지냈다. 애초에 적들은 박석주를 죽이어 좌천座川가의 모래 속에 묻었었다. 황씨는 손으로 모래밭 상하 몇 리를 파내어 끝내 시체를 찾아 장사 지내고, 마침내 식음을 끊고 죽으니, 이 일이 왕에게 알려져 이 마을에 정문이 세워졌다. 《중경지》

영조英祖 때 최씨崔氏는 김정혁金正赫의 아내이니, 송도松都에 살았다. 성품이 정숙하여 부도를 잘 닦았다. 지아비가 죽으니 염구殮具 일습을 다 손수 갖추었고, 장사가 끝나자 목욕관절沐浴盥櫛하고 약을 먹고 죽었다. 남겨 둔 상자 속에는 새 버선 한 켤레와 지아비의 옷이 접히어 갈무리되어 있었는데 「이로써 망부亡夫 곁으로 가고자 하오니, 속에 넣어주시어, 저의 유명지원幽明之願을 저버리지 말기 바랍니다」고 한 글이 적히어 있었다. 영조 계사26)에 이 일이 왕에게 알려져, 전지傳旨가 내렸다. 그 글에 「최씨는 나이 어린 부녀자로서, 능히 그 행실을 세우고 옷에 언문으로 간절한 글까지 적었으니 매우 측은한 바이로다. 그러나 슬프다. 송도는 전조前朝의 옛 도읍지이므로 이런 기특한 행실이 있어도 이 고을에 정문을 세울 수 없구나. 비석을 세우는 전례前例의 풍風에 따르되, 각별히 크게 세우라」 하였다. 《중경지》

정조正祖 때 김씨金氏는 현석기玄錫祺의 아내이니, 송도에 살았다. 석기錫祺가 호남湖南에서 객사하여 상반喪返되었다. 김씨는 손수 염을 풀고 하나하나 살피고 나서 죽기를 맹세코 음식을 폐하였다. 시부모가 달래며 이르기를 「너마저 죽으면 우리도 다 추위와 굶주림으로 죽으리니, 이것이 어찌 네 지아비의 뜻이랴」 하였다. 이에 김씨는 감오感悟한 바 있어 바로 밥을 먹고, 이로부터 더욱 일에 힘썼으니, 낮에는 일하고 밤에는 길쌈하였다. 그리고 시부모에게는 맛있는 음식을 손수 바치고, 자기는 기름 찌꺼기와 보릿겨를 먹었다. 오랜 뒤 시어머니가 죽고, 시아버지도 풍風을 앓아 오른손이 잘 듣지 않는지라 매끼마다 김씨가 숟가락을 들어 봉사奉飼하였다. 몇 년이 지나 시아버지도 죽었다. 김씨는 시어머니 무덤에 부장附葬하되, 아주 정결히 하고, 대상까지 치르고 나니, 지아비 죽은 지가 16년이 되었다. 김씨는 크게 한숨을 쉬면서

「아, 내 남의 아내가 되어 거친 음식을 먹어가며 부지런히 일하였노라. 먼저 간 지아비를 너무 멀리하였으니, 이제는 추모하기조차 두렵구나」하고 목욕을 하고 가묘家廟에 아뢴 다음 스스로 목숨을 바치니, 그 이튿날 사람들이 비로소 알고 급히 구하려 하였으나, 약찌꺼기가 베갯머리에 있었고, 몸은 이미 다 식어 있었다. 이 일이 왕에게 알려져 마을에 정문이 섰다.《중경지》

순조純祖 때 박씨朴氏는 한성 양가댁 딸이니, 지아비가 급병急病을 앓으매 혹 이르기를「사람의 피를 마시면 낫는다」고 하므로, 이 절부節婦는 바로 제 팔을 베어, 피를 보시기에 받아 먹이었다. 그러나 효험이 없어 끝내 죽었다. 자녀가 없는 데다가, 지아비의 집은 단족單族이었다. 절부는 조용히 빈소를 차린 다음 조상의 무덤 곁에 장사 지냈다. 그리고 가산을 다 팔아 돈 5천 냥을 만들어 시동생 안시철에게 주라고 시어머니께 보냈다. 시철이 그 연유를 듣고는「저는 돈 쓸 곳이 없습니다. 어머니께서 받아 두십시오」하였다. 이에 아들의 선산에 가 묘지기에게 돈을 주어, 여러 조상의 묘를 한산에 천장遷葬하였다. 역사가 다 끝나자, 절부節婦는 시철에게 고하여 이르기를「지아비에게 무자무족無子無族하니, 누가 받드리요? 뼈만 모아 놓았으니, 옮기지 않음과 같습니다」하였다. 지아비 죽은 지 1백 일이 되자 그 묘에 가 통곡하면서 제사 지내고, 그날 밤 돌아와 자결하니, 나이 겨우 스물여덟이었다. 온 마을이 다 경탄하여 마지아니하였다. 모여서 보는 이치고 느껴 울지 않는 이가 없더니, 크게 한숨 지으며「열녀로다」하였다. 안시철은 남은 돈으로 후히 염殮하여 장사 지내고, 묘가墓家까지 두어, 나무와 풀 따위를 다치지 못하게 하였다. 이에 영안부원군永安府院君 김조순金祖淳이 비갈碑碣에 제題하여 이르기를〈고절부지묘高節婦之墓〉라 하였다. 《희조일사熙朝逸事》

순조純祖 때 북관열녀北關烈女는 그 성姓을 모르니, 하천下賤 출신이었다. 용모가 위연偉然하여 장부의 기상이 있었다. 일찍이 가난한 나날을 보내더니, 지아비와 배필이 되어서는 호서湖西로 가 취식就食하였는데, 단양현丹陽縣의 굴속에 살림을 차리고 품팔이로 생계하였다. 그녀의 지아비가 아주 하천下賤한 터이므로, 마을 젊은이들은 그녀의 부색婦色을 탐내었다. 그러던 차에 지아비가 병으로 앓아 죽었다. 살길이 없는 데다가 돌보아주는 이도 없었다. 마을의 장가張哥라는 젊은 부자가 조상하며 그 부인의 마음을 떠보았다. 부인은 장사가 끝나지 않았으니 허락할 수 없다고 하였다. 장사가 끝날 무렵 장가가 정을 통하고자 하였으나 뿌리침을 받았고, 관을 치우고자 하였어도 뿌리침을 받았다. 조상이 끝나자 장가가 가서 돌보며 이르기를 「언제 장사 지내겠는가?」 물어도 「아니오」 하고, 「염한 채 그대로 두겠는가?」 하여도 「아니오」 하였다. 이에 장가가 「아아, 그대는 왜 그대의 지아비를 장사 지내려 하지 않는가?」 하였다. 이에 그녀는 「할 수 없소. 그대가 아무리 기다린들 그럴 수 없소」 하고 낮에는 장가의 집에 가 품팔이를 하고 저녁이면 굴속으로 돌아와 관을 베고 잤다. 음식을 얻어왔을 때마다 관 곁에 차려놓고 제사 지내고, 그 아래에 앉아 슬프게 곡하며 가슴을 어루만지며 오열하다가 오래되어서야 밥을 먹었다. 이 말을 들은 이웃 마을 사람들도 슬프고 아픈 마음을 어찌하지 못하였다. 한여름이 되어서도 장사 지내지 않으니 시체가 썩어 냄새가 엷은 관으로 새어, 사람들이 맡을 수가 없었으나 그녀는 혼자 그곳에 처하여 움직이지 아니하였고, 사람들이 범하려 하였으나 감히 가까이할 수가 없었고 장가도 애초에 먹었던 마음을 하는 수 없이 버리고야 말았다. 가을이 되었다. 품팔이한 돈을 셈하니 노자가 될 만하였다. 이에 「고향으로 가 장사 지내리라」고 소리지르니, 온 마을 사람이 다 미치광이라고 웃었다. 어느날 아침에 조상하고 나서, 마침내 마을 사람들에게 작별의 말을 고하니, 사람들이 크게 놀랐다. 관을 이고 하루에 60리를 가되, 밤이면 들밭에서 노숙하면서 잠시도 관 곁을 떠나지 않았다. 양식이 떨어지면 빌어먹기도 하고, 며칠을 불식不食하기도 하였으니, 다리가 실오리처럼 여위었다. 그러나 끝내 수천리 길을 걸어 향리에 가 장사 지냈다. 《매산집梅山集》

　순조純祖 때 하씨河氏는 평안도 덕천德川에 살았으니, 그의 아버지는 개성 사람이었다. 아버지 하천일河千一이 가산嘉山으로 이사갔는데, 순조 신미[27]에 유적酉賊인 홍경래洪景來가 가산을 함락시켰으므로, 천일千一이 병兵을 피하여 덕천 마을에 우거寓居하였다. 난亂이 평정되매 천일은 가산으로 돌아갔고, 딸은 덕천의 사인士人 김여횡金麗璜에게 시집갔다. 여횡은 본디 고빈孤貧한 가문의 소생이라 아들 하나를 두더니, 얼마 안 있어 병으로 죽었다. 이에 부모가 딸의 마음을 돌리어 개가

시키려 하였으나, 하씨는 이에 따르지 않고 정성을 다하여 시아버지를 봉양하다가, 장수하고 종명終命하였다. 애초 지아비가 죽으매 가산이 더욱 쇠락하였으므로, 마을의 골짜기에 장사지내었다. 덕천은 본디 깊은 산골인데다 쑥대 마을[28]이라 낮에도 여우와 삵괭이가 나타나는 곳이었다. 하씨는 어린아이를 데리고 나무섶으로 막을 짓고 묘 곁에 거처하면서 삯바느질과 삯일로 제사를 받들었으며, 여축餘蓄을 두었다가 지아비의 옷을 지어, 생일이 되면 묘에 제분祭焚하기를 해마다 하였으니, 대개 지아비가 생전 때, 너무 가난하여 평소에 의관을 갖추지 못하였음이 안쓰러웠기 때문이다. 이에 덕천 사람들이 그 젊은 절개를 불쌍히 여기어, 지관[29]에 위촉하니, 풍수가 불길하다고 하므로, 고요하고 넓은 곳으로 이장케 하고, 무덤 곁에 따뜻한 방을 꾸미어 거처하게 하였다. 얼마 안 되어 아들마저 죽으니, 더욱 의지할 곳이 없었다. 부모가 굳이 개가시키려 하므로 독을 먹고 죽으려다 죽지 못한 채, 띠집 속에 30년을 살면서 후면누의垢面陋衣로 방을 나오지 않고, 삯바느질을 하였다. 남의집 왕래를 반드시 밤에만 했으나, 범 같은 짐승도 감히 가까이 오지 못하고 다 피하였다. 《만록漫錄》

순조純祖 때 배씨裵氏는 장시호張時皥의 아내요, 배동환裵東煥의 딸이니, 성품이 순의淳懿하고, 행실이 예에 맞아서, 시부모를 섬김에 성효誠孝하였고, 축사姊姒[30]들과 처處함에 화공和恭하였고, 비복을 거느림에 엄은嚴恩하였으므로 집안이 온화하였다. 순조 경신庚申[31]에, 읍졸邑卒 이갑회李甲會가 부가夫家와 사이가 나빠져 무고誣告로 큰 옥사를 일으키니, 이로써 지아비는 형을 받아 죽었고, 배씨도 멀리 강진康津의 섬에 정배定配되었다. 이로써 자녀를 거느리고 궁황절역窮荒絶域에 왔으니, 아무 데에도 친척이 없었다. 배씨는 봉수구면蓬首垢面[32]으로 품팔이와 삯바느질로 외로운 자녀들을 길렀다. 밤을 새워 일을 하곤 하였으므로 몸은 쇠약해지지 않을 수 없었다. 이렇게 9년을 보내면서 항상 아들에게 말하기를 「화변禍變을 당하던 날, 내 어찌 자결할 수 없었겠느냐마는, 지금껏 구차스레 살고 있는 까닭은 너희 남매를 두었기 때문이다. 너희들이 자라, 다행히 황천皇天의 도움으로 부조父祖의 원한을 씻을 수만 있다면, 나는 죽어 눈을 감으리라」 하면서 눈시울을 적시곤 했다. 《소학언해小學諺解》 한 부를 두고 어렵거나 지칠 때면 스스로 관성觀省하여, 몸가짐을 하후夏侯의 영녀令女처럼 하고, 아들을 가르치되 고인의 충효로써 하며, 딸을 훈계하되 봉천奉天 두씨竇氏의 행실로써 하였다. 이 섬의 풍속이 어둡고 사나워서, 턱없이 고과孤寡라고 멸시하더니, 진리鎭吏 김덕순金德順·신한림申漢林이 밤중에 쳐들어왔다. 화를 입힐 기색이 심급甚急하매 배씨는 딸과 함께 빠져 나와 바닷가에 가 호천대통號天大慟하였다. 이에 정랑貞娘이 먼저 몸을 던지려 하자, 배씨는 「나는 차마 못 보겠다」고 하며, 마침내 먼저 바다에 몸을 던졌다. 낭자도 따라 몸을 던졌다. 이튿날이 되니, 마을 남녀가 이르기를 「어제 저녁 큰 불광주리 같은 별이 앞바다에 떨어졌으니, 그때 반드시 절부節婦가 물에 빠져 죽었을 게다」고 하였다. 사흘이 지나니 서로 껴안은 모녀 시체가 바닷물 위에 떠올랐다. 마을 사람들이 슬퍼하며 이를 장사지냈다. 이로부터 해마다 이 모녀가 물에 몸을 던진 날이 되면, 반드시 폭풍이 크게 일어나니, 섬 사람들이 다 처녀바람이라고 하였다. 다산茶山 정약용丁若鏞이 강진에 정배 와서, 이 일을 글로 적었다.《만록》

철종哲宗 때 최씨崔氏는 울산 사람 김익수金益秀의 아내이니, 임신하여 달이 차서 친정으로 가던 중, 지아비와 함께 내황內隍 나루를 건너게 되었다. 이때 지아비가 소에 밀리어 물에 빠졌으므로, 최씨는 가마에서 나와 강 속에 같이 뛰어들었다. 이때에 헤엄 잘 치는 이가 있어 들어가 구해냈으나 부부는 껴안은 채 죽어 있었다. 예닐곱 시각이 지나 해가 질 무렵이었으나, 사람들은 죽은 줄 알면서도, 혹시나 하여 나루터에 올려놓고 구급술救急術을 썼다. 김익수가 물을 토하며 되살아났고, 최씨도 피를 몇 되 토하고 다시 살아나니 태아도 무사하였다. 아들을 낳아 진헌振憲이라고 이름지었다. 부부가 다 제 목숨대로 살고 죽으니, 세상 사람들이 모두 열부烈婦라고 하였다.《만록》

인조 때의 열부烈婦 조씨趙氏의 아비 조인필趙仁弼은 숙원淑媛 조씨의 족당族黨으로, 김자점金自點이 막 역모를 꾸미자, 인필도 가담하게 되었다. 이때 인필의 사위 신모申某가 발고發告하여 인필이 마침내 주살誅殺되니 이에 신모의 아내는 종신토록 지아비와 더불어 말하지 아니하며 폐문자수閉門自守하였다. 그러나 신가의 문을 떠나지는 아니하였다. 신모가 더불어 잠자리에 들고자 해도 굳이 들이지 아니하였으나 역시 열부烈婦였다. 옛날 우문사기宇文士奇의 아내는 수나라 양제煬帝의 맏공주이니 사기가 양제 시해弑害에 가담하고 나서 더불어 다시 부부되고자 하였으나 끝내 거절하였다. 송왕경宋王敬의 딸과 그녀의 지아비 사조謝朓와의 사이에도 이와 비슷한 일이 있었다. 그러나, 그 우열優劣을 논하건대 조씨의 처사가 가장 마땅한 바이로다.《성호사설星湖僿說》

정조 때 사람 홍양호洪良浩의《이계집耳溪集》열부이씨정려기烈婦李氏旌閭記에, 다음과 같이 씌어 있다. 부인은 죽음으로써 열렬을 행하였으니, 타고난 천성이 그러하였다. 그러므로 마을의 필부匹婦가 왕왕 이를 행할 수 있어, 손가락을 잘라 피를 받으며, 적賊을 만나서는 대신 죽으며, 맹수에 잡힌 사람도 빼어냈으니, 사전史傳에도 실려 계고稽考할 수 있는 바이다. 제 손으로 살을 베어 이미 다문 입에 넣으려고 핏줄을 끊은 이가 이어오더니, 이제 정씨鄭氏의 부婦에서 보는 바이다. 부인은 효령대군孝寧大君의 후예이니, 학생學生 정익주鄭翊周에게 시집가 집이 매우 가난함에도 시아버지를 잘 봉양하였다. 영조 경인33) 겨울에 익주가 앓더니, 열흘이 지나자 병이 위급해졌다. 그때 아버지는 멀리 나들이 갔었고, 형제도 없었다. 이씨는 홀로 부호扶護하다가 의원을 데려와 보이었더니, 넋없이 앉으며 맥이 끊어졌다고 하여 돌보지도 않고 돌아가 버렸다. 친척이 와서 보고「아, 어찌할 수 없도다」하며 이불을 덮어 내어 놓았다. 이씨는 호읍號泣하면서 새끼줄에 목매어 먼저 죽고자 하던 차에 이웃 부인이 말하기를「일찍이, 산 사람의 피와 살이면 죽은 사람도 살릴 수 있다고 들었으나, 어찌 그것을 얻을 수 있겠소?」하였다. 이씨는 이웃 부인에게 고맙다며 보내고 얼음으로 몸을 씻은 다음, 뜰에 자리를 베풀고 북두칠성께 빌고 나서, 곧 방에 들어가 칼로 넓적다리를 베니, 피가 줄줄 흘러나오는지라, 이불을 벗기고 지아비의 입에 떠 넣었다. 그리고 다리의 살을 사방 네 치 가량 베어 내어 작게 썰어 불에 볶아, 입에 넣어주기를 밤새 쉬지 아니하였다. 새벽이 되어서 지아비의 목구멍에서 가늘게 물 당기는 소리가 들리므로, 급히 살즙을 내어 물을 만들어 먹이었다. 이렇게 며칠 동안을 하니, 살은 다하였으나 지아비의 병은 다 나았다. 이때 이씨는 아기를 배었었는데 워낙 상처가 심하여 낙태되매 아픔을 자력으로 참으며,

지아비가 알까 두려워 딸과 머슴에게 말내지 못하게 하였다. 오래 지난 뒤 말이 새어 익주가 알게 되었다. 익주는 이를 알고 크게 놀라 아내의 상처를 어루만지며 눈물을 글썽이고 이르기를「사생死生의 일은 천명에 달린 일인데, 어찌 그대 스스로의 살을 베어냈었는고?」하였다. 이에 이씨가 이르기를「그대는 형제가 적고, 아직 아들까지 없으니 죽으면 곧 집이 폐하게 되는지라, 내 어찌 살쯤 아픈 것을 못 참아, 넘어가는 목숨을 구하지 않겠습니까? 이제 요행히도 천령天靈의 은덕으로, 그대는 병이 나았고, 나도 몸이 온전하니 어찌 걱정을 하십니까?」하였다. 이 말을 들은 원근 사람들이 모여와 다 감탄하였다.

### 鄭烈婦傳

열부烈婦 정씨鄭氏는 팔계八溪 사람인 학생 덕휘德輝의 딸이니, 나면서부터 성품이 지선至善하여 부모를 효로써 섬기고, 형제 사이에는 우애로써 처하며, 염치가 곧아 비록 가인家人·족당族黨일지라도 그들과 자주 만나지도 않고 말도 적어 늠연한 여사풍女士風을 지니었다. 자라서 사인士人 박사억朴思億에게 시집가더니 부모를 지킴에 어긋남이 없었다. 부가夫家가 가난하여 한성경漢城京에서 살 수 없어, 오라비 창구昌龜에 의지하여 여주驪州에 가 살았다. 새로 간 집을 돌아보니 매우 쓸쓸하였고, 때로는 애벌 찧은 쌀[糲糲]조차 없었다. 그러나 지아비를 섬김에 의식을 대지 못할까 걱정이 되어 심란하였다. 옮겨 산 이듬해, 지아비가 갑자기 병에 걸리더니 날로 심해 갔다. 정씨는 온갖 의약을 다 쓰며, 빙설중氷雪中에 목욕하고 조석으로 밖에 나가 빌며 옷을 벗지 아니하였다. 엿새가 되어 지아비가 죽으니, 이날로써 지아비를 따라 죽고자 음식을 끊고 스스로 물 몇 모금만 마시었다. 그녀의 형이 울면서 말하기를「우리집은 매우 가난한 데다가, 집안에 밥상 차릴 사람마저 없게 되면, 누가 주장을 세워 장제葬祭를 받들겠는가?」하였다. 이에 정씨는「슬프다, 내가 만약 죽으면 누가 우리 낭군 장제葬祭를 주재하리요?」하고, 비로소 굳이 죽을 먹으며, 조석으로 제전祭奠을 받들되, 자기 몸은 돌보지 않았다. 그 뒤부터는 형이 내심 기뻐하며 「우리 동생이 죽지만 안 했으면……」하고 바랐다. 장사를 치르고 곡을 마치고 나자, 제사 지내고 남은 음식을 이웃의 애쓴 분들에게 나눠

주고, 집안 사람들과 여느 때처럼 이야기하며 아무 기미도 보이지 않았다. 밤에 여러 형과 곁에 있는 분들에게, 여러 날 수고가 많았으니 다들 자리에 들어 쉬시라고 하였다. 여러 사람이 말대로 하였다. 날이 밝아 들어가 보니 옷을 단정히 하고, 머리를 깨끗이 빗고 자리에 누운 품이 마치 새댁 잠자리와 같은데, 베개맡에 독 그릇이 있었다. 여러 형에게 박렴갈장薄斂渴葬[34]을 당부하는 글을 남기니, 임오壬午[35] 9월 12일이었다. 그때 나이 스물아홉이요, 아들은 없었다. 여러 형이 구일장九日葬으로 지아비 무덤을 파고 합장하니, 여주驪州의 사부士夫가 듣고 슬퍼하였다.

### 石北 驪江節婦歌
여주 고을 외딴 버드나무집에
어제만 하여도 지아비를 곡하는 소리 들렸는데
오늘 아침에 그 소리 그치니
그의 아내 지아비 따라 목숨을 마쳤도다.
아들이 없어 임의 제사 받들지 못할 바에
아내로 살아 남아 무엇하랴 함인가.
지아비 죽으매 아내가 장사지내더니
아내가 죽으매 그녀의 형들이 장사지냈구나.
오늘에는 곡소리 다 멈추고
넋의 울음만 지아비 따르네.
천년토록 땅 속에 묻힌 사람이야
참으로 오래도록 외롭겠지만
아내의 가벼운 그 한 목숨으로
무겁고 무거운 삼강三綱
그 삼강三綱을 죽음으로 지켰거니
그 무덤 태산보다 높아라.
여주 고을에 맑은 물 그치지 않고
여주 고을에 높은 뫼 헐리지 않았도다.
여기에 정씨 무덤 있나니
길가는 이여, 나의 노래 들으소서.

| | |
|---|---|
| 驪州獨柳家 | 昨聞哭夫聲 |
| 今朝哭聲絶 | 疋婦易損生 |
| 無兒可祭君 | 妾生何所望 |
| 君死有妻葬 | 妾死有兄葬 |
| 今日旣卒哭 | 魂哭下從夫 |
| 地中千載人 | 秖得三月孤 |
| 妾在一身輕 | 妾去三綱重 |
| 三綱一身持 | 泰山小於塚 |
| 驪之水不絶 | 驪之山不磨 |
| 此是鄭氏葬 | 行者聽我歌 |

《석북집石北集》

### 兩烈女傳

송화현松禾縣의 열녀 이씨는 이홍도李弘道의 아내이니, 지아비와 동년생同年生이었다. 부도를 다하여 지아비를 섬기더니, 스물두 살 때 지아비가 죽거늘, 슬픔을 이기지 못하여 따라 죽고자 바늘을 삼키었으나 죽지 아니하였다. 지아비가 꿈에 나타나 고하기를「그대의 죽고자 하는 뜻은 참으로 고마우나, 인명은 천정天定이라 쉽지 않을 터인즉, 50년 뒤 내가 죽은 달에 저절로 죽을지로다」하였다. 이씨는 망부亡夫의 명을 받들어 죽을 생각을 아니하였다. 이씨는 3년상을 보내고도, 종신終身 소복素服을 입고, 해어지면 깁고, 해어지면 깁고 하여 새것으로 바꾸지 아니하면서 지게미밥과 짚자리로 지냈고, 늙어서는 간장을 먹으면서 지내었다. 해마다 7월 초닷새 망부의 사일死日을 지키었다. 어느해 신사일辛巳日, 손수 제찬祭饌을 차리어 막 제사 지내려던 참에 갑자기 이불에 기대며「나는 죽으련다」하고 기쁜 듯이 죽었다. 꿈에 지아비가 보인 해부터 과연 50년이 되었었다. 지아비가 인시寅時에 죽었는데, 아내도 같은 시에 죽었다. 그때 향년은 72세였다. 아, 이상도 하구나. 천명을 바꾸지 못함이 이와 같았으매, 향인鄕人이 이를 잘 기록하더니, 태수가 이를 기리어 마을에 정문을 세우도록 청문聽聞하였다.

《청장관전서靑莊館全書》

이씨李氏도 열녀이니, 어려서 어머니를 잃고, 종고從姑 이씨 밑에 자라면서 《소학小學》과 《사기史記》를 읽어 통달하였다. 열일곱 살 되던 해 8월에 용강현龍岡縣의 김인로金麟老와 혼례를 올렸다. 그해 10월, 인로는 이씨를 데리러 처가로 가던 중 대동강을 건너다가 물에 빠져 죽었다. 열녀는 이 소식을 듣고 곡하며 시가媤家 쪽으로 달려갔다. 대동강 중류에 이르러 대성통곡하면서 「우리 낭군이 나를 데리러 오다가 물에 빠졌으니, 내 낭군을 따라 죽으면 한이 없으리로다」 하고, 강에 뛰어들었으나, 좌우 사람의 옹위擁衛로 죽지 못하였다. 부가夫家에 가서도, 몇 차례나 밤에 도망하여 강까지 이르렀으나, 그때마다 사람들에게 들키어 뜻을 이루지 못하더니, 열녀는 말을 속이어 「낭군께서 이미 가셨으니, 나라도 살아 있어 제사를 받들려오」 하면서, 평일과 같이 온화하게 하였다. 집안 사람들도 마음 놓고 지키지 아니하였다. 그날 밤으로 열녀는 우물에 가 빠졌다. 날이 밝아 여러 사람이 알고 건졌으나, 발과 가슴과 등을 죄다 명주로 굳게 동이었으므로 잘 풀 수가 없었다. 그 유서에는 가사처리家事處理의 일과 시부모와 부모형제께 이르는 결별의 말이 적히어 있었고, 또 동인 명주를 풀지 말고 그대로를 염으로 삼아 줄 것과, 소복하지 말 것을 당부하는 말, 그리고 지아비의 시체를 찾지 못하였음을 크게 한하며, 끝내 찾지 못하거든 지아비의 옷과 머리칼을 함께 묻어 달라는 뜻이 적히어 있었다. 뒤에도 끝내 김인로의 시체는 찾아내지 못하였다. 무오에 평안감사가 왕에게 이 일을 아뢰어 마을에 정문을 세웠다. 《청장관전서》

---

1) 〈津卒〉 나루터에서 일하는 수부水夫.
2) 〈平岡王〉 본문의 평강왕은 평원왕平原王. 고구려 제25대 왕. 재위 559~590년.
3) 〈二八〉 열여섯.
4) 〈蓋婁王〉 백제 제4대 왕. 재위 128~165년.
5) 〈良人〉 지아비. 《맹자》에 「良人者 所仰終身也」라고 했다. 또 좋은 아내〔美室〕를 이름. 《시경》에 「今夕何夕見此良人」이라고 했다.
6) 〈舍輪王〉 진지왕眞智王. 신라 제25대 왕. 재위 576~579년.
7) 〈太建八年丙申〉 진지왕 원년. 서기 576년.
8) 〈洪武辛巳〉 태종太宗 1년. 서기 1401년.
9) 〈洪武壬戌〉 세종 24년. 1442년.

10) 〈體覈使〉 고려시대의 외관직의 한 벼슬. 본문에는 민정을 들어 왕에게 상주하여 상 주게 한 구실로 쓰였다.
11) 〈洪武己未〉 세종 21년. 서기 1439년.
12) 〈洪武庚申〉 세종 22년. 서기 1440년.
13) 〈闔境〉 영내 전역領內全域. 온 나라.
14) 〈己巳〉 여기서는 세종 31년. 서기 1449년.
15) 〈辛禑〉 우왕禑王(재위 1374~1388) 신돈辛旽의 비첩 소생이라고 하나, 조선 초 학자의 부회설로 보임. 우왕의 시대.
16) 〈辛禑戊辰〉 우왕 14년. 1388년.
17) 〈廬墓〉 무덤 옆에 띠집을 짓고 묘를 지킴.
18) 〈哈赤之亂〉 고려 충렬왕 때 원元의 합단哈丹(哈赤溫의 孫)이 침입해 온 일.
19) 〈辛禑三年〉 정사년. 서기 1377년.
20) 〈毅宗〉 고려 제18대 왕. 재위 1146~1170년.
21) 〈元宗〉 고려 제24대 왕. 재위 1259~1274년.
22) 〈三別抄〉 고려 최씨崔氏 집권 시대의 군대. 별초別抄는 용사선발군勇士選拔軍.
23) 원주에 「혹 변씨邊氏라고도 한다」고 했다.
24) 〈反正〉 정도正道로 돌림.
25) 〈女史〉 주관周官의 이름. 왕후의 예사禮事를 맡았다.
26) 〈英祖癸巳〉 영조 49년. 서기 1773년.
27) 〈純祖辛未〉 순조 11년. 서기 1821년.
28) 〈馬鬣〉 말갈기. 여기서는 무성한 잡초목을 일컬음.
29) 〈地官〉 집터나 묘자리를 잘 보는 이. 지사地師·풍수風水.
30) 〈妯娌〉 동서붙이.
31) 〈純祖庚申〉 본문의 오식誤植인 듯. 순조 재위 연간에는 경신년庚申年이 없음. 혹 경진庚辰년(순조 20)의 잘못일 듯.
32) 〈蓬首垢面〉 상喪을 입음에 죄인과 같이 머리나 낯을 치장하지 않음.
33) 〈英祖庚寅〉 영조 46년. 서기 1770년.
34) 〈薄斂渴葬〉 간소한 장례葬禮.
35) 〈壬午年〉 신광수申光洙(호 石北) 생존 연간의 임오년은 영조 38년임. 서기 1762년.

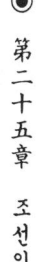

朝鮮女俗考

● 第二十五章 조선의 열녀烈女

尹斗緒 | 採艾圖 | 견본담채 | 30.2×25cm | 전남 해남 尹泳善藏

# 第二十六章 ● 조선의 여자교육

이규경李圭景의 여교변증설女敎辨證說에 『옛날의 교녀敎女는 교자敎子와 마찬가지로, 소아小兒 때는 말로써 타이름을 위주로 삼았다. 그러므로 반드시 어려서부터 부축해 가면서 성품과 버릇을 이루게 하였다. 부모는 가르쳤고 보모褓母는 훈련하였으니, 다 단장정일端莊貞一의 덕과 동정위의動靜威儀의 도로써 하지 않음이 없었으되, 귀와 눈에 배어 젖도록 하였다. 사물四勿의 덕¹⁾을 닦게 하며, 삼종三從의 도를 지키게 하여, 집에 있는 동안은 딸로서 오직 부모에게 효도하며, 형제들과 우애있게 하였다. 시집가게 되면 곧 이천移天이라 하여 오직 시부모를 섬기며, 지아비를 따르도록 교훈하였다. 대개 사덕四德²⁾이 현저하면 온 가문이 이를 받들 것이고, 칠악七惡을 다 지니면 향당鄕堂은 버리고, 어른들은 날로 이마를 찌푸리고, 가군家君도 반목하게 되는 법이다. 이렇듯 집안의 걱정거리가 되고도 어찌 감지지양甘旨之養³⁾을 받들며, 변두지공籩豆之供⁴⁾을 도울 수 있으랴? 만약 여자로서 길쌈에 힘쓰고, 부도를 익히면 그 집안이 흥왕해지는 법이다. 그러므로 어려서부터 이를 익히면 한격지환扞格之患⁵⁾이 없을 것이로다. 자라서 행실이 없으면 기롱을 받기 쉬우니 어찌 마사지집麻絲之執⁶⁾과 주식지의酒食之議⁷⁾에 특히 용심하지 않았으랴?

옛날의 여교서女敎書로서는 《예기禮記》의 내칙편內則篇과 유향劉向의 《열녀전烈女傳》이 있고, 또 한나라 부풍扶風 반표班彪의 딸 소昭(曹尋妻)가 지은 《여계칠편女誡七篇》, 당나라의 경조인京兆人 한림학사 위온韋溫의 딸이 지은 《속여훈續女訓》, 원나라 양음陽陰 사람 허희재許熙載 저著 《여교서女敎書》 및 《여훈女訓》⁸⁾ 《여헌女憲》 《여사서女四書》⁹⁾ 《여교명감女敎明鑑》 《소학小學》, 그리고 황보밀皇甫謐의 《열녀전》과 여거인呂居人의 《궁잠宮箴》, 추씨鄒氏의 《여효경女孝經》, 송宋나라 상궁尙宮의 《여논어女論語》 등의 서책이 있으니, 다 부녀 교훈의 법을 적은 것들이다. 우리나라는 조선조에 들어와 덕종비德宗妃¹⁰⁾ 소혜왕후昭惠王後 한씨韓氏가 《내훈內訓》 칠장七章을 손수 지었고, 근세에 와서는 광주廣州 유의柳義의 어머니 유인孺人 모씨某氏가 《태교편胎敎篇》을 지었다고 하나 아직 보지 못하였다』고 했다.

이능화는 이에 대하여 다음과 같이 주장한다.

조선은 자고로 여자교육에 힘쓴 일이 없었으니, 할 수 없었던 것이 아니라, 하지 않았었다. 대개 위에 앉은 이들이 여자의 구실은 그저 할팽割烹·재봉裁縫·쇄소灑掃·정구井臼의 일이 고작이므로, 다만 남부구고男夫舅姑에 순종만 시키면 되지, 더 여자에게 바랄 것이 없다고 생각하였다. 역사상의 문헌으로 보건대, 고려 이전의 여성으로 능문能文한 이가 있었다는 기록은 없다. 나라에서 쓰는 글이 이미 한문이었으므로 남자도 통효通曉하기 어려웠으니, 하물며 여성이어찌 잘 통효하였겠는가. 더구나 힘써 가르치지도 아니하였음에랴. 조선조 이래로는 여자로서 경사經史를 해독하며, 시문도 지을 수 있는 이가 왕왕 있어 왔다. 허종許琮의 자씨姉氏는 글과 식감識鑑이 있었고, 미암眉巖 유희춘柳希春의 부인은 글을 잘하여 시를 지었고, 율곡栗谷 이이李珥의 어머니 사임당師任堂 신씨는 글씨와 그림을 잘하였고, 초당草堂 허엽許曄의 딸 난설헌蘭雪軒은 시를 잘했다. 학곡鶴谷 홍서봉洪瑞鳳의 어머니와 홍상한洪象漢의 부인 어씨魚氏와 그밖에 임당林塘 정유길鄭惟吉의 딸 봉원부부인蓬原府夫人 유씨柳氏, 잠곡潛谷 김육金堉의 딸(徐文履夫人), 연천淵泉 홍석주洪奭周의 어머니 서씨徐氏, 탄원坦園 윤광연尹光演의 아내 정일당靜一堂 강씨姜氏, 광주廣州 유의柳義의 어머니 등 여러 사람은 다 재주도 타고났으려니와 지벌地閥도 있고, 가정지학家庭之學과 시례지풍詩禮之風을 지니었었다. 그러나 이들은 바다 속에 가라지 씨가 있는 격에 불과하니, 여성교육의 상도常道가 섰었다고 할 수는 없는 바이다.

세종 28년 병인에 훈민정음訓民正音을 반포한 이래로 조선여자가 눈뜨기 시작하여, 사물을 기록하고 서적을 번독飜讀하였으니, 이렇듯 일용日用이 편리하게 되었다. 정음正音이 쓰이기 전에는 어떤 방법으로 어리석은 백성을 가르쳤을까? 상고컨대 세종 16년에 삼강행실三綱行實[1]을 반포실행頒布實行함에, 교를 내리어 지방관에게 민간의 학식 있는 이를 뽑아, 이들로 하여금 가르치도록 시켰지만, 실제로는 그렇게 하기 어려운 형편에 있었던 것으로 짐작된다. 그때 내린 교문은 다음과 같다.

강충降衷[12]과 병이秉彝[13]는 백성으로 태어난 이에게다 같은 바, 후륜성속厚倫成俗[14]함이 나라의 선무先務이니라. 세도世道가 차차 후대로 내려오면서부터 순풍淳風이 예[古]와 달라, 천경天經과 인기人紀가 다 실진失眞하여, 신이 신도臣道를 하지 못하며, 아들이 아들의 구실을 다 바치지 못하며, 부부로서 부도婦道를 온전히 못하는 자가 간혹 있으니 한스럽도다. 옛 성제명왕聖帝明王이 신교身教를 궁행躬行하여 표창도솔表唱導率[15]하여 비옥가봉比屋可封할 만큼 많은 인재를 내었던 일을 생각하는 한편, 나의 덕 적음을 돌이켜 보건대, 그 일만분의 일도 꾀하지 못할까 두려우나 뜻한 바 있어 오직 전교典教를 두텁게 하고자 숙야진심夙夜盡心하는 바이로다. 어리석은 백성들을 헤아리건대, 그 추향趨向이 몽연懵然[16]하되 따를 만한 효칙效則이 없으므로, 이에 유신儒臣에게 명하여, 본이 될 만한 고금의 충신·효자·열녀의 탁연卓然한 행실을 수사기재隨事記載하여 책으로 엮고, 아울러 찬시贊詩를 짓게 하여 붙였고, 우부우부愚夫愚婦가 잘 깨닫지 못할까 염려하여, 아울러 그림을 더하여 이름을 삼강행실三綱行實이라 하였노니, 중외中外에 널리 펼지니라. 다만 민서民庶가 글자를 잘 모르므로, 책만 반포하고 사람이 이를 훈시訓示하지 않는다면 곧 어찌 그 뜻을 알아 교敎가 흥기興起되리요. 내 주례周禮를 보건대, 외사外史[17]가 사방의 글 잘하는 이를 관장하여 사방 사람들에게 글자를 가르쳐 책을 읽게 하였다고 했으니, 지금 이를 본받아 중외의 해당 관청은 민民으로서 학식 있는 이를 얻어 이들로 하여금 다 훈회訓誨케 하라.

## 1 언문 이후의 교화보급

### 1) 후비명감后妃明鑑 앙자계적仰資啓迪

조선조의 법에, 임금을 위하여서는 경연經筵[18]이, 세자를 위하여서는 서연書筵[19]의 제도가 있어, 사부師傅·강관講官을 두어 경경과 사사를 강하여 아뢰었다. 그러나 후비后妃를 위하여서는 경연經筵의 제도가 없어 미칠 바가 아니었으므로,《후비명감后妃明鑑》[20]을 편찬하여 전도典圖[21]를 맡은 보부姆傅로 하여금 후비后妃에게 풍송諷誦케 하여 사제경계思齊警戒에 도움이 되게 하였다. 김종직金宗直의 서문에도 보부가 풍송하였다고 했는 바, 이는 언역諺譯이 아니면 곧 할 수 없는 일이었다. 《후비명감》의 김종직 서문에 『역易에 이르기를, 〈크도다 건乾은 근원이므로 만물이 이로부터 비롯하는 법이니, 하늘을 맡아 다스리도다. 지극하도다 곤坤은 근원이므로 만물이 이로부터 자라는 법이니 하늘에 순승順承하도다〉라고 했으니, 대개 건도乾道는 지건至健하되, 곤坤이 지순至順으로써 이를 받아야만 능히 생물지공生物之功을 이루는 법이니, 후비의 구실이 또한 이러한 것이로다. 만약 곤坤으로서 순덕順德이 없다면 어찌 지존의 배필이 되어 내정을 들어 보살필손가. 황공하옵게도 우리 주상전하主上殿下(成宗)께서는 유문자손由文子孫[22]으로 대력복大歷服을 이으시어, 지치至治의 법도를 회복하시고, 국조國朝의 뜻을 받들어 신모臣某 등에게 경연을 명하시더니, 이제 고금 후비의 사적을 모아, 바야흐로 중호지감계中壺之鑑戒[23]로, 삼고자 하시매, 신 등이 상上의 슬기로운 뜻을 받아 전기傳記를 박수博蒐하여, 위로는 당우唐虞 때부터 아래로는 고려 때까지의 본이 될 만한 착한 몇 분 후后와 경계가 되는 악한 몇 분 후의 사적을 몇 권으로 엮어 올렸던 바, 《명감明鑑》이라 명명命名하시고, 신 종직宗直에게 명하시어 서문을 적게 하셨도. 신이 헤아리건대는 순임금과 같은 덕치德治도 위潙 땅에 장가듦으로써 터를 잡았고, 주공周公과 소공召公의 덕치는 부부화합夫婦和合을 노래한 《시경》 관저關雎 시에 잘 나타나 있으니, 어찌 국가의 융쇠隆衰가 내치內治의 득실에 달림이 아니리요. 그러므로 성덕지세盛德之世에는 의행懿行하고 숙덕淑德한 후비의 내조가 있었던 기록이 있도다. 생각건대 닭이 우는 새벽에 꾐을 올렸으매 충정衷情의 진언進言이 조회朝會 때 행하여지지 않거나, 바깥 백성의 소리가 감히 궁문 안에 들어가지 못하고, 일가친척붙이가 서로 익은 정으로 조정의 정사政事에 끼어들었거나, 또는 모후母后의 존대尊大함을 빙자하여 전천專擅의 권세를 휘둘러, 메뚜기떼 바람에 좋은 날알이 상하듯, 후비들의 야단 바람에 화가 일어나 졸천하卒天下가 되어 후세의 웃음을 사는 일이 자꾸 일어났으니 아아 슬프도다. 제왕帝王으로서 천도를 몸에 지닌 이가 적었고, 후비로서는 지도地道를 지닌 이가 적었으며, 제왕으로서 순문舜文[24]의 덕을 따르는 이가 적었고, 후비后妃로서는 요사姚姒[25]의 덕을 따르는 이가 적었으니, 어찌 괴이하지 아니하리요.

치도治道가 날로 방탕해지매 자시자생지도資始資生之道[26]가 일어나지 못하였도다. 다행히 본조本朝에 들어와 하늘이 도우사 세세世世로 성후聖后가 나시어, 가법의 바름과 인륜人倫의 태어남이 3대 이후로 이와 같은 때가 달리 없었거니와 하물며 지금은 더욱 성명聲明이 온화하매, 위로는 삼후三后께서 모의母儀를 드높이시고, 아래로는 중궁中宮께서 가언嘉言을 익히시어 모모비찬謨謀神贊[27]으로 천심에 맞게 마음을 쓰시되, 정성으로 이를 행하시며, 선을 보시고는 그것을 본뜨고자 하시고, 불선不善을 보시고는 이를 경계하시는도다. 옛날 당태종唐太宗이 이감위감以鑑爲鑑[28]이면 나라에 예가 정돈되고, 이인위감以人爲鑑[29]이면 길흉을 다 보리라 하더니, 이제 이《명감明鑑》에는 어떻게 하면 길흥吉興하고, 어떻게 하면 흉폐凶廢하는가가 밝히 나타나 있는 바, 이 책을 초위청연椒闈淸讌[30]에 두고, 보부媬傅 전도典圖를 맡은 이로 하여금 날로 후비后妃 앞에서 외게 하면 행하여야 할 일을 사제思齊케 하고, 행하여서는 아니될 일을 경계케 할 수 있으리로다. 오래 두고 복응진적服膺眞積[31]한다면 자연히 황영皇英·임사妊姒[32]와 같은 훌륭한 황후와 천년토록 마음 사귀게 될 것이오, 마등馬鄧·고조高曹[33]는 말할 것이 없도다. 바야흐로 음교陰教의 급물及物함이 나타나 투철한 훈도薰陶로서 추우騶虞[34]와 인지麟趾의 미화美化가 온 나라에 두루 차서 구석구석이 성盛할진저』라고 하였다.

### 2) 언문인서諺文印書로써 부녀를 가르치다

덕종비德宗妃 소혜왕후昭惠王后 한씨韓氏가 부녀의 무지無知함을 걱정하여《열녀전》《여교명감女教明鑑》《소학》등 책에서 그 절요切要한 것을 취하여 모두 7장으로 묶어 내훈內訓이라 이름하더니 이어 언해諺解되어, 상의尙儀 조씨曹氏가 발문跋文을 적었다.

성종 12년 3월에 교로 이르기를『언서諺書로써《삼강행실三綱行實》과《열녀전烈女傳》을 찍어내어 경조京兆의 5부와 각도에 널리 주어, 촌부항녀村婦巷女로 하여금 다 강습할 수 있게 하여 무릇 나쁜 습속을 바로잡을지로다』고 하였다.

《경국대전》〈예전禮典 장권獎勸〉조에『《삼강행실》을 언해諺解하여, 경외京外 사족士族의 가장家長 부로父老와 교수敎授·훈도訓導 등으로 하여금 부녀와 어린이에게 교회敎誨케 하여 효통시키며, 만약 그 대의를 능통하여 행실이 뛰어나게 바른 이가 있거든 한성부와 그 밖의 관찰사는 계啓를 올리어 상을 주라』고 했다.

중종 18년에는 《소학언해小學諺解》 인간印刊의 명이 내렸다. 이에 앞서 연신筵臣 김안국金安國이 임금께 아뢰어 올리기를 『도를 다스림에는 효제孝悌로써 으뜸을 삼아야 하오며, 이를 가르치는 방도方途로서는 《소학》보다 나은 것이 없사온즉 선왕께서 이미 《삼강행실》을 지으시어 이를 사방에 가르쳤사오니, 청하옵건대 장유유서長幼有序와 붕우유신朋友有信 분分을 더하여 《오륜행실五倫行實》을 지으시어 널리 중외中外에 반포하사이다』하니, 이에 《소학언해》 인간의 명이 내리어 여항부유閭巷婦孺로 하여금 다 알 수 있게 하였다.

인조仁祖 때에 오륜가五倫歌 언해諺解의 명이 내리어 중외에 인포印布되었고, 아울러 《삼강행실》을 간행하라는 영이 내리었다.

숙종肅宗 7년에 함경도 관찰사 윤지선尹趾善의 장청狀請에 따라, 김정국金正國이 지은 경민편警民篇과 정철鄭澈이 지은 권민가勸民歌를 인출印出하여 고을에 보내어 부유婦孺들로 하여금 평상平常으로 읽도록 하여 이를 본받게 하였다. 이에 앞서 명천明川의 여인이 아들을 낳아 이를 죽이려다가 이웃 사람에게 제지당한 일이 있었다. 임금이 알고 패륜敗倫의 죄로 처형하려다가 멀리 정배보내더니, 마침내 각 도신道臣들에게 풍속교화風俗敎化의 방도를 생각하여 아뢰라시는 명이 있었으므로 윤지선이 위와 같이 청하였다.


## 2 언문여사서諺文女四書

나는 《여사서女四書》가 관서官書로서 행용行用된 사실을 몰랐다. 그러던 중 우연히 채제공蔡濟恭의 《번암집樊巖集》을 열람하다가, 이 책이 사대부가의 규문에 읽혀졌음을 알았다. 그 언해諺解를 여기에 들어 참고케 한다.

정조正祖 때의 상신相臣 채제공《여사서서女四書序》에 『오호라, 여사서 1책은 정경부인貞敬夫人 오씨吳氏가 수적手蹟으로 남긴 바이로다. 부인은 열다섯에 나한테 시집와서 스물아홉에 경사京師의 도동집[桃洞第]에서 생을 마쳤으니, 그때 나는 근선대부覲先大夫로 비안比安의 임소任所에 가 있어, 운명殞命하는 것도 못 보았다. 부인夫人의 병사한 소식을 듣고 슬픔에 싸여 길을 떠나 옛집에 돌아오니, 봄눈은 뜰에 쌓였고 방에는 먼지가 끼었는데, 다만 몇 사람의 종[婢]이 관棺을 지키고 있었다. 슬하에 자녀가 없었으니 누가 와서 곡하였으리요? 나는 속으로 슬픔을 참고 진달래나무가 있는 뜰가를 헤매었다. 그러다가 방안에 들어가 책상을 뒤적거리니 문득 언서諺書한 책이 눈에 뜨이었다. 곧 부인이 손수 적은《여사서女四書》였다. 끝내지는 않았으나 자획字劃의 고운 품이 마치 부인을 보는 듯하였도라. 이에 혹시 유일遺佚될까 염려되어서 부인이 생전에 상용常用하던 작은 궤안几案을 나의 침처寢處 곁에 옮겨 놓았다. 요즈음 규합지간閨閤之間에 다투어 패설稗說 따위 읽기를 능사能事로 여기어 날로 이를 숭상하니, 그 종류가 천백 가지가 된다. 거간居間꾼들이 흔히 이를 정사淨寫하여 차람借覽시키어 이리利를 보니, 무견식無見識한 부녀들은 왕왕 비녀・팔찌 따위 패물을 팔거나, 돈을 빌려 다투어 이를 세내어 소일하고, 음식 의논과 길쌈 등 살림의 구실을 잊어버리고 있는 터이다. 부인은 홀로 이런 습속의 변이變移를 거들떠보지 않고, 여공 틈틈에 오직 여서女書로서 규곤閨壼[35]의 본이 될 만한 책만을 송독誦讀하여 이에 따라 마음을 쓰며, 지묵紙墨을 정갈히 모아 틈을 내어 적어 두고, 성현의 격언을 음미하며 부과독副課讀하였으니, 어질지 않고서야 어찌할 수 있는 일이었으리요? 이는 내가 과처寡妻에서 가르쳤음이 아니라, 성이 그러하여 실제로 익혔음이니, 어찌 우리 자손에게 전시傳示하여 부인의 현의賢儀를 추지推知케 하지 않으리?』라고 했다.

## 3 여자독본女子讀本 언문소설諺文小說

《내훈內訓》《삼강행실三綱行實》《소학언해小學諺解》《여사서女四書》 등의 언해는 다 여교女教를 위하여 베풀어진 책이었다. 그러나 일생을 날마다 오직 대학지도大學之道[36]만 읽는다면 싫증을 내지 않을 이가 없으리니, 소설·전기傳奇의 책을 즐겨 읽고자 함은 인지상정이리라. 하물며 무견식한 부녀의 뇌리에 경서經書의 내용이 어찌 쉽게 들어가겠는가. 우리나라 풍습에서, 부녀가 읽는 것은 언문이다. 언문으로 된 책에는 허구虛構로 꾸민 소설·패담稗談이 많았다. 그러므로 여항간閭巷間에 언문소설이 있어 사람들에게 빌려 주고 돈을 받았으니, 소위 세책貰册이다. 이제 채번암의 《여사서서女四書序》를 상고컨대『요즈음 부녀들 사이에 다투어 패설稗說 따위 읽기를 능사能事로 여기어, 날로 이를 숭상하니, 그 종류가 천백 가지가 된다. 거간居間꾼들이 흔히 이것을 정사淨寫하여 차람借覽시키어 이리를 보니, 무견식한 부녀들은 왕왕 비녀·팔찌 따위 패물을 팔거나, 돈을 빌려 다투어 이를 세내어 소일하고 음식 의논과 길쌈 등 살림의 구실을 잊어버리고 있는 터이다』한 말은, 조선여계朝鮮女界가 얼마나 무교육 상태에 있었는가 하는 진상을 도파道破한 것이다. 언문소설은 천백 가지나 되어 번거로워 다 적지 못하거니와, 다만 여자들이 애독하던 소설을, 그 이름만 적으면 다음과 같다.

《심청전沈淸傳》《숙향전淑香傳》《박씨부인전朴氏夫人傳》《옥루몽玉樓夢》《구운몽九雲夢》《창선감의록倡善感義錄》《사씨남정기謝氏南征記》《홍길동전洪吉童傳》《장화홍련전薔花紅蓮傳》《백학선전白鶴仙傳》《책성의전翟成義傳》《유충렬전劉忠烈傳》《제마무전諸馬武傳》《삼국지三國志》《조웅전趙雄傳》《소대성전蘇大成傳》《양풍운전楊豊雲傳》《흥부전興夫傳》.

무릇 이 책들은 그 내용을 말하건대, 혹은 효열충의孝烈忠義와 유관有關하고, 혹은 가정 및 사회와 유관하고, 혹은 탐관오리貪官汚吏들의 악행을 매도하고, 혹은 영웅호걸들의 쾌사를 상찬하기는 하였으나, 비열허탄卑劣虛誕한 유가 많아, 문교文敎에 조익助益되는 바가 적은 것들이다.

## 4 조선여자의 학교교육

조선의 여자 학교교육은 융희隆熙 2년³⁷⁾의 고등여학교령高等女學校 슈으로 비롯되었으니, 구한국법규舊韓國法規에 보인다. 그 개략을 수록하여 참고케 한다.

**고등여학교령高等女學校令**
　　　　　융희 2년 4월 2일

제1조　고등여학교는 여자에게 수요須要한 고등보통교육 및 기예技藝를 수授함을 목적으로 함.
제2조　고등여학교는 관립·공립·사립의 3종으로 함. 국고의 비용으로 설립한 것을 관립이라 하고, 도道 혹은 부府 또는 군郡의 비용으로 설립한 것을 공립이라 하고, 사인私人의 비용으로 설립한 것을 사립이라 함.
제3조　공립 및 사립고등여학교의 설치 및 폐지는 학부대신學部大臣의 인가를 수受함이 가함.
제4조　고등여학교에 예과豫科 및 기예전수과技藝專修科를 치置함을 득得함.
제5조　고등여학교의 수업 연한修業年限은 3년으로 함. 단 토지 정황情況에 의하여 1개년을 연장함을 득함. 예과 및 기예전수과의 수업 연한은 2개년 이내로 함.
제6조　고등여학교 본과本科에 입학함을 득할 자者는 연령 12세 이상으로 보통학교普通學校를 졸업한 자와 또는 동등의 학력이 있는 자로 함.
　　　예과에 입학함을 득할 자는 연령 10세 이상으로 보통학교 제2학년 수료 이상의 학력이 유有한 자로 함.
　　　기예전수과에 입학함을 득할 자는 연령 15세 이상으로 함.
　　　입학 연령 및 학력의 제한은 현금간現今間은 전 3항前三項의 규정에 의치 아니함을 득함.
제7조　고등여학교의 교과서는 학부學部에서 편찬한 것이나 또는 학부대신의 인가를 경經한 것을 용用함.
제8조　고등여학교에서는 수업료를 징수함을 득함.

제 9 조   본령의 규정에 의치 아니한 학교는 고등여학교라 칭稱함을 득하지 못함.
제10조   고등여학교에 부속유치원을 설設함을 득함.
제11조   본령 시행에 관한 규칙은 학부대신이 정함.
　부칙附則
　본령은 반포한 날로부터 시행함.


　고등여학교 시행규칙
　　　　　　융희 2년 4월 7일 학부령 제9호


　제1장  총칙
제 1 조   고등여학교의 명칭은 관·공·사립 모고등여학교某高等女學校라 칭함이 가함.
제 2 조   고등여학교에는 한 학급의 학원수學員數를 50인 이하로 함.
제 3 조   교과서를 정코자 할 시時에는 학교장이 학년 초로부터 2개월 전에 학부대신의 인가를 수함이 가함.
　　　　특별한 이유가 유有한 시時는 학부대신의 인가를 수受하여 전항前項 규정에 의치 아니함을 득함.


　제2장  학과목 및 요지
제 4 조   고등여학교 본과의 학과목은 수신修身·국어·한문·일어日語·역사·지리·산술·이과理科·도화圖畵·가사·수예·음악 및 체조로 함. 단 수예 중에 자수·편물·조사組絲·낭물囊物·조화造化 및 할팽割烹의 한 과목 혹 수과목數科目으로 하고 외국어(일본어를 제함) 및 교육대요敎育大要를 수의과목隨意科目으로 하여 가加함을 득함.
　　　　예과의 학과목은 수신·국어·일어·산술·이과·도화·수예·음악 및 체조로 함.
　　　　기예전수과의 학과목은 수신·국어·미술·재봉·자수·편물·조사組絲·낭물囊物·조화 및 할팽割烹의 한 과목 혹 수과목數科目으로 함. 단 일어 및 가사를 수의과목으로 하여

가加함을 득함.
제5조 고등여학교 본과의 각 학과목 교수요지는 아래와 같다.
1. 수　　신　착실 온건하여 여자에게 적당한 숙덕淑德을 양양함을 기도期圖하고 실천궁행實踐躬行을 종지宗旨로 함을 요要함. 수신은 초등初等에는 가언선행嘉言善行 등을 교수하고 또 학원學員의 평상거지平常擧止를 인하여 도덕의 요령을 교시敎示하며 또 용의작법容儀作法을 수수함이 가함.
2. 국　　어　보통의 언어 문법을 해득하여 정확하고 자유로이 사상을 표창하는 능력을 득得케 함을 요함. 국어는 현대의 문체를 강독케 하며 실용간이實用簡易한 문文을 작作케 하고 문법의 대요 및 습자習字를 위주하여 수수함이 가함.
3. 한　　문　문리文理와 결구結構에 주의하여 문법을 정확히 이해하게 함을 요함. 한문은 평이한 문을 강구講究케 함이 가함.
4. 외 국 어　회화에 숙달하여 명확히 이회理會케 함을 기期하여 항상 발음에 주의하고 간혹 정확한 국어로 번역케 함을 요함. 일어는 발음과 철자綴字로부터 간이한 문자의 독법·역해譯解·서취書取·작문을 수수하고 문법의 대요와 회화 및 습자를 수수함이 가함.
5. 역　　사　역사상歷史上에 중요한 사항을 지지케 하여 문화의 유래由來한 소이를 변지辨知케 함을 요함. 역사는 아국我國의 국초國初로부터 현대에 지至하기까지의 사력事歷을 수수함이 가함.
6. 지　　리　지구의 형상·운동과 지구의 표면 및 인류생활의 상태를 이회케 함을 요함. 지리는 아국我國 및 아국과 더불어 중요관계가 유有한 제외국諸外國의 지리대요地理大要를 지지케 하고 또 지문地文의 일반一班을 수수함이 가함.
7. 산　　술　일상의 계산에 습숙習熟케 하여 생활상에 필요한 지식

을 여與하고 겸하여 사고思考를 정확精確케 함을 요함.

산술은 소수小數・분수分數・비례比例・보합산步合算[38]을 수수하고 또 학교 수업 연한에 응應하여 구적求積・평면기하平面幾何의 초보 및 대수代數의 조보를 수수함을 득함.

산술算術은 필산筆算을 용용함이 가하되 토지 정황에 의하여서는 주산珠算을 병용함도 득함.

8. 이  과  천연물 및 자연의 현상現象에 관한 지식을 가르쳐 호상互相 및 인생에 대한 관계를 이해케 하며 겸하여 평상의 생활에 자용資用케 함을 요함.

이과는 중요한 식물・동물・광물에 관한 일반의 지식과 생리 및 위생의 대요와 중요한 물리학 및 화학의 현상과 기계의 구조 및 작용과 원소 및 화합물에 관한 지식의 일반을 수수함이 가함.

9. 도.  화  물체를 정밀히 관찰하여 정확하고 자유로이 이를 그려내는 능력을 득得케 하며 의장意匠[39]을 연습케 하여 미감美感을 양양함을 요함.

도화는 자재화自在畫로 하되 사생화寫生畫를 주로 하고 임화臨畫를 가하여 교수하고 간혹 자기의 사량思量으로 화畫케 함이 가함. 또 학교 수업 연한에 응하여 기하화幾何畫를 수수함도 득함.

10. 가  사  가사 정리상에 필요한 지식을 득得케 하고 겸하여 근면・절검節儉・질서・주밀周密・청결을 상尙하는 사상思想을 양양함을 요함.

11. 수  예  여자에게 적절한 재봉 및 그밖의 수예를 익히게 하고 겸하여 근면・절약・이용의 습관을 양함을 요함. 재봉은 보통 의복의 봉법縫法・재법裁法・보법補法 및 재봉기 사용의 일반一班을 수수함이 가함.

재봉 외에 수예는 자수・편물・조사組絲・낭물囊物・조화・할팽割烹[40] 등 토지 정황에 적절適切한 것을 수授함이 가함.
12. 음　　악　음악에 관한 지식과 기능을 득得케 하여 미감美感을 배양하고 심정을 고결高潔케 하며 겸하여 덕성德性의 함양에 도움이 되게 함을 요함. 음악은 단음창가單音唱歌를 수授하고 또 편의로 윤창가輪唱歌와 복음창가複音唱歌를 교交하여 악기 사용법을 수授함이 가함.
13. 체　　조　신체를 강건케 하고 정신을 쾌활케 하며 겸하여 용의를 단정케 하고 규율을 확수確守하며 협동을 숭상하는 습관을 배양함을 요함.
　　　　　　체조는 보통체조 및 유희로 하되 보통체조는 교정술矯正術·도수체조 및 기타의 체조로 함.
14. 교육대요　교육에 관한 보통지식을 득得케 하여 가정교육에 도움이 되게 함을 요함. 교육대요는 교육의 이론대요理論大要를 수授함이 가함.

제1호서식〈입학원서〉와 제2호서식〈졸업증서〉는 규격서식規格書式으로 권말에 영인으로 있기 때문에 옮기지 아니하였음.

---

1)〈四勿之德〉《논어》에서 금하는 네 가지 일을 않는 덕행. 곧「예禮가 아니면 보지 말고, 듣지 말고, 말하지 말고, 움직이지 마라 非禮勿視 非禮勿聽 非禮勿言 非禮勿動.」
2)〈四德〉부인이 지켜야 할 네 가지 덕. 부덕婦德(不必才明絶異也)·부언婦言(不必辨九利辭也)·부용婦容(不必顔色美麗也)·부공婦功(不必技巧遇人也) ── 조대가여례曹大家女禮.
3)〈甘旨之養〉좋은 음식으로 부모를 봉양함.
4)〈簿豆之供〉조상의 제사를 받듦.
5)〈扞格之患〉서로 뜻이 맞지 않아 받아들이지 않으므로 생기는 우환.
6)〈麻絲之執〉길쌈〔紡績〕.
7)〈酒食之議〉음식상 차리는 일.
8)〈女訓〉한漢나라 반소班昭(曹大家)가 지은 여교서女教書.
9)〈女四書〉여계女戒(漢班昭)·여논어女論語(唐宋若昭)·내훈內訓(明仁孝文皇后)·여범女範(明王節婦)의 네 책.
10)〈德宗妃〉덕종의 비. 덕종德宗은 성종成宗의 아버지이장李暲(1438~1457). 성종 2년(1471)에 추존追尊됨.

11) 〈三綱行實〉 삼강행실도. 세종 13년(1431) 왕명에 따라 설순偰循 등이 우리나라와 중국의 사서에서 군신君臣・부자父子・부부夫婦의 삼강에 모범이 되는 충신・효자・열녀를 뽑아 편집한 책. 그림・한문 설명・국어 번역 등으로 되어 있음.
12) 〈降衷〉 하늘의 보살핌과 베풂.
13) 〈秉彝〉 타고난 천성天性을 지킴.
14) 〈厚倫成俗〉 인륜人倫을 두텁게 하여 풍속을 이룸.
15) 〈表唱導率〉 앞서 부르짖고 몸소 행하여 이끌어 나감.
16) 〈懵然〉 어리둥절함.
17) 〈外史〉 중국 옛 벼슬의 이름. 외국에 내는 문서를 맡았음.
18) 〈經筵〉 임금 앞에서 경서經書를 강론講論하는 자리.
19) 〈書筵〉 왕세자가 강서講書하는 곳.
20) 〈后妃明鑑〉 성종成宗의 명으로 지은 후비용后妃用 여교서女教書. 모범과 경계를 보임.
21) 〈典圖〉 경전과 그밖의 서책과 그림.
22) 〈由文子孫〉 인仁과 덕德을 갖춘 집안의 후예.
23) 〈中壼之鑑戒〉 궁중・금중의 제반 부녀의 예禮에 대한 교계教戒.
24) 〈舜文〉 순임금과 주周의 문왕文王.
25) 〈姚姒〉 순舜과 우禹. 요姚는 순임금의 성姓, 사姒는 하夏 우禹임금의 성. 여기서는 이 임금들의 후비后妃를 일컬음.
26) 〈資始資生之道〉 생성발육의 도.
27) 〈謀謨神贊〉 착한 일을 꾀하여 도움.
28) 〈以鑑爲鑑〉 거울로써 거울을 삼음. 본이 될 만한 것을 본으로 삼음.
29) 〈以人爲鑑〉 사람을 거울로 삼음. 남〔他人〕을 본으로 삼음.
30) 〈椒闈淸謙〉 후비后妃가 거처하는 궁宮.
31) 〈服膺眞積〉 본에 따라 힘써 복행服行하여 인선仁善을 쌓음.
32) 〈皇英・妊姒〉 황영은 요임금의 아황과 여영女英. 임사는 주문왕周文王의 어머니 태임太姙과 주문왕의 비妃인 태사太姒.
33) 〈馬鄧・高曹〉 마마・등鄧・고高・조曹 성의 후비后妃를 일컬은 듯.
34) 〈騶虞〉 흰 바탕에 검은 얼룩 있는 짐승. 생물을 먹지 않는 인의仁儀의 동물로 침. 여기서는 인지麟趾의 미화美化와 함께 후비后妃의 덕화德化를 말한다.
35) 〈閨壼〉 부녀자가 집안에서 할 일〔內治〕.
36) 〈大學之道〉《대학》의 삼강령三綱領. 곧 명명덕明明德・친민親民(新民)・지어지선止於至善.
37) 〈隆熙二年〉 서기 1908년.
38) 〈步合算〉 비례산比例算.
39) 〈意匠〉 디자인.
40) 〈割烹〉 조리調理.

朝鮮女俗考

第二十六章 조선의 여자교육

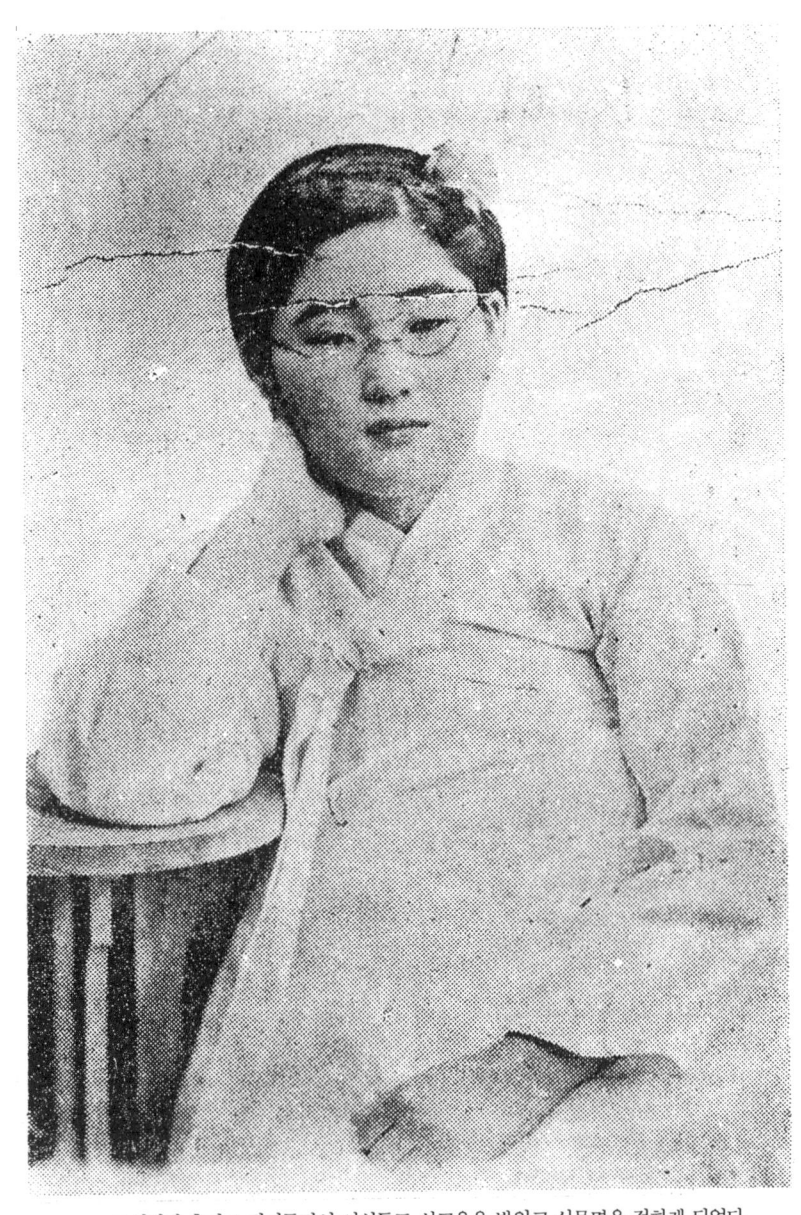

조선시대 후기로 접어들면서 여성들도 신교육을 받았고 신문명을 접하게 되었다.

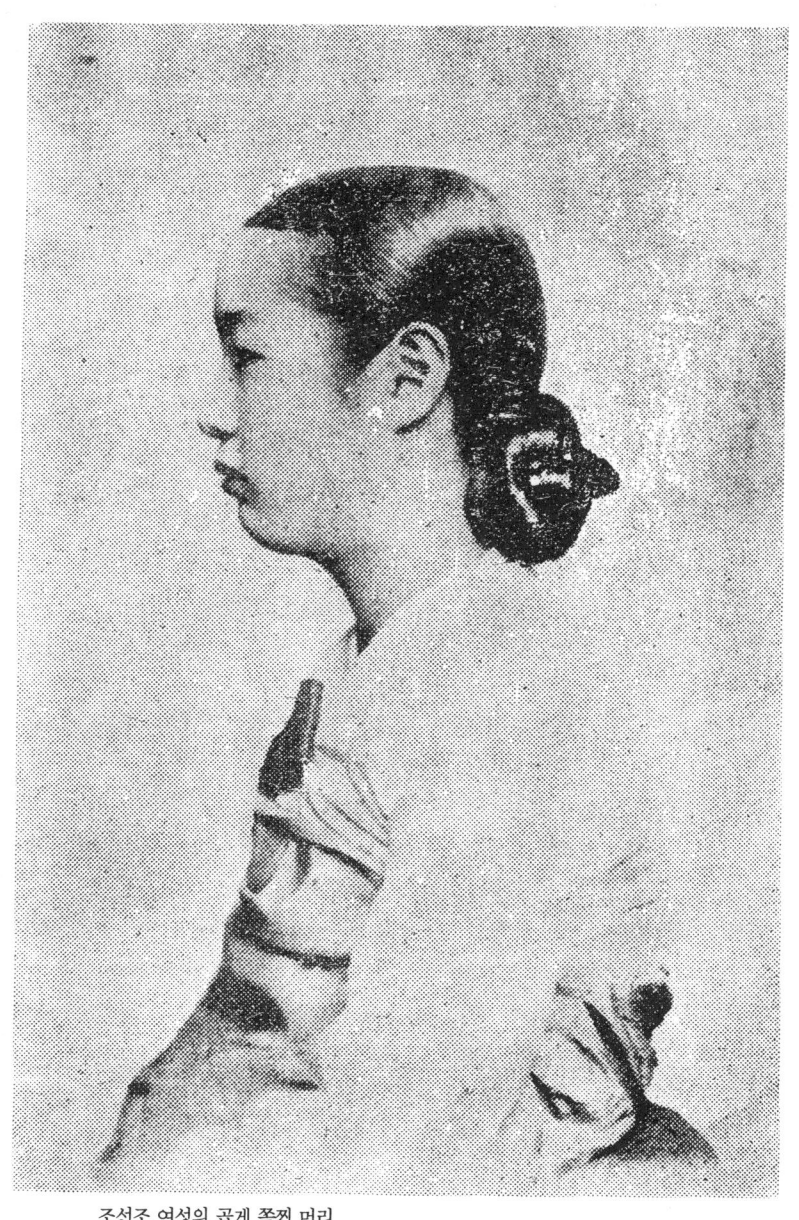

조선조 여성의 곱게 쪽찐 머리.

第二十六章 조선의 여자교육

## 연 보

| | |
|---|---|
| 1868년 | 충청북도 괴산군 이도면 수진리(현괴산면 서부리)에서 이원극李源克의 3남매 중 장남으로 출생(1월 19일). 호는 간정侃亭·상현尙玄·무무無無·무능거사無能居士. 본관은 전주. |
| 1876년 (9세) | 서당에서 한문공부를 시작하다. |
| 1878년 (11세) | 10세를 전후하여 학문에 소질을 보여 인근 사람들의 칭송을 받다. |
| 1886년 (19세) | 한문 수학을 그만두다. 그간 15세 때에 임오군란, 17세 때에 갑신정변을 목도하다. |
| 1887년 (20세) | 서구 신학문에 뜻을 두고 정동영어학당에 입학하다. |
| 1889년 (22세) | 위 정동영어학당을 졸업하다. |
| 1892년 (25세) | 한어漢語학교에 입학하다. |
| 1894년 (27세) | 위 한어학교를 졸업하다. 이해에 동학란·갑오경장·청일전쟁 등의 파란을 겪다. |
| 1895년 (28세) | 관립官立법어法語학교에 입학하다. 위 관립법어학교를 퇴교하고, 새 제도로 세워진 농상공부農商工部의 주사主事가 되다. |
| 1896년 (29세) | 위 관직을 사임하다. 고종의 아관파천·독립신문 발행·독립문 건립 등을 보고 조국의 독립과 자존의 문제에 대하여 깊이 사려하다. |
| 1897년 (30세) | 관립한성외국어학교 교관이 되다. |
| 1902년 (35세) | 칭경稱慶예식사무소 위원이 되다. (전직 관립한성외국어학교 교관 사임 여부와 그 연대는 미상.) |
| 1904년 (37세) | 재차 관립한성외국어학교 교관이 되다. 노일전쟁을 맞아 국제분쟁과 한국안위문제에 심도心到하다. |
| 1905년 (38세) | 사립일어야학사日語夜學舍에 입학하다. 을사보호조약으로 한국외교권이 일본에 넘어감을 목도하다. |

| | |
|---|---|
| 1906년 (39세) | 위 일어야학사를 수료하다. 관립한성외국어학교 교관을 사임하고 관립한성법어학교장이 되다. |
| 1907년 (40세) | 의정부의 명으로 일본의 여러 관서官署를 시찰하다. 국문연구소 위원이 되다. |
| 1908년 (41세) | 관립한성법어학교장직을 사임하고 관립한성외국어학교 학감學監이 되다. |
| 1910년 (43세) | 한일합방을 맞다. |
| 1911년 (44세) | 조선총독부가 관립한성외국어학교를 폐교함에 따라 학감직에서 해임되다. |
| 1912년 (45세) | 사립능인보통학교장이 되다.《인경상조불도심휴백교회통引經相照佛道心携百敎會通》을 출간하다. |
| 1914년 (47세) | 불교진흥회의 간사에 피선되다. |
| 1915년 (48세) | 사립능인보통학교장을 사임하고 불교진흥회 월보 편집인이 되다. |
| 1917년 (50세) | 불교진흥회 이사가 되다. |
| 1918년 (51세) | 《조선불교통사朝鮮佛敎通史》를 출간하다. |
| 1919년 (52세) | 3·1운동을 맞다. |
| 1921년 (54세) | 조선사朝鮮史 편수위원이 되다. |
| 1926년 (59세) | 《조선해어화사朝鮮解語花史》를 출간하다. |
| 1927년 (60세) | 《조선여속고朝鮮女俗考》를 출간하다. |
| 1928년 (61세) | 《조선기독교급외교사朝鮮基督敎及外敎史》 간행. |
| 1929년 (62세) | 《조선무속고朝鮮巫俗考》《춘몽록春夢錄— 한시춘향전漢詩春香傳》을 출간하다. |
| 1936년 (69세) | 중일전쟁을 맞다. |
| 1939년 (72세) | 제2차 세계대전 발발을 맞다. |
| 1945년 (78세) | 경성부 종로구 운니정(현운니동) 자택에서 고인故人이 되다. 4월 12일. 향년 78세. |

金尚憶
1923년 함경남도 문천생
1947년 동국대학 전문부 문학과 졸업
1960년 동대학원 국어국문학과(고전문학전공) 수료
1965-1989년 청주대학교 인문대학 교수
저서:《鄕歌》1974년 한국자유교양추진회 간행
《註解 龍飛御天歌》1975년 을유문화사 간행

조선여속고

초판발행 : 1990년 11월 10일
2쇄발행 : 2009년 7월 10일

東文選
제10-64호, 78. 12. 16 등록
110-300 서울 종로구 관훈동 74번지
전화 : 737-2795

ISBN 978-89-8038-328-3 94380

## 【東文選 現代新書】

| | | | |
|---|---|---|---|
| 1 | 21세기를 위한 새로운 엘리트 | FORESEEN 연구소 / 김경현 | 7,000원 |
| 2 | 의지, 의무, 자유 — 주제별 논술 | L. 밀러 / 이대희 | 6,000원 |
| 3 | 사유의 패배 | A. 핑켈크로트 / 주태환 | 7,000원 |
| 4 | 문학이론 | J. 컬러 / 이은경·임옥희 | 7,000원 |
| 5 | 불교란 무엇인가 | D. 키언 / 고길환 | 6,000원 |
| 6 | 유대교란 무엇인가 | N. 솔로몬 / 최창모 | 6,000원 |
| 7 | 20세기 프랑스철학 | E. 매슈스 / 김종갑 | 8,000원 |
| 8 | 강의에 대한 강의 | P. 부르디외 / 현택수 | 6,000원 |
| 9 | 텔레비전에 대하여 | P. 부르디외 / 현택수 | 10,000원 |
| 10 | 고고학이란 무엇인가 | P. 반 / 박범수 | 8,000원 |
| 11 | 우리는 무엇을 아는가 | T. 나겔 / 오영미 | 5,000원 |
| 12 | 에쁘롱—니체의 문체들 | J. 데리다 / 김다은 | 7,000원 |
| 13 | 히스테리 사례분석 | S. 프로이트 / 태혜숙 | 7,000원 |
| 14 | 사랑의 지혜 | A. 핑켈크로트 / 권유현 | 6,000원 |
| 15 | 일반미학 | R. 카이유와 / 이경자 | 6,000원 |
| 16 | 본다는 것의 의미 | J. 버거 / 박범수 | 10,000원 |
| 17 | 일본영화사 | M. 테시에 / 최은미 | 7,000원 |
| 18 | 청소년을 위한 철학교실 | A. 자카르 / 장혜영 | 7,000원 |
| 19 | 미술사학 입문 | M. 포인턴 / 박범수 | 8,000원 |
| 20 | 클래식 | M. 비어드·J. 헨더슨 / 박범수 | 6,000원 |
| 21 | 정치란 무엇인가 | K. 미노그 / 이정철 | 6,000원 |
| 22 | 이미지의 폭력 | O. 몽젱 / 이은민 | 8,000원 |
| 23 | 청소년을 위한 경제학교실 | J. C. 드루엥 / 조은미 | 6,000원 |
| 24 | 순진함의 유혹 〔메디시스賞 수상작〕 | P. 브뤼크네르 / 김웅권 | 9,000원 |
| 25 | 청소년을 위한 이야기 경제학 | A. 푸르상 / 이은민 | 8,000원 |
| 26 | 부르디외 사회학 입문 | P. 보네위츠 / 문경자 | 7,000원 |
| 27 | 돈은 하늘에서 떨어지지 않는다 | K. 아른트 / 유영미 | 6,000원 |
| 28 | 상상력의 세계사 | R. 보이아 / 김웅권 | 9,000원 |
| 29 | 지식을 교환하는 새로운 기술 | A. 벵토릴라 外 / 김혜경 | 6,000원 |
| 30 | 니체 읽기 | R. 비어즈워스 / 김웅권 | 6,000원 |
| 31 | 노동, 교환, 기술 — 주제별 논술 | B. 데코사 / 신은영 | 6,000원 |
| 32 | 미국만들기 | R. 로티 / 임옥희 | 10,000원 |
| 33 | 연극의 이해 | A. 쿠프리 / 장혜영 | 8,000원 |
| 34 | 라틴문학의 이해 | J. 가야르 / 김교신 | 8,000원 |
| 35 | 여성적 가치의 선택 | FORESEEN연구소 / 문신원 | 7,000원 |
| 36 | 동양과 서양 사이 | L. 이리가라이 / 이은민 | 7,000원 |
| 37 | 영화와 문학 | R. 리처드슨 / 이형식 | 8,000원 |
| 38 | 분류하기의 유혹 — 생각하기와 조직하기 | G. 비뇨 / 임기대 | 7,000원 |
| 39 | 사실주의 문학의 이해 | G. 라루 / 조성애 | 8,000원 |
| 40 | 윤리학—악에 대한 의식에 관하여 | A. 바디우 / 이종영 | 7,000원 |
| 41 | 흙과 재 〔소설〕 | A. 라히미 / 김주경 | 6,000원 |

| | | | |
|---|---|---|---|
| 42 | 진보의 미래 | D. 르쿠르 / 김영선 | 6,000원 |
| 43 | 중세에 살기 | J. 르 고프 外 / 최애리 | 8,000원 |
| 44 | 쾌락의 횡포·상 | J. C. 기유보 / 김웅권 | 10,000원 |
| 45 | 쾌락의 횡포·하 | J. C. 기유보 / 김웅권 | 10,000원 |
| 46 | 운디네와 지식의 불 | B. 데스파냐 / 김웅권 | 8,000원 |
| 47 | 이성의 한가운데에서—이성과 신앙 | A. 퀴노 / 최은영 | 6,000원 |
| 48 | 도덕적 명령 | FORESEEN 연구소 / 우강택 | 6,000원 |
| 49 | 망각의 형태 | M. 오제 / 김수경 | 6,000원 |
| 50 | 느리게 산다는 것의 의미·1 | P. 쌍소 / 김주경 | 7,000원 |
| 51 | 나만의 자유를 찾아서 | C. 토마스 / 문신원 | 6,000원 |
| 52 | 음악의 예지를 찾아서 | M. 존스 / 송인영 | 10,000원 |
| 53 | 나의 철학 유언 | J. 기통 / 권유현 | 8,000원 |
| 54 | 타르튀프/서민귀족 〔희곡〕 | 몰리에르 / 덕성여대극예술비교연구회 | 8,000원 |
| 55 | 판타지 공장 | A. 플라워즈 / 박범수 | 10,000원 |
| 56 | 홍수·상 〔완역판〕 | J. M. G. 르 클레지오 / 신미경 | 8,000원 |
| 57 | 홍수·하 〔완역판〕 | J. M. G. 르 클레지오 / 신미경 | 8,000원 |
| 58 | 일신교—성경과 철학자들 | E. 오르티그 / 전광호 | 6,000원 |
| 59 | 프랑스 시의 이해 | A. 바이양 / 김다은·이혜지 | 8,000원 |
| 60 | 종교철학 | J. P. 힉 / 김희수 | 10,000원 |
| 61 | 고요함의 폭력 | V. 포레스테 / 박은영 | 8,000원 |
| 62 | 고대 그리스의 시민 | C. 모세 / 김덕희 | 7,000원 |
| 63 | 미학개론—예술철학입문 | A. 셰퍼드 / 유호전 | 10,000원 |
| 64 | 논증—담화에서 사고까지 | G. 비뇨 / 임기대 | 6,000원 |
| 65 | 역사—성찰된 시간 | F. 도스 / 김미겸 | 7,000원 |
| 66 | 비교문학개요 | F. 클로동·K. 아다-보트링 / 김정란 | 8,000원 |
| 67 | 남성지배 | P. 부르디외 / 김용숙 | 개정판 10,000원 |
| 68 | 호모사피언스에서 인터렉티브인간으로 | FORESEEN 연구소 / 공나리 | 8,000원 |
| 69 | 상투어 — 언어·담론·사회 | R. 아모시·A. H. 피에로 / 조성애 | 9,000원 |
| 70 | 우주론이란 무엇인가 | P. 코올즈 / 송형석 | 8,000원 |
| 71 | 푸코 읽기 | P. 빌루에 / 나길래 | 8,000원 |
| 72 | 문학논술 | J. 파프·D. 로쉬 / 권종분 | 8,000원 |
| 73 | 한국전통예술개론 | 沈雨晟 | 10,000원 |
| 74 | 시학—문학 형식 일반론 입문 | D. 퐁텐 / 이용주 | 8,000원 |
| 75 | 진리의 길 | A. 보다르 / 김승철·최정아 | 9,000원 |
| 76 | 동물성—인간의 위상에 관하여 | D. 르스텔 / 김승철 | 6,000원 |
| 77 | 랑가쥬 이론 서설 | L. 옐름슬레우 / 김용숙·김혜련 | 10,000원 |
| 78 | 잔혹성의 미학 | F. 토넬리 / 박형섭 | 9,000원 |
| 79 | 문학 텍스트의 정신분석 | M. J. 벨멩-노엘 / 심재중·최애영 | 9,000원 |
| 80 | 무관심의 절정 | J. 보드리야르 / 이은민 | 8,000원 |
| 81 | 영원한 황홀 | P. 브뤼크네르 / 김웅권 | 9,000원 |
| 82 | 노동의 종말에 반하여 | D. 슈나페르 / 김교신 | 6,000원 |
| 83 | 프랑스영화사 | J.-P. 장콜라 / 김혜련 | 8,000원 |

| | | | |
|---|---|---|---|
| 84 | 조와(弔蛙) | 金敎臣 / 노치준·민혜숙 | 8,000원 |
| 85 | 역사적 관점에서 본 시네마 | J.-L. 뢰트라 / 곽노경 | 8,000원 |
| 86 | 욕망에 대하여 | M. 슈벨 / 서민원 | 8,000원 |
| 87 | 산다는 것의 의미·1—여분의 행복 | P. 쌍소 / 김주경 | 7,000원 |
| 88 | 철학 연습 | M. 아롱델-로오 / 최은영 | 8,000원 |
| 89 | 삶의 기쁨들 | D. 노게 / 이은민 | 6,000원 |
| 90 | 이탈리아영화사 | L. 스키파노 / 이주현 | 8,000원 |
| 91 | 한국문화론 | 趙興胤 | 10,000원 |
| 92 | 현대연극미학 | M.-A. 샤르보니에 / 홍지화 | 8,000원 |
| 93 | 느리게 산다는 것의 의미·2 | P. 쌍소 / 김주경 | 7,000원 |
| 94 | 진정한 모럴은 모럴을 비웃는다 | A. 에슈고엔 / 김웅권 | 8,000원 |
| 95 | 한국종교문화론 | 趙興胤 | 10,000원 |
| 96 | 근원적 열정 | L. 이리가라이 / 박정오 | 9,000원 |
| 97 | 라캉, 주체 개념의 형성 | B. 오질비 / 김 석 | 9,000원 |
| 98 | 미국식 사회 모델 | J. 바이스 / 김종명 | 7,000원 |
| 99 | 소쉬르와 언어과학 | P. 가데 / 김용숙·임정혜 | 10,000원 |
| 100 | 철학적 기본 개념 | R. 페르버 / 조국현 | 8,000원 |
| 101 | 맞불 | P. 부르디외 / 현택수 | 10,000원 |
| 102 | 글렌 굴드, 피아노 솔로 | M. 슈나이더 / 이창실 | 7,000원 |
| 103 | 문학비평에서의 실험 | C. S. 루이스 / 허 종 | 8,000원 |
| 104 | 코뿔소〔희곡〕 | E. 이오네스코 / 박형섭 | 8,000원 |
| 105 | 지각—감각에 관하여 | R. 바르바라 / 공정아 | 7,000원 |
| 106 | 철학이란 무엇인가 | E. 크레이그 / 최생열 | 8,000원 |
| 107 | 경제, 거대한 사탄인가? | P.-N. 지로 / 김교신 | 7,000원 |
| 108 | 딸에게 들려 주는 작은 철학 | R. 시몬 셰퍼 / 안상원 | 7,000원 |
| 109 | 도덕에 관한 에세이 | C. 로슈·J.-J. 바레르 / 고수현 | 6,000원 |
| 110 | 프랑스 고전비극 | B. 클레망 / 송민숙 | 8,000원 |
| 111 | 고전수사학 | G. 위딩 / 박성철 | 10,000원 |
| 112 | 유토피아 | T. 파코 / 조성애 | 7,000원 |
| 113 | 쥐비알 | A. 자르댕 / 김남주 | 7,000원 |
| 114 | 증오의 모호한 대상 | J. 아순 / 김승철 | 8,000원 |
| 115 | 개인—주체철학에 대한 고찰 | A. 르노 / 장정아 | 7,000원 |
| 116 | 이슬람이란 무엇인가 | M. 루스벤 / 최생열 | 8,000원 |
| 117 | 테러리즘의 정신 | J. 보드리야르 / 배영달 | 8,000원 |
| 118 | 역사란 무엇인가 | 존 H. 아널드 / 최생열 | 8,000원 |
| 119 | 느리게 산다는 것의 의미·3 | P. 쌍소 / 김주경 | 7,000원 |
| 120 | 문학과 정치 사상 | P. 페티에 / 이종민 | 8,000원 |
| 121 | 가장 아름다운 하나님 이야기 | A. 보테르 外 / 주태환 | 8,000원 |
| 122 | 시민 교육 | P. 카니베즈 / 박주원 | 9,000원 |
| 123 | 스페인영화사 | J.-C. 스갱 / 정동섭 | 8,000원 |
| 124 | 인터넷상에서—행동하는 지성 | H. L. 드레퓌스 / 정혜욱 | 9,000원 |
| 125 | 내 몸의 신비—세상에서 가장 큰 기적 | A. 지오르당 / 이규식 | 7,000원 |

| | | | |
|---|---|---|---|
| 126 | 세 가지 생태학 | F. 가타리 / 윤수종 | 8,000원 |
| 127 | 모리스 블랑쇼에 대하여 | E. 레비나스 / 박규현 | 9,000원 |
| 128 | 위뷔 왕 〔희곡〕 | A. 자리 / 박형섭 | 8,000원 |
| 129 | 번영의 비참 | P. 브뤼크네르 / 이창실 | 8,000원 |
| 130 | 무사도란 무엇인가 | 新渡戶稻造 / 沈雨晟 | 7,000원 |
| 131 | 꿈과 공포의 미로 〔소설〕 | A. 라히미 / 김주경 | 8,000원 |
| 132 | 문학은 무슨 소용이 있는가? | D. 살나브 / 김교신 | 7,000원 |
| 133 | 종교에 대하여―행동하는 지성 | 존 D. 카푸토 / 최생열 | 9,000원 |
| 134 | 노동사회학 | M. 스트루방 / 박주원 | 8,000원 |
| 135 | 맞불·2 | P. 부르디외 / 김교신 | 10,000원 |
| 136 | 믿음에 대하여―행동하는 지성 | S. 지제크 / 최생열 | 9,000원 |
| 137 | 법, 정의, 국가 | A. 기그 / 민혜숙 | 8,000원 |
| 138 | 인식, 상상력, 예술 | E. 아카마츄 / 최돈호 | 근간 |
| 139 | 위기의 대학 | ARESER / 김교신 | 10,000원 |
| 140 | 카오스모제 | F. 가타리 / 윤수종 | 10,000원 |
| 141 | 코란이란 무엇인가 | M. 쿡 / 이강훈 | 9,000원 |
| 142 | 신학이란 무엇인가 | D. 포드 / 강혜원·노치준 | 9,000원 |
| 143 | 누보 로망, 누보 시네마 | C. 뮈르시아 / 이창실 | 8,000원 |
| 144 | 지능이란 무엇인가 | I. J. 디어리 / 송형석 | 10,000원 |
| 145 | 죽음―유한성에 관하여 | F. 다스튀르 / 나길래 | 8,000원 |
| 146 | 철학에 입문하기 | Y. 카탱 / 박선주 | 8,000원 |
| 147 | 지옥의 힘 | J. 보드리야르 / 배영달 | 8,000원 |
| 148 | 철학 기초 강의 | F. 로피 / 공나리 | 8,000원 |
| 149 | 시네마토그래프에 대한 단상 | R. 브레송 / 오일환·김경온 | 9,000원 |
| 150 | 성서란 무엇인가 | J. 리치스 / 최생열 | 10,000원 |
| 151 | 프랑스 문학사회학 | 신미경 | 8,000원 |
| 152 | 잡사와 문학 | F. 에브라르 / 최정아 | 10,000원 |
| 153 | 세계의 폭력 | J. 보드리야르·E. 모랭 / 배영달 | 9,000원 |
| 154 | 잠수복과 나비 | J.-D. 보비 / 양영란 | 6,000원 |
| 155 | 고전 할리우드 영화 | J. 나카시 / 최은영 | 10,000원 |
| 156 | 마지막 말, 마지막 미소 | B. 드 카스텔바자크 / 김승철·장정아 | 근간 |
| 157 | 몸의 시학 | J. 피죠 / 김선미 | 10,000원 |
| 158 | 철학의 기원에 관하여 | C. 콜로베르 / 김정란 | 8,000원 |
| 159 | 지혜에 대한 숙고 | J.-M. 베스니에르 / 곽노경 | 8,000원 |
| 160 | 자연주의 미학과 시학 | 조성애 | 10,000원 |
| 161 | 소설 분석―현대적 방법론과 기법 | B. 발레트 / 조성애 | 10,000원 |
| 162 | 사회학이란 무엇인가 | S. 브루스 / 김경안 | 10,000원 |
| 163 | 인도철학입문 | S. 헤밀턴 / 고길환 | 10,000원 |
| 164 | 심리학이란 무엇인가 | G. 버틀러·F. 맥마누스 / 이재현 | 10,000원 |
| 165 | 발자크 비평 | J. 글레즈 / 이정민 | 10,000원 |
| 166 | 결별을 위하여 | G. 마츠네프 / 권은희·최은희 | 10,000원 |
| 167 | 인류학이란 무엇인가 | J. 모나한·P. 저스트 / 김경안 | 10,000원 |

| | | | |
|---|---|---|---|
| 168 | 세계화의 불안 | Z. 라이디 / 김종명 | 8,000원 |
| 169 | 음악이란 무엇인가 | N. 쿡 / 장호연 | 10,000원 |
| 170 | 사랑과 우연의 장난 〔희곡〕 | 마리보 / 박형섭 | 10,000원 |
| 171 | 사진의 이해 | G. 보레 / 박은영 | 10,000원 |
| 172 | 현대인의 사랑과 성 | 현택수 | 9,000원 |
| 173 | 성해방은 진행중인가? | M. 이아퀴브 / 권은희 | 10,000원 |
| 174 | 교육은 자기 교육이다 | H.-G. 가다머 / 손승남 | 10,000원 |
| 175 | 밤 끝으로의 여행 | L.-F. 쎌린느 / 이형식 | 19,000원 |
| 176 | 프랑스 지성인들의 '12월' | J. 뒤발 外 / 김영모 | 10,000원 |
| 177 | 환대에 대하여 | J. 데리다 / 남수인 | 13,000원 |
| 178 | 언어철학 | J. P. 레스베베르 / 이경래 | 10,000원 |
| 179 | 푸코와 광기 | F. 그로 / 김웅권 | 10,000원 |
| 180 | 사물들과 철학하기 | R.-P. 드루아 / 박선주 | 10,000원 |
| 181 | 청소년이 알아야 할 사회경제학자들 | J.-C. 드루앵 / 김종명 | 8,000원 |
| 182 | 서양의 유혹 | A. 말로 / 김웅권 | 10,000원 |
| 183 | 중세의 예술과 사회 | G. 뒤비 / 김웅권 | 10,000원 |
| 184 | 새로운 충견들 | S. 알리미 / 김영모 | 10,000원 |
| 185 | 초현실주의 | G. 세바 / 최정아 | 10,000원 |
| 186 | 프로이트 읽기 | P. 랜드맨 / 민혜숙 | 10,000원 |
| 187 | 예술 작품—작품 존재론 시론 | M. 아르 / 공정아 | 10,000원 |
| 188 | 평화—국가의 이성과 지혜 | M. 카스티요 / 장정아 | 10,000원 |
| 189 | 히로시마 내 사랑 | M. 뒤라스 / 이용주 | 10,000원 |
| 190 | 연극 텍스트의 분석 | M. 프뤼네르 / 김덕희 | 10,000원 |
| 191 | 청소년을 위한 철학길잡이 | A. 콩트-스퐁빌 / 공정아 | 10,000원 |
| 192 | 행복—기쁨에 관한 소고 | R. 미스라이 / 김영선 | 10,000원 |
| 193 | 조사와 방법론—면접법 | A. 블랑셰·A. 고트만 / 최정아 | 10,000원 |
| 194 | 하늘에 관하여—잃어버린 공간, 되찾은 시간 | M. 카세 / 박선주 | 10,000원 |
| 195 | 청소년이 알아야 할 세계화 | J.-P. 폴레 / 김종명 | 9,000원 |
| 196 | 약물이란 무엇인가 | L. 아이버슨 / 김정숙 | 10,000원 |
| 197 | 폭력—'폭력적 인간'에 대하여 | R. 다둔 / 최윤주 | 10,000원 |
| 198 | 암호 | J. 보드리야르 / 배영달 | 10,000원 |
| 199 | 느리게 산다는 것의 의미·4 | P. 쌍소 / 김선미·한상철 | 7,000원 |
| 200 | 아이누 민족의 비석 | 萱野 茂 / 심우성 | 10,000원 |
| 201 | 존재한다는 것의 기쁨 | J. 도르메송 / 김은경 | 근간 |
| 202 | 무신론이란 무엇인가 | G. 바기니 / 강혜원 | 10,000원 |
| 203 | 전통문화를 찾아서 | 심우성 | 10,000원 |
| 204 | 민족학과 인류학 개론 | J. 코팡 / 김영모 | 10,000원 |
| 205 | 오키나와의 역사와 문화 | 外間守善 / 심우성 | 10,000원 |
| 206 | 일본군 '위안부' 문제 | 石川康宏 / 박해순 | 9,000원 |
| 207 | 엠마누엘 레비나스와의 대담 | M. de 생 쉐롱 / 김웅권 | 10,000원 |
| 208 | 공존의 이유 | 조병화 | 8,000원 |
| 209 | 누벨바그 | M. 마리 / 신광순 | 10,000원 |

| | | | |
|---|---|---|---|
| 210 자기 분석에 대한 초고 | P. 부르디외 / 유민희 | | 10,000원 |
| 211 이만하면 성공이다 | J. 도르메송 / 김은경 | | 10,000원 |
| 212 도미니크 | E. 프로망탱 / 김웅권 | | 10,000원 |
| 213 동방 순례 | O. G. 토마 / 김웅권 | | 10,000원 |
| 300 아이들에게 설명하는 이혼 | P. 루카스·S. 르로이 / 이은민 | | 8,000원 |
| 301 아이들에게 들려주는 인도주의 | J. 마무 / 이은민 | | 근간 |
| 302 아이들에게 설명하는 죽음 | E. 위스망 페랭 / 김미정 | | 8,000원 |
| 303 아이들에게 들려주는 선사시대 이야기 | J. 클로드 / 김교신 | | 8,000원 |
| 304 아이들에게 들려주는 이슬람 이야기 | T. 벤 젤룬 / 김교신 | | 8,000원 |
| 305 아이들에게 설명하는 테러리즘 | M. -C. 그로 / 우강택 | | 8,000원 |
| 306 아이들에게 들려주는 철학 이야기 | R. -P. 드루아 / 이창실 | | 8,000원 |

【東文選 文藝新書】

| | | | |
|---|---|---|---|
| 1 저주받은 詩人들 | A. 뻬이르 / 최수철·김종호 | | 개정근간 |
| 2 민속문화론서설 | 沈雨晟 | | 40,000원 |
| 3 인형극의 기술 | A. 훼도토프 / 沈雨晟 | | 8,000원 |
| 4 전위연극론 | J. 로스 에반스 / 沈雨晟 | | 12,000원 |
| 5 남사당패연구 | 沈雨晟 | | 19,000원 |
| 6 현대영미희곡선(전4권) | N. 코워드 外 / 李辰洙 | | 절판 |
| 7 행위예술 | L. 골드버그 / 沈雨晟 | | 절판 |
| 8 문예미학 | 蔡 儀 / 姜慶鎬 | | 절판 |
| 9 神의 起源 | 何 新 / 洪 熹 | | 16,000원 |
| 10 중국예술정신 | 徐復觀 / 權德周 外 | | 24,000원 |
| 11 中國古代書史 | 錢存訓 / 金允子 | | 14,000원 |
| 12 이미지 — 시각과 미디어 | J. 버거 / 편집부 | | 15,000원 |
| 13 연극의 역사 | P. 하트놀 / 沈雨晟 | | 절판 |
| 14 詩 論 | 朱光潛 / 鄭相泓 | | 22,000원 |
| 15 탄트라 | A. 무케르지 / 金龜山 | | 16,000원 |
| 16 조선민족무용기본 | 최승희 | | 15,000원 |
| 17 몽고문화사 | D. 마이달 / 金龜山 | | 8,000원 |
| 18 신화 미술 제사 | 張光直 / 李 徹 | | 절판 |
| 19 아시아 무용의 인류학 | 宮尾慈良 / 沈雨晟 | | 20,000원 |
| 20 아시아 민족음악순례 | 藤井知昭 / 沈雨晟 | | 5,000원 |
| 21 華夏美學 | 李澤厚 / 權 瑚 | | 20,000원 |
| 22 道 | 張立文 / 權 瑚 | | 18,000원 |
| 23 朝鮮의 占卜과 豫言 | 村山智順 / 金禧慶 | | 28,000원 |
| 24 원시미술 | L. 아담 / 金仁煥 | | 16,000원 |
| 25 朝鮮民俗誌 | 秋葉隆 / 沈雨晟 | | 12,000원 |
| 26 타자로서 자기 자신 | P. 리쾨르 / 김웅권 | | 29,000원 |
| 27 原始佛敎 | 中村元 / 鄭泰爀 | | 8,000원 |
| 28 朝鮮女俗考 | 李能和 / 金尙憶 | | 30,000원 |
| 29 朝鮮解語花史(조선기생사) | 李能和 / 李在崑 | | 25,000원 |

| | | | |
|---|---|---|---|
| 30 | 조선창극사 | 鄭魯湜 | 17,000원 |
| 31 | 동양회화미학 | 崔炳植 | 19,000원 |
| 32 | 性과 결혼의 민족학 | 和田正平 / 沈雨晟 | 9,000원 |
| 33 | 農漁俗談辭典 | 宋在璇 | 12,000원 |
| 34 | 朝鮮의 鬼神 | 村山智順 / 金禧慶 | 28,000원 |
| 35 | 道敎와 中國文化 | 葛兆光 / 沈揆昊 | 15,000원 |
| 36 | 禪宗과 中國文化 | 葛兆光 / 鄭相泓·任炳權 | 8,000원 |
| 37 | 오페라의 역사 | L. 오레이 / 류연희 | 절판 |
| 38 | 인도종교미술 | A. 무케르지 / 崔炳植 | 14,000원 |
| 39 | 힌두교의 그림언어 | 안넬리제 外 / 全在星 | 22,000원 |
| 40 | 중국고대사회 | 許進雄 / 洪 熹 | 30,000원 |
| 41 | 중국문화개론 | 李宗桂 / 李宰碩 | 23,000원 |
| 42 | 龍鳳文化源流 | 王大有 / 林東錫 | 25,000원 |
| 43 | 甲骨學通論 | 王宇信 / 李宰碩 | 40,000원 |
| 44 | 朝鮮巫俗考 | 李能和 / 李在崑 | 20,000원 |
| 45 | 미술과 페미니즘 | N. 부루드 外 / 扈承喜 | 9,000원 |
| 46 | 아프리카미술 | P. 윌레뜨 / 崔炳植 | 절판 |
| 47 | 美의 歷程 | 李澤厚 / 尹壽榮 | 28,000원 |
| 48 | 曼荼羅의 神들 | 立川武藏 / 金龜山 | 19,000원 |
| 49 | 朝鮮歲時記 | 洪錫謨 外/李錫浩 | 30,000원 |
| 50 | 하 상 | 蘇曉康 外 / 洪 熹 | 절판 |
| 51 | 武藝圖譜通志 實技解題 | 正 祖 / 沈雨晟·金光錫 | 15,000원 |
| 52 | 古文字學첫걸음 | 李學勤 / 河永三 | 14,000원 |
| 53 | 體育美學 | 胡小明 / 閔永淑 | 18,000원 |
| 54 | 아시아 美術의 再發見 | 崔炳植 | 9,000원 |
| 55 | 曆과 占의 科學 | 永田久 / 沈雨晟 | 14,000원 |
| 56 | 中國小學史 | 胡奇光 / 李宰碩 | 20,000원 |
| 57 | 中國甲骨學史 | 吳浩坤 外 / 梁東淑 | 35,000원 |
| 58 | 꿈의 철학 | 劉文英 / 河永三 | 22,000원 |
| 59 | 女神들의 인도 | 立川武藏 / 金龜山 | 19,000원 |
| 60 | 性의 역사 | J. L. 플랑드렝 / 편집부 | 18,000원 |
| 61 | 쉬르섹슈얼리티 | W. 챠드윅 / 편집부 | 10,000원 |
| 62 | 여성속담사전 | 宋在璇 | 18,000원 |
| 63 | 박재서희곡선 | 朴栽緒 | 10,000원 |
| 64 | 東北民族源流 | 孫進己 / 林東錫 | 13,000원 |
| 65 | 朝鮮巫俗의 硏究(상·하) | 赤松智城·秋葉隆 / 沈雨晟 | 28,000원 |
| 66 | 中國文學 속의 孤獨感 | 斯波六郞 / 尹壽榮 | 8,000원 |
| 67 | 한국사회주의 연극운동사 | 李康列 | 8,000원 |
| 68 | 스포츠인류학 | K. 블랑챠드 外 / 박기동 外 | 12,000원 |
| 69 | 리조복식도감 | 리팔찬 | 20,000원 |
| 70 | 娼 婦 | A. 꼬르뱅 / 李宗旼 | 22,000원 |
| 71 | 조선민요연구 | 高晶玉 | 30,000원 |

| | | | |
|---|---|---|---|
| 72 | 楚文化史 | 張正明 / 南宗鎭 | 26,000원 |
| 73 | 시간, 욕망, 그리고 공포 | A. 코르뱅 / 변기찬 | 18,000원 |
| 74 | 本國劍 | 金光錫 | 40,000원 |
| 75 | 노트와 반노트 | E. 이오네스코 / 박형섭 | 20,000원 |
| 76 | 朝鮮美術史硏究 | 尹喜淳 | 7,000원 |
| 77 | 拳法要訣 | 金光錫 | 30,000원 |
| 78 | 艸衣選集 | 艸衣意恂 / 林鍾旭 | 20,000원 |
| 79 | 漢語音韻學講義 | 董少文 / 林東錫 | 10,000원 |
| 80 | 이오네스코 연극미학 | C. 위베르 / 박형섭 | 9,000원 |
| 81 | 중국문자훈고학사전 | 全廣鎭 편역 | 23,000원 |
| 82 | 상말속담사전 | 宋在璇 | 10,000원 |
| 83 | 書法論叢 | 沈尹默 / 郭魯鳳 | 16,000원 |
| 84 | 침실의 문화사 | P. 디비 / 편집부 | 9,000원 |
| 85 | 禮의 精神 | 柳 肅 / 洪 熹 | 20,000원 |
| 86 | 조선공예개관 | 沈雨晟 편역 | 30,000원 |
| 87 | 性愛의 社會史 | J. 솔레 / 李宗旼 | 18,000원 |
| 88 | 러시아 미술사 | A. I. 조토프 / 이건수 | 26,000원 |
| 89 | 中國書藝論文選 | 郭魯鳳 選譯 | 25,000원 |
| 90 | 朝鮮美術史 | 關野貞 / 沈雨晟 | 30,000원 |
| 91 | 美術版 탄트라 | P. 로슨 / 편집부 | 8,000원 |
| 92 | 쿤달리니 | A. 무케르지 / 편집부 | 9,000원 |
| 93 | 카마수트라 | 바쨔야나 / 鄭泰爀 | 18,000원 |
| 94 | 중국언어학총론 | J. 노먼 / 全廣鎭 | 28,000원 |
| 95 | 運氣學說 | 任應秋 / 李宰碩 | 15,000원 |
| 96 | 동물속담사전 | 宋在璇 | 20,000원 |
| 97 | 자본주의의 아비투스 | P. 부르디외 / 최종철 | 10,000원 |
| 98 | 宗敎學入門 | F. 막스 뮐러 / 金龜山 | 10,000원 |
| 99 | 변 화 | P. 바츨라빅크 外 / 박인철 | 10,000원 |
| 100 | 우리나라 민속놀이 | 沈雨晟 | 15,000원 |
| 101 | 歌訣(중국역대명언경구집) | 李宰碩 편역 | 20,000원 |
| 102 | 아니마와 아니무스 | A. 융 / 박해순 | 8,000원 |
| 103 | 나, 너, 우리 | L. 이리가라이 / 박정오 | 12,000원 |
| 104 | 베케트연극론 | M. 푸크레 / 박형섭 | 8,000원 |
| 105 | 포르노그래피 | A. 드워킨 / 유혜련 | 12,000원 |
| 106 | 셸 링 | M. 하이데거 / 최상욱 | 12,000원 |
| 107 | 프랑수아 비용 | 宋 勉 | 18,000원 |
| 108 | 중국서예 80제 | 郭魯鳳 편역 | 16,000원 |
| 109 | 性과 미디어 | W. B. 키 / 박해순 | 12,000원 |
| 110 | 中國正史朝鮮列國傳(전2권) | 金聲九 편역 | 120,000원 |
| 111 | 질병의 기원 | T. 매큐언 / 서 일·박종연 | 12,000원 |
| 112 | 과학과 젠더 | E. F. 켈러 / 민경숙·이현주 | 10,000원 |
| 113 | 물질문명·경제·자본주의 | F. 브로델 / 이문숙 外 | 절판 |

| 번호 | 제목 | 저자/역자 | 가격 |
|---|---|---|---|
| 114 | 이탈리아인 태고의 지혜 | G. 비코 / 李源斗 | 8,000원 |
| 115 | 中國武俠史 | 陳 山 / 姜鳳求 | 18,000원 |
| 116 | 공포의 권력 | J. 크리스테바 / 서민원 | 23,000원 |
| 117 | 주색잡기속담사전 | 宋在璇 | 15,000원 |
| 118 | 죽음 앞에 선 인간(상·하) | P. 아리에스 / 劉仙子 | 각권 15,000원 |
| 119 | 철학에 대하여 | L. 알튀세르 / 서관모·백승욱 | 12,000원 |
| 120 | 다른 곳 | J. 데리다 / 김다은·이혜지 | 10,000원 |
| 121 | 문학비평방법론 | D. 베르제 外 / 민혜숙 | 12,000원 |
| 122 | 자기의 테크놀로지 | M. 푸코 / 이희원 | 16,000원 |
| 123 | 새로운 학문 | G. 비코 / 李源斗 | 22,000원 |
| 124 | 천재와 광기 | P. 브르노 / 김웅권 | 13,000원 |
| 125 | 중국은사문화 | 馬 華·陳正宏 / 강경범·천현경 | 12,000원 |
| 126 | 푸코와 페미니즘 | C. 라마자노글루 外 / 최 영 外 | 16,000원 |
| 127 | 역사주의 | P. 해밀턴 / 임옥희 | 12,000원 |
| 128 | 中國書藝美學 | 宋 民 / 郭魯鳳 | 16,000원 |
| 129 | 죽음의 역사 | P. 아리에스 / 이종민 | 18,000원 |
| 130 | 돈속담사전 | 宋在璇 편 | 15,000원 |
| 131 | 동양극장과 연극인들 | 김영무 | 15,000원 |
| 132 | 生育神과 性巫術 | 宋兆麟 / 洪 熹 | 20,000원 |
| 133 | 미학의 핵심 | M. M. 이턴 / 유호전 | 20,000원 |
| 134 | 전사와 농민 | J. 뒤비 / 최생열 | 18,000원 |
| 135 | 여성의 상태 | N. 에니크 / 서민원 | 22,000원 |
| 136 | 중세의 지식인들 | J. 르 고프 / 최애리 | 18,000원 |
| 137 | 구조주의의 역사(전4권) | F. 도스 / 김웅권 外 | I·II·IV 15,000원 / III 18,000원 |
| 138 | 글쓰기의 문제해결전략 | L. 플라워 / 원진숙·황정현 | 20,000원 |
| 139 | 음식속담사전 | 宋在璇 편 | 16,000원 |
| 140 | 고전수필개론 | 權 瑚 | 16,000원 |
| 141 | 예술의 규칙 | P. 부르디외 / 하태환 | 23,000원 |
| 142 | "사회를 보호해야 한다" | M. 푸코 / 박정자 | 20,000원 |
| 143 | 페미니즘사전 | L. 터틀 / 호승희·유혜련 | 26,000원 |
| 144 | 여성심벌사전 | B. G. 워커 / 정소영 | 근간 |
| 145 | 모데르니테 모데르니테 | H. 메쇼닉 / 김다은 | 20,000원 |
| 146 | 눈물의 역사 | A. 벵상뷔포 / 이자경 | 18,000원 |
| 147 | 모더니티입문 | H. 르페브르 / 이종민 | 24,000원 |
| 148 | 재생산 | P. 부르디외 / 이상호 | 23,000원 |
| 149 | 종교철학의 핵심 | W. J. 웨인라이트 / 김희수 | 18,000원 |
| 150 | 기호와 몽상 | A. 시몽 / 박형섭 | 22,000원 |
| 151 | 융분석비평사전 | A. 새뮤얼 外 / 민혜숙 | 16,000원 |
| 152 | 운보 김기창 예술론연구 | 최병식 | 14,000원 |
| 153 | 시적 언어의 혁명 | J. 크리스테바 / 김인환 | 20,000원 |
| 154 | 예술의 위기 | Y. 미쇼 / 하태환 | 15,000원 |
| 155 | 프랑스사회사 | G. 뒤프 / 박 단 | 16,000원 |

| | | | |
|---|---|---|---|
| 156 | 중국문예심리학사 | 劉偉林 / 沈揆昊 | 30,000원 |
| 157 | 무지카 프라티카 | M. 캐년 / 김혜중 | 25,000원 |
| 158 | 불교산책 | 鄭泰爀 | 20,000원 |
| 159 | 인간과 죽음 | E. 모랭 / 김명숙 | 23,000원 |
| 160 | 地中海 | F. 브로델 / 李宗旼 | 근간 |
| 161 | 漢語文字學史 | 黃德實・陳秉新 / 河永三 | 24,000원 |
| 162 | 글쓰기와 차이 | J. 데리다 / 남수인 | 28,000원 |
| 163 | 朝鮮神事誌 | 李能和 / 李在崑 | 28,000원 |
| 164 | 영국제국주의 | S. C. 스미스 / 이태숙・김종원 | 16,000원 |
| 165 | 영화서술학 | A. 고드로・F. 조스트 / 송지연 | 17,000원 |
| 166 | 美學辭典 | 사사키 겡이치 / 민주식 | 22,000원 |
| 167 | 하나이지 않은 성 | L. 이리가라이 / 이은민 | 18,000원 |
| 168 | 中國歷代書論 | 郭魯鳳 譯註 | 25,000원 |
| 169 | 요가수트라 | 鄭泰爀 | 15,000원 |
| 170 | 비정상인들 | M. 푸코 / 박정자 | 25,000원 |
| 171 | 미친 진실 | J. 크리스테바 外 / 서민원 | 25,000원 |
| 172 | 玉樞經 硏究 | 具重會 | 19,000원 |
| 173 | 세계의 비참(전3권) | P. 부르디외 外 / 김주경 | 각권 26,000원 |
| 174 | 수묵의 사상과 역사 | 崔炳植 | 24,000원 |
| 175 | 파스칼적 명상 | P. 부르디외 / 김웅권 | 22,000원 |
| 176 | 지방의 계몽주의 | D. 로슈 / 주명철 | 30,000원 |
| 177 | 이혼의 역사 | R. 필립스 / 박범수 | 25,000원 |
| 178 | 사랑의 단상 | R. 바르트 / 김희영 | 20,000원 |
| 179 | 中國書藝理論體系 | 熊秉明 / 郭魯鳳 | 23,000원 |
| 180 | 미술시장과 경영 | 崔炳植 | 16,000원 |
| 181 | 카프카—소수적인 문학을 위하여 | G. 들뢰즈・F. 가타리 / 이진경 | 18,000원 |
| 182 | 이미지의 힘—영상과 섹슈얼리티 | A. 쿤 / 이형식 | 13,000원 |
| 183 | 공간의 시학 | G. 바슐라르 / 곽광수 | 23,000원 |
| 184 | 랑데부—이미지와의 만남 | J. 버거 / 임옥희・이은경 | 18,000원 |
| 185 | 푸코와 문학—글쓰기의 계보학을 향하여 | S. 듀링 / 오경심・홍유미 | 26,000원 |
| 186 | 각색, 연극에서 영화로 | A. 엘보 / 이선형 | 16,000원 |
| 187 | 폭력과 여성들 | C. 도펭 外 / 이은민 | 18,000원 |
| 188 | 하드 바디—할리우드 영화에 나타난 남성성 | S. 제퍼드 / 이형식 | 18,000원 |
| 189 | 영화의 환상성 | J. -L. 뢰트라 / 김경온・오일환 | 18,000원 |
| 190 | 번역과 제국 | D. 로빈슨 / 정혜욱 | 16,000원 |
| 191 | 그라마톨로지에 대하여 | J. 데리다 / 김웅권 | 35,000원 |
| 192 | 보건 유토피아 | R. 브로만 外 / 서민원 | 20,000원 |
| 193 | 현대의 신화 | R. 바르트 / 이화여대기호학연구소 | 20,000원 |
| 194 | 회화백문백답 | 湯兆基 / 郭魯鳳 | 20,000원 |
| 195 | 고서화감정개론 | 徐邦達 / 郭魯鳳 | 30,000원 |
| 196 | 상상의 박물관 | A. 말로 / 김웅권 | 26,000원 |
| 197 | 부빈의 일요일 | J. 뒤비 / 최생열 | 22,000원 |

| | | | |
|---|---|---|---|
| 198 | 아인슈타인의 최대 실수 | D. 골드스미스 / 박범수 | 16,000원 |
| 199 | 유인원, 사이보그, 그리고 여자 | D. 해러웨이 / 민경숙 | 25,000원 |
| 200 | 공동 생활 속의 개인주의 | F. 드 생글리 / 최은영 | 20,000원 |
| 201 | 기식자 | M. 세르 / 김웅권 | 24,000원 |
| 202 | 연극미학—플라톤에서 브레히트까지의 텍스트들 | J. 셰레 外 / 홍지화 | 24,000원 |
| 203 | 철학자들의 신 | W. 바이셰델 / 최상욱 | 34,000원 |
| 204 | 고대 세계의 정치 | 모제스 I. 핀레이 / 최생열 | 16,000원 |
| 205 | 프란츠 카프카의 고독 | M. 로베르 / 이창실 | 18,000원 |
| 206 | 문화 학습—실천적 입문서 | J. 자일스 · T. 미들턴 / 장성희 | 24,000원 |
| 207 | 호모 아카데미쿠스 | P. 부르디외 / 임기대 | 29,000원 |
| 208 | 朝鮮槍棒敎程 | 金光錫 | 40,000원 |
| 209 | 자유의 순간 | P. M. 코헨 / 최하영 | 16,000원 |
| 210 | 밀교의 세계 | 鄭泰爀 | 16,000원 |
| 211 | 토탈 스크린 | J. 보드리야르 / 배영달 | 19,000원 |
| 212 | 영화와 문학의 서술학 | F. 바누아 / 송지연 | 22,000원 |
| 213 | 텍스트의 즐거움 | R. 바르트 / 김희영 | 15,000원 |
| 214 | 영화의 직업들 | B. 라트롱슈 / 김경온 · 오일환 | 16,000원 |
| 215 | 소설과 신화 | 이용주 | 15,000원 |
| 216 | 문화와 계급—부르디외와 한국 사회 | 홍성민 外 | 18,000원 |
| 217 | 작은 사건들 | R. 바르트 / 김주경 | 14,000원 |
| 218 | 연극분석입문 | J. -P. 링가르 / 박형섭 | 18,000원 |
| 219 | 푸코 | G. 들뢰즈 / 허 경 | 17,000원 |
| 220 | 우리나라 도자기와 가마터 | 宋在璇 | 30,000원 |
| 221 | 보이는 것과 보이지 않는 것 | M. 퐁티 / 남수인 · 최의영 | 30,000원 |
| 222 | 메두사의 웃음/출구 | H. 식수 / 박혜영 | 19,000원 |
| 223 | 담화 속의 논증 | R. 아모시 / 장인봉 | 20,000원 |
| 224 | 포켓의 형태 | J. 버거 / 이영주 | 16,000원 |
| 225 | 이미지심벌사전 | A. 드 브리스 / 이원두 | 근간 |
| 226 | 이데올로기 | D. 호크스 / 고길환 | 16,000원 |
| 227 | 영화의 이론 | B. 발라즈 / 이형식 | 20,000원 |
| 228 | 건축과 철학 | J. 보드리야르 · J. 누벨 / 배영달 | 16,000원 |
| 229 | 폴 리쾨르—삶의 의미들 | F. 도스 / 이봉지 外 | 38,000원 |
| 230 | 서양철학사 | A. 케니 / 이영주 | 29,000원 |
| 231 | 근대성과 육체의 정치학 | D. 르 브르통 / 홍성민 | 20,000원 |
| 232 | 허난설헌 | 金成南 | 16,000원 |
| 233 | 인터넷 철학 | G. 그레이엄 / 이영주 | 15,000원 |
| 234 | 사회학의 문제들 | P. 부르디외 / 신미경 | 23,000원 |
| 235 | 의학적 추론 | A. 시쿠렐 / 서민원 | 20,000원 |
| 236 | 튜링—인공지능 창시자 | J. 라세구 / 임기대 | 16,000원 |
| 237 | 이성의 역사 | F. 샤틀레 / 심세광 | 16,000원 |
| 238 | 朝鮮演劇史 | 金在喆 | 22,000원 |
| 239 | 미학이란 무엇인가 | M. 지므네즈 / 김웅권 | 23,000원 |

| | | | |
|---|---|---|---|
| 240 | 古文字類編 | 高 明 | 40,000원 |
| 241 | 부르디외 사회학 이론 | L. 핀토 / 김용숙·김은희 | 20,000원 |
| 242 | 문학은 무슨 생각을 하는가? | P. 마슈레 / 서민원 | 23,000원 |
| 243 | 행복해지기 위해 무엇을 배워야 하는가? | A. 우지오 外 / 김교신 | 18,000원 |
| 244 | 영화와 회화: 탈배치 | P. 보니체 / 홍지화 | 18,000원 |
| 245 | 영화 학습 — 실천적 지표들 | F. 바누아 外 / 문신원 | 16,000원 |
| 246 | 회화 학습 — 실천적 지표들 | F. 기불레·M. 멩겔 바리오 / 고수현 | 14,000원 |
| 247 | 영화미학 | J. 오몽 外 / 이용주 | 24,000원 |
| 248 | 시 — 형식과 기능 | J. L. 주베르 / 김경온 | 근간 |
| 249 | 우리나라 옹기 | 宋在璇 | 40,000원 |
| 250 | 검은 태양 | J. 크리스테바 / 김인환 | 27,000원 |
| 251 | 어떻게 더불어 살 것인가 | R. 바르트 / 김웅권 | 28,000원 |
| 252 | 일반 교양 강좌 | E. 코바 / 송대영 | 23,000원 |
| 253 | 나무의 철학 | R. 뒤마 / 송형석 | 29,000원 |
| 254 | 영화에 대하여 — 에이리언과 영화철학 | S. 멀할 / 이영주 | 18,000원 |
| 255 | 문학에 대하여 — 행동하는 지성 | H. 밀러 / 최은주 | 16,000원 |
| 256 | 미학 연습 — 플라톤에서 에코까지 | 임우영 外 편역 | 18,000원 |
| 257 | 조희룡 평전 | 김영회 外 | 18,000원 |
| 258 | 역사철학 | F. 도스 / 최생열 | 23,000원 |
| 259 | 철학자들의 동물원 | A. L. 브라 쇼파르 / 문신원 | 22,000원 |
| 260 | 시각의 의미 | J. 버거 / 이용은 | 24,000원 |
| 261 | 들뢰즈 | A. 괄란디 / 임기대 | 13,000원 |
| 262 | 문학과 문화 읽기 | 김종갑 | 16,000원 |
| 263 | 과학에 대하여 — 행동하는 지성 | B. 리들리 / 이영주 | 18,000원 |
| 264 | 장 지오노와 서술 이론 | 송지연 | 18,000원 |
| 265 | 영화의 목소리 | M. 시옹 / 박선주 | 20,000원 |
| 266 | 사회보장의 발명 | J. 동즐로 / 주형일 | 17,000원 |
| 267 | 이미지와 기호 | M. 졸리 / 이선형 | 22,000원 |
| 268 | 위기의 식물 | J. M. 펠트 / 이충건 | 18,000원 |
| 269 | 중국 소수민족의 원시종교 | 洪 熹 | 18,000원 |
| 270 | 영화감독들의 영화 이론 | J. 오몽 / 곽동준 | 22,000원 |
| 271 | 중첩 | J. 들뢰즈·C. 베네 / 허희정 | 18,000원 |
| 272 | 대담 — 디디에 에리봉과의 자전적 인터뷰 | J. 뒤메질 / 송대영 | 18,000원 |
| 273 | 중립 | R. 바르트 / 김웅권 | 30,000원 |
| 274 | 알퐁스 도데의 문학과 프로방스 문화 | 이종민 | 16,000원 |
| 275 | 우리말 釋迦如來行蹟頌 | 高麗 無寄 / 金月雲 | 18,000원 |
| 276 | 金剛經講話 | 金月雲 講述 | 18,000원 |
| 277 | 자유와 결정론 | O. 브르니피에 外 / 최은영 | 16,000원 |
| 278 | 도리스 레싱: 20세기 여성의 초상 | 민경숙 | 24,000원 |
| 279 | 기독교윤리학의 이론과 방법론 | 김희수 | 24,000원 |
| 280 | 과학에서 생각하는 주제 100가지 | I. 스탕저 外 / 김웅권 | 21,000원 |
| 281 | 말로와 소설의 상징시학 | 김웅권 | 22,000원 |

| | | | |
|---|---|---|---|
| 282 | 키에르케고르 | C. 블랑 / 이창실 | 14,000원 |
| 283 | 시나리오 쓰기의 이론과 실제 | A. 로슈 外 / 이용주 | 25,000원 |
| 284 | 조선사회경제사 | 白南雲 / 沈雨晟 | 30,000원 |
| 285 | 이성과 감각 | O. 브르니피에 外 / 이은민 | 16,000원 |
| 286 | 행복의 단상 | C. 앙드레 / 김교신 | 20,000원 |
| 287 | 삶의 의미―행동하는 지성 | J. 코팅햄 / 강혜원 | 16,000원 |
| 288 | 안티고네의 주장 | J. 버틀러 / 조현순 | 14,000원 |
| 289 | 예술 영화 읽기 | 이선형 | 19,000원 |
| 290 | 달리는 꿈, 자동차의 역사 | P. 치글러 / 조국현 | 17,000원 |
| 291 | 매스커뮤니케이션과 사회 | 현택수 | 17,000원 |
| 292 | 교육론 | J. 피아제 / 이병애 | 22,000원 |
| 293 | 연극 입문 | 히라타 오리자 / 고정은 | 13,000원 |
| 294 | 역사는 계속된다 | G. 뒤비 / 백인호·최생열 | 16,000원 |
| 295 | 에로티시즘을 즐기기 위한 100가지 기본 용어 | J. -C. 마르탱 / 김웅권 | 19,000원 |
| 296 | 대화의 기술 | A. 밀롱 / 공정아 | 17,000원 |
| 297 | 실천 이성 | P. 부르디외 / 김웅권 | 19,000원 |
| 298 | 세미오티케 | J. 크리스테바 / 서민원 | 28,000원 |
| 299 | 앙드레 말로의 문학 세계 | 김웅권 | 22,000원 |
| 300 | 20세기 독일철학 | W. 슈나이더스 / 박중목 | 18,000원 |
| 301 | 횔덜린의 송가 〈이스터〉 | M. 하이데거 / 최상욱 | 20,000원 |
| 302 | 아이러니와 모더니티 담론 | E. 벨러 / 이강훈·신주철 | 16,000원 |
| 303 | 부알로의 시학 | 곽동준 편역 및 주석 | 20,000원 |
| 304 | 음악 녹음의 역사 | M. 채년 / 박기호 | 23,000원 |
| 305 | 시학 입문 | G. 데송 / 조재룡 | 26,000원 |
| 306 | 정신에 대해서 | J. 데리다 / 박찬국 | 20,000원 |
| 307 | 디알로그 | G. 들뢰즈·C. 파르네 / 허희정·전승화 | 20,000원 |
| 308 | 철학적 분과 학문 | A. 피퍼 / 조국현 | 25,000원 |
| 309 | 영화와 시장 | L. 크레통 / 홍지화 | 22,000원 |
| 310 | 진정성에 대하여 | C. 귀논 / 강혜원 | 18,000원 |
| 311 | 언어학 이해를 위한 주제 100선 | G. 시우피·D. 반람돈크/이선경·황원미 | 18,000원 |
| 312 | 영화를 생각하다 | S. 리앙드라 기그·J. -L. 뢰트라/김영모 | 20,000원 |
| 313 | 길모퉁이에서의 모험 | P. 브뤼크네르·A. 팽키엘크로 / 이창실 | 12,000원 |
| 314 | 목소리의 結晶 | R. 바르트 / 김웅권 | 24,000원 |
| 315 | 중세의 기사들 | E. 부라생 / 임호경 | 20,000원 |
| 316 | 武德―武의 문화, 武의 정신 | 辛成大 | 13,000원 |
| 317 | 욕망의 땅 | W. 리치 / 이은경·임옥희 | 23,000원 |
| 318 | 들뢰즈와 음악, 회화, 그리고 일반 예술 | R. 보그 / 사공일 | 20,000원 |
| 319 | S/Z | R. 바르트 / 김웅권 | 24,000원 |
| 320 | 시나리오 모델, 모델 시나리오 | F. 바누아 / 유민희 | 24,000원 |
| 321 | 도미니크 이야기―아동 정신분석 치료의 실제 | F. 돌토 / 김승철 | 18,000원 |
| 322 | 빠딴잘리의 요가쑤뜨라 | S. S. 싸치다난다 / 김순금 | 18,000원 |
| 323 | 이마주―영화·사진·회화 | J. 오몽 / 오정민 | 25,000원 |

| | | |
|---|---|---|
| 324 들뢰즈와 문학 | R. 보그 / 김승숙 | 20,000원 |
| 325 요가학개론 | 鄭泰爀 | 15,000원 |
| 326 밝은 방―사진에 관한 노트 | R. 바르트 / 김웅권 | 15,000원 |
| 327 中國房內秘籍 | 朴淸正 | 35,000원 |
| 328 武藝圖譜通志註解 | 朴淸正 | 30,000원 |
| 329 들뢰즈와 시네마 | R. 보그 / 정형철 | 20,000원 |
| 330 현대 프랑스 연극의 이론과 실제 | 이선형 | 20,000원 |
| 331 스리마드 바가바드 기타 | S. 브야사 / 박지명 | 24,000원 |
| 332 宋詩槪說 | 요시카와 고지로 / 호승희 | 18,000원 |
| 333 주체의 해석학 | M. 푸코 / 심세광 | 29,000원 |
| 334 문학의 위상 | J. 베시에르 / 주현진 | 20,000원 |
| 335 광고의 이해와 실제 | 현택수·홍장선 | 20,000원 |
| 336 외쿠메네―인간 환경에 대한 연구서설 | A. 베르크 / 김웅권 | 24,000원 |
| 337 서양 연극의 무대 장식 기술 | A. 쉬르제 / 송민숙 | 18,000원 |
| 338 百濟伎樂 | 백제기악보존회 편 | 18,000원 |
| 339 金剛經六祖解 | 無居 옮김 | 14,000원 |
| 340 몽상의 시학 | G. 바슐라르 / 김웅권 | 19,000원 |
| 341 원전 주해 요가수트라 | M. 파탄잘리 / 박지명 주해 | 28,000원 |
| 342 글쓰기의 영도 | R. 바르트 / 김웅권 | 17,000원 |
| 343 전교조의 정체 | 정재학 지음 | 12,000원 |
| 344 영화배우 | J. 나카시 / 박혜숙 | 20,000원 |
| 345 취고당검소 | 陸紹珩 / 강경범·천현경 | 25,000원 |
| 346 재생산에 대하여 | L. 알튀세르 / 김웅권 | 23,000원 |
| 347 중국 탈의 역사 | 顧朴光 / 洪 熹 | 30,000원 |
| 348 조이스와 바흐친 | 이강훈 | 16,000원 |
| 349 신의 존재와 과학의 도전 | C. 알레그르 / 송대영 | 13,000원 |
| 350 행동의 구조 | M. 메를로 퐁티 / 김웅권 | 28,000원 |
| 351 미술시장과 아트딜러 | 최병식 | 30,000원 |
| 352 미술시장 트렌드와 투자 | 최병식 | 30,000원 |
| 353 문화전략과 순수예술 | 최병식 | 14,000원 |
| 354 들뢰즈와 창조성의 정치학 | 사공일 | 18,000원 |
| 355 꿈꿀 권리 | G. 바슐라르 / 김웅권 | 22,000원 |
| 356 텔레비전 드라마 | G. 손햄·T. 퍼비스 / 김소은·황정녀 | 22,000원 |
| 357 옷본 | 심우성 | 20,000원 |
| 358 촛불의 미학 | G. 바슐라르 / 김웅권 | 18,000원 |
| 359 마조히즘 | N. 맨스필드 / 이강훈 | 16,000원 |
| 360 민속문화 길잡이 | 심우성 | 19,000원 |
| 361 이론에 대한 저항 | P. 드 만 / 황성필 | 22,000원 |
| 362 우리 시대의 위대한 피아니스트들이 말하는 나의 삶, 나의 음악 | E. 마흐 / 박기호·김남희 | 15,000원 |
| 363 영화 장르 | R. 무안 / 유민희 | 20,000원 |
| 364 몽타주의 미학 | V. 아미엘 / 곽동준·한지선 | 20,000원 |
| 365 사랑의 길 | L. 이리가레 / 정소영 | 18,000원 |

| | | | |
|---|---|---|---|
| 366 | 이미지와 해석 | M. 졸리 / 김웅권 | 24,000원 |
| 367 | 마르셀 모스, 총체적인 사회적 사실 | B. 카르센티 / 김웅권 | 13,000원 |
| 368 | TV 드라마 시리즈물 어떻게 쓸 것인가 | P. 더글러스 / 김소은 | 25,000원 |
| 369 | 영상예술미학 | P. 소르랭 / 이선형 | 25,000원 |
| 370 | 우파니샤드 | 박지명 주해 | 49,000원 |
| 1001 | 베토벤: 전원교향곡 | D. W. 존스 / 김지순 | 15,000원 |
| 1002 | 모차르트: 하이든 현악4중주곡 | J. 어빙 / 김지순 | 14,000원 |
| 1003 | 베토벤: 에로이카 교향곡 | T. 시프 / 김지순 | 18,000원 |
| 1004 | 모차르트: 주피터 교향곡 | E. 시스먼 / 김지순 | 18,000원 |
| 1005 | 바흐: 브란덴부르크 협주곡 | M. 보이드 / 김지순 | 18,000원 |
| 1006 | 바흐: B단조 미사 | J. 버트 / 김지순 | 18,000원 |
| 1007 | 하이든: 현악4중주곡 Op.50 | W. 딘 주트클리페 / 김지순 | 18,000원 |
| 1008 | 헨델: 메시아 | D. 버로우 / 김지순 | 18,000원 |
| 1009 | 비발디: 〈사계〉와 Op.8 | P. 에버렛 / 김지순 | 18,000원 |
| 2001 | 우리 아이들에게 어떤 지표를 주어야 할까? | J. L. 오베르 / 이창실 | 16,000원 |
| 2002 | 상처받은 아이들 | N. 파브르 / 김주경 | 16,000원 |
| 2003 | 엄마 아빠, 꿈꿀 시간을 주세요! | E. 부젱 / 박주원 | 16,000원 |
| 2004 | 부모가 알아야 할 유치원의 모든 것들 | N. 뒤 소수아 / 전재민 | 18,000원 |
| 2005 | 부모들이여, '안 돼' 라고 말하라! | P. 들라로슈 / 김주경 | 19,000원 |
| 2006 | 엄마 아빠, 전 못하겠어요! | E. 리공 / 이창실 | 18,000원 |
| 2007 | 사랑, 아이, 일 사이에서 | A. 가트셀·C. 르누치 / 김교신 | 19,000원 |
| 2008 | 요람에서 학교까지 | J.-L. 오베르 / 전재민 | 19,000원 |
| 2009 | 머리는 좋은데, 노력을 안 해요 | J.-L. 오베르 / 박선주 | 17,000원 |
| 2010 | 알아서 하라고요? 좋죠, 하지만 혼자는 싫어요! | E. 부젱 / 김교신 | 17,000원 |
| 2011 | 영재아이 키우기 | S. 코트 / 김경하 | 17,000원 |
| 2012 | 부모가 헤어진대요 | M. 베르제·I. 그라비용 / 공나리 | 17,000원 |
| 2013 | 아이들의 고민, 부모들의 근심 | D. 마르셀리·G. 드 라 보리 / 김교신 | 19,000원 |
| 2014 | 헤어지기 싫어요! | N. 파브르 / 공나리 | 15,000원 |
| 3001 | 《새》 | C. 파글리아 / 이형식 | 13,000원 |
| 3002 | 《시민 케인》 | L. 멀비 / 이형식 | 13,000원 |
| 3101 | 《제7의 봉인》 비평 연구 | E. 그랑조르주 / 이은민 | 17,000원 |
| 3102 | 《쥘과 짐》 비평 연구 | C. 르 베르 / 이은민 | 18,000원 |
| 3103 | 《시민 케인》 비평 연구 | J. 루아 / 이용주 | 15,000원 |
| 3104 | 《센소》 비평 연구 | M. 라니 / 이수원 | 18,000원 |
| 3105 | 〈경멸〉 비평 연구 | M. 마리 / 이용주 | 18,000원 |

## 【기 타】

| | | |
|---|---|---|
| ▨ 모드의 체계 | R. 바르트 / 이화여대기호학연구소 | 18,000원 |
| ▨ 라신에 관하여 | R. 바르트 / 남수인 | 10,000원 |
| ▨ 說 苑 (上·下) | 林東錫 譯註 | 각권 30,000원 |
| ▨ 晏子春秋 | 林東錫 譯註 | 30,000원 |
| ▨ 西京雜記 | 林東錫 譯註 | 20,000원 |

▨ 搜神記 (上·下)　　　　　　　林東錫 譯註　　　　　　　각권 30,000원
■ 경제적 공포〔메디치賞 수상작〕　V. 포레스테 / 김주경　　　　7,000원
■ 古陶文字徵　　　　　　　　　高 明·葛英會　　　　　　　20,000원
■ 그리하여 어느날 사랑이여　　　이외수 편　　　　　　　　　4,000원
■ 너무한 당신, 노무현　　　　　　현택수 칼럼집　　　　　　　9,000원
■ 노력을 대신하는 것은 없다　　　R. 쉬이 / 유혜련　　　　　　5,000원
■ 노블레스 오블리주　　　　　　　현택수 사회비평집　　　　　7,500원
■ 딸에게 들려 주는 작은 지혜　　　N. 레흐레이트너 / 양영란　6,500원
■ 떠나고 싶은 나라―사회문화비평집　현택수　　　　　　　　9,000원
■ 미래를 원한다　　　　　　　　　J. D. 로스네 / 문 선·김덕희　8,500원
■ 바람의 자식들―정치시사칼럼집　현택수　　　　　　　　　　8,000원
■ 사랑의 존재　　　　　　　　　　한용운　　　　　　　　　　3,000원
■ 산이 높으면 마땅히 우러러볼 일이다　　유 향 / 임동석　　　5,000원
■ 서기 1000년과 서기 2000년 그 두려움의 흔적들　J. 뒤비 / 양영란　8,000원
■ 서비스는 유행을 타지 않는다　　B. 바게트 / 정소영　　　　　5,000원
■ 선종이야기　　　　　　　　　　홍 희 편저　　　　　　　　　8,000원
■ 섬으로 흐르는 역사　　　　　　김영회　　　　　　　　　　10,000원
■ 세계사상　　　　　　　　　　창간호~3호:각권 10,000원 / 4호: 14,000원
■ 손가락 하나의 사랑 1, 2, 3　　　D. 글로슈 / 서민원　　　각권 7,500원
■ 십이속상도안집　　　　　　　　편집부　　　　　　　　　　8,000원
■ 얀 이야기 ① 얀과 카와카마스　마치다 준 / 김은진·한인숙　8,000원
■ 얀 이야기 ② 카와카마스와 바이올린　마치다 준 / 김은진·한인숙　9,500원
■ 어린이 수묵화의 첫걸음(전6권)　趙 陽 / 편집부　　　　　각권 5,000원
■ 오늘 다 못다한 말은　　　　　　이외수 편　　　　　　　　　7,000원
■ 오블라디 오블라다, 인생은 브래지어 위를 흐른다　무라카미 하루키 / 김난주　7,000원
■ 이젠 다시 유혹하지 않으련다　　P. 쌍소 / 서민원　　　　　　9,000원
■ 인생은 앞유리를 통해서 보라　　B. 바게트 / 박해순　　　　　5,000원
■ 자기를 다스리는 지혜　　　　　　한인숙 편저　　　　　　　10,000원
■ 천연기념물이 된 바보　　　　　　최병식　　　　　　　　　　7,800원
■ 原本 武藝圖譜通志　　　　　　　正祖 命撰　　　　　　　　60,000원
■ 테오의 여행 (전5권)　　　　　　C. 클레망 / 양영란　　　　각권 6,000원
■ 한글 설원 (상·중·하)　　　　　임동석 옮김　　　　　　각권 7,000원
■ 한글 안자춘추　　　　　　　　　임동석 옮김　　　　　　　　8,000원
■ 한글 수신기 (상·하)　　　　　　임동석 옮김　　　　　　각권 8,000원

東文選 文藝新書 44

# 朝鮮巫俗考

李能和 지음 / 李在崑 옮김

우리나라 근세 민속학의 여명을 불러온 이능화 선생의 장편논문.

　우리나라 민속학의 효시로는 1927년에 발표된 이능화의 《조선무속고》를 들지 않을 수 없다. 그는 무속 가운데서 우리의 민중문화를 찾아볼 수 있다고 확신하고 무속에 관한 사료를 모아 정리하였을 뿐만 아니라 학문적인 연구를 깊이 하였던 것이다. 고대 무속의 유래에서부터 시작하여 고구려·백제·신라의 무속과, 고려·조선조의 무속에 이르기까지의 무속의 역사·제도·神格·儀式 등을 분석했고, 또 민중사회의 무속과 각 지방의 무속 등을 사적 문헌들을 통하여 세밀히 정리하였으며, 나아가 중국과 일본의 〈巫〉에 대한 연구까지를 곁들여 비교연구하기에 이르렀다. 따라서 그의 무속에 관한 이와 같은 연구는 우리나라에서 최초의 토착신앙에 대한 典籍의 위치를 점하게 되었다. 아울러 그의 이러한 연구는 후학들에게 무속의 신앙성과 신화성·문학성·음악성·무용성을 비롯해서 민중의 집단회의로서의 역할, 맹인무당의 유래와 지방별의 차이, 맹인무당과 광대와의 관계 등 무속이 갖는 사회 기능적 측면에 이르기까지 구체적 항목들을 과제로 남겨 놓은 셈이 된다.
　무속과 불교·도교·현대 기독교와의 관계, 중국·일본·만주 및 시베리아 무속과의 비교연구, 서구의 기독교적 관점에서 본〈샤머니즘〉과 무속과의 차이, 무속이 우리 문화에서 차지하는 성격과 기능에 관한 연구도 우리에게 남겨 준 과제이다. 이러한 점에서 《조선무속고》는 원문이 한문이어서 불편한 점은 있었으나, 이번에 번역 출간됨으로써 이 방면의 유일한 안내 또는 입문서가 되는 것이다.

東文選 文藝新書 40

# 중국고대사회
― 文字와 人類學의 透視

許進雄 지음
洪 熹 옮김

　중국과 그밖의 고대 문명의 문자는 모두 그림에서 기원하고 있다. 상형문자는 고대인의 생활환경, 사용하였던 도구, 생활방식, 심지어는 사물을 처리하는 방법과 사상 관념까지도 반영하고 있다. 이들은 고대인들의 생활상을 이해하는 데 아주 크나큰 도움을 주고 있다. 만일 일상생활과 관련된 古文字의 창제시의 의미를 설명하고, 다시 문헌과 지하에서 발굴된 고고재료를 보충하여 될 수 있는 한 쉽고 간결한 설명과 흥미있는 내용으로 이와 관련된 시대배경을 토론한다면, 아마도 고고나 역사를 전공하지 않은 학생들에게 중국 문화를 배우고자 하는 흥미를 불러일으킬 수 있을 것이다. 더욱이 중국의 고대 문자는 表意를 위주로 창제되었으므로 이 방면의 재료가 훨씬 더 풍부하다.
　본서는 상형문자를 중심으로 고고학・인류학・민속학・역사학 등의 학문과 결부하여 고대인의 생활과 사상의 허다한 실상을 탐색하고 있으며, 인류 문명의 발전과정을 20장으로 나누어 음식・의복・주거・행위・교육・오락・생사・공예・기후・농업・의약・상업・종교・전쟁・법제 및 고대인의 생활과 밀접하게 관련된 갖가지 사항들을 토론하고 있다.
　이 책은 깊이 있는 내용들을 알기 쉽게 표현하기 위해 많은 도판들을 제공하고 있으며, 상고시대부터 한대 혹은 현대까지 문자의 연속된 발전과정을 계통적으로 소개하였다.